达命与逍遥

庄子哲学研究

罗祥相 著

人民出版社

序

最近40年来,《庄子》研究一直是学术界的热点。据不完全统计,自20世纪80年代以来,关于《庄子》的解说与研究著作600余部,研究论文5600余篇,博士学位论文150余篇,硕士学位论文700余篇,而且相关论著的数量还在大幅度地增长。这种规模在中国哲学界大概可能是最多的。这一状况表明,《庄子》一直持续地吸引着人们的兴趣与关注;同时也表明,《庄子》这一历史文本,有着异常丰富的思想资源,有着无限广阔的探索空间。随着研究的不断深入,很多问题越来越细密。特别是近些年来,对于《庄子》的研究,专业性、学术性、综合性、全方位等方面,都有很大的提升。

罗祥相的《达命与逍遥——庄子哲学研究》,是在其博士论文基础上修改而成的。全书近70万字,可以称得上是一部大书。而这样一部大书,并非对《庄子》哲学作整体性的研究,而只是研究《庄子》哲学的一个问题,或者说一个重要的范畴,这个问题或重要的范畴就是所谓的"命"。以近70万字研究这样一个问题,不可谓之不宏富。当时参加博士论文评阅和答辩的专家都表示,这是他们所看到的最大部头的博士论文,其实有可能是几十年来中国哲学界最大篇幅的博士论文之一。

对于《庄子》的命论,21世纪之前,学界大体将《庄子》的"命"局限于运命,并认为《庄子》的命论是典型的宿命论,是消极的、顺世的,甚至是自欺欺人的。很多重要的哲学史家如此论述,几乎所有的中国哲学史教材如此论说,甚至很多《庄子》研究的专家也如此评议。在《庄子》研究领域,很多问题分歧甚大,但在对待《庄子》命论的评判上,却有着惊人的一致。

晚周诸子,论命者有三家,儒家、道家言有命,墨家"非命"。儒家论命以孔子为代表,道家论命以庄子为代表。然孔子、庄子虽然均肯定命,但其基本意思又有很大差异。孔子的命论是其君子论的组成部分。孔子以至于儒家是教人做君子的,而君子是要成就一番事业的;成就一番事业并不是想成就就可以成就,或者并非只要努力,就可以成就。如果一个人通过努力而成功,那么,"命"与他就没有关系。而如果一个人,不断努力,却总是挫折、失败、再失败,孔子认为这大概就是"命"。所以,孔子说:"道之将行也与,命也;道之将废也与,命也。"(《论语·宪问》)如果一个人,不断失败,他可能会产生怨愤的情绪,这种怨愤的情绪是孔子所反对的。孔子倡导一个人在任何时候都要"不怨天,不尤人"(《论语·宪问》)。一个人不成功,可能不是因为不努力,不是因为不聪明,而是因为"命"。所以,孔子认为君子应当"知命"。"不知命,无以为君子也。"(《论语·尧曰》)孔子自谓其"五十而知天命"(《论语·为政》)。孔子承认有"命",但孔子并不认为人在天命面前只能无所作为,而认为人应当发奋图强,应当"知其不可而为之"(《论语·宪问》)。孔子认为人首先应当努力,而不是首先知命、认命。孔子说"五十而知天命",而不会说"三十而知天命"。五十岁之前不是知命、认命,而是努力;五十岁之后,如果不成功,不能怨天尤人,而是知命。知命之后不是放弃,不是自暴自弃,而是继续努力,而是"知其不可而为之"。

与孔子不同,庄子虽然也承认有"命",也强调知命,但此"知"却是"知其不可奈何而安之若命"。"知其不可奈何而安之若命"在《庄子》中出现了两次,一次是《人间世》,言曰:"知其不可奈何而安之若命,德之至也。"

一次是《德充符》，言曰："知其不可奈何而安之若命，唯有德者能之。""安"并不是逆来顺受，不是随遇而安，而是安然处之，而是达观，而是对于自己所遭受的一切，对于功名利禄、穷达荣辱，均采取超越的立场，保持达观的态度，以一种放得下的胸怀对待一切，得而不喜，丧而不忧，"不就利，不违害，不喜求，不缘道"（《庄子·齐物论》），"不乐寿，不哀夭，不荣通，不丑穷"（《庄子·天地》），这是一种精神，这是一种人生态度，也是一种人生境界。能够如此，是道德修养达到极致的体现，"唯有德者能之"，故是"德之至也"。所以，庄子的"命"论，是与他的人生论联系在一起的，是一种人生论。

罗祥相在这本书里，也是他的博士论文里主要做了两方面的工作：第一，突破了将"命"仅只理解为"运命"的局限，认为《庄子》的"命"同时含摄"天命""生命""性命""运命"四重思想义涵，"命"之四重意义层级间内在蕴含着紧密的思想联系。庄子的命论，是一个以天命论为基础，涵盖生命论、性命论、运命论三方面的思想内容，并包含严密的内在思想结构的整体思想系统。在这一思想系统中，"天命"是庄子全部命论的根基，人之生命、性命、运命之所以称为"命"，是因为它们都是天之所"命"，均源于天之所赋、所限、所定。

第二，庄子的命论，严格而言，不当称为"安命论"，而应称为"达命论"。无论是"天命"，还是人之"生命""性命""运命"，庄子皆倡导"达命"。庄子所谓的"达命"，实际上包含"通达天命""洞达生命""遂达性命"和"达观运命"四层深刻的思想意义。"通达天命"，要求人们通达地理解天道自然变化之理，旷达超脱地对待天命之流行变化；"洞达生命"，要求人们洞达生命存在的本质、意义与真相，实现对自己生命的根本觉解；"遂达性命"，首先要"达大命"，其次要"达于情而遂于命"，最后还要"达命之情"；"达观运命"，要人以旷达超脱、无悲无喜、无惧无畏的态度，豁然达观面对自己所遭受的一切。庄子哲学,实质作为一种生命哲学,其最根本的思想宗旨,就是要人们经由“通达天命”,而“洞达生命”“遂达性命”“达观运命”。

如此两方面的看法,在庄学研究史上,实具有开拓和突破的意义,将庄学研究提升到了一个新的高度。本书资料丰富,引证广泛,对于每一相关问题,均从历史渊源、历史流变讲起,通过对不同观点的辨析,得出自己的结论。虽然论文卷帙浩繁,但并不给人沉闷繁复的感觉,而总是能够引人入胜。

罗祥相博士毕业已经好几年了。这些年来,他一直持续努力,特别是在道家及庄子研究方面,又有很多重要收获。今天,看到他的大作终于出版刊行,特别为他感到高兴!

是为序。

罗安宪

2024年3月21日

目　　录

绪　论

“命”是先秦哲学的“母题”。在殷周更替之际,周初的统治者祭出“天命有德”之说,以证明周革商之“命”的正当性与合法性。之后,“天命”之说逐渐从论证王朝革命和天下统治之正当性与合法性的学说,扩展成为既解释宇宙万物自然之变化,社会治乱兴衰之更替,又解释个人生命之来源、性命之质性以及人之死生存亡、吉凶祸福等运命差异之原因的系统性学说。无论是天、地、人、自然万物,无不被笼罩在“天命”的至高权威之下。虽然从西周末期开始,随着王朝统治的腐败与社会不义现象的增加,“天命”的正义性与权威性遭到民众的强烈质疑,但“天命”及其省称的“命”之思想论说,依然对春秋与战国时期的思想家具有强大的影响力。庄子正是在这样的思想背景下,提出其“达命”的哲学思想。虽然庄子自殷商以来形成的深厚的“天命”思想传统,特别是在“命”之范畴上存有形式上的资借,但通过“天即自然”的全新理解,他创立了在先秦哲学史上独树一帜的“达命”哲学思想体系。

一、问题的提出

“天命”或“命”之思想,是先秦哲学诞生的“母体”,先秦哲学正是通过与这一“母体”相分离的方式,走上独立发展的道路。先秦诸子虽然依凭哲学理性,重新反思原本对宇宙、万物、社会、人生、天人、身心、精神等问题的思考,但亦不能完全逃脱“天命”学说笼罩性的思想影响,故先秦诸子皆言“命”。就儒家言,孔子倡言“知天命”与“畏天命”,孟子主张“立命”与“顺受正命”,荀子则反其道而行之,主张“制天命而用之”;就墨家言,墨子力主“非命”之说,否定存在前定之“命”。

不仅儒家和墨家言“命”,道家亦讲“命”。张岱年指出,“道家讲命,比儒家更甚”①。这一比儒家讲“命”更甚的道家,主要指庄子。因老子虽有“复命”之说,但其实更主张“道之尊,德之贵,夫莫之命而常自然”(《道德经》第五十一章)。② 故老子整体上实不言“命”,而庄子则大量说“命”。

如此就产生让人困惑的问题:在庄子之前,墨子已提出“非命”之说,否定儒者所谓的先定之命的存在,为何庄子在墨子“非命”之后,仍继续大量说“命”?庄子所谓“命”,与儒家所谓之“命”,墨子所非之“命”,是否同一个“命”?如有不同,庄子重新论“命”的思想主旨不同于儒家与墨家的地方又在何处?系统梳理《庄子》中的“命”之范畴又可见,庄子将“天命”与“生命”“性命”“运命”,皆同称为“命”。如此,庄子到底在几种思想意义上论“命”?为何“生命”“性命”“运命”亦可皆同称为“命”?其背后隐含的思想观念是什么?“天命”“生命”“性命”“运命”四者之间存在着何种的内在思想关联和外在现实联系?庄子对“天命”与人“生命”“性命”“运命”深刻而独到的智慧洞见是什么?“命”对“逍遥”这一庄子追求的理想生命存在境界的实现,到底存有怎么的影响?庄子“命”论的真精神是什么?

对庄子“命”之思想问题的研究,首先,不仅关系着对庄子天命思想的确当理解与评价,而且也关系到对庄子生命哲学、性命理论与运命观的恰确的诠释与阐发。因庄子将“天命”和“生命”“性命”“运命”,皆同称为“命”,表明庄子认为“天命”“生命”“性命”“运命”四者,乃是一个混沦不可分的“命”之整体。如此,只有将庄子的天命思想、生命哲学、性命理论和运命观,置于“天命”与“生命”“性命”“运命”复杂辩证的关系中,或说“命”论的整体思想体系中进行全面的思考,如此才能整全地呈现庄子对“命”之“天命”“生命”“性命”“运命”四个方面的全面而深刻的哲学思考和通达而独到的智慧洞见。

---

① 张岱年:《中国哲学大纲》,中国社会科学出版社 1982 年版,第 401 页。

② 《道德经》版本众多,本书所引《道德经》为通行的王弼本,对影响经义理解的版本间异文,将另出注说明。为清耳目,下凡引《道德经》皆简标章数。

其次,对庄子“命”之思想的研究,还将决定对作为庄子哲学之根本主旨的“逍遥”思想确当的理解与阐发。因“命”首指的“天命”,是对人具有决定性之规限作用的强大异己力量,其对人之“逍遥”境界的实现具有重大的影响:其将决定人在现实中追求“逍遥”的境界是否可能与人在现实中能够追求何种“逍遥”境界。易言之,对“天命”对人施加的决定性的作用影响之范围的划定和对“天命”变化之性质的定性,将极大影响对庄子所追求的“逍遥”这一理想生命境界之可能性的判断和所实现的境界之性质的判定。事实上,除“天命”外,“命”还包括“生命”“性命”与“运命”,此三者与作为庄子哲学根本主旨的“逍遥”思想的诠解与阐发无不紧密相关。可以说,恰确地诠解庄子所谓的“命”,是确当地阐发庄子“逍遥”思想的前提。

最后,对庄子“命”之思想的研究,还将影响对庄子哲学的思想体系的根本定性和学理品质的恰当评价。近代以来,一些学者认为,庄子乃是“宿命论者”,认为庄子以死生、存亡、穷达、贫富、贵贱、贤不肖等人生的遭遇皆由先定的宿命决定,人只不过被动承受命运的给予。若庄子是“宿命论者”,将极大降低庄子哲学的学理品质,因其将使庄子抹杀人的“意志自由”“选择自由”与“行动自由”的存在。然以庄子的命论为“宿命论”的定性,存有巨大的争议,遭到很多学者的反对。持异议的学者认为,庄子所谓的“命”,实指人生中由天道之自然流行变化所决定的无可奈何的结果,人于时世所遭的死生、存亡、穷达、贫富、贵贱、贤不肖等人生境遇,并无预先的安排,它们皆只不过是天道自然客观变化的结果,故庄子并非“宿命论者”,庄子并未抹杀人之“意志自由”“选择自由”与“行动自由”。可见,对庄子之命论是否是“宿命论”的性质判定,将影响人们对庄子哲学的思想定性与学理品质的评价,从而影响人们对庄子哲学的理解与接受。

总之,“命”之问题在庄子哲学中占有非常核心的重要地位,对其恰确的诠解和恰当的阐发,不仅关系着对庄子的天命思想、生命哲学、性命理论与运命观的准确阐释,也关系着对庄子哲学的根本主旨“逍遥”思想的确切的理解与阐发,同时还关系着庄子哲学思想体系的根本定性和学理品质的恰当评价。

二、已有研究综述与检讨

庄学史上，虽然注庄研庄者在自己的论著中不同程度论及上述所提出的“命”之问题，但到目前为止上述问题并没有得到完全的澄清与解答。这既与《庄子》中的“命”具有多义性与复杂性，使学者多有误解有关；也与学者在“以西解庄”时，在基础性的概念诠释上失当，使对《庄子》“命”之思想的诠释沦为对西方自由理论的“不当比附”存有紧密的联系；还与未能深入考察庄子所谓“命”之多重含义间的内在思想关联和外在现实联系，未全面把握庄子“命”之哲学思想的整体性紧密相关。

第一，自近代以来，研庄者在阐论庄子的“命”之思想时，对庄子所谓的“命”到底是何种意义上的“命”，或说庄子所谓“命”含有哪些义涵，看法不一，众说纷出，是庄子的“命”之问题未能得到完全澄清与准确解答的首要原因。

首先，提到庄子的“命”之概念，学者一般习惯性地将之理解为“命运”或“运命”。如胡适提出，“庄子对于人生一切寿夭、生死、祸福，也一概达观，一概归到命定。这种达观主义的根据，都在他的天道观念……因为他把一切变化都看作天道的运行；又把天道看得太神妙不可思议了，所以他觉得这区区的我哪有作主的地位……既然不得遁逃，不如还是乐天安命”①。从胡适列举的寿夭、生死、祸福等可知，其将庄子所谓的“命”只理解为“运命”之命。并从“命定”和“定命主义”等用语可见，其还认为庄子之命论“倾向于宿命论”②。日本学者渡边秀方则将庄子的命论明确定性为“宿命观”，其曰：“庄子他以现象界的表象（Vorstellung）当作本体的假象（Schein）看，所以同时认自然的状态，即为大道的分化……我们都是秉命于自然而生的，所以如其所秉而顺受

① 胡适：《中国哲学史大纲》，上海古籍出版社 1997 年版，第 198—199 页。胡适又曰：“这种达观主义其实只是极端的定命主义。”（胡适：《庄子哲学浅说》，《东方杂志》1918 年第 12 期，第 97 页。）

② 胡适：《先秦名学史》，学林出版社 1983 年版，第 117 页。

之，以乐天然，才是人生的本意。我们纵生于贫贱，或生成畸形，但皆不足悲、不足怨。……他的宿命观和世间的运命论者不同，他达观一切，非常带着乐天的倾向。"①渡边秀方虽然认为庄子的"宿命观"与世间的运命论者不同，但只不过以庄子对待运命的态度，非常地乐天达观，不像一般的运命论者因命运已定，故对人生消极悲观应对。受渡边秀方之影响，郎擎霄也认为庄子之命论属宿命论。其以为，庄子所谓"命"，"不过谓人力之无可奈何者，求其为之者而不得，乃姑字之曰命以自慰耳"②。而老庄道家的"命"论皆属宿命论，"道家之宿命论，亦本其宇宙观念，以为人之富贵贫贱寿夭贤愚，均属运命"③。郎擎霄将庄子之所谓"命"释解为人力之无可奈何的"运命"，并明确将其定性为宿命论。这一定性获得了部分学者的认同，之后郭沫若、侯外庐、黄锦鋐等学者亦持相似的看法④；但同时，这一定性存有巨大的争议性，遭到其他很多学者的明确反对。

张默生认为，"庄子何以对人生如此超脱呢？……其根本之点，即在于物类的变化，全由于宇宙机体的动转。自然界的现象如此，人事界的现象亦复如此。所以庄子视世间的寿夭，祸福，是非，得失，贫富，贵贱，……均无一定，则人生当不必以此介意"⑤。张默生并不认同庄子之命论乃前定的宿命论。其以为，庄子视所有物类的变化，皆由于宇宙机体的自然运转，如此，世间的寿

---

① ［日］渡边秀方：《中国哲学史概论》，刘侃元译，商务印书馆1926年版，第126页。

② 郎擎霄：《庄子学案》，商务印书馆1934年版，第97页。

③ 郎擎霄：《庄子学案》，第94页。郎擎霄曰："吾人纵生于贫贱，或生成畸形，或病或夭，但皆不足悲，不足怨。"（郎擎霄：《庄子学案》，第95页。）除加了一"或病或夭"，其余与渡边秀方前述之语句全同，可知其当是受渡边秀方之影响作此论断。

④ 郭沫若说："道家也执有命说。'天下有大戒二：其一命也，其一义也。'……这些比儒家的必然论更进了一步，而是到达了宿命论的境地了。"（郭沫若：《十批判书》，东方出版社1996年版，第211—212页。）侯外庐说："因为他把自然与自然的关系和人类与自然的关系视同一律，然他的主观理论上形式的统一，与事实上的不统一，是不能相容的。在这里，他很巧妙地以宿命论解决了这一裂痕，所谓'知其不可奈何而安之若命'，从逻辑上讲来，就是遁词。"（侯外庐、赵纪彬、杜国庠：《中国思想通史》第一卷，人民出版社1957年版，第327页。）黄锦鋐曰："庄子则演进之为宿命论，庄子认为一个人生下来，富贵，贫贱，贤不肖，一切都是造化安排好的。"（黄锦鋐：《新译庄子读本》，三民书局2020年版，第58页。）

⑤ 张默生：《先秦道家哲学研究》，山东文化学社1933年版，第161—162页。

夭、祸福、得失、贫富、贵贱等境遇，亦属宇宙的自然变化，并无前定。叶国庆也指出，“看来庄子是信命的，对于存亡富贵的事要人安命。但他一方面也叫人顺天。《齐物论》说圣人不由是非，而‘照之于天’。《养生主》说庖丁的工夫在乎‘依乎天理，因其固然’。其所谓的安命实在即是顺天的意……凡属天命皆是‘物之情’，‘人之所不得与’。是则所谓安命，乃叫人顺自然之理，与一般宿命论不同”①。叶国庆将庄子之所谓“命”，理解为天理，由此提出庄子之“安命”，乃叫人“顺自然之理”。天之变化依循自然之理，则其所决定的结果并无预先之安排，故庄子之命论，并非一般所谓的宿命论。叶国庆也辩正了庄子之命论不是宿命论。然无论是将庄子的命论定性为宿命论或者非宿命论，都将庄子所谓的“命”只理解为“运命”之命。

蒋锡昌在《庄子哲学》中将庄子的命论归为“安命论”。他认为庄子“言人事之顺逆祸福，皆为命之流行；虽有大力，亦莫之奈何；故圣人唯有安之。庄子用此解决人事之问题”②。蒋锡昌将庄子的“安命论”理解为只用来解决人事中无可奈何的“运命”之问题。钱穆认为，“《庄子》内篇七篇屡言命，而非此性命之命，乃人生所遭遇之谓命耳”③。钱穆将《庄子》内篇所言之命，皆理解为人生所遭遇“运命”之命。他虽然看到了外杂篇有“性命”并言的现象，并指出，“《庄子》外篇既以德性并言，复以性命并言。凡以性命并言之命字，即犹以德性并言之德字也。盖就其赋授于天者而言之则曰命，就其禀受于人者而言之则曰德”④，即外杂篇所言的性命之“命”，乃与“德”“性”同义的概念。但由于钱穆认为，《庄子》外杂篇的成书晚于《老子》与《荀子》，根本不是庄子本人之作品；故扣除外杂篇所言的“性命”，其实际上认为庄子所谓的“命”，只是“运命”之命。

冯契认为，“庄子这种乐天安命的人生态度，无非是叫人顺从自然命运……这同儒家说的‘死生有命，富贵在天’没有什么差别。庄子认为，一切

---

① 叶国庆：《庄子研究》，商务印书馆 1936 年版，第 71 页。

② 蒋锡昌：《庄子哲学》，商务印书馆 1937 年版，第 30 页。

③ 钱穆：《庄老通辨》，生活·读书·新知三联书店 2002 年版，第 265 页。

④ 钱穆：《庄老通辨》，第 265 页。

听从命运的安排,就不会有哀乐的干扰,这就叫作解脱”①。冯契以“自然命运”解庄子所谓的“命”,虽有指出庄子所谓“命”具有自然性的意味,但他认为,庄子所说“死生,命也,其有夜旦之常,天也”(《庄子·大宗师》)②与儒家所谓的“死生有命,富贵在天”(《论语·颜渊》)没有什么差别,此则存在可商之处。因上述二语虽在表达句式上存有相似性,但由于庄子与儒家所理解的天是两种不同类型的天,儒家所理解的天乃“义理之天”,庄子所说的天乃“自然之天”,故由不同的“天”所定的“命”自然具有性质与特点上的不同。若依墨子“非命说”对儒家命论的批评,“死生有命,富贵在天”乃主张天对人之死生、富贵有“先定之命”;然庄子所谓的“死生”之“命”,根本没有先定的意味。

陈品卿指出,“庄子‘安命’之思想,后世学者,多归之为‘宿命’论,然两者之义,果为同乎?所谓‘宿命论’者,乃以万物于冥冥之中,早有安排,非人力所能改变者。所谓‘安命论’者,谓安于自然之变化,如生老病死,皆为人力所不能变易者也。前者谓‘冥冥之中皆有安排’,后者谓‘宇宙人生之变化,非有安排,而是出之于自然’,所谓‘自然’,意谓时间与空间之自然配合,而产生万事万物之自然变化也。一者属于消极之任命,一者属于顺自然之变化,以求其心灵之逍遥,此两者有所不同矣。庄子之思想,虽在求游于方外之世,实亦为积极之心性修养之道,故其‘安命论’应不同于后人所谓之‘宿命论’矣”③。陈品卿认为,庄子的“安命论”乃主张安于自然之变化;而自然之变化,非有冥冥之中的前定安排,其发生具有自然性。故其也辩正了庄子所谓的“命”,非是前定的宿命论。

陈鼓应认为,“在庄子书中,提到命,都是指自然而不可避免的境遇,《达生篇》说:‘不知吾所以然而然,命也。’因此,庄子无论是对于生死问题,对于贫富问题,还是对于社会上极逼困的处境,都采取‘知其不可奈何而安之若

① 冯契:《中国古代哲学的逻辑发展》上册,上海人民出版社1983年版,第202页。

② 本书所引《庄子》原文,皆从上海商务印书馆涵芬楼影印的续古逸丛书版的《宋刊南华真经》,参照王叔岷:《庄子校诠》,中华书局2007年版(王叔岷校诠所用的底本即续古逸丛书影印版《宋刊南华真经》)进行点校。凡不同于王叔岷之点校处,皆为笔者的微调,视必要加注说明;对影响文义理解的版本间异文,亦将另出注说明。为清耳目,下凡引《庄子》原文,皆简标篇名。

③ 陈品卿:《庄学新探》,文史哲出版社1983年版,第91—92页。

命’的态度，也就是说，采取一种顺应自然而安然接受的态度”[①]。陈鼓应将庄子所谓的“命”理解为人无法避免的境遇，即“运命”之命，并指出其具有自然性。自然性则意味着没有主宰者的意志为之安排，故自然性之“命”，不当是“先定之命运”。王博提出，“事实上，当我们突出自然之天所具有的‘限制’的意义的时候，它就是命，这也就是冯友兰说的运命之天……庄子主张，对命运应该采取安的态度，因为它不可回避，又无法改变”[②]。王博将“命”理解为“自然之天”对人的限制，也指出“命”具有自然性，但从“运命之天”及“命运”等可见，其也将庄子所谓的“命”理解为“运命”之命。

上述学者都是集中在“运命”的范畴内，解说庄子的“命”之思想。事实上，庄子所谓的“命”，除“运命”之外，还有“生命”“性命”与“天命”之命；并且，庄子于“安命”之外，还有丰富的“命”之主张，如“达命”“通乎命”等思想。

其次，一些学者主张，庄子所谓的“命”，乃是“性命”之命。如胡哲敷提出，研究庄子对“命”的见解，应当以“未形者有分，且然无间谓之命”（《天地》）此句为宗，其他对“命”的论述都是对此句的演绎。其以为，庄子所谓的“命”乃指，“人在未成形以前，对于成人以后的一切蕴蓄，都具有一定分际，并且这种分际，还是自古及今，毫釐不爽，苟无此分，则不可以为人。且分薄者无以增其厚，分小者无以增其大，虽后天感化，不无变迁，但终不能去本分太远，这便叫作命”[③]。胡哲敷认为，“命”即人自天所受之分际；具体指人所受之于天的天赋之才分的薄厚。可知，胡哲敷将庄子所谓的“命”理解为“性命”意义上的命，其对庄子此一意义上的“命”之见解极具见地。然将庄子全部所谓的“命”，全部宗于“未形者有分，且然无间谓之命”进行理解，视庄子其他对“命”的论述都是对此句的演绎，则遮蔽了庄子所谓“命”的其他重要思想含义与主张。

徐复观提出，“庄子之所谓命，乃指人秉生之初，从‘一’那里所分得的限度，即《德充符》所指出的‘死生存亡穷达贫富贤与不肖’等。这大概与传统的

---

① 陈鼓应：《老庄新论》，商务印书馆2008年版，第458页。

② 王博：《庄子哲学》，北京大学出版社2004年版，第161页。

③ 胡哲敷：《老庄哲学》，中华书局1935年版，第187页。

一般的观念相同。其中不同之点，儒家以死生富贵为命，但不以贤不肖为命……庄子所说的命，并无运命与天命的分别，他把贤不肖也属之于命，把儒家划归到人力范围的，也划分到命的范围里面去了，于是庄子之所谓命，乃与他所说的德，所说的性，属于同一范围的东西，即是把德在具体化中所显露出来的'事之变'，即是把各种人生中人事中的不同现象，如寿夭贫富等，称为命；命即是德在实现历程中对于某人某物所分得的限度；这种限度称为命，在庄子乃说明这是命令而应当服从，不可改易的意思"①。

徐复观说，庄子所谓"命"乃指人秉生之初，从"一"所分得的限度，可知其也是主要据"有一而未形，物得以生谓之德；未形者有分，且然无间谓之命"（《天地》）来理解庄子的"命"。其通过将"命"理解为"德"在具体的人生事变现象中所显现出来的自"一"所分得的限度的方式，将"命"收摄于"德"之范畴中，由此将庄子所谓的"命"理解为与"德""性"同一范畴的概念。然其依此而论断庄子不区分"运命"和"天命"，则存在可商之处。一是其将"天命"只理解为儒家意义上的天所赋予人的道德性的本性。而庄子在《德充符》所言的"命之行"之命，则是既决定人之死生之"生命"，存亡、穷达、贫富等之"运命"，贤与不肖以及作为生理性之本能的饥渴之"性命"，又决定四季寒暑之变化的作为"天道自然之流行变化"意义上的"天命"。故庄子将"贤与不肖"这一儒家划归到人力范围的范畴，也归于"命"之范畴，其实并无不妥之处，因"贤与不肖"的性命修养基础亦本自"天命"。因此，庄子前述的做法并不意味着庄子不区分道德性的"天命"和盲目性的"运命"。二是"命"若作为分于"一"的限度，其对人的规限应仅限于决定人的性命之原初的分际，即人之"性分"，不能将其决定权扩展到人生的具体事变中，否则就会将庄子之命论诠解为宿命论。因如果人于一切人事中所得的限度，都在人秉生之初，由人自"一"所分得的限度决定好，然后借由"德"在具体的实现历程中将此限度显现出来。如此，实质上就将庄子的命论，变成宿命论的一种弱化思想表达形式，而这实际上并不符合庄子命论的本来面目。

---

① 徐复观：《中国人性论史·先秦篇》，上海三联书店2001年版，第334页。

受徐复观的影响，韩籍学者金白铉提出，“‘安之若命’就是庄子哲学对处于实际状态的人提供的人生态度。然此地所说的‘命’，并不是指一切既有安排，吾人即可不从其事那样的‘宿命’，反而是从隐藏于内心的‘天府’发出来的‘无为而无不为’的原理……未形之‘一’，分散于各物（德）；每一物分得如此，就是如此（且然），毫无出入（无间）；这即是命。然则庄子之所谓‘命’，乃指人秉生之初，从‘一’那里所分得的限度。因此，庄子所说的‘命’并不是人自己以外有主宰者而给他命定的。因为，如果是这样的话，人只能从命于主宰者而他自己不自然，也成为有待而变得被动者。庄子所说的‘命’是从自然无为的‘道’之原理中，分得个体之自然无为之原理，就是从隐藏于内心的‘天府’中发出来的‘无为而无不为’的原理”①。其所谓的“无为而无不为”的原理，指人自道所继承的自然无为的本性，故金白铉亦以庄子所谓“命”为“性命”之命。

上三位学者都以《天地》的“有一而未形，物得以生谓之德；未形者有分，且然无间谓之命”这一核心命题，理解庄子所谓的“命”，由此皆将庄子之所谓“命”诠解为“性命”之命。其背后共享着对《庄子》外杂篇更为宽容的接受性，即将《天地》亦视为庄子所著的作品。然三位学者在看到《天地》“命”之论述的重要性的同时，亦存有与只从“运命”理解庄子所谓“命”的学者相似的不足之处，即将庄子所谓的“命”理解为单一化的范畴，未能看到庄子“命”之范畴的多义性，因此窄化了庄子“命”之范畴义涵的丰富性和思想主张的多样性。

再次，与前述只从“运命”或“性命”理解庄子所谓“命”的学者不同，一些学者认为，庄子所谓的“命”，具有多义性。唐君毅提出，庄子之言命，异于墨子，亦异于孔孟，因为他以命与性直接连说，以性情与命连说。其以为，《天运》《在宥》《骈拇》等外篇中之所以有“性命之情”之语，即所谓通性命为一之言，“则此盖为人所受之‘命’，与人之所以受‘命’之‘生’（性），克就其相遇之

① ［韩］金白铉：《庄子哲学中天人之际研究》，文史哲出版社1986年版，第146—147页。

际上说,原可说为二而一,乃不可分之故。……由是而吾之有生,即同有命之义”①,因庄子此种意义上的“命”,“命为贯于物之生中之无间相续者”②。据此,他认为,庄子所谓的“命”有“生命”或说生命意义上的“性命”之义。此外,唐君毅认为,庄子所谓的“命”还有外在的“命之行”意义上的命,即为人无可奈何之限制者的“运命”,对此人生无可奈何之境,庄子主张安之。其以为,“庄子安命之学之最高表现,则在不属于尽忠尽孝之任何场合之死生呼吸无可奈何之际,而仍能以孝子对父母之心,承当其在天地间之所遇。此孔、孟、墨之知命、立命、非命之教中所未申,而为庄子安命之学所特至也”③;故庄子安命之学所透显出来的最高精神是“一全‘不怨天,以对父母之心对天地阴阳,自安于一切人生之境’之精神,亦即‘人之无条件地承担人所遇之一切无可奈何之境’之精神也”④。

唐君毅指出了庄子所谓的“命”有生命(性命)与运命之差别,并且其对庄子“安命之学”所透显出来的最高精神的解读,深刻独到;同时,其基于更广阔的文本视野,指出庄子于外杂篇中还有“达命之情”(《达生》)、“无以故灭命”(《秋水》)、“知命”(《田子方》)、“复命”(《则阳》)等“命”之主张,难能可贵。然其对庄子命论的解读,还是存有不足之处。一是其将“命之行”所谓的命,仅当作外在的“运命”进行理解,窄化了庄子此处所谓“命”的含义。如前述,庄子在《德充符》中所言的“命之行”意义上的命,乃是作为天道自然之流行变化意义上的“天命”,它既决定人之死生之“生命”,存亡、穷达、贫富等之“运命”,贤与不肖以及作为生理性之本能的饥渴之“性命”,又决定四季寒暑之变化。二是其看到了庄子在外篇中有“达命之情”“无以故灭命”“知命”“复命”等思想,但将这些思想都收摄于内篇所言的“安命”与“致命”“从命”的思想中,未能指出庄子于外杂篇中所提出的“命”之主张自身所具有的独特思想意义。

---

① 唐君毅:《中国哲学原论 · 导论篇》,中国社会科学出版社 2005 年版,第 342 页。

② 唐君毅:《中国哲学原论 · 导论篇》,第 343 页。

③ 唐君毅:《中国哲学原论 · 导论篇》,第 340 页。

④ 唐君毅:《中国哲学原论 · 导论篇》,第 341 页。

陈启天指出,“命,谓一切非人力所能为之事,类如天命,性命与运命之命,均是。知其不可奈何而安之若命,唯有德者能之。谓知事变之无可奈何,则视如前定之命而泰然处之,非有德者不能办也”①。陈启天指出了庄子所谓的“命”,除“性命”与“运命”之命外,还有“天命”之命,但还是遗漏了《庄子》中“生命”意义上的命;同时,未能准确揭示“天命”与“性命”“运命”之间所存的辩证关系,故只简单因三者皆非人力之所能为,故将三者皆归为“命”;并且,还将庄子的“运命”定性为了“前定之命”。

蒙培元指出,庄子在言“命”时,并非如之前徐复观所言,不区分天命和运命,“命也有两个层次。一是‘性命’之命,一是‘命定’之命。前者与心灵境界有关,后者与形体生命有关”②。并且,他认为庄子所谓“性命”意义上的命,“这个‘命’与自由并不冲突,倒是实现自由境界的重要条件。因为自由境界既是由意志所决定,又是回归于自然之道,而性命则是实现这种回归的内在条件”,“但是,当庄子讲到‘命定’之命时,情况便有不同。这种命与自由境界并无必然的内在联系,它是不可改变的,人所能做的,就是‘安命’。这种命多指生死、祸福、贫富、贵贱之类”③。蒙培元以为,庄子所谓“命”,不仅有“性命”之命,还有“命定”之命,即“运命”之命;并且这两种意义上的“命”,对实现自由境界或说逍遥境界的作用各不相同。这在一定程度上纠正了此前学者只以“运命”或“性命”解说庄子之“命”的一偏之处,然其对庄子“命”之意义层级的分类,还是不够全面。因庄子所谓的“命”,除“性命”“运命”之命外,还有“生命”“天命”之命。意欲探讨“命”与“逍遥”之间的辩证关系,也必须同时析论“生命”与“天命”之命与“逍遥”之间所存的辩证关系。

龚建平指出,“关于‘命’,庄子有这样的说法:一为‘未形者有分,且然无间谓之命’;一为‘知其不可奈何而安之若命’。后一种说法是人们更为熟悉的。前一种说法是讲,个体生命没有完全形成而处于虚静混沌状态之时,已经潜在地包含着成形后所具有的性质与特征,也就是通常所说的性分。后一说

---

① 陈启天:《庄子浅说》,台湾中华书局 1978 年版,第 83 页。

② 蒙培元:《心灵超越与境界》,人民出版社 1998 年版,第 223—224 页。

③ 蒙培元:《心灵超越与境界》,第 224 页。

法则是讲，知道生命中存在着无可奈何的方面，人们只能安之、认之的，就称为命。显然，两种说法的意思是有差别的。前者讲先天所具有的性分……后者则是讲的后天努力的结果。'知其不可奈何而安之'，指的是，通过人的理性反思乃至实践上的种种努力，发现生命中存在一定的限制，也可称为命限，它是个体生命以通常理性认识与实践方式不能突破的界限"①。龚建平也认为庄子所谓的"命"有两种不同意义的"命"：前者是《天地》的"未形者有分，且然无间谓之命"所言的，指"性分"意义的性命；后者是《人间世》的"知其不可奈何而安之若命"所言的，指经过人的理性认识和实践后无法突破的作为"命限"之意义的运命。其还指出，"庄子所讲的'命'，并不是个神秘的、盲目的主宰力量，而是生命内部认识与实践的剩余"②，见解独到。然与蒙培元相似，其还是遗漏了庄子所谓的"生命"和"天命"意义上的命，故解说的全面性还是不足。

徐克谦提出，"命"这个词，在古代汉语中有三种词义：一是命名、命令，二是生命，三是命运。并且这三含义之间隐含着内在的联系。③ 他认为，庄子对待"命"的问题、角度和态度，与儒家、墨家、法家皆有所不同，庄子的"命"之思想，可称为"安命"的人生哲学；"相应于'命'的三重含义，庄子的'安命'哲学试图从三个方面实现'安其性命之情'。1. 悬置语言之'命'……2. 保养生命之'命'……3. 安顺命运之'命'"④。徐克谦指出了"命"之概念的多义性，并指出庄子所谓"命"亦有"生命"义。在《至乐》中，庄子尝曰：

> 吾使司命复生子形，为子骨肉肌肤，反子父母妻子，闾里知识，子欲之乎？（《至乐》）

庄子在此所言的"司命"⑤，是古代专司人的死生寿夭的神灵，"司命"所司之

---

① 龚建平：《自救与放达：道家的人生智慧》，武汉出版社 1998 年版，第 185 页。

② 龚建平：《自救与放达：道家的人生智慧》，第 187 页。

③ 参见徐克谦：《庄子哲学新探——道·言·自由与美》，中华书局 2005 年版，第 173 页。

④ 徐克谦：《庄子哲学新探——道·言·自由与美》，第 179—183 页。

⑤ 唐君毅指出，"此司命之神，盖即楚辞之大司命少司命之神之类。谓司命之神复生人形，则司命之神所司者，乃人之'即生即命'之生或性命之本身明矣"。（唐君毅：《中国哲学原论·导论篇》，第 342 页。）其此处所谓的"性命"乃与"生命"同义之"性命"。

命,乃人的“生命”。故《庄子》所谓“命”,亦同时意指人的“生命”之命。此前学者论说庄子之“命”时,大多未从“命”字的多重语义所隐含的内在联系考察庄子“命”之多重意义层级间的内在关联性。徐克谦尝试揭示“生命”与“命运”及“命名”三者之间所存的多重内在思想联系,将庄子的“生命”观置于“命”之多重语义的内在关联性中进行思考,难能可贵。然其在指出庄子所谓“命”具有“命名”“生命”和“命运”之义的同时,却遗漏了“命”之重要的“性命”与“天命”义。故其对庄子“命”之意义层级的归纳与思想的解说亦有缺漏。

唐雄山指出,庄子所谓的“命”具有两种含义:一是生命之义,二是命运、时命或时运之义。他虽然看到了《知北游》中有“性命非汝有”之语,但认为此一“性命”乃“生命”的同义语。① 然庄子在此所谓的“性命”,并非与“生命”同义的“性命”。罗光曾指出,“庄子屡次以‘性命’两字连用:……性命两字合用,命字和性字的意义相同”②。因此,唐雄山虽然指出了庄子所谓“命”有“生命”与“命运”之义,也遗漏了庄子“性命”与“天命”意义上的“命”。

因此,上述学者虽然看到了庄子“命”之范畴的多义性,并不同程度指出庄子所谓“命”具有“生命”“性命”与“运命”之义;有些学者还指出,“性命”与“运命”之命,对实现庄子所追求的“逍遥”境界作用不同;但他们基本都遗漏了庄子“天命”意义上的命,故未能揭示“生命”“性命”与“运命”之命的共同来源与存在基础。

冯友兰指出,“庄周所说的‘命’的意义,并不是宗教所说的‘上帝的命令’,而是指人力所无可奈何的、自然的和社会的力量……‘命’是无法理解、无法抗拒,也无法逃避的;人只可以顺从”③。韩林合提出,《庄子》中的“命”乃指,“独立于经验主体的意志的作为整体的世界(发生于其内的所有或任何

---

① 参见唐雄山:《老庄人性思想的现代诠释与重构》,中山大学出版社 2005 年版,第 135—136 页。

② 罗光:《中国哲学思想史·先秦篇》,台湾学生书局 1996 年版,第 546 页。

③ 冯友兰:《中国哲学史新编》,人民出版社 1998 年版,第 426—427 页。

事情)或者说道"[①]。杨国荣也指出,庄子所说的"命","是一种超乎个体知、行之域的力量,所谓'不知吾所以然而然,命也'(《庄子·达生》),便表明了这一点"[②]。冯友兰、韩林合与杨国荣所说的"命",均指庄子"天命"意义上的命,其乃人力所无可奈何的"超乎个体知、行之域"的强大异己力量。这表明,庄子所谓的"命",除"生命""性命"与"运命"之命外,还有天道自然之流行变化意义上的"天命"之命,它是赋予人以"生命"与"性命"和决定人之"运命"的强大基源性力量。然冯友兰在将庄子"天命"意义上的命,解说为是人无可奈何、无力抗拒与无法逃避的力量的同时,还是未能完全摆脱其在《中国哲学史新编试稿》中将庄子所谓"命"完全等同于"必然性"这一思想理解的倾向。如其曰,"人所遇到的这些人所无可奈何的遭遇,庄周都称为'命'。在这里他所说的就是必然和自由的矛盾斗争"[③]。韩林合在指出庄子之所谓"命"相当于"道"的同时,亦有将其窄化理解为"命运"的倾向,如其言,"作为整体的世界或道均构成了其命(或命运)"[④]。杨国荣同时也存有将"命"解说为"必然性"的倾向,如其曰:"'时'涉及具体的时间、条件,作为特定的存在境遇,它在某种意义上与偶然性相联系;相对于此,'命'更多地表现为个体无法左右的

① 韩林合:《虚己以游世——〈庄子〉哲学研究》,北京大学出版社2006年版,第40页。

② 杨国荣:《庄子的思想世界》,生活·读书·新知三联书店2017年版,第224页。

③ 冯友兰:《中国哲学史新编》,第427页。冯友兰在1960年出版的《中国哲学史新编试稿》中说,"庄子一派关于'命'的理论接触到自由和必然的问题。他们强调'命'的力量,含有承认自然和社会的发展的必然性的意义。但是,他们从不可知论的观点,认为必然性是不可理解的……因此,庄子一派所了解的必然,就成为人力所无可奈何的盲目的力量。他们所追求的自由,不过是一种主观的虚构。……这种在客观上完全屈服于自然和社会的现状而在主观上虚构的'自由'就是庄子所讲的'逍遥游'。《庄子·逍遥游》篇,除去其美丽的词句和神秘外衣,其本质就是这样的一种宿命论的思想"。(冯友兰:《三松堂全集》第7卷,河南人民出版社2001年版,第374—375页。)可知,冯友兰受当时流行的"必然与自由"诠解范式的影响,不仅将庄子所谓"命"解释为"必然",还将"逍遥"解释为主观上虚构的"自由",由此将"命"与"逍遥"也理解为"必然与自由"的关系。并将庄子的"命"论定性为宿命论。不过在之后重写的《中国哲学史新编》中,冯友兰删除如上论述,对庄子的"命"论进行了重新评价,当是放弃了前述的观点。不过,从"在这里他所说的就是必然和自由的矛盾斗争"等语可见,其还是未能摆脱将庄子所谓"命"等同"必然性"这一理解倾向。

④ 韩林合:《虚己以游世——〈庄子〉哲学研究》,第40页。

趋向,具有必然的意义。”①然将庄子所谓的“命”完全只理解为“必然性”,是否符合庄子所谓的“命”的本来义旨,实值得再深思与探讨。

综上可知,此前学者在诠解庄子“命”之思想时,大多只论说了庄子所谓“命”的部分含义,未能揭示《庄子》中“命”所具有的全部思想意义:或将庄子所谓“命”只理解为“运命”;或只理解为“性命”;虽然一些学者看到了庄子“命”之范畴的多义性,但在“天命”“生命”“性命”“运命”四种含义中,皆有所遗漏;故他们依此而进行的对庄子“命”之哲学思想的诠释与解说,都存在不够全面与系统的问题。同时,很多学者因以单一化的方式理解庄子具有多重丰富义涵的“命”之范畴,因此未能全部揭示庄子所谓“命”的义涵,所以往往误解《庄子》中所谓“命”的确切义涵,因此,很多对庄子“命”之思想的解说,存在着较严重的误解误释。如《秋水》中的“无以故灭命”,被一些学者解释为“不要以人的有目的的活动去对抗自然命运”②,或“不以人意改变命运”③,或“不要用人为来消灭命运”④。然“无以故灭命”之“命”,并非指天命于人之外的“命运”之命,而是指天命于人之内的“性命”之命,其实犹言:人不当以故智消亡天然本真的性命本性。《秋水》此处所言之“命”根本与“命运”之命无任何关系,却常被一些学者当作庄子放弃与“命”相抗争,完全听任命运的安排的证据。

第二,很多学者在诠解庄子“命”之哲学思想时,常将庄子所谓的“命”直接等同于“必然性”;同时,部分学者在此基本上还将“逍遥”诠解为“精神的绝对自由”,由此将“命”与“逍遥”之关系解释为类似斯宾诺莎的“必然与自由”之关系。然在这一“以西解庄”范式下,对庄子“命”之哲学的“创新”诠解是否恰切,却值得再商榷。

如任继愈提出,“庄子把自然(天)发展变化的必然性叫作‘命’,‘命’就是任何事物不可逃避的绝对的支配力量,它和宗教家所讲的有人格有意志的

---

① 杨国荣:《庄子的思想世界》,第224页。

② 冯契:《中国古代哲学的逻辑发展》上册,第200页。

③ 刘笑敢:《庄子哲学及其演变》,中国社会科学出版社1988年版,第147页。

④ 杨柳桥:《庄子译注》,上海古籍出版社2007年版,第183页。

所谓上帝的'命令'有本质上的不同……庄子所指出的'命',就是庄子所认为客观世界在发展变化中的必然的结果。这种结果,是由客观世界本身所决定的,不是任何人可以用自己的主观意图所能改变的"①。其还以为,庄子"他只看见了自然现象和自然规律对人类的决定作用,而不能认识人对自然现象有改变力量",认为人类的主观能动作用那么渺小,因此放弃了对客观现实作任何改变的念头,教人对社会问题、人生问题一律采取"精神解脱"的办法,转而寻求人精神上的绝对自由。这一精神上的绝对自由,即庄子所说"无待"的"逍遥"。②

任继愈认为,庄子所谓的"命",是任何事物不可逃避的绝对的支配性力量,其所决定的结果,不是任何人可以用自己的主观意图所能改变的,可谓确论。因庄子"天命"或说"天道"意义上的命,背后具有源自天道自然的强大无比的决定性力量,因此一旦"命"将其强大无比的决定性力量作用于具体的事物,是任何事物都无法抗拒、无从逃避又无力改变的。③ 庄子将由天道自然的客观变化所决定的结果命名为"命",正是为了强调这一既定事态的结果无法抗拒、无从逃避又无力改变。

但这一无法抗拒、无从逃避又无力改变的客观结果,背后发生的原因是否皆是必然的,则是存在疑问的问题。因为庄子将偶然所得的幸运境遇也归为是"命"。如《德充符》曰:

游于羿之彀中,中央者,中地也;然而不中者,命也。(《德充符》)

在神射手后羿的箭矢所及之地,有人有幸没有被射中,这完全是一种"偶然"。颜世安指出,"羿是上古时神射手,彀中是弓矢射程之内,生存之险恶犹如人始终处在神射手的射程之内。在这种情况下,被射中与不被射中,与一个人的

① 任继愈:《庄子的唯物主义世界观》,见《庄子哲学讨论集》,中华书局1962年版,第164—165页。

② 参见任继愈:《庄子的唯物主义世界观》,见《庄子哲学讨论集》,第174—175页。

③ 扬雄曰:"可以存亡,可以死生,非命也。命不可避也。"(《法言·问明》)"命"无法逃避,并不全是因其发生原因是必然的,而是因"命"自道与天来,人有限的力量根本无力抗拒天道自然强大无比的力量的决定性作用,无法逃脱其强大力量笼罩的范围。故偶然性之命之来,人同样不可避。

行为巧拙无关，纯是那黑色偶然之‘命’”①。庄子以为，这样一种偶然所得的侥幸也是“命”。如此，任继愈说庄子把自然发展变化的必然性叫作“命”，这一看法的确当性就值得再探讨。从任继愈所言的“庄子是世界哲学史上第一个接触到自由和必然的关系的哲学家。关于这一方面的巨大成就，只有斯宾诺莎和他可以相比”②，猜想其可能是为了给庄子争取对自由与必然的关系问题的“首触权”，故将庄子的“命”与“逍遥”之关系诠解为类似斯宾诺莎的“必然与自由”之关系的一种思想关系。

张恒寿提出，“庄子认为宇宙间一切事物的发生存在，都有其必然的因果联系……而更主要的是说一切事物的存在变化，都有待于其他事物的存在变化，为其前提；这个‘有待’关系，推至无穷，不可究极，这种全宇宙的必然关系，就是他所说的‘命’之意义。他认为人是无法离开或改变这个必然关系的，因此人在宇宙中的地位，非常渺小，而他又是一个渴望追求自由精神的人，于是在这个矛盾中，他产生了幻想主观的逍遥自由思想”③。其以为，庄子也想从必然中求自由，“但他不知道客观必然性和主观能动的真实关系”，不知道“认识必然才能有自由”，又认为“人是不可能改变天的”，因此他只能转而从主观上去幻想精神上的自由。“所以他所求得的自由，只是改变主观感情，随顺自然，认识到一切事物的发生都是必然要发生的”，由此“对任何事变都不动激情”，“这和斯宾诺莎所说解除激情之桎梏的自由相似，不是客观生活上的真正自由”④。

张恒寿说庄子是一个渴望追求逍遥自由的人，此言极是。然其也与任继愈相似，将庄子所谓的“命”诠解为“全宇宙的必然关系”；并认为庄子因不了解客观必然性与主观能动性的真实关系，无法解决作为“全宇宙的必然关系”的“命”之限制与渴求自由精神之间的矛盾，所以只能去幻想主观上的逍遥自

---

① 颜世安：《庄子评传》，南京大学出版社1999年版，第57—58页。杨胜良亦指出，“因而庄子所谓的命，是偶然，只是这偶然出于自然，人力不能预测左右”。（杨胜良：《道家与中国思想史论》，厦门大学出版社2002年版，第59页。）

② 任继愈：《庄子的唯物主义世界观》，见《庄子哲学讨论集》，第176页。

③ 张恒寿：《庄子新探》，湖北人民出版社1983年版，第358—359页。

④ 参见张恒寿：《庄子新探》，第359页。

由。因此庄子所求得的自由，只是一种“认识到一切事物的发生是必然要发生的”，由此摆脱激烈的负面情感对自己心灵的影响或束缚而实现的精神自由；即与斯宾诺莎所谓的解除激情之桎梏的自由相似的一种主观上的自由。张恒寿也明确将庄子的逍遥思想与斯宾诺莎的自由观进行比较，可知其将庄子所谓的“命”与“逍遥”之关系，整体也理解为与斯宾诺莎的“必然与自由”之关系非常相似的一种思想关系。然而问题的关键是，庄子所谓“命”是否如其所言指的一种“全宇宙的必然关系”，则存有极大的疑问。并且，庄子并非只是因为“认识到一切事物的发生是必然要发生的”，故此教人“安命”以改变主观感情。因庄子将人所无可奈何之事归结为“命”，只是强调其无法抗拒，无从逃避，且因事态既成，不可改易，并未包含这一事态的发生原因完全是必然的思想含义。故张恒寿以“全宇宙的必然关系”解庄子所谓“命”，以“解除激情之桎梏的自由”解庄子所谓的“逍遥”，是否确当，也值得再深思。

刘笑敢也认为，“总起来看，庄子的命只是无可奈何的意思，是人力不可及的必然”，“庄子把自己所感受到的社会生活中的必然性称之命”，“庄子对社会生活中客观必然性的深切感受把他推到了安命论的座席上。所谓安命论与宿命论大体上是一致的，但庄子思想的重点不在于解释命的来源或命的内容，也不在于一般地强调命运之不可抗拒，庄子讲命之不可改变的重点是论证安命无为的合理性、主张在安命无为的基础上追求精神自由，因而安命论的提法比命定论的提法更能反映庄子哲学的特点”①。其以为，“安命无为是庄子哲学向逍遥游过渡的基础”，“庄子哲学虽以安命无为为起点，却以精神自由为终结，所以庄子哲学的归宿是逍遥论”②。

刘笑敢也将庄子所谓的“命”解释为“客观必然性”。“命”如果是“客观必然性”，如此，其将按照已然发生的客观变化条件和必然的因果变化规律，共同决定某一变化趋势或变化结果确定不移，必定发生，不得不然。如此，庄子将必不可避免地成为一个“命定论”者。故虽然刘笑敢一直强调，庄子所谓

① 刘笑敢：《庄子哲学及其演变》，第131—132、145页。
② 刘笑敢：《庄子哲学及其演变》，第149、158页。

命不是天帝之命,命只是来自天与道的作用,没有赏善罚恶的意味;庄子所谓命,也不是前定之命,庄子不讲一切皆生前命定;但还是不可避免要得出,庄子"所谓安命论与宿命论大体上是一致的"。因以"命"为"客观必然性",必定会使人所得之结果命中注定,虽然不由既有人格意识又有主宰意志的命运主宰者预先决定,却变成既无意识又无意志的天道自然,依据人禀生之前既定的客观变化条件和必然的变化规律共同预先决定。如此,虽不是有意识有目的的主观前定,却成了无意识无目的的客观前定,自然最后免不了与宿命论大体一致。同时,刘笑敢将庄子所谓的"逍遥"也理解为一种"精神的自由",因其以为,庄子所谓的"逍遥游"只是心之游,游的主体是心而不是身;如此,"逍遥游的实质即思想在心灵的无穷环宇中遨游飞翔"①。其虽然指出了庄子的"安命无为"思想对摆脱情感之波动,实现精神之解脱,以达精神之"逍遥"境界的作用,但因将"逍遥游"的主体只限定为心,实际上不能融贯性地解释庄子也以身之"彷徨、无为"释"逍遥"的文本。故就刘笑敢将"命"诠解为"必然性",将"逍遥"诠解为"精神的自由",整体将"命与逍遥"之关系解释为与"必然与自由"之关系非常类似的思想关系而言,其与前述两位前辈学者的观点实质大抵相似,故同样将面临以"客观必然性"解庄子所谓"命",以"精神自由"解"逍遥游",是否符合庄子思想之本来义旨的疑问。

之后,崔大华也认为,庄子将"一种非人力所能干预的必然性"称为"命","在庄子的人生哲学里,这种未被认识的外在必然性就构成了人生途中的障碍人的精神自由的一层困境"②。其还以为,"庄子理想人格精神境界的本质内容是对一种个人精神的绝对自由的追求"③,相较于西方哲学史上典型的自由观,如笛卡尔的意志自由,卢梭、康德等人的道德自由,斯宾诺莎、黑格尔等人的理性自由,"庄子人生哲学所追求的无待、无累、无患的绝对的精神自由

---

① 刘笑敢:《庄子哲学及其演变》,第 155 页。

② 崔大华:《庄学研究:中国哲学一个观念渊源的历史考察》,人民出版社 1992 年版,第 145 页。

③ 崔大华:《庄学研究:中国哲学一个观念渊源的历史考察》,第 160 页。

（‘逍遥’），是一种情态的自由，一种理想性质的、情感性质的心境”①。而“命”作为外在必然性，构成了人生途中障碍人实现绝对的精神自由的困境，故人若想实现“逍遥”，必须超脱作为外在必然性的“命”对人的限制与围困，因此，“庄子主张对这种必然性采取承诺、顺应的态度，并且认为由这种态度产生的那种宁静的心境，那种深厚的慰藉力量，能将人的最牢固的物欲悬结融化、解开……不能说庄子是由对必然性的认识而获得了自由，但是，他由对必然性的感受、承诺、顺应而获得的安宁”②，实现了精神的绝对自由的境界。

崔大华也将庄子所谓“命”诠解为“外在的必然性”，将庄子所谓的“逍遥”诠释为“绝对的精神自由”；但与前述学者将庄子所谓的“逍遥”只与斯宾诺莎的自由思想进行比较不同，其进一步将之与卢梭、康德、黑格尔等人的自由理论进行比较，从而将庄子所谓的“逍遥”定性为一种“情态自由”。然将“命”直接等同于“外在必然性”，能否涵盖庄子所谓“命”之全部的义涵，不得不让人生疑，因庄子将偶然所得的境遇也归结是“命”。同时，将庄子所谓的“逍遥”只诠解为“绝对的精神自由”，也无法融贯地解释庄子也以身之“彷徨、无为”释“逍遥”的文本。故崔大华这一诠解的确当性，还是可再深究。

再有，有些学者虽未在斯宾诺莎的“必然与自由”的思想框架下诠解庄子的“命”与“逍遥”思想，但也将庄子所谓的“命”理解为“必然性”或“必然”的经历与结果。如日本学者福永光司认为，“父母子女的关系、君臣的关系是人类的意志及选择无法超越的无可奈何的必然——命运”③。罗光提出，“庄子以命，为‘道’之变化所有必然的经历。‘未形者有分’，乃‘道’的变化程序之一段，‘且然无间’为自然而变没有间离没有例外，谓之命。‘道’变而化生人，人的生命在变化中也有必然的经历；这种经历不入于人的灵府，不为人所知，也不能为人所逃避或抗拒，这种人生自然的经历或遭遇，称为命。儒家以命来自上天之命，老庄之命来自‘道’的自然”④。认为，人之生命中来源于道之变

① 崔大华：《庄学研究：中国哲学一个观念渊源的历史考察》，第167—168页。
② 崔大华：《庄学研究：中国哲学一个观念渊源的历史考察》，第175页。
③ ［日］福永光司：《庄子内篇读本》，王梦蕾译，北京联合出版公司2019年版，第141页。
④ 罗光：《中国哲学思想史·先秦篇》，第546页。

化所有必然的经历,即人生中所有的不为人所知,也不能为人所逃避或抗拒的必然经历,即庄子所谓的“命”。李锦全、曹智频认为,“庄子所言‘命’,如同死与生一样,有着一种必然性的变化趋势,非人力可左右”①。葛荣晋认为,“庄子站在道家的立场上,以客观必然性释命,抛弃了儒家的‘尽人事’的合理思想,‘蔽于天而不知人’,只讲顺应自然,不讲人的力量”②。王中江提出,“庄子所说的‘命’,其意义是指人力所无法改变或无可奈何的自然和社会的必然性或必然结果……‘命’作为一种必然性,却不是一种能够理解的必然性,而是一种不能理解的必然性”③。康中乾认为,“在庄子看来,人生中有一种‘不知所以然而然’的必然性的东西左右着人的行为,这就是‘命’”④。李大华认为,“庄子虽然与孔子都讲求命的关系,却不像孔子那样把命看成超越意志的着意安排,而是把‘命’与‘时’联系起来,命运似乎是一个依照时间不断的轮转过程……既不是意志的安排,又有必然性,那么这种情形只能用一个观念表达,那就是自然必然性”⑤。类此观点甚多,兹不一一俱引。

上述学者虽然表述有些许差异,但实质皆认为庄子所谓的“命”就是“必然性”,要么或无意或有意忽略庄子将偶然的境遇也归结是“命”的情况,要么将此“偶然性”之“命”也归并于“必然性”之中;未觉察若将庄子所谓的“命”解释为“必然性”,将使庄子成为一“强决定论”形态的“命定论”者,或说“客观决定论”形态的“宿命论”者,完全抹杀人之“意志自由”“选择自由”“行动自由”存在的可能性。此前,胡适、渡边秀方、郎擎霄等学者将庄子的命论归为“命定论”“宿命论”时,其实并未明确指出庄子的命论为“命定论”“宿命

---

① 李锦全、曹智频:《庄子与中国文化》,贵州人民出版社 2000 年版,第 86 页。曹智频在其自著的《庄子自由思想研究》也认为:“‘安命’就是顺应外在命运的安排。作为一种必然性,‘命’具有神秘性特点,是不科学的。‘安命’就是承认命运的存在和作用,并安心接受这种必然性的摆布,达到安顿自己的心灵,以实现自由生活。”(曹智频:《庄子自由思想研究》,安徽大学出版社 2010 年版,第 31 页。)

② 葛荣晋:《中国哲学范畴通论》,首都师范大学出版社 2001 年版,第 676 页。

③ 王中江:《道家形而上学》,上海文化出版社 2001 年版,第 235—236 页。

④ 康中乾:《从庄子到郭象——〈庄子〉与〈庄子注〉比较研究》,人民出版社 2013 年版,第 82 页。

⑤ 李大华:《自然与自由:庄子哲学研究》,商务印书馆 2013 年版,第 294—295 页。

论”的真正的根据所在。而上述学者将庄子所谓“命”完全等同于“必然性”，却真正使庄子的命论坐实为“强决定论”形态的“命定论”或“客观决定论”形态的“宿命论”。

孟子曾指出，“莫非命也”（《孟子·尽心上》），在人生的实践过程中，莫不有“非人之所能为”的名之为“命”的强大异己力量，对人施加不可抗拒又无从逃避的作用与影响。“命”若等同于“必然性”，则意味着我们在人生中所遭遇的一切境遇（结果），皆由已然发生的客观变化（前因）和必然的因果变化规律（必然因果律）共同决定。“必然性”之“命”所决定的一切境遇，因前因已定，经过或长或短的必然的因果决定链条，结果必定发生，命中注定，无法抗拒，无从逃避又无力改变。如同塞涅卡所言，“因为我知道一切事情都按照既定的永恒的法则运行。命运是我们的向导，每一个人的生命长度在他出生的那一刻就已被决定。原因与原因相连，一条长长的事件序列决定着无论是公开的还是私人的一切事情；这就是我们必须勇敢地承受一切事情的原因，因为每一件事都不是如我们所设想那样偶然出现，而是注定发生。很久以前就已决定好，什么当让你欣喜，什么当让你哭泣；虽然每一个体的生命似乎都有相当大的不同变化特征，但最终将走向同一个结局：我们承受终将消亡的事物，我们自己也将消亡”①。

如果人在生命中所遭遇的一切境遇，皆由“必然性”的命运决定，“一切发

① 塞涅卡：“Because I know that everything moves forward according to a law that is fixed and passed for eternity. Fate is our guide, and the amount of time that remains for each of us was determined at the first hour of our birth. Cause is linked with cause, and all matters public and private are directed by a long sequence of events; that is why we should endure everything with courage, because it is not by accident, as we suppose, that everything happens, but by design. Long ago it was decided what should make you happy, what should make you weep, and, although individual men's lives appear to be marked by considerable change, they all end as one thing: we receive what will perish, and will ourselves perish”（Seneca: *Seneca Dialogues and Essays: A new translation by John Davie*[M], translated by John Davie, New York: Oxford University Press, 2007, p.14）。正文所引是笔者的译文，另参见［古罗马］塞涅卡：《强者的温柔：塞涅卡伦理文选》，包利民等译，中国社会科学出版社2005年版，第338页的译文。

生的事情都是注定要发生的”①,如此,将使人变成没有意志自由、选择自由与行动自由的被决定物;甚至如塞涅卡所言,人可能连情绪性的自由都没有,因很久以前存在的事物已然决定好什么会让你高兴、哭泣;人至多可能拥有的,只是选择如何面对必然性之命运的态度性的自由:“愿意的人,命运领着走;不愿意的人,命运拖着走。”②如此,每一个自以为是按照自己的意愿自由选择行动的人,其实都受人根本无法逃脱的必然性之命运支配,人只不过被动地承受实质由必然因果律与前因条件共同先行决定的、必定会发生的结果。如此,“意志自由”“选择自由”“行动自由”,甚至“情绪自由”,其实都只不过是一种“幻觉”“假象”。因为人所选择的一切,看似是人按照自由意志在自由地选择自我的行动目标,但人所选择的事物其实都是“命运”已然预先决定赋予你的事物。

假如“命”皆是“必然”的,一切人生所得之境遇皆命中注定且无可逃避,还会产生伦理上的“德福不一致”的道德正义性当如何解释的问题。因如果“命”皆是“必然”的,则意味着人遭遇悲惨的噩运与不幸的命运,也皆是必然的。如果一个人在生活中总是义行善举,累功积德,但结果却遭受悲惨的噩运与不幸的命运,则其好人不得好报也是必然的。如此,必定会使人产生思想疑问:为何上天不给同“德”之人以同样的“福”报?为何上天要如此对待这些行善积德之人?最终的思想结局,将不可避免地走向佛教以及佛教之前的沙门思潮所主张的“宿业报应”的思想。

然庄子所谓的“命”,是否真如前述学者所言,只是一种无法理解的“必然性”?庄子是否真是一名“强决定论”形态的“命定论”者,或“客观决定论”形态的“宿命论”者,认为我们没有“意志自由”“选择自由”与“行动自由”,只有情态性的“主观自由”?这似乎与我们阅读《庄子》的直观感受并不相符;验诸

---

① [古罗马]塞涅卡:《幸福而短促的人生——塞涅卡道德书简》,赵又春、张建军译,上海三联书店1989年版,第247页。

② 此是塞涅卡的“Aye,the willing soul,fate leads,but the unwilling drags along”的常见汉译。《幸福而短促的人生——塞涅卡道德书简》中译为“因为命运引导顺者,强迫逆者”。([古罗马]塞涅卡:《幸福而短促的人生——塞涅卡道德书简》,第248页。)

《庄子》，似乎也很难用此结论融贯地解释庄子所有论“命”的文本。但反过来说，假如庄子不是一名“命定论”者和“宿命论”者？其背后的根本理据又在何处？如何让人信服地相信，庄子不是所谓的“命定论”者和“宿命论”者？此前的一些学者，如张默生、叶国庆、陈品卿等，虽然对庄子命论非是宿命论已有所辩正，但其实并未从学理上完全透点庄子命论不是宿命论的根本理据所在。

回看“命”与“逍遥”之关系的问题，假如“命”不是一种“必然性”，如此，任继愈、张恒寿、刘笑敢与崔大华四位学者对庄子“命”与“逍遥”之关系的诠解就值得再反思：“命”与“逍遥”之关系，是否真的构成类似“必然与自由”的思想关系？四位学者在诠解庄子的“命”与“逍遥”之关系时，实际上存在着如下三个共同点：一是都认为庄子所谓的“命”是一种“必然性”；并认为“命”作为一种“必然性”，是人无从逃避或无法摆脱的束缚，它构成了人实现“逍遥”自由的一种限制或障碍；二是认为实现“逍遥”自由必须安适或顺应此必然性之“命”；三是都认为庄子的“逍遥”，是一种主观的“精神自由”。

四位学者依托主要自斯宾诺莎处借鉴而来“必然与自由”的理解范式，对庄子所谓“命”与“逍遥”之关系的诠解，虽然富有“创新性”与“启发性”，然他们的诠解，依然存在着如下有待进一步解答的问题：

首先，若以“必然性”解释庄子所谓“命”，如此，当如何解释庄子将偶然性的境遇也归为“命”的情况？以“必然性”强调“命”之境遇发生原因的完全必然，是否符合庄子将人所无可奈何的由天道自然所决定的无法抗拒、无从逃避又无力改变的结果归结为“命”的本来义旨？易言之，《庄子》中“天命”意义上的命，是否仅只是人无法摆脱的“必然性”，还是一个既包括必然性也包括偶然性的更大的哲学范畴？

其次，“逍遥”是否仅只是一种“精神的绝对自由”或“主观上的自由”？更为根本的问题是，“逍遥”可否对等于现代意义的“自由”概念？

最后，“命”是否仅只构成对人的限制与围困，成为人们实现“逍遥”境界的障碍与围困？“命”对于“逍遥”境界的实现，是否也提供了重要的前提？“命”与“逍遥”之间到底存有怎样的关系？

蒙培元实际上已指出，庄子“性命”意义上的命，不仅与自由（逍遥）不构成矛盾冲突,反而是实现自由(逍遥)境界的重要条件。王凯也提出,“庄子认为,‘命’不过是天道运行的别名。个人的命,服从于天道的运行,是‘道’通过个人进行的自我展现。道是自由的,秉道而生的人也同样是自由的,人的命是道的自由的另一称谓。道创生万物,也创生了人,道又寓存于万物和人中,并支配和左右着万物和人,同时也把自由的秉性赋予万物和人……‘命’从道的角度讲,既是对人的规范和限制,也是寓居于人的表现方式,是人自由或不自由的根据”①。其指出了作为“道”的“命”,既是对人的规范和限制,即人不自由的原因;同时也是人获得自由本性的依据,是人得以自由的内在原因。此一见解可谓极具见地。虽然两位学者直接将“逍遥”等同于“自由”的妥当性还有可再商之处,但皆揭示了“命”对于“逍遥”境界的实现并非全然都是限制与障碍的作用,其同时也为人实现“逍遥”的境界提供了重要的内在前提。如此,前述学者将“命”只视为一种对人实现“逍遥”境界的消极性的限制因素,这一结论的确当性就值得再深思。

再从解庄的方法论角度而言,以“必然性”释“命”,以“自由”释“逍遥”,这一“以西解庄”的诠释理路,是否与《庄子》文本本来的内在思想脉络相融贯?是否符合庄子言“命”与“逍遥”本来的立言宗旨?这也是值得再反思的问题。自胡适、冯友兰等学者依照西方哲学的理论框架、学术范式,梳理中国传统哲学思想,撰写《中国哲学史》以来,学者们逐渐形成依据西方哲学的概念、范畴、理论诠解中国传统思想家的哲学思想的传统。受此影响,学者们也纷纷开始借鉴西方哲学的理论资源诠解庄子的哲学思想,形成“以西解庄”这一新的诠释理路。本来,恰切的“以西解庄”可以提供一种新的思想视角与理解视域,显现原先在传统庄学视域中隐而不显的内在思想联系,进一步拓展传

---

① 王凯:《逍遥游——庄子美学的现代阐释》,武汉大学出版社 2003 年版,第 213 页。王凯受学界流行的将庄子所谓“命”释为“必然性”的影响,认为,“庄子所讲的‘命’,带有必然性的意思,也带有命运的含义。至于‘命’的具体因素,大致包括三个方面的内容:其一是指时势的变化人无法与之抗拒……其二是人的欲望和情感是无法消除掉的……其三是死生的变化是无法左右的”。因认为庄子所谓“命”带有必然性与命运的含义,故其认为庄子之“命”论,“显然带有宿命论的色彩”,未能完全摆脱“命”等同于“必然性”这一看法的影响。(参见王凯:《逍遥游——庄子美学的现代阐释》,第 214—216 页。)

统庄学义理的解释空间，增进对庄子哲学思想的深入理解，然而在“以西解庄”的过程中，必须审慎地把握思想诠释的限度，特别是对一些本身连带着强思想背景的哲学概念的使用。如果只是基于西方哲学与庄子哲学在一些概念、范畴与思想方面所存在的表面相似性，不加辨析地将庄子的一些核心概念、范畴与理论直接等同于西方哲学的某一哲学概念、范畴与理论，未注意到二者在概念的内涵、思想的立言宗旨，以及思想提出的时代背景和针对的问题等方面所存在的重要差异，极易因概念的不当诠解和对两者的不当类比，比较出似是而非的思想“相通之处”，结果变形为对西方哲学思想理论的一种“不当比附”。

具体到对庄子命论的思想研究而言，近代以来很多学者在诠解庄子的命论思想时，不是选择从传统的“命”之范畴本有的思想义涵出发，从自殷周革命以来逐渐形成的深厚的“天命”思想传统，并在先秦诸子“命”论思想的演进逻辑和发展脉络中，诠解庄子所谓“命”之独特的思想义涵与存在特点，往往因见庄子所谓“命”具有无法抗拒、无从逃避又无力改变等特点，就直接将庄子所谓的“命”完全等同于西方哲学的“必然性”，有意无意忽略庄子将偶然性之境遇也同归为“命”的情形。从文本解释的规范要求来看，并未实现对《庄子》文本的融贯性解释的要求。同时，由于将庄子所谓“命”诠解为“必然性”，无法逃脱被“必然性”之“命”规限得死死，没有一丝“意志自由”“选择自由”“行动自由”之缝隙的命运，无法从“强决定论”形态的“命定论”中求得人之“意志自由”“选择自由”“行动自由”的可能性之所在，所以不得不将庄子所谓的“逍遥”诠解为“精神的自由”或“主观的自由”。整体上将“命”与“逍遥”关系，解释为类似斯宾诺莎“必然与自由”之关系的一种思想关系。这一诠解因在作为思想会通之前提的基本概念内涵的准确释解上首先失当，故变形为在“以西解庄”的过程中对斯宾诺莎的“必然与自由”理论的一种“不当比附”。

“最初学者们在进行这种比附时，其本意可能是为了解释的方便，或者是为了肯定和提升庄子哲学的理论高度，以便确立其在世界哲学史上的地位，但这种比附，只不过是将庄子‘命’与‘逍遥’的思想改造为与斯宾诺莎的‘自由即对必然的认识’的理论相似的一种哲学思想，使其‘同质化’于西方哲学的‘必然与自由’理论，而并未真正提升庄子哲学的思想品质，提高庄子本人的思想及其在历史上的地位。因为将庄子原本丰富多义涵的‘命’窄化理解为‘必然性’,将本有的独具意义的‘逍遥’简单理解为‘精神自由’,不仅遮蔽了庄子‘命’与‘逍遥’所具有的独特意义,而且也抹消了庄子通过‘命’与‘逍遥’两个范畴对世界与人生所进行的独特思考,故而反使庄子思想变得‘干瘪化’,失去了其独特的思想魅力和原创生命力”①。这样的“以西解庄”,可能不仅未能增进对庄子哲学思想的深入理解,反而遮蔽了庄子对宇宙、世界、人生的深刻而独到的思想洞见和依此而提出的通达而超越的人生智慧。

要之,学者们以西方哲学的“必然性”诠解庄子所谓的“命”,以“精神自由”诠解庄子所谓的“逍遥”,由此将“命”与“逍遥”之间的关系整体解释为类似“必然与自由”的关系,这一诠解无论是在诠解的具体思想内容上,还是在诠释的方法论上都存在着有待进一步再反思的问题。

第三,此前学者对庄子命论的思想研究,基本未考察庄子所谓“命”之四重意义层级间内在蕴含的紧密思想联系,故未能全面揭示由其所表征的现实中“天命”与人之“生命”“性命”“运命”复杂辩证的关系,以及由此二者所构成的庄子“命”之哲学体系不可分割的思想整体性。

首先,通过对《庄子》“命”之范畴的系统梳理和对此前学者的《庄子》命论思想研究的检讨,可以发现,庄子所谓的“命”,除去普通用法,还具有深刻的哲学思想含义的义项,包括“天命”“生命”“性命”“运命”四种含义;并且,这四种含义不是一种并列的关系。其中,“天命”是“命”之四重含义的首要含义;“生命”“性命”“运命”因皆是“天之所命”,故被同称为“命”;由乎此,“生命”“性命”“运命”之命实皆统摄于“天命”之中。是故,庄子所谓“命”,其实是一个以“天命”为基础,同时含摄“生命”“性命”“运命”之义的综合哲学范畴。

其次,庄子所谓“命”之四重意义层级间内在蕴含的紧密思想联系,表征着现实中“天命”与人之“生命”“性命”“运命”复杂辩证的关系:“天命”是人之“生命”“性命”“运命”的共同来源与存在基础,“生命”“性命”“运命”皆由天所命、所赋、所定;“生命”是“性命”得以存在和发挥作用的前提;“生命”与

① 罗祥相:《庄子“命”与“逍遥”思想辩证》,《哲学研究》2016 年第 4 期。

"性命"又是人开展生命实践活动,进而遭遇"运命"的前提条件;在人之"性命"能力之外,人力所无可奈何的范围,才属于"运命"的范畴;"运命"构成对人之"性命"能力与"生命"自由的限制。"命"之四重意义层级间内在蕴含的紧密思想联系,及其所表征的现实中"天命"与人之"生命""性命""运命"复杂辩证的关系,使庄子所谓"命"之"天命""生命""性命""运命"四义相互贯通为混沦不可分的思想整体。故质言之,"庄子之'命',一字而含四义,是一个由天命所统摄,由天命而生命、而性命、而运命,命命相贯通、相联系的一个整体"①。

此前学者对庄子命论的思想研究,因对庄子所谓"命"之四重意义层级分疏不全,所以基本未考察庄子所谓"命"之四重意义层级间内在蕴含的紧密思想联系。除个别学者,如徐克谦注意到"命"同时可以表示"生命""命运"与"命名"之义,"表明此三者在中国古人的原初语境和思维中本来是贯通的"②,并尝试揭示三者之间所存的多重辩证关系。但徐克谦由于对庄子所谓"命"之四义中,只重点关注了"生命"与"运命"二义与"命名"之间的内在思想关联性;未能透点"生命""命运"在古人原初的语境中同称为"命"的贯通性,根本在于它们皆"由天所命"。"生命""性命""运命"事实上是因皆由"天命",同处于"天命"决定性的作用影响之下,故由"天命"统摄成一个混沦不可分的"命"之整体。

最后,庄子所谓的"命"同时含摄"天命""生命""性命""运命"四重丰富而深刻的思想意义,四重意义层级间内在蕴含着紧密思想联系;由此所表征的现实中"天命"与人之"生命""性命""运命"复杂辩证的关系,无不表明:庄子的命论,乃是一个以天命论为基础,涵盖生命论、性命论、运命论三方面的思想内容,并包含严密的内在思想结构的整体思想体系。是故,无论是对庄子天命思想、生命哲学、性命理论和运命观的研究,其实都应当将之置于庄子命论的整体思想体系中,或说置于"天命"与人之"生命""性命""运命"复杂辩证的

① 罗祥相:《庄子"命"与"逍遥"思想辩证》,《哲学研究》2016年第4期。

② 徐克谦:《庄子哲学新探——道·言·自由与美》,第173页。

关系中进行全面的思考,如此才能整全地呈现庄子对“命”之问题的全面而深刻的哲学思考和重要而独到的智慧洞见。

目前学界基本未见对庄子命论整体性的专题研究。林玫玲在《先秦哲学的命论思想》的《道家的“有命论”思想》一节中,对庄子的“命”观有较详细的阐述。她认为,“由于道家重视天命与自然,因此,庄子对于‘命’所赋予的首要意义是指向天命,此天命有二义:其一指天赋予的本性与生命;其二则指天道,故天命即天道,此义着重于天道的自然流行”①。林玫玲说,庄子所赋予“命”的首要意义指向“天命”,极是。因“天命”是人之“生命”“性命”“运命”的共同来源与存在基础。同时,她还指出,“天命”既可意指“天道的自然流行”,同时还可意指“天赋予的本性与生命”,已较为全面指出庄子所谓“命”所具有的内涵,但其在此处还是遗漏了同样含摄于“天命”之中的“运命”,虽然她在其他处也指出庄子所谓“命”亦有“运命”之义。② 可能是出于重点阐论庄子运命观的考虑,其选择将“天命”与“运命”分开论说,然却因此割裂了庄子命论之由“天命”“生命”“性命”“运命”间紧密的内在思想联系所构成的思想整体性。同时,受郭象注及学界流行观点的影响,其也以“必然性”诠解庄子所谓的“命”③,未能觉察如此诠解将使庄子成为一客观决定形态的“宿命论”者。

总而言之,学界目前对庄子的“命”之思想的研究,存在着三个方面的主要问题:一是对庄子所谓的“命”之四重丰富而深刻的思想义涵分疏不全,很多学者将庄子所谓的“命”只单一化地理解为“运命”,或只理解为“性命”,或

① 林玫玲:《先秦哲学的命论思想》,文津出版社 2007 年版,第 275 页。

② 林玫玲曰:“庄子将人力不能左右且无可奈何之境遇委之于运命这一无法解释的神秘根源。”(林玫玲:《先秦哲学的命论思想》,第 279 页。)

③ 林玫玲曰:“按郭象之注,遇与适二字亦指向人类所处的时代和环境,虽然具有偶然的意味,但却直指一必然性,贴切地提点出人生在世所遭逢的一切皆为天命,且为必然而不可移易,即使是己身所处的时代与环境亦是无从选择。这种必然而不可改移的运命思想,在《庄子》书里俯拾皆是。”(林玫玲:《先秦哲学的命论思想》,第 277 页。)其在后文又说,“道家论命以及对命所采取的态度,如老子的复命之说,庄子的知命、安命、致命、遂命和达命等态度,并非是消极颓废或一宿命思想”。(林玫玲:《先秦哲学的命论思想》,第 289 页。)未觉察以“必然性”解“命”和“非宿命论”二者不可兼得。

只解说为“天道”之“命”；虽然一些学者见到了庄子“命”之范畴的多义性，但在“天命”“生命”“性命”“运命”四义中，皆有所遗漏；故由此而展开的对庄子“命”论的哲学诠释与思想解说，存在着误解误释与不够全面系统的问题。二是很多学者采取“以西解庄”的诠释理路，将庄子所谓的“命”诠解为“必然性”；一些学者还将“逍遥”诠释为“精神自由”，由此整体将“命”与“逍遥”的关系，解释为类似“必然与自由”的关系。然这一本意为提升庄子哲学的理论高度与思想地位的“创新尝试”，因在作为思想会通之前提的基本概念内涵的准确释解上首先失当，故变形为对西方哲学的“必然与自由”理论的一种“不当比附”。同时，学者们以“必然性”解“命”，还使庄子成为一“强决定论”形态的“命定论”者，或“客观决定论”形态的“宿命论”者，完全抹杀了人之“意志自由”“选择自由”“行动自由”的存在，背离了庄子言“命”的本来思想义旨和立言宗旨。由上述不当诠解所造成的思想误解，实际上不仅遮蔽了庄子“达命”哲学思想精神的本来义旨，还降低了庄子哲学的学理品质，亟待进一步的重新反思与厘清驳正。三是未能全面揭示庄子“命”之“天命”“生命”“性命”“运命”四重意义层级间内在蕴含的紧密思想联系，及由其所表征的现实中“天命”与人之“生命”“性命”“运命”复杂辩证的关系，故未能透点庄子之命论，乃是一个以天命论为基础，涵盖生命论、性命论、运命论三方面的思想内容，并包含严密的内在思想结构的整体思想体系。

故此，本书以庄子“达命”的哲学思想为核心的研究主题。首先，基于庄子“天”之观念的思想分析指出，庄子所谓的“天”，既无人格性的意识，又无主宰性的意志，也无道德性的属性。庄子以为，“天即自然”，天的本质即“道”即“自然”，天本无“命”。庄子在天本无“命”的情况，重新大量论“命”，是为了深刻揭示天人之间所存在的形体生命的给予与被给予，性命本性的赋授、规限与被赋授、被规限，运命境遇的决定与被决定的关系。

其次，通过澄清《庄子》中“命”之丰富而复杂的思想涵义指出，庄子所谓“命”，并非只具“命运”“性命”或“天命”之义的单义性概念，而是同时涵摄“天命”“生命”“性命”“运命”四层丰富而深刻的哲学思想含义的综合范畴；并且，庄子所谓“命”的四重意义层级间内在蕴含的紧密思想联系，及由其所表征的现实中“天命”与人之“生命”“性命”“运命”复杂辩证的关系；无不表明，庄子的“天命”“生命”“性命”“运命”四方面的哲学思想是一个混沦不可分的“命”之思想整体；进而通过详细分析庄子在“天命”“生命”“性命”与“运命”四方面的思想主张指出，庄子无论对“天命”，还是人“生命”“性命”与“运命”，皆倡导“达命”的哲学思想精神。

再次，通过揭示庄子如何以“天命”对人施加的决定性的作用影响，既自然而无常又公平而无私等变化特点的深刻体察为基础，下贯其对人之“生命”“性命”“运命”的存在本质与变化特点深刻而独到的哲学反思和提出的通达而超越的智慧主张，依此指出，庄子的“达命”哲学思想体系，实际上是一个以天命论为基础，同时涵盖生命论、性命论、运命论三方面思想内容，并包含严密的内在思想结构的整体思想体系。进而全面呈现庄子对天命与人之生命、性命、运命独到的思想洞见：一、天命自然，天并无对人先定的宿命，天命实同时兼具无常与无私的二重复杂的面相。二、生自天命，不可拒止，人生在世实是充满各种劳苦忧悲等生命存在之痛苦的过程；故人必须实现生之觉解，始可摆脱生之劳苦忧悲，其中关键在善生善死。三、性自天命，本自具有自然无为、纯真素朴、平和静定等自然的德性，故人不当改易天性；若民众因物丧生丧性，当使其返本复初。四、时运由天定，为人完全无可奈何者，故人当知命、安命而顺命。

最后，通过辨析“命”与“逍遥”的准确内涵，指出庄子“天命”意义上的命，并不等于“必然性”；“逍遥”也无法完全地对等于“自由”；故“命”与“逍遥”的关系，并不构成此前学者所诠解的类似“必然与自由”的关系。“命”对于人实际上具有双重的作用，“命”与“逍遥”之间存在着吊诡的复杂关系：“命”既是阻碍人实现绝对无待的“逍遥”境界的限制性力量，又为人实现最大程度的“逍遥”境界提供了重要的前提；既是人不得“无待逍遥”的根本原因，又是人得以实现最大程度之“逍遥”的内在根据。就“命”是使人不得“无待逍遥”的限制性力量而言，“命”是人追求人生最大程度的“逍遥”境界必须超达的对象。“达命”是人实现人生最大程度的“逍遥”境界的方法。内含“通达天命”“洞达生命”“遂达性命”“达观运命”四层深刻义涵的“达命”，才是庄子命论的真精神。

三、研究方法

哲学问题因往往具有的高度的抽象性、辩证性、开放性等特点，故很多时候并不只有一种解答方式，也没有所谓的标准答案，也经常没有可以定于一是的最终结论，很多问题甚至还可能没有答案，但对哲学问题的解答还是存在着合理性大小、全面性宽窄、论证性强弱等方面的差别。因此，在研究某一具体的哲学论题时，应当力求运用契合于这一论题的研究方法，以得出更为全面、合理、切当，更有现实解释力与思想说服力的思想结论。本书采用的研究方法主要有：

（一）整体论的研究方法

“整体论”的研究方法指从事物的整体性、结构性、功能性、开放性的角度研究一个事物的方法。它反对“还原论”将一个事物分解或切割成部分后，分别研究部分的性质与功能，然后再组装起来，建构所谓的“整体”的性质与功能。“整体论”区别于“还原论”的认识方法的根本要点在于，“整体论”一开始就将事物当成具有整体性质与功能的系统，注重通过整体研究认识和把握事物整体性的性质与功能及其对部分的性质与功能的影响；注重通过整体性，研究事物的结构性、功能性与开放性。

“整体论”认为，整体性的性质与功能不能通过部分及部分的简单相加而得到，必须通过对事物系统性的整体把握才能得到。“整体论”的这一研究方法应用于《庄子》的研究，则主张对庄子哲学思想体系整全的理解与把握，只有通过对《庄子》一书整体的研究才能获得。因此，它首先要求打破对《庄子》一书的内、外、杂的区分，将《庄子》一书当作一个整体的思想系统，以此展开对庄子哲学的整体研究。学界目前很多学者受苏东坡之后开始逐渐兴盛的对今本《庄子》外杂篇的怀疑思潮之影响，认为今本《庄子》一书只有内篇才是庄子所著，外杂篇则是庄子弟子后学所作，故主张研究庄子思想应只依据内篇。但这种依据自汉代才出现的《庄子》内外杂篇的区分，依凭后人极具主观性的分篇标准，去辨析《庄子》一书的“真伪”，由此将《庄子》分割为庄子与非庄的作品的做法,既没有客观、可靠的依据,也无严谨、合理的切当理由,是一种不当裁割庄子思想体系的做法。笔者以为,应将《庄子》一书,视为一个由庄子所基本奠立的,具有核心的思想观念、共同的思想范畴、基本的思想底线立场、协调一致的思想倾向的整体思想系统,以此展开对庄子哲学的整体研究。在学界以各种理由怀疑《庄子》书中掺杂有非庄之作品的情况下,为何还应当并且如何合理将《庄子》当作一个整体进行研究,具体论证请参见本书的"附录一"。

"整体论"认为,将整体不当地分解为部分,会使事物的系统整体性和价值功能性都受到极大的伤害。因此,"整体论"的研究方法反对将《庄子》这一整体思想系统分割为庄子思想与"庄子后学"思想的做法。因为其以为,在《山木》《徐无鬼》《列御寇》三篇四章中提到的庄子弟子及从者①,虽然依据《列御寇》的"庄子将死,弟子欲厚葬之"的记载,可推知其如孔子弟子记载孔子的思想言行相似,也帮助记载了很多庄子的言行②,但在整本《庄子》中并无他们参与篇章的"创作"③的记载。除上述资料外,没有任何的史料提及先秦时存着一个"庄子后学"的学派。故所谓的"庄子后学"实为后来的注庄研庄者,依据前述有限的资料进行猜测性建构的结果。假若历史上真的存在过所谓的"庄子后学"并参与了《庄子》篇章的创作,其作品因混编入《庄子》中,又因历史资料的欠缺,缺乏严谨可靠的判定标准将其整体辨识区分出来④,故已

① 《庄子》中明确提及庄子弟子及从者有四处:分别是《山木》篇的"庄子行于山中"章与"庄周游于雕陵之樊"章,《徐无鬼》的"庄子送葬,过惠子之墓"章,《列御寇》的"庄子将死,弟子欲厚葬之"章。

② 高亨曾指出,"杂篇《列御寇》曰:'庄子将死,弟子欲厚葬之',岂有将死之人尚秉笔作书者!此篇非庄周自撰,又甚明"。(高亨:《诸子新笺》,山东人民出版社 1961 年版,第 52 页。)高亨谓无将死之人尚秉笔作书的道理,甚是在理。然其以此推断《列御寇》整篇的内容皆非庄子自撰,则犯有"以偏推全"的逻辑错误,因此一论据,至多只能证明此章非庄子自撰,由其弟子所记,无法推证《列御寇》篇其他的章节也非庄子自撰。

③ 孔子曰:"述而不作。"(《论语·述而》)此处的"创作"即孔子所言的"作",指自己提出篇章中的思想并将之写成篇章,与"述"不是自己提出篇章中的思想而只是帮忙"记述"写成篇章不同。

④ 在今本《庄子》中,有个别篇章,如《说剑》,存有比较明显的不类"庄子学派"之作品的思想特点,故可依学派成立必须依循最底线意义上的基本思想立场,排除其为非"庄子学派"的作品。理由详见"附录一"。

内化于《庄子》这一整体的思想系统中，成为其有机的思想组成部分。二者血肉相连，不宜进行强行分割，一旦进行强行的分割，会使两者的思想功能皆受损。故“整体论”的研究方法既反对以内外杂的区分为标准，将《庄子》内篇归为庄子所著，外杂篇归为庄子后学所作的做法；又反对虽打破内外杂之分，但依照其他不够科学可靠的标准将《庄子》一书不严谨地区分为庄子与非庄子之作品的做法；因认为此二做法都是将《庄子》这一整体思想系统不当地分解为部分的做法。

“整体论”认为，部分无法代表整体。因此，“整体论”的研究方法反对抽取《庄子》中的个别篇章、段落，以此推断“庄子思想的主要特征”，再以此为标准去论断或验证《庄子》中的其他篇目或章节是否为庄子所著的研究方式。因抽取《庄子》一书个别的篇章、段落，无法归纳出“庄子思想的主要特征”，得出某些篇章、段落代表着庄子的根本思想特征等类似的结论，因如此做法犯有逻辑上“以偏推全”的错误。

“整体论”认为，部分不能脱离整体，认为脱离了整体的部分将不再具有其在原来整体中的完整的性质与功能，将部分甚至基本失去其在原系统中的性质与功能。因此，“整体论”的研究方法反对将《庄子》中的篇目章节抽离于《庄子》整体的文本语境，以及思想由以产生的“历史背景”①而进行研究的方法。因其以为，一旦篇目章节脱离《庄子》整体的文本语境，以及思想由以产生的历史背景，这些篇目章节所表达的思想将会发生主旨的偏移、背离等问题，其思想的性质及其启发人心智慧的功能将会发生变异。

（二）训诂与义理结合研究法

训诂与义理结合研究法是对“整体论”研究方法的进一步细化和补充。“整体论”的研究方法反对“还原论”将部分从整体分解分割出去的认识方法，但认识整体，不能不通过部分。若没有对部分细节的准确认识，由此而得到的

① 哲学家的思想与此一思想由以产生的“历史背景”，因其内在紧密的联系，亦使其构成为一“整体”。

对事物的整体认识肯定是一个模糊、大概、不准确的认识，恰如朱子所言的“无星之秤，无寸之尺”（《朱子语类》卷一百一十五）。因此，若欲求得对一个事物更为全面准确的整体认识，还是必须深入到整体的内部，在整体中获得对部分细节的准确认识，①然后通过对此部分细节的正确认识的恰当重构，得到对事物整体全面而准确的认识。概言之，“整体论”研究方法要求“在整体中认识部分，由部分认识整体”②。

“在整体中认识部分，由部分认识整体”的原则，应用到文本思想的研究中，要求采用“训诂与义理相结合”的研究方法。戴震提出，经典解读应遵循以下原则：“经之至者道也，所以明道者其词也，所以成词者字也。由字以通其词，由词以通其道，必有渐”③。其在此提出的“由字词以通道”，即“由训诂而得义理”的方法，也即“由部分认识整体”的方法。戴震不仅强调“由训诂而得义理”，也强调“由义理而得训诂”，其还提出，“有义理之学，有文章之学，有考覈之学。义理者，文章，考覈之源也。熟乎义理，而后能考覈、能文章”④。“熟乎义理，而后能考覈”，强调必须先熟通整体的义理，然后才能对作为部分的字词作出正确的考据训诂，此即“在整体中认识部分”的方法。

对于“在整体中认识部分，由部分认识整体”的原则在思想文本解读中的应用，徐复观曾有精到的论述：

> 我们所读的古人的书，积字成句，应由各字以通一句之义；积句成章，应由各句以通一章之义；积章成书，应由各章以通一书之义；这是由局部

① “整体论”与“还原论”在认识部分的方法上存在着根本的差别：“还原论”将部分从整体分解、切割出来再进行分析认识，一旦部分脱离了整体，它将部分性失去甚至基本失去其在原整体中所具有的性质与功能，如此而得的对部分的性质与功能的认识，必定是不全面、不准确的认识；“整体论”认识部分的方法不是将部分从整体中分割出来，其一开始就将部分放在整体中来进行认识，因为部分还在整体中，故由此而得对部分的认识才是全面而准确的认识。

② 此一原则也即诠释学的基本原则。

③ （清）戴震：《戴震文集》，中华书局1980年版，第140页。其在《古经解钩沈序》亦曰：“经之至者道也，所以明道者其词也，所以成词者未有能外小学文字者也。由文字以通乎语言，由语言以通乎古圣贤之心志，譬之适堂坛之必循其阶，而不可以躐等。”[（清）戴震：《戴震文集》，第146页。]

④ （清）戴震：《戴震文集》，第1页。戴震又曰：“则知一字之义，当贯群经，本六书，然后为定。”[（清）戴震：《戴震文集》，第140页。]

以积累到全体的工作。在这一步工作中,用得上清人的所谓训诂、考据之学。但我们应知道,不通过局部,固然不能了解全体,但这种了解,只是起码的了解。要作进一步的了解,更须反转来,由全体来确定局部的意义,即是由一句而确定一字之义,由一章而确定一句之义,由一书而确定一章之义,由一家的思想而确定一书之义。这是由全体以衡定局部的工作,即赵岐所谓"深求其意以解其文"(《孟子题辞》)的工作,此系工作的第二步。此便非清人的训诂、考据之学所能概括得了的工作。①

确如徐复观所言,在研究一思想文本时,应先由局部到整体,由通各字之义而求一句之义,由各句之义而求一章之义,由一章之义而求一书之义。但在确定一字之义之时,没有对此字的前后文背景的分析,此字之义亦无由确定,句、章、书皆是如此。因此,又要反过来由一句而确定一字之确切含义,由一章而确定一句之确切含义,由一书而确定一章之确切含义,由哲学家、思想家的整体思想体系,来确定一书的宗旨。

用现代的术语表达上述的"训诂与义理相结合"的方法,即"概念分析与文本思想分析相结合"的方法。语言本身的发展特点是:字词的义项基本都是先有一个基本义,然后由此基本义发展出很多引申义;所以除却专名,通名类的概念基本都具有多重的义项。除非是一语双关或者一语多关,哲学家、思想家在文本中使用的概念,都有其确定的意义所指。然他们基本不会在文本中明确指出自己在何种意义上使用这一概念,常只以文本的前后文语境限定所使用的概念的意义所指。因哲学概念基本上都具有多重的义项,又因很多时候著述者的表达有所不足,对前后文语境的限定不足,所以给后来者确定其概念的确切意义所指带来思想上的困难。

首先,应用"概念分析法"解析概念本身包含有哪些义项或几重不同的意义层级。概念本身蕴含的所有可能的义项,即"义项集",首先限定了概念可能所指的意义范围。假如采用不是概念本身所蕴含的"义项集"中的意义,去解释这一概念,则是"强字硬释"的错误做法。"概念分析法"不仅可以用来判

① 徐复观:《中国思想史论集》,上海书店出版社 2004 年版,第 91 页。

定概念内在义涵解释的正确与否,也可用来评判概念间的相互诠解是否恰切。在概念的相互诠解中,如果采用其他思想系统的概念,如西方哲学的概念,去解释中国传统思想文本中的概念时,那么两个概念的"义项集"至少应当具有或重合,或涵括,或交叉的关系;如果使用由涵括、交叉之关系而得的相同义项,去解释传统文本中的思想概念时,因两概念不是重合等同的关系,故应当指明在何种意义上使用"解释概念"中的义项,否则受在涵括或交叉范围之外的那些义项的影响,极易造成思想的误解。而且,在进行概念内涵为涵括关系的两个概念间的相互诠释时,若"用以解释的概念"的全部意义,无法涵盖"被解释的概念"的全部意义,意义范围反而小于它,则不能将"用以解释的概念"等同于"被解释的概念";否则将明显地窄化"被解释的概念"的语词意义与思想内涵。

其次,借助"文本思想分析法",分析概念具体使用的前后文语境、章节段落的思想脉络与篇章的思想主旨等思想要素,以确定概念的具体意义所指;有时甚至需要参考由哲学家、思想家的整体思想体系所体现出来的思想倾向及其思想由以产生的时代背景,才能够确定这一概念在此具体的文本语境中唯一的意义所指。故此,由"文本思想分析法"分析出来的概念意义,必须满足作为文本解释之强规范的"融贯性"之要求:能够合理通贯地解释原文本中的思想,并与作者的整体思想体系所表现出来的思想倾向相协调,还应符合作者思想由以产生的时代背景之特点。假如因前后文的语境限定不足,出现概念的"义项集"中两种或两种以上的意义,都能够达到文本解释规范中前述的三个方面的"融贯性"之要求,即文本解释中也较常见的"二义或多义皆通"的情况,第一要承认它们都是文本概念的合理解释,第二还是要努力寻求融贯性最强,也即最为合理的那一种解释,往往也是最具有广泛接受性的一种解释。

具体到《庄子》中的"命"之概念的解析而言,首先必须通过对"命"字的详细疏解,指明"命"在《庄子》中所有可能具有的义项之范围。其次,通过解析"命"字在《庄子》中具体使用的章节段落之前后文语境,以文本思想的分析确定此"命"字的确切义涵及其归属的范畴。在《庄子》中,庄子将"天命""生命”“性命”“运命”皆同称为“命”，此一概念使用的特点表明庄子以此“命”之四义为一混沦不可分的整体，但在具体语境中，庄子所谓的“命”皆有其特别所指或说唯一的确切所指，故必须通过对“命”所见之章段的文本思想的具体分析，才能确定其具体属于“天命”“生命”“性命”“运命”四范畴中的哪一个范畴。再次，对于采用其他思想系统的概念，如西方“必然性”的概念，诠释庄子所谓“命”的情况，应当依照前述的“用以解释的概念”的全部意义是否能够全面地涵盖“被解释的概念”的全部意义这一标准，衡量这一诠释的合理性与确当性。

（三）逻辑结构研究法

逻辑结构研究法也是对“整体论”研究方法的进一步细化与补充。“整体论”的研究方法，除了要求从整体性，也要求从事物的结构性的角度研究一个系统事物。“整体论”认为，事物的功能性与其结构性紧密相关，事物的结构性往往对事物的功能性具有决定性的影响。“整体论”要求从事物的结构性的角度研究一个系统事物，具体应用到文本思想研究，要求我们也采用“逻辑结构研究法”，深入揭示哲学家的思想体系的内在结构性，因其是哲学家的思想体系的功能性的重要来源与保障。

张立文曾提出研究中国哲学应采用“中国哲学逻辑结构研究法”，即在研究中国哲学时所采用的“深入揭示某一哲学体系的内在逻辑结构或关系”的方法。其要求在研究中国哲学逻辑结构时，“不是从现成的原则、原理出发，也不承袭西方的分门别类，更不把中国哲学削足适履地去符合现成的原则、原理，而是从中国哲学的实际出发，试图梳理和总结出中国哲学固有的原则、原理、规律、方法”①。张立文指出，在哲学的逻辑结构中，存在着三个层次的关系，分别是：概念、范畴和模型。“概念是信息元在思维中的类”，“范畴是概念的类”，“模型是范畴的类”；而范畴在概念与模型转介中占有重要的地位，“范

① 张立文：《中国哲学逻辑结构论》，中国社会科学出版社 2002 年版，第 1 页。

畴是哲学逻辑结构层次的转换中介，是递归和合的枢纽”[①]。因此，在分析确定哲学概念的内在义涵，归纳总结哲学家的思想主张时，必须使用哲学范畴来进行归纳总结，然后依照范畴内在的逻辑关系，揭示哲学家的思想体系的内在逻辑结构。如张立文所强调指出，我们不能从现成的契合于西方哲学的思想框架与分类原则的范畴、原则、原理出发，将中国哲学家的思想削足适履地塞入外在于中国哲学内在思想脉络的范畴、原则、原理中去，而应从中国哲学家的思想体系内部，归纳总结其本身固有的范畴、原则与原理，然后依照这些固有的范畴、原则、原理的内在逻辑关系，去揭示他们思想体系的逻辑结构性，如此揭示出来的哲学思想逻辑结构，才是契合于中国哲学家之思想体系的内在思想结构。

具体到揭示庄子的“命”之整体思想体系的内在思想逻辑结构而言，首先，应当依照传统的“命”之概念固有的可能的内在思想义涵，在《庄子》文本具体的前后文语境中，对《庄子》中所有所谓的“命”进行准确的语义分疏；在《庄子》中，具有哲学思想意义的“命”，也即天之层次上的“命”，具有“天命”“生命”“性命”“运命”四义，如此应当依照此四个范畴，分别归纳总结庄子对于“天命”“生命”“性命”“运命”四个方面的思想主张。其次，因庄子并不仅用“命”之范畴表达其对“天命”“生命”“性命”“运命”的看法与主张，故应进一步考察与“天命”“生命”“性命”“运命”相关的概念中所体现出来的思想主张。最后，按照庄子“天命”“生命”“性命”“运命”四个范畴间的内在固有的思想逻辑关系，全面揭示由天命论、生命论、性命论、运命论四方面的思想内容，所构成的庄子的“命”之整体思想体系的内在思想逻辑结构。

（四）史论结合研究法

史论结合研究法，指“论从史出，以论概史，史论相符”的研究方法。所谓的“史”，指从历史流传下来的或新出土的典籍文本与历史资料，及由其所“拟

---

① 参见张立文：《中国哲学逻辑结构论》，第6—7页。

构”的历史背景,所呈现的历史传统等具有历史性的要素。所谓的“论”,指由对上述“史”之要素的客观研究中,得出的具有抽象概括性、思想解释性、批判反思性等特点的研究结论。

“史论结合”的研究方法,首先要求“论从史出”。真实可信的历史资料与典籍文本,是得出可靠的研究结论的前提保证。由于从历史流传下来的历史资料与典籍文本多具有真伪杂糅的特点,故应先对历史资料与典籍文本进行“去伪存真,去粗取精”的甄别工作,而且“去伪存真,去粗取精”的甄别工作不能仅凭主观的思想臆断、个人的价值喜好,必须遵循科学的方法,依据客观可靠的论据,由此筛选出真实可信的历史资料与典籍文本作为研究基础。“论从史出”要求从真实可信的历史资料与典籍文本出发,以此作为全部立论的前提基础。若没有相应的客观的历史记载,研究中可以作合理的假设与猜想,以填补在历史空白处所缺失的事实之可能性,但切不可作没有凭据的胡乱的臆测与妄断。尤其不能将“假设与猜想”当作“客观的历史事实”,以此作为立论的依据与论据。同时,应极力避免一种不良的历史与文本资料的使用倾向:合则采信之,不合则否弃之。上述的方法论原则,对研究《庄子》中篇章的归属问题,具有重要的指导意义。

“史论结合”的研究方法,其次要求“以论概史”。即要求从对真实可信的历史资料的客观研究中所得出的具有高度概括性与普遍规律性的结论,能够最大化地合理解释全部的历史事实或历史现象;若是由对典籍文本的深入研究而得出的普遍结论,应能够最大程度地解答或最为融贯地解释文本中所有的思想问题。由“史”而得之“论”,最为底线意义上的要求是,不应与客观存在的历史现象或思想文本的固有表述相矛盾;在此基础上,应力求以“最佳之论”概“最大之史”,努力得出最有现实解释力、最具思想融贯性和最佳理论效力的研究结论。

“史论结合”的研究方法,最后还要求做到“史论相符”。即经由深入研究所得的思想结论,应与由真实可信的历史资料、新出土的文物、典籍文本等所共同“拟构”的历史背景,所呈现的历史传统相协调,符合当时的历史背景与历史传统的现实。就文本思想诠释而言,则要求在理解与诠释哲学家的思想文本时,应将之放回到思想由以产生的“历史背景”①,回归到“历史传统”中来进行理解与诠释;由此诠解出来的思想和得出的评价结论,应当与作者的历史背景相协。否则就会犯由不当的“以今解古”“以今评古”而产生出来的“思想误置”与“评价失当”的问题。

当哲学家将其“创见”出来的思想保留到文本中去后,一旦文本进入历史传承,就开始脱离其由以产生的时代背景,开始进入一普遍化的理解情境。后人在理解诠释这一文本时,肯定先是放入自己生活的现实情境与时代背景中进行理解与诠释。假使此一文本所提供的思想问题之解答方案,所倡导的行为准则与价值原则在当世还普遍适用,说明哲学家所“创见”出来的思想具有普世性。但哲学家提出的思想问题,提供的思想问题之解答方案,倡导的行为准则与价值原则,毕竟与其生活的时代存在着密切的联系。任何哲学家都只能从其生活的时代情境,及时代所能提供的认识条件出发,提出针对或具普遍性或具时代特殊性的思想问题之解答方案,依其洞见而倡导相应的行为准则与价值原则。故其所提出的思想,除具有普世性外,其中一些思想不可避免地具有时代特殊性,带有其所生活的时代的特点与局限。

对于这些具有时代特殊性的思想,就不当再将之放入普遍化的理解情境,而应当将之置入这一思想由以产生的历史背景中进行理解、诠释和评判。一旦脱离此类思想由以产生的历史背景,则对此思想的理解、诠释与评判极易产生误解、误释与误判的问题。因为哲学家当初立此言论,有其特殊的立言宗旨,乃针对其生活的时代情境中特有的问题而提出此一问题的解答方案,依此

---

① 由于“真实的历史”已被淹没在时间的洪流中,后人所能够知道的只是由各种历史资料、典籍文本、流传下来或新出土的文物等有限的历史信息承载物所“保留下来的历史”。因此,在当世欲将哲学家的思想完全地放回当初其赖以产生的历史背景中去考察和理解,肯定无法实现。故此处所言的“历史背景”,指以各种历史资料、典籍文本、流传下来或新出土的文物等有限的历史信息承载物所“重构”起来的,同时也包含着当代的“理解视域”的“历史背景”。这一“重构”起来的“历史背景”,与真实存在过的历史背景相比,具有很大的局限性,不仅因为历史材料的欠缺等问题,也在于这一“重构”总是从我们当下的“理解视域”出发的一种“重构”,不可避免地包含有当代人的“前见”。但这并不意味着依此“重构”起来的“历史背景”没有思想价值与现实意义,其对于后人解决当初作者为何为要提出如此这般的思想原则与价值准则,其思想针对何种具体的人生与社会的问题等思想诠释中的问题,还是具有极为重要的思想价值与现实意义。

提出相应的行为准则与价值原则。如不能正解其所针对的问题之所在，领会其特殊的立言宗旨，仅只从当今时代的问题情境、理论视角和理解视域出发进行理解与诠释，那么所诠解出来的思想，实质上只不过是今人投射到古代思想家身上的思想主张，因未准确把握作者的“立言宗旨”，故存在着因主旨偏离而产生的思想误差。同样，如不能从作者的历史背景出发，以符合当时之认识水平和切当于当时之生存环境的道德评价标准，进行恰切的思想反思与价值评判；反而带着现代人的思想见识与智识水平远超古人的傲慢心态，以及身处道德整饬、秩序井然的社会环境油然而生的道德优越感；以当今时代的思想认识水平和道德评价标准强求古人，“讥讽”古人所提出的思想主张的不足，“鞭挞”其行为准则和思想原则“世故圆滑”、不“正直崇高”，那么这一思想反思与价值评判肯定不是一个公平、中肯、恰当的反思评判。陈寅恪尝指出：

> 盖古人著书立说，皆有所为而发；故其所处之环境，所受之背景，非完全明了，则其学说不易评论。而古代哲学家去今数千年，其时代之真相，极难推知。吾人今日可依据之材料，仅为当时所遗存最小之一部；欲藉此残余断片，以窥测其全部结构，必须备艺术家欣赏古代绘画雕刻之眼光及精神，然后古人立说之用意与对象，始可以真了解。所谓真了解者，必神游冥想，与立说之古人，处于同一境界，而对于其持论所以不得不如是之苦心孤诣，表一种之同情，始能批评其学说之是非得失，而无隔阂肤廓之论。否则数千年前之陈言旧说，与今日之情势迥殊，何一不可以可笑可怪目之乎?①

陈寅恪提出，当以“了解之同情”的态度，对待古代哲学家所提出的思想学说。如要做到“真了解”，虽处距古代哲学家数千年，当下可依据之材料极为有限的困难情况，但还是应当以“艺术家欣赏古代绘画雕刻之眼光及精神”，凭借可用之材料努力重构哲学家的时代之真相；并且应当以类似狄尔泰所提倡的“随后体验”的方式，移情地了解哲学家的思想历程，与哲学家处同一思想境

① 陈寅恪：《审查报告一》，见冯友兰：《中国哲学史》，华东师范大学出版社 2000 年版，第 432 页。

界，如此才能做到"同情之了解"；进而才能产生"了解之同情"，由此对哲学家不得不如此立论持论的苦心孤诣，具有同情共感的思想感受，如此才可谓真正充分地理解了哲学家的思想学说，而后才能对其学说的"是非得失"，作出公平、中肯、恰当的评价。

具体到《庄子》的思想研究而言，钱穆曾指出，"《庄子》，衰世之书也。故治《庄》而著者，亦莫不在衰世"①。其所提点的，庄学史中的庄子研究热基本都集中在衰世的现象，十分值得深思。为何注《庄》解庄热，莫不在衰世？盖因庄子生活于战国中期这一诸雄争霸、战争频发、民生涂炭的衰世时代，故其所提出的一些思想原则与行事准则具有强烈的时代问题针对性。一旦人们再次遭遇衰世的社会情境，这些针对衰世时代的生存困境而提出来的思想原则与行事准则的价值就开始重新凸显。人们莫不希望从《庄子》中找到身处衰世的存身处世之道，故多通过注《庄》解庄的方式，吸纳庄子所提出的衰世生存的思想原则和行事准则，以此化解自己内在的价值观念的冲突，排遣内心的苦闷情绪，从而得到心灵的安适与精神的解脱。

庄学史上注《庄》解庄热莫不集中在衰世的现象，表明《庄子》所提出的一些思想原则与行事准则带有强烈的时代问题针对性。这提醒我们在研究庄子的哲学思想时，必须区分哪些思想是具有普世性的思想，可直接承继；哪些主张是具有强烈的时代问题针对性的主张，需要以批判反思的方式，抽象继承其"立言之精神"。② 为此，首先应当依据现存的历史资料，努力"还原"庄子当初提出此一思想的历史背景；准确理解其所针对的问题之所在，领会其特殊的立言宗旨，如此才能够对当初庄子提出此一思想的"苦心孤诣"，表深刻的"同

① 钱穆：《庄子纂笺》，生活·读书·新知三联书店 2014 年版，第 8 页。

② 冯友兰曾提出"抽象继承法"，认为，"在中国哲学史中有些哲学命题，如果作全面了解，应该注意到这些命题底两方面的意义：一是抽象的意义；二是具体的意义"。（冯友兰：《三松堂全集》第 12 卷，第 94 页。）其以为，如果中国哲学史中的一些命题的具体意义，若没有什么可以继承的话，那么我们可以继承它的抽象的意义。依照上述"抽象继承法"的精神，对于哲学家所提出的具有强烈的时代问题针对性，不再普遍适用于当今时代的一些思想原则和价值准则，如庄子的"为善无近名，为恶无近刑""不谴是非，以与世俗处""无用"等思想，可采取继承其"立言之精神"的方法，继承其思想中的"合理之内核"。

情之了解”；然后才能对其思想的优长与不足作出公平、中肯、合理的评价，以抽象继承其“立言之精神”的方式，继承其所留存给今人的精神遗产。

（五）诠释学的方法

准确释解哲学家的思想文本，是进行恰当的思想阐发的前提。为避免因不当诠解和过度诠释造成思想的误解误释，遮蔽作者的思想本旨，降低作者的学理品质，在文本诠释中应审慎地把握合理诠释的限度。为此，应对“诠释学”所总结的诠释的基本规则，具有足够的方法论自觉。

首先，中国古代源远流长的注疏思想传统，总结出非常多有效的经典注疏与解释的方法，应从中国传统的“经典解释学”中参取有益的经典注解与诠释的方法，以求更为确切地诠解中国传统的经典文本。孟子提出的“以意逆志”和“颂其诗，读其书，知其人，论其世”两解经原则，就是两个非常值得参取的经典诠释方法。何谓“以意逆志”？孟子曰：“故说诗者，不以文害辞，不以辞害志。以意逆志，是为得之。”①（《孟子·万章上》）“以意逆志”的解经方法，首先，强调不因个别字词的表达不确伤害整句的理解，也不因个别章句的表达不当影响对作者的思想意旨与立言宗旨的整体理解。实质上，即强调应从“整体”的角度理解经典，整体地把握作者的“立言宗旨”，忽略不影响领会整体思想主旨的部分细节文字的表达不当的影响。其次，“以意逆志”的方法还强调解读者应迎取作者的意志，即作者的思想意图和立言宗旨。换言之，在解读经典时，必须去除自己心中障碍作者之意志正确呈现的“成见”，以一种“虚心”的态度，主动地迎取或说接纳作者的思想意旨和立言宗旨进入解读者的思想中。要之，“以意逆志”的经典诠释方法，强调以整体理解的角度和虚心接纳的态度，理解和领会作者的思想意图和立言宗旨。

孟子还提出“颂其诗，读其书，知其人，论其世”的解经原则，其曰：“颂其

① 朱子注曰：“文，字也。辞，语也。逆，迎也……言说诗之法，不可以一字而害一句之义，不可以一句而害设辞之志，当以己意迎取作者之志，乃可得之。”［（宋）朱熹：《四书章句集注》，中华书局1983年版，第306页。］

诗，读其书，不知其人，可乎？是以论其世也。”①(《孟子·万章下》)首先，孟子认为，若不知其人，仅颂其诗，读其书，不足以全部准确地理解作者的思想，必须了解作者的为人处世、生平经历、性格特点等，才能全面准确地领会作者的思想主旨。其次，要了解作者的为人处世、生平经历、性格特点等，又必须了解作者所生活的时世、时代的特点，如此才能全面了解作者的思想所针对的问题和立言之意图。故“以世知人，以人知文”的解经原则，强调应当紧密结合作者的历史背景和生平事迹，全面准确地理解作者的“立言宗旨”。

除中国传统的“经典解释学”的方法外，西方的“诠释学”中伽达默尔的哲学诠释学的思想和贝蒂等所总结的作为一般方法论的文本诠释学思想，对如何正确地诠释哲学家的思想文本，亦具有非常强的借鉴与指导意义。

伽达默尔提出，作为人之存在方式的理解活动，总是带有一个先在的由前见、权威、传统三个要素所构成的“前结构”②。它是我们进行理解活动的前提，也是我们理解活动奠立其中的基础。因此，“一切理解都必然包含某种前见”③。由此，伽达默尔进一步提出“视域融合”的思想。他认为，由我们自己带来的无法避免的前见规定了诠释活动的基本处境，当每一个人从他的前见出发去“看视”时，就会形成自己的“视域”，“视域就是看视的区域(Gesichtskreis)，这个区域囊括和包容了从某个立足点出发所能看到的一切”④。如此，当解读者去理解一个思想文本的时候，文本从它的意义、前见和问题视域出发讲话；解读者从他的前见、视域出发去理解，如此任何对思想文本的理解与诠释，其实都是解读者的“现实视域”与文本所呈现的“历史视域”相互“视域融合”的过程，“理解其实总是这样一些被误认为是独自存在的视域的融合过程”⑤。

---

① 朱子注曰：“颂，诵通。论其世，论其当世行事之迹也。言既观其言，则不可以不知其为人之实，是以又考其行也。”[(宋)朱熹：《四书章句集注》，第324页。]朱子将“论其世”解为“论其当世行事之迹”，还未全面。世，除“当世行事之迹”之义外，还有“时世”之义。

② 参见[德]伽达默尔：《真理与方法——哲学诠释学的基本特征》，洪汉鼎译，上海译文出版社1999年版，第341—348页。

③ [德]伽达默尔：《真理与方法——哲学诠释学的基本特征》，第347页。

④ [德]伽达默尔：《真理与方法——哲学诠释学的基本特征》，第388页。

⑤ [德]伽达默尔：《真理与方法——哲学诠释学的基本特征》，第393页。

伽达默尔指出,“在重新唤起文本意义的过程中解释者自己的思想总是已经参与了进去”①,所以一种完全“丢弃自己”,完全客观的理解与解释实为不可能,是“一种对不可达到的岛屿的虚构”②。完全客观的理解与解释不可能③,并不意味着相反地就肯定完全主观的理解与解释的合理性,对文本进行主观随意的理解与解释的做法也应被否定,因这一做法完全不尊重文本本身及由其所呈现的“历史视域”。要之,对思想文本的理解与解释,其实是一种既非完全客观,也非完全主观,而是一种由文本与诠释者之间的“视域融合”所达成的“效果历史”事件。

若任何对文本的理解与诠释,都是理解与诠释主体的现实视域与思想文本所显现的历史视域相互“视域融合”的过程,由此产生的关键问题是:解读者的视域如何与文本的视域相互融合?如果解读者采取有意将自己的视域加入文本的视域中去的方式,就会造成解读者的视域遮蔽了文本本身的视域,而不是从文本本身的视域中获得思想、智慧、意义与价值等重要启示。为此,伽达默尔提出了理解主体必须向文本开放的思想,“谁想理解,谁就从一开始便不能因为想尽可能彻底地和顽固地不听文本的见解而囿于他自己的偶然的前见解中——直到本书的见解成为可听见的并且取消了错误的理解为止。谁想理解一个本书,谁就准备让本书告诉他什么”④。他认为,当且仅当理解与诠释的主体向文本开放的时候,文本的见解才能够被听见从而进入理解主体的视域之中,如此才可能取消解读者在偶然的前见解中获得的错误理解。换言之,“视域融合”不能采取将解读者的视域强行加入文本的视域中去的方式,

---

① [德]伽达默尔:《真理与方法——哲学诠释学的基本特征》,第 496 页。

② [德]伽达默尔:《真理与方法——哲学诠释学的基本特征》,第 390 页。

③ 人不可能做到完全的客观,因为人在“观”的时候,总是“人”在观,故“观”必有其“主”,因此人的观总是一种有“主”的“观”。人不可能使自己成为“物”,成为一种“客”,然后再去“观”,因为人一旦化为“物”,化为“客”,则不能再“观”。因此日常所谓的“客观”,其实是要求认知者摆脱情绪的干扰,去除心中的各种“成见”的限制,将自身“拟物化”“拟客化”,从而让自己达到以一种不受情绪感染,不受“成见”影响的方式去认识外物。然伽达默尔指出,作为一种僵化之前见的“成见”,实无法在认识或理解之前加以正确地排除,只能在认识的过程中,才可能排除这一错误的理解。

④ [德]伽达默尔:《真理与方法——哲学诠释学的基本特征》,第 345 页。

而应使文本的视域尽可能如其本然地在解读者的视域中显现出来。①

伽达默尔"视域融合"的思想,对正确地看待解读者对文本的解释的性质,及如何进行恰当的诠解,具有重要的启示。具体到庄子的思想研究而言,庄学史上,由于研究庄子思想的学者身份与背景各不相同,故存在着很多"以儒解庄""以佛解庄"的现象;到了近代,由于西方思想的大规模传入,也开始出现"以西解庄"的现象。本来,注家与研究者这些用以解庄的视角,作为解读者理解庄子思想的一种"先行的筹划",也未尝不可。因为任何对文本的解释,都是诠释主体的思想视域与文本本身的意义视域相互"视域融合"的过程,故"以儒解庄""以佛解庄"和"以西解庄",本是一种主动追求将庄子的思想视域与儒学、佛学和西学的思想视域进行"视域融合"的做法。但不可否认的是,由于一些解庄者对如何恰当地将庄子的思想视域与儒学、佛学和西学的思想视域进行"视域融合"没有足够的方法论的自觉,因此,他们在"以儒解庄""以佛解庄"和"以西解庄"时,常不自觉地将儒学、佛学和西学的一些思想强加到庄子的思想之中。故他们的"解庄"名之曰"解",其实可能不自觉地混儒学、佛学和西学的思想于庄子的思想之中。因此他们的"解庄",很多时候不是澄明了庄子本身的思想,反而遮蔽了庄子思想本有的独特思想义旨。究其原因皆是其有意或无意地将自己用以解庄的视域加入《庄子》文本的思想视域中,而不是采取解庄者首先向《庄子》文本的思想视域敞开自己,以孟子所谓的"以意逆志"的方式,虚心迎取《庄子》文本的思想意义与核心主旨。

相较于"以儒解庄""以佛解庄"和"以西解庄",更为恰当的诠庄方式实为"以儒会庄""以佛会庄"和"以西会庄"。相较于前者,后者强调不以一种

---

① 海德格尔指出,"解释并非把一种'含义'抛到赤裸裸的现成事物头上,并不是给它贴上一种价值。随世内照面的东西本身一向已有在世界之领会中展开出来的因缘;解释无非是把这一因缘解释出来而已"。([德]海德格尔:《存在与时间》,陈嘉映、王庆节合译,生活·读书·新知三联书店1999年版,第175页。)即理解与解释并不是将人所发明的意义"赋予"赤裸裸的没有任何意义的事物头上,而是要让事物本身一向已有的、已经在我们的理解中展开出来的"因缘整体性"自己呈现出来,解释是让事物本身自我呈现。中文"解释"一词正与海德格尔的这一理解绝妙相契:解,即解开之义,释,即释放之义,故"解释"实即解开诠释者的前见对语词、思想文本的限制,让文本的意义自我呈现、显现出来。

基于解释者自身价值立场的先行的思想成见去“解庄”,时刻警惕不将自身用以“解庄”的视域加入《庄子》文本的思想视域中,而是解释者首先向《庄子》文本敞开自己,让《庄子》文本的思想视域先行进入解庄者的思想视域中后,再来寻求庄子的思想视域与儒学、佛学、西学的思想视域之间真正存在的“会通”之处,如此才是更为恰当的主动寻求庄学与儒学、佛学、西学之间相互“视域融合”的方式。

伽达默尔之后,另一位重要的诠释学思想家贝蒂提出,我们理解与解释的行为,是一个作为主动的能思的精神的解释者,通过富有意义的形式,如人们的谈话、固定的文献、艺术的表征等形式,认识被客观化于富有意义的形式中的他人的精神的过程。“所以进行认识的主体的任务就在于重新认识这些客观化物里的激动人心的创造性思想,重新思考这些客观化物里所蕴含的概念或重新捕捉这些客观化物所启示的直觉。由此推出,理解在这里就是对意义的重新认识(re-cognition)和重新构造(re-construction)——而且是对那个通过其客观化形式而被认识的精神的重新认识和重新构造”①。这种重新认识与重新构造存在于客观化之物中的他人精神的活动,不是一个被动模仿作者作品的过程;而是一个有解释者主动参与的,从相反的方向重现作者原创过程的过程。因此,解释的行为其实处于一个二律背反的困境之中,它既有客观性的要求:我们的重构要尽可能地符合富有意义的客观化物的固有意义内容;又有主观性的因素:这一客观性只能是解释者主观的重构。贝蒂认为,为了正确地重新认识与重新构造这些存在于客观化物中的他人精神,必须遵守正确的方法论规则。为此,他提出了诠释学方法论的四个规则,分别属于解释对象和解释主体:

A. 属于解释对象的两条规则:

A1. 诠释学的对象自主性规则或诠释学标准的内在性规则。

A2. 诠释学评价的整体性和融贯性规则。

B. 属于解释主体的两条规则:

① 洪汉鼎编:《理解与解释——解释学经典文选》,东方出版社 2001 年版,第 129 页。

B1. 理解的现实性规则。

B2. 理解的意义正确性规则或诠释学的意义符合规则。①

在这四条规则中，前两条属于解释对象的规则，体现了解释的客观性要求。它首先要求尊重任何富有意义的客观化物的独立自主性与内在标准性。任何对精神客观化物的解释，都应被原作品这一内在标准进行检验，都必须符合作者的“原来意向”，“即从作者的观点和他在创造过程中的构造冲动来看的意向”②。其次，“诠释学评价的整体性和融贯性规则”，也即前述的“在整体中认识部分，从部分认识整体”的诠释学基本规则。整体性与融贯性的诠释规范，要求在整体中得到的部分认识必须跟整体具有一致性，综合而得到的整体认识必须具有内在统一性、思想融贯性。同时，解释者所得到的对精神客观化物的任何认识，都不能与作者的思想整体倾向性以及作品所属的“文化体系”等背景性要素相矛盾。

贝蒂所提出的四条规则中的后两条规则，体现了解释行为中的主观性因素。所谓的“理解的现实性规则”，指对客观化物的理解，总是从当下的现实出发；对作者原创过程的回溯，总是在解释者自身之内的重构。故理解总是将他人的思想，经过重新转换和调整，“综合它们于我们自己经验框架内”③，所以这种对于他人思想的重新转换、调整和综合一定程度上服从于自己经验框架的改变。如此，每一次解释者自己经验框架的改变，都会造成理解与解释的不同。同样，在不同的人那里，由于每个人的经验框架的不同，由此而生出的解释也会不同。这些因素正体现了解释的主观性的一面。但归根到底，这些主观性的因素，要受前两条客观性要求的限制。换言之，由于理解的不同，我们对同一解释对象可以有不同的看法，但这些看法必须是能够经得住作品这一内在标准的检验，必须能够达到与整体思想的相融贯。这正是贝蒂所言的“理解的意义正确性规则或诠释学的意义符合规则”的要求，“按照这一规则，

① 洪汉鼎：《诠释学——它的历史和当代发展》，人民出版社 2001 年版，第 263 页。另参见洪汉鼎编：《理解与解释——解释学经典文选》，第 130—135、160—162 页。

② 洪汉鼎编：《理解与解释——解释学经典文选》，第 131 页。

③ 洪汉鼎编：《理解与解释——解释学经典文选》，第 135 页。

解释者应当以这样一种方式把自己生动的现实性带入与他从对象所接受的刺激紧密和谐一致之中，以致我们和他人以一种和谐一致的方式进行共鸣”①。即解释者自己生动的现实性与主观性，与从解释对象中所接受的具有客观性的刺激的相互协调一致；解释者的主观理解与解释符合作品所提出来的客观性要求。②

贝蒂所提出的诠释学的四条基本原则，对恰当地解读文本的思想具有重要的指导意义。在解读一个思想文本时，虽然进行理解的先行筹划时应敞开各种可能性，但并不意味着对思想文本的解释与解读可以是随意的、任意无限的：思想文本中字词的本有义涵，句子的语法结构，章节的思想脉络与逻辑，篇章的主题与义旨，作品的思想意图与立言宗旨，作者所有的作品所构成的思想整体性，思想由以产生的“文化系统”和“历史背景”等，无不限定着对思想文本的解释与发挥，无不要求对思想文本的理解与解释必须符合作品原有的意义表征和思想结构，经得起思想文本的内在标准的检验，契合作者的思想意图与立言宗旨，满足解释的整体融贯性要求，与作者的思想整体倾向性以及思想由以产生的“历史背景”相协调，符合意义解释的正确性规则的客观要求。

---

① 洪汉鼎编：《理解与解释——解释学经典文选》，第161页。

② 参见洪汉鼎：《诠释学——它的历史和当代发展》，第263—273页。

第一章 “命”之疏解与释义

汉语中,“命”之用法复杂多样,义涵异常丰富。既有作为普通用法的命令、指令、号令、法令、政令、教命、礼命、爵命、命名、名称、名字等含义;又有包含深刻哲学思想义涵的“天命”“生命”“性命”“运命”等含义。“命”如何从其“令”之本义,发展出众多复杂的含义;“天命”“生命”“性命”“运命”四个具有深刻哲学思想意蕴的“命”之范畴,如何从“命”之普通用法中脱离出来,成为深刻哲学思考的对象;“天命”“生命”“性命”“运命”的确切义涵又是什么;这是对庄子的“达命”哲学思想研究,必须首先解决的问题。

一、“命”之观念的产生与演变

“命”从其“令”之本义,引申发展出命令、命名等众多复杂的含义。“天命”,及在此基础上发展而来的“生命”“性命”“运命”等具有深刻哲学思想意蕴的范畴,则由“命”与“天”的联结,又经复杂的演变过程发展而来。

(一)“命”之本义

命之本字为令。令的甲骨文字形作“[illegible]”或“[illegible]”①,金文作“[illegible]”或“[illegible]”②。傅斯年指出,令之本式,“像一人屈身跽于一三角形之下”③。自甲骨文出土

① 参见刘钊、洪飏、张新俊编纂:《新甲骨文编》,福建人民出版社 2009 年版,第 507—508 页。

② 参见董莲池编:《新金文编》,作家出版社 2011 年版,第 1305—1312 页。

③ 《傅斯年全集》第 2 卷,湖南教育出版社 2003 年版,第 516 页。

后，学者多指出许慎《说文》以"卪"释"令"字下半部分跽坐的人形"卩"字之误①，故对"卩"为跽坐之人形，都无疑义，但对三角形"亼"的象征义，学界则存有较大的分歧，由此对令之本义的解释遂各不相同：林义光认为，"亼"之字形乃"象口发号"②；徐中舒认为，"亼即A(今)之省，A像木铎形，亼为铎身，其下之短横为铃舌。古人振铎以发号令"③；罗振玉认为，"亼"是古之"亼"字，读若"集"，其曰，"古文令从亼人，集众人而命令之"④；傅斯年则认为三角形，"盖本为屋宇或帐幕之原始象形……古者发号施令恒于宫庙行之，凡受命者引领待于其下，是以令字如此作"⑤。

姚孝遂指出，以"亼"为口之象形是误释，因"令孳乳从口为命，古本同源。西周以后，始出现从口之命字"⑥。而且，令若本就包含口之象形，之后则实无必要再加口旁，新造命字，除非令之本义被改作他用。实情是令之本义并未被改作他用。故先民乃在本不包含口之象形的令之基础上，再加口旁，新造命字。因此，林义光等以"亼"乃口之象形，并不准确。

徐中舒认为"亼"象铎身，是以"亼"为"A"(今)之省，而"A"像木铎之形为依据。⑦ 贾文指出，以"A"为木铎之象形"不符合实际"⑧，因"A"下的短横，是一种既不表音，也不表意的指示符号。于省吾也指出，"今字的造字

---

① 如罗振玉指出，"许书训卪为瑞信，不知古文卩字像人跽形，即人字也。凡许书从卪之字解皆误"。（罗振玉：《增订殷虚书契考释》，见罗继祖主编：《罗振玉学术论著集》第一集，上海古籍出版社2010年版，第250页。）

② 参见《古文字诂林》第八册，上海教育出版社2003年版，第105页。李孝定也认为三角形，"疑象倒口"。（李孝定编：《甲骨文字集释》，台湾"中央"研究院历史语言研究所1970年版，第2868页。）刘兴隆的《新编甲骨文字典》亦采此说，曰："象口在人上。"（刘兴隆：《新编甲骨文字典》，国际文化出版公司1993年版，第567页。）

③ 徐中舒主编：《甲骨文字典》，四川辞书出版社1988年版，第1000页。方述鑫从其师之说，也认为三角形"象省去铃舌的铃形"。[参见方述鑫：《甲骨文口形偏旁释例》，见《古文字研究论文集》(《四川大学学报丛刊》第十辑)，四川人民出版社1982年版，第281页。]

④ 罗振玉：《增订殷虚书契考释》，见罗继祖主编：《罗振玉学术论著集》第一集，第250页。

⑤ 《傅斯年全集》第2卷，第517页。丁佛言亦主此说："A象屋宇形。"（参见《古文字诂林》第八册，第105页。）

⑥ 于省吾主编：《甲骨文字诂林》，中华书局1996年版，第366页。

⑦ 参见徐中舒对"今"字的解释，见徐中舒主编：《甲骨文字典》，第574页。

⑧ 参见《古文字诂林》第五册，上海教育出版社2002年版，第378—379页。

本义，系于亼字的下部附加一个横划，作为指事字的标志，以别于亼，而仍因亼字以为声”①。再者，甲骨文“亼”（令）省为“亼”只是少数现象，大部分字形则是作“亼”②。而且，令的甲骨文与金文个别字形，上半部分只写作“∧”，并不都作“亼”之形。③ 故徐中舒之解也值得商榷。

罗振玉以“集众人而命令之”释令，当是本自徐锴。徐锴注“令”曰：“号令者，集而为之，卩，制也。”④以集训亼，则本自许慎。许慎曰：“亼，三合也。从入、一，象三合之形。凡亼之属皆从亼。读若集。”⑤因有亼读若集之古训为据，故孙海波、戴家祥等人主张，“集人受命”为令之本义。⑥ 但许慎对亼的释解，一直被怀疑有误。如徐铉曰：“此疑只象形，非从入、一也。”⑦段玉裁亦曰：“许书通例，其成字者必曰从某。如此言从入一，是也。从入一而非会意，则又足之曰‘象三合之形’，谓似会意而实象形也。”⑧段玉裁在此替许慎辩护，因许言亼“从入、一”，是以会意解亼字，而后文又曰“象三合之形”，则又是以象形解亼字，前后解说并不一致。故段注实际上更显露了许慎解释的矛盾之处。余永梁怀疑许慎是望亼之篆文“亼”而生训⑨，故将亼训为“象三合之形”。亼之甲骨文字形“亼”，多用作屋宇或盒盖之象形⑩，故其是否如许说“象三合之形”十分可疑，如此许慎依据此说将亼训为集，释为集合之义，是否准确就十分可疑。由此，令是否是“集众人而命令之”之义也就存在较大疑问。

相较而言，“亼”如傅斯年之说，释为“屋宇或帐幕之原始象形”更为合理，

---

① 于省吾：《甲骨文字释林》，中华书局 1979 年版，第 456 页。

② 参见《古文字诂林》第五册，第 387—389 页。

③ 参见刘钊、洪飏、张新俊编纂：《新甲骨文编》，第 507—508 页。董莲池编：《新金文编》，第 1305—1312 页。

④ 臧克和、王平：《说文解字新订》，中华书局 2002 年版，第 598 页。

⑤ 臧克和、王平：《说文解字新订》，第 338 页。

⑥ 孙海波云：“令，使也，告也。从人从亼者，亼，古集字。人集亼下，受令之意也。”（参见《古文字诂林》第八册，第 105 页。）戴家祥曰：“说文五篇亼，三合也。读若集。集人为令，在六书为会意。”（戴家祥主编：《金文大字典》，学林出版社 1995 年版，第 614 页。）

⑦ 臧克和、王平：《说文解字新订》，第 338 页。

⑧ （汉）许慎撰，（清）段玉裁注：《说文解字注》，上海古籍出版社 1981 年版，第 222 页。

⑨ 《古文字诂林》第五册，第 381 页。

⑩ 参见《古文字诂林》第五册，第 378—384 页。

因以“亼”之字形所构造之字，如舍、仓等大多与屋宇相关[①]，故以三角形为“屋宇或帐幕之原始象形”可能更切中历史事实。故令之本式，当是像一人跽坐于屋宇或帐幕之下。[②] 傅斯年等人又认为，跽坐于三角形之下的人形是“受命者”[③]，此则又有可商之处。洪家义指出，“令象人危坐于屋中，会意发号施令。大概当时君长发号施令时是危坐于屋中的”[④]。令既为发号施令，乃一种主动施作的行为，所以跽坐在屋宇或帐幕下之人，当是掌握着发号施令之权力的君长、首领等上者，而非被动的受令者。在令之构形中，“亼”作为“屋宇或帐幕之原始象形”，不仅指示着发号施令的行为发生的场所，它实际上更是一种“地位与权力之象征物”。因此，令之字形本义，当是像君长、首领等上者跽坐于作为“地位与权力之象征物”的屋宇或帐幕之下，会意发号施令的行为。故《说文》曰：“令，发号也。”

“令”加“口”旁即成“命”字。“命”，甲骨文中未见，西周早期的金文字形写作“[illegible]”[⑤]。令左边的口旁，最初并没有完全居于三角形之下，后来才慢慢固定居于三角形之下。[⑥] 傅斯年提出，命字，“至其文义则与上节用令字者全无分别，依此可知此命字之演出仅系一词之异字，非异词也”[⑦]。傅斯年将命看作是由令字演出的“异字”而非“异词”，是以命为由令演化而来的异体字。准确而言，“命”是由“令”加“口”旁孳乳而来的新字。一般而言，孳乳字在字体初创时期，与本字经常混用，故其最初的含义与本字基本无别，如生与性在早期的典籍中，就经常混用。很多学者都指出，在早期金文中，还存在着用令为命，命令混用的现象。[⑧]

---

① 参见《古文字诂林》第五册，第395—416页。

② 商承祚亦主张：“《说文》：令，‘发号也。从亼卪。’此象人跽于篷帐之下。”（《古文字诂林》第二册，上海教育出版社2000年版，第36页。）

③ 从“以上张君说”，可知傅斯年这一观点采自为其抄稿的同事张政烺的观点。参见《傅斯年全集》第2卷，第517页。

④ 洪家义：《令命的分化》，见《古文字研究》第十辑，中华书局1983年版，第122页。

⑤ 参见董莲池编：《新金文编》，第109—110页。

⑥ 参见《古文字诂林》第二册，第34—35页。

⑦ 《傅斯年全集》第2卷，第528页。

⑧ 参见中国科学院考古研究所编：《甲骨文编》，中华书局1965年版，第374页。参见《古文字诂林》第二册，第36—37页。

令孳乳出命之新字后,命与令开始逐渐分化。洪家义从语音演化的角度指出,“令就是一个复辅音字,读 ml。命和令原是一字,音义全同,后来,人事日繁,概念日细,于是便分道扬镳,各立门户。命占有了复辅音中的 m,而令则得到了复辅音中的 l,它们所代表的概念也不同了”①。洪家义在此只解释了语音方面的分化原因。从语义发展的角度而言,出现命与令的分化,当是因为随着阶级统治形式的日渐完善,由君长、首领等上位者所发布的命令的形式日渐繁多,为了区分不同的命令方式,以体现命令的等级与重要性等方面的不同,因此新造出命字,以区别于令。

对命与令的区别,朱骏声曾曰:“在事为令,在言为命。散文则通,对文则别。令当训使也,命当训发号也。”②高田忠周则持相反意见曰:“后世凡发号曰令,发号以使人曰命,分别划然耳。”③首先,以“在事”还是“在言”释令与命之别,未切中要点。因未有离事而言之命令,无论是令还是命,皆指向某一具体的要求禀受者去执行的事项。其次,命与令皆有发号施令的动作,发号施令即是在支使人。故命与令的差别也不在其一是“发号”,另一是“发号以使人”。《说文》曰:“命,使也。从口从令。”命,“从口从令”,正指示了命字的本义:就动词用法言,指用口发布号令、指令的行为;就名词用法言,则指用口发布的号令、指令。因此,就字词的本义而言,命与令的区别主要在发号施令方式的不同:“命”主要指用口发布或指示的命令,而“令”后来主要指书于简帛书策等物之上的命令,所以二者在命令的正式程度及重要性等方面存有一些差异。

历史上,命与令还被分别用作特指某些统治阶层所发布的命令。刘勰曾指出,“皇帝御宇,其言也神。渊嘿黼扆,而响盈四表,唯诏策乎?昔轩辕唐虞,同称为‘命’。‘命’之为义,制性之本也。其在三代,事兼诰誓。……降及七国,并称曰命”④。又据学者考证,“秦法,后及太子称令,至汉王赦天下,淮

---

① 洪家义:《令命的分化》,见《古文字研究》第十辑,第 122 页。

② 《古文字诂林》第二册,第 36 页。

③ 《古文字诂林》第八册,第 105 页。

④ 见周振甫:《文心雕龙今译》,中华书局 1986 年版,第 177 页。

南王谢群公,皆曰令”①。即“命”被用作专指皇帝、天子、君王所发布的命令;而“令”被用作专指帝后、太子和诸王的命令。命与令由此在等级上又被作出区分。在汉代,皇帝之命还被划分出了策、制、诏、敕等不同的命令形式。② 可见,统治者对臣属与百姓发号出令的方式日趋复杂与繁复,反映出阶级统治的形式日渐精细化与制度化,权力对人的控制越来越严密与系统。

总之,虽然命与令在对文区别而言时,存有命令形式、等级、重要性等方面的差异,但在分散而言时,二者的意义基本无甚分别,在典籍中常相互通用,即如前文朱骏声所言,二字“散文则通,对文则别”。

(二)“命”之二层次

“命”作为指示发令者与受命者之支使、支配关系的范畴,反映了主体间所存在的不平等的权力支配的关系。段玉裁曰:“命,令者,发号也,君事也。非君而口使之,是亦令也。故曰命者,天之令也。”③段玉裁指出,“命”作为“令”或“发号”的行为,本属君主之事。一定程度上指出了命作为发号施令,支使听令者的行为,是只有拥有支配之权力的“上位者”④才能够进行的事情。因只有“上位者”,才能因其位势的优势,及其所掌握的权力、财力、体力、暴力、名号、经验、智识等背后支撑位势的各种现实力量的优势,才有资格发号施令,支使“下位者”服从自己的号令、指令。故“命”之背后,必有各种形式的强大力量作为自己支使行为的支撑。值得注意的是,段氏还指出,不是由君主所发布的命令,如天所发布的“天之令”也叫作命。因此,依据令之不同的发号

① 姚华:《论文后编》,见舒芜等编选:《近代文论选》,人民文学出版社 1999 年版,第 653 页。《隋书》亦曰:“诸王言曰令,境内称之曰殿下。”(《隋书·百官志上》)

② 蔡邕的《独断》曰:“汉天子正号曰皇帝……其命令:一曰策书,二曰制书,三曰诏书,四曰戒书。”[(汉)蔡邕:《蔡中郎集》,见《四部备要》第 67 册,中华书局 1989 年版,第 135 页。]刘勰的《文心雕龙·诏策》亦曰:“汉初定仪则,则命有四品:一曰策书,二曰制书,三曰诏书,四曰戒敕。敕戒州部,诏诰百官,制施赦命,册封王侯。策者,简也。制者,裁也。诏者,告也。敕者,正也。”(周振甫:《文心雕龙今译》,第 177 页。)

③ (汉)许慎撰,(清)段玉裁注:《说文解字注》,第 57 页。

④ 所谓“上位者”是指在权位、爵位、势位、辈位、尊位等处于上方位之人,反之即为“下位者”。

主体,命之含义实包含有两个层次:一是由人之"上位者"所发布的命令,其发令主体是人中的"上位者";二是由天所发布的命令,其发令主体则是天人关系中的"上位者"——"天"。

"命"本指人所发布的命令,为何又可直接意指"天命"?宋代戴侗曾解释曰:"命者,令之物也,从口从令。令出于口,成而不可易之谓命……仁义礼智之同得,富贵贫贱寿夭之不齐,莫之为而为,莫之致而至者,皆天之所命也。万物咸命于天,故天命单谓之命。"①戴侗指出,无论是仁义礼智等人之性命,还是富贵贫贱寿夭等人之不同的运命,都是"天之所命"。因"万物咸命于天",故"天"之主语实可以省略,"天命"可以单称为"命"。在戴侗之前,很多学者亦都指出"命"乃"天之命"的省称。如董仲舒曰:"命者,天之令也。"(《汉书·董仲舒传》)扬雄亦曰:"命者,天之命也,非人为也。人为不为命。"(《法言·问明》)《春秋元命包》亦曰:"命者,天之命也,所受于帝。"②这些材料都说明,"命"在典籍中常用作"天命"的单称或"天之命"的省称。

古人最初发明"天命"一词,认为天可以跟人一样发布命令,是建立在天乃至高无上之神灵的观念基础之上。③ 因命作为一种"上位者"发布号令、指令的行为,本来是只有具有人格特质的人才能进行的行为。商周之际,先民将天进一步神化为具有人格意志性的"天帝",认为"天帝"能够与人一样发号施令,故将"命"与"天"联系起来④,由此产生出"天命"的观念。⑤

"天命",既可以作动词使用,指天帝发布命令的行为,如"商罪贯盈,天命

---

① 戴侗:《六书故》卷十一,文渊阁四库全书本。

② 见(明)孙瑴编:《古微书》,山东友谊书社 1990 年版,第 159 页。

③ 冯友兰指出,"宗教认为宇宙有一个最高的主宰者,称为'帝'、'上帝'或'天'。这个主宰者能够发号施令,指挥自然界的变化,决定社会的治乱以及个人的祸福。他的号令叫作'命'或'天命'。'命'这个字的本来的意思,就是命令。'天命'就是上帝的命令"。(冯友兰:《中国哲学史新编》,第 171—172 页。)

④ 李霞指出,"'命'由'令'字演化而来,其用法同于'令'字,为发号施令之义。'命'字产生后,很快与'天'相连,如周宣王时期的《毛公鼎》铭文说:'丕显文王,皇天引厌厥德,配我有周,膺受大命'。'命'与'天'相联系,这是中国古代一个重要思想。"(李霞:《生死智慧——道家生命观研究》,人民出版社 2004 年版,第 69 页。)

⑤ 唐君毅认为,"兹就文籍足征者以言,周人之言天命者亦最多。吾人无妨假定:中国宗教思想中之天命观之具体形成在周初"。(唐君毅:《中国哲学原论·导论篇》,第 324 页。)

诛之”(《尚书·泰誓上》);也可以作名词使用,指天帝所发布的命令,如“先王有服,恪谨天命”(《尚书·盘庚上》)。[①] 先民在使用“天命”的过程中,有时将发令的主体“天”显示出来,故“天命”连称;有时则将作为发令主体的“天”省略,简称为“命”。如《诗经》曰:“周虽旧邦,其命维新。……永言配命,自求多福。”(《诗经·大雅·文王》)“其命维新”与“永言配命”之“命”,皆是“天命”之省称,指由天帝赋予君王的统治天下人之命令。

因此,单称的“命”,既可以指人之“上位者”,如君主所发布的命令;又可以作为“天命”之省称。[②] 由于二者皆同称为“命”,故其具体指“人之令”,还是“天之命”,则需依据文本的前后文语境加以确定。单称的“命”,开始用以指人之“上位者”所发布的命令,后又用作“天命”之省称,其含义演化如下图所示:

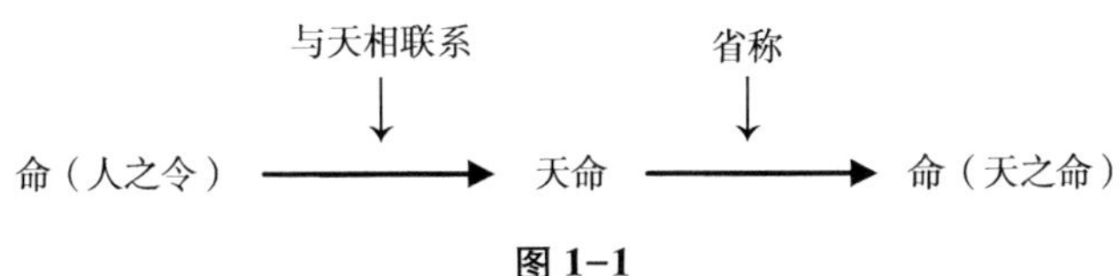

图 1-1

“命”作为“上位者”支配“下位者”的号令、指令,它要求受命者服从。无论是君王所发布的“君命”,还是天帝所发布的“天命”,都强烈要求人们服从听命。“上位者”发布命令的行为流程一般包括:将受命者“召唤”至前;“告”之以指令、号令;将其职责“命名”为某一个职位、职号,并进行相应的权力与财物的赋授行为[③];“使”之从事某一种行为,实施某一项行动。概言之,命之

① 孔安国传曰:“先王有所服行,敬谨天命。”[(汉)孔安国传,(唐)孔颖达疏:《尚书正义》,北京大学出版社 1999 年版,第 225 页。]服,乃服行、服事之义,反映了人间的人王对天上的神帝无上权威之命令的服从与服事。

② 傅斯年指出,“令命之本义为发号施令之动词,而所发之号、所出之令(或命)亦为令(或命)。凡在上位者皆可发号施令,故王令、天令在金文中语法无别也”。(《傅斯年全集》第 2 卷,第 567 页。)

③ 命职名、职号,即对受令者进行职位、官位的委任和册封,赐予相应的名号和职权,使受命者的行动获得合法性与正当性。一般而言,委命者会赐予受命者相应的权位象征物,如命状或策命书等,《周礼·春官·宗伯》的“典命”,郑玄注曰:“命,谓王迁秩群臣之书”[(汉)郑玄注,(唐)贾公彦疏:《周礼注疏》,北京大学出版社 1999 年版,第 437 页];同时,委命者还会赐予受命者行使职权所需的人力、物力等资源。故“命”之所谓“名”,实包含有“赋授”之义。

行为一般包含召、告、名、使四个步骤。故《广韵・映韵》曰:“命,召也”;《尔雅・释诂》曰:“命,告也”;《广雅・释诂》曰:“命,名也”;《说文》曰:“命,使也”。以上四部字书各自解释了命之行为的一个侧面。《说文》着重将命释为“命,使也”,是因为“上位者”发布命令的目的,即要使令作为受命者的“下位者”去从事某种行为、实施某项行动。①

因此,“命”本身含有行为之支使、行动之支配的义涵。一旦“上位者”发布了号令,“下位者”作为承令者,就必须服从听命,承担完成行为与行动的“使命”,即所支使之命,否则就是抗命。因“下位者”的力量往往有限,根本无力抗拒“上位者”——无论是人之中的“上位者”,还是天人关系中的“上位者”——背后的强大力量,抗命者基本都遭失败身死的结局,故“命”本身具有非常强烈的强制意味,包含有“不可抗拒”之义涵。② “命”之不可抗拒者,不仅包括“上位者”所发布的行为支使之指令,还包括“上位者”对“下位者”之权物的赋授,以及“上位者”依托所掌握的现实力量之优势对“下位者”行动的规限。③ 故此,质言之,所谓“命”,即“上位者”对“下位者”无可抗拒的行为之支使、权物之赋授和行动之规限。从禀受者的角度言之,“命”即自来于“上位者”的无可抗拒的支使、赋授与规限。故对禀受者而言,“命”之到来具有被动性,就此而言,“命”实即人生之无可抗拒的“被给予性”。

随着日常语言中对“命”之使用的泛化,其含义也开始变得复杂多义。有学者指出,“‘命’用作名词时的本义是命令,特指上级对下级的命令。从这个名词的特指意义直接或间接引申出来的主要有以下几种意义:政令,法令;政府公文;如同‘名’,名称、名字;生命;寿命;天命,命运;生计,生存;命终;礼

---

① 郑玄尝曰:“命谓使令所为。”[(汉)郑玄注,(唐)贾公彦疏:《周礼注疏》,第187页。]

② 徐克谦指出,“所谓‘命’,对于个人来说,就是来自这个外部生活世界的赋予或任命。它往往不是个人主观所能知晓和控制的,而是个人难以预料难以对抗的”。(徐克谦:《庄子哲学新探——道・言・自由与美》,第178页。)

③ 王邦雄认为,“什么是命?命就是命令。既是‘命令’,就必定有人下命令,有人接命令。下命令的人有权威。因为他是决定者,‘命’对他来讲是‘命令’;对接受命令的人而言,他在命令的拘限之下,人生行为就有了牵制,所以对他来说,‘命’就是‘命限’——命中的限定”。(王邦雄:《中国哲学论集》,台湾学生书局1983年版,第235页。)命具有强烈的行为之支使与行动之规限的意义。然必须指出,命并不全只是拘限与限定,命也有对受命者的权物之赋授与给予。

命，爵命”①。同时，其还指出了“命”之词义的演变脉络。其所列之图示为：

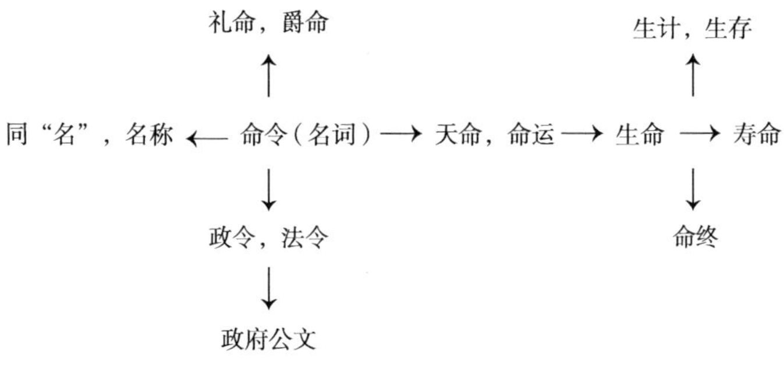

图 1-2

从上述脉络图，可较清晰地看出“命”之含义发展演变的情况，特别是由君主之命到天命之命的演变历程。然上述脉络图还是遗漏了“命”的一些重要含义，故存在如下需要完善之处：

一、发令的主体除了君王外，还有其他很多主体。命之用法泛化后，凡是“上位者”，都可发布号令、指令。父母之号令、指令也是一种命。而且师长的指导、训示，也是一种命，所谓“教命”是也。② 这些在图中都没有体现。还有，“政府公文”作为政令，可摄于政令、法令之中，可不必再作延展。

二、“上位者”发布命令后，“下位者”作为受命者，则具有完成“使命”的要求，故脉络图还遗漏了“使命”这一重要的含义。使命有人之层次上的使命，也有天之层次上的使命，故同时涵盖在人之令与天之命之下。

三、“命运”不应跟“天命”一起并列。“天命”并不仅只意谓人的“命运”或“运命”，一切由天所“命”的事物皆是“天命”，如人的“生命”“性命”也是“天命”。而“命运”现今主要指人之“时运、命遇”，指人所遭遇的无可奈何之境遇。它是与“寿命”“性命”同级的概念，故应放在“生命”概念之后。又因人的“命运”皆由天所命，故它也涵盖在“天命”之下。

---

① 史维国、檀晶晶：《说“命”》，《长春理工大学学报》2008 年第 7 期。

② 《玉篇》曰：“命，教令也。又使也。”《广韵·映韵》曰：“命，教也。”又尊者之言亦称“命”。《文选》中潘岳的《闲居赋序》之“忝司空太尉之命”，李善注曰：“凡尊者之言曰命。”[（梁）萧统编，（唐）李善注：《文选》，中华书局 1977 年版，第 224 页。]

四、脉络图还遗漏了“性命”这一重要的范畴。此处所谓的“性命”,不是指与“生命”同义的概念,而是指人内在所具有的本性、性分、规定等人之属性与特质的总和。它也是由“生命”衍生出来的概念,故应放在“生命”概念之下。与“运命”相似,先民认为人之“性命”也由“天命”所赋授,故它也涵盖在“天命”之下。

因此,上之脉络图可完善为:

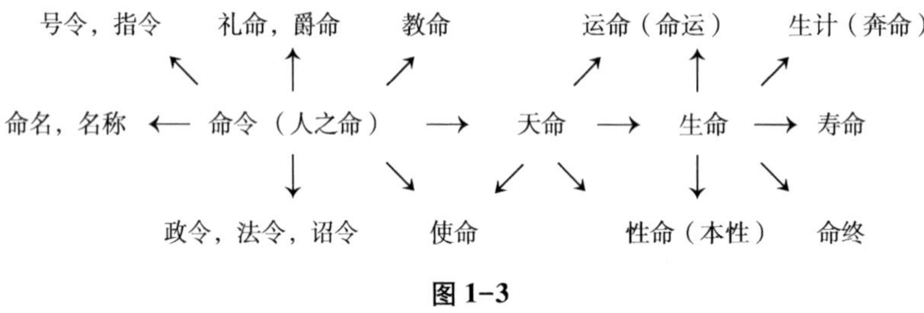

图 1–3

从完善后的脉络图清晰可见,“命”之含义引申分化后,在日常语言的具体使用中,它还是分为两个层次:一指“人”所发布的各种形式的命令,二指由“天”所发布的命令以及由“天”所赋授和决定的事物。

(三)“命”与“天”之联结

“命”与“天”相联系,是“命”之含义演化中的关键性事件,因由此产生出了既具有宗教信仰意义,又有哲学思想意义的“天命”之观念。“天命”的本义,本指天所发布的命令①,然“天命”并不只在其本义上使用,它还意指其他很多事物。《汉语大词典》释“天命”曰:

> (1)上天之意旨;由天主宰的命运。《书·盘庚上》:“先王有服,恪谨天命。”《楚辞·天问》:“天命反侧,何罚何佑?”……宋罗大经《鹤林玉露》卷六:“且人之生也,贫富贵贱,夭寿贤愚,禀性赋分,各自有定,谓之天命,不可改也。”……

① 唐君毅曰:“天命初为天之所令或帝之命令之义。”(唐君毅:《中国哲学原论·导论篇》,第 323 页。)

(2)指自然的规律、法则。《荀子·天论》:“从天而颂之,孰与制天命而用之!”……

(3)古以君权为神授,统治者自称受命于天,谓之天命。《左传·宣公三年》:“周德虽衰,天命未改,鼎之轻重,未可问也。”晋刘琨《劝进表》:“臣闻昏明迭用,否泰相济。天命未改,历数有归。”……

(4)谓天赋。《礼记·中庸》:“天命之谓性,率性之谓道,修道之谓教。”郑玄注:“天命,谓天所命生人者也,是谓性命。”……

(5)犹天年。谓人之自然寿命。……《汉书·宣帝纪》:“朕惟耆老之人,髮齿堕落,血气衰微,亦亡暴虐之心。今或罹文法,拘执囹圄,不终天命,朕甚怜之。”《东观汉记·郅恽传》:“子张病将终,恽往候之。子张视恽歔欷不能言。曰:‘吾知子不悲天命长短,而痛二父雠不复也。’”①

由上述释解与例证可知,“天命”若就其本义而言,本指上天所决定的意旨或天所发布的命令。但若就其具体所称指的外延事物,即具体的“天之所命”而言:首先,可以指统治者从天帝所禀受的统治天下人的命令,即自天所受之天下统治权;其次,还可以指由天所命授予人的寿命或生命;再次,可以指天赋之性命;最后,还可以指由天所先行决定的命运或所主宰的运命。

“天命”可直接意指人的生命、性命和运命,乃因先民认为人的生命、性命和运命皆由“天”所“命”,它们就是“天”所赋授予人的三个“命”。此一观念可以在先秦典籍中找到非常多明确的例证。如《诗经》曰:“尔受命长矣,茀禄尔康矣”②(《诗经·大雅·卷阿》),认为人自大禀受长久之生命。《论语》曰:“死生有命,富贵在天”③(《论语·颜渊》),认为人的死生、富贵等外在之运

① 《汉语大词典》第2卷,汉语大词典出版社1988年版,第1420页。

② 郑玄注曰:“茀,福。康,安也。女得贤者,与之承顺天地,则受久长之命,福禄又安女。”[(汉)毛亨传,(汉)郑玄笺,(唐)孔颖达疏:《毛诗正义》,北京大学出版社1999年版,第1129页。]

③ “死生有命,富贵在天”使用了互文的修辞手法。“互文”是两物对举,参互成文,合乃义见。唐贾公彦释“互文”曰:“凡言互文者,各举一事,一事自周,是互文”“凡言互文者,是二物各举一边而省文,故云互文”。[(汉)郑玄注,(唐)贾公彦疏:《仪礼注疏》,北京大学出版社1999年版,第225、751页。]“死生有命,富贵在天”中的“天”与“命”,即互文之关系,其本皆是“天命”的省文,故其实本言:“死生、富贵皆在天命”。

命，皆由天命所决定。《中庸》曰："天命之谓性"（《中庸》第一章），认为人之本性由天命所赋授。新近出土的战国竹简《性自命出》则明确提出，"性自命出，命自天降"①。认为，"天"降"命"予人，人以此"命"为基础，才产生出了人之本性。故先民以为，无论是人的生命、性命，还是运命，皆由"天命"所命授或赋予，由乎此，"天命"可直接称指天所赋授予人的生命、性命和运命。

虽然《汉语大词典》详细解释了"天命"的内涵及其可称指的外延，但其对"天命"的具体解释还是存有一些问题。"天命"是由"天"与"命"构成的偏正结构的复合词。如果人们对"天"的看法的不同，由此产生出来的"天命"观念实际上各不相同。在《汉语大词典》所释的"天命"第二义，即"自然的规律、法则"义中，其所谓"天"，在荀子等先秦思想家的观念中，乃"物质之天"意义上的天，而非具有人格意志性的"主宰之天"。故此一"天命"，准确而言，指天道自然流行变化意义上的"天命"。在其所释的"天命"第三义，概言之即"自天所受的统治权"之义中，能够赋予统治者以统治权力的"天"，则是具有人格意志性的"主宰之天"。故此一"天命"的确切含义当是：具有人格意志性的"主宰之天"所发布的命令或意旨。《汉语大词典》并没有区分上述两种不同类型的"天命"。

因此，若欲准确解释"天命"概念的义涵，必须首先对能够发布命令之"天"进行分类。因一旦人们对"天"的理解不同，由此"天命"的义涵也将各不相同。《说文》曰："天，颠也。至高无上，从一大。"段玉裁注曰："颠者，人之顶也，以为凡高之称。"②《释名》云："天，显也。在上高显。"又云："天，坦也。坦然高而远也。"③可见，"天"之本义指在人头顶上的高空，其至大无二、广阔高远。天实际上是人以自身为坐标系而划分出来的广延性的空间。

远古时期，先民因不能正确认识天象中威力巨大且神秘莫测的风雨雷电等现象，故由对天之巨大而可怖之力量的恐惧与崇敬，逐渐将"天"神化为掌风雨雷电，能降人祸福，宰人生死的神灵。在殷商时，商人所信仰的最高神灵

① 《郭店楚墓竹简》，文物出版社 1998 年版，第 179 页。

② （汉）许慎撰，（清）段玉裁注：《说文解字注》，第 1 页。

③ （汉）刘熙：《释名》，商务印书馆 1939 年版，第 1—2 页。

是具有人格性的“帝”或“上帝”①,周人所信仰的最高神灵则是“天”②。随着周取商而代之,周初的统治者将自身的“天”之信仰,与殷人的“帝”之信仰统合起来,将“天”进一步人格化为具有人格意志性的至上神——“皇天上帝”。

周人认为,这一具有人格意志性的天帝,决定着天下的一切事物:自然的事物,如春夏秋冬的四季轮转阴阳寒暑的天气变化、河流山川的运动变化、有生之物的死生存亡等,无不由天帝或其所指派的下属神灵来主宰;人间的事务,如天下的统治权(归属、维持的时间长短等)、人的生命(生死、寿夭等)、性命(本性的智愚、贤与不肖等)、运命(穷达、贫富、祸福、吉凶、成败等境遇),也无不由天帝的意旨决定。③ 并且认为,天帝具有道德正义性,能够赏善罚恶,辅德惩凶。如《尚书》曰:“天命有德,五服五章哉;天讨有罪,五刑五用哉。”(《尚书·皋陶谟》)《国语》曰:“天道赏善而罚淫。”(《国语·周语中》)说明周人将“天”神化为既有人格意志性,又有道德正义性的至上神。但是到了西周末期,这一宗教信仰的“主宰之天”的观念受到了挑战。《诗经》中的“昊天不惠,降此大戾”(《诗经·小雅·节南山》),“浩浩昊天,不骏其德。降丧饥

① 陈梦家通过对甲骨文卜辞的统计与分析指出,“由此可见殷人的上帝或帝,是掌管自然天象的主宰,有一个以日月风雨为其臣工使者的帝廷。上帝之令风雨、降祸福是以天象示其恩威……先公先王可以上宾于天,上帝对于时王可以降祸福,示诺否,但上帝与人王并无血统关系……殷人的上帝是自然的主宰,尚未赋以人格化的属性;而殷之先公先王先祖先妣宾天以后则天神化了,而原属自然诸神(如山、川、土地诸祇)则在祭祀上人格化了”。(陈梦家:《殷墟卜辞综述》,中华书局1988年版,第580页。)

② 陈梦家还指出,“西周时代开始有了‘天’的观念,代替了殷人的上帝,但上帝与帝在西周金文和《周书》、《周诗》中仍然出现”。(陈梦家:《殷墟卜辞综述》,第562页。)傅斯年认为,甲骨文中“天邑商”一词,足证“天”字已在殷商时已出现,但对卜辞中未见将至上神称为天的情况,其以为,“今日不当执所不见以为不曾有也。《召诰》曰:‘皇天上帝,改厥元子,兹大邦殷之命’,此虽周人之语,然当是彼时一般人共喻之情况,足证人王以上天为父之思想,至迟在殷商已流行矣”。(《傅斯年全集》第2卷,第577—578页。)相比傅斯年依据周时才成书的文献和猜测性的论证方式,陈梦家依甲骨文卜辞的统计与分析而得出的结论更具可信度。

③ 冯友兰指出,“随着地上王权的出现,也就产生了天上的至上神。在人们的幻想中,他们相信,在宇宙间也有一个至上神作为主宰。这个至上神,他们称为‘帝’或‘上帝’,在商周之际及以后又称为‘天’。从遗留下来的甲骨卜辞看起来,这个上帝是被认为统治一切的。一切自然界中及社会中的事,都由这个至上神作主宰。它有一个以日月风雨等为臣工使者的帝廷,协助统治一切。他以自己的好恶,发号施令,它的号令称为‘天命’”。(冯友兰:《中国哲学史新编》,第70—71页。)

僅,斩伐四国”(《诗经·小雅·雨无正》)等怨天不惠、不继长其德的诗句表明,作为至高神灵的天帝之正义性与权威性受到了人们的怀疑。

到了春秋战国时期,人们对天的看法发生了重大的变化,主要表现为出现了两种新的思想动向:一是将天完全自然化,祛除了天的人格意志性与道德正义性等一切人格属性。如老子曰,“天地不仁,以万物为刍狗”(第五章),“人法地,地法天,天法道,道法自然”(第二十五章)。老子将天理解为既无人格属性,又无仁义等道德属性的“自然物质之天”。二是将天道德化,只祛除天的一些人格属性,如天有人格形象,能言能语等属性,但选择保留天的道德属性,将天理解为具有道德正义性的“义理之天”。如孔子曰:“天何言哉？四时行焉,百物生焉。天何言哉?”(《论语·阳货》)认为天未有口,其实不言。孔子又曰:“天无私覆,地无私载,日月无私照”(《礼记·孔子闲居》),又认为天具有大公无私等道德的属性。由于孔子在取消天的一些人格属性时,又保留了天的道德属性,故不可避免地使天保留有特定的意识性与意志性。

冯友兰曾总结中国古代“天”之范畴的五种含义:

> 在中国文字中,所谓天有五义:曰物质之天,即与地相对之天。曰主宰之天,即所谓皇天上帝,有人格的天、帝。曰运命之天,乃指人生中吾人所无奈何者,如孟子所谓“若夫成功则天也”之天是也。曰自然之天,乃指自然之运行,如《荀子·天论篇》所说之天是也。曰义理之天,乃谓宇宙之最高原理,如《中庸》所说“天命之为性”之天是也。①

冯友兰将中国古代的“天”之含义归纳为:物质之天、主宰之天、运命之天、自然之天、义理之天,使“天”之含义类型与层次分明,然还有再完善的空间。如前述,人们对天直接而最初的认识是与陆地相对的,在人头顶上广阔高远的天空,此“物质之天”,是天的最初本义。“物质之天”被神化为至高无上具有人格性的“天帝”,并赋予其赏善罚恶、辅德惩凶等道德属性,天则变成既有全部的人格属性,又有道德属性的“主宰之天”。若将“主宰之天”完全地自然化,天又重新变成完全没有人格性与道德性、只是客观自然的“自然物质之天”。

---

① 冯友兰:《中国哲学史新编》,第103页。

若只去除天的人格形象、能言能语等属性，却保留天的道德属性，如此天就变成“义理之天”或“正义之天”。实际上，能够决定人所无可奈何之命运的天，要么是“主宰之天”，要么是“自然物质之天”，要么是“义理之天”或“正义之天”，并无独立的“命运之天”。易言之，“命运之天”实含摄于“主宰之天”“自然物质之天”与“义理之天”之中，是低一层级的概念，并不足以与前述的三种类型之“天”并列。

在此意义上，可将古人所理解的“天”归为三类：一是“自然物质之天”，一直自然地依照自身的客观规律变化运行，既无人格意志性，又无道德正义性，只有客观规律性与变化自然性等属性；二是“主宰之天”，指能够主宰天下万物的天帝，不仅具有全部的人格属性，又具有道德属性，其决定着天下的一切事物和人间的一切事务；三是“义理之天”或“正义之天”，没有具体的人格形象性，但具有道德正义性等道德的属性，因还存有道德属性，故还保留着特定的意识性与意志性。① 后两种“天”都包含有宗教信仰的意味。②

依据上述三种型类不同的“天”之理解，由此可以在古籍中归纳出三种各具别义的“天命”观念：

一、如果视“天”为具有至高无上权威的“天帝”，将其信奉为既有人格意志性，又有道德正义性的“主宰之天”，则“天命”一词本身的义涵应确定为：由

---

① 张岱年认为，“中国古代哲学中所谓天，在不同的哲学家具有不同的含义。大致说来，所谓天有三种含义：一指最高主宰，二指广大自然，三指最高原理”。[张岱年：《中国哲学中“天人合一”思想的剖析》，《北京大学学报》（哲学社会科学版）1985 年第 1 期。]其所谓的“最高原理”意义上的“天”，类同于冯友兰所言的“义理之天”。故张岱年认为，中国古代的天归为三类即可。沟口雄三曾将中国古代的天分为四类，其曰：“天的观念原本就具有多义性，首先可以将其粗略地分成四类：(a)自然运行的天；(b)主宰、根源的天；(c)生成调和的天；(d)道德、理法的天。”（[日]沟口雄三：《中国的思想》，赵士林译，中国社会科学出版社 1995 年版，第 6 页。）其还以为，“和日本的天道观相比，中国的天观之最独特的思想创造，是有一个生成调和的天，特别是调和人的生存的天”。（[日]沟口雄三：《中国的思想》，第 8 页。）然其所谓的作为中国天观最独特的思想创造的“生成调和的天”，并不足以独立成为一种类型的天之观念。因作为主宰、根源的天和作为道德、理法的天，皆具有道德正义性，故皆注重调和人的生存；自然运行的天亦具有“万物负阴而抱阳，冲气以为和”（第四十二章）的存在特点，也是注重调和人的生存的天。故中国古代的天之观念，依据天所具有的重要属性与存在特点，归为三类最为合适。

② 中国古代思想家对“天”的理解，往往以此三种类型的“天”之观念其中之一种为主，同时兼杂另外两种类型的“天”之部分观念。

既有人格意志性，又有道德正义性的“主宰之天”所决定的旨意或所发布的命令。这一“天帝”的意旨或命令，决定着天下的一切事物，无论是自然界的事务，还是人间世的事务。若就“天命”具体所赋予人与万物者而言，其主要用来指由具有赏善罚恶之道德正义性的“天帝”赋予有德之君的统治天下人的权力。同时，由于“天帝”的意旨或命令决定着天下的一切事物，故其还可以指一切“天之所命”的事物；包括由“主宰之天”所赋授的人之生命或寿命、由其所规限的人之性命、由其所主宰的人之运命，以及社会历史发展的兴衰的命数等。

二、如果将“天”理解为具有道德正义性的“义理之天”或“正义之天”，则“天命”一词本身的义涵应确定为：由具有道德正义性的“义理之天”或“正义之天”所发布的命令或所决定的结果。在先秦诸学派中，主要是儒家在主张天是一具有道德正义性的“义理之天”或“正义之天”。儒者们出于解决人之至善本性的先天来源、维持世间的道德正义性和天道终极惩戒的权威性等理论需要，保留了天的道德属性，故必定使天保留有特定的意识性与意志性。故“义理之天”既能够赋予人天生纯善的本性，又能够决定人之死生穷达等运命与社会历史发展兴衰的命数等。孔子的“亡之，命矣夫”（《论语·雍也》）与“道之将行也与，命也。道之将废也与，命也。公伯寮其如命何”（《论语·宪问》），《中庸》的“天命之谓性”等，皆是此一类型的“天命”。若就“天命”具体所赋予人与万物者而言，首先，其经常被用来指由“义理之天”或“正义之天”所赋予人的至善本性。其次，其还可以指由“义理之天”或“正义之天”所决定的道之行、废等社会历史发展兴衰的命数和人的死生、存亡、穷达、贫富、寿夭等命运等。

三、如果将“天”视为客观运行的“自然物质之天”，则“天命”一词本身的义涵似也应确定为：由“自然物质之天”所发布的“命令”。然此处存在需要进一步解释的问题：既然天是一既无人格属性，也无道德属性的“自然物质之天”，不可能如人一样发布命令，本不当再使用“天命”一词，为何有些思想家在将天理解为“自然物质之天”的同时，却还使用“天命”的概念？如荀子尝曰：“从天而颂之，孰与制天命而用之！”（《荀子·天论》）众所周知，荀子一直将天视为运行有常的“自然物质之天”，为何其还使用“天命”的概念，其思想是否有不一致之处？

孔颖达在疏《中庸》“天命之谓性”时曾曰：“天本无体，亦无言语之命，但人感自然而生，有贤愚吉凶，若天之付命遣使之然，故云‘天命’。”①由“天本无体，亦无言语之命”“感自然而生”可知，孔颖达将天理解为“自然物质之天”。其以为，天无具体的形体，无口眼耳鼻，故不可能如人一样以言语发布命令；天地阴阳二气自然相感而生人，因感生之气的质性与态势有异，故受此决定性的作用影响，人之性有贤愚之别，人之遇也有吉凶祸福之异；然人有贤愚吉凶之别，皆是天道自然的流行变化，非有意识之安排；天自然相感而生贤愚吉凶之别，如同上天付授命令，派遣命使而使之如此，即既无法抗拒又无从逃避，故云“天命”。可知，孔颖达只是将“天命”当作天道自然的流行变化对人付施无法抗拒又无从逃避的决定性作用影响的拟人化称谓。② 朱子注“天命之谓性”时亦曰：“天以阴阳五行化生万物，气以成形，而理亦赋焉，犹命令也。”③从“犹”字明确可知，朱子并不认为天具有人格意志性，能够像人一样发布命令。其只不过以为，天道自然之流行变化赋予万物以理、气等存在的形体质性与根本规定性的行为，犹如天“发布命令”一样，人根本无法抗拒，只能被动禀受。因此，朱子实际上也是将“天命”理解为天道自然的流行变化对人与万物进行犹如命令、无法抗拒的赋授与规限的拟人化称谓。④

黄克剑曾提出，中国古代哲学，自老子、孔子开始，其思想发展主题与旨趣是一个“由命而道”的演进历程，“在哲学的主题命意由‘命’进于‘道’后，为

① (汉)郑玄注，(唐)孔颖达疏：《礼记正义》，北京大学出版社 1999 年版，第 1423 页。

② 拟人化与人格化不同。人格化是将天神化为具有人格属性的至上神。拟人化则是为了表达的形象性需要，故以人之形象、动作、行为等人之属性与特质描述天，然并不认为天具有人之属性与特质。

③ (宋)朱熹：《四书章句集注》，第 17 页。

④ 朱子注《论语》的《五十而知天命》曰：“天命，即天道之流行而赋予物者，乃事物所以当然之故也。”[(宋)朱熹：《四书章句集注》，第 54 页。]据《朱子语类》记载，朱子原本的注解为：“天命即天道也。”(《朱子语类》卷二十三。)天道自然的流行变化将理气赋授予人的同时，也以理气对人进行规限。

‘道’所摄的‘天命’(‘天’之所‘命’)的意味多在于天赋之自然”①。其以为,先秦哲学思想的发展由“命”进于“道”后,“天命”概念为“道”所摄。揆诸先秦哲学发展史的实情,此可谓确论。事实上,将天理解为“自然物质之天”的先秦诸子所使用的“天命”概念,其实是为“道”所摄的范畴,实际上是“天道”②或“自然”③的别称。

正因为此,《周易·彖辞》就将“天之命”与“天之道”当成同义词使用。《临》卦之《彖辞》曰:“刚中而应,大亨以正,天之道也。”《无妄》卦之《彖辞》曰:“刚中而应,大亨以正,天之命也。”《临》与《无妄》之《彖辞》前半部分的“刚中而应,大亨以正”都相同,而《临》卦用“天之道”,《无妄》卦用“天之命”,说明《彖辞》的作者以为“天之命”即“天之道”。

对于为何《临》卦用“天之道”,《无妄》卦用“天之命”的问题。明道曾在普遍意义上解释古籍中使用“天道”与“天命”之差别时曰:“言天之自然者,谓之天道。言天之付与万物者,谓之天命。”④即“天道”是就客观的天道自然的流行变化而言,虽然天道自然本身因其强大的客观力量,内在本然地具有对人与万物进行无法抗拒的赋授、规限和施加无从逃避的决定性作用影响的能力,但此时并未将之施加于人与万物身上;而“天命”则是就天道自然对人与万物进行无法抗拒的赋授、规限和施加无从逃避的决定性的作用影响的行为,及其所赋授、规限和决定的结果而言,此时,天道自然已然对人与万物有所赋命,已然施加决定性的作用影响。因此,“天道”与“天命”实皆是对天道自然的流行变化及其对人与万物进行无法抗拒的赋授、规限和施加无从逃避的决定性的作用影响的不同称名。

明代张献翼曰:“《无妄》与《临》皆‘大亨以正’,《临》则为‘天之道’,何

---

① 黄克剑:《由“命”而“道”——老子、孔子前后中国古代哲学命意辨正》,《哲学研究》2002年第7期,第45页。

② 郑玄注《诗经》的《维天之命,于穆不已》曰:“命犹道也。”[(汉)毛亨传,(汉)郑玄笺,(唐)孔颖达疏:《毛诗正义》,第1284页。]

③ 《鹖冠子》尝曰:“命者,自然者也。”(《鹖冠子·环流》)说明战国后期的鹖冠子将“命”理解为天道自然的客观变化。

④ (宋)程颢、程颐:《二程集》,中华书局1981年版,第125页。

《无妄》则为‘天之命’？运于上而自然者，道也；降于下而靡常者，命也。命即道也。”[①]其以为，“天之命”与“天之道”实际上是对天道自然流行变化的不同称谓：从天道自然的流行变化是客观地规律地运行于人之上的自然变化而言，谓之“道”；从天道自然的流行变化是一种能够降下其对人之决定性的作用影响，并具有无常性的客观变化而言，则谓之“命”。清代乔莱亦曰：“《临》以消长言，故曰‘天之道’；《无妄》以赋与言，故曰‘天之命’。‘道’与‘命’皆天也。”[②]他认为，《临》卦是从天地阴阳二气自然的消长变化而言，故谓之“天之道”；《无妄》卦是从天道自然对人与万物的赋授行为及其相应的赋授物而言，谓之“天之命”；故“道”与“命”，本质皆指天道自然的流行变化。

因此，荀子在将天视为“自然物质之天”的同时，却还使用“天命”的概念，则是将“天命”当作天道自然的流行变化的别称。故其“从天而颂之，孰与制天命而用之”乃主张，人与其不断地颂赞天之伟大，不如发挥人之主观能动性去裁制天道自然的客观变化，使其为人所用。扩而言之，凡将天视为“自然物质之天”的思想家所使用的“天命”概念，其实都是“天道”或“自然”的别称，或天道自然的流行变化对人与万物进行无法抗拒的赋授、规限和施加无从逃避的决定性的作用影响之行为的拟人化称谓。若就“天命”具体所赋予人与万物者而言，则指天道自然的流行变化所赋予人与万物者，如理、气等根本的存在规定性或人之生命、性命、运命等。

总之，在先秦时期，由于人们对“天”存在着三种不同类型的理解，因此产生出了三种义涵各异的“天命”观念：

一指天帝的意旨，即由既有人格意志性，又有道德属性的“主宰之天”所发布的命令。就其对人具体的赋授物而言，虽然其可以泛指一切由天帝所命的事物，但主要常用来指统治者自天帝处获得的天下的统治权。

二指由具道德正义性，但无人格形象性的“义理之天”或“正义之天”所发布的命令。就天命具体所赋予人与万物者而言，常用来指人自“义理之天”或

① （明）张献翼：《读易纪闻》卷二，文渊阁四库全书本。

② （清）乔莱：《易俟》卷八，文渊阁四库全书本。

“正义之天”所禀受的纯善本性，以及由其所决定的人之死生、富贵、穷达等运命和社会历史发展兴衰的命运等。

三指作为“天道”或“自然”的别称，指天道自然之流行变化，及其对人与万物进行无法抗拒的赋授、规限和施加无从逃避的决定性的作用影响的行为。就“天命”具体所赋予人与万物者而言，则指天道自然的流行变化所赋予人与万物者，如理、气等根本的存在规定性或人之生命、性命、运命等。

二、“命”之四大哲学范畴

“命”，作为“天命”之省称，首先指可以决定自然万物的运动变化、社会历史发展的兴衰更替与人之生命、性命和运命的强大异己力量，及其对人与万物进行无法抗拒的赋授、规限和施加无从逃避的决定性的作用影响的行为；同时又可指一切由天所赋授、规限与决定的事物，即作为天之具体赋授物、规限物或决定事项的“天之所命”。然“命”在指称具体的“天之所命”时，却经常被直接用来指“天”所赋予人的生命、性命、运命。因在全部的“天之所命”中，人的生命、性命和运命对人而言，是最为切己相关的三个“命”。生命、性命、运命，分别指示着天所命予于人的三个根本的存在规定性。故归纳而言，具有哲学思想意义的“命”之范畴主要有四：天命、生命、性命、运命。

（一）“命”之“天命”义

具有哲学思想意义的“命”之范畴，首先是作为“天命”的省称。无论“天命”称指上节所归纳的何种意义上的“天命”，它首先都是一种可以决定自然万物的运动变化、社会历史发展的兴衰更替与人之生命、性命和运命的强大异己力量。由于人之生命、性命和运命皆由“天命”所赋授、规限与决定，“天命”对人之生命、性命和运命具有逻辑的先在性，故在“命”之四大哲学范畴中，“天命”处于基础性与根本性的地位。

先民在使用“天命”时，如前述，有时候将发令的主体“天”显示出来，故“天命”连称；有时候则将发令的主体“天”隐去，将“天命”省称为“命”。在

《论语》中，孔子就有时使用“天命”；有时则只使用“命”字。《论语》中，孔子使用“天命”范畴有两处：

子曰：“吾十有五而志于学，三十而立，四十而不惑，五十而知天命，六十而耳顺，七十而从心所欲，不逾矩。”（《论语·为政》）

孔子曰：“君子有三畏：畏天命，畏大人，畏圣人之言。小人不知天命而不畏也，狎大人，侮圣人之言。”（《论语·季氏》）

只使用“命”字，但依然意指“天命”有五处：

伯牛有疾，子问之，自牖执其手，曰：“亡之，命矣夫！斯人也而有斯疾也！斯人也而有斯疾也！”①（《论语·雍也》）

子罕言利，与命与仁。②（《论语·子罕》）

司马牛忧曰：“人皆有兄弟，我独亡！”子夏曰：“商闻之矣：死生有命，富贵在天。君子敬而无失，与人恭而有礼。四海之内，皆兄弟也。君子何患乎无兄弟也？”③（《论语·颜渊》）

公伯寮愬子路于季孙。子服景伯以告，曰：“夫子固有惑志于公伯寮，吾力犹能肆诸市朝。”子曰：“道之将行也与？命也。道之将废也与？命也。公伯寮其如命何！”④（《论语·宪问》）

子曰：“不知命，无以为君子也。不知礼，无以立也。不知言，无以知人也。”（《论语·尧曰》）

唐君毅指出，“或者乃谓论语书中之天命与命为二名，合道者为天命，命则可不合于道。然论语书或言知天命，或言知命，义应相同。又论语言畏天命，中

---

① 朱子注曰：“命，谓天命。”[（宋）朱熹：《四书章句集注》，第87页。]

② 何晏注云：“命者，天之命也。”[（魏）何晏集解，（梁）皇侃义疏：《论语集解义疏》，中华书局1985年版，第115页。]

③ “死生有命，富贵在天”，是子夏闻诸“他人”之言。子夏受学于孔子，其所闻诸的“他人”当是孔子。朱子曰：“盖闻之夫子。”[（宋）朱熹：《四书章句集注》，第134页。]故此处亦归为孔子之言。

④ 皇侃曰：“孔子答景伯以子路无罪，言人死生有命，非伯寮之谮如何。言人之道德得行于世者，此是天之命也……又言人君道废坠，不用于世者，此亦是天之命也。子路之道，废兴由天之命耳，虽公伯寮之谮，其能违天命而兴废于子路耶？”[（魏）何晏集解，（梁）皇侃义疏：《论语集解义疏》，第206—207页。]

庸言俟命,意亦相通。则命与天,非即二名”①。此言极是。《论语》中单称的“命”,实皆是“天命”的省称。“命”与“天命”在《论语》中并无质的差别,否则作为“命”之来源的“天”也将存在性质上的差别,如此,孔子所理解的天就不是同一个天。对比可知,孔子在《论语》中较少使用“天命”,较多以“命”省称“天命”。表明,以“命”省称“天命”在当时乃常见现象。

在语言的使用中,经常发生省略主词、主语,而只保留动词、宾词或动宾结构的现象。虽然在句式上省略了主语、主词,不再完整,但却不会造成人们相互误解,这只在如下情境中才是可能的:即在一个具体的对话语境中,被省略的主语指的是谁,是对话语境中的所有人所共知的,故很多时候没有必要将主语再显示出来。因此,将“天命”省称为“命”而不会造成误解,是因当时的人们都共同知道此“命”的发令主体是“天”。先秦典籍中,战国之前的典籍,“天命”的使用频率还比较高,但到了战国时代,“天命”的使用日渐减少,著者多将“天命”省称为“命”。②

因“天命”本身既可以指“天命”的主体,即可决定自然万物的运动变化、社会历史发展的兴衰更替与人之生命、性命和运命的强大异己力量;还可以指“天命”的行为,即天对人与万物进行无法抗拒的赋授、规限和施加无从逃避的决定性的作用影响的行为;最后,还可以指“天命”的结果,即作为天之具体赋授物、规限物与决定事项的“天之所命”。作为“天命”之省称的“命”,同样可称指“天命”的主体、行为与结果。就“命”指“天命”的结果,即通称意义上的“天之所命”而言,“命”本可指一切由天所命生于天地之间的事物。《礼记》尝曰:“大凡生于天地之间者皆曰命。”(《礼记·祭法》)可见,“命”所能

---

① 唐君毅:《中国哲学原论·导论篇》,第331页。

② 先秦时主要典籍的“天命”使用情况为:《尚书》26见,《诗经》8见,《春秋左传》5见,《周易·彖传》2见,《老子》0见,《论语》2见,《墨子》11见,《孟子》1见(引《诗经·大雅·文王》),《庄子》0见,《文子》2见,《荀子》1见,《韩非子》1见,《吕氏春秋》0见,《楚辞》2见。可知,《尚书》《诗经》《春秋左传》《墨子》“天命”概念较为多见。《尚书》《诗经》《春秋左传》是反映战国之前之思想的著作,可知战国之前的著者较多使用“天命”概念。其他先秦典籍,虽无法确知其确切的成书时间,然将之归为反映战国时期之思想的著作则无大问题。除《墨子》11见,较为多见外,其他著作皆零星一两见。《墨子》较多使用“天命”概念,与墨子著《非命篇》(6见),反对儒者所倡导的“天命”观存有紧密关系。故整体而言,战国时期的著者较少使用“天命”的概念。

称指的范围很广，生于天地之间的人与万物莫不是“命”；还有天所赋授的天下的统治权，人之天年、天性等，皆可曰“命”。然在天全部所赋予人之“命”中，生命、性命、运命则是至为切己，最为重要的“命”。故作为“天之所命”意义上的“命”，经常被用来直接意指由天所赋授予人的生命、性命和运命。

在先秦典籍中，“命”直接意指人之生命（寿命）的范例有：

> 五福：一曰寿，二曰富，三曰康宁，四曰攸好德，五曰考终命。（《尚书·洪范》）
>
> 有颜回者好学，不迁怒，不贰过。不幸短命死矣！（《论语·雍也》）
>
> 左右曰：“命可长也，君何弗为？”邾子曰：“命在养民。死之短长，时也。民苟利矣，迁也，吉莫如之！”（《左传·文公十三年》）
>
> 万乘之国，兵不可以无主；土地博大，野不可以无吏；百姓殷众，官不可以无长；操民之命，朝不可以无政。①（《管子·权修》）

“命”直接意指人的“性命”，如：

> 归根曰静，是谓复命。复命曰常。（第十六章）
>
> 乾道变化，各正性命。（《周易·彖传》）
>
> 君者，善群也。群道当，则万物皆得其宜，六畜皆得其长，群生皆得其命。（《荀子·王制》）

“命”直接意谓人的“运命”，如：

> 子产曰：“人谁不死？凶人不终，命也。作凶事，为凶人。不助天，其助凶人乎？”（《左传·昭公二年》）
>
> 存亡有命，事楚何为？多取费焉。（《左传·定公十五年》）
>
> 孟子曰：“求则得之，舍则失之，是求有益于得也，求在我者也。求之有道，得之有命，是求无益于得也，求在外者也。”（《孟子·尽心上》）

韦政通在《中国哲学辞典》中，总结中国古代哲学中“命”字含义时说：

---

① 《尚书》的“考终命”和《论语》的“短命”，“命”皆指人之“寿命”，内含生命年寿短长之义；《左传》的“命可长也”“命在养民”和《管子》的“操民之命”，“命”皆单纯指人之“生命”，不含生命年寿短长之义。

命的含义，就历代哲学文献所见，有高度的分歧性，综合起来，大抵可分三类：

(1)就个人而言，命的含义有寿命、本性、性命、人性、人所禀之理等。

(2)就与天所关联者而言，则命的含义有天命、自然而不可免、太一下降、分于道等。

(3)就人与环境之间关系而言，命的含义又有：命运，偶然性的遭遇，不知所以然而然，正命、随命、遭命等。

此外，命有“令”的意思，与“寿命”之命一样，乃通俗的用法，缺乏哲学的意义。①

韦政通说，“命”之含义在历代具有高度的分歧性，确实如此。产生极大分歧性的主要原因：一是“命”之概念本身就具有多义性，二是哲学家与思想家对同一个范畴类型内的“命”之看法，也存在极大的差异性，故歧义纷出。韦政通从“命”与外物之关系的角度，将具有哲学意义的“命”之范畴归为三类，大抵可以成立。不过其将“寿命”，与本性、性命、人性、人所禀之理等分划在一起，归类不当。本性、性命、人性、人所禀之理等几个含义，指示的都是人的内在本质规定性，故可以用“性命”的概念加以概括。而人的“寿命”，乃指人生命存在年限之长短，其与指示人的内在本性的“性命”概念，分属两种不同类型的范畴，故不应归为一类。由于“命”还有“寿命”或说“生命”之义，因此还应单列一类指示人之生命或寿命的范畴。虽然“寿命”乃常见的词汇，但其因与“生命”范畴紧密联系，故也具有深刻的思想意义，并非全无哲学的意义。另外，韦政通将“分于道”归属“天命”的范畴，也不妥当。因为“分于道”犹言“得于道”。谁得于道？只能是具体的人或物，而不是主动施令的天。“分于道”其实属于“性命”的范畴。

因此，就范畴类型而言，具有哲学意义的“命”应将之归纳为天命、生命、性命、运命四大范畴。并且，在解释“命”之哲学思想义涵时，应将之首先与“天”相联系，将“天命”置于第一位。因虽然普通用法的“命”，如“命令”作为

① 韦政通：《中国哲学辞典》，世界图书出版公司 1993 年重印版，第 390 页。

人的指令，与人的联系更为切近，但具有哲学思想意义的“命”之范畴，与“天”的联系较之于与“人”的联系，在逻辑上则更具有先在的地位。因若没有“天命”作为来源与基础，生命、性命、运命之“命”就没有存在的根基。船山曾指出：

> 天之生物，其化不息。初生之顷，非无所命也。何以知其有所命？无所命，则仁、义、礼、智无其根也。①

其以为，天在化生万物之初，对天下万物并非一无所“命”，否则，作为人之内在本性的仁、义、礼、智之德性就没有存在的根基。船山在此主要强调人之本性必须以“天命”为前提，否则就失去其存在的基础。实际上，与人之性命相似，人之生命、运命，也都必须以“天命”作为存在的根基。若无“天命”，就不可能有人之生命；若非“天命”，人的运命也不会成为一个人无力改变的境遇，如此运命也就无法成其为运命。故生命、性命、运命之“命”必须首先与“天”相联系，以“天”作为存在的来源与根基，其才成其为人之“命”。

有学者提出，“‘命’并不是以天为依据，而是与‘天’相当的人力所不能改变的外在力量”②。这一看法对“命”之理解存有误解之处。命之本义是令，令则必须有发令的主体，否则令就没有归属，失去存在的根基。在天之层次上的“命”，若不以“天”为依据，就不可能有决定自然万物变化、社会历史发展，以及人的生命、性命、运命的强大规制性力量。故“命”是不能离“天”而独在的。③《礼记》尝曰：

> 是故夫礼，必本于大一，分而为天地，转而为阴阳，变而为四时，列而为鬼神。其降曰命，其官于天也。（《礼记·礼运》）

此段本是论述“礼必本于大一”的思想。值得注意的是此段的最后提出：“大一”之所降叫作“命”，而“命”是“官”于“天”的。郑玄注“官”曰：“官，犹法

---

① （清）王夫之：《船山全书》第二册，岳麓书社 1988 年版，第 299—300 页。

② 王威威：《庄子学派演变与百家争鸣》，人民出版社 2009 年版，第 188 页。

③ 冯友兰曾指出，“‘命’是一个与天有关的概念。‘命’也称‘天命’，其意义或者就是上帝底命令，或者是人力所无可奈何的一种自然界中的或社会中的势力”。（冯友兰：《三松堂全集》第 12 卷，第 103 页。）

也。此圣人所以法于天也。”[①]郑玄训“官”为“法”，还不确切，此处的“官”，当是“管”之通假[②]，意为管制，宰制之义。故“官于天”乃由天所管制，宰制之义。如此，《礼运》以为，“大一”所降之“命”，为天所宰制，其不能脱离天的管制。因此，“命”总是要以“天”为自己的发令主体，以“天”作为自己存在的根基，听从“天”的主宰与管制，不能离“天”而独立存在。

总之，在古代的典籍中，能够决定天下万物的化生、存在、属性、运动、变化、发展之态势的“命”，其实都是“天命”的省称，它并非是与“天”相当的另一种能决定事物运动、变化、发展的外在力量，而是以“天”为赋授主体，听从“天”的管制，决定着自然万物死生、社会历史发展兴衰以及人的生命、性命和运命的强大主宰力量。它是人之生命、性命和运命产生的来源和存在的根基。

（二）“命”之“生命”义

具有哲学思想意义的“命”之范畴，其次可以指人与万物的“生命”。“生命”[③]的最初含义，实为“命生”[④]。谁命我生？天也！[⑤] 天命我生，故我不得不生！天不仅命我生，在人终其天年，完成生之使命后，天也命我死。因天所规定的人之存在状态，只有两种：一曰生，二曰死。生与存具有非常密切的关系。人们经常使用“生存”一词，其背后隐含的观念是：人只有“生”，才能“存”；人若不“生”，则不能“存”矣。人若死去，则又将重新化为一抔黄土，不

---

① （汉）郑玄注，（唐）孔颖达疏：《礼记正义》，第707页。

② 《康熙字典》曰：“官，与管通。”

③ 最初古人指称人或万物的生命，大多用单字的“命”或“生”字。“生命”一词，战国时期的著作始出现，《国语》中1见：“将夹沟而廖我，我无生命矣”（《国语·吴语》），但较少使用。魏晋时，“生命”一词才比较常见。如曹植曰：“昊天罔极，生命不图。”（《曹子建集·责躬》）《晋书》曰：“前至冬春，野无青草，则必指仰官谷，以为生命。”（《晋书》卷二十六）“生命”并不局限于指“人”的生命，本书因论题的关系，下文主要就“人”的生命而言“生命”。

④ “命生”，从天之赋授的角度而言，乃言“天命人生”；从人之禀受的角度而言，则为“天所命之生”。

⑤ 所谓的“天”，即“自然”之异称。自然经复杂的生命进化历程，演化出人之生命。然后依托复杂的生命传递的链条，借父母之身体，将生命赋予当下的个体。

再以人形形体的方式存在。故人必在“生”,然后才能“存”。如此,“生”又指示人的何种存在状态?

生,甲骨文作“[illegible]”,金文作“[illegible]”,小篆作“[illegible]”。①《说文》曰:“生,进也。象草木生出土上。”《广雅》云:“生,出也。”故“生”之本义,乃象征草木自身具有内在活力,能够自己从土里生长出来。故凡“生”之属,其自身必须内具活力,能够依凭自己的内在活力而自动。在日常用语中常说“生活”“生动”“活动”,乃因生即活也,活即动也。② 有生者皆能够自行活动。人之生与草木、禽兽之生的区别在于:“草木有生而无知,禽兽有知而无义,人有气、有生、有知,亦且有义。”(《荀子·王制》)人除了与动植物共有的生与知之能力或自然的本性外,还具有仁义等道德的本性。因此,人之“生”,就其指人之生存状态而言,则指人之形体在意识的指导下,依凭自己内在具有的自然活力与天赋本性,自发自主开展在世实践活动的存在状态。

生命即命生,然而人必须得“命”,才能“生”。《左传》中刘康公尝曰:

> 民受天地之中以生,所谓命也。是以有动作礼义威仪之则,以定命也。③(《左传·成公十三年》)

刘子以为,人禀受自天地之中用以“生”之物,即所谓的“命”。其中蕴含的观念是:人必须“受命以生”,即必须自天地之中禀受其“命”,然后才能够以之为基础进行各种“生”的实践活动。具体而言,人自天地之中所禀受的用以“生”之“命”,是由天地的阴阳和气化生而成的身体。故刘子的“所谓命也”,实指由天道自然所赋予人的身体或生命。因此,就生命指人之禀受物而言,其实指

---

① 参见徐无闻主编:《甲金篆隶大字典》,四川辞书出版社1991年版,第399—400页。

② 《吕氏春秋·怀宠》:“今有人于此,能生死一人。”高诱曰:“生,活也。”(许维遹:《吕氏春秋集释》,梁运华整理,中华书局2009年版,第174页。)活,从水,本是水名。《水经注》曰:“活水,出壶关县东玷台下。”戴侗的《六书故》云:“活,水流转活动也。”故活,具有动之义。

③ 孔颖达曰:“‘天地之中’,谓中和之气也。民者,人也。言人受此天地中和之气以得生育,所谓命也。”[(周)左丘明传,(晋)杜预注,(唐)孔颖达疏:《春秋左传正义》,北京大学出版社1999年版,第755页。]“天地之中”若训为天地的“中和之气”,则赋人以“命”的具体主体为天地的中和之气。事实上,“天地之中”不仅可训为“中和之气”,还可以训为指方位的“天地之中间”。如此,赋人以“命”的具体主体,则指向作为万物之“父母”的天地。如此释解更与先民以天地为人之“父母”的观念相合。

内具自然活力与天赋本性，能够自发自主进行各种实践活动的身体。这一身体是身心合一，形神统一的身体，其与人的生命一体共在。生命是人开展一切实践活动的前提。人只有首先拥有生命，才能拥有生命之外的其他事物。因此，生命对人而言，无论是在思想逻辑上，还是在现实存在上都是在先的第一存在。刘子还指出，人自天地之中禀受生命之后，由此也产生出了各种用以规范人之生命活动，即规范人身体之行为的道德礼义、礼法威仪等规则，以安定我们的生命。“动作礼义威仪之则”作为规限生命的后设性、工具性的存在，皆是为安定人的生命存在而服务，由此也可见，生命之为人之创造物即“工具性存在”所服务的“目的性存在”的中心地位。

在“生命”观念的基础上，先民依据人的“生”之状态维持之长短，又产生出了“寿、夭”的观念。《说文》曰：“寿，久也。”寿即人的身体具有活力之状态维持得长久，反之则谓之夭。《白虎通》曰：“命者，何谓也？人之寿也，天命已使生者也。”（《白虎通·寿命》）可见，“命”又指由天所命赋予人的，使人得以生的寿年。先民后来又将“寿”与“命”结合，新创“寿命”①一词。“寿命”的本义，即天所赋予于人的生命之年寿、年限。“寿命”之命，正指人的“生命”。因此，表“寿命”之意的命，可与单纯表“生命”之义的命归入同一个范畴。虽然相比“生命”之命，“寿命”之命多出了生命长久之义，但并不影响它们是属同一范畴的概念。

（三）“命”之“性命”义

具有哲学思想意义的“命”之范畴，又可以指人与万物之本性意义上的“性命”②。

---

① “寿命”一词，也是战国时期始出现。《楚辞》中1见：“永宜厥身，保寿命只。”（《楚辞·大招》）《管子》中3见：“圣君则不然，守道要，处佚乐，驰骋弋猎，钟鼓竽瑟，宫中之乐，无禁圉也。不思不虑，不忧不图，利身体，便形躯，养寿命，垂拱而天下治”（《管子·任法》），“起居时，饮食节，寒暑适，则身利而寿命益。起居不时，饮食不节，寒暑不适，则形体累而寿命损”（《管子·形势解》）。

② “性命”一词，《庄子》中12见。《易传》2见：“乾道变化，各正性命”（《周易·彖传》），“昔者圣人之作《易》也，将以顺性命之理”（《周易·说卦》）。《管子》1见：“道者，扶持众物，使得生育，而各终其性命者也”（《管子·形势解》），此一“性命”，实为“生命”的同义词。《荀子》1见：“故知既已知之矣，言既已谓之矣，行既已由之矣，则若性命肌肤之不可易也。”（《荀子·哀公》）

“性命”①的最初本义实为“命性”，即天所命之性。就人而言，指天所赋予人的内在本性、性分、分极、规定等人之属性与特质的总和。

人之性命由“天”所“命”的观念也很早就产生。如《尚书》载祖伊言，“故天弃我，不有康食。不虞天性，不迪率典”（《尚书·西伯戡黎》）。学界虽认为《西伯戡黎》不似商代成书的册典，②但认为其成书当在周代宋国立国之初叶。③ 其中“天性”二字可表明：在《西伯戡黎》成书之时，先民已认为，人之性乃“命”来自“天”。《诗经》的“天生烝民，有物有则，民之秉彝，好是懿德”（《诗经·大雅·烝民》），明确表达了天生众人之时，赋予人以善良本性与理则的观念。毛亨传曰：“烝，众。物，事。则，法。彝，常。懿，美也。”④其实犹言：天生众人之时，便赋予了每个人共同的善性与内在的法则，而人们秉持这一常性常则，莫不喜欢追求美德。而天之所以能够赋予人以共同的善性与内在的法则，因先民这时候所信仰的“主宰之天”具有完全的道德正义性，因此

《吕氏春秋》“性命”11见。这说明“性命”一词出现的时间较早。刘笑敢曾依据《庄子》之前的先秦主要著作中未见“性命”一词，到战国后期的一些著作，如《荀子》《吕氏春秋》才开始广泛使用“性命”概念，主张“性命”是战国后期才出现的概念。（参见刘笑敢：《庄子哲学及其演变》，第12页。）但20世纪90年代出土的郭店楚简《唐虞之道》中就出现了“性命”概念：“养性（眚）命之正，安命而弗夭，养生而弗伤。”郭店楚简的下葬年代，考古工作者将其最晚的下限断为公元前300年左右。如此可证明在战国中期之前就已经开始使用“性命”的概念。（参见李锐：《郭店简〈唐虞之道〉中出现的“性命”一词与〈庄子〉内篇早出的问题》，《人文杂志》2011年第4期。）

① “性命”，既可以指人与万物之本性，又可以作为“生命”之同义词。本书因论题的关系，下文主要就指“人”之本性而论“性命”。

② 傅斯年曾指出，“商书中《盘庚》、《高宗肜日》、《西伯戡黎》诸篇，固后人所信不以为伪书者，然诸篇文辞转比《周诰》易解，人不能无疑。夷考其辞，似非商之册典也”。（《傅斯年全集》第2卷，第530—531页。）

③ 刘起釪认为，“由商末留下了原始材料《西伯戡黎》和《微子》，其最后写定不仅可能出于周代宋国人之手，而且连观点和语言也多习用周人的了”。（顾颉刚、刘起釪：《尚书校释译论》第二册，中华书局2005年版，第1070页。）

④ （汉）毛亨传，（汉）郑玄笺，（唐）孔颖达疏：《毛诗正义》，第1218页。毛传训“物”为“事”，还未够准确。此处“物”与“则”并言，“则”为人性的内在法则，如此，此处的“物”也应与“性”相关，故当训为“类”。《周礼·校人》曰，“辨六马之属：种马一物，戎马一物，齐马一物，道马一物，田马一物，驽马一物”，其物即类之义。类，《尔雅》曰，“类，善也”。《诗经·大雅·既醉》“孝子不匮，永锡尔类”，毛亨传曰“类，善也”。类具有善之义，类本身又具有类本性之义。故“物”若训为“类”，当译解为“共同的善良本性”。如此，后半句言众民“好是懿德”才有人内在的善良本性作为基础。

其能将自身所具有的道德品质赋予人这一天地万物之“元子”。《烝民》所表达的天赋人善性的思想，后世为孟子所继承，并发展成性善论的思想。又孔子的“天生德于予”（《论语·述而》），也明确表达了人的自然德性由天所赋生的思想。孔子所谓的“天”之所以能够赋人以“德”，还是因孔子所信奉的“天”是具有道德正义性的“正义之天”，故其能将自身所具有一部分之“德”赋予人。由是可知，先秦时的诸子认为，人之天生的善质或说自然的德性是人之天赋的本性。

先秦诸子还认为，不仅天生的善质或自然的德性是人之本性，形色的欲望也是人之性。如告子曰：“食色，性也。”（《孟子·告子上》）孟子亦曰：“形色，天性也。”（《孟子·尽心上》）并认为，人生而具有的意欲、情感与认知的能力，亦是人天赋的质性，如荀子曰，“凡以知，人之性也；可以知，物之理也”（《荀子·解弊》），“性者，天之就也；情者，性之质也；欲者，情之应也”（《荀子·正名》）。因此，归纳而言，先秦诸子认为，人之欲望、情感、智能、善质或德性等，皆是天所命赋之性。故“性命”之义涵，可具体化为：人天生就具有的欲望、情感、智能、善质或德性等人之属性与特质的总和。①

需要指出的是，此处确定的“性命”之义涵，只是“性命”概念的“能指”。人之性具有什么样的特点，人性中哪一规定性才是人的“本质之性”或“正性”，不同的思想家存有不同的理解，由此形成其各具特色的性命理论。② 故研究庄子的性命理论，必须在《庄子》的具体思想文本之解析中，去确定其所谓

① 徐复观曰：“谨按由现在可以看到的有关性字早期的典籍加以归纳，性之原义，应指人生而即有之欲望、能力等而言，有如今日所说之‘本能’。”（徐复观：《中国人性论史·先秦篇》，第6页。）

② 牟宗三曰：“此可表示凡性字无论是何层面之性，是何意义之性，皆是指那自然而本然者言，即自然如此本然如此之性向、性能、性好、质性或质地。此是性字之通义，但视其应用于何层面而定其殊指。大抵性之层面有三：一、生物本能、生理欲望、心理情绪这些属于自然生命之自然特征所构成的性，此为最底层，以上各条所说之性及后来告子荀子所说之性即属于此层者；二、气质之清浊、厚薄、刚柔、偏正、纯驳、智愚、贤不肖等所构成之性，此即后来所谓气性才性或气质之性之类是，此为较高级者，然亦由自然生命而蒸发；三、超越的义理当然之性，此为最高级者，此不属于自然生命，乃纯属于道德生命精神生命者，此性是绝对的普遍，不是类名之普遍，是同同一如的，此即后来孟子、《中庸》、《易传》所讲之性，宋儒所谓天地之性，义理之性者是。”（牟宗三：《心体与性体》，上海古籍出版社1999年版，第169—170页。）

的“性命”的确切内涵与外延所指，依此分析庄子对何谓性命之“正性”的理解。

（四）“命”之“运命”义

具有哲学思想意义的“命”之范畴，最后又可以指人的“运命”。“运命”，是“命运”①倒文的说法，其义与“命运”基本无别。班固曾曰：“昔秦燔诗书，以立私议；莽诵六艺，以文奸言；同归殊涂，俱用灭亡；皆亢龙绝气，非命之运。”（《汉书·王莽传》）班固所谓的“命之运”，即“命运”词源意义上的来源。《玉篇》曰：“运，动也，转也。”运即运动、运转、运行。故“命运”的最初本义，乃天命之运行；“运命”的最初本义则指所运之命，正在运行中的天命。

天命之运行、运转，本质是天道自然的流行变化，无论其背后是否有具人格性意识与主宰性意志的至上神，或其他完全皆是必然性的“自然”实体主宰控制，甚至前定安排，都有着不以人的意志为转移的客观变化规律性和人所无力抗拒的强大规制性。先民所理解的天道运行的规律是，“唯时行之，消而息之，盈而虚之，天之道也”（《子夏易传》卷二）。如此，天道“命”于天地阴阳二气的变化，则有消息、盈虚、损益、衰杀等不同的状态。② 天道“命”于社会历史的发展，因兴衰、治乱更替的客观变化规律，将产生乱世、治世和太平世等不同的社会环境。人生而在世，“在世界之中”的存在根本结构③，规定着人必然要遭遇由天道自然流行变化的客观规律所决定的不同的变化态势④，如此自然就产生出人在死生、存亡、穷达、贫富、贵贱、吉凶、祸福、成败等各种外在境遇

① “命运”一词，汉代已见。如班固曰：“尧遭洪水，汤遭大旱，命运时然。”（《白虎通义·灾变》）“运命”一词，也汉代已见，《艺文类聚》引《后汉传·王命叙》曰：“故虽有威力，非天命不授，虽有运命，非功烈不章。”（《艺文类聚》卷十）晋李康作有《运命论》一文，见《艺文类聚》卷二十一。

② 《吕氏春秋·知分》曰：“凡人物者，阴阳之化也；阴阳者，造乎天而成者也。天固有衰嗛废伏，有盛盈坌息，人亦有困穷屈匮，有充实达遂，此皆天之容物理也，而不得不然之数也。”（许维遹：《吕氏春秋集释》，第554—555页。）

③ 海德格尔曰：“‘在之中’是此在存在形式上的生存论术语，而这个此在具有在世界之中的本质性建构。”（［德］海德格尔：《存在与时间》，第64页。）

④ 此处的必然，是从整体而言。即从整体上人必然要遭遇各种人力无法改变的自然、社会、个人境遇的形势、态势，但并不意味着在一具体情境中，人必然要遭遇某一具体的境遇。

的差别。由此，每一个人在世存在，必定要遭遇的“天命之运行”的不同变化态势，就转而成个人的“命运”。

人在世时所遭遇的“天命之运行”的不同变化态势，转而成个体不同的“命运”。故“命运”一词后来逐渐由指“天命之运行”，变成指人于时世所遭遇的由天道自然流行变化所决定的无法抗拒、无从逃避又无力改变的个人既定境遇。即在后来的用法中，“命运”基本都是切于个人、个体的境遇而言。如《北齐书》中的《王琛传》曰：

> 叡方寝，见一人可长丈五，臂长丈余，当门向床，以臂压叡，良久，遂失所在。叡意甚恶之，便起坐独叹曰：“大丈夫命运一朝至此！恐为太后所杀。”（《北齐书·列传第五》）

“大丈夫命运一朝至此”所言的“命运”，指由当时的客观变化情势所决定的无法抗拒、无从逃避又无力改变的个人既定境遇。此一意义上的“命运”，也经常被称为“运命”。如《宋书》中《顾觊之传》曰：

> 觊之常谓秉命有定分，非智力所移，唯应恭己守道，信天任运，而暗者不达，妄求侥幸，徒亏雅道，无关得丧。乃以其意命弟子愿著《定命论》，其辞曰：“仲尼云：‘道之将行，命也；道之将废，命也。’丘明又称：‘天之所支不可坏，天之所坏不可支。’卜商亦曰：‘死生有命，富贵在天。’孟轲则以不遇鲁侯为辞。斯则运命奇偶，生数离合，有自来矣。”（《宋书·列传第四十一》）

顾觊之因为认为人的“运命”都由天预先定分，非个人凭其智力所能移易，故曰，“斯则运命奇偶，生数离合，有自来矣”。且先不管顾觊之对“运命前定”且非智力所能移易的看法是否正确，只看《宋书》对“运命”一词的用法，可知“运命”变成指由天道自然流行变化所决定的无法抗拒、无从逃避又无力改变的个人既定境遇。故无论是“命运”，还是“运命”，在后来皆被用来指人所无可奈何的外在客观境遇，也即个体性的“命运”或“运命”。①

---

① “运命”是“命运”一词的倒文，二者意义基本无别。为更好地显示生命、性命与运命之间的对应关系，故后文凡言“命运”者，多用“运命”一词。

从天的角度而言，天道的自然流行变化，其在某一个时刻形成的整体运行变化态势是同一的；但每一个体在此同一个时刻中所遭遇的事物整体运行变化态势的部分却是各不相同。每一个体不同的所遇之部分，将决定他们不同的“运命”。故每一个体的“运命”与“所遇”存有密切的关系。荀子曾给“运命”下过一定义曰：

节遇谓之命。（《荀子·正名》）

“节遇”之“节”，杨倞曰：“节，时也。当时所遇，谓之命。命者，如天所命然。”①王先谦则认为，“节，犹适也”②。“节”若释为“时”，则是强调：人于时所遭之境遇，即人之“运命”；“节”若释为“适”，则是强调：人于世适巧所遇的境遇，即人之“运命”。人于时世中所遭之境遇，皆具有极大的偶然性。故无论是将“节”释为“时”，还是释为“适”，义正相通。因此，荀子以为，所谓的“运命”，即人于时世适巧所遭遇的人所无可奈何的既定境遇。不仅《荀子》将人的“运命”理解为“当时所遇”，《文子》与《淮南子》亦存相似的看法。如《文子》曰：“故生，所受于天也；命，所遭于时也。有其才不遇其世，天也。”③（《文子·符言》）《淮南子》亦曰：“性者，所受于天也；命者，所遭于时也。有其材不遇其世，天也。”（《淮南子·缪称训》）《文子》与《淮南子》都将人之“运命”理解为“所遭于时”，也是以人之“运命”为人在时世中所遭遇的人所无可奈何的客观变化情势或个人的既定境遇。

因此，人之“运命”，即人与万物于时世所遭遇的由天道自然的流行变化所决定的，人凭借其当时具有的有限力量无法抗拒、无从逃避又无力改变的客观变化情势或个人的既定境遇。由于这一客观变化情势或个人的既定境遇是由天道自然等强大的异己力量所决定，故它的变化不以人的意志为转移。人虽未求它至，但其往往不请自来，故孟子曰：“莫之致而至者，命也。”（《孟子·万章上》）人虽有心求之，它却不因人的祈求而就此降下福命，故孟子又曰：“求之有道，得之有命，是求无益于得也，求在外者也。”（《孟子·尽心上》）再者，

① （清）王先谦：《荀子集解》，中华书局1988年版，第413页。

② （清）王先谦：《荀子集解》，第413页。

③ “故生，所受于天也”之“生”，据后文所引的《淮南子》文可知，乃“性”之义。

天一旦下此“命令”，就不再另行改命；即一旦天道自然和社会历史发展到某一种时势与态势，就是一种既定的态势，不再具有其他的可能性，故晏子曰：“天道不謟，不贰其命。”①（《左传·昭公二十六年》）因为决定人之“运命”的天道自然等至高主宰者的力量异常强大，非人力所能克胜，所以，其又是人凭借其当时具有的有限力量无法抗拒、无从逃避又无力改变的客观变化情势或个人的既定境遇②，故孟子又曰：“皆天也，非人之所能为也。”（《孟子·万章上》）

需要指出的是，对这一由天道自然等强大的异己力量所决定的“命”，是何时所定；如何决定，或说依据什么标准而定；由其所决定的人之命运，是可以事先预知；还有人之勤奋努力、积极作为，是否可以影响或改变人之运命等问题。易言之，即“天”是何时“命”，如何“命”，及人可否知“命”与改“命”的问题，在不同的思想家那里，存有不同的看法。依据人之运命是否在人禀生之前或之初就已预先前定，可以将思想家主张的运命观分为：命前定论（命定论）和命非前定论（命无定论）③两种不同的运命观：

第一，命前定论（或命定论），认为在人出生之前或禀生之初，“天帝”“上帝”或“神”“自然”等强大的异己力量，就已将人之美丑、善恶，贤愚等生命之

① 《尔雅》曰：“謟，疑也。”“天道不謟，不贰其命”主张，天道不可怀疑，其一旦作出决定，就不再加以改变。

② 天道自然与社会历史，无时无刻都在发生变化，故属具有时间性与历史性的范畴，二者运动变化的力量态势随时间与历史的变化不断发生改变。再者，人的能力也是一具有时间性与历史性的范畴，也会随着人的生产、学习、实践的历史活动而不断发生改变。当下人无力改变的态势，必不意味着人将来也无力改变。故人的命运作为人无力改变的客观态势，具有时态性。

③ 林玫玲曾将先秦时代的命观分为“有命论者”与“非命论者”。（参见林玫玲：《先秦哲学的命论思想》，第47—54页。）其所谓“有命论”指“存在命运论”，“非命论”指“不存在命运论”。由于“命”可分为“前定之命”与“非前定之命”，若代入“有命论”，则“有命论”按其概念内涵可分为“有前定之命论”与“有非前定之命论”；若代入“非命论”，则“非命论”按其概念内涵可分为“无前定之命论”与“无非前定之命论”。“无非前定之命论”，实为“完全无命论”，即完全不承认命运的存在，无论是前定之命，还是非前定之命。墨子所谓的“非命论”，看似是“无前定之命论”，然其实质是“完全无命论”。由于“无前定之命论”可与“有非前定之命论”相兼容，形成“无前定之命，但有非前定之命论”，即不承认前定之命的存在，但认为现实中存在着没有前定的命运。本书所谓的“命前定论（或命定论）”相当于“有前定之命论”，所谓的“命非前定论（命无定论）”相当于“无前定之命，但有非前定之命论”。若对思想家所有的“命运观”进行分类，将其细分为：“命运前定论”“无前定之命，但有非前定之命论”“完全无命论”，可更加详细呈现思想家对命运之看法的不同类型。

形性与性命之本性,以及人在出生之后所要遭遇的死生、存亡、穷达、贫富、寿夭、吉凶、祸福、成败等运命之境遇,皆已全部预先决定好。这种主张命运先定的运命观,即“宿命论”的思想。

命前定论(命定论)者,既主张在人之上的强大的异己力量,能够将自己的生命之形性、性命之本性与运命之境遇先行决定好,如此,多认为人之运命的主宰者,是具有精神性位格和人格性特质的主宰者,如“天帝”“上帝”等。事实上,虽无意识又无意志,但完全只有必然性,没有任何偶然性的“自然”实体,也可以预先决定人的命运。依据由命运的主宰者所决定的命运是否可知和可改的问题,又可以将“命前定论”具体又分为四种类型:

(一)前定的命运,既不可知,又不可改。

(二)前定的命运可知,但不可改。

(三)前定的命运不可知,但可改。

(四)前定的命运既可知,又可改。①

依上述不同类型的前定命运观,由此而衍生出来的人对待自己人生的态度也将各不相同,特别是关于前定的命运是否可改的问题,将产生出两种完全不同的对待人生的态度:

(一)如果主张虽然在人出生之前或禀生之初,人的命运已然被决定,但这一前定的命运是可以改变的,如此人后天的勤奋努力、积极作为是有意义的。因此人可以依凭自己后天的良好的行为表现、高尚的道德品质或所累积的巨大功德等,改变自己先定的命运。

(二)如果主张人在禀生之初,人的命运已然被决定且无论如何都无法改变,那么人后天的勤奋努力、积极作为皆是没有意义的。因此无论人在现实中如何勤奋努力,积极作为,还是不能改变已然被决定好的命运,人完全只能受已然决定好的命运支配。如此,人将导致以消极悲观的人生态度应对自己所遭遇的一切境遇。

第二,命非前定论(命无定论),认为在人出生之前或禀生之初,“天命”或

---

① 参见陈宁:《中国古代命运观的现代诠释》,辽宁教育出版社2000年版,第1—11页。

天道自然等命运的主宰者对人的命运，并没有预先的前定的安排；命非前定论虽然否认现实中存在着前定的命运，但认为人生中还是存在着由“天命”或天道自然等强大的异己力量所决定的人所无可奈何的命运。根据现实中存在的命运是否有可供遵循的变化规律，命非前定论的命运观又可以进一步分为两种类型：

（一）命运有常论，认为命运的到来及其变化有可供遵循的变化规律，命运的主宰者将依据人在现实中的努力程度、善恶表现等标准，决定人将来的命运。如周初的统治者提出的“天命无常论”本质其实是“天命有常论”，“皇天无亲，惟德是辅”（《左传·僖公五年》）就是其行事之常则；如此，人实际上可以通过认识并遵循命运的变化规律，如“惟德是辅”，不断地修养和提高自身的德行，改变自身的命运。命运有常论将激发一种积极进取的人生观。因此人在现世中的勤奋努力是有意义的，人的积极作为还是可以改变自己的命运。

（二）命运无常论，认为“天命”或天道自然的变化具有无常性，既没有预先的前定，也不依据人在现实中的行为表现、道德品质或累积的功德等标准决定人将来的命运；人于时世所遭的无可奈何的境遇，都只不过是由不知其所以然而然的天道自然的流行变化所决定的，因此人之“命运”实为一种“无常”。命运无常，意味着人无法通过认识、把握和遵循命运的变化规律，改变自身的无可奈何的命运。因此，命运无常论大多将导向一种“安顺无为”的人生哲学。

因此，思想家与哲学家所持的运命观是什么类型的运命观，需要根据其具体的思想主张加以分析确定。前述所论定的“运命”概念的内涵，还只是“运命”一词的“能指”，还需要结合思想家的具体思想论述，确定其具体的“所指”。

总之，在先秦的典籍中，具有哲学思想意义的“命”主要有四个范畴：天命、生命、性命、运命。“命”首先是作为“天命”之省称，首先指能够决定自然万物的死生、社会历史发展的兴衰，以及人之生命、性命和运命的强大异己力量，及其对人与万物进行无法抗拒的赋授、规限和施加无从逃避的决定性的作用影响的行为。其次，“命”又可指一切由天所赋授的事物，即“天之所命”。因在“天之所命”的事物中，人之生命、性命和运命对人而言，是最为切己相关的“命”,它们分别指示着天所命予于人的三个根本的存在规定性。故“命”又经常被具体用来指由天所命的人之“生命”“性命”“运命”。再次,人之“生命”指内在具有自然活力,还具有欲望、情感、智能等天赋本性的身体,及其依凭自然活力和天赋本性,自发自主地进行各种活动的存在状态。又次,人之“性命”指天所赋予人的欲望、情绪、智能和德性等人之属性与特质的总和。还次,人之“运命”指人于时世所遭的、由天道自然等强大的异己力量所决定的,人凭借其当时具有的有限力量无法抗拒、无从逃避又无力改变的个人既定境遇。最后,虽然“天之所命”,于人有“生命”“性命”“运命”之分,因人之“生命”“性命”“运命”皆由天所命、所赋、所定,皆处于“天命”决定性的影响作用之下,故它们又由“天命”统摄成一个混沦的不可分的“命”之整体。

第二章　“天”是“命”之所自出

无论是“天命”，还是人的“生命”“性命”“运命”，“命”皆承“天”而来①，“天”是“命”的赋授主体，是“命”对人的强大规制力量的来源。② 不同的“天”之观念，将导致不同的“天命”之理解；不同的“天命”之理解，又将导致对处于“天命”规制下的“生命”“性命”“运命”的不同看法。因此，深入解析《庄子》“天”之观念，是恰确诠释《庄子》“命”之观念的必要基础。在《庄子》中，“天”主要具有“物质空间”“万物之父母”“自然”“广博高深之师”四义。从中可以看出，庄子以“天即自然”“天地是万物之化生者”“天地是万物之存在前提”和“天是命的赋授主体”等重要的“天”之观念。

一、《庄子》的“天”之四义

荀子曾批评庄子“蔽于天而不知人”（《荀子·解蔽》）。从荀子这一批评反推可知，“天”是庄子代表性的思想主张之一。庄子因其对“天”之巨大功用的过分推崇，反受到忽略“人”之能动作用的批评。任继愈尝指出：“庄子的著作中的‘天’有两种用法。一种意义是和‘陆地’相对待的‘天空’，还有一种

① 叶国庆指出，“（《庄子》）书中常常‘天’‘命’对举，以为命是承天来的，应在天的为天，应在人事的为命”。（叶国庆：《庄子研究》，第71页。）

② 陈祥道曰：“命者，天之令；天者，命之所自出。”［（宋）陈祥道：《论语全解》卷六，文渊阁四库全书本。］

意义是和‘人为’相对待的‘自然’,或‘天然’”①。从大的范畴来说,此一区分大抵成立,然若对《庄子》之“天”进行更细致的划分,其具有如下四义:一是天之“物质空间”义,指天是与地相对的巨大的物质性广延空间;二是天之“万物之父母”义,指天地无私化育万物,是万物的化生育养者;三是天之“自然”义,其细分又有三种含义;四是天之“广博高深之师”义,即将自己的夫子、师长称为“天”。

(一)天之“物质空间”义

天的“物质空间”义,是天的基本义,指天是一具有物质性广延维度的巨大空间。天之本义,即在人头顶之上的高空,这也是人们对天最基本的一种认识。《庄子》中,青天、云天、垂天、稽天、仰天、指天、登天、窥天、号天、天气、天时、天寒、天地等词组中的天,皆是“物质空间”之天。其中,比较特殊的是“天地”的概念。

“天地”之天,若按照任继愈的观点,一般指与陆地相对的天空。《庄子》的“天地”之天,的确存有单纯指物质性广延空间的用法,如:

> 天地与我并生,万物与我为一。(《齐物论》)
>
> 知天地之为稊米也,知毫末之为丘山也,则差数睹矣。(《秋水》)
>
> 是故天地者,形之大者也;阴阳者,气之大者也;道者为之公。(《则阳》)

但《庄子》的“天地”之天,除指“物质空间”义以外,还具有“万物之父母”义。庄子明确说:“天地者,万物之父母也。”(《达生》)实际上,上述二义并不冲突。天之“物质空间”义,可以兼容天之“万物之父母”义。因为作为“万物之父母”的“天地”之天,首先是一个具有物质性广延维度的巨大空间,其化生、消散万物,即在此巨大的物质性广延空间内进行。

(二)天之“万物之父母”义

先民首先以人头顶上的巨大物质性广延空间为天的基本义。由于天下万

---

① 任继愈:《庄子的唯物主义世界观》,见《庄子哲学讨论集》,第164页。刘笑敢亦曰:“庄子所谓天有两个新义,一是指自然界,一是指自然而然的情况。”(刘笑敢:《庄子哲学及其演变》,第123页。)

物皆是在此至高至大之空间内“受命以生”，故先民在此观念基础之上，产生了天地为“万物之父母”的观念。庄子曰：

> 天地者，万物之父母也，合则成体，散则成始。（《达生》）

庄子以为，天地乃无私化育万物的“父母”。其通过聚合气这一构生万物的基本元素，化生出万物得以存在的形体和自生自灭的本性，又通过消散由气所构生的万物之形体与本性，使万物回归气之初始的形态，进行重新再造，开始下一轮新的存在历程。天地首先通过不断地聚合万物—消散万物—聚合万物的循环运动，成其为“万物之父母”。

天地之“父母”所以能化生出万物得以存在的形体和自生自灭的本性，是因为天有“天气”，地有“地气”；“天气”属阳，“地气”属阴；二者阴阳调和而生万物：

> 至阴肃肃，至阳赫赫，肃肃出乎天，赫赫发乎地，两者交通成和而物生焉。（《田子方》）

成玄英疏曰：“肃肃，阴气寒也；赫赫，阳气热也。”①肃寒之阴气生自天，炙热之阳气出乎地，说明阴阳二气交通往来相感，相互转换了其原本的存在方位。阴阳相感而生和气，和气成实，聚合出实形，由此化生出众多万物。

庄子的“天地者，万物之父母”思想，继自传统非常古老的“天父地母”的观念。如《尚书》曰：“惟天地万物父母。”（《尚书·泰誓》）视天地为万物之父母，是先民因天地无私化生并育养人与万物，由此而产生出内怀有对天地的感恩之心的古老观念。“天父地母”的传统观念亦为先秦诸子所共享。如老子主张，天地乃“万物之母”。老子曰：

> 道可道，非常道；名可名，非常名。无名〔万物〕之始，有名万物之母。②（第一章）

---

① （清）郭庆藩撰：《庄子集释》，中华书局1961年版，第713页。

② 王弼本原作“无名天地之始”。帛书本作“无名万物之始”。王弼注曰：“凡有皆始于无，故未形无名之时，则为万物之始。”［（魏）王弼：《老子道德经注校释》，楼宇烈校释，中华书局2008年版，第1页。］依王注的“万物之始”，则王弼本原当作“无名万物之始”。高明认为，“今本前句作‘天地’者，乃后人所改，当订正”。（高明：《帛书老子校注》，中华书局1996年版，第223页。）其见是，当据改。

“无名万物之始,有名万物之母”有两种断法:一断为:无,名万物之始,有,名万物之母;二断为:无名,万物之始;有名,万物之母。① 宋以前流行的断法是:无名,万物之始;有名,万物之母。② 故河上公注曰:“无名者谓道,道无形,故不可名也。始者道本也,吐气布化,出于虚无,为天地本始也。有名谓天地。天地有形位、〔有〕阴阳、有柔刚,是其有名也。万物母者,天地含气生万物,长大成熟,如母之养子也。”③从河上公注可知,“无名”指道,因“道常无名”(第三十二章);道原处于无形无象的状态,故道无名。“有名”指天地,因天地有形有象,有可名之属性,故而有名。道为万物之本原,故为“万物之始”。天地以阴阳和气化生天下万物,故为“万物之母”。因此,老子的“有名万物之母”,也继承了传统的“惟天地万物父母”的观念。

《易传》也表达了相似的“天父地母”的观念,如“乾,天也,故称乎父。坤,地也,故称乎母”(《周易·说卦》)。《淮南子》亦曰:“是故圣人法天顺情,不拘于俗,不诱于人,以天为父,以地为母,阴阳为纲,四时为纪。”(《淮南子·精神训》)可知,“天父地母”是先民普遍持有的一种思想观念。

庄子亦“以天为父”。庄子曰:“彼特以天为父,而身犹爱之,而况其卓乎!”④(《大宗师》)天之所以被称“父”,是因为天在上,天主阳气,故称“父”。

---

① 两种断句,义可相通。命名要以形象为基础,形异故名异。道无形无象,无法命名,故“无名”实指道。“无”则是形容“道”无形无象的存在状态,故“无”亦作道之称名之一。“无名”与“无”皆指道,义正相通。

② 宋王应麟曰:“首章以‘有’、‘无’字下断句,自王介甫始。”[(宋)王应麟著,(清)翁元圻等注:《困学纪闻》卷十,上海古籍出版社 2008 年版,第 1222 页。]介甫乃王安石字。

③ 王卡点校:《老子道德经河上公章句》,中华书局第 1993 年版,第 2 页。

④ 陶鸿庆曰:“此文以‘天’与‘卓’为二物,其义难通。注曰:‘卓者,独化之谓也。’(今本注文‘卓者’伪为‘卓尔’,古逸丛书本不误)独化非天而何?疑‘天’‘父’二字传写互易。本作‘以父为天’,言人无不知爱其父,而况天之卓然物表者乎?《诗·柏舟》:‘母也天只,不谅人只。’《传》曰:‘天谓父也。’是以父为天,古今常语。(《淮南子·览冥训》虽有‘以天为父,以地为母’之文,然彼文言圣人之德,于此文不类)。”(陶鸿庆:《读诸子札记》,中华书局 1959 年版,第 23 页。)陶鸿庆以为“以天为父”本当作“以父为天”,乃误解,因误以为庄子所谓“卓者”指“天”。然庄子所谓“卓者”,乃指比天还卓高的道。刘武指出,“卓,指道”。(刘武:《庄子集解内篇补正》,中华书局 1987 年版,第 155 页。)天只是道的转化形态,故具很多局限性;道则属无限者,一直亘古而长存,故道卓于天。

地下在，地主阴气，并负责具体的育养万物的责任，故称“母”。此外，庄子的“阴阳于人，不翅于父母”（《大宗师》），也表达了天地乃人之父母的思想，因阴是地的代称，阳是天的代称。

人若视天地为人之父母，那么在进行自我认知时，就会将己视为“天之所子”。如《人间世》中，颜回曰：

> 内直者，与天为徒。与天为徒者，知天子之与己皆天之所子，而独以己言蕲乎而人善之，蕲乎而人不善之邪？若然者，人谓之童子，是之谓与天为徒。（《人间世》）

颜回以为，与天为徒类者，知道天子、君王其实与我们一样同是天地所生之“子女”。故天子、君王与我们是平等的。因此，不可以认为自己的言论比天子、君王的言论更加高明。若以此谦卑的态度对待自己的言论，就不会祈求他人称赞我的言论为善，也不会去在意他人认为我的言论不善。正因为我以平等的精神对待他人与自我的关系，以谦卑的态度对待自己的言论，因此表现得非常真诚，所以被人称为“童子”。庄子在此借助颜回之口所论的思想，内含有“齐人论”，即平等地对待每一个人的言论的思想意义。“人论”之可齐，根本理据则在于“知天子之与己皆天之所子”。扩而言之，不仅天子与己皆“天之所子”，天下所有人皆是“天之所子”，故天下所有人皆是平等的。庄子这一平等思想的提出，乃奠立于将天地视为人与万物共同的普遍之“父母”的观念之上。其与西方基督教视人皆为上帝的创造物，故每一个人在上帝面前都是平等的，有异曲同工的思想功效。同时，天地乃“万物之父母”，也是庄子提出“顺命”之主张的理论依据之一。

庄子有时将作为“万物之父母”的“天地”，省称为“天”。换言之，庄子有时亦以“天”来代称“天地”。如：

> 天生万民，必授之职，多男子而受之职，则何惧之有！（《天地》）

为道所化生的天地，各有其自身的局限性。首先表现为，“天能覆之，而不能载之；地能载之，而不能覆之”（《天下》）。如果按照天地散发阴阳二气，阴阳二气相感，“两者交通成和而物生焉”的宇宙生成模式，天与地的局限性还表现在：天与地必须相互配合才能生物。单独只有天，即只有阳气，并不足以生物。① 故“天生万民”之天,若意谓与地相对的天,还不足以“生万民”。因此,此处的天,若不将之视为“自然”之异称,而对之作具体化的解释,则应将之视为“天地”之省称。②

(三)天之“自然”义

《庄子》中,天还有“自然”义。据王叔岷辑佚的《庄子佚文》,庄子曾曰:

> 天即自然。③

“天即自然”,如此首先要问:何谓“自然”?据王叔岷辑佚的《庄子佚文》,庄子曾给“自然”下过一明确的定义:

> 不知所以然而然,故曰自然。④

“自然”本义是自己而然、自己如此。⑤ 自己而然,则“无物使之然也”⑥;如此,它的化生、存在、运动、变化、发展不需资假于任何外物,故张湛曰,“自然者,不资于外也”,又曰,“自然者,都无所假也”⑦。若再问:为何它能自己而然?为何它不需资假于任何外物就可自己如此?则“不知”。此一“不知”,与老子的“吾不知谁之子”(第四章)所谓的“不知”一样,非因人之认识能力有限,而是因此一事物的化生存在与运动变化没有任何在其之外的所以然之外因,完全是自因而生、自然而得。质言之,非因人之认识能力有限而不知所以然而然

---

① 《春秋穀梁传·庄公二年》曰:“独阴不生,独阳不生,独天不生,三合然后生。”

② 如成玄英疏曰:“天地造化为万物,各有才能。”[(清)郭庆藩撰:《庄子集释》,第421页]。

③ 王叔岷:《庄学管窥》,中华书局2007年版,第239页。原“即”误作“既”。“中央研究院”历史语言研究所1988年出版的《庄子校诠》最后所附的《庄子佚文》不误,正作“天即自然”。[参见(唐)澄观:《大方广佛华严经随疏演义钞》,见《中华大藏经》第86册,中华书局1994年版,第220页。]又郭象曰:“天者,自然之谓也”,“天也者,自然者也”,“天者,自然也”。[(清)郭庆藩撰:《庄子集释》,第224、226、471页。]郭象上述思想当本自庄子的“天即自然”思想。

④ 王叔岷:《庄学管窥》,第239页。

⑤ 陈鼓应曰:“所谓的‘道法自然’,是说道以它自己的状况为依据,以它内在的原因决定了本身的存在和运动,而不必靠外在其他的原因。可见‘自然’一词,并不是名词,而是状词。也就是说,‘自然’并不是指具体存在的东西,而是形容‘自己如此’的一种状态。”(陈鼓应:《老庄新论》,第150页。)

⑥ (清)郭庆藩撰:《庄子集释》,第494页。

⑦ 杨伯峻:《列子集释》,中华书局1979年版,第41、163页。

者,其实是无所以然者;无所以然者,必定是“自然”者。

如此,若严格按“自然”之本义,可称为“自然”者,必须是能够自己而然,不须资假外物而然,完全不知所以然而然。一旦此物的化生存在与运动变化有物使之然,须假借外物而然,可知其所以使之然者,则不可称“自然”。① 在宇宙中,唯有作为宇宙万物之总根源和总根据的道,因其“自本自根”(《大宗师》)、自因而生的特点,才有资格称“自然”。天为道所生,所以天不是自己而然,乃假道而然;同时,天也不是不知所以然而然,因现已知,天之所以如此乃道使之然。故本来天不可称“自然”。然庄子却明确说“天即自然”。庄子为何主张“天即自然”,并依此而将“天”当作“自然”的代称?此一问题因关涉天与道之关系的关键问题,故留待下文解答。

任继愈说,天之“自然”义,是指与“人为”相对而言的“自然”或“天然”之义,此一归纳大抵而言没错,但还不够细化。从词性来说,“自然”并不仅是形容词,指自然无为的,天然形成的;它还是名词。作为名词的“自然”,首先,可用来指事物内部的自然而生者,即事物内在的天然本性;其次,它还可用来指自然无为者,即称指既“法自然”又“常无为”的道。因“自然”主要具有如上三义,又“天即自然”,如此“天”也就转而具有上述三种“自然”义。因此,《庄子》中“自然”之义的“天”,细分而言又有三义:

第一,“天”指自然无为地化育万物的方式。庄子曰:

> 夫道,覆载〔天地,化生〕万物者也,洋洋乎大哉!君子不可以不刳心焉。无为为之之谓天,无为言之之谓德,爱人利物之谓仁,不同同之之谓大,行不崖异之谓宽,有万不同之谓富。② (《天地》)

此段皆是庄子赞颂道之伟大之语。“无为为之之谓天”,乃赞颂道以顺任自然、清静无为的方式化育天下万物。由此一对“天”定义式论述可知,“天”有

---

① 罗安宪指出,“‘自然’一词,其意就是‘自己而然’、无有外力强迫之意。‘自然’亦即自生、自化、自成,亦即自本自根,无有外力强迫”。(罗安宪:《论老子哲学中的“自然”》,《学术月刊》2016年第10期,第37页。)

② 王叔岷认为,“夫道,覆载万物者也”句,依《鹖冠子·学问篇》陆注引文及成玄英等资料,疑今本脱“天地化生”四字(参见王叔岷:《庄子校诠》,第415页),其见是,当据补。

自然无为之义，用以形容对事物不加干涉宰制，让事物自在自为的化育方式。“天”为何可用来形容道之“无为为之”地化育万物的方式？因道对万物的化生存在与运动变化从不加干涉与宰制，“道常无为而无不为”（第三十七章），故道具有“无为为之”的品质。作为“万物之父母”，负责具体化生育养万物之任务的天地，因为道所化生，所以也继承了道之“无为为之”的品质。庄子特意以“天”命名“无为为之”的化育万物之道，强调应如天地般不对事物进行任何人为的干涉与宰制，应让事物自然、自在、自由、自性地发展。

第二，“天”指事物内在的天然本性。《庄子》中，“自然”之义的“天”，作为名词，又指在事物内部自然而生者，即万物自然具有的天性。庄子曰：

> 故曰：“天在内，人在外，德在乎天。知天人之行，本乎天，位乎得，蹢躅而屈伸，反要而语极。”曰：“何谓天？何论人？”北海若曰：“牛马四足，是谓天；落马首，穿牛鼻，是谓人。故曰：无以人灭天，无以故灭命，无以得殉名，谨守而勿失，是谓反其真。”（《秋水》）

庄子在此又给出“天”之定义式的论述：“牛马四足，是谓天”。牛马四足，是天地之“父母”赋予牛马的一种属性，但这一赋予并非有心作为的结果，而是阴阳二气自然结聚的过程中天然形成的一种质性，是天地自然无为的结果。庄子以“牛马四足”为例，说明由天地之“父母”自然化生的天然本性，纯朴自然，不需要任何人为的改造、作为，就天然自足。“落马首，穿牛鼻”，则是由人为地改造、改易牛马的天然本性而得到的后天状态，其意图主宰和控制牛马的活动，使其为人所用，是人有心作为的结果。庄子以“落马首，穿牛鼻”为例说明，人为改造天然的本性，以成就仁义等所谓的道德，其实是对本然天性的一种戕害。庄子反对“以人灭天”，认为人之天然本性，内在具有纯真朴素、自然无为等自然的德性，通过人为修养而得的德性是后天的道德的德性，道德的德性应以自然的德性为基础，而不是反过来以消亡自然的德性为代价。

就天之含义而言，所谓的“天在内”“德在乎天”“本乎天”“牛马四足，是谓天”“无以人灭天”等“天”字，皆是自然而生、天然纯朴的本性之义。王叔岷指出，“天有性义，《淮南子·原道篇》：‘达于道者，不以人易天。’高注：‘天，性也。不以人事易其天性也。’亦其证”①。可知,庄子的“无以人灭天”,在《淮南子》中被暗化为“不以人易天”。无论是作为“物质空间”之天,还是“万物之父母”之天,天皆不可灭、不可易。② 故上述“天”字,皆当训为人与万物的天然本性义。《庄子》中,“遁天”“遁其天”“抱其天”“殉而天”“弃而天”等词组中的“天”,其实也都应训解为天然本性之义,因作为“物质空间”之天与“万物之父母”之天,皆不可能“遁”“抱”“殉”“弃”。庄子以“天”命名事物的天然本性,除了指其来源本诸于天外,更主要是为了强调这一天然本性的纯真朴素、先天自足等存在特点。

第三,“天”作为“自然”或“道”之代称。《庄子》中,“自然”之义的“天”,作为名词,还可以指自然无为者。自然无为者,既具有“自然”的特性,又具有“无为”的行事特点。符合此二条件的只有作为宇宙万物之总根源和总根据的道。

首先,道具有“自然”的存在特点。老子以“道法自然”(第二十五章)的命题,指出道具有自己而然、自然而生的特点。③ 庄子亦指出,道具有“自本自根”(《大宗师》)的特点。道以自为本,以自为根,则不仅意味着自己即自身化生存在与运动变化的根源、始因;还意味着自己即自身化生存在与运动变化的本体、根据;易言之,不需要依赖于任何他物为其提供自我化生存在与运动变化的前提依据与外在保障。故唯有道,才是绝对自因、无待于外的“自然”。所以,“自然”反过来被用作“道”的代称之一。其次,道又具有“无为”的行事特点。老子认为,道对万物从不强制命令,宰制万物,而是恒常地使万物自己而然,故曰,“道常无为而无不为”(第三十七章)。庄子也认为,道“无为无形”(《大宗师》),“无为为之”(《天地》),道以“无为”作为自己行事的第一原则。

道不仅自本自根,自己而然;还莫命无为,恒使万物自己而然;故根本而

---

① 王叔岷:《庄子校诠》,第1259页。高诱以“性”训“天”乃常训,如《吕氏春秋·本生篇》曰:“天子之动也,以全天为故者也。”高诱注亦云:“全犹顺也。天,性也。故,事也。”(许维遹:《吕氏春秋集释》,第13页。)

② 杨柳桥释“无以人灭天”曰:“不要用人道来消灭天道。”(杨柳桥:《庄子译注》,第183页。)此一解释值得商榷,因“天道”实不可消灭。

③ 老子“道法自然”的命题,学界存在着较大的诠解分歧,此处还是依学界的主流见解。参见拙文:《论老子“自然”思想的逻辑展开》,《哲学研究》2020年第2期。

言,“道即自然”。如此,当庄子说“天即自然”时,实际上即以“天”代称“道”。由此“天”也就转而成为“自然”与“道”的代称之一。徐复观指出,“但从使用名词上面说,庄子与老子显著不同之点,则是庄子常使用‘天’字以替代原有‘道’字的意义”①。韩林合也指出,“《庄子》书中许多地方出现的‘天’字并非指通常意义的天或‘物质之天’,而是代称世界整体或道的”②。毕来德还指出,“庄子使用‘天’频率远远超过‘道’,而‘天’对他来说有一种更核心意义,可以说‘天’乃是他思想核心上的一个概念”③。

《庄子》中很多重要的概念,如:天籁、天钧(天均)、天府、天倪、天理、天机、天乐、天德、天门、天伦、天性、天和、天光、暤天、寥天等概念中的“天”,皆应当释为“自然”之义。其中天钧(天均)、天府、天门等概念,本就是道之隐喻,故其“天”当释为“自然”之义,较易理解。较难理解的是“暤天”“寥天”之天,为何也要释为“自然”之义?

> 颜回曰:“吾无以进矣,敢问其方。”仲尼曰:“斋,吾将语若。有〔心〕而为之,其易邪?易之者,暤天不宜。”④(《人间世》)
>
> 造适不及笑,献笑不及排,安排而去化,乃入于寥天一。(《大宗师》)

“暤天”之暤(皞),与暭(皥)、皓(皓)、昊(界)等字,古皆通用,皆是形容光明盛大之貌。⑤“暤天”本指春夏之时,天空光明盛大之貌。如此,“暤天”本属“物质空间”之天。王叔岷认为,“《庄子》此‘皞天’,乃天之泛称,无关春、夏,向释为‘自然’,是也。‘皞天不宜’,谓不适合自然耳”⑥。王叔岷所言极是,

---

① 徐复观:《中国人性论史·先秦篇》,第325页。

② 韩林合:《虚己以游世——〈庄子〉哲学研究》,第40—41页。

③ [瑞士]毕来德:《庄子四讲》,宋刚译,中华书局2009年版,第36页。

④ 王叔岷认为,郭注“夫有其心而为之者,诚未易也”,陈景元的《庄子阙误》引张君房本“有”字下有“心”字,故郭注本盖原作“有心而为之”(参见王叔岷:《庄子校诠》,第131页),其见是,当从之。

⑤ 暤,《玉篇》作“暤”,曰:“明也,旰也”;《说文》作“暭”,曰:“暭,皓旰”。皓,《说文》曰:“日出貌”;《玉篇》曰,“日出也,明也”。旰,盛貌。邢昺曰:“皓旰,日光出之貌也。”(郭璞注,邢昺疏:《尔雅注疏》,北京大学出版社1999年版,第165页。)故“暤”作为“皓旰”,乃光明盛大貌。王叔岷曰:“暤,正作暭。(或从白作皞或皥,并俗。)今本《尔雅·释天》作‘夏曰昊天’。郭《注》:‘言气皓旰。’皓乃俗皓字,昊乃俗界字,界与暭通。”(王叔岷:《庄子校诠》,第131页。)

⑥ 王叔岷:《庄子校诠》,第131页。

“皞天”确与具体的春夏之天无关，不应释为“物质空间”之天，而应从向秀之注，释为“自然”之义。

与此相似，“寥天”也应释为“自然”之义。寥，本义是空虚、广大、深远、寂静之貌。[①] “寥天”即广大深远、空虚寂静之天。如此，“寥天”亦本属“物质空间”之天。但若以“物质空间”之天来解“寥天”，则整句义旨不可通，无法成理。王叔岷曰：“‘入于寥天一’，谓入于空虚自然之道也。简言之，即与道合耳。”[②]确如王叔岷所言，此处的“寥天”还是应释为“自然”之义，视为“道”的代称。从“皞天”与“寥天”本当指“物质空间”之天，却被庄子用来代指“自然”，作为“道”的代称。可知，庄子并未将“物质空间”之天与“自然”之天严格区分使用。为何如此，因涉及庄子对天与道之关系的独特理解，下文再详之。

（四）天之“广博高深之师”义

《庄子》中的“天”，还有一特殊的用法：即将夫子、师长称为“天”。如：

黄帝再拜稽首曰：“广成子之谓天矣！”（《在宥》）

又三年，东游，过有宋之野，而适遭鸿蒙。云将大喜，行趋而进，曰：“天忘朕邪？天忘朕邪？”再拜稽首，愿闻于鸿蒙……云将曰：“天降朕以德，示朕以默，躬身求之，乃今也得。”再拜稽首，起辞而行。（《在宥》）

文王观于臧，见一丈夫钓，而其钓莫钓，非持其钓有钓者也，常钓也。文王欲举而授之政，而恐大臣父兄之弗安也；欲终而释之，而不忍百姓之无天也。（《田子方》）

神农隐几拥杖而起，嚗然放杖而笑，曰：“天知予僻陋慢訑，故弃予而死已矣！夫子无所发予之狂言而死矣夫！”（《知北游》）

黄帝曰：“夫为天下者，则诚非吾子之事。虽然，请问为天下。”小童辞。黄帝又问。小童曰：“夫为天下者，亦奚以异乎牧马者哉！亦去其害马者而已矣。”黄帝再拜稽首，称天师而退。（《徐无鬼》）

---

① 寥，本字作廫，《说文》曰：“廫，空虚也。”《玉篇》曰：“寥，空也，寂也，廓也。”《广雅》曰：“寥，深也。”

② 王叔岷：《庄子校诠》，第262页。

《在宥》中，黄帝将广成子称为“天”，乃是认广成子为自己的师长。而云将对鸿蒙所呼的“天忘朕邪？天忘朕邪？”亦是认鸿蒙为自己的师长。云将在后文所谓的“天降朕以德”之天，并非指与地相对之天，还是夫子、师长之义。《田子方》的“不忍百姓之无天也”，指文王不忍心自己的百姓没有可以教化他们的师长。《知北游》中，神农前文说，“天知予僻陋慢訑，故弃予而死已矣”，后文又谓，“夫子无所发予”，可知神农所谓的“天”，正是指夫子，因为其他类型的天是不能死的。《徐无鬼》中，黄帝称小童为“天师”。“天师”可连称，因《庄子》中的“天”有夫子、师长之义，“天”即“师”也。后世的道教中的“天师道”，以“天师”称呼自己的师长，即继自庄子“称师为天”的做法。

庄子为何将夫子、师长称为“天”？首先，庄子要求人们“师天”“以天为师”。如此，天是人之师，天与师存有密切的关系。《庄子》中多处表达了要人“师天”“以天为师”的思想：

> 故曰：盖师是而无非，师治而无乱乎？是未明天地之理，万物之情者也。是犹师天而无地，师阴而无阳，其不可行，明矣。（《秋水》）
>
> 圣人达绸缪，周尽一体矣，而不知其然，性也。复命，摇作而以天为师，人则从而命之也。（《则阳》）
>
> 夫师天而不得师天，与物皆殉，其以为事也若之何？（《则阳》）

在《秋水》中，庄子反对“师是而无非，师治而无乱”的做法，认为其犹如“师天而无地，师阴而无阳”，皆是不可行的错误做法；因有是必有非，有治必有乱，如同有天必有地，有阴必有阳。从庄子对“师天而无地”的批评可反推知：庄子主张师天之时，也要师地。如果师天而不师地，则是取法一偏。如此，《则阳》所谓的“以天为师”，似也是为庄子所批评的错误做法。然从《则阳》的上下文的语脉、言说的语气来看，特别是“夫师天而不得师天，与物皆殉”的思想来看，“以天为师”其实是为庄子所肯定的思想。为了与《秋水》的“师天而无地”区分开来，“以天为师”之“天”，应如“天生万民”之“天”一样，要么视为“自然”之异称，要么视为“天地”之省称。故“以天为师”，其实主张人应当以自然为师或以天地为师。

庄子要人“以天为师”，故“天”即“师”也；反过来，“师”亦如“天”。天广博高深，让人不得不仰望之；夫子、师长的德行、学问，亦如天一样广博高深，使人“仰之弥高，钻之弥坚”（《论语·子罕》）。庄子正是在此意义上，以隐喻的修辞手法直接称夫子、师长为“天”。

总之，“天”在《庄子》书中具有多重复杂的含义。从大的范畴来说，主要有四义：一、指与地相对的巨大的物质性广延空间；二、指无私化育万物的“万物之父母”；三、作为“自然”之异称，细分而言又有三义：（一）指自然无为的化育万物之方式，（二）指事物内在的天然本性，（三）作为“道”的代称；四、作为“广博高深之师”的隐喻。

二、庄子的“天”之观念

《庄子》中，天具有多重复杂的含义，如此，就产生需进一步解答的问题：除“广博高深之师”义这一用法较为特殊，天的多重含义如何统一于天之范畴下？换言之，天如何可能既是一个“物质空间”之天，具有化育万物的能力，成为“万物之父母”，而且还是“无为为之”的化育万物的方式；并还具事物内在的天然本性之义；最后，还可作为“自然”或“道”的代称？

若以天与道之关系为视角，此一问题则转变为：庄子在阐论天与道之关系时，为何有的时候“天低于道”（天为道所生），有的时候“天等同于道”（天是道的代称），并且，有的时候“天还高于道”？如庄子曰：

> 故通于天〔者，道也；顺于〕地者，德也；行于万物者，〔义〕也；上治人者，事也；能有所艺者，技也。技兼于事，事兼于义，义兼于德，德兼于道，道兼于天。① （《天地》）

① 陈景元曰：“故通于天者，道也；顺于地者，德也。行于万物者，义也。见江南古藏本，旧阙上五字，义作道。”［（宋）陈景元：《南华真经章句余事》，见《道藏》第15册，文物出版社、上海书店出版社、天津古籍出版社1988年版，第956—957页。］庄子于后文所谓的“技兼于事，事兼于义，义兼于德，德兼于道，道兼于天”，存在一个“技、事、义、德、道、天”的上升序列，故应从江南古藏本作“故通于天者，道也；顺于地者，德也。行于万物者，义也”，如此才前后相谐。兼，《说文》曰“并也”。并主要有二义，一是并列之义，二是合并之义。合并即统一，故兼又有统之义。宣颖曰：“兼，犹统也。”［（清）宣颖：《南华经解》，广东人民出版社2008年版，第87页。］

此段首句，“通于天者，道也”，通，《说文》曰“达也”，故“通于天”，犹言达于天。此段末句，“道兼于天”，兼是统合、统一之义，故“道兼于天”犹言道统一于天。如先不释解“通于天者，道也”与“道兼于天”两所谓的天，只看庄子对天与道两概念的使用，可见庄子似视天为比道更高的存在。由上已知，天具有“自然”义，故“通于天者，道也”，犹言通达自然者，乃道；“道兼于天”，犹言道兼统于自然。庄子在此所提出的思想，正老子的“道法自然”之义旨。① 然庄子为何不直接用亦同常使用的“自然”，而用“天”表“自然”之义？问题的关键依然是：天与道在庄子思想中到底是何关系？

（一）“天即自然”

庄子与老子在本原概念使用上的重要差别是，庄子经常以“天”代称“道”与“自然”，这一做法奠立于庄子对天与道之关系独特的看法之上。而庄子对天与道之关系的看法，完全继承自老子。老子以为，道既是天地万物的本原，又是天地万物存在的本体；天地由道转化而来，是道之存在的化身。庄子在吸收老子思想的基础上，创造性地提出了道“自本自根”“天即自然”等重要的思想，以“天”与“大块”代称“道”与“自然”，进一步发展了老子的道论思想。

第一，老子创立的以“道”“自然”“无为”为核心理念的道论思想体系，是庄子的道论，特别是对道与天地之看法的思想来源。老子曰：

> 有物混成，先天地生。寂兮寥兮，独立不改，周行而不殆，可以为天下母。吾不知其名，字之曰道。②（第二十五章）

老子认为，天地并非是万物化生最根本的本原。道“先天地生”，乃“天下母”。“先天地生”，强调道在时间上先于天地而存在；“天下母”的隐喻，则强调天地与万物皆由道所化生。故老子首先以为，道是天地与万物最根本的本原。

---

① 冯友兰指出，“‘道兼于天’即《老子》所说‘道法自然’之义也”。（冯友兰：《中国哲学史》，第 171 页。）

② “可以为天下母”，帛书本、范应元本皆作“可以为天地母”，然郭店简本、河上公本、傅奕本皆同王弼本作“可以为天下母”。帛书本、范应元本当是后人为“文本改善”而作的改动。故此处还是依王弼本作“可以为天下母”。

其次，老子还认为，道也是支撑天地与万物之本质存在的依据。其曰：

> 昔之得一者，天得一以清，地得一以宁，神得一以灵，谷得一以盈，万物得一以生，侯王得一以为天下贞。其致之。天无以清将恐裂，地无以宁将恐发，神无以灵将恐歇，谷无以盈将恐竭，万物无以生将恐灭，侯王无以贵高将恐蹶。故贵以贱为本，高以下为基。（第三十九章）

老子在此所谓的“一”，乃“道”的代称①，故所谓“得一”，即“得道”。老子认为，天、地、神、谷、万物、侯王等清、宁、灵、盈、生、正等存在的本质，即维持自身存在的根本属性，皆要以道作为支撑自身本质存在的“本基”②：天正是以道作为自身本质存在的“本基”，故能维持“清”的存在本质；天若不以道作为自身本质存在的“本基”，将失去清的存在本质，由此破裂而消亡。地正是以道作为自身本质存在的“本基”，故能维持宁的存在本质，地若不以道作为自身本质存在的“本基”，将失去宁的存在本质，由此地动山摇而崩废。神灵、山谷亦相似，必须以道作为自身本质存在的“本基”，才能维持自身灵与盈的存在本质，否则就将遏止、枯竭。推而言之，万物若不以道作为自身本质存在的“本基”，将无法维持自身生的存在本质，由此消亡而死灭。

因此，天地与万物的存在，皆要以道为“本基”，以道作为支撑自身本质存在的根据。老子还用“川谷”与“江海”的关系为喻，阐述这一思想：

> 譬道之在天下，犹川谷之于江海。（第三十二章）

---

① 成玄英曰：“一，道也。”［（唐）强思齐：《道德真经玄德纂疏》，见熊铁基，陈红星主编：《老子集成》第2册，宗教文化出版社2011年版，第413页。］林希逸亦曰：“一者，道也。”［（宋）林希逸：《老子鬳斋口义》，华东师范大学出版社2010年版，第66页。］道之所以称“一”者，首因道“无物匹之”，故“一”首先谓道独立无匹。《淮南子》指出，“所谓无形者，一之谓也。所谓一者，无匹合于天下者也。卓然独立，块然独处”（《淮南子·原道训》）。所谓的“无形者”指道，“一”所称谓者即道，道之所以称“一”，因无可与之相匹合之物，故卓然独立，块然独处。其次，道乃“混成”，最初乃混沌未分的整体，故“一”又谓道最初乃整全。最后，道为“万物之始”，“一”又是数之始，故“一”又像道为万物之始源。王中江指出，“老子没有把本根和实体的概念限制在‘道’上，他同时还将‘一’这个概念本根化、实体化，使之成为类似于‘道’的同位的、辅助的、伴随性概念”。（王中江：《早期道家“一”的思想的展开及其形态》，《哲学研究》2017年第7期。）

② “本基”，即“贵以贱为本，高以下为基”所谓的“本”与“基”，意为支撑其他存在的存在。

此前的注家大多不知如何确解此句，故常将此句视为“倒文”作解，①，但此一解释思路并不确当。老子在此所谓的海，不当释为当今所谓的“海洋”之海。因“江海”若释为江河与海洋之义，则川谷之于江海的关系，与道之于万物的关系，并不相类，故义不可通，必须要改动老子原文，将之视为“倒文”才可通。《说文》曰：“海，天池也，以纳百川者。”可知，海之本义，乃大池、大湖之义。老子所谓的“江海”，实为江湖之义。由此，川谷之于江湖的作用是：作为基底承载着江湖之水，使江湖得以存在；若没有川谷承载着江湖之水，则江湖将枯竭而不复存在。因此，川谷实为支撑江湖存在的根据与“本基”。老子认为，道与天地万物的关系，犹如川谷与江湖的关系，如此，道实是支撑天地与万物之本质存在的根据与“本基”；若没有道作为“本基”支撑天地与万物的本质存在，天地与万物亦将消亡而死灭。因此，老子在此实以“川谷”喻“道”，喻指道乃支撑天地与万物之本质存在的“本基”。以“谷”喻“道”是老子的常喻，老子还以“谷神不死”（第六章）形容道之存在的特性。“谷”除了表达道如川谷虚而能容、响而善应等存在特点外，若结合第三十二章的思想，实亦有道是如支撑江湖存在的川谷般之“本基”存在的思想意蕴。

要之，道之于天地与万物，不仅是宇宙生成论意义上的天地与万物之化生的“本原”“本根”（the cosmological origin），还是本体论意义上的支撑天地与万物之本质存在的“本基”“本体”（the ontological ground）。②

---

① 如蒋锡昌曰：“此句倒文，正文当作‘道之在天下，譬犹江海之与川谷’。盖此文以江海譬道，以川谷譬天下万物。六十章，‘江海之所以能为百谷王者，以其善下之，故能为百谷王。’江海善下，与道相似，故老子取以为譬也。‘道之在天下，譬犹江海之与川谷’，言道泽被于万物，则万物莫不德化；譬犹江海善下川谷，则川谷莫不归宗也。”（蒋锡昌：《老子校诂》，商务印书馆 1937 年版，第 220 页。）

② 王中江指出，“在本体论与宇宙论的关系上，道家形而上学，一开始就是既有本体论或存在论的意味，又有宇宙发生论或生成论的意味。在老子、庄子那里是如此，在《淮南子》、王弼那里也是如此。对他们来说，形上之‘道’，不仅是万物之存在的根本和所以然，而且是生成或产生万物的根源或母体”。（王中江：《道家形而上学》，第 24 页。）罗安宪亦指出，“道不仅是事物存在之本原、本根，同时也是事物存在之根据，是万事万物之本体”。（罗安宪：《虚静与逍遥——道家心性论研究》，人民出版社 2005 年版，第 42 页。）

又次，老子认为，道是由混沌未分的“一”之整体，不断地分化出众多的分殊，由此而化生出天地与万物：

> 道生一，一生二，二生三，三生万物。万物负阴而抱阳，冲气以为和。（第四十二章）

“道生一”，说明道开始化生万物之进程时，最初处于“一”之整全未分的状态。如前述，老子以“一”称“道”，实蕴有道最初乃卓然独立，是天地与万物之始，乃混沌未分的“一”之整体等义。故“一”首先是老子用以说明“道”之独立、原始、整全等存在特性，与“道”同位级的辅助性的本体概念。“一”原本与“道”同是超乎形象之上的形而上的本原与本体。形而上的本原与本体若要化生万物，必须借助具体的形而下之物。春秋时代，“气”是先民共同用以说明万物之化生的基本物质性元素。“万物负阴而抱阳，冲气以为和”，表明老子亦借助“气化论”解释天地与万物的生成过程。因此，“道”最初所生之“一”，实是混沌未分的整一之元气。①

道最初所化生之元气，原处混沌未分的整一状态，这是老子亦以“一”称混沌未分之元气的原因。道所生之“一”与作为道之异称之“一”的区别是：作为道之异称的“一”，乃形而上本体的“无”之整全未分的状态；道所生之“一”，则是道由形而上本体之“无”部分性地转化为形而下具体之“有”时，最为初始的“有”（元气）整一未分的状态。因“有”与“无”，“此两者同出而异名，同谓之玄”（第一章）；“有”与“无”同出于“玄”，则“有”与“无”的本质皆是“玄”。“玄”又是老子对道的代称之一，故“有”“无”皆是（属于）道。如此，混沌未分的整一之元气，作为最初始的“有”，亦是（属于）道。故此，“道生一，一生二，二生三，三生万物”所谓的“生”，不当释为“产生、创生”，而应解为“转生、化生”。因道化生整一之元气，并非如人间之父母在生子后，母还以完全独立于子的方式存在于子之外；道将自身的一部分转化为整一之元气后，并

---

① 《管子·内业》的“气，道乃生，生乃思”（《管子·内业》），表明之后《内业》的作者等正是如此理解：道首先转化为气。

不完全独立自存于元气之外,其也部分性地存在于元气之中。①

因此,“道生一”,其实是道将自己的一部分存在由惟恍惟惚的存在状态转化为元气混沌未分的存在形态。“一生二”,则是整一之元气由混沌未分的状态,开始分阴阳清浊,转化为相互对立又相互依存的存在状态。② 元气化生阴阳二气后,元气并不以完全独立的方式,继续自存在于阴阳二气之外;作为“二”的阴阳二气,实由作为“一”的整一未分的元气分化而来;“一”之外,并无独立的“二”存在;反过来,“一”分化之后,“二”之外,也并无独立的“一”存在,“一”就在“二”之中。“二生三”,阴阳二气相互感合转化为和气后,阴阳二气与和气的关系亦复如是;阴阳二气并不完全独立继续自存于和气之外,而就在和气之中;“二”就在“三”之中;处于“三”之状态中的阴阳二气,实质就是一种和气。③ 此时,阴气非是纯阴无阳之气,而是阴中有阳之气;阳气亦非纯阳无阴之气,而是阳中有阴之气。因孤阴不存,孤阳不长,阴阳二气只有转化成和气的状态才能长存。元气判而分阴阳时,所分判的阴阳二气的质性各不相同,阳清轻而阴浊重。阳气清轻而上升汇聚为天,阴气浊重而下降凝结为地。

因天地是由道所转化而来的阴阳二气凝聚而成,故在老子思想中,天地其实是道之存在的化身。天地之存在的本质,实为阴阳二气之凝形。天地与阴阳二气的关系,非异物,只不过因异形、异态,故而异名。阴阳二气乃由整一之元气转化而来,整一之元气又由整全之道转化而来。若省略中间的气之转化的具体过程,则可推出:天地是由道转化而来的形之大物,是道由惟恍惟惚的存在状态部分性地转化为有形有象后的存在形态,因此,天地的本质是道,是

① 老子言道“独立不改”易让人误解,道无论如何变化,一直以独立的形态存在。然细析经文的前后文语境可知,老子所谓的“独立”,非言道化生万物后还“独立”,而是言道在“先天地生”前“独立不改”。故所谓“独立”,实指在未化生天地与万物之前,只有道独存,无任何他物与之相匹偶。

② 《淮南子》曰:“道始于一;一而不生,故分为阴阳;阴阳和合而万物生。”(《淮南子·天文训》)

③ 冯友兰曰:“就《老子》四十二章说,它大概是一种宇宙形成论的说法,因为它在下文说:‘万物负阴而抱阳,冲气以为和。’照下文所说的,一就是气,二就是阴阳二气,三就是阴阳二气之和气,这都是确有所指的,具体的东西。”(冯友兰:《中国哲学史新编》,第335—336页。)

道之存在的化身。在此意义上可谓,“天地即道”;天地于道是分殊,道于天地是整全。

最后,“天地即道”,从“有无”的角度而言,天地是道由“无”转化为“有”后的化身存在形式。故此,道虽不完全只存于天地之中,因“有”之外,还有“无”始终恒存,所谓的“常无”即始终恒在的“无”,但道亦不外于天地,亦在天地之中。故老子曰:

大道泛兮,其可左右。① (第三十四章)

老子认为,道在天地之中无处不在,其可既左又右。形质固定的事物皆存局限性,相对于同一个坐标系而言,其在此坐标系之左,就不可能居此坐标系之右;在此坐标系之右,就不可能居此坐标系之左;道则“无状之状,无物之象”(第十四章),故可周旋无所不至。故天地之中,无处不有道,一物之左有道,一物之右有道。同时,老子的“周行而不殆”②,亦强调了道周遍地运行于每一事物中。

第二,庄子继承了老子的上述道论思想,并创造性提出道“自本自根”与“天即自然”等重要的思想,进一步发展和完善了道家的道论思想。庄子曰:

夫道,有情有信,无为无形,可传而不可受,可得而不可见;自本自根,未有天地,自古以固存;神鬼神帝,生天生地;在太极之先而不为高,在六极之下而不为深,先天地生而不为久,长于上古而不为老。(《大宗师》)

首先,庄子言道“有情有信”,乃本自老子的“其中有精”“其中有信”(第二十一章)等经文中的思想。“情”和“信”强调了道之存在的实在性、真实性和可验证的信验性。

其次,庄子言道“无为无形”“不可见”,又本自老子的“道常无为而无不为”(第三十七章),“视之不见名曰夷”“是谓无状之状,无物之象”(第十四

① 王弼曰:“言道泛滥无所不适,可左右上下周旋而用,则无所不至也。”[(魏)王弼:《老子道德经注校释》,第85页。]

② 陈鼓应曰:“周行,有两种解释:一、全面运行。‘周’作周遍、周普讲。王弼注:‘周行,无所不至。’二、循环运行。‘周’作环绕讲。”(陈鼓应:《老子今注今译》,商务印书馆2003年版,第170页。)考老学史的诸家注解可知,“周”作“周遍”解是主流见解。

章)等思想。“无为”指出了道不对万物进行干涉性与宰制性作为的存在特点。“无形”则强调了道之存在形而上的超越性的存在特点。

再次,庄子言道“自本自根”,既是对老子的道是天地与万物化生的本原与存在的本体之思想的继承,又是对老子的“有物混成”①,“道法自然”等言道乃自然而成等思想最为重要的发展之一。老子言道“混成”,内蕴有道“混然不可得而知”,即不知所以然而自成的思想蕴义;言“道法自然”,亦含有道乃自然而成的思想意义。然老子毕竟未明确提出“道自然自成”的命题。庄子则在继承老子上述思想的基础上,明确提出道乃“自本自根”。其一,道“自根”,意味着道以自身为产生的根源;道以自而然,因自而生,由自而成,非依他而然,非因外因而生,非由外在因缘和合而成。其二,道“自本”,意味着道以自身为存在的“本基”;道本身的存在并不需要任何他物为其提供本体性的支持,其自身就有足够的力量维持自身的本质同一性的永远恒在。

因此,庄子提出道“自本自根”的思想,较之斯宾诺莎的“实体即自因”的思想,更早提出了实体是自因而生,自为本基的观点。斯宾诺莎提出,“一个实体不能为另一个实体所产生”②。因实体若为另外一个实体所产生,则这一实体就不是万物存在最根本的实体。实体之为万物存在至为根本的“本体”与“本基”的地位,决定了其不能由任何其他事物所产生,故实体必然“自因”③,也即“自根”。自因者的存在本身具有自足性,不需要再从其他事物获得对自身存在的支持,故自因者的本质本就包含着存在,自因者必定自在,必

① 混,《说文》曰:“丰流也。”混之本义是大水之貌。其他支流加入后,大水浑然不可分;同时,水质混浊不明,故混既有浑然不分义,又有浊暗不明义。受混之多义性的影响,学者对“混成”之解亦不同。王弼曰:“混然不可得而知,而万物由之以成,故曰混成也。”[(魏)王弼:《老子道德经注校释》,第62页。]王弼认为“混成”是混然不可知,即“不知所以然而然”之义。范应元曰:“而言混成,则混然而成,乃自然也。”[(宋)范应元:《老子道德经古本集注》,华东师范大学出版社2010年版,第45页。]范应元则将“混成”释为“自然而成”,与王弼之解义旨相似。吴澄曰:“‘混’‘浑’通,混成谓不分判而完全也。”[(元)吴澄:《道德真经吴澄注》,华东师范大学出版社2010年版,第33—34页。]吴澄则强调“混成”是混沌未分之义。

② [荷]斯宾诺莎:《伦理学》,贺麟译,商务印书馆1981年版,第6页。

③ 斯宾诺莎曰:“自因causa sui,我理解为这样的东西,它的本质essentia即包含存在existentia,或者它的本性只能设想为存在着。”([荷兰]斯宾诺莎:《伦理学》,第3页。)

定自为“本基”，也即“自本”。道是天地万物最根本的本原与本体，就是支撑天地万物的本质存在的实体，故道必然“自本自根”。

严复认为，“自‘夫道有情有信’以下，至‘而比于列星’止，数百言皆颂叹之词，然是庄文无内心处，不必深加研究”①。严复因不解庄子此段道论的深意，特别是“自本自根”思想的深刻意义，故有此误解。道“自本自根”思想提出的重要意义在于，庄子以此命题明确指出了道之“自因性”“自足性”“自由性”的存在本质。道之存在之所以绝对无待、根本自足，道之本性之所以绝对自由，答案皆在庄子所谓的“自本自根”四字中。故庄子的道“自本自根”论，实是对老子的道论最为重要的发展之一。

又次，庄子言道“未有天地，自古以固存”，则是对老子的“常道”与道“独立而不改”等思想的继承与发展。老子常以“常”言道，如“道可道，非常道”（第一章），“是为习常”（第五十二章）等。“习常”之“常”，即指“常道”。道所以称“常”，因道具有恒常存在的本质属性，“独立而不改”，从不改变维持自身本质之同一性的根本属性。庄子也以“未有天地，自古以固存”，强调了道之存在的恒常性的变化特点。

还次，庄子言道“生天生地”，则是本自老子的道“为天下母”等思想。老子经常以“母”喻“道”，如“天下有始，以为天下母。既得其母，以知其子；既知其子，复守其母，没身不殆”（第五十二章），“可以为天下母”（第二十五章），“我独异于人，而贵食母”（第二十章）。老子以“母”喻“道”，主要取“母”之无私孕生和育养子女等特点，以此表达道无私地化生并育养天地与万物的思想。但老子以“母”喻“道”易让人误解，道在生成天地与万物等“子女”后，还继续以独立的形态自存于天地与万物之外。然如前述，道在化生天地与万物等“子女”后，并不完全独立自存于天地与万物之外，道也在天地与万物之中。否则，天地与万物之中皆无道。如果天地与万物不“得一”“得道”，以道作为支撑自身本质存在的“本基”，则将皆消亡而死灭。故天地与万物之中皆有道，道亦在天地与万物之中。是故，老子所谓的道“生”天地与万物，其“生”不

---

① 严复：《严复集》第四册，王栻主编，中华书局1986年版，第1117页。

当解为“产生、创生”之生，而应解为“转生、化生”之生。同理，庄子的“生天生地”之“生”也应被解为“转化、化生”之生。

最后，庄子继承了老子的道化生天地万物的思想，自然也继承了老子的天地是由道转化而来，是道之存在化身的思想，并在此基础上创造性地提出：

天即自然。①

如前所述，若依严格的“自然”本义，唯有道才是真正绝对的“自然”。天不“自然”，必须待道而然。然庄子明确说“天即自然”，对此一合理的解释是：庄子也认为，天地是由道转化而来的形之大物，是道之存在的化身，故“天地即道”②；“自然”又是“道”的代称，“道即自然”；故庄子曰，“天即自然”。③

庄子不仅因“天即自然”，故常以“天”代称“道”与“自然”，还经常以“大块”代称“道”与“自然”。如庄子曰，“大块噫气，其名为风”（《齐物论》），又曰，“夫大块载我以形，劳我以生，佚我以老，息我以死”（《大宗师》）。陆德明曰：“大块，《说文》同，云：‘俗凷字也。’……司马云：大朴之貌。众家或作大槐，班固同。《淮南子》作大昧。解者或以为无，或以为元气，或以为混成，或以为天，谬也。”④王叔岷曰：“郭庆藩云：‘慧琳《一切经音义》九十五《正诬论》卷五引司马云：“大块，谓天也。”与释文所引异。’俞樾曰：‘大块者，地也。块乃凷之或体，《说文》土部：“凷，墣也。”盖即《中庸》所谓一撮土之多者，积而至于广大，则成地矣。故以地为大块也。司马云“大朴之貌”。郭注曰“大块者，无物也。”并失其义。’案《文选》张茂先《答何劭诗》：‘大块禀群生。’李善注：‘大块，谓地也。’庄子《大宗师》曰：‘大块载我以形，劳我以生。’大块为地，乃常训。此文司马释大块为‘大朴之貌。’与地义亦近；又释大块为天，则两不相谋。《淮南子·天文篇》：‘天地之偏气，怒者为风。’（地字，据王氏《杂

---

① 王叔岷：《庄学管窥》，第239页。“即”原误作“既”，参见前引之注。下凡类此，皆不再加注。

② “天地即道”，皆从天地“属于”道之存在的分殊意义上而言，非是意谓天地“等同”于道。

③ 张默生曰：“《庄子》书中的‘天’，亦是自然之意，故曰：‘无为为之之谓天。’所以说，道也，天也，自然也，名异而实同。”（张默生：《庄子新释》，齐鲁书社1993年版，第40页。）

④ （清）郭庆藩撰：《庄子集释》，第46页。

志》说补。)《俶真篇》:‘夫大块载我以形’,高注:‘大块,天地之间也。’当从此说。”①郭庆藩在注《大宗师》的“大块”时还指出,“《文选》郭景纯《江赋》注引司马云:大块,自然也。《释文》阙”②。

王叔岷说,“大块为地,乃常训”,正是,“大块”本是大地之异称。故俞樾言“大块者,地也”,并不误。王叔岷因司马彪既释“大块”为“大朴之貌”,与地义近,又释“大块”为“天”,两不相谋,故试图兼合两说,主张当从《淮南子·俶真篇》的高诱注“大块,天地之间也”。然高诱此训并不确切,“大块”本身并不内含“天”之含义。褚伯秀曰:“大块本以言地,据此经意,则指造物”③,可谓正解。庄子其实是以“大块”作为“道”与“自然”的代称。成玄英指出,“大块者,造物之名,亦自然之称也”④。故司马彪在《大宗师》中将一处的“大块”释为“自然”,一处的“大块”释为“天”,皆不误;因司马彪的“大块,谓天也”,乃庄子所谓的“天即自然”之“天”,陆德明因未解此点,故误以为释“大块”为“天”为谬解;同时司马彪所谓的“大朴”亦指“道”与“自然”。王叔岷因未解司马彪所谓的“天”与“大朴”之确义,故误以为司马彪两处注解两不相谋,实际上司马彪三解可谓皆得庄子之义旨。

司马彪、褚伯秀、成玄英皆点出了“大块”实指“道”与“自然”,但未透点“大块”可用作“造物之名,亦自然之称”的内在依据:因天地是由道转化而来形之大者,二者本质皆是道之存在的化身,所以“大块”作为大地,本质即“道”,即“自然”;既然“天即自然”,“天”可用作“道”与“自然”的代称,则“大块亦自然”,“大块”亦可用作“道”与“自然”的代称。

庄子视“天”与“大块”皆为道之存在的化身,本质皆即“道”即“自然”。

---

① 王叔岷:《庄子校诠》,第43页。

② (清)郭庆藩撰:《庄子集释》,第243页。“夫大块载我以形,劳我以生,佚我以老,息我以死。故善吾生者,乃所以善吾死也”,在《大宗师》中两见。据陆德明对《齐物论》的“大块”释文,司马彪乃在《齐物论》中将“大块”释为“大朴之貌”。如此,郭庆藩所指出的,陆德明在《大宗师》的“大块”释文中未引的司马彪另两个注解:“大块,谓天也”“大块,自然也”,当是司马彪对《大宗师》两处“大块”的注解。

③ (宋)褚伯秀撰:《南华真经义海纂微》,中华书局2018年版,第253页。

④ (清)郭庆藩撰:《庄子集释》,第46页。

如此，也就理解了：为何在庄子思想中，天既可以是“物质空间”之天，具有化生万物的能力，成为“万物之父母”；而且，还是“无为为之”的化育万物的方式；并还具有事物内在的天然本性之义；最后，还能够作为“自然”或“道”的代称。这皆是因为：首先，作为“物质空间”之天，是由道转化而来的形之大者，本质是道之存在的化身；道具有化生万物的能力，如此作为道之存在化身的天地，亦具有化生万物的能力，故其成为“万物之父母”。其次，天是道之存在的化身，道以“无为为之”的方式化育万物，故天亦以“无为为之”的方式化育万物。又次，天之所以具有事物内在的天然本性之义，因天的本质即“道”即“自然”，如此，天性即道性，即自然之性，故天有自然、天然之本性义。最后，天还可作为“自然”或“道”的代称，还是因天的本质即“道”即“自然”，这种本质的同一性，是它们相互代称的思想基础。

同时，也理解了：为何庄子对天与道之概念的使用，有时候，“天低于道”，因天地是由道转化而来的形之大物，天地的存在要待道由“无”向“有”，由形而上的本体转化为形而下的气之存在后才开始有，故“天低于道”；有时候，“天等同于道”，因天的本质即道，在此意义上，二者是同一的；有时候，“天还高于道”，因“天即自然”，故可以“道兼于天”表达“道法自然”的思想。

总之，庄子对老子的道论最为重要的发展是：一是明确地提出道乃“自本自根”思想。二是继承老子的天地乃由道转化而来的形之大物，是道之存在的化身的思想；创造性地提出了“天即自然”的思想；不仅经常以“天”代称“道”与“自然”，还经常以“大块”代称“道”与“自然”，使“天”与“大块”成为“道”与“自然”的重要代名词。而且，庄子实际上使用“天”代称“道”与“自然”的频率，远远超过了对“道”与“自然”本身的使用频次，所以，庄子哲学思想整体表现出一种“以天为宗”（《天下》）的思想倾向。①

① 丁四新指出，“《庄子》一书的‘天’以自然、无为义为宗，相对于老子来说，是庄子学派的思想创新……而通过将‘天’置于‘道’之上，我们可以断定‘天’是构成庄子思想系统之一极，是其思想的三大源头之一。进一步，庄子学派‘以天为宗’的说法，是对《老子》‘道法自然’命题的转进和推演。”（丁四新：《庄子思想的三大本原及其自然之义》，《人文杂志》2020年第2期。）

（二）天地是万物的实际化生者

依据老子的“道生一，一生二，二生三，三生万物”，不仅可推论出，天地乃由道转化而来，是道之存在的化身；还可推论出，万物也由道转化而来，万物皆是道之存在的分殊。因若化约其中“生一、生二、生三”的具体化生过程，则此一命题可简化为：“道生万物”，即道转生、转化为万物。若具体而言，此一过程经历了三个阶段：道首先部分性地转化为整一之元气；然后元气再分阴分阳，阴阳二气凝形为天地；天地作为阴阳二气之凝形，再通过阴阳二气的自然生发与相互感合等作用机制，进一步化生出和气，和气成实，凝形为万物。是故，就道与万物的关系而言，万物实为道由整全之“一”所分化而得的众多之分殊；就天地与万物的关系而言，万物是天地二形的进一步分化。庄子则在继承了老子上述思想的基础上，进一步创造性地提出了“道通为一”“生物者不生，化物者不化”“天不产而万物化”等思想，认为道与天地其实皆一无所生，一无所化，而是顺任万物自生自化，但就天地以阴阳的化生机制赋予万物作为其存在之前提的形体和自生自化的自然本性而言，天地实为万物的实际化生者。

第一，庄子承继老子的道由整全之“一”转化为万物的思想，并在此基础上，创造性提出“道通为一”“道无所不在”“物物者与物无际”等思想。

首先，庄子以“道通为一”等重要的命题，继承并发展了老子的万物是道由整全之“一”所分化而得的众多分殊的思想。庄子曰：

> 故举莛与楹，厉与西施，恢恑憰怪，道通为一。其分也，成也。其成也，毁也。凡物无成与毁，复通为一。①（《齐物论》）

> 道通。其分也，〔成也〕；其成也，毁也。所恶乎分者，其分也以备。

① 成玄英曰：“莛，屋梁也。楹，舍柱也。厉，病丑人也。西施，吴王美姬也。恢者，宽大之名。恑者，奇变之称。憰者，矫诈之心。怪者，妖异之物。夫纵横美恶，物见所以万殊；恢憰奇异，世情用(之)为颠倒。故有是非可不可，迷执其分。今以玄道观之，本来无二，是以妍丑之状万殊，自得之情惟一，故曰道通为一也。”［(清)郭庆藩撰：《庄子集释》，第71页。］

所以恶乎备者，其有以备。① (《庚桑楚》)

通，《康熙字典》曰“总也”，故通有总体、整体之义。若作动词使用，则有将分散的部分总合、统摄为整体之义。从“复通为一”之“复”字可知，庄子以为，道原本就处于整全之“一”的状态。道由整全之“一”不断地分化，道有所分，物就有所成，故曰“其分也，成也”；物有所成，则道作为整全之“一”的存在状态就不复存在，并且物所成之形，最终还是要消毁，复归于道无形无状的状态进行再造，故曰“其成也，毁也”②；然物之形成与形毁，都只不过是道之存在状态的变化，道之本身无所谓成与毁，只有智慧通达之人，才知道消弭成与毁的差别，解构对万物所作的小大、美丑等人为的价值性区分，将万物重新统合为道之整全之“一”，故曰“凡物无成与毁，复通为一”。《庚桑楚》首先也表达了相似的思想，并进一步提出，道之所以可分化为万物，因其本身是完备自足的。“备”实际上揭示了道为何能“自本自根”的根本原因；并指出了道为何“有万不同之谓富”(《天地》)，能够“其与万物接也，至无而供其求”(《天地》)的原因所在；若接着往下追问，道本身为何能够完备自足的原因是什么？则不可知，故曰“其有以备”；即道自开始存在时，就拥有了完备具足的存在本性，生来而自然如此。正因道自然地完备自足，不需要其他存在为其提供支持，故道最初开始可以“一”而无匹的方式独立存在。由是可知，庄子继承老子以“一”称“道”、以“道”为“一”的思想，同样认为天地万物无不是由自然就完备自足

---

① “道通，其分也，其成也，毁也”，高山寺卷子本作“道通，其分也，成也；其成也，毁也”(参见王叔岷：《庄子校诠》，第893页)，当从之，今据改。郭象注曰：“不守其分而求备焉，所以恶分也。本分不备而有以求备，所以恶备也。若其本分素备，岂恶之哉！”[(清)郭庆藩撰：《庄子集释》，第798—799页。]郭象将“恶乎”释为“厌恶”义，后世学者基本皆从其解，然郭象此解实可商榷。因《庄子》中的“恶乎”，除《让王》所谓的“不能自胜则从，神无恶乎！”“乎”在最后作语气词，故“恶”当释为动词“厌恶”义，较为特殊外；其他篇章中的“恶乎”，如“彼且恶乎待哉”(《逍遥游》)，“道恶乎隐而有真伪？言恶乎隐而有是非？道恶乎往而不存？言恶乎存而不可？”(《齐物论》)，“恶乎”之后若再接动词，“恶乎”实皆是疑问词，表“何以、为何、如何”之义；“恶乎”前加“所”和“所以”，并不改变“恶乎”还是表疑问之义。故“恶乎分”，实犹言“何以分”，“恶乎备”犹言“为何备”。

② 郭象注曰：“夫物或此以为散而彼以为成，我之所谓成而彼或谓之毁。”成玄英疏曰：“或于此为成，于彼为毁。物之涉用，有此不同，则散毛成毽，伐木为舍等也。”[(清)郭庆藩撰：《庄子集释》，第72页。]郭象、成玄英将“其成也，毁也”解为新物成，旧物毁，此说亦通。

的整一之道分化而得的众多分殊；庄子还主张，人们应以通达的智慧，消弭万物之成与毁的差别，解构对万物所作的小大、美丑等人为的价值性区分，将万物重新统合为“一”之整体。

其次，因万物本质皆是由道的整全之“一”分化而得的众多的分殊，故庄子认为，道无所不在，万物之中无不有道；同时，万物作为道之存在的分殊，无不表现、呈现着道。《知北游》载：

> 东郭子问于庄子曰：“所谓道，恶乎在？”庄子曰：“无所不在。”东郭子曰：“期而后可。”庄子曰：“在蝼蚁。”曰：“何其下邪？”曰：“在稊稗。”曰：“何其愈下邪？”曰：“在瓦甓。”曰：“何其愈甚邪？”曰：“在屎溺。”东郭子不应。庄子曰：“夫子之问也，固不及质。正获之问于监市履狶也，每下愈况。汝唯无必。无乎逃物，至道若是，大言亦然。周、徧、咸三者，异名同实，其指一也。……物物者与物无际，而物有际者，所谓物际者也；不际之际，际之不际者也。谓盈虚衰杀，彼为盈虚非盈虚，彼为衰杀非衰杀，彼为本末非本末，彼为积散非积散也。”①（《知北游》）

庄子在此提出的道“无所不在”的思想，是对老子“大道泛兮，其可左右”（第三十四章）等思想的重要继承与发展。老子以“大道泛兮”的隐喻，强调道广泛存在于天地万物之中。庄子则更加明确提出，所谓道“无所不在”。是故，天地与万物之中，无处不有道，不仅蝼蚁、稊稗、瓦甓之中有道，连为人所厌恶的屎溺之中亦有道。庄子以“正获之问于监市履狶”为喻指出，越是在卑下、下贱之处，即屎溺中亦有道这一难解之处，道无所不在之理愈是明白晓谕。庄子还指出，至道并不逃物、离物而在，并不会因屎溺污浊恶臭而不赋予其道；“大言”，也即至言，亦不逃物而言，亦不因屎溺为人所恶而不言。庄子强调，“周、徧、咸三者，异名同实，其指一也”，此一思想是对老子道“周行而不殆”的思

① “汝唯无必。无乎逃物，至道若是，大言亦然”，常被断作“汝唯无必，无乎逃物。至道若是，大言亦然”。此一断法不确。“无乎逃物”的主语乃“至道”与“大言”，故不当上断，当下断。质，质犹本也。况，《康熙字典》曰，“况，譬也”。譬，《说文》曰，“譬，谕也”，《康熙字典》曰，“譬，犹晓也”，故“每下愈况”，乃越是在下之处，越容易明白晓谕之义。际，《说文》曰，“壁会也”，际之本义是两墙间的缝隙，缝隙是两物相分之界，故际又有边界、界线之义。

想的继承与进一步发展。老子强调,道周遍地运行于每一事物中。庄子则在老子以“周”言“道”的基础上,又以“徧、咸”形容道,认为“周”与“徧、咸”,名称虽异,但其所指的实质皆同一,即皆表征道周遍地存在于每一事每一物中。

再次,庄子在道无所不在的思想基础上,还提出了“物物者与物无际”的思想。所谓的“物物者”,乃道之拟人化的称谓①,并不包含道乃有意识的“造物者”的意蕴;际,是标识个体之物的存在边界、界限的存在;故“物物者与物无际”,乃强调道与万物并无区分性的边界、界限。因万物是道以分散化形态存在的众多分殊,万物之本质即道,故万物之中无不有道;反过来,道将万物通统为一,将万物含包于其整全之存在中,故道与万物本无任何的界限。物皆有边际,皆存固定的边界,以标识此物之所以是此物的界限,故曰“所谓物际者也”。

庄子所谓的“不际之际,际之不际者也”,义晦难解。因从字面而言,一物之存在既已然“不际”,则不能再谓之“际”;故若将“之”解释为助词“的”之义,则“不际之际”整体之义将变为“无边界的边界”,自相矛盾,义不可通。张恒寿曾以实际与抽象二分作解曰:“这种‘不际之际’,即是没有实际界限的抽象界限。”②然这一“以今解古”是否合于庄子的本义,值得商榷。因庄子是否有实际界限与抽象界限的区分意识,极为可疑。因此,“之”在此不应释为助词“的”,而应释为其本义“出”之义③;“出”有出现、呈现之义。如此,“不际之际,际之不际者也”,实犹言无界限的道呈现于有界限的物之中,有界限的物又呈现着无界限的道。宣颖曰:“若道则本无际,而见于所际。虽见于所际,而究则不际者也。”④

---

① 宣颖注“物物者”曰:“主宰乎物者,指道也。”[(清)宣颖:《南华经解》,第152页。]

② 张恒寿:《庄子新探》,第333页。

③ 之,甲古文作“㞢”,字形与“生”的甲骨文“㞢”非常相似。《说文》曰:“之,出也,象艸过中,枝茎益大,有所之。一者,地也。”《广雅》曰:“生,出也。”可知,“之”与“生”本义相同,皆像草木从地里生“出”来;“出”,乃从地下长到地上;故“之”引申有到、至、往之义。《玉篇》曰:“之,至也,往也,发声也,出也。”

④ (清)宣颖:《南华经解》,第152页。

可谓得庄子之义旨。①

最后，庄子还指出，道作为盈虚衰杀者，能转换盈虚这两种不同的存在状态，然其本身却不属盈虚的任一状态；其可衰杀万物，然其本身却不衰减灭杀②；其可化作物之本末，然其本身却无所谓本末；其可积聚和消散万物存在的形体，然其本身却无所谓积聚和消散。这实际上强调了，道本身不生不化的特点。

第二，庄子在道本身不生不化思想的基础上，进一步提出道对天下万物其实是一无所生，道造物其实是造化的思想，并指出天地对万物亦是一无所生，一无所化，而是顺任万物自生自化。但庄子以为，就天地赋予万物作为其存在之前提的形体与能够自生自化的自然本性而言，天地实是万物的实际化生者。

首先，庄子承老子的道“独立而不改”的思想，进一步提出道作为“生物者”“化物者”，其实不生不化的思想。庄子曰：

生物者不生，化物者不化。③

“生物者”与“化物者”，和“物物者”相似，皆指道。此一命题，细析而言，实蕴有两义：一、道作为“生物者”，虽然一直在生物，然本身却不生不灭；道作为“化物者”，虽然一直在变化万物，然维持自身存在同一性的根本性质，却不发生任何变化。④ 就此而言，此一思想是庄子对老子的道“独立而不改”的思想

① 又《知北游》的“不形之形，形之不形”与“不际之际，际之不际”的义旨非常相似。“不形之形，形之不形”，义为“无形到有形，有形到无形”。（陈鼓应：《庄子今注今译》，中华书局1983年版，第572页。）则“不际之际，际之不际者也”译解为，从无界限的道化生为有界限的物，从有界限的物又归返无界限的道，亦通。

② 张恒寿曰：“盈虚衰杀是物质实体的变化，原理规律是作成（为）这些变化的根据、原因，而它本身却没有这些变化。所以说‘彼为盈虚非盈虚，彼为衰杀非衰杀’也。”（张恒寿：《庄子新探》，第333页。）张恒寿以“原理规律”解“道”，以原理规律无所谓变化解道之不改，明显植入了今人的理解框架。实际上，庄子在此所谓“道”重在言其乃万物之化生的本原与存在的本体，而非不变的“原理规律”。

③ 此乃庄子佚文，见王叔岷：《庄学管窥》，第229页。《大宗师》的“杀生者不死，生生者不生”与此思想义旨相似。“杀生者”与“生生者”，亦皆指道。

④ 张岱年指出，“本根是万有所从生，却独不生；是万有之所待，然独无待。如亦生亦有待，则不是本根了……本根亦无变化，一切众物都在流转迁化之中，而本根则恒常永存，不化不变，无毁无减”。（张岱年：《中国哲学大纲》，第10—11页。）准确而言，本根非完全“不化不变”，而是根本性质不变不化，故能维持自身是万物化生之本根与存在之本体的同一性。

的继承和发展。二、道作为“生物者”，看似在生物，其实对万物一无所生；因生物其实在化物，“造物”其实是在“造化”①；道又作为“化物者”，看似是在化物，其实对万物一无所化，因一切皆是天地与万物在自生自化。此一层的思想，则是庄子对道家之道论的重要创新发展。

庄子尝曰：“通天下一气耳”（《知北游》），认为天地万物的本质皆是一气之存在。如此，气聚成此形，则谓此物生；气聚成彼形，则谓彼物生；故万物之间性质的差别，实只是气所聚之形式、形态及与此相应的形性之差别，本质上则根本无别。若万物由气所聚之形态消散，则谓之死。然此死非是真死，只是形体之消解，作为万物化生存在与运动变化之根本要素的气，则既无所增生，亦无所减灭。② 故从气之存在变化的角度而言，“生物者”本身其实不生，其所谓生物只不过是以气化物，“生物者”其实是“化物者”；“化物者”之以气化物又非根本性质之化，只不过是气所凝结的存在形式、形态及相应的形性发生变化；故道作为根本的“生物者”与“化物者”，其实一无所生，一无所化，而是顺任气以自身的变化机制自生自化。③

其次，不仅作为根本之“生物者”与“化物者”的道一无所生，一无所化，其实是气以自身的变化机制自生自化；作为具体“生物者”与“化物者”的天地，其实也一无所生，一无所化，而是万物顺任自身的自然本性而自生自化。庄子曰：

---

① 与“生物”实为“化物”相似，“造物”亦实为“造化”。成玄英曰：“造物，犹造化也。”[（清）郭庆藩撰：《庄子集释》，第259页。]庄子所谓“造物”，非是谓某一超越的主体能凭空生有地“创造”万物，而是谓道依本身内具的变化机制，将“气”由此一存在形态转化为彼一存在形态，故道“造物”其实是以气“造化”。

② 池田知久指出，“‘万物’的构成元素是‘阴阳’二气。‘物化’与转生，就是通过‘阴阳’二气的汇集而某‘物’出生，通过这个‘气’的分散而某‘物’死去；但是，构成某‘物’的‘气’并不是就那样地消灭了，而是再次汇集到其他的（一处或两处以上的）场所变成其他的（一个或两个以上的）‘物’而转生”。（[日]池田知久：《道家思想的新研究：以〈庄子〉为中心》，王启发、曹峰译，中州古籍出版社2009年版，第275页。）

③ 就“道生一”，是“一之所起”（《天地》），一元之气是由道转生、转化而来而言，道实有所生；生物者不生，只是就道转化为一元之气后，道只以气化物不生物而言。

天不产而万物化，地不长而万物育，帝王无为而天下功〔成〕。①（《天道》）

《说文》曰："产，生也"②，故"天不产"的字面义是"天不生"。然庄子明确提出，"天生万民"（《天地》），"天地者，万物之父母也"（《达生》），以天地是万物的实际化生者；此处又提出"天不产"，如此，庄子思想是否自相矛盾？解答此问题的关键在确解所谓的"产"。《正字通》曰："妇生子曰产，物生亦曰产。"说明，产作为生，存在着两种意义上的生：

一是母生子之生。此一类的生乃"产生、创生"（produce or create）之生，特点是母在生子之后，母还以完全体的形态继续独立自存于子女之外，并且，子女不与其他父母的子女共有同一个母亲。

二是物生之生。此一类生乃"转生、化生"（transform or alternate）之生，特点是一新物之生，乃由旧物转化而来；是故新物生后，旧物不再以完全体的形态继续独立自存，而是或部分或全部转化至新物之上，开始以新物的存在形态开启其全新的存在历程；并且，众多子女可以共有同一个母亲，如作为"天下母"的道和作为"万物之父母"的天地。

庄子所谓的"天不产"，是在"生产"意义上使用"产"之义。③ 同时，"天不产"与"地不长"两句乃"互文"关系，故整体犹言：天地并不生产和长养万物而是顺任万物自化自育。庄子的此一思想，其实是对其将无私化育万物的天地比喻为"万物之父母"的思想辩证。因将天地比喻为"万物之父母"，易使人误以为天地化生万物乃如母生子般，不断地生产并长养万物；而且，天地在生产完万物后，还继续以完全体的形态独立自存于万物之外；还经常以父母的权威意志指导、推动、主宰、控制子女的行动。因此，庄子提出"天不产而万物化，地不长而万物育"的思想，首先辩证指出，天地并不生产并长养万物。因根本而言，天地并非是万物根本化育者；天地化生万物，其实

① "天下功"，覆宋本作"天下功成"，王叔岷认为，此处脱一"成"字（参见王叔岷：《庄子校诠》，第477页），其见是，当据补。

② 《玉篇》亦曰："产，生也。"又曰："生，产也。"

③ 成玄英曰："天无情于生产而万物化生。"[（清）郭庆藩撰：《庄子集释》，第467页。]

是天地通过“肃肃出乎天，赫赫发乎地，两者交通成和而物生焉”（《田子方》）的阴阳二气自然生发、相互感合等化生机制，将自身所结聚的阴阳二气部分性地转化成和气，再进而转生、转化为万物存在的具体形体和自生自化的自然本性。因万物由天地转生、转化而来，实是天地整体构成的一部分，因此，天地也并不完全独立自存于万物之外，天地也部分性地在万物之中。

从气之分化的角度而言，因阴阳二气从根本上由道所生，天地只不过负责将自身的一部分阴阳二气，进一步转化或分化为众多形态各异的事物，故天地本身其实一无所生，故曰“天不生”。又天地以阴阳二气化物，所化者只不过是阴阳二气的存在形式、形体及与此相应的形性的变化，而阴阳二气的根本性质则不化，就此而言，天地本身其实又一无所化。因从根本上主导万物之生化者，其实是气之自然内具的变化机制，如元气必然分化而生阴阳，阴阳二气必相感而成和气，阴阳和气必凝形为万物，凝形的万物达其期限必定解体消散等气之化生、相感、凝聚、消散的变化机制。就此而言，万物的聚散成毁，实是气本身在自化。万物由于继承气之自化的能力，故可顺任自身的自然本性而自生自化，实不需要天地之“父母”指导、推动、主宰、控制。庄子所谓的“天不产”等思想，亦在此意义上主张，天地其实并不主宰和控制万物的生化，而是一直顺任万物自生自化。

最后，虽然万物不需要天地之“父母”指导、推动、主宰、控制，即可顺任自然本性而自生自化，但就其自生自化的本性能力的获得而言，万物首先需要天地之“父母”以“肃肃出乎天，赫赫发乎地，两者交通成和而物生焉”（《田子方》）的阴阳二气自然生发、相互感合等化生机制，赋予万物作为其自生自化之基础的部分阴阳二气，然后万物才能依凭自“不翅于父母”（《大宗师》）的阴阳二气处禀得的自生自化的自然本性，依此展开自身在世存在的历程。再就作为万物存在之前提的形体之禀受而言，万物也首先需要天地之“父母”，以“合则成体，散则成始”（《达生》）的气之凝聚、消散等变化机制，赋予万物作为其存在之前提的形体，如此，万物才能依托此存在形体，展开自己化生存在与运动变化的历程。① 因此,庄子提出,“天地者,万物之父母也”,实际上强调天地是万物的存在形体与自然本性的实际化生者。

(三)天地是万物的存在前提

天地不仅是万物得以存在的形体与自生自化的自然本性的实际化生者,同时,天地也是万物赖以化生存在与运动变化的前提和基础,天地为万物正常进行化生、长养、成熟、衰亡的循环运动提供了不可缺离的必要保障。

第一,虽然庄子提出了“生物者不生,化物者不化”“天不产而万物化”等思想,认为万物具有自生自化的能力,但与郭象在对庄子的上述思想进行诠解时,以“独化论”完全取消了天地是万物赖以化生存在与运动变化之前提和基础的做法完全不同;庄子以为,天地与万物之间所存在的化生者与被化生者的关系,决定了天地比万物具有更加根本的地位,是万物赖以化生存在与运动变化不可缺离的前提和基础。

首先,万物作为天地二形进一步分化出来的分殊,本是天地之整体的组成部分;只有统摄全部万物,才构成所谓的天地。在此意义上,天地实为万物之总称,万物实为天地之散谓。故郭象曰:“天地者,万物之总名也。天地以万物为体,而万物必以自然为正,自然者,不为而自然者也。故大鹏之能高,斥鴳之能下,椿木之能长,朝菌之能短,凡此皆自然之所能,非为之所能也。不为而自能,所以为正也。故乘天地之正者,即是顺万物之性也。”②郭象认为,天地是万物之总名,故天地要以万物为存在之本,就二者内在所存的整体与部分之关系而言,此论可以成立。因为万物是天地之整体的组成部分,若无万物之部分,则无天地之整体,故“天地”之名的确立,要以万物为基础。成玄英正是因为认同此点,故亦曰:“天地者,万物之总名。万物者,自然之别称。”③然言

---

① 林希逸曰:“万物自生,非天生之,万物自长,非地长之,故曰天不生,地不长。”[(宋)林希逸:《庄子鬳斋口义校注》,中华书局 1997 年版,第 214 页。]林希逸此解明显受到受郭象“独化论”的影响,此解否认了天地对万物生长的前提性作用,与庄子思想并不相合。

② (清)郭庆藩撰:《庄子集释》,第 20 页。

③ (清)郭庆藩撰:《庄子集释》,第 20 页。

“天地以万物为体”时，存在着需要辩证之处：此一说法只表明，天地是由众多作为部分的万物所构成的整体，天地作为整体离不开众多作为部分的万物；并不意味着从宇宙生成论和存在论的角度来说，万物具有比天地更加根本的地位，不然就有可能取消天地是万物得以存在的形体与自生自化的自然本性的实际化生者，是万物赖以化生存在与运动变化之前提和基础的地位。

其次，依照庄子自老子处所继承而来的，以气之自化机制为根本的宇宙成生论模式，万物的化生存在与运动变化，必须以阴阳二气与和气为基础。其中，天地作为阴阳二气之凝形，其自然内具的阴阳二气自然生发、相互感合等变化机制，是万物获得天地的中和之气，然后凝聚为自身得以存在的形体和形成可以自生自化的自然本性的必要基础。因此，万物首先必须以天地为体，以天地作为自身化生存在和运动变化的前提依据。郭象却以“天地者，万物之总名也”为理据，着意强调“天地以万物为体”的一面，故意忽略“万物以天地为体”的一面；进而提出“万物必以自然为正”的思想，直接将万物之化生存在和运动变化的依据和前提归结为“自然”①。郭象所谓的“自然”，若是意谓“道之自然”，则“万物必以自然为正”，意谓万物必须以道作为化生本原与存在本体，此论亦可成立。然郭象所谓“自然”，却是意谓“物之自然”，即事物不需要任何他物却“不为而自能”的自然本性。② 郭象认为，大鹏能高飞青天，斥鴳能降下榆枋，椿木寿命长久，朝菌生命短暂，皆是事物“不为而自能”的自然本性使之自然如此。如果不将万物的自然本性视作道之整全之一，分化为作为众多分殊的万物后，存在于万物之中的道性；不当地赋予其无所依待却能自己而然、自生自化的能力；如此，就将取消道作为万物之化生的本原与存在的本体，而将万物的自然本性作为自己的化生本原与存在本体。

郭象事实上取消了“道之自然”，作为万物之所以能够自生自化的根本原因和存在之终极本体的地位，而将“物之自然”作为万物能够“不为而自然”地

---

① 钱穆指出，“惟郭象注庄，其诠说自然，乃颇与王弼何晏夏侯玄向秀张湛诸家异。大抵诸家均谓自然生万物，而郭象独主万物以自然生”。（钱穆：《庄老通辨》，第 368 页。）

② 郭象曰：“不知其然而自然者，非性如何！”[（清）郭庆藩撰：《庄子集释》，第 881 页。]可知，郭象的“自然”具有事物的自然本性、性分之义。

具有千差万别的属性、功能等存在特点的根本原因。郭象曰，“道，无能也。此言得之于道，乃所以明其自得耳。自得耳，道不能使之得也；我之未得，又不能为得也。然则凡得之者，外不资于道，内不由于己，掘然自得而独化也”，“物各自造而无所待焉”，“万物皆造于自尔”，“物各自然，不知所以然而然”①。可知，郭象在将道虚无化、无能化的基础上，将“物之自然”提升到了原本“道之自然”的地位，结果赋予了“物之自然”原本只由“道之自然”唯一具有的自本自根的能力；易言之，郭象将本来只是作为道之分殊、部分的“物之自然”，全部提升为具有自本自根之能力的作为整全的“道之自然”，结果赋予了每一事物的自然本性完全不依待其他事物而自本自根、无待而生的能力。由此，郭象不仅取消了原先唯一具有自本自根之能力、作为整全的道，是作为分殊的万物之化生的根本始原和存在的终极本体的地位；同时也取消了天地是万物的实际化生者，是万物赖以化生存在与运动变化之前提基础的地位；完全偏离了庄子对道与天地之于万物之存在的功用与地位的看法。

庄子继承老子的道为“天地根”的思想，言道“生天生地，神鬼神帝”（《大宗师》），表明庄子还是以道为天地万物之化生的根本本原和存在的终极本体；同时，庄子继承传统的“天父地母”的观念和老子的“有名，万物之母”等思想，提出天地是“万物之父母”的思想，表明庄子还是以天地为万物的实际化身者。因此，虽然庄子提出了“生物者不生，化物者不化”“天不产而万物化”等思想，认为万物具有自生自化的能力，但庄子首先认为，万物之自生自化的能力，是从作为万物的存在形体与自然本性的实际化生者的天地之“父母”处继承、禀受而来；天地与万物之间存在的存在形体与自然本性的化生者与被化生者之关系，决定了天地永远具有比万物更加根本的地位，是万物不可缺离的化生存在与运动变化的前提基础。

第二，庄子认为，天地作为“万物之父母”，不仅因其赋予了万物得以存在的形体和自生自化的自然本性；同时，天地也为万物正常进行化生、长养、成

---

① （清）郭庆藩撰：《庄子集释》，第 251、112、636、55 页。掘通堀，意为突起、特起之貌。“掘然”犹“块然”。

熟、衰亡的循环运动，提供了必要的条件保障。

首先，庄子以为，天道自常运行，不积滞不通或有所蓄积保留，是万物得以正常化成的必要条件。庄子曰：

天道运而无所积，故万物成。（《天道》）

庄子在此所谓的“天道”，并非只是天之运行的法则、规律义。“天道”之天，实是“自然”之代称，故“天道”实为“自然之道”，“自然之道”的具体化即“天地之道”。“积”[①]在此可释为两义：一、积滞不通义。如此，“天道运而无所积”，强调天地之道只有正常运行，无所积滞，如此万物才能化成。具体而言，天地生发阴阳二气之窍穴不能积滞不通，否则，天不能生发阳气，地不能生发阴气，阴阳二气不能和合，如此，万物无法化成。二、蓄积义。如此，“天道运而无所积”则强调，天地之道正常运行而无所蓄积，无私倾献自己所有的阴阳二气及其自生自化的本性能力，如此才有万物的化成。无论采取何种解释思路，都表明天地之道的正常运行，是万物得以自然化成的前提保障。

其次，庄子以为，天地也为万物正常进行化生、长养、成熟、衰亡的循环运动的必要条件。庄子曰：“夫春气发而百草生，正得秋而万宝成。夫春与秋，岂无得而然哉？天道已行矣。”（《庚桑楚》）其以为，春到，阳气生发，故百草皆生；秋到，万物之果，如同万宝，皆得成熟；春秋二季，岂无所得即可如此？其之所以能够生长、成熟万物，皆是因天地之道的运行在发挥作用。可知，天地之道的正常运行，是万物得以进行化生、长养、成熟、衰亡的循环运动的必要条件。庄子又曰：“四时迭起，万物循生；一盛一衰，文武伦经；一清一浊，阴阳调和；流光其声，蛰虫始作。”[②]（《天运》）认

---

① 《释文》曰：“积，谓滞积不通。”成玄英疏曰：“运，动也，转也。积，滞也，蓄也。言天道运转，覆育苍生，照之以日月，润之以雨露，鼓动陶铸，曾无滞积，是以四序回转，万物生成也。”[（清）郭庆藩撰：《庄子集释》，第458页。]《释文》以“滞”释“积”。成玄英既释“积”为“滞”，又释为“蓄”，然疏解文义时只言“滞积”，可能在成玄英看来，有所蓄积便是滞积不通。

② 林希逸注曰：“发生，文也，肃杀，武也。伦经，次序也。四时生杀，万物循序而生长，既盛复衰，犹乐声之有文武伦序也。琴有文武弦，即此文武之类，故曰文武伦经。流光，流畅光华也。调其阴阳清浊之声，如此流畅光华。若蛰虫将奋而雷发声之时。”[（宋）林希逸：《庄子鬳斋口义校注》，第230页。]

为，只有天地之四时相继而起，万物才能开展其循环性的生成运动；万物盛衰交替，如同文武交次循环；阳清阴浊，阴阳二气相互调和，广泛流布，才有蛰虫等万物开始化生。如果天地失常，阴阳失和，万物皆将疵疠而病；四时若不能循序而交替，则万物皆无法进行化生、长养、成熟、衰亡的循环运动。

总之，庄子继承传统的“天父地母”等思想，明确提出了“天地者，万物之父母也”的思想，认为天地不仅是万物的实际化生者，是万物的存在形体与自然本性的直接来源；而且，天地还为万物正常进行化生、长养、成熟、衰亡的循环运动提供了不可缺离的必要保障，是万物赖以化生存在与运动变化的前提基础。天人之间所存的化生者与被化生者，决定者与被决定者的必然关系结构，决定了天地可以对人与万物进行不可抗拒的赋授、规限和施加无从逃避又无力改变的决定性作用影响，施授其无可抗拒之“命”，而人与万物只能被动禀受其“命”。这是庄子继承传统的“天命”思想的合理思想成分，继续大量论说“命”之思想的现实基础与根本原因。

（四）天是“命”的赋授主体

天地虽然是“万物之父母”，是人与万物的实际化生者和赖以存在的前提，但天地对人与万物从不加干涉与宰制，而是一直以“无为为之”的方式，顺任人与万物自生自化、自在自为；因根本而言，无论是天地，还是道，皆无人格性意识与主宰性意志；就此而言，道与天对人与万物实无所“命”。然天道自然不仅赋予了人与万物存在形体与自然本性，并对人与万物依循自然本性而自生自化的在世历程施加决定性的作用影响；就此而言，天道自然对人与万物实又有所“命”。庄子以为，“天”是人与万物之“命”的赋授主体，是“命”对人与万物所具有的强大的规制性力量的来源。

第一，庄子认为，天地一直以“无为为之”的方式，顺任万物自生自化、自在自为，并不宰制万物的化生、长养、成熟、衰亡的循环运动。庄子曰：

> 天无为以之清，地无为以之宁，故两无为相合，万物皆化〔生〕。芒乎芴乎，而无从出乎！芴乎芒乎，而无有象乎！万物职职，皆从无为殖。故

曰:“天地无为也,而无不为也。”①(《至乐》)

首先,庄子继承老子“得一”的思想,并进一步将其发展为“天无为以之清,地无为以之宁”的思想。老子提出,“天得一以清,地得一以宁”(第三十九章),强调天地要“得一”即“得道”,以道作为自身存在的依据,如此才能维持自身本质的存在。庄子则将老子所谓的“得一”,诠解为“得无为”,即继承道之“无为为之”的品质。天地正是因为继承道之“无为为之”的品质,因此也具有了“无为为之”的品质。在此基础上,庄子进一步提出,天不需要任何的作为,依循继自道的本性变化,自然清和;地也不需要任何的作为,依循继自道的本性变化,自然安宁;天地以无为的方式相合,不需要任何的作为,阴阳二气的本性规定了其自然会相感而生和气,和气聚合成实形,万物自然皆化生。“恍兮惚兮”,天地突然化生出万物的形象,但天地却无所生产,因为一切事物都是由天地转生、转化而来,本质皆只不过是一气之自然变化;“惚兮恍兮”,万物又消散自己的存在形象与形体,复归为无形无象的存在状态。总之,万物繁茂而生,皆是从无为的天地之中自然而然地化生出来的。

其次,庄子“天地无为也,而无不为也”的思想,也明显是对老子“道常无为而无不为”(第三十七章)思想的继承与发展。老子提出,道具有恒常地不干涉和主宰天下万物,却无不实现自身所要达成的作为的品质。庄子则将老子“无为而无不为”的主体具体化为“天地”。之所以也可以说“天地无为也,而无不为也”,因天地乃是道之存在的化身。道具有无为而无不为的品质,作为道之存在化身的天地,自然也继承了道之无为而无不为的存在特点。

天地无为,却能够达到无不为的效果,是因天地之“父母”在化生万物时,将自身的自生自化、自在自为的属性和能力赋予了万物。因此,万物在不须天

① 陈景元曰:“‘万物皆化生’见江南古藏本,旧阙。”[(宋)陈景元:《南华真经章句余事》,见《道藏》第15册,第957页。]王叔岷认为,依据成玄英疏,则成玄英所见本亦“化”下有一“生”字(参见王叔岷:《庄子校诠》,第641页)。二见皆是,当据补“生”字。“芒乎芴乎”,王叔岷曰:“芒、芴与荒、忽同,亦作怳、惚,或恍、惚……出犹生也(《吕氏春秋·达郁篇》:‘上下之相忍也,由此出矣。’高注:‘出,生也。’《淮南子·墬形篇》:‘桑、麻,鱼盐出焉。’高注:‘出犹生也。’)。”(王叔岷:《庄子校诠》,第642页。)职职,《释文》曰:“司马云:职职,犹祝祝也。李云:繁殖貌。”成玄英曰:“职职,繁多貌。”[(清)郭庆藩撰:《庄子集释》,第613页。]

地之“父母”任何干涉的情况下，即可依凭自己的自然本性，自生自化、自在自为。与人之父母在赋予并培养子女自生自化、自在自为的能力后，还经常以自己的意志干涉自己子女的行为不同，天地之“父母”对万物之“子女”没有任何宰制性的干涉，一直使万物依凭着自己的自然本性自生自化、自在自为，结果反而达到无不为的效果。

第二，无论是道，还是天地，具有“无为为之”的品质，根本而言，因道与作为其存在之化身的天地皆没有“主宰性意志”与“人格性意识”。

首先，道之自化没有“外在的主宰性意志”，因道“自本自根”，“道法自然”。“自本自根”，意味道之产生、存在没有在其之外的其他创生者或实体，作为其产生的原因和存在的依据；“道法自然”，又意味道在自我变化时，以自己的自然本性为一切活动的动因和依据，自我作主，不须听从任何神帝的号令。如此，道的一切运动变化，首先没有一“外在的主宰性意志”在主导它的行动，一切皆只不过是道依凭自我的本性在自化。斯宾诺莎曾指出，“神只是按照它的本性的法则而行动，不受任何东西的强迫”①。因一切存在都在神之内，故在神之外，绝无他物可以决定神或强迫神去行动。斯宾诺莎所谓的“神”是与其“自然”或“实体”相等的概念。虽然道在本性的规定性上与斯宾诺莎所谓的“神”“自然”“实体”完全只是必然性的本性规定上存有重要的差异，但道之地位和作用与斯宾诺莎意义上的“神”“自然”“实体”完全相当。因此，作为“实体”的道，也完全只按照自身的本性法则而行动，不由“外在的主宰性意志”驱使而行动；因一切物皆由道所化生，一切物皆在道之内；在道之外，不存在着其他的实体或事物在主宰或强迫道去行动。②

其次，道之自生自化也没有类似于人的有限意识指导下的“内在的主宰性意志”主导其一切运动变化。道的一切运动变化，都是依循道自身的内在自然本性而行动。若道的内在自然本性，这一驱使它如此运动变化的内在驱

① [荷]斯宾诺莎：《伦理学》，第19页。

② 冯友兰指出，“‘道’生长万物，是自然而然如此的；万物依靠‘道’长生和变化，也是自然如此的；这就是说并没有什么主宰使它们如此，所以说：‘莫之命而常自然’”。（冯友兰：《三松堂全集》第七卷，第254页。）冯友兰将“莫之命”解为没有其他主宰命使道，启发新意。

动力，可称作“内在意志”的话，则这一“内在意志”的存在性质，将完全不同于人的有限意识指导下“内在的主宰性意志”，也与依人的有限意识指导下“内在的主宰性意志”而建构起来的所谓的“天帝”“上帝”的主宰性意志完全不同。斯宾诺莎曾指出，“如果理智与意志属于神的永恒本质，则对于这两种属性，显然应与一般人所了解的理智与意志完全不同”，“因为结果与原因的分别所在，正是结果从原因那里得来的”，“现在神的理智既然是人的理智的本质的原因与存在的原因，所以就本质和存在来说，神的理智就其被理解为构成神的本质而言，都异于人的理智”①。

同理，道的“内在意志”是人之有限意识指导下的“内在的主宰性意志”产生和存在的原因；原因与结果必定相互区别；如果道的“内在意志”也是一种有限意识指导下的主宰性意志，则道必然无法成为人之有限意识指导下的主宰性意志的原因。因此，道的“内在意志”，肯定不是一种类似于人的有限意识指导下的主宰性意志。那它是否可能是一种在无限的类人的意识指导下的主宰性意志？道的“内在意志”，如果是一种在无限的类人的意识指导下的主宰性意志，则一切存在物的化生存在与运动变化，将皆由道的主宰性意志所宰制，一切皆要依照道之主宰性意志而存在、动作；如此，人就根本不可能有自由的意志与行动的自由，万物也根本不可能依照自己的自然本性而自生自化、自在自为。事实上，人具有自由的意志和行动的自由，万物能够依凭自身的自然本性而自生自化、自在自为。由此，可以反证道的“内在意志”，不是一种在无限的类人的意识指导下的主宰性意志。

道的“内在意志”，既非类似于人的有限意识指导下的主宰性意志，又非在无限的类人的意识指导下的主宰性意志，在此意义上可以说，道没有“人格性意识”与“主宰性意志”。② 因此，道根本不会以“人格性意识”与“主宰性意

① ［荷］斯宾诺莎：《伦理学》，第21、22页。

② 道若有“意识”，肯定不是类人的人格性意识；道若有“意志”，肯定不是类人的主宰性意志。本书只在此意义上说道无“人格性意识”与“主宰性意志”。冯友兰指出，“老子还认为，从道分出万物，并不是由于‘道’的有目的、有意识的作为；道是无目的、无意识的。他称这样的程序为‘无为’，他说：‘道常无为而无不为。’（《老子》三十七章）就其生万物说，‘道’是‘无不为’，就其无目的、无意识说，‘道’是‘无为’。老子又称这种程序为‘自然’。他说：‘人法地，地法天，天

志”，去干涉或宰制人与万物的运动变化。老子所谓的“莫之命”，即强调道从不以“命令”这一意识指导下的主体之强力意志的权力表征形式，去干涉或宰制人与万物的运动变化。庄子的“夫道，覆载万物者也，……无为为之之谓天，无为言之之谓德”（《天地》），亦强调道对人与万物的化生存在与运动变化，从不发布宰制性的“命令”，而是一直“无为为之”“无为言之”。因此，就“命”指意识指导下的主体之强力意志的权力表征形式而言，作为天地万物之总根源与总根据的道，对人与天地万物其实从无所“命”。

再次，道没有无论是外在还是内在的“主宰性意志”，如此，作为道之存在化身的天地也没有无论是外在还是内在的“主宰性意志”。因为天地虽然由道所“生”，但并非“产生、创生”之生，而是“转生、化生”之生，故天地的本质即“道”即“自然”；道亦不外于天地，其亦就在天地之中。故道对天地而言，就不是一个“外在的主宰性意志”。再者，“天即自然”，天地的本质即“道”即“自然”，若道没有“内在的主宰性意志”，则天地亦没有“内在的主宰性意志”。① 在此意义上可以说，天地也没有“人格性意识”与“主宰性意志”。

因天地亦没有“人格性意识”与“主宰性意志”，故天地对万物亦从不发布任何命令宰制或干涉万物；万物一直是依凭自身自然的本性自生自化、自在自为。庄子曰：

> 物之生也，若骤若驰，无动而不变，无时而不移。何为乎，何不为乎？夫固将自化！②（《秋水》）

庄子以为，万物的化生，若骏马之快速奔驰，每时每刻都在发生变化。然万物

法道，道法自然。’（《老子》二十五章）这并不是说，于道之上，还有一个‘自然’，为‘道’所取法。上文说，‘域中有四大’，即‘人’、‘地’、‘天’、‘道’，‘自然’只是形容‘道’生万物的无目的、无意识的程序。”（冯友兰：《三松堂全集》第七卷，第 254 页。）所谓的“目的”，即主宰人行动之开展的“主宰性意志”。道无“人格性意识”与“主宰性意志”，易言之，即道无意识无目的。

① 刘笑敢指出，“‘天即自然’已说明天没有意志，天决定人生的一切都是无意志无目的的”。（刘笑敢：《庄子哲学及其演变》，第 126 页。）

② 《庄子》多处言“自化”，如“汝徒处无为而物自化”（《在宥》），“鸡鸣狗吠，是人之所知；虽有大知，不能以言读其所自化，又不能以意其所将为”（《则阳》）。

的一切运动变化,做什么,不做什么,都是依凭自身的自然本性而自我变化。庄子排除了万物之自然变化有万物之外的其他主体,以“人格性意识”与“主宰性意志”,主宰万物的一切运动变化。要之,就“命”指意识指导下的主体之强力意志的权力表征形式而言,无论是道,还是天地,对万物其实皆从无所“命”。概言之,即“天本无命”。

第三,庄子在“天本无命”的情况下,却依然大量地说“命”。这是因庄子选择继续资借传统的“命”这一范畴,表征天道自然对人与万物无时无刻不在进行的无法抗拒的赋授、规限和施加的无从逃避的决定性的作用影响。庄子以为,此一意义上的“命”之存在,是根本无法通过非议或不承认就可加以否定的客观存在;“天”是此一意义的“命”之赋授、规限与决定的主体。

首先,庄子以为,若就天道自然不仅赋予人与万物以生命、性命,还决定人的运命而言,“天”并非一无所“命”,而是实有所“命”。虽然庄子认为,既无意识又无意志的天道自然,不可能对人与万物发布任何意识指导下的体现主宰者意志的命令;但人与万物得以化生存在、运动变化的形体与生命,得以自生自化、自在自为的自然本性,无不由作为“天下母”的道,具体而言,则由作为“万物之父母”的天地所赋予。庄子明确提出,“生非汝有,是天地之委和也;性命非汝有,是天地之委顺也”(《知北游》),无论是人的生命,还是性命皆全部来自天地之“父母”的无法抗拒的赋授、规限,就此而言,“天”并非一无所“命”。

并且,天道自然的流行变化,对人与万物依从自然本性而自生自化、自在自为的在世历程,一直在施加或隐或显、或大或小的决定性的作用影响。① 于是产生人与万物于时世所遭遇的由天道自然的流行变化所决定,人凭借其当时具有的有限力量无法抗拒、无从逃避又无力改变的客观变化态势或个人既定境遇,也即人与万物在时世所遭的“运命”。因此,再就天地对人与万物的

① 张默生指出,“‘命’是自然的流行,也即是道的作用。万物的生死存亡得失祸福,都是这‘命’的作用”。(张默生:《庄子新释》,第227页。)

在世境遇施加无法抗拒、无从逃避又无力改变的决定性的作用影响，决定人与万物之“运命”而言，“天”对人与万物亦非一无所“命”。

其次，庄子所谓的“命”，既非是传统的由既有人格性意识和主宰性意志，又有道德正义性的“主宰之天”所发布的命令；亦非由具有特定的意识性与意志性，又具有道德正义性，但无人格形象性的“正义之天”所发布的命令。① 这两种“天命”，无论其“天”是否具有人格形象性，皆认为“天”具有意识指导下的主宰性意志，故其所谓“命”皆是意识指导下的主体之强力意志的权力表征形式。易言之，这两种所谓的“命”，皆是有意识性的命令，体现“主宰之天”与“正义之天”的主宰性意志。然庄子所谓的“天”，完全不同于前述两种所谓的“天”。从道之角度而言，庄子以为，“天即自然”，“天”的本质即“道”即“自然”，故“天”是“道”与“自然”的代称；从气的角度而言，“天”只不过是作为万物存在基本元素的阴阳二气之所聚。故庄子所谓的“天”，属既无人格性意识又无主宰性意志，也无人格性道德属性的“自然物质之天”。因此，庄子所谓的“命”，其实指既无意识又无意志也无道德的天道自然的流行变化，及其对人与万物无时无刻不在进行的无法抗拒的赋授、规限和施加的无从逃避的决定性作用的影响；因这一赋授、规限和决定性作用的影响，犹如人之上位者所发布的命令，无法抗拒、无从逃避、不可改变，故将之拟人化、形象化地称为“命”。

只要天人之间一直存在着人之形体生命的给予与被给予，性命本性的赋授、规限与被赋授、被规限，运命境遇的决定与被决定之关系，“天”对人与万物实有所“命”，是任何人都无法否定的客观存在事实。② 庄子正是基于天人之间所存在的形体生命的给予与被给予，性命本性的赋授、规限与被赋授、被

---

① 刘笑敢指出，“庄子所谓命不是天帝之命，没有赏善罚恶的意志，庄子认为命来源于道和天，但道和天是自然无为的”。（刘笑敢：《庄子哲学及其演变》，第150页。）

② 丁四新指出，“世间万有皆由天所生，其中命承担着沟通天物的关系。命由天所发，无物不禀受天命而生，且生成之后无物不听从天之已命续命。发命是天的本性，听命是物的特性，授命与禀命则把天物连贯、沟通起来，而人物有其自来的本原，天命有其安止的落处”。（丁四新：《郭店楚墓竹简思想研究》，东方出版社2000年版，第249页。）

规限，运命境遇的决定与被决定之关系的深刻体察，①因此，在墨子已提出“非命”之说，否定“命”存在的情况下，依然继续大量说“命”。庄子所谓的“命”，内涵完全不同于墨子所非之“命”。墨子所非之“命”，乃是当时儒者所主张的由具有特定的意识性与意志性的“正义之天”已然预先决定好的“前定之命”。庄子所谓的“命”，指天道自然的流行变化对人与万物无时无刻不在进行中的无法抗拒的赋授、规限和无从逃避的决定性作用的影响。②此一意义上的“命”之存在，是无法通过非议或不承认就可加以否定的客观存在。庄子指出，“天有历数，地有人据，吾恶乎求之？莫知其所终，若之何其无命也？”（《寓言》）因此，庄子在墨子“非命”之后，重新继续大量说“命”的根本思想义旨在于，深入揭示天人之间所存在的形体生命的给予与被给予，性命本性的赋授、规限与被赋授、被规限，运命境遇的决定与被决定的关系。

最后，庄子以为，“天”是“命”的赋授主体，是“命”对人与万物强大的规制性力量的来源，是“命”无法抗拒、无从逃避又无力改变的根本原因。庄子曰：“死生，命也，其有夜旦之常，天也。”（《大宗师》）“天”在此既可解作“道”与“自然”之代称，又可视为“天地”之省称。无论取何种解释，“天”都是决定人的死生之“命”，并决定其具有犹如日夜相互更替之变化规律的根本原因。若不是“天”之赋授，人不可能有“生命”；若不是“天”之规限，人之“性命”本性亦不会规定人必有一死；若非“天”以其自然的流行变化对人施加无从逃避的决定性的作用影响，人也不会横遭或自然死亡或厄死的运命。因此，若没有“天”，无论是人之“生命”“性命”，还是人之“运命”，皆将失去其存在的根基；同时，“命”也将失去其对人与万物强大的规制性力量的来源，如此，“命”也就丧失了“命”之为“命”的根据。

① 杨立华指出，“‘命’其实就是个别的具体存有对独体的作用的领会”。（杨立华：《庄子哲学研究》，北京大学出版社2020年版，第266页。）

② 刘笑敢指出，“庄子所谓命又不同于墨家所非之命。墨家所非之命，完全是前定之命。一切结果皆已前定，完全与人事无关，如命富则不努力亦必富，命贫则强力劳作亦必贫。而庄子所谓命只是‘不知所以然而然’之事，并无前定的意义，很少宗教色彩”。（刘笑敢：《庄子哲学及其演变》，第132页。）

庄子经常以“互文”的形式使用“天”与“命”二范畴。根本的原因在于，“天”与“命”其实皆是对天道自然之流行变化的不同称名，只不过描述的角度不同。伊川曾指出，“天命犹天道也，以其用而言之则谓之命，命者造化之谓也”①。可知，“命”实就天道自然的流行变化对人与万物所施加的决定性作用影响而言的。首先，用自体生，用必依体。“天”是“命”的存在本体与赋授主体，若无“天”作为“命”之决定性作用之存在本体与赋授主体，则“命”对人之生命、性命、运命的赋授、规限、决定等作用将失去存在的基础。其次，用必显体，体因用显。“命”正表现了“天”对人之生命、性命、运命的赋授、规限、决定等关键的决定性作用，显现“天”对于人的存在的作用、价值与意义。② 最后，体用一源，体用不离。“天”与“命”非是二物，只是对天道自然的流行变化的不同称名。在未施加其用于人之前，“天”是客观独立自在于人之外，依其自然本性或客观规律自然运动变化着的天道之自然流行。然自人生后，“天”无时无刻不在依凭其内在具有的强大的决定性力量，对人进行无法抗拒的赋授、规限，施加无从逃避的决定性作用影响；“命”正是对“天”这一对人与万物无法抗拒的赋授、规限和施加无从逃避的决定性的作用影响的拟人化的理解和形象化的表征。

因天道自然之“命”对人在世无法抗拒的赋授、规限和施加无从逃避的决定性的作用影响，主要表现在对人之形体化生、存在本性与在世遭遇三个方面；庄子亦主要从这三个方面，阐述天道自然对人之赋授、规限与决定性的作用影响。因此，庄子所谓的天道自然对人之存在的决定性作用之“命”，分而言之，又具有“生命”“性命”“运命”三个方面的“命”。然无论是人之“生命”“性命”“运命”，还是作为混沦整体的“天命”，它们共同的赋授、规限与决定的主体皆是天道自然之“天”。正因为“天”是人之“生命”“性命”“运命”与作为混沦整体的“天命”共同的存在本体与赋授主体，故“天命”“生命”“性命”

---

① （宋）程颢、程颐：《二程集》，第 274 页。

② 唐君毅曰：“中国哲学之言命，则所以言天人之际与天人相与之事，以见天人之关系者……然以命之为物，既由天人之际、天人相与之事而见，故外不只在天，内不只在人，而在二者感应施受之交。”（唐君毅：《中国哲学原论 · 导论篇》，第 322 页。）

与“运命”被统合为一个混沦不可分的“命”之整体。事实上,“命”是一个混沦不可分的整体,根本之点在于,天道自然的流行变化对人无法抗拒的赋授、规限和施加无从逃避的决定性的作用影响,是整体性、弥漫性的,贯穿于人之出生降世,依凭自身的本性在世开展自身的生命实践活动,最终消亡死灭的全部历程。

第三章 《庄子》“命”之范畴的思想解析

《庄子》中，具有哲学思想意蕴，意为“天命”“生命”“性命”“运命”之义的“命”，多达52处。① 然无论是作为混沦整体的“天命”，还是天所具体命于人的“生命”“性命”“运命”，庄子基本皆通称为“命”；庄学史上的学者对此52处的“命”之释解，多有误解。对庄子所谓的“命”之义涵的准确理解，则是恰确诠解庄子“达命”哲学思想的前提基础。从“天命”“生命”“性命”“运命”四个方面，详细解析《庄子》中所有具哲学思想意义的“命”之范畴，由此呈现的庄子对“天命”“生命”“性命”“运命”四个方面深刻而独到的智慧洞见与丰富而重要的哲学主张，整体可见，庄子对无论是“天命”，还是人之“生命”“性命”“运命”，皆倡导“达命”的哲学思想精神。

一、“天命”之“命”

《庄子》中，除“人之令”层次的命外，庄子所谓的“命”皆属于“天之命”层次的命；同时，“命”对于人与万物的赋授、规限和施加的决定性作用又是整体

① 续古逸丛书版《宋刊南华真经》中，“命”凡82见。王叔岷指出，《达生》的“达命之情者，不务知之所无奈何”，“知”本当作“命”（参考王叔岷：《庄子校诠》，第666页），其见是。如此，今本《庄子》中，“命”原当83见。在属“庄子学派”的作品中，只作普通用法，意指“君主之诏令”“父母之指令”“师长之教命”“主人之命令”及“命名”等义，属“人之令”层次的“命”共23处（参见书末的“附录二”）；可推断为非庄子所作的《盗跖》《说剑》两篇，“命”共7见（参见书末的“附录三”）。除此以外属“天之命”的层次，意为“天命”“生命”“性命”“运命”之义的“命”，共52处。

性、弥漫性的影响,“命”实是一个混沦不可分的整体;故这些“命”本当整体归入“天命”的范畴。但为深入分析“命”对于人之具体的赋授、规限与决定作用的机制,同时,也为详细呈现庄子对“天命”“生命”“性命”“运命”四个方面深刻而独到的思想洞见与丰富而重要的哲学主张,还是有必要将庄子所谓的“天之命”层次的命,详细解析为“天命”“生命”“性命”“运命”四义。

《庄子》中“天之命”层次的命,虽然大多被通称为“命”,但其“命”之所指却各有侧重:或意指作为天道自然流行变化之混沦整体的“天命”,或意指天所命于人的“生命”,或意指天所命于人的“性命”,或意指天所命于人的“运命”,这是可对之进行区分的思想基础。“人之令”层次的命,可通过确定不同的发令主体,确定其确切的义涵。“天之令”层次的命,赋授的主体皆同是“天”,则无法通过区分赋授的主体的方式确定其确切的含义。因此,只能通过分析“天”所具体赋授的内容及方式,确定庄子所谓“命”的确切意义:

首先,当庄子所谓“命”,意指天所命于人的“生”之形体或状态,即人内在具有自然活力和天赋本性、能够自行活动的存在形体或存在状态时,则其所谓的“命”乃“生命”之义。又“寿命”是在人之“生命”观念的基础上产生的用以表生命年寿短长的概念,故庄子所谓“命”若意指人之“寿命”时,也应归入“生命”的范畴。

其次,当庄子所谓“命”,意指人与万物自道或“一”所分得的“性分”与天所赋予于人的内在仪轨法则时,则其所谓的“命”乃“性命”之义。

再次,当庄子所谓“命”,意指天所命于人的无可奈何的境遇,即人于时世所遭遇的依凭其当下的力量无法抗拒、无从逃避又无力改变的客观变化态势与既定境遇时,则其所谓的“命”乃“运命”之义。

最后,当庄子所谓“命”,意指天道自然之流行变化,及其对人与万物进行整体性的赋授、规限或施加全面性的决定性作用影响;易言之,即天所命于人的事项,不再局限于生命、性命和运命之一,而是对人之生命、性命和运命进行整体性的赋授、规制或施加的全面性决定性作用影响时,则其所谓的“命”当释为“天命”之义。虽然有时发令主体不言是“天”,而言“自然”和“阴阳”,因“天即自然”,“阴阳”又是“天地”之异称,故“阴阳”与“自然”之“命”,也应归入“天命”的范畴。

（一）天道之“命”

《庄子》中，意为“天命”之义的“命”，指天道自然的流行变化，及其对人与万物进行的整体性的赋授、规限或施加的全面性的决定性作用影响，共有11处。其中，发令主体明确为“天”的10处，分见于如下7段：

> 1. 哀公曰：“何谓才全？”仲尼曰：“死生、存亡、穷达、贫富、贤与不肖、毁誉、饥渴、寒暑，是事之变，命之行也；日夜相代乎前，而知不能规乎其始者也。故不足以滑和，不可入于灵府。使之和、豫、通而不失于兑，使日夜无郤而与物为春，是接而生时于心者也。是之谓才全。”（《德充符》）

此段是庄子阐述“天命”思想的关键处，也是遭较多误解处。[①] 庄子将“事之变”与“命之行”并言，说明庄子将“命之行”当作“事之变”的近义词组。成玄英曰：“夫二仪虽大，万物虽多，人生所遇，适在于是。故前之八对，并是事物之变化，天命之流行，而留之不停，推之不去。”[②]成玄英将“事之变，命之行”释为“事物之变化，天命之流行”，极是。事即物，“命”在此是“天命”的省称，实是“天道”的别称。成玄英还指出，“事物之变化，天命之流行”具有客观自然性；人欲挽留之，然其并不为人之挽留而止停；人欲推而却之，却推而不动；故天道的自然变化，实是不依人的意志而转移的客观变化。

如前述，徐复观在释此段时曾曰：“然则庄子之所谓的命，乃指人秉生之

---

① 如唐君毅曰：“庄子之德充符，又引仲尼言：‘死生、存亡、穷达、贫富、贤与不肖、毁誉、饥渴、寒暑，是事之变，命之行也……故不足以滑和，不可入于灵府。’则又是以我之和与灵府，与外在之‘命之行’相对，而涵有无论外在之‘命之行’如何，而我之和与灵府，皆不以之生哀乐之谓。”（唐君毅：《中国哲学原论·导论篇》，第340页。）唐君毅认为，庄子所谓“命之行”是一种外在之“命之行”。虽未明确将之归为外在的“运命”，然将“命之行”归为“外在”，实未确当。因“命之行”所决定的事项也包括“饥渴”的欲望，故“命”亦行于内。再如，陈鼓应译解“事之变，命之行”曰：“这都是事物的变化，运命的流行。”（陈鼓应：《庄子今注今译》，第161—162页。）张松辉译解曰：“这些都是事物变化、命运运行所造成的。”（张松辉：《庄子译注与解析》，中华书局2011年版，第108页。）然庄子所谓的“命之行”还包括“寒暑”，将“寒暑”视为运命或命运的流行，与今人所理解个人际遇意义上的运命与命运观念明显不合。故将“命之行”之“命”解为运命或命运，恰确性亦值得商榷。

② （清）郭庆藩撰：《庄子集释》，第213页。

初,从‘一’那里所分得的限度,即《德充符》所指出的‘死生存亡穷达贫富贤与不肖’等而言。这大概与传统的一般的观念相同。其中不同之点,儒家以死生富贵为命,但不以贤不肖为命;因之,儒家把死生富贵等委之于命,而把贤不肖则责之于各人自己的努力;其根据,则以为贤不肖是属于性的范围,而不是属于运命之命的范围;所以儒家所说的‘性命’的命,是道德性的天命,而不是盲目性的运命。庄子所说的命,并无运命与天命的分别,他把贤不肖也属之于命,把儒家划归到人力范围的,也划分到命的范围里面去了,于是庄子之所谓命,乃与他所说的德,所说的性,属于同一范围的东西,即是把德在具体化中所显露出来的‘事之变’,即是把各种人生中人事中的不同现象,如寿夭贫富等,称为命;命即是德在实现历程中对于某人某物所分得的限度;这种限度称为命,在庄子乃说明这是命令而应当服从,不可改易的意思。”①

徐复观基于《天地》的“未形者有分,且然无间谓之命”(《天地》),将庄子所谓“命”,释为“人秉生之初,从‘一’那里所分得的限度”;并认为,此即《德充符》所指出的死生、存亡、穷达、贫富、贤与不肖、毁誉、饥渴、寒暑等而言。这一看法值得商榷。因确切而言,人从“一”那里所分得的限度,只是人从作为“一”的道所分得的“性命”本性的限度,但人并没有从作为“一”的道之处,分得穷达、贫富、毁誉等“运命”境遇的限度。因无论是道,还是天地,都没有人格性意志与主宰性意志,故不可能先行决定穷达、贫富、毁誉等“运命”境遇的限度。所以,人自“一”所分得的限定,并不决定人于时世所遭的穷达、贫富、毁誉等外在的境遇。故《德充符》此处所谓的“命”与《天地》“未形者有分,且然无间谓之命”所谓的“命”,并非同一个范畴意义上的命。“事之变,命之行”之命,乃是形容天道自然流行变化之混沦整体的“天命”之命,故其能够全面决定人的死生、存亡、穷达、贫富、贤与不肖、毁誉、饥渴、寒暑等人生的事项。分而言之,此一“天命”所决定的事项,包括人之“生命”“性命”“运命”,还有外在的天道自然之客观变化:

第一,“死生”是在人之“生命”“性命”与“运命”共同作用下的事件,故属

① 徐复观:《中国人性论史·先秦篇》,第334页。

于受“天命”整体规制的事件。首先,“死生”意味着人内具生命活力的身体的禀受与消亡,故首先属“生命”规制的事项。其次,“死生”也属受人之“性命”规制的事项。因人有生必有死,实是人之本性的内在规定性使然。最后,人可否得生与何时得死,并不仅由人之本性的内在规定性决定,其也受人于世所遭的外在生存境遇影响,故“死生”也属受人之“运命”规制的事件。因此,人之“死生”,是受“天命”整体规制的事件,并不仅由人自作为“一”所分得的“性命”之限度决定。

第二,“存亡”,若只是意谓人之存亡,则是与“死生”相似的概念。因人只有“生”,才能“存”;人“存”,则在“生”;若人“死”去,则人“亡”矣;若人“亡”,则人“死”矣;故“生”与“存”“死”与“亡”在指属人的存在时,常被当作同义词使用。如此,“存亡”与“死生”一样,也属受“天命”整体规制的事件。若“存亡”意指家、国等其他的事物,家、国等事物的存亡由社会历史的客观变化所决定,故同样属由“天命”整体规制与决定的事件。故无论是人之存亡,还是家国等其他事物的存亡,皆属由“天命”整体规制与决定的事件。

第三,“穷达、贫富”,还有“毁誉”,指人于世所遭的客观境遇。人之穷达、贫富、毁誉等客观的境遇,并不完全由人自主决定,也受人于时世所遭的天地自然的环境与社会历史的时势影响。因三者皆是切于人之外在的境遇而言,故可谓其属“天命之运命”所规制的事项。

第四,“贤与不肖”①,指才能的多寡。人的才能的多寡固然与人的努力程度有关,但亦要以天赋之“性命”为基础。《中庸》曰,“天命之谓性”(《中庸》第一章),又曰,“或生而知之,或学而知之,或困而知之,及其知之一也”(《中庸》第二十章)。可见天所赋予人的禀性,本就存有差异。故“贤与不肖”首先要受天命之“性命”本性的厚薄、多寡、清浊等质性差异的影响与限制。徐复观认为,儒家将“贤与不肖”归于“性”的范围,并“责之于各人自己的努力”;

① 《说文》曰:“贤,多财也。”段玉裁曰:“贤本多财之称。引申之凡多皆曰贤。人称贤能,因习其引申之义而废其本义矣。”[(汉)许慎撰,(清)段玉裁注:《说文解字注》,第279页。]庄子曰:“以财分人谓之贤”(《徐无鬼》),即贤本多财之证。多财者,多为多能者,故贤由“多财”引申有“多才、多能”义。此处“贤”与“不肖”对言,当指多才多能之义。

庄子却将之亦归入“命”的范围,依此可见庄子并不区分道德性的“天命”与盲目性的“运命”。首先,谓“贤与不肖”属于“性”之范围,固是。然“性”亦本自“天命”,“天命”决定了人之努力的起点下限,同时还决定了人之努力可能达到的最终上限。故庄子将“贤与不肖”亦归为也是一种“命之行”,即受“天命”之规制与影响的事项,完全合理。因此,徐复观据此认为庄子并不区分道德性的“天命”与盲目性的“运命”,则属对庄子“命”之思想的误解。之所以有此误解,盖因其见庄子将“贤与不肖”与“穷达”“贫富”“毁誉”等外在的境遇一起归为是“命之行”,误以为庄子在此所谓的“命”只是“运命”之命,不知庄子“命之行”所谓的“命”,乃指既可决定和规制人之生命、性命、运命,还可决定自然四季寒暑之变化的整体性之“天命”。因此,庄子将“贤与不肖”也归为是一种“命之行”,并不表明庄子不区分道德性的“天命”与盲目性的“运命”,反而表明了庄子对“天命”所决定与规制的事项范围之广阔性的深刻体察。

第五,“饥渴”,属于人的欲望本能。天所赋予人的“性命”本性,规定了人具有“饥渴”等欲望的本能,故其属于受人之“性命”规制的事项。可见,庄子的“命之行”并不仅只意谓人于世所遭的外在性的“运命”,也包括人之内在“性命”本性的运行。庄子以为,“饥渴”也是天命之自然流行对人所施加的决定性的作用影响的表现,这也体现了庄子对“天命”对人之赋授、规制与决定之全面性的深入体察。

第六,“寒暑”属于自然四季之变化,“寒暑”不属于人之“生命”“性命”“运命”所规限的事项,而属天道自然之客观流行。这明显表明,“命之行”所谓的“命”,并非仅只意谓人的“性命”或“运命”,而是指天道自然之流行变化之混沦整体的“天命”。

总之,“事之变,命之行”所谓“命”的范围,既包含人之“生命”的死生,也包括“性命”的贤与不肖、饥渴,还包括人之“运命”的存亡、穷达、贫富、毁誉等外在的境遇,并还包括自然四季的寒暑之变化。故“命之行”所谓的“命”,当释为“天命”,指天道自然之流行变化,及其对人与万物进行整体性的赋授、规限或施加全面性的决定性作用影响。庄子深刻洞见到,“天命”对人之在世存在的赋授、规制与决定整体而全面,深入人之"生命""性命"与"运命"的每一个领域;并且这些死生、存亡、穷达、贫富、贤与不肖、毁誉、饥渴、寒暑等两两相待的"天命之流行变化",如同日夜之变化,不断地相互更代于人之面前,然却非人以自身有限的知能在其变化之始,可加以谋度改变的。

庄子意图揭示,人之有限性的力量,面对强大无比的天道自然的客观力量,根本无法抗拒,无从逃避也无力改变天道自然的流行变化,及其对人与万物进行整体性的赋授、规限或施加全面性的决定性作用影响;因此,人最明智的通达态度是,不让这些人所无可奈何的天道自然流行变化,滑乱自我心灵的平和;不让由这些天道自然的流行变化所产生的喜怒、哀乐、好恶、忧惧等情绪进入心灵的灵府;使自我的心灵始终保持平和、逸豫、通达,而且不失愉悦的状态;使心灵日夜无间地保持着对待外物的如春之和气,这才是不断接触外物却始终能够生发平和、逸豫、通达、恬悦等德性的心灵。庄子主张,人应通达地面对天道自然之流行变化及其对人与万物进行整体性的赋授、规限或施加全面性的决定性作用影响,首先体现了庄子"达命"的哲学思想精神。

2. 死生,命也;其有夜旦之常,天也;人之有所不得与,皆物之情也。(《大宗师》)

如前所述,"死生"是在人之"生命""性命"与"运命"共同作用下的事件,属于受"天命"整体规制的事件,故"死生,命也"之"命",当释为"天命"。① 林希逸曰:"死生,犹旦夜也,……曰命曰天,即此实理也。此数语,盖以死生之天命,发明一与不一之意。"②王先谦曰:"死生与夜旦等,皆由天命,不可更以人与。此物之情,实无足系恋也。"③林希逸与王先谦都将此所谓"命",释为

---

① 杨柳桥曰:"人的死生,这是命运。"(杨柳桥:《庄子译注》,第 68 页。)将此处的"命"释为"命运",实可商榷。因谓人之死是人必不可免的命运,则可成立;然谓人之生也是命运,则有生之"命"是先定的命运的思想意味。然庄子所谓"死生,命也",并无谓生也是先定的命运的思想意味,故将"命"释为"命运"不确。方勇曰:"人的生与死,是不可避免的生命活动。"(方勇译注:《庄子》,中华书局 2010 年版,第 102 页。)方勇当是觉察将此"命"释为"运命"有所不当,故改而解为"生命",然此译解亦可商榷。因"其有夜旦之常,天也"指示了庄子在此所谓的"命",乃"天命"之命,而非谓"生命"之命。

② (宋)林希逸:《庄子鬳斋口义校注》,第 106 页。

③ (清)王先谦:《庄子集解》,中华书局 1987 年版,第 58 页。

"天命",释解准确;然王先谦将前半句整体译解为"死生与夜旦等皆由天命",不够准确。① "其有夜旦之常"之"其",乃指死生,而非夜旦。庄子举夜旦之目的,不在于言夜旦由天命,而在言死生犹如夜旦之相互更替变化,是天命的自然变化的恒常规律。② 不过,王先谦将"天"与"命"合解为"天命",一定程度上指出了,庄子在此实以"互文"的形式使用"命"与"天"二范畴。

因此,庄子其实主张,死生是天命所决定之事,死生犹如昼夜相互更替的恒常规律,也一直不停地相互更替,这是天命的自然流行变化。因死生与其犹夜旦恒常相互更替的变化特点皆由天命决定,故是人无法参与的事情,这是人必须面对的客观物情。依此,庄子进一步提出了"通乎命"的思想,主张人应通达天命的死生之命不可抗拒,无法逃避,不可改变的变化特点,因此,安然而达观地面对死生之天命。

> 3. 庄子妻死,惠子吊之,庄子则方箕踞鼓盆而歌。惠子曰:"与人居,长子老身,死不哭,亦足矣;又鼓盆而歌,不亦甚乎!"庄子曰:"不然。是其始死也,我独何能无槩然!察其始而本无生;非徒无生也,而本无形;非徒无形也,而本无气。杂乎芒芴之间,变而有气,气变而有形,形变而有生,今又变而之死,是相与为春秋冬夏四时行也。人且偃然寝于巨室,而我噭噭然随而哭之,自以为不通乎命,故止也。"③(《至乐》)

"自以为不通乎命,故止也",成玄英曰:"偃然,安息貌也。巨室,谓天地之间也。且夫息我以死,卧于天地之间,譬彼炎凉,何得随而哀恸!自觉不通天命,故止哭而鼓盆也。"④陈鼓应曰:"人家静静地安息在天地之间,而我还在

① 刘武承王先谦之见,亦曰:"死生由命,夜旦由天,人不得而参预也。"(刘武:《庄子集解内篇补正》,第 154 页。)亦存相似之误。

② 庄子曰:"死生为昼夜"(《至乐》),"死生终始将为昼夜"(《田子方》),皆是其证。

③ 槩,概之异体字,《释文》曰:"司马云:感也。又音骨,哀乱貌。"[(清)郭庆藩撰:《庄子集释》,第 615 页。]芒芴,恍惚之异形词。褚伯秀曰:"芒芴,宜读同'恍惚'。"[(南宋)褚伯秀撰:《南华真经义海纂微》,第 758 页]。陈景元曰:"'今有变之而死'见江南古藏本,旧作'今又变而之死'。"[(宋)陈景元:《南华真经章句余事》,见《道藏》第 15 册,第 957 页。]今本之文义与江南古藏本基本无别,因"有"通"又","变而之死"与"变之而死",其义差别不大。通,《说文》曰:"通,达也。"

④ (清)郭庆藩撰:《庄子集释》,第 615 页。

啼啼哭哭，我以为这样是不通达生命的道理，所以才不哭。”①方勇曰：“死去的人已经仰卧在天地之间，而我还呜呜地跟着痛哭，我认为这是不通达自然变化之理，所以便停止了。”②相较于陈鼓应将“命”释为“生命”，成玄英与方勇将此所谓“命”释为“天命”，更加确切。

庄子在此详细描述了天道自然如何从道之恍惚的存在状态，“变而有气”，然后由气之分化、相感、聚合而化生出万物之形体；只有化生出万物之形体之后，才“形变而有生”，即人之生命要等天地聚合出人形形体后，才开始而有；只有人的生命开始化生，才有所谓的“生命的道理”。在此之前的“本无生”“本无形”“本无气”的自然变化历程，显然不是用“生命的道理”所能涵括。再者，人之生为气之形聚，如此，气所聚之人形形体在达其使用期限后，必然要消散，复归于道之恍惚的存在状态。因此，人与万物的运动变化历程，本质是由“本无气”，而后“变而有气”，然后“气变而有形”，再“形变而有生”，最后“变而之死”的循环变化历程。此一循环变化历程，犹如春夏秋冬四时不断地交替运行，本质属于天道自然的客观变化之理，亦非用“生命的道理”所能全部涵括。

是故，庄子所谓的“通乎命”，作为“通达天命”，义旨类似于《知北游》所谓的“达万物之理”。“命”在此实是对由天道自然的客观变化之理所决定的不可抗拒的自然变化历程的拟人化称谓。称为“命”，意在强调人由“本无气”，而后“变而有气”，然后“气变而有形”，再“形变而有生”，最后“变而之死”的循环变化历程，犹如天之命令，是人根本无法抗拒、无从逃避又无力改变的客观自然变化。对此，人所能做的只能是安然接受，达观面对。这是庄子能够以理达情，使自己较快地恢复心灵之平静的根本原因所在。要之，庄子的“通乎命”，明确提出了“通达天命”意义上的“达命”的哲学主张。

4. 孔子观于吕梁，县水三十仞，流沫四十里，鼋鼍鱼鳖之所不能游也。见一丈夫游之，以为有苦而欲死也，使弟子并流而拯之。数百步而出，被

---

① 陈鼓应：《庄子今注今译》，第451—452页。

② 方勇译注：《庄子》，第286页。方勇曰：“命：天命。”（方勇译注：《庄子》，第285页。）

发行歌而游于塘下。孔子从而问焉,曰:“吾以子为鬼,察子则人也。请问:蹈水有道乎?”曰:“亡,吾无道。吾始乎故,长乎性,成乎命,与齐俱入,与汩偕出,得水之道而不为私焉,此吾所以蹈之也。”孔子曰:“何谓始乎故,长乎性,成乎命?”曰:“吾生于陵而安于陵,故也;长于水而安于水,性也;不知吾所以然而然,命也。”①(《达生》)

此段游水丈夫所言的“始乎故,长乎性,成乎命”,其自释曰,“吾生于陵而安于陵,故也;长于水而安于水,性也;不知吾所以然而然,命也”。故所谓的“成乎命”之“命”,乃是“不知吾所以然而然”之命。如前述,庄子曾曰:“不知所以然而然,故曰自然。”②如此,“不知吾所以然而然,命也”之“命”,也即“自然”之命。“自然”之命,亦是对天道自然之流行变化的拟人化称谓。故“成乎命”,犹言成于不知所以然而然的天道自然流行变化。游水丈夫以为,其游水之技,开始于陆地山陵这一出生并安居的故旧之地,增长于在水中的游行与安处而练就的水性,然而最终成就其出神入化的游水之技的,则是不知所以然而然的天道自然流行变化。庄子指出了“天命”即天道自然的流行变化,具有“不知所以然而然”的神妙莫测的变化特点。

5.(颜回曰:)“何谓无受人益难?”仲尼曰:“始用四达,爵禄并至而不穷,物之所利,乃非己也,吾命有在外者也。君子不为盗,贤人不为窃,吾若取之,何哉!……”(《山木》)

“吾命有在外者也”③,郭象注曰:“人之生,必外有接物之命,非如瓦石,

① 《释文》曰:“司马云:齐,回水如磨齐也。郭云:磨翁而旋入者,齐也……《与汩》胡忽反。司马云:涌波也。郭云:回伏而涌出者,汩也。”[(清)郭庆藩撰:《庄子集释》,第657页。]

② 王叔岷:《庄学管窥》,第239页。

③ 王叔岷曰:“《道藏》成玄英本、覆宋本有并作其,其犹有也。此谓表现于外物之命。《淮南子·俶真篇》:‘必其命有在于外也。’(今本‘命有’二字误倒,王氏《杂志》有说。)本此。”(王叔岷:《庄子校诠》,第754页。)《淮南子·俶真篇》的原文作,“夫人之拘于世也,必形系而神泄,故不免于虚,使我可系羁者,必其有命在于外也”(《淮南子·俶真篇》)。王念孙云:“‘有命在外’,当作‘命有在外’,言既为人所系羁,则命在人,而不在我也。今本‘命有’二字误倒,则文义不明。《文子·精诚篇》正作‘必其命有在外者矣’。《庄子·山木篇》‘物之所利,乃非己也,吾命有在外者也’,即《淮南》所本。”[(清)王念孙:《读书杂志》第十二册,中国书店1985年版,第82页。标点有微调。]实际上,《淮南子·俶真篇》的“必其有命在于外也”,不必视为“必其命有在于外也”之误,因其可能代表了《淮南子·俶真篇》的作者,对所本的庄子之“吾命有在外者也”的独特理解。

止于形质而已。”①陈景元曰：“爵禄之来，期于利物，非为己也。命属乎内，爵禄荣外，亦命也。”②林希逸曰：“爵禄皆自外而至，时命使然，故曰吾命有在外者也。”③钱穆曰：“是我有命，制之在外也。此命指穷通言。”④郭象、林希逸、钱穆在此将“吾命有在外者也”之“命”理解为“接物之命”“时命”或“穷通之命”等外在的“运命”，皆不确。因“吾命有在外者也”实言：我所受的天命中有存于外之命，此所谓的“命”实是“天命”之义。陈景元的“命属乎内，爵禄荣外，亦命也”，虽未明确将此处所谓“命”释为“天命”，然点出了“命”实分有内、外。天所赋予人之“命”，有在命于人之内者，即人之“生命”“性命”是也；亦有命于人之外者，即人于时所遭的外在的“运命”是也。

天所赋予人之“命”，分说而有生命、性命和运命之别，实是依据“天命”对人之赋授、规限和施加的决定性的作用影响的不同维度或侧面而进行的区分。生命、性命和运命之间的差别在于：生命，就所有之物而言，指天所命予人的、内具自然活力与天赋本性的身体，其是天的首要命授物；性命则指天所“命”于人之内的用以保守人之形体与精神的内在性命之理则；运命则指天所“命”于人之外的既无法抗拒、无从逃避又无力改变的个人既定境遇。天命与人的生命、性命、运命之间的内在思想联系，可用结构图表示为：

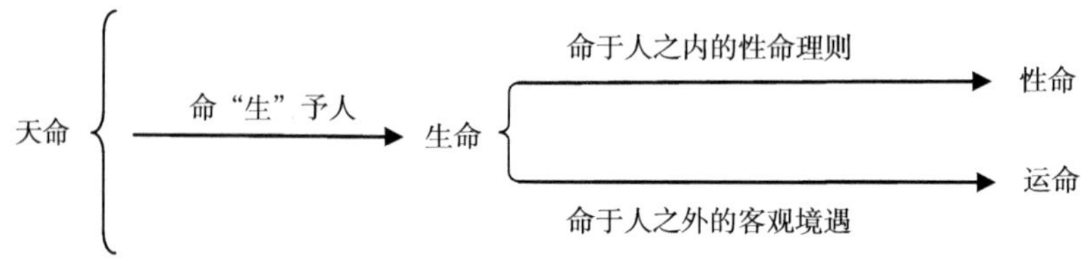

图 3-1

---

① （清）郭庆藩撰：《庄子集释》，第 692 页。

② （宋）褚伯秀撰：《南华真经义海纂微》，第 836 页。陈景元释“物之所利，乃非己也”为“期于利物，乃非为己”，不确，因其在此“添字作释”。“物之所利，乃非己也”，乃谓“外物所得之利，皆非人本有之物”，其义与“轩冕在身，非性命也”相似。

③ （宋）林希逸：《庄子鬳斋口义校注》，第 311 页。

④ 钱穆：《庄子纂笺》，第 207 页。

人的生命、性命与运命，皆由天所命，然对人而言，前两者与后者对人之存在的重要性存有根本的不同：人的生命、性命对人而言，是最本己、切己之命，因它们才是人本身所有之物，是构成己之为己的根本；人只有首先拥有生命，才能拥有爵禄、荣华、富贵等外在的物利；人只有保持自身的性命，才能不丧失人自身对于外物的主体性，始终维持是物之主的主导地位；这些都表明内在之命，对于人的外在之命的优先性与基础性的重要地位。而人的外在之运命，即人从外在的境遇中"傥然"而得的爵禄、富贵、荣华等物利，并非人本来拥有之物，亦非人可以从根本上加以占有，故皆属于"乃非己也"；本质而言，它们皆属于"人益"的部分，即通过人为的外在手段给人增益利益与价值的部分。

庄子以为，对常人而言，相较于保护自身的生命与性命，使其不受到天道自然的损伤更加容易，然想要让人拒绝可以人为增益人自身的利益与价值的事物，却非常困难。因常人总是不能洞察内在之命相对于人的外在之命，在现实功用与存在价值方面的优先性与基础性的地位。是故，庄子所谓的"吾命有在外者也"，不仅表明了庄子以"天"所予人之"命"分有内外的思想，同时也表明了庄子对内外之"命"的存在的地位与价值的不同看法：运命之命，只是命于人之外之命；生命、性命之命，才是命于人之内之命。

> 6. 仲尼曰："恶！可不察与！夫哀莫大于心死，而人死亦次之。日出东方，而入于西极，万物莫不比方，有目有趾者，待是而后成功，是出则存，是入则亡。万物亦然，有待也而死，有待也而生。吾一受其成形，而不化以待尽，效物而动，日夜无隙，而不知其所终。薰然其成形，知命不能规乎其前，丘以是日徂。吾终身与汝交一臂而失之，可不哀与！……"（《田子方》）

"薰然其成形，知命不能规乎其前，丘以是日徂"①，林希逸注曰："虽知事

① 成玄英曰："薰然，自动之貌。"[（清）郭庆藩撰：《庄子集释》，第709页。]王叔岷曰："案薰训动，则与熏通，《吕氏春秋·离谓篇》：'众口熏天'，高注：'熏，感动也。'"（王叔岷：《庄子校诠》，第775页。）薰，作动词解，指用香草熏灸、熏染。作形容词解，指烟气熏蒸之貌。故薰然乃谓阴阳二气熏蒸相感之貌。徂，《尔雅》曰，"往也"。

物之无非命。而日用之间不以命为规度。即所谓圣人不言命也。”①宣颖曰:“分明有定形。而其闻神化之速,虽知命者不能豫规之于前。盖心之妙运,与化为体者如此,则吾亦与俱逝而已。”②方勇云:“自然地聚合成形体,即使是知命的人也无法对自己的命运作一番规划,我因此与自然变化俱往。”③陈鼓应曰:“薰然自动成形,知道命运是不可预知的,我因而一天天参与变化。”④林希逸将此处的“知命”释为“知事物之无非命”;宣颖则将之解释为“知命者”,方勇的解释与宣颖相似,并将所知之“命”进一步明确为“运命”之命;陈鼓应则将之解释为“知道命运”,然上述解释,除林希逸之解较合庄子文义外,其他三解皆存在值得商榷之处。

意欲确解此处所谓的“命”,须先确定“不能规乎其前”之“其”,到底代称何物。从上下文可知,“其”指代的是“薰然其成形”。故此句整体犹言:阴阳二气自然熏蒸相感化成事物的形体,知道“命”无法在形体形成之前加以规度、谋划,因此我终日与天道自然的流行变化俱往。可知,“孔子”意欲谋度、规划之“命”,乃是成形之前的“命”。人在成形前之“命”,似只有“未形者有分,且然无间谓之命”(《天地》)所谓的“分于道”意义的分命。如此,“不能规乎其前”之“命”,似乎当释为人“分于道”意义上的分命。然此处所谓“命”,不当只释为人“分于道”意义上的分命。因人不可抗拒的成形之“命”,或说“生之命”,亦是人“不能规乎其前”之“命”。

庄子在《德充符》表达了与“知命不能规乎其前”相似的思想:“死生、存亡、穷达、贫富、贤与不肖、毁誉、饥渴、寒暑,是事之变,命之行也;日夜相代乎前,而知不能规乎其始者也”(《德充符》)。《德符充》的“知不能规乎其始者”

① (宋)林希逸:《庄子鬳斋口义校注》,第318页。

② (清)宣颖:《南华经解》,第143页。

③ 方勇译注:《庄子》,第343页。

④ 陈鼓应:《庄子今注今译》,第538页。陈鼓应将“不能规乎其前”解为“不能预知”,乃取马叙伦之见,视“规”为“窥”之省。然此“规”字依本字解即可通,实不必视为“窥”之省。规,《康熙字典》云:“规,谋度也,《礼记·儒行篇》‘其规为有如此者’,疏:‘但自规度所为之事而行。’《战国策》‘齐无天下之规。’注:‘规犹谋也,谓无谋齐者。’《后汉书》凡‘谋’皆作‘规’。”可知,规之训谋度,乃是常训。

与《田子方》的“知命不能规乎其前”，不仅表达的句式非常相似，思想也基本一致。《德符充》所谓的“不能规乎其始者”，指死生、存亡、穷达、贫富、贤与不肖、毁誉、饥渴、寒暑等“命之行”；故其思想整体可概括为，知“命之行”为不能规乎其始者，再简化即成《田子方》所谓的“知命不能规乎其前”。因此，《田子方》的“知命不能规乎其前”之“命”，是与《德充符》的“命之行”所谓的“命”，同一个意义上的“命”，皆是天道自然之流行变化意义上的“天命”。是故，“知命”在此既不当添字作释，释为“知命者”，因“命”才是“不能规乎其前”的主语，而非是人；也不当释解为“知道运命”，因人成形之后，在世展开生命的实践活动，才开始于时世中遭受无可奈何的运命，运命非人成形之前就有之命，除非是先定之命。因此，《田子方》的“知命不能规乎其前”其实再次强调，人应知道天道自然之流行变化所决定之“命”是人不能预先加以规度、谋划的。如此，后文的“丘以是日徂”，孔子终日共同往逝的对象，才有依托着落处。孔子“以是日徂”的达观态度，实即“圣人之生也天行”（《刻意》）的达观态度。“天行”即“与天偕行”，“日徂”即“与命日往”，义旨实同。因此，孔子终日共同逝往的对象是无可抗拒的天道自然之流行变化意义上的“天命”。

总之，庄子以“知命不能规乎其前”，再次强调了人应知道天道自然之流行变化所决定之“命”是人不能预先加以规度、谋划的。因此，最明智的对待天命流行变化的态度，是与天偕行，与命日往。

7. 生有为，死也劝公；以其死也，有自也；而生阳也，无自也。而果然乎？恶乎其所适？恶乎其所不适？天有历数，地有人据，吾恶乎求之？莫知其所终，若之何其无命也？莫知其所始，若之何其有命也？[①]（《寓言》）

---

① “生有为，死也劝公；以其死也，有自也。”王叔岷从吴汝纶句读作：“生有为，死也劝。公以其死也，有自也。”并曰：“郭注：‘生有为死也’为句，劝字司下读，云：‘生而有为，则丧其生。劝公者，以其死之由私耳。’马其昶云：‘劝当为亏，与为为韵。’案郭注断句，义颇难通。吴汝纶《点勘》读‘生有为’句，‘死也劝’句，是也。马氏《故》，盖从读，而以劝为亏之误，钱《纂笺》从马氏。劝不必亏之误，劝借为倦，《说文》：‘倦，罷也。’段注：‘引申为休息之称。’‘死也劝’犹言‘死也休息’。”（王叔岷：《庄子校诠》，第1102页）。吴汝纶、马其昶、钱穆、王叔岷将“劝公”二字分开句读，皆误。“劝公”之“公”，实为“功”之通假。《诗・小雅・六月》：“薄伐玁狁，以奏肤公”，

“莫知其所终,若之何其无命也？莫知其所始,若之何其有命也?”郭象注曰:“理必自终,不由于知,非命如何？不知其所以然而然,谓之命,似若有意也,故又遣命之名以明其自尔,而后命理全也。”①成玄英曰:“夫天地昼夜,人物死生,寻其根由,莫知终始。时来运去,非命如何！其无命者,言有命也。夫死去生来,犹春秋冬夏,既无终始,岂其命乎？其有命者,言无命也。此又遣〔有〕命也。”②陈景元曰:“事有有始而无终,有终而无始者,皆天命使然。”③陈鼓应曰:“不知道它的所终,我们怎能断定没有运命？不知道它的所始,我们怎样断定有运命呢?”④方勇曰:“天地运化莫测,生死循环不已,我们怎么能推定何时是生命的开始,何时是生命的结束呢?”⑤对此两处的“命”,郭象与成玄英皆未明言其是何种意义之“命”。陈景元将之皆释为“天命”,陈鼓应将之皆解为“运命”,方勇则将之皆释为“生命”,特别是后三位学者的不同意见,表明此处的诠解还存在着较大分歧。

此段是庄子在对人与万物之死生变化背后的原因进行根本的追问。庄子以为,有些生前有为的人,就算快死了,也还在劝勉于功业,因此,其死有所自的原因与根由;而“生阳,无自也”⑥,即恍惚之间化生出的强阳自动的万物,没

毛《传》曰:“公,功也。”[参见(汉)毛亨传,(汉)郑玄笺,(唐)孔颖达疏:《毛诗正义》,第635页。点校者对毛《传》的“奏为肤大公功也”整体未点校,由孔颖达疏“薄伐玁狁之国,以为天子之大功也”可知,其当句读为:“奏,为;肤,大;公,功也”。]故“劝公”犹言“劝功”。“劝功”乃先秦习见词。如《管子》曰:“夏赏五德,满爵禄、颉官位、礼孝弟、复贤力,所以劝功也。”(《管子·禁藏》)。因此,郭象将“劝公”二字连读,不误。不过郭象误以为“劝公”之“公”,乃“公私”之“公”,故注云“劝公者,以其死之由私耳”,非是。此句确切之义实为:生前有为的人,就算死快了,也还劝勉于功业;因此,其死有所自之原由。“以其死也”,陈景元曰:“劝公以其私死也,见张本,旧缺。”[(宋)陈景元:《南华真经章句余事》,见《道藏》第15册,第958页。]奚侗以为,今本较张君房本少“私”字,当据补;王叔岷认为,此盖是后人据郭注妄加,或涉郭注而衍。(参考王叔岷:《庄子校诠》,第1102页。)王叔岷之见是。“私”当是后人未知“公”乃“功”之通假,不知如何作解此句,故据郭注而妄加。

① (清)郭庆藩撰:《庄子集释》,第959页。

② (清)郭庆藩撰:《庄子集释》,第959页。有原误作其,当改正。

③ (宋)褚伯秀撰:《南华真经义海纂微》,第1212页。

④ 陈鼓应:《庄子今注今译》,第738页。

⑤ 方勇译注:《庄子》,第478页。

⑥ 钟泰指出,“‘阳’即《知北游篇》‘天地之强阳气也’之阳,言其自动而然,故曰‘无自’”。(钟泰:《庄子发微》,上海古籍出版社2002年版,第660页。)钟泰之见是。《知北游》之“强阳”,郭象曰:“强阳,犹运动耳。”[(清)郭庆藩撰:《庄子集释》,第740页。]《寓言》亦见“强阳”:“彼来

有所自的原因与根由。然庄子马上又自我否定自己所下的论断，事实果真的如此吗？因若人与万物的死生变化，没有所自的原因与根由，为何它们会去往某处？为何它们不去往某处？天有阴阳日月变化的历数，地有人可以据有的广阔方域，我怎么能够求得对它们的认识呢？人与万物的死生变化的链条无穷延续，不知其最终的去处，“若之何其无命也”？然若追问人与万物的死生变化的链条无穷延续，自何开始，又不知道其最初所开始之处，如此，“若之何其有命也”？

由是可知，郭象将“莫知其所终，若之何其无命也”释为“理必自终，不由于知，非命如何?”存在误解之处。因庄子在此实言人与万物的死生变化之链条，无穷延续，无所终极①，故曰“莫知其所终”。而郭象却将之释为“理必自终”，即具体的人与万物按其变化之理，必将终亡。若人与万物由理必自终，则理为具体的人与万物所终之原因，如此，庄子不当言“莫知其所终”。故“莫知其所终”之“其”当指人与万物无有终极的死生变化之链条，而非言具体的人与万物之变化。因此，郭象此释存在明显偏离庄子原文义旨之失。陈景元的“事有有始而无终”，指出了人与万物的死生变化之链条，虽有始，却无终的存在特点；然其后半句“有终而无始者”却与庄子思想不相协。因庄子认为，“道无终始，物有死生”（《秋水》）。若就道言，道既无始又无终；若就物言，物之生为始，物之死为终，故物有始有终；若再就道物关系言，道为人与万物死生变化链条之始，然人与万物死生变化链条未有终极，故其整体的存在特点是有始而无终。但宇宙中，不存在着“有终而无始”的事物，因始为终之存在的前提与基础。若无始，其可无终，然却不能有终。故陈景元后句之释解无法成立。成玄英的“夫天地昼夜，人物死生，寻其根由，莫知终始”，释解也有不确

则我与之来，彼往，则我与之往，彼强阳，则我与之强阳。强阳者，又何以有问乎!”成玄英曰:“强阳，运动之貌也。”[（清）郭庆藩撰:《庄子集释》，第962页。]强阳即运动之貌，则此一“阳”字，犹言“动”也，指阴阳二气与万物的运动变化。自，郭象曰:“自，由也。”[（清）郭庆藩撰:《庄子集释》，第958页。]

① 庄子曰，“若人之形者，万化而未始有极也”（《大宗师》），又曰，“且万化而未始有极也”（《田子方》）。两“未始有极”，皆“未有极”之义，非谓“未有开始却有终极”。可知，庄子以为，人与万物的死生变化之链条无有终极。

之处。因天地、昼夜、人物的无穷变化，如前述，乃有始而无终，道为其始，故并非莫知其始，而只是莫知其终。完全莫知始终的存在只有道。

再就此两处的“命”之诠释而言，陈景元将其皆释为“天命”，只部分正确。陈鼓应将之皆解为“运命”，方勇则将之皆释为“生命”，则恰切性皆值得商榷。因庄子的“莫知其所终，若之何其无命也？莫知其所始，若之何其有命也？”前句如成玄英所言，“其无命者，言有命也”，实际上肯定“命”的存在；后句如成玄英所言，“其有命者，言无命也。此又遣有命也”，即又否定“命”的存在；故两处所谓的“命”定非同一个“命”，否则思想将自相矛盾，并且是不能相容的“根本思想矛盾”。故上述三位学者将之皆释为同一个“命”，不管是何意义上的“命”，首先就存有问题。

实际上，庄子此两个所谓的“命”，是庄子对道与万物之变化是否有无推动者这一终极问题的解答。在庄子看来，万物的死生变化无有终极，如此必定产生运动变化的动力因或推动者的问题。万物的无穷运动变化，首先必须有一个动力因作为其运动变化的“推动者”①。故庄子首先肯定，万物的无穷运动变化，背后肯定有一个主体在有所“命”。这一个主体之“命”，是一直推动万物运动变化无有终极的动力因。但如果万物的一切运动变化都必定有一个动力因作为其运动变化的“推动者”，那么无穷前溯，必定会碰到亚里士多德所谓的“第一推动者”②的问题。庄子以为，在万物背后“命”万物化生存在的最初存在者与“命”万物变化无有终极的“第一推动者”乃是道。在庄子思想中，道是“造物者”与“造化者”，是“万物之所系，而一化之所待”（《大宗师》）。道作为“造物者”，是万物化生存在的始因，故是“万物之所系”；道作为“造化者”，又是万物运动变化的第一推动者，故是“一化之所待”，即全部的运动变化之所依待的存在。如此，道若无所“命”，不仅万物的运动变化不可能，其化

① 亚里士多德曰：“凡运动着的事物必然都有推动者在推动着它运动。”（[古希腊]亚里士多德：《物理学》，商务印书馆1982年版，第198页。）

② 亚里士多德曰：“既然任何运动着的事物都必然有推动者，如果有某一事物在被运动着的事物推动着作位移运动，而这个推动者又是被别的运动着的事物推动着运动的，后一个推动者又是被另一个运动着的事物推动着运动的，如此等等，这不能无限地推溯上去，那么必然有第一推动者。”（[古希腊]亚里士多德：《物理学》，第199页。）

生存在亦不可能。因此,前句“莫知其所终,若之何其无命也?”所谓的“命”,实指道对人与万物无有终极,莫知其终的死生变化之链条所施加之“命”。然道本身事实上并没有人格性意识与主宰性意志,故此所谓“命”,实是庄子对道对人与万物无有终极的死生变化序列所施加的无可抗拒的推动作用的拟人化称谓。

然接着往下追问,必定又产生道之存在来源与动力本源的问题:作为万物化生存在的始因与运动变化的“第一推动者”的道,自何而来?其动力源自何处?假如道之前还有一个实体在“命”道化生存在并运动变化,则道只是被化生物与被推动者,并非万物化生存在的最根本的始因与“第一推动者”。无论是老子,还是庄子,在追问万物化生存在与运动变化的终极原因时,都切断了依循物之存在的链条,无穷往下追问的思路,而以道是万物化生存在的终极原因与运动变化的“第一推动者”。既然道就是最根本最终极的实体,那么必然没有其他实体“命”道化生存在并运动变化。如此,若一定要给出道本身化生存在并变化运动的原因,则不能往外找,而只能往内找。如此,道实不因于外,而因于自。就道乃因于自而言,则“道”乃“自本自根”,“自己而然”。“自本自根”意味着道自身即道之化生存在与运动变化的原因。“自己而然”意味着道之化生存在与运动变化的原因完全在自身的原因,“不知所以然而然”。即若还接着问:为何道能“自本自根”,则“不知所以然而然”。因此,就道不因于外而言,道实本无始。道本无始,故莫知其所始。因此,后句的“莫知其所始,若之何其有命也?”实以反问的语气指出,作为万物化生存在和运动变化的终极原因的道,实本无始,不能知其自何而始,如此怎么可能有其他实体“命”它化生存在并运动变化呢?故准确而言,后句所谓的“命”,实指道之外的其他实体之对道之“命”。易言之,庄子所否定的“命”,乃是道之外的其他实体之对道之“命”,但并未否定道对人与万物的化生存在与运动变化之“命”的存在。

若追溯庄子前述思想的渊源,其实是庄子对老子“道之尊,德之贵,夫莫之命而常自然”(第五十一章)思想的回应与发展。老子以为,道之所以尊,德之所以贵,乃因对万物的化生存在和运动变化从不发布“命令”,而是恒常地使万物自己而然。① 而庄子对老子的思想有所调整的地方在于,他认为,道对万物的化生存在和运动变化,还是有所“命”,否则不仅万物的运动变化不可能,其化生存在亦不可能。然庄子所谓的道对万物之“命”,并不是一种“有意识”的干涉万物的化生存在和运动变化的“主宰性”的意志,也即老子“莫之命”所否定的“命”。就此而言,庄子与老子的思想并未冲突,而是实质一致。庄子所谓的道对天地万物有所“命”,乃是就道赋予万物化生存在的形体与本性,并在万物内推动万物运动变化而言的。庄子称其为“命”,因在庄子看来,它们如同“上位者”所发布的命令,不可抗拒、无法逃避,并非认定其背后有人格意志性。郭象即指出,“不知其所以然而然,谓之命,似若有意也”,即此一“不知其所以然而然”之命,只是“似若”有意,其实“无意”。

总之,“莫知其所终,若之何其无命也? 莫知其所始,若之何其有命也?”前句所谓的“命”,乃道之“命”,指道对人与万物的化生存在与运动变化所施加的无可抗拒的作用影响,庄子肯定此一意义上的“命”之存在。后句所谓的“命”,乃指道之外的其他实体对道之“命”,庄子否定此一意义上的“命”之存在。庄子在此虽然使用反问句的表达句式,但实际上指出了人与万物的死生变化之链条无有终极,根本原因在于有道一直在推动着它们死生变化无有终极;而道之存在不知其所自始,因道自本自根,所以并未有其他实体命道产生变化。

(二)自然之“命”

庄子以“天即自然”,故庄子有时也用“自然之命”表达“天命”之义。如:

> 吾又奏之以无怠之声,调之以自然之命,故若混逐丛生,林乐而无形,布挥而不曳,幽昏而无声。(《天运》)

此段乃黄帝向北成门解释《咸池》这首乐曲的第三部分特点。“调之以自然之命”,成玄英疏云:“调,和也。凡百苍生,皆以自然为其性命。所以奏此

---

① 参见拙文:《论老子“自然”思想的逻辑展开》,《哲学研究》2020 年第 2 期。

咸池之乐者,方欲调造化之心灵,和自然之性命也已。"①林希逸曰:"自然之命,即自然之理也。"②钟泰曰:"自然言'命'者,谓此天命之流行也。"③几位注家的解释各不相同。

首先,成玄英将"调之以自然之命"释为"和自然之性命"属误解。因庄子原文义旨,乃"以自然之命调和之"之义,并非如成玄英所言,讨论如何调和人的自然之性命的问题。其次,林希逸将"自然之命"释为"自然之理",亦不恰确。因庄子言"自然之命",亦非讨论自然变化之理则的问题,而是言乐曲的自然之变化的问题。陆西星指出,"调之以自然之命者,言乐之节奏乃天然之妙,自合如此,非有作意而为"④。

相较而言,钟泰将"自然之命"释为"天命之流行",更加确当。庄子明确言,"天即自然",故"自然之命",犹言"天之命"也。"天命"又是天道自然之流行变化的拟人化称谓。故所谓的"自然之命",亦是对天道自然之流行变化的拟人化称谓。故"调之以自然之命",实指黄帝又奏起了"无怠之声",并用如同天道自然之流行变化的节奏加以调和,故乐曲"若混逐丛生,林乐而无形,布挥而不曳,幽昏而无声"。因此,庄子所谓的"自然之命",亦属形容天道自然流行变化的"天命"的范畴。

(三)阴阳之"命"

在《庄子》中,有时"天命"之义的"命",因为作宾语而被省略。如:

子来曰:"父母于子,东西南北,唯命之从。阴阳于人,不翅于父母。彼近吾死,而我不听,我则悍矣,彼何罪焉!……"⑤(《大宗师》)

---

① (清)郭庆藩撰:《庄子集释》,第508页。

② (宋)林希逸:《庄子鬳斋口义校注》,第232页。

③ 钟泰:《庄子发微》,第320页。

④ (明)陆西星:《南华真经副墨》,中华书局2010年版,第214页。

⑤ "父母于子",宣颖曰:"倒装句法。言子于父母也。"[(清)宣颖:《南华经解》,第55页。]王叔岷则认为,"此非倒装句法,于犹与也,下文'阴阳于人',于亦犹与也"。(王叔岷:《庄子校诠》,第246页。)相较而言,宣颖将"父母于人"视为"子于父母"的倒装,文义较明。若释"于"为"与",则存在是父母听命于子,还是子听命于父母的问题。翅,王叔岷曰:"成《疏》'况阴阳造化,何啻二亲乎!'王引之云:'翅与啻同。'案成所见本翅盖作啻,或说翅为啻。啻、翅正、假字,

“父母于子，东西南北，唯命之从”之“命”，发令主体是人间之父母，故是“父母之指令”之义。“而我不听”，因古汉语的表达习惯，省略了“听”的宾语“命”，原当作：“阴阳于人，不翅于父母。彼近吾死，而我不听〔命〕，我则悍矣，彼何罪焉！”犹言：阴阳二气对于人，无异于人的父母，故它们以死迫近我，若我不听从它们的命令，则我属于不孝子，它们哪有什么罪过呢？

阴阳二气之所以无罪，因阴阳之变化，乃天道自然的流行变化，其以死迫近人，乃因天道自然的流行变化决定了其不得不如此。如前述，“阴阳”与“天地”，只不过因异形而异名，非是二物；故阴阳二气之“命”，即天地之“父母”之“命”。庄子以为，人也应当听从天地之“父母”之“命”。一如子女孝顺父母到极致，无论父母叫子女去做什么，子女就去做什么；如果“天地”或“阴阳”之“父母”以死迫近于人，作为一种天道自然的流行变化之“命”，人也应当“唯命是从”；也即安然接受天道自然的流行变化所决定的不可抗拒的变化结果，没有任何的怨言。庄子在此以文学性的手法，表达了人应当随顺天命的思想。

总之，由上述对庄子以“命”之范畴所论的“天命”思想的分析，可见庄子对“天命”如下深刻而独到的思想洞见与丰富而重要的天命哲学主张：

第一，死生、存亡、穷达、贫富、贤与不肖、毁誉、饥渴、寒暑皆属于事物的客观变化，“天命的自然流行”，如同日夜之变化，不断地相互更代于人之面前，是人不可能凭借自身有限的知能在其变化之始，加以谋度进行改变的。因此，人应由知其属“天命之流行”，无法抗拒、无从逃避又无力改变，故人最明智的对待天命流行变化的态度是与天偕行，与命日往，不因这些“天命”的变化而滑乱内心的平和，而让自我的心灵始终保持平和、逸豫、通达，而且不失愉悦的状态。庄子主张，人应通达地面对天道自然之流行变化及其对人与万物进行整体性的赋授、规限或施加全面性的决定性作用影响，极大体现了庄子“达命”的哲学思想精神。

‘不啻’犹‘不但’也。”（王叔岷：《庄子校诠》，第 246 页。）王叔岷以“翅”为“啻”之通假，则是；然将“不啻”释为“不但”，则非。因“不啻”犹言“不异于”。近，宣颖曰：“近，犹迫也。”［（清）宣颖：《南华经解》，第 55 页。］悍，钟泰云：“‘悍’，不顺也。一作捍者，亦‘悍’之叚借。”（钟泰：《庄子发微》，第 151 页。）

第二，死生是由“天命”整体规制决定的事情，死生之相互更替犹如昼夜之相互更替的恒常规律，都是天道自然的流行变化，是人无法参与加以改变的事情，这是人必须面对的客观物情。因此，当天地或阴阳之“父母”以死迫近于人时，人不应不听从天地或阴阳之“父母”，而应听顺天道自然流行变化所决定的死生之命。这一通达面对天命之死生的思想精神，也极大体现了庄子的“达命”哲学精神。

第三，人应“通乎命”，通达自然万物变化之理，不应为属于自然变化之规律的人之生死而感到伤悲难忍。庄子所谓的“通乎命”，明确提出“通达天命”意义上的“达命”的哲学主张。

第四，“天命”即天道自然的流行变化，具有“不知所以然而然”的神妙莫测的变化特点。

第五，人应以“自然之命”，即如同天道自然之流行变化的节奏来调和乐曲，使人处于无怠的心灵状态。

第六，“天命”有命于人之外者，即人之运命；还有命于人之内者，即人之生命与性命。虽然它们皆由天所命，但人的内在之命对于人的外在之命具有优先性与基础性的地位，生命与性命是构成人己为之己的根本部分，而人从外在的运命所得之物，皆属于“人益”的部分。因此，人应达观地面对外在运命的得失。

第七，就人与万物之化生变化无有终极而言，道对人与万物的化生存在与运动变化实有所“命”；然作为万物产生存在和运动变化终极原因的道之本身，其背后并不存在其他的实体命“道”产生存在和运动变化。

二、“生命”之“命”

《庄子》中，表达庄子的生命哲学思想，意为“天命之生命”的“命”只有3处①，

① 此3处，是扣除可推断为非庄子所作的《盗跖》第一章与《说剑》全篇共3处“生命”之义的“命”，由此统计而得的次数。若将此3处所谓“命”也计算在内，则《庄子》共有6处的“命”为“生命”之义。关于《盗跖》第一章与《说剑》全篇所见的“命”之义涵，参见“附录三”。

次数较少。但这仅只表明庄子较少使用“命”字表达其对人之生命独到的思想洞见与丰富的生命哲学主张，并不表明“生命”在庄子思想中不重要。事实上，“生命”是庄子哲学思考最为核心的主题。庄子哲学的根本思想主旨即追求实现人之生命最大程度的逍遥、自由与解放。庄子对天命、性命与运命问题的深刻哲学思考，皆是为此一根本思想主旨而服务的。由《庄子》中“生命”之义的“命”之范畴的思想分析，整体可见，庄子以为，人的生命在世历程是一个要不断遭受各种劳苦忧悲的痛苦过程，这一对生命的关键看法是激发庄子提出“达命”哲学思想的根本原因。

（一）“司命”

在《至乐》“庄子见髑髅”的寓言中，庄子使用了“司命”这一先民认为专司人之生命的神灵形象：

> 庄子之楚，见空髑髅，髐然有形，撽以马捶，因而问之，曰：“夫子贪生失理而为此乎？将子有亡国之事，斧钺之诛而为此乎？将子有不善之行，愧遗父母妻子之丑而为此乎？将子有冻馁之患而为此乎？将子之春秋故及此乎？”于是语卒，援髑髅枕而卧。夜半，髑髅见梦，曰：“子之谈者似辩士，诸子所言，皆生人之累也，死则无此矣。子欲闻死之说乎？”庄子曰：“然。”髑髅曰：“死无君于上，无臣于下，亦无四时之事，从然以天地为春秋，虽南面王乐，不能过也。”庄子不信，曰：“吾使司命复生子形，为子骨肉肌肤，反子父母妻子，闾里知识，子欲之乎？”髑髅深矉蹙頞，曰：“吾安能弃南面王乐，而复为人间之劳乎！”（《至乐》）

“吾使司命复生子形”，成玄英曰：“庄子不信髑髅之言，更说生人之事。欲使司命之鬼，复骨肉，反妻子，归闾里，颇欲之乎？”①成玄英将“司命”解释为“司命之鬼”，不确。因确切而言，“司命”非是鬼，实为上天之神祇。

《周礼》曰：“以槱燎祀司中、司命、风师、雨师。”（《周礼 · 春官 · 大宗

① （清）郭庆藩撰：《庄子集释》，第619页。

伯》)郑玄注云:“司命,文昌宫星。”①贾公彦曰:“案《武陵太守星传》云:‘三台,一名天柱。上台司命为大尉,中台司中为司徒,下台司禄为司空。’云‘司命,文昌宫星’者,亦据《星传》云:‘文昌宫第四曰司命,第五曰司中。’”②可见,“司命”是非常古老的先民所信仰的神祇,并有两种不同的说法:一是“三台”中的“上台”两星为“司命”,二是由斗魁戴匡六星所构成的文昌宫第四星为“司命”。《楚辞》中有“大司命”与“少司命”之说,表明有两个不同的“司命”。《史记·天官书》云:“斗为帝车,运于中央,临制四乡。分阴阳,建四时,均五行,移节度,定诸纪,皆系于斗。斗魁戴匡六星曰文昌宫:一曰上将,二曰次将,三曰贵相,四曰司命,五曰司中,六曰司禄。”(《史记·天官书》)《天官书》以文昌宫第四星为“司命”。此“司命”具体掌何职责,《天官书》未言,司马贞《史记索引》引《春秋元命包》释曰:“上将建威武,次将正左右,贵相理文绪,司禄赏功进士,司命主老幼,司灾主灾咎也。”③由“司命主老幼”可知,此“司命”主要负责掌管人的寿命。《晋书》云:“西近文昌二星,曰上台,为司命,主寿。次二星曰中台,为司中,主宗室。东二星曰下台,为司禄,主兵。”(《晋书·志第一》)《晋书》则以“三台”中的“上台”为“司命”,并明确言其“主寿”。

可见,虽然“司命”具体是“三台”中的“上台”,还是文昌宫第四星,存有不同的说法,但先民基本一致认为,“司命”是掌管人的寿命,也即人的生命的神灵。故方勇直接将“司命”释为“掌管生命之神”④。庄子在与髑髅对话时提出,“吾使司命复生子形,为子骨肉肌肤,反子父母妻子,闾里知识”,可见“司命”能够复生人之形,赋人以骨肉肌肤,并在一定程度上也掌管人间的事务,可以返人以“父母妻子,闾里知识”。

“司命”是古代先民所信仰的专门掌管人之寿命或生命的神灵,如此,庄子使用“司命”的形象,是否表明,庄子亦存在着“司命”的信仰,认为人之寿命

---

① (汉)郑玄注,(唐)贾公彦疏:《周礼注疏》,第451页。

② (汉)郑玄注,(唐)贾公彦疏:《周礼注疏》,第452页。

③ (汉)司马迁撰:《史记》,中华书局1961年版,第1294页。

④ 方勇译注:《庄子》,第288页。

或生命专由“司命”所命？其实不然。首先，“庄子见髑髅”一事，只是由庄子所作的寓言故事。在此寓言故事中，庄子出于思想表达的需要，借用“寓言”的手法，构造了能见梦与人交谈的“髑髅”形象。如同此一思想创构，并不表明庄子真的相信天地间存在着能见梦与人交谈的“髑髅”一样，庄子使用“司命”这一先民所信仰的神灵形象，同样并不表明庄子亦存在着“司命”的信仰，认为人的生命专由“司命”所掌管。其次，《庄子》的其他篇章所论的思想表明，庄子以为，从根本上说，人的形体生命由道所赋予；具体而言，则由作为万物之“父母”的天地所化生。庄子曰：“道与之貌，天与之形。”（《德充符》）“道”与“天”在此皆是“自然”之代称，故庄子以为，根本而言，人之形貌由道所赋予。庄子又曰：“生非汝有，是天地之委和也。”（《知北游》）庄子认为，本质而言，人的生命只不过是由天地所委付给人的一团能够强阳自动的和气。故庄子以天地为人之生命的实际化生者。

因此，庄子使用“司命”的神灵形象，并不表明庄子相信人的生命由专门掌管人之生命的神灵所主宰。但由“庄子见髑髅”的寓言，却可见庄子对人之生命关键性的整体思想态度：人之生命的在世历程是一个充满着各种劳苦痛苦的过程。在庄子看来，人之生命因存在着饥渴等基本的欲望，故生命首先就面临着冻馁之患；为解决冻馁之患，陷于不断追求“养形之物”的泥沼而无法自拔，又不知遵守行为的限度，结果或因贪生失理而亡，或因此而有不善之行，愧遗父母妻子之丑；同时，人生在世的历程，还可能要意外地遭受家国的巨变，因家国之土地疆域、人口财富之争而遭亡国之祸、斧钺之诛；就算没有如上的人生祸患，也将遭受人之生命若及其春秋，终将死亡的痛苦。

正是因对这些人生之劳苦痛苦的深刻体察，以至于庄子借髑髅之口发出，死则无生人之累，不需臣服于君主，为各种人事关系所系，可以从容地以天地为春秋的感叹。然庄子言死之乐胜过南面为王之乐，并非主张人应当主动弃生向死。因庄子主张的“尽年”的生命伦理又要求人不当主动中道弃生，还应努力地完成终其天年的天命之使命。① 因此，庄子言死之乐，只是为了反衬人

---

① 参见拙文：《庄子“尽年”思想生命伦理义蕴发微》，《现代哲学》2019 年第 2 期。

生在世的劳苦与痛苦。[①] 生命充满了各种难以脱免的劳苦与痛苦，又不能中道轻生、弃生，这一两难的生命存在困境，决定了庄子的生命哲学的思想主题是：如何摆脱人生在世中的各种劳苦与痛苦，从而实现人生最大限度的逍遥、自由与解放。正是为了摆脱人生在世的各种劳苦痛苦，以实现人生最大限度的逍遥、自由与解放，激发了庄子提出“达命”的哲学思想。

（二）“奔命于仁义”

庄子以为，人生的很多奔波劳碌的劳苦与痛苦，很多时候来自对人之性命德性的功用价值上的认识困惑和对人之生命的努力方向、人生的根本目的等思想上的迷茫：

> 夫小惑易方，大惑易性。何以知其然邪？自虞氏招仁义以挠天下也，天下莫不奔命于仁义，是非以仁义易其性与！（《骈拇》）

“奔命”是古籍中常见的词组。《说文》曰：“奔，走也。”古文“走”即今“跑”之义。《尔雅》曰：“趋事恐后曰奔。”故奔即奔走、奔跑之义。“奔命”乃使动用法，指使自己的生命处于奔忙不休、奔波劳碌的状态。故“奔命”之“命”，实为“生命”之命。

人生在世，因人有限的知能，面对各种复杂的生存情境，莫不会产生困惑。庄子以为，小的困惑，会让人迷失人生的方向；大的困惑则会让人迷失本性。自从虞舜标举仁义搅扰天下人的心志，结果天下人都使自己的生命开始奔波劳碌于追求仁义的德行，然这一做法不是以仁义的德性来改易人们天然具有的自然德性吗？在庄子看来，人的天然本性本自具有自然无为、静定平和、纯真素朴等自然的德性；不知人之天然本性的自然德性的重要功用与美好价值，反而用仁义等后天成就的德性改易自身天然本性的自然德性，不仅使人丧失实为后天德性成就之先天基础的天然本性的自然德性，而且还让自己的生命一直处于奔波劳碌的劳苦与痛苦之中无法自拔。

---

① 张默生指出，“故庄子托诸髑髅的经历之谈，以为人生的写照。然庄子并非厌世主义者，他只是揭破世人贪生恶死的迷梦，愿人不必有所固执”。（张默生：《庄子新释》，第54页。）

根本而言，这些性命德性的失丧与生命的劳苦痛苦来自：既不知天然本性的自然德性较之后天修养的仁义德性，在功用地位上更加基础，在价值上更加珍贵等认识上的困惑；又不知生命奔忙不休的真正目的所在，迷失了人生的根本方向。这些对人之性命德性的功用价值上的认识困惑、对生命的努力方向与人生的根本目的的思想迷茫，及由此所引发的使生命一直处于奔波劳碌的劳苦与痛苦，无不需要以超越的人生智慧透达人之生命与性命的本质真相才能加以脱免，这也是激发庄子提出了"达命"哲学思想的重要原因。

（三）"愿天下之安宁以活民命"

除上述两所谓"命"，直接体现庄子对人之生命深刻而独到的思想洞见，庄子在《天下》评述宋钘、尹文之思想时所谓的"愿天下之安宁以活民命"，也从侧面反映了庄子对学术思想与人的"生命"之关系的独特看法。庄子曰：

> 不累于俗，不饰于物，不〔苛〕于人，不忮于众，愿天下之安宁以活民命，人我之养毕足而止，以此白心，古之道术有在于是者，宋钘、尹文闻其风而悦之，作为华山之冠以自表，接万物以别宥为始；语心之容，命之曰心之行，以聏合驩，以调海内，请欲置之以为主。① （《天下》）

"愿天下之安宁以活民命"，乃"希望天下安宁来保全人民的生命"②之义，"活民命"之"命"，虽然有个别注家与学者解为"性命"③，然其"性命"实为"生命"之义。"语心之容，命之曰心之行"中的"命"，乃是"命名"之义，属普通用法。

"愿天下之安宁以活民命"，虽然属于庄子对宋钘、尹文学派主张的思想的评述，但同时也侧面反映了庄子对学术思想与人之"生命"之关系的独特看法。庄子在评述宋钘、尹文学派的思想时，将"不累于俗，不饰于物，不苛于

---

① 原作"不苟于人"。章太炎曰："苟者，苛之误。《说文》言：苛之字止句，是汉时俗书，苛、苟相乱；下言：苛察，一本作苟，亦其例也。"（章炳麟：《庄子解故》，《章太炎全集》第六册，上海人民出版社 1986 年版，第 168 页。）王叔岷亦认为，"苟当作苛"。（王叔岷：《庄子校诠》，第 1319 页。）二见皆是，当据改。

② 方勇译注：《庄子》，第 577 页。

③ 如陈鼓应曰："希望天下安宁以保全人民的性命。"（陈鼓应：《庄子今注今译》，第 874 页。）

人,不忮于众,愿天下之安宁以活民命,人我之养毕足而止,以此白心”,定位为“古之道术有在于是者”,认为其亦属古之道术所在的一种思想学说。庄子曾将古之道术整体概括为“内圣外王之道”(《天下》),依此,作为古之“道术”一偏之存在的“方术”,应至少在“内圣”或“外王”的某一个方面保存或呈现着“道术”。“不累于俗,不饰于物,不苛于人,不忮于众”,实际上体现了古之道术的“内圣”一面的精神;“愿天下之安宁以活民命,人我之养毕足而止”,则体现了古之道术的“外王”一面的精神。可见,庄子以为,道术的“外王”之术的社会性功用,即在于可以安宁天下,养活天下民众的生命,使他人与自我基本的生活需求都能够得到全部的满足。要言之,“外王”之术当为养活民众的生命,满足民众的基本需求而服务。

在庄子看来,如果一个思想学说不能益利于帮助人们实现“内圣外王”的任一方面,则此一思想学说的功用价值就值得怀疑。庄子曾评价惠子的思想学说,“其道舛驳,其言也不中”“弱于德,强于物,其涂隩矣。由天地之道观惠施之能,其犹一蚉一虻之劳者也,其于物也何庸!”(《天下》)认为其沦落为“以反人为实,而欲以胜人为名”(《天下》)的辩者之术,无论是在提升人的“内圣”之德,还是在实现“外王”的事务性功用,皆没有什么价值。反过来,庄子对宋钘、尹文学派“愿天下之安宁以活民命”思想的肯定,侧面表明,庄子以为,学术思想的功用价值即在于为人之生命存在而服务——无论是个体性的生命还是群体性的生命,否则将皆变为无用的“屠龙之术”。

总之,虽然在《庄子》中,庄子较少以“命”之范畴表达其对“生命”深刻而独到的思想洞见与重要的生命哲学主张,但由上述有限的章节思想分析,还是可以看出庄子对“生命”两个关键性的整体思想态度与生命哲学主张:

第一,人之生命的在世历程是一个充满着各种劳苦忧悲的痛苦过程,甚至人死后所有之乐都甚于人生时所有之乐。正是因对人生之劳苦痛苦的深刻体察,激发庄子提出“达命”的哲学思想,力图解脱这些人生的各种劳苦痛苦,以实现生命最大的逍遥、自由与解放。

第二,自从虞舜标举仁义搅扰天下人的心志,天下人皆奔忙于用仁义等后天成就的德性改易天然本性的自然德性,结果不仅使人丧失天然本性的自然德性,而且还让自己的生命一直处于奔波劳碌的劳苦与痛苦之中。根本原因在于人们对人之性命的自然德性的功用价值上的认识困惑和对生命的努力方向与人生的根本目的的思想迷茫。由这些困惑与迷茫所引发的性命德性的失丧和生命的劳苦与痛苦,是激发庄子提出“达命”的思想的重要原因之一。

三、“性命”之“命”

《庄子》中所谓的“命”,阐论“天命之性命”方面的思想最多,多达27处的“命”之范畴,阐述庄子对“性命”深刻而独到的思想洞见和丰富而重要的哲学主张,侧面反映了“性命”理论在庄子整体哲学体系中所具有的重要思想地位。庄子表达“性命”思想的核心概念有单称的“命”、作为复合词“性命”“大命”“小命”与作为组合词的“性命之情”。由这些“命”之范畴的思想分析,整体可见,庄子对“性命”之命亦主张“达命”,并且存在着性命意义上的多种不同义涵的“达命”之主张:人既应遂达自己天赋的性命之全部的能力与潜质至极致的状态,也要通达自己天赋之性分能力的真正实情与分限,不致力于人的性分能力之外人所无可奈何的事情;还应只达取和实现作为性命之大命的性命之真性,不去达取和追求作为性命之小命的巧智之性。

(一)“命”

庄子所谓的单称的“命”,意指“天命之性命”达13处。虽然这些单称的“命”同为“性命”之义,但内涵上微有差别,存在两种意义上的性命:一指“分于道”意义上的分命或性分;二指存于形体之内的“仪则”意义上的本性。二者虽有差别,然却非两种类型的性命,因二者实为不一不异的关系。“分于道”意义上的分命或性分,实为存于形体之内的“仪则”意义上的本性之最初存在形态,二者之间的差别只是同一主体在不同的变化阶段所呈现的不同存在形态。

第一,《庄子》中所谓的“命”,意谓“分于道”意义上的性分或分命的有7处,分见于如下6个段落:

1. 泰初有无，无有无名，一之所起。有一而未形，物得以生谓之德；未形者有分，且然无间谓之命；留动而生物，物成生理谓之形；形体保神，各有仪则谓之性。(《天地》)

此段是庄子论“性命”思想的至要关键处①，因庄子在此阐述了事物之性命的根本来源，即如何由“无—‘一’—德—命—形—性”的生成序列，最终化生为事物的性命。段首几句经常被误断为，“泰初有无无，有无名，一之所起，有一而未形。物得以生谓之德”②，故思想常遭误解。段首几句正确的句读实为，“泰初有无，无有无名，一之所起。有一而未形，物得以生谓之德”③。整体犹言：太初之始，存在一超言绝象的“无”之本体，既无形体亦无名称，却是整一之元气的起源；获得整一之元气然未形成固定的形体，但却是万物依赖以化生的基础，叫作“德”。德之所以称德，因“德者，得也”④，“德”表示已从无即道处有所“得”；故得于道者，谓之“德”。庄子以为，“德”最初从道处所获得

① 陆西星指出，“此段究极性命根宗，而示人以返还归复之要”。[(明)陆西星：《南华真经副墨》，第175页。]

② 王叔岷指出，“宣氏解本、王氏集解本、吴氏点勘本、马氏故本皆读‘有无无’为句，‘有无名’为句”。(王叔岷：《庄子校诠》，第433页。)马其昶引姚鼐云：“言其始非特有不可言，并无亦不可言。”[(清)马其昶：《定本庄子故》，黄山书社1989年版，第84页。]则姚鼐断句亦与马其昶同。陆西星曰：“有个有，定有个无，有个无，定有个无无者以主张于溟涬之先。”[(明)陆西星：《南华真经副墨》，第175—176页。]可知，陆西星时，就已“有无无”为句。

③ 王叔岷认为，“据下文‘一之所起，有一而未形。’未形，即承无而言，不能承‘无无。’由无乃能上推至‘无无’也。仍从旧读断句为是。无，喻道”。(王叔岷：《庄子校诠》，第433页。)钟泰曰：“或有读‘有无无’为一句，‘有无名’为一句，分作两截说者，非也。抑此‘无’非死物也，万物实得之以生。”(钟泰：《庄子发微》，第260页。)故二人皆断作“泰初有无，无有无名；一之所起，有一而未形。物得以生谓之德”。二人以为不当“有无无”“有无名”为句，则是；然将“一之所起”与“有一而未形”断在一起，依然未当。因庄子此处的思想实是对老子“道生一、一生二、二生三，三生万物”思想的继承和转化。“泰初有无，无有无名，一之所起”正老子所谓的“道生一”之义。道最初乃超言绝象的形而上之“无”，故“无有无名”；道而后生“一”，转化为整一之元气，故道乃“一之所起”，故“一之所起”当上断。“有一而未形”，“有一”犹言“得一”，即某一主体得道所化生整一之元气，然此时还未化成具体之形；此所得的整一之元气乃物得以化生的现实基础，故当与“物得以生谓之德”断在一起。“物得以生谓之德”，本当作“物得〔之〕以生谓之德”；被省略的宾语“之”，即指“一”，故“有一而未形”当下断。

④ 《管子》曰：“德者道之舍，物得以生。生，知得以职道之精。故德者，得也。得也者，其谓所得以然也，以无为之谓道，舍之之谓德。故道之与德无间，故言之者不别也。”(《管子·心术上》)《礼记》亦曰：“礼乐皆得，谓之有德。德者，得也。”(《礼记·乐记》)

的还是整全之一的状态，尚未分化为固定形态的元气，由此，万物拥有了得以化生的物质性基础。①

"未形者有分，且然无间谓之命"，是庄子对"性分"之命至为根本的定义。成玄英曰："虽未有形质，而受气以有素分，然且此分修短，愆乎更无间隙，故谓之命。"②宣颖曰："虽分阴阳，犹且阳变阴合，流行无间，乃天之所以为命也。"③钟泰曰："无而一矣，则未形者将形，将形则有分（读平声）。'分'即《齐物论》所云'其分也成也'之分。然有分而尚未分，则犹保其无间之本然，故曰'未形者有分，且然无间，谓之命'。'且然'犹云然且。'无间'谓无间断也。宋儒好言'天命流行'，于'天命'下加'流行'二字，最说得好。此云'无间'，正即流行意也。'谓之命'，则就赋予于物而言之。"④

"有分"，成玄英将之解为"受气以有素分"，则是将"分"理解为整一之元气分化为众多的分殊。钟泰则将"分"与《齐物论》的"其分也，成也"联系起来，如此，亦是将"分"理解为整一之元气分化为众多的分殊。宣颖则将"分"理解为分阴分阳。上两种"分"之解释，只各自解释了"分"的一个方面，皆未全面。因庄子所谓"分"，既是整一之元气分化为众多的分殊之气，又是分阴分阳。因整一之元气若不分化为众多的分殊之气，则必然无法化生出众多的分殊之物。然若仅只分化出众多部分的分殊之气，不分阴分阳，物还是不生，因物必阴阳和合乃生。故分化为众多部分的分殊之气，亦必须同时分阴分阳，阴阳感合而生和气，才能转化为有固定之形质的事物。

"且然无间"之"且然"，上述注家都将之释为"然且、犹且"，此解亦通。不过"且"除了作连词，表递进、转折等义外，其还有多貌义。《诗经·大雅·韩

---

① 张岱年曰："德是一物所得于道者。德是分，道是全。一物所得于道以成其体者为德。德实即是一物之本性。"（张岱年：《中国哲学大纲》，第24页。）同是所得于道者，庄子所谓"德"，实存两种意义上的"德"：一是自道所得的还是整全之一，尚未分化的元气；二是已然分化，落实于个体事物之上的道（元气）之分殊，此一意义之德与性同义。

② （清）郭庆藩撰：《庄子集释》，第425页。

③ （清）宣颖：《南华经解》，第90页。原书作"乃天之所以为分也"，"命"误作"分"，《中华续道藏》收录本等皆作"命"。

④ 钟泰：《庄子发微》，第261页。

奕》的“笾豆有且”，郑玄笺注云，“且，多貌……其笾豆且然荣其多也”①。“且然”若释为多貌义，表示元气所分之部分数不胜数，于义更长。“无间”，宣颖、钟泰皆将之释为“无间断”，取意天命流行无有间断，虽然立意很好，然不协于上下文语脉。因庄子下文才曰“留动而生物”，而此处只描述了“分”之情形，还未及流动、流行之变化。故“无间”当从成玄英释为“无间隙”义，于义更切。整一之元气有所“分”后，若有间隙，则阴阳之气因无法相互接触、感合而生和气；故此时保持无间隙的状态，才能为“留动而生物”奠定基础。

合而言之，“未形者有分，且然无间谓之命”，犹言：未有形体状貌的整一之元气开始分化为众多部分的分殊之元气，并开始分阴分阳；虽然所分的分殊之元气数不胜数，但皆还保持着无有间隙的状态，这叫作“命”。钟泰指出，之所以“谓之命”，乃是就“赋予于物”而言，见解精到。因为无论是人之令，还是天之命，有所“命”，则必有所“赋”。整一之元气之“分”，即赋予万物得以进一步化生为具体之形体与本性的分殊之元气。故“分”即是“赋”即是“命”。故郭象常将“性命”称为“性分”，或省称为“分”；成玄英亦常将“性命”称为“分命”。② 准确而言，有所“分”还只是有所“命”，“分”与“命”还不是“性”。因“性”必须待“形”而有，若无形体，则万物之本性无可寄处之主体。宣颖指出，“言性在形之后者，性须形载之，故曰形体保神也”③。

“留动而生物，物成生理谓之形”，“留动”④即流动，指元气分阴分阳并分化为众多的分殊后，众多成为分殊的阴阳二气开始运动相感。阴阳二气相感

① （汉）毛亨传，（汉）郑玄笺，（唐）孔颖达疏：《毛诗正义》，第1233页。

② 如郭象曰：“夫小大虽殊，而放于自得之场，则物任其性，事称其能，各当其分，逍遥一也，岂容胜负于其间哉！”[（清）郭庆藩撰：《庄子集释》，第1页。]郭象所谓“各当其分”之分，即性分之义。再如，“夫庄子之大意，在乎逍遥游放，无为而自得，故极小大之致以明性分之适”。[（清）郭庆藩撰：《庄子集释》，第3页。]“性分”，即自天所分得之性。成玄英曰：“死生来去，人之分命。”[（清）郭庆藩撰：《庄子集释》，第241页。]“分命”即人所分得性命之本然。

③ （清）宣颖：《南华经解》，第90页。

④ 《释文》曰：“留，或作流。”[（清）郭庆藩撰：《庄子集释》，第425页。]马其昶引朱骏声曰：“留借为流。”[（清）马其昶：《定本庄子故》，第84页。]又有注家将“留”作本字解者，如林希逸曰：“留动而生物，元气之动，运而不已，生而为物，则是其动者留于此，故曰留动而生物。留动二字下得极精微，莫草草看过。”[（宋）林希逸：《庄子鬳斋口义校注》，第195页。]然《释文》的“留，或作流”，提示留当是流之通假，故作流解更为切当。

成和气，和气成实，聚合成万物存在的具体形体；物形既成，理亦生焉，故曰“物成生理”。很多注家常将“生理”连释为“生生之理”，如林希逸曰：“既成物矣，则生生之理皆具。”①宣颖曰：“物受之成此生理，则为形矣。”②然此一解释思路可商榷，因“生理”若指“生生之理”，则理将被窄化为抽象的理则、规律。《说文》曰：“理，治玉也”，可知理之本义，作为动词，乃是指顺玉之纹理而剖析之；作为名词，则指玉石内部的纹理。《韩非子》曰：“理者，成物之文也。”（《韩非子·解老》）戴震曰：“理者，察之而几微必区以别之名也，是故谓之分理；在物之质，曰肌理，曰腠理，曰文理；亦曰文缕。理、缕，语之转耳。得其分则有条而不紊，谓之条理。”③可知，理最初指事物表面与内在质地的纹理、肌理、腠理、条理等属性，而后才由理为人治玉所遵循的内在纹理，引申为抽象的理则、规律等义。此处的理应将上述二义皆涵括在内。故“留动而生物，物成生理谓之形”，整体犹言：众多成为分殊的阴阳二气流动相感，化生出具体的事物；事物在形成的过程中，化生出不同形状的纹理、条理与内在的理则、规律等属性；这叫作“形”。

“形体保神，各有仪则谓之性”，成玄英曰：“体，质；保，守也。禀受形质，保守精神，形则有丑有妍，神则有愚有智。既而宜循轨则，各自不同，素分一定，更无改易，故谓之性也。”④林希逸曰：“此一句便是《诗》‘有物有则’，便是《左传》所谓‘民受天地之中以生’，‘有动作威仪之则’也。形体，气也，气中有神，所谓仪则，皆此神为之，便是性中自有仁义礼智之意。”⑤成玄英指出了形与神各自遵循的轨则各自不同。林希逸则指出，庄子此处的思想是对《诗经》的“天生烝民，有物有则”（《诗经·大雅·烝民》）与《左传》刘子的“民受天地之中以生，所谓命也。是以有动作礼义威仪之则，以定命也”（《左传·成公十三年》）思想的继承与发展。林希逸此说有理。《左传》中，刘子指出，民

① （宋）林希逸：《庄子鬳斋口义校注》，第195页。
② （清）宣颖：《南华经解》，第90页。
③ （清）戴震：《孟子字义疏证》，中华书局1982年版，第1页。
④ （清）郭庆藩撰：《庄子集释》，第426页。
⑤ （宋）林希逸：《庄子鬳斋口义校注》，第195页。

自天地之中受“命”以生，即有动作礼义威仪之则。此一动作礼义威仪之则，是本自人内在具有的本性法则。“仪则”二字表明了庄子对《左传》刘子这一思想的继承。“天生烝民，有物有则”，则表达了天生众人之时，便赋予了每个人共同的善性与内在的法则的思想。庄子“各有仪则”的思想，亦继承了《诗经》“有物有则”的思想。庄子思想还有所发展之处在于，庄子以为，天赋人形体以各种仪则主要功用是“保神”。成玄英将“保神”释为“保守精神”，非常确当。

“神”①之所以为“精神”者，乃因精即神也，神即精也。《文子》尝曰：“故心者，形之主也；神者，心之宝也；形劳而不休即蹷精，用而不已则竭。”（《文子·九守》）《文子》视神为存于心舍之中最宝贵物。② 从后文的“蹷精”③可知，其乃指存于心舍之精气。《管子》曰：“精也者，气之精者也。气，道乃生，生乃思，思乃知，知乃止矣。凡心之形，过知失生。一物能化谓之神，一事能变谓之智。”（《管子·内业》）可知，“精”是气之精粹者；精气由道所生，因尤为精粹，故生之后有灵智能思考；因思考而产生智慧；有智慧，而后知行为的所当止之地。“一物能化谓之神”④，解释了存于心舍之“精”所以称“神”的原因之一，即心舍中的精粹之气有灵智，能够认识并统合万物之变化。

存于心舍之“精”可称为“神”，还因存于天地之间的“神”实是流行于天地之间的“精气”。《管子》曰：“凡物之精，此则为生。下生五谷，上为列星；流于天地之间，谓之鬼神；藏于胸中，谓之圣人。”（《管子·内业》）可知，所谓

---

① 神，《说文》曰：“天神，引出万物者也，从示申声。”许慎以形声解神字，不确。神，当是会意字，从示从申，即“以申示意”之义。申之本字，为乌云中的闪电之象形。故所谓“神”，指藏在乌云之后，以闪电降示自己旨意的“神灵”；因藏在乌云后，不现身示人，故“神秘”不可知；以闪电所示之意旨，难以捉摸，故“神意”莫测；然“神通广大”，旨意“神奇”灵验之至。神后来被去神秘化，被祛除人格性与意志性，被理解为能够妙运万物的天地间之精气。

② 庄子曰：“摄汝知，一汝度，神将来舍。”（《知北游》）“舍”，指心舍。《管子》亦曰：“虚其欲，神将入舍。扫除不洁，神乃留处”（《管子·心术上》）。房玄龄注：“但能空虚心之嗜欲，神则入而舍之。”（黎翔凤：《管子校注》，中华书局 2004 年版，第 759 页。）故神所入之“舍”为心。

③ 蹷，蹶之异体字。《康熙字典》曰：“《史记·孙子传》‘蹶上将’。注曰：‘犹挫也’。”

④ “一物能化谓之神”与“一事能变谓之智”并言，则此“神”当指心中之“神”。两“一”字当作动词解，犹“统”也。

“鬼神”，实为流行于天地之间的精气；其之所以被称作为“鬼神”，乃因其具有神奇的妙运万物之变化的特质。[①] 存于心舍之精气亦称为“神”，也因其具有神妙地运化人之形体，主宰自己的本心、本性的功用。故精与神之关系实为：精言其体，神言其用；“体用一源，显微无间”[②]；故精与神虽然异称，然皆指流行于天地之间或存在于人之心舍的精气。“精神”二字连用，同样指流行于天地之间的精气或存在于人之心舍的精气。前者如，“精神四流并达，无所不极，上际于天，下蟠于地，化育万物，不可为象，其名为同帝”（《刻意》），“独与天地精神往来”（《天下》）；后者如，“疏瀹而心，澡雪而精神”（《知北游》）。在人之“精神”，因其具有灵智，能够认识并统合万物之变化，并且神妙地运化人之形体，主宰自己的本心、本性的运用，故被古人视为时刻当保护的“生之本”。

因此，“形体保神，各有仪则谓之性”，整体犹言，形体保护存在于人之心舍的精神，各有自身的仪轨法则，这叫作“性”。由此可见庄子如下三个重要的思想观念：其一，形体的主要功用在于保神。保守存于心舍之精气之所以至为重要，因若无这些精气，则人无神智；人若无神智主宰自己的本心、本性的运用，则心不能主宰人之感官与肢体之活动，也无法认识并统合万物之变化。其二，从“各有”可知，形体有形体之存在运动变化的仪轨法则，精神有精神之存在运动变化的仪轨法则，二者的仪轨法则各有不同。“形体保神”则要皆遵守各自的仪轨法则。其三，所谓的“性”，实质是规范人之形体与精神之存在运动变化的内在仪轨法则。“仪则”说明了这些“性”之规定性，具有如同法则的恒常性与规范性，是人无法改易，必须循顺的内在法则。

综上所述，庄子详细描述了“无有无名”的道，由道而德，由德而命，由命

① 《系辞》曰：“精气为物，游魂为变。”（《周易·系辞》）所谓“游魂”即“鬼神”，皆指流行天地之间的精气，故《系辞》将二者互文并称。“鬼神”之为精气，具有妙运万物之功能，故《说卦》曰：“神也者，妙万物而为言者也。”（《周易·说卦》）“神”以妙运万物而示言。朱子曰：“‘鬼神者，造化之迹。’神者，伸也，以其伸也；鬼者，归也，以其归也”（《朱子语类》卷六十三），又曰：“‘阳魂为神，阴魄为鬼。’‘鬼，阴之灵；神，阳之灵。’此以二气言也。然二气之分，实一气之运。故凡气之来而方伸者为神，气之往而既屈者为鬼；阳主伸，阴主屈，此以一气言也。”（《朱子语类》卷六十三）可知，若以一气言之，鬼神乃形容一气之屈伸往来的运动变化；若以二气言之，神乃是阳气精粹以至有灵者，鬼乃阴气精粹以至有灵者。

② （宋）程颢、程颐：《二程集》，第689页。

而形,由形而性的全部化生过程。在由“命”而“性”的过程中,隔着一个“形”。“形”的重要性在于,“命”只是“分于道”之元气,若不化于阴阳,象于“形”之中,“性”则没有具体的承载主体。故“形”实为“性”的存在前提,是“性”所寄处的主体。

对“命”与“性”之关系,孔子曾有过精到之论述。《孔子家语》载:

> 鲁哀公问于孔子曰:“人之命与性何谓也?”孔子对曰:“分于道谓之命,形于一谓之性;化于阴阳,象形而发谓之生,化穷数尽谓之死。故命者,性之始也,死者,生之终也,有始则必有终矣。”①

孔子指出,所谓“命”,乃就万物化生之始,有所“分于道”②而言之;所谓“性”,乃就自道所分者“形于一”而言之。“形于一”之“一”,指初始的一元之气;初始的一元之气将分化为阴阳,转化为万物具体存在的形性;故“形于一”将进一步“化于阴阳,象形而发”,通过阴阳变化,使“命”进一步在有形有象的形体中生发显现出来。“命者,性之始也”,正解释了命与性之间的关系:命乃性的初始存在形态,命在性之先。因“道生一”,“道”在“一”之先,是“一”之始;这决定了命(分于道)必在性(形于一)之先,为性之始。反过来可以说,“性者,命之成也”,性(形于一)是命(分于道)在由“一”转化而来的形体中的进一步的发展与完成,是形于物形之中的所分之道。故命与性非是二物,乃是同一主体处于不同的演化阶段的不同存在形态。③

---

① (魏)王肃注:《孔子家语》,山东友谊出版社 1989 年版,第 468—469 页。王肃注曰:“‘分于道’,谓始得为人,故下句云‘性,命之始’。人各受阴阳以刚柔之性,故曰‘形于一’也。”[(魏)王肃注:《孔子家语》,第 468 页。]

② 《大戴礼记·本命篇》也载有相似的段落,不过省略了篇首的“鲁哀公问于孔子曰:‘人之命与性何谓也?’孔子对曰”。王聘珍曰:“分,制也。道者,天地自然之理。”[(清)王聘珍:《大戴礼记解诂》,中华书局 1983 年版,第 250 页。]王聘珍解“分”为“制”,属误解,此“分”实为划分、分配之分;又解“道”为“天地万物之理”亦不全,“道”若以理气言之,“道”实兼包理气。

③ 郭象曰:“夫德形性命,因变立名,其于自尔一也。”[(清)郭庆藩撰:《庄子集释》,第 426 页。]郭象指出了,德形性命,皆是因不同的变化,而立不同之名。刘咸炘指出,郭象注云云,“此语有意而未透。盖德与命性非独皆自然,实乃一物。就其本为大道之一,散著者言谓之德;就其有分言谓之命;就其为此物之所以生言谓之性”。[刘咸炘:《庄子释滞》,见氏著:《推十书》(增补全本)乙辑,上海图书馆、上海科学技术文献出版社 2008 年版,第 545 页。]刘咸炘较之郭象更为透彻指出,德与命、性的本质相同性根本在“实乃一物”,而非在“自尔一也”。

命为性之始，则性自命出。故郭店楚简《性自命出》云："性自命出，命自天降。"①"性自命出"所言之"命"，正孔子所谓的"分于道"之"命"，也即庄子所谓的"未形者有分，且然无间"之"命"，本质皆指道以整一之元气的初始分化，对人与万物的形体与本性化生所依托的基质，进行最为初始的分配和命授。人与万物的存在形体与本性，皆要以此"命"作为前提基础，故"命"是"性"之所出。因这一至为初始的分配与命授，实由"天"也即"自然"与"道"，依自身的自然本性与变化规律而决定，故曰"命自天降"。"命自天降"指出了"命"所自出的赋授主体，同时也指出了"命"对人具有强大的规制性的原因："命"实来自天道自然的强大异己力量的决定。

总之，"未形者有分，且然无间谓之命"之"命"，是道对人与万物的最为初始亦至为重要之"命"，因道以一元之气这一至为初始的"分"，对人与万物的形体与本性化生所依托的基质进行最为初始的分配和命授。② 万物在之后于形体中形成的"生之质"意义上的"性"，是何质地，有何功能，成何种的理则；统言之，具何种属性与特质，皆由这一最初的"分于道"之"命"所决定。虽然"分于道"之"命"与"形于一"之"性"，存在着前者为万物成形前的"分命"，后者为形成于万物形体内部的"仪则"的区别，但本质而言非是二物，而是同一主体处于不同的演化阶段的不同存在形态：命为性之始，性为命之成。庄子通过对人之"性命"至为根本之本源的追索，由此将"性命"最终的依据推演到泰初无有无名的道之处，③这也极大地体现了庄子"达命"的思想精神。因人只有了解自身之"性命"至为根本的来源，才能达解为何人的"性命"不可改易，是人必须遵循的人性根本理则。

2."愿闻神人。"曰："上神乘光，与形灭亡，此谓照旷。致命尽情，天

① 《郭店楚墓竹简》，第59页。

② "未形者有分"之"分"，不仅分配和命授性命本性之化生所依托的基质，也分配和命授形体生命之化生所依托的基质，易言之，"分"即不仅命"性"，而且命"生"。因"生"由"性"显，"生"亦是"性"之一；故此处将"生"统于"性"而言之。

③ 陈鼓应指出，"《天地》篇'泰初有无'一段，表面上看似在诠释《老子》第四十章、四十二章的'道生万物'说，但主旨则是由道德论引申出性命观，从而为人性的本源、本体寻找到形而上学存在的根据"。（陈鼓应：《庄子论人性的真与美》，《哲学研究》2010年第12期。）

地乐而万事销亡，万物复情，此之谓混冥。”[①](《天地》)

此段是“谆芒”问“苑风”何谓神人之语。“致命尽情”，成玄英曰：“穷性命之致，尽生化之情。”[②]林希逸曰：“致命，极乎天命也；尽情者，尽其性中之情也。”[③]陆西星曰：“何谓致命尽情？命者天之所赋，情者性之所发，致命尽情，则中致而和亦致矣。”[④]宣颖曰：“致天命，尽实理。”[⑤]几位注家将此处所谓“命”，要么释为“性命”，要么释为“天命”或“天之所赋”；虽然用语有所不同，然其所指实一，皆指“天命”之“性命”。

实际上，“命”在此释为前述“分于道”意义上的分命更加确切。因“致命”之义旨与《说卦》所谓的“穷理尽性，以至于命”(《周易·说卦》)的思想义旨完全一致。致，《说文》曰，“送诣也”。致之本义是送达、送到之义，故致有“达至”之义，即实现之义；同时，致又有“极致”之义。故庄子所谓的“致命”，乃实现自己的性分，并将天赋之分命的潜能实现到极致之义。将天所赋之分命实现到极致的境界，就是《说卦》所谓的“穷理尽性，以至于命”的境界。故“致命”之“命”与“穷理尽性，以至于命”所谓“命”，同是在性之前的命，也即“分于道”意义上的分命。

“尽情”之“情”，成玄英疏为“生化之情”，宣颖释为“实理”，俱是以“情实”释“情”[⑥]。然庄子在此将“命”与“情”对言，则所谓之“情”当是与“性命”相关之情，故二解的恰确性可商榷。林希逸将“情”释为“性中之情”，陆西星

---

① 林希逸曰：“上神，言其神腾跃而上也，出乎天地之外，日月之光反在其下，故曰乘光。与形灭亡，言虽有身，似无身矣。”[(宋)林希逸：《庄子鬳斋口义校注》，第202页。]林希逸解“上神乘光”则是，解“与形灭亡”则非。上神，即神上升于天，乘光即乘日月之光。“与形灭亡”，并非言“虽有身，似无身”，亦非“神与形一起灭亡”，而是言“所与之形消亡”。“上神乘光，与形灭亡”，实言原构成为人的精神与形体相互分解，各复归原处之地，神上升归天，形消亡归地。此即《淮南子》所谓的“是故精神，天之有也；而骨骸者，地之有也。精神入其门，而骨骸反其根”(《淮南子·精神篇》)。

② (清)郭庆藩撰：《庄子集释》，第443页。

③ (宋)林希逸：《庄子鬳斋口义校注》，第202页。

④ (明)陆西星：《南华真经副墨》，第184页。

⑤ (清)宣颖：《南华经解》，第92页。

⑥ 情有情实之义。如《周礼·天官》的“六曰以叙听其情”，贾公彦疏：“情，谓情实。”[(汉)郑玄注，(唐)贾公彦疏：《周礼注疏》，第54页。]

解为“性所发之情”，则俱是依朱子的“孟子谓情可以为善，是说那情之正，从性中流出来者”（《朱子语类》卷五）或“情者，性之所发”（《朱子语类》卷五十九）等思想作解。然庄子所谓“尽情”之情，并非性发所显发的喜怒哀乐等情绪，此一意义上的“情”，庄子以为是“道之过”“德之邪”（《刻意》），根本不可能主张全尽之；同时，也不是性所发的恻隐等“性中之情”，此一意义的情与庄子的思想并不相涉。“情”除了情实、情绪义以外，还有“性”之义。[①] 庄子所谓的“尽情”之情，实为“性”之义。[②] 后文的“万物复情”，亦证此“情”当释为“性”之义。因庄子所谓“复情”，即老子所谓的“复命”，亦即复归所禀之性命。[③] 故“复情”乃复性之义。如此，“尽情”亦是尽性之义。

因此，庄子所谓的“致命尽情”，整体犹言：达至自己的性分，并将天赋之分命的潜能实现到极致；穷尽自己的天赋本性的全部潜质，使之达至竭尽无余的状态。庄子以为，神人就是自己的性命之潜能实现到极致，并全尽自身的天赋本性全部潜质的人，故其与天地同乐，消亡人间万事，完全复归自我的天赋本性，实现了与道混然同一的境界。总之，“致命尽情”，实际上提出了庄子在性命方面，“遂达性命”意义上的“达命”主张。

3. 世疑之，稽于圣人。圣也者，达于情而遂于命也。天机不张而五官皆备，此之谓天乐，无言而心说。（《天运》）

“圣也者，达于情而遂于命也”，成玄英曰：“所言圣者，更无他义也，通有物之情，顺自然之命，故谓之圣。”[④]陆西星曰：“以为圣人者达乐之情而顺于自然之命者也。”[⑤]“达于情”，成玄英将之释为“通有物之情”，陆西星将之解为

---

① 如《吕氏春秋·上德》的“教变容改俗而莫得其所受之，此之谓顺情”，高诱注曰：“情，性也，顺其天性也。”（许维遹：《吕氏春秋集释》，第518页。）

② 徐复观指出，“致命尽情，天地乐而万事销亡。万物复情，此之谓混冥。（《天地篇》第三五四页）这里的情字，只能作性字解”。（徐复观：《中国人性论史·先秦篇》，第329页。）

③ 唐玄宗曰：“人能归根至静，可谓复所禀之性命。”［（唐）唐玄宗：《唐玄宗御注道德真经》，见熊铁基、陈红星主编：《老子集成》第1册，第423页。］

④ （清）郭庆藩撰：《庄子集释》，第509页。成玄英乃以“通”释“达”，以“顺”释“遂”。

⑤ （明）陆西星：《南华真经副墨》，第214页。

"通达乐之情"①,虽然在所通达的对象上说法不同,但皆以"情实"释"情"。"遂于命"②,二人则一致解为"顺自然之命",此解虽然亦通,但于庄子所谓"圣人"之特质的把握并未准确。

庄子在此亦是将"情"与"命"对言。"情"与"命"对言,前述的"致命尽情"已见。"致命尽情",乃致命尽性之义。庄子所言的"达于情而遂于命",与"致命尽情"的思想义旨实质相似。"达"除了有通达、理解之义外,还有达到、达至之义,故"达",犹言"致"也。"情"在此不当释为"物之情"或"乐之情",而应与"致命尽情"之情相似,同释为"性"之义。故"达于情",犹言达于性,完全实现自己的自然本性。"遂于命"之"遂",除有顺之义外,还有达成之义,并还有极尽之义③,故"遂"犹言"成而尽之"。故"遂于命"犹言,遂成自己的天赋之分命,并将自身天赋的性命之潜能发挥、实现到极致。④

因此,所谓的"圣也者,达于情而遂于命",整体犹言:所谓的圣人,是完全实现自己的本性,遂成自己的天赋分命,并将自身天赋的性分之潜能实现到极致的人。庄子的这一圣人观,与《说卦》的"昔者圣人之作《易》也,……和顺于道德而理于义,穷理尽性,以至于命"(《周易·说卦》)的圣人观具有一致性。因二者皆是完全竭尽自身的本性潜质,并将天赋之分命遂达至极致的人。庄子的这一圣人观极有可能就继自《说卦》。庄子还在《说卦》之圣人观的基础上提出,圣人完全遂达自我的性命潜能,不张启作为身体自然之枢机的心神,然感官的自然德性皆完备,这就是天道自然所给予的快乐,不可以用任何的语

① 刘凤苞曰:"凡物情莫不洞达,不专指乐言。"[(清)刘凤苞撰:《南华雪心编》,中华书局2013年版,第333页。]即指出了陆西星之解的不足之处。

② 注家多将"遂于命"之"遂"释为"顺"。如陈鼓应曰:"所谓圣,便是通达情理顺任自然"(陈鼓应:《庄子今注今译》,第372页),陈鼓应还以"自然"释此所谓的"命"。又曹础基曰:"与万物的性情相通,而又随顺于自然变化的规律。达,通。遂,顺。命,即上文的'自然之命'。"(曹础基:《庄子浅注》,中华书局2000年版,第208页。)曹础基也以"顺"释"遂",并将此"命"解为前述的"自然之命"。

③ 遂,《康熙字典》曰:"《广韵》:'遂,达也。'遂,又成也,从志也。《礼记·月令》:'百事乃遂。'注曰:'遂,犹成也。'又尽也。《礼·曲礼》:'有后人者,阖而勿遂。'注:'遂,阖之尽。'"

④ 林希逸曰:"达于情者,达于实理也;遂于命者,极于自然也。"[(宋)林希逸:《庄子鬳斋口义校注》,第232页。]虽然其解"达于情"不确,不知此"情"乃"性"之义,然将"遂于命"释为"极于自然",将"遂"释为"极尽"之义,此解可谓得庄子"遂于命"之义旨。

言加以诠说,但内心却无比的愉悦的状态。① 总之,因“达于情而遂于命”的思想义旨,与“致命尽情”的思想主旨实质相同,故庄子的这一思想也表达了“遂达性命”意义上的“达命”之主张。

4. 老子曰:“幸矣,子之不遇治世之君也!夫六经,先王之陈迹也,岂其所以迹哉!今子之所言,犹迹也。夫迹,履之所出,而迹岂履哉!夫白鶂之相视,眸子不运而风化;虫,雄鸣于上风,雌应于下风而化;类自为雌雄,故风化。性不可易,命不可变,时不可止,道不可壅。苟得于道,无自而不可;失焉者,无自而可。”(《天运》)

此段开头几句,庄子一直在阐述六经乃先王之“陈迹”,不是真正的“所以迹”,即由“履”所象征的真实存在于社会之中的先王治理之道②;认为,“迹”为“履”之所出,与“履”存在根本的差别。然为何话题突然一转,提到了白鶂鸟、昆虫、类即亶爰之兽等物雌雄风化感孕的事情?钟泰释曰:“可知言及虫鸟之风化者,意在感应之机存乎时性,故强以性之所本无,与夫时之所未宜,即皆不能不与物相凿枘,所以解孔子‘人之难说,道之难明’之疑,而尤重在‘命不可变、道不可壅’二语。”③

确如钟泰所言,庄子举白鶂鸟、昆虫、类等物雌雄风化感孕的例子,乃为说明“性不可易,命不可变”之理:白鶂、昆虫、类各有其自然之性;作为不同之物类,各自以其不同的雌雄之本性进行感化:白鶂以相视而感孕,昆虫以相鸣传

① 亚里士多德指出,“如果每种品质都有其未受阻碍的实现活动,如果幸福就在于所有品质的,或其中一种品质的未受到阻碍的实现活动,这种实现活动就是最值得欲求的东西。而快乐就是这样的未受到阻碍的实现活动”。([古希腊]亚里士多德:《尼各马可伦理学》,廖申白译,商务印书馆 2003 年版,第 221 页。)亚里士多德认为,“幸福是灵魂的一种合于完满德性的实现活动”([古希腊]亚里士多德:《尼各马可伦理学》,第 32 页),如果人所具有的德性的潜能皆能够不受阻碍地实现,那便是最大的幸福,也是最大的快乐。《天地》的“天地乐而万事销亡”与《天运》的“此之谓天乐,无言而心说”表明,庄子亦认为,人完全实现自己的本性,遂成自己的天赋分命,并将自身天赋的性分之潜能实现到极致,将获得巨大的无法言喻的“天乐”。

② 郭象曰,“所以迹者,真性也。夫任物之真性者,其迹则六经也”;又曰,“况今之人事,则以自然为履,六经为迹”。[(清)郭庆藩撰:《庄子集释》,第 532 页。]郭象以“迹”为六经之象征,以“所以迹”,即“履”,为事物自然之真性的象征,此解可商。因庄子所谓的“所以迹”,即“履”,当是原本真实存在于社会之中的治理之道的象征。

③ 钟泰:《庄子发微》,第 340 页。

声感孕①,类自为雌雄、自孕而生。这说明:天道自然所命的本性是不可改易的,因命不可变(性不可易,命不可变),不当以“先王之陈迹”强行改变事物的自然本性;而且时代不断向前发展(时不可止),故用以治国理政之道,亦不可壅滞(道不可壅),也应不断地与时俱进。② 庄子指出,假如真正得到能够契合于人性、切用于时代的治理之道(苟得于道),无论用什么方法都可以的(无自而不可);但是如果用以治国理政的措施,失去了道之精神,不能够契合于人性、切用于时代,那么无论是哪一个先王之道,都不可用(失焉者,无自而可)。

因此,庄子的“性不可易,命不可变”,旨在强调天命之性命不可改易之理。此前注家解此处整体之文义或得之,然释“性不可易,命不可变”则多有可商。如方勇曰:“本性不可更易,天命不可改变。”③杨柳桥曰:“本性不可以移易,生命不可以变更。”④方勇将“命”释为“天命”,不可谓错,然“天命”不仅可以指“天命”之混沦的整体,还可以指天命之“生命”“性命”与“运命”;故其解还是未够明确。杨柳桥将此“命”释为“生命”,则属误解,因“生命不可变更”与庄子的整体思想不相融贯。庄子认为,人的生命一受其成形,即处于不断“化以待尽”的状态,生命非不可变更。事实上,庄子在此将“性”与“命”对言,实将“命”当作“性”的近义词使用。故此所谓“命”,释为“未形者有分,且然无间谓之命”意义上的“命”,更加确当。因性自命出,性之不可易,乃因“分于道”之分命不可变。“分于道”之分命不可变,根本原因在于,其乃由天与道所赋授与规限,天与道的强大异己力量根本非人可以抗拒和加以改变。

5.“故曰:天在内,人在外,德在乎天。知天人之行,本乎天,位乎得,蹢躅而屈伸,反要而语极。”曰:“何谓天?何论人?”北海若曰:“牛马四

① 宣颖于“夫白鶂”下注曰:“鶂,水鸟。雌雄相视而孕。”于“虫雄鸣”下注曰:“传声而孕。”[(清)宣颖:《南华经解》,第110页。]

② 王船山曰:“皇治皇之天下,帝治帝之天下,王治王之天下,皆蘧庐也。时已去而欲止之,怀蘧庐而以为安居,变易人之性命,而道壅不行,恶足以及于化哉!顺其自然,则物固各有性命;虽五伯七雄之天下,可使返于其朴。”[(清)王夫之:《庄子解》,中华书局1964年版,第131页。]正解释了“道不可壅”之理。

③ 方勇译注:《庄子》,第245页。

④ 杨柳桥:《庄子译注》,第169页。

足,是谓天;落马首,穿牛鼻,是谓人。故曰:无以人灭天,无以故灭命,无以得殉名,谨守而勿失,是谓反其真。”(《秋水》)

如前所述,“无以故灭命”常遭人误解,经常被一些学者解为,“不要以人的有目的的活动去对抗自然命运”①,或“不以人意改变命运”②,或“不要用人为来消灭命运”③。然“无以故灭命”之“命”,并非指天命于人之外的“命运”之命,而是指命于人之内的“性命”之命。庄子实际上乃主张,人不当以故智消亡天然本真的性命。

首先,庄子将“无以人灭天,无以故灭命,无以得殉名”三者并言,“天”“命”“得”实为意义相近的概念。如前述,“无以人灭天”之“天”当被训为“性”之义。因此一“天”字,若是意谓“物质空间”之天,此天不可能灭。若是意谓作为“道”与“自然”之异称的天,此天同样也不可灭。因此,“天”在此当与“天在内”“德在乎天”“牛马四足,是谓天”等“天”字,共同释为自然天性之义。“无以人灭天”,其实要求,不当以人为消灭天性。“无以故灭命”,则是对“无以人灭天”思想的进一步阐发。故此“命”是与“天性”相近的“性命”之义。而且,“无以得殉名”之“得”,实为“德”之通假。“德”与“得”在古代经常互训。庄子在此将“德”与“得”互言,前文言“德在乎天”,后文言“本乎天,位乎得”,可知两处的“得”皆当训为“德”。“无以得殉名”,犹言,不要将自身的德性殉献于外在的声名。综上所述,庄子在此所论的主题,乃是如何保护自我的天性,性命与德性的问题,与“命运”的话题根本无关,故将此“命”解为“运命”属于误解。

其次,“无以人灭天,无以故灭命”,与“死生有命,富贵在天”(《论语·颜渊》)相似,使用了“互文”的修辞手法。庄子在此所谓的“天”与“命”,实皆是“天命”的省文。“无以人灭天,无以故灭命”,犹言“无以人故灭失天命”。人故可能灭失的“天命”,则是人之“性命”。王先谦即释曰:“勿以人事毁天然,

① 冯契:《中国古代哲学的逻辑发展》上册,第200页。

② 刘笑敢:《庄子哲学及其演变》,第147页。

③ 杨柳桥:《庄子译注》,第183页。

勿以造作伤性命。”①

刘咸炘则将此所谓的“命”与“未形者有分，且然无间谓之命”之“命”联系起来，认为此“命”为“以自然之分为命”②，此一解释较之王先谦之解，于义为长。因“天”在此既是“性”之义，“无以故灭命”之“命”则是与“性”对言之“命”。与“性”对言之“命”，当释为“分于道”意义上的分命，如此，庄子的主张论述或思想阐发才不沦为同义反复，而是以义涵微有差异的“性”之范畴，强化其相关性命主张的阐发。如同人、故、名从三个不同的角度，阐述可能使天然性命灭失之物；天、命、德三个所指实质同一然义涵微有差异的概念，也各自描述了人之性命本性的三个不同侧面的存在特点：天言性之天然本真的存在特点；命言其来自天与道的赋授，故不可改易；德则言其得之于道，故具有道之德性。总之，“无以人灭天，无以故灭命，无以得殉名”，共同表达了庄子反对以人为造作、机巧故智、外在声名消亡天然本真的性命的思想立场。

6. 达生之情者，不务生之所无以为；达命之情者，不务〔命〕之所无奈何。养形必先之〔以〕物，物有余而形不养者有之矣。有生必先无离形，形不离而生亡者有之矣。③（《达生》）

“达命之情者，不务〔命〕之所无奈何”，郭象曰：“〔命〕之所无奈何者，命表事也。”④成玄英曰：“夫人之生也，各有素分，形之妍丑，命之修短，及贫富贵

---

① （清）王先谦：《庄子集解》，第144页。

② 刘咸炘：《庄子释滞》，见氏著：《推十书》（增补全本）乙辑，第552页。

③ 原作“不务知之所无奈何”，王叔岷曰：“案知当作命，两命字与上文两生字对言，《弘明集》一《正诬论》引知正作命，《淮南子·诠言篇》《淮南子·泰族篇》并同。《养生主篇》郭注：‘达命之情者，不务命之所无奈何者。’即本此文，知亦作命。此文郭注：‘知之所无奈何’，知盖本作命，由于正文命误知，后人遂改注命为知耳。《天运篇》：‘性不可易，命不可变。’亦以性、命对言。《淮南子·俶真篇》：‘诚达于性、命之情，而仁义固附矣。’《缪称篇》：‘性者，所受于天也；命者，所遭于时也。’性如智愚巧拙，命如穷达祸福。《云笈七籤》引向秀注：‘命尽而死者是。’”（王叔岷：《庄子校诠》，第666页。）王叔岷认为“知”为“命”之误，极是，不仅《淮南子》的《诠言篇》《泰族篇》所引，“知”作“命”。《文子》所引，“知”亦作“命”。《文子》曰：“故知生之情者，不务生之所无以为；知命之情者，不忧命之所无奈何。”（《文子·下德》）故“知”当改作“命”。“养形必先之物”，王叔岷指出，“道藏成玄英本、褚伯秀义海纂微本、赵谏议本、覆宋本之下并有以字，当补”（王叔岷：《庄子校诠》，第666页），此见亦是，当据补。

④ （清）郭庆藩撰：《庄子集释》，第630页。如前注所言，郭注的“知之所无奈何者”，“知”本当作“命”，当据改。表，《康熙字典》云：“外也。”

贱,愚智穷通,一豪已上,无非命也。故达于性命之士,性灵明照,终不贪于分外为己事务也,一生命之所钟者,皆智虑之所无奈之何也。"①

郭注"〔命〕之所无奈何者,命表事也",存在难解之处。因如成玄英所云,从人所受之素分,形体之妍丑,生命之长短,到天所赋智能之愚智,以及贫富、贵贱、穷通等外在境遇,"无非命也",即皆有由"天命"即天道自然客观变化所决定的因素。如此,郭注所言"命表事"之"命",若作"天命"解,则不可通。因既然一切物事无不笼罩于"天命"的决定性的作用影响范围之内,则不存在着无"天命"参与决定或施加影响之物事。若作"运命"解,亦不可通。因郭注之义将变为:运命之所无可奈何之事,是运命之外的事情。然此理不通,因运命之所无可奈何之事,正是运命中之事。若作"生命"解,也不可通。因郭注之义将变成:生命之所无可奈何之事,是生命之外的事情。然生命之所无可奈何之事,正是生命中之事。因此,郭象所谓的"〔命〕之所无奈何者,命表事也"之"命",唯有作"性命"解,其理才通。郭象之意实为:人之性命能力所无奈何之事,实为性命能力之外的事情。郭象此解实得庄子之思想义旨。庄子所谓的"命之所无奈何","命"实为奈何的主语,而非其所修饰的宾语,故此一"命"字,当如郭象注,释为"性命"之义。依此,"达命之情",亦当理解为通达性命能力之实情。成玄英即取郭象之见,亦将两"命"字解为"性命"之义。

有学者将"达命之情者,不务〔命〕之所无奈何"中的两个"命",皆解为"运命"。如陈鼓应曰:"通达命运实况的,不追求命运所无可奈何的事故。"②方勇曰:"通达命运实情的人,不追求命中注定无法得到的东西。"③陈鼓应之解实可商榷,因人不可能主动去追求命运中所无可奈何的事故。故方勇将之译解为,不追求命中注定无法得到的东西。此解有将庄子视为宿命论者的思想倾向,并与庄子上下文的语境不甚融贯。因虽然庄子以为人之无可奈何的境遇由天命之运命所决定,但天对人之命遇并无先定的安排,故"命中注定"

① (清)郭庆藩撰:《庄子集释》,第630页。标点有微调。原"达"下衍"生"字,当删。"一生命之所钟者"之"钟",《正字通》曰:"天所赋予亦曰钟",故"钟"之犹言"赋"也。

② 陈鼓应:《庄子今注今译》,第467页。

③ 方勇译注:《庄子》,第295页。

的说法实与庄子对运命的整体看法不协。再者，通观《达生》全篇的思想主题，主要是在讨论如何守护与修持人之“性命”的问题，与“命运”实无多大的关系。从后文可知，庄子所谓的“命之所无奈何”①，具体即指后文的“有生必先无离形”“养形必先之〔以〕物”等依凭人之性命能力根本无法改变的人之生命存在的根本规定性。

实际上，庄子此处所谓的两个“命”解为“分于道”意义上的分命，更加确切。因庄子的“达生之情者，不务生之所无以为”的两“生”字，实为“性”之义②，故“达命之情者，不务〔命〕之所无奈何”两所谓的“命”，乃与“性”对言。庄子在“性、命”对言时所谓的“命”，如《天运》的“性不可易，命不可变”等，皆指与性同范畴，但义涵微有差异的“分于道”意义上的分命。故此两所谓的“命”同样应释为“分于道”意义上的分命，如此才不沦于同义反复。

因此，“达生之情者，不务生之所无以为；达命之情者，不务〔命〕之所无奈何”，其实主张：通达人的本性真正实情的人，不会致力于本性能力之外的人无法作为的事情；通达人天赋之分命真正实情的人，不会致力于人所受之性分能力无法奈何的事情。庄子在此实际上提出了在性命方面，人应通达人的性命能力极为有限之实情意义上的“达命”之思想主张。

第二，《庄子》所谓的单称的“命”，意谓存在于形体之内的“仪则”意义上的“性命”有6处，分见于如下4个段落：

> 1. 仲尼曰：“天下有大戒二：其一，命也；其一，义也。子之爱亲，命也，不可解于心；臣之事君，义也，无适而非君也。无所逃于天地之间，是

---

① 杨国荣指出，“所谓‘生之所无以为’‘命之所无奈何’，便涉及内在的能力所难以达到的行为领域；唯其超出了人的能力，因而人的作用无法施于其上……‘生之所无以为’‘命之所无奈何’意义上的‘命’，主要与个体自身的内在规定相联系”。（杨国荣：《庄子的思想世界》，第266—267页。）

② 王叔岷曰：“吴氏《点勘》引姚南菁（范）云：‘达生、务生，生本作性，《周官·司徒》：“辨五土之物生”，杜子春读生为性。《淮南·诠言篇》引此文正作性，《泰族篇》亦有此语’。”（王叔岷：《庄子校诠》，第666页。）姚范提到的《淮南子·诠言篇》云：“故通性之情者，不务性之所无以为；通命之情者，不忧命之所无奈何。”《淮南子·泰族篇》微有小异，曰：“故知性之情者，不务性之所无以为；知命之情者，不忧命之所无奈何。”故“达生之情者，不务生之所无以为”两所谓“生”，当作“性”解。

之谓大戒。”①(《人间世》)

“其一,命也”②之“命”,也即“子之爱亲,命也”之“命”。成玄英疏曰:“夫孝子事亲,尽于爱敬。此之性命,出自天然,中心率由,故不可解。”③清孙嘉淦注曰:“性分之所固有曰命。”④方勇曰:“子女爱敬双亲,这就是自然的性分,系结于心而不可解除。”⑤成玄英将此所谓“命”释为“性命”,孙嘉淦释为“性分之固有”,方勇解为“自然之性分”。三解用语虽微有差异,然皆指人之“性命”,即人受之于天的自然性分固有的规定性。孟子曰,“人少,则慕父母”(《孟子·万章上》)。子女慕爱父母,这是植根于人之生存本能的本性。庄子亦认为,子女爱敬父母是人的天然本性,系结于人心之中,不可解除。庄子还将这一天然本性视为人“无所逃于天地之间”的大戒法之一。因此,庄子在此实际上提出:人自天所受的爱敬父母等天然的本性,是人必须循顺、不可解除的天赋性命之理则,是人无所逃于天地之间的大戒法。

2. 仲尼曰:“人莫鉴于流水,而鉴于止水,唯止能止众止。受命于地,唯松柏独也〔正〕,在冬夏青青;受命于天,唯〔尧〕舜独也正,〔在万物之首〕。幸能正生,以正众生。……”⑥(《德充符》)

---

① “臣之事君,义也,无适而非君也。无所逃于天地之间,是之谓大戒”,王叔岷的《庄子校诠》等原断作“臣之事君,义也,无适而非君也,无所逃于天地之间。是之谓大戒”。此一种断法,主要强调君臣之义不可逃。如朱子尝曰:“庄子曰:‘子之于亲也,命也,不可解于心。’至臣之于君,则曰:‘义也,无所逃于天地之间。’是他看得那君臣之义,却似是逃不得,不奈何,须着臣服他。更无一个自然相胥为一体处,可怪!”(《朱子语类》卷一百二十五)然“无所逃于天地之间”,实在释何谓大戒,否则命与义为何称大戒,无所释解。将其下断,不仅意谓君臣之义不可逃,还意谓子之爱亲之命亦不可逃于天地之间,于义为长。

② 宣颖曰:“受之于天。”[(清)宣颖:《南华经解》,第33页。]方勇承之,进一步释曰:“一个是受于自然之天的性分。”(方勇译注:《庄子》,第64页。)

③ (清)郭庆藩撰:《庄子集释》,第155页。

④ 方勇:《庄子纂要》(二),学苑出版社2012年版,第544页。

⑤ 方勇译注:《庄子》,第64页。

⑥ 陈景元曰:“‘受命于地,唯松柏独也正,在冬夏青青;受命于天,唯尧舜独也正,在万物之首’,见张本,旧阙。”[(宋)陈景元:《南华真经章句余事》,见《道藏》第15册,第955页。]褚伯秀云:“又‘受命于地’至‘唯舜独也正’,文句不齐,似有脱略,陈碧虚照张君房校本作:‘受命于地,唯松柏独也正,在冬夏青青;受命于天,唯尧舜独也正,在万物之首’。补亡七字,文顺义全,考之郭注:‘下首唯有松柏,上首唯有圣人。’则元本经文应有‘在万物之首’字,传写遗逸。”[(南宋)褚伯秀撰:《南华真经义海纂微》,第196页。]王叔岷亦认为,当从张君房本,补所缺之七字。(参见王叔岷:《庄子校诠》,第176页。)三见皆是,当据补此七字。

“受命于地”“受命于天”，成玄英曰，“凡厥草木，皆资厚地。至于禀质坚劲，隆冬不凋者，在松柏通年四序，常保青全，受气自尔，非关指意”，又曰，“人禀三才，受命苍昊，圆首方足，其类极多。至如挺气正真，独有虞舜。岂由役意，直置自然”①。杨柳桥曰：“禀受性命于地的，只有松柏独得性命之正，因而它们冬夏常青；禀受性命于天的，只有尧舜独得性命之正。”②从成玄英所言的“禀质坚劲”“受命苍昊，圆首方足”，可知其以为两所谓“命”乃自天地禀受的“性命”之命。杨柳桥则明确将两所谓“命”译解为“性命”。

有学者将此两所谓的“命”译解为“生命”。如陈鼓应曰：“接受生命于地，唯有松柏禀自然之正，无分冬夏枝叶常青；接受生命于天，唯有尧舜得性命之正，在万物之中为首长。”③吴怡曰：“生命来自土地的植物中，只有松柏长存，不论冬天夏天，都是颜色青青。生命来自天赋的人物中，唯有尧舜得天命之正气，使他们能正他们自己的性命，然后才能正众生的性命。”④松柏于众木之中，独得挺正之性，并无论冬夏皆郁郁青青，乃是天赋之殊性如此；尧舜独得全正之本性，在万物之首，也是天赋之本性如此。庄子在此所言之“命”，主要就所禀受的物性与人性的存在特点而言，故此处两所谓的“命”，实指自天地所受的“性之命”，与“生之命”无甚关系。若皆译解为“生命”，将使前后文的思想主题不相一致，语脉混乱。

故庄子实主张，人与万物禀受自天地的性命，唯松柏与尧舜独得天地之正性。由是可知，庄子以为，天地所赋予人与万物的“性命”之本性，并非完全均同齐一。孟子尝曰：“夫物之不齐，物之情也。”（《孟子·滕文公上》）庄子亦认为，天地所赋予人与万物性命之本性，本即存在着不齐之情况。物性之不齐，正是引发庄子提出“齐物”学说的原因。

3. 颜渊东之齐，孔子有忧色。子贡下席而问曰：“小子敢问：回东之齐，夫子有忧色，何邪？”孔子曰：“善哉女问！昔者管子有言，丘甚善之，

① （清）郭庆藩撰：《庄子集释》，第194页。

② 杨柳桥：《庄子译注》，第57页。

③ 陈鼓应：《庄子今注今译》，第149页。

④ 吴怡：《新译庄子内篇解义》，三民书局2019年版，第190页。

曰：'褚小者不可以怀大，绠短者不可以汲深。'夫若然者，以为命有所成，而形有所适也，夫不可损益。吾恐回与齐侯言尧、舜、黄帝之道，而重以燧人、神农之言，彼将内求于己而不得，不得则惑，人惑则死……"①(《至乐》)

"夫若然者，以为命有所成，而形有所适也，夫不可损益"，成玄英曰："夫人禀于天命，愚智各有所成；受形造化，情好咸著所适；方之凫鹤不可益损，故当任之而无不当也。"②林希逸曰："命与形，得于天者，各有一定之分，不可损益。"③陈鼓应曰："这样说来，认为性命各有它形成的道理，而形体各有它适宜的地方，这是不可以改变的。"④成玄英虽将"命有所成"之"命"释为"天命"，然从其所谓的"智愚"等可知其"天命"乃意谓"天命之性命"。林希逸虽对"命"字无具体疏解，但从其所谓的"各有一定之分"，可知其将之理解"分于道"意义上的"命"。陈鼓应则将此所谓"命"明确解释为"性命"。可知，大多数学者认为，庄子此所谓"命"乃"性命"之命。

然有个别学者将此所谓"命"解为"命运"之命。如崔大华曰："即在庄子看来，命运的安排，如同衣小不能怀大，绳短不可汲深，都是无法改变的。"⑤此解实属误解。首先，庄子在前文所谓的"褚小"与"绠短"是事物已然形成并固化的个体之殊性，庄子以此来比喻齐侯已然被固定化的个人之情性，故此处的

---

① "褚小者不可以怀大，绠短者不可以汲深"，王叔岷曰："成玄英：'此语出《管子》之书。'《释文》：'绠，汲索也。'……钱穆云：'成玄英曰"此语出《管子》书"。此亦证本篇之晚出。'案《荀子·荣辱篇》：'故曰，短绠不可汲深井之泉。'(《记纂渊海》五一引无'井之泉'三字。)《淮南子·说林篇》：'绠短不可以汲深，器小不可以盛大。'(今本'绠短'二字倒误)盖并本《管子》语。《说苑·政理篇》亦载管仲对齐恒公曰：'夫短绠不可汲深井。'今本《管子》书，出于战国晚期，然此所称管子语，不见于今本，其来源当甚早，则不得据以证本篇之晚出如钱说矣。"(王叔岷：《庄子校诠》，第651页。)白奚指出，"《管子》的成书年代，目前学术界大体认为是在战国之世，多数学者认为是稷下学宫时期之作，这样的看法是可信的"。(白奚：《稷下学研究》，生活·读书·新知三联出版社1998年版，第218页。)因此，虽然王叔岷将《管子》的成书年代定为战国晚期，似稍晚一些，然指出此处所称管子语来源甚早，则极是。因《管子》的成书年代，只是此一管子语出现时间的下限，不必是此管子语出现的时间上限。故庄子引此语，完全可能且合理，因此，钱穆之见非是。

② (清)郭庆藩撰：《庄子集释》，第621页。

③ (宋)林希逸：《庄子鬳斋口义校注》，第281—282页。

④ 陈鼓应：《庄子今注今译》，第458页。

⑤ 崔大华：《庄学研究：中国哲学一个观念渊源的历史考察》，第145页。王叔岷亦将此"命"解为"运命"，曰："命，如寿夭穷达，各有所成。"(王叔岷：《庄子校诠》，第651页。)

话题与所谓的“命运”并无多少联系。其次,庄子此处的思想,实即庄子“性不可易,命不可变”思想的不同表述。只不过与后者强调人自天所受的性命本性不可移易,因人自天所受的“分命”不可改易不同;前者则强调,一旦人的形体化成之后,人已然成形的固定化的个体之殊性,也是无法通过后天的作为加以根本改变的。最后,个体之殊性不可改易,根本而言,亦因其来自于天之所“命”。天赋予人与万物以个体之殊性,使之成为标识此个体是其自身的特征属性。若个体之殊性可被更易,则个体之存在的特殊性就存在着被抹消的可能。

庄子以为,人不仅应通达人之性命的根本之规定性不可改易,而且还应达解已然成形的固定化的个体之殊性,也是人通过后天的作为无法改易的。在原寓言故事中,颜回东之齐,孔子感到忧虑,就是因为颜回不了解“性不可易”之理,故担忧颜回以三皇五帝之道服说齐侯,结果反使自己陷入危险的境地。

> 4. 圣人达绸缪,周尽一体矣,而不知其然,性也。复命,摇作而以天为师,人则从而命之也。忧乎知,而所行恒无几时,其有止也若之何!①(《则阳》)

“复命,摇作而以天为师”②,《释文》曰:“摇,动也。万物动作生长,各有天然,则是复其命也。”③成玄英曰:“反乎真根,复于本命,虽复摇动,顺物而作,动静无心,合于天地,故师于二仪也。”④王雱曰:“复命者,归于静也;摇作

---

① “绸缪”,《释文》曰:“绸缪,犹缠绵也。又云:深奥也。”成玄英曰:“绸缪,结缚也。”[(清)郭庆藩撰:《庄子集释》,第880—881页。]绸缪,即缠绕、缠缚之貌。“达绸缪”,即通达解脱世事之纠缠束缚之义。周尽,周遍全尽,无有遗漏之义;一体,全体之义;故周尽一体,即周遍极尽于全体、整体之义。“若之何”,犹言“如之何”,即无法奈何之。

② 因《释文》将“复命摇作”四字连言作解,故后世注家断此句多作“复命摇作,而以天为师”,如王叔岷的《庄子校诠》;有些则未再加断句,如王孝鱼点校的《庄子集释》。此句若要再加句读,当作“复命,摇作皆以天为师”。郭象曰:“摇者自摇,作者自作,莫不复命而师其天然也。”[(清)郭庆藩撰:《庄子集释》,第881页。]郭象即是如此断句,只不过注言未全确。庄子此句实言:圣人复性,行动、作为皆以自然为师。

③ (清)郭庆藩撰:《庄子集释》,第881页。

④ (清)郭庆藩撰:《庄子集释》,第881页。

者，至于动也；以天为师者，宗于自然也。”①林希逸曰：“摇作，即动用也，动用作为，皆复归于天命，而以自然为主，故曰以天为师。”②

“复命”，陆德明虽然只释为“复其命”，但从其“万物动作生长，各有其天然”可知，其将所谓“命”实理解为天然之本性。成玄英也虽然只释为“复于本命”，但从“反乎真根”可知，其亦将“复命”解为复归本性之义。王雱将“复命”释为“归于静”，则是将庄子所谓的“复命”与老子的“归根曰静，是谓复命”（第十六章）联系起来。老子所谓的“复命”，乃复归本性之义，老子以为，复归静定的状态即是复归本性的状态。庄子的“复命”思想继自老子，故其所谓的“复命”在主张复归本性的同时，亦包含有复归静定之状态的意蕴。故王雱将庄子的“复命”释为“归于静”，可谓得庄子思想之义旨。然庄子所谓的“复命”之本义，则是“复性”之义。③ 林希逸将“复命”释为“复归于天命”，未明确是何“天命”，但从其整体语义来看，亦将此“命”解为“天命之性命”。故注家基本一致认为，庄子所谓“复命”乃复归天命的静定本性之义。“人则从而命之也”之“命”，乃“命名”之义，并无深刻的哲学思想意义。

因此，“复命，摇作而以天为师”，乃主张：人应复归天命的静定本性，动作举止皆以自然为师。庄子的这一思想，不仅是对老子的“归根曰静，是谓复命”思想的继承，同时也是对老子的“人法地，地法天，天法道，道法自然”（第二十五章）思想的继承和发展。因庄子的“以天为师”所体现出来的人法天地，法自然，以天地自然为师的思想，即对“人法地，地法天，天法道，道法自然”思想的转化与发展，而且，庄子将老子的“法”转变为更明确体现对天地自然之尊敬意的“师”；同时，庄子还强调指出，“以天为师”是人复归自然的天性，使自身的作为皆符合天地自然的法则的根本途径。

综上所述，由前述“分于道”意义上的“命”之范畴的思想分析，可见庄子

---

① （宋）王雱：《南华真经新传》，见《道藏》第 16 册，文物出版社、上海书店出版社、天津古籍出版社 1988 年版，第 240 页。

② （宋）林希逸：《庄子鬳斋口义校注》，第 399 页。

③ 陈鼓应依老子的“静曰复命”，直接将“复命”二字译解为“静”；整体将“复命摇作，而以天为师”译解为，“静与动皆师法自然”。（陈鼓应：《庄子今注今译》，第 673 页。）此一译解遮蔽了庄子所谓“复命”本身的“复性”之义。方勇、杨柳桥的译解皆存类似问题。

对“分于道”意义上的“分命”或性分,如下深刻而独到的思想洞见与丰富而重要的性命哲学主张:

第一,无论是成形之前“分于道”意义上的“命”,还是成形之后在人内部作为形体保神之仪则的“性”,根本而言,皆来自“道”。道转化为整一之元气,德据有此一元之气,然后才有天道自然对人与万物“未形者有分,且然无间”的意义上的“命”。这一“分命”对万物之后在具体形体之内的本性之形成,具有根本性的影响,因“命”在“性”之先,是性之始。但人之“分命”与人之本性非是二物,而是同一主体处于不同的演化阶段的不同存在形态。庄子对人之性命至为根本之本源的追索,体现了庄子“达命”的思想精神。

第二,人应完全实现自己的分命,并将天赋性分的潜能实现到极致;穷尽自己的天赋本性的全部潜质,使之达至竭尽无余的状态。无论是神人,还是圣人,其实皆是完全实现自己的本性,遂成自己的天赋分命,并将自身天赋的性分之潜能实现到极致的人。这一主张即庄子在性命方面的“达命”主张,不过此一“达命”,乃是完全实现自己的分命,并将天赋的性分潜能实现到极致意义上“达命”。

第三,人之本性不可改易,因人天赋之分命不可改变。同时,人也不应当用人为的造作灭失自然的天性,不应用机巧故智消亡天赋的自然性分。

第四,人应通达自己天赋之性分能力的真正实情,不致力于人之性分能力之外人所无可奈何的事情。此一主张也是庄子在性命方面的“达命”之思想主张,不过此一“达命”,是通达自己天赋性分能力的真正实情意义上的“达命”。

并由上述指存于形体之内的“仪则”意义上的“命”之范畴的思想分析,可见庄子对于“仪则”意义上的“性命”如下深刻而独到的思想洞见与丰富而重要的性命哲学主张:

第一,人自天所受的爱敬父母等天然的本性,是人必须循顺、不可解除的天赋性命之理则,是人无所逃于天地之间的大戒法。

第二,人与万物皆是从天地之“父母”禀受自然的性命,而天所赋予人与万物的“性命”本性,并非完全均同齐一,有些人与事物独得天地之正性。

第三,人应通达人的自然本性一旦形成,就不可损益。如已然形成的固定化的个体之殊性,无法通过后天的作为加以根本改变。

第四,人们应复归天命的静定本性,以天地自然为师,是复归自身的天然本性的根本途径。

(二)"性命"

除了使用单称的"命",庄子还使用"性命"这一复合词,来表达其对"性命"的看法与主张,见于如下 3 处:

1. 昔者黄帝始以仁义撄人之心……施及三王,而天下大骇矣。下有桀、跖,上有曾、史,而儒、墨毕起。于是乎喜、怒相疑,愚、知相欺,善、否相非,诞、信相讥,而天下衰矣;大德不同,而性命烂漫矣;天下好知,而百姓求竭矣。(《在宥》)

"大德不同"之"德",即《马蹄》的"彼民有常性,织而衣,耕而食,是谓同德"之"德";也即"同乎无知,其德不离;同乎无欲,是谓素朴"(《马蹄》)之"德";皆指民众原本具有的无知无欲的素朴本性与自然德性。钱穆指出,"《庄子》外篇既以德性并言,复以性命并言。凡以性命并言之命字,即犹以德性并言之德字也。盖就其赋授于天者而言之则曰命,就其禀受于人者而言之则曰德"①,即外篇所言的性命之"命"皆是与"德""性"同义的概念。罗光亦指出,"庄子屡次以'性命'两字连用,性命两字合用,命字与性字的意义相同"②。"烂漫",成玄英曰:"烂漫,散乱也"③;林希逸曰:"烂漫字下得好,性命之理,到此都狼藉了"④。可知,"烂漫"即"散乱、混乱"之义。故"性命烂漫"整体实犹言:性命之真性皆混乱而散失。

庄子以为,自从黄帝以仁义撄扰人心,使民众失去了原本具有的无知无欲的素朴本性,于是性命之真性皆混乱而散失。可知,庄子反对以仁义等后天修持而得的德性改造天然的本性。其以为,人之天性本然,具有天赋的自然德

① 钱穆:《庄老通辨》,第 265 页。

② 罗光:《中国哲学思想史·先秦篇》,第 546 页。

③ (清)郭庆藩撰:《庄子集释》,第 375 页。

④ (宋)林希逸:《庄子鬳斋口义校注》,第 167 页。

性，本就具有纯真、朴素、静定等德性，一旦用仁义撄扰人心，就会出现“喜怒相疑，愚知相欺，善否相非，诞信相讥”的社会现象，到时人们皆追求巧智，社会的风气从此就被败坏。

2. 乐全之谓得志。古之所谓得志者，非轩冕之谓也，谓其无以益其乐而已矣。今之所谓得志者，轩冕之谓也。轩冕在身，非性命〔之有〕也，物之傥来寄也。寄之，其来不可圉，其去不可止。故不为轩冕肆志，不为穷约趋俗，其乐彼与此同，故无忧而已矣。[①]（《缮性》）

“轩冕”，成玄英曰：“轩，车也。冕，冠也。”[②]“轩冕”本是达官贵人所乘坐的马车和头戴的官冕，庄子以之象征人间世的荣华富贵与尊贵高位。“轩冕在身，非性命之有也，物之傥来寄也”，陈鼓应译解为，“荣华高位在身，并不是真性本命，外物偶然来到，如同寄托”[③]；方勇译解为，“官位爵禄加在身上，并不是自然性命中所固有的，而是偶然得来之物，暂时寄托在这里罢了”[④]。虽然两位学者的译解微有不同，但对此一“性命”属人固有的自然本性之义，皆无疑义。

孟子曰：“有天爵者，有人爵者。仁义忠信，乐善不倦，此天爵也；公卿大夫，此人爵也。”（《孟子·告子上》）在孟子看来，仁义忠信等人之自然本性内在固有的德性，是天所赋予的爵位；公卿大夫等由君主所赋定的爵位，是后天人所发明与赋定的爵位。与孟子区分性命固有的“天爵”与后天所得的“人爵”相似，庄子在此区分了性命本有与性命本无之物。庄子也以为，人世间的轩冕高位，并非天赋的自然本性本然所有之物，只不过是后天偶然所得的荣华尊贵。不过，与孟子认为人之性命固有仁义忠信等道德性的德性的端绪不同，庄子认为，人的自然本性所有是纯真、朴素、静定等自然的德性，仁义礼智是人

---

① 陈景元曰：“‘轩冕在身，非性命之有也。’见张本，旧阙。”[（宋）陈景元：《南华真经章句余事》，见《道藏》第15册，第956页。]可知张君房本性命下有“之有”二字。王叔岷指出，《辅行记》二六引文，亦有此二字，有此二字文义较完。（参见王叔岷：《庄子校诠》，第574页。）故当据补“之有”二字。

② （清）郭庆藩撰：《庄子集释》，第558页。

③ 陈鼓应：《庄子今注今译》，第409页。

④ 方勇译注：《庄子》，第257页。

由后天修持而得的道德品质。同时,与孟子的“赵孟之所贵,赵孟能贱之”(《孟子·告子上》),强调后天所得的“人爵”易受君主等个人的喜好变化移易有所不同,庄子强调人间世中的荣华尊贵所得的偶然性、暂寄性与不受人掌控的得失之被动性。因此,庄子主张,不应当为非人之天赋的自然本性自身固有的,而是由意外而得的,暂寄于人之身的荣华高位等外物,而放弃自我本来的志向①,也不当因为自我暂时穷困的境遇而屈己从俗,故此,也不为荣华高位等外物的得失而感到忧虑。

3. 舜问乎丞曰:“道可得而有乎?”曰:“汝身非汝有也,汝何得有乎道!”舜曰:“吾身非吾有也,孰有之哉?”曰:“是天地之委形也;生非汝有,是天地之委和也;性命非汝有,是天地之委顺也;〔子孙〕非汝有,是天地之委蜕也。故行不知所往,处不知所持,食不知所味。天地之强阳气也,又胡可得而有邪!”②(《知北游》)

“性命非汝有,是天地之委顺也”③,林希逸注曰:“顺,理也。性命在我,即造物之理,故曰委顺。”④陈鼓应译曰:“性命不是你所保有的,乃是天地所委付的自然。”⑤方勇译曰:“性命不属你所有,只是天地托付给你的自然之气。”⑥“委顺”之“顺”,陈鼓应译解为“自然”,方勇译解为“自然之气”,无所本之依据,故释解的恰确性存疑。

林希逸将“顺”释为“理”,本自《说文》。《说文》曰:“顺,理也。”顺之本义,乃是整理头发之义;理之本义,是依玉之纹理而治玉;二者皆有整理之义,

① 《康熙字典》曰:“肆,又弃也。”

② 原作“孙子非汝有”。王叔岷云:“成玄英:‘阴阳结聚,故有子孙。’案‘孙子’当作‘子孙’,成玄英可证。《阙误》引张君房本亦作‘子孙’,《白贴》六,《御览》五一九引《列子》并同”(王叔岷:《庄子校诠》,第815页),其见是,当据改。

③ 委,《释文》曰:“司马云:委,积也。”[(清)郭庆藩撰:《庄子集释》,第740页。]俞樾曰:“司马云,‘委,积也’。于义未合。《国策·齐策》:‘愿委之于子’,高注曰:‘委,付也。’成二年《左传》:‘王使委于三吏’,杜注曰:‘委,属也。’天地之委形,谓天地所付属之形也。下三委字并同。”[(清)俞樾:《诸子平议》,中华书局1954年版,第365页。]俞樾所言甚是,委,当释为委托、托付、委付之义。

④ (宋)林希逸:《庄子鬳斋口义校注》,第334页。

⑤ 陈鼓应:《庄子今注今译》,第568页。

⑥ 方勇译注:《庄子》,第365页。方勇又曰:“‘和’与下文的‘顺’字,皆指由阴阳结聚而成的和顺之气。”[方勇:《庄子纂要》(四),第1148页。]

故顺与理通。理,作为名词,有纹理、腠理、肌理之义,引申为抽象的道理、理则之义。顺因与理通,故也具有道理、理则之义。老子所谓的"乃至于大顺"(第六十五章),河上公注曰:"大顺者,天理也。"①可证,顺亦有名词性的理之义。林希逸将天地所委付之"理",解为"造物之理",虽然义近,然未全确。因"天地之委顺"之"顺"作为"理",与"留动而生物,物成生理"所谓的"理"乃同一意义上的理,指事物成形之后所形成的纹理、条理与内在理则等。而天地所委付予人的性命之理,则是天地所委付予人的内在条理、理则意义上的理,也即"形体保神,各有仪则"意义上的仪则、理则。

因此,"性命非汝有,是天地之委顺也",其实乃言:人之性命也不属于你所有,而是天地暂时委付于你形体内部的仪则、理则罢了。"性命"在此指天地所委付于人的理则、仪则意义上的自然本性。将其视为"生命"的同义语②,则属明显的误解。并由"委"字可知,庄子以为,人所拥有的只是天地暂时委付给人的仪则与理则的使用权。因"委"作为"委付"之义,本身表明了天地并非将性命之理则的所有权及其附带的使用权等全部赋予人,而是如将某物委托给人保管与使用一样,并不将此物的所有权给予某人,只是给予了某人保管与使用某物的权利。故当天地作为人之性命理则的委付者,在委托给人使用的性命之理则到达其使用期限后,天地要将人的性命之理则之使用权收回,作为被委付者的人,是无法拒绝的。因此,"委"字既表明了人自天地委受性命之理则的被动性,也表明了人对性命之理则之保管与使用权的暂时性。

综上所述,由前述对庄子以"性命"概念所表达的性命哲学思想的分析,可见庄子对"性命"如下深刻而独到的思想洞见与丰富而重要的性命哲学主张:

第一,人不当用仁义来撄扰人心,因将使人的性命之真性皆混乱而散失。从应然的角度而言,人之性命本性亦不可变易。

第二,人于人间世中所得的轩冕高位,并非天赋的自然本性本然所有之

① 王卡点校:《老子道德经河上公章句》,第258页。

② 如唐雄山认为,"这里的'性命',实际上指的是生命"。(唐雄山:《老庄人性思想的现代诠释与重构》,第136页。)

物，只不过是后天偶然所得的荣华尊贵。因此，不应当为了非人性命本有之物，抛弃自己本来的志向，也不当因一时的穷困而屈己从俗。

第三，人之性命本性是天地暂时委付于你形体内部的仪则与理则，人并没有真正拥有人之性命的所有权，所拥有的只是人之性命理则的有限使用权。

（三）“性命之情”

《庄子》中，“性命之情”共 9 见，是庄子表达其“性命”之思想与主张的另一重要概念。较之于“性命”，“性命之情”多出“之情”二字。如何释解此多出的“之情”二字，注家多有不同的看法。然“情”在此无论是释为“实”之义，还是释为“性”之义，皆指向作为性命之正性的性命之真性。因此，不仅“性命之情”的概念本身即表达了庄子对性命本性独特的看法，依此还阐发了庄子的“任其性命之情”“安其性命之情”等关键而重要的性命哲学主张：

> 1. 故此皆多骈旁枝之道，非天下之至正也。彼〔至〕正者，不失其性命之情。故合者不为骈，而枝者不为跂。长者不为有余，短者不为不足。①（《骈拇》）

林希逸曰：“正正者，犹言自然而然也，自然而然则不失其性命之实理。”②陆西星曰：“彼正正者，独全其所受于天之实理，故曰：不失其性命之情。情之言，实也。”③陈鼓应曰：“那些合于事物本然实况的，不违失性命的真情。”④方勇曰：“那天下最纯真的道德，就是不失去其本性之实。”⑤张松辉曰：“性命之情：本性之真，即真实的本性。情，真实……那些做法最正确的人，不让自己丢

① 原作“彼正正者”。褚伯秀曰：“彼‘正正’者，宜照上文作‘至正’。”［（南宋）褚伯秀撰：《南华真经义海纂微》，第 354 页。］宣颖曰：“接上至正说来。至字，旧俱误作正。”［（清）宣颖：《南华经解》，第 69 页。］俞樾曰：“上正字乃至字之误。上文云：‘故此皆多骈旁枝之道，非天下之至正也。’此云：‘彼至正者，不失其性命之情。’两文相承。今误作‘正正’，义不可通。郭曲为之说，非是。”［（清）俞樾：《诸子平议》，第 345 页。］诸家意见皆是，“正正”乃“至正”之误，当据改。

② （宋）林希逸：《庄子鬳斋口义校注》，第 139 页。

③ （明）陆西星：《南华真经副墨》，第 125 页。

④ 陈鼓应：《庄子今注今译》，第 237 页。

⑤ 方勇译注：《庄子》，第 138 页。

失真实的本性。"①诸家对"性命之情"的诠解各不相同。林希逸将"性命之情"释为"性命之实理",陆西星将之释为"所受于天之实理",俱是以"实理"释"情",明显受到宋明理学"性即理",并以天赋之理为纯善无恶之正性,以气质之性为有善有恶,有正有不正之性等思想的影响。虽然庄子亦将性理解为形体保神各自存有的仪则、理则,但林、陆二人存在添字作释的问题,"情"若释为"实"之义,本身并不包含"理"之义在其中。再者,以理之性为正性,以气之性为不正之性,属宋明理学的思想观念,以之解庄子,属以今解古,并不契合于庄子的思想。陈鼓应、方勇、张松辉则是以"实"释"情",并认为"实"在此指向"真"之义,此一释解可谓有得,然未全面准确揭示此一"情"字的全部意蕴。

"情"不仅有"实"之义,还有"性"之义。《说文》曰:"情,人之阴气有欲者也。"段玉裁注曰:"董仲舒曰,'情者,人之欲也','人欲之谓情,情非制度不节'。《礼记》曰:'何谓人情?喜、怒、哀、惧、爱、恶、欲。七者不学而能。'《左传》曰:'民有好恶喜怒哀乐,生于六气。'"②可知,情本指人之欲望与喜、怒、哀、惧、爱、恶、欲等情感。情本是一种性。故情与性在古代可互训。《吕氏春秋》的"教变容改俗,而莫得其所受之,此之谓顺情"(《吕氏春秋·上德》),高诱注曰:"情,性也,顺其天性也。"③即是其证。情有"性"之义,又有"实"之义,"实"又有"真"之义,故庄子所谓的"性命之情",当译解为"性命之真性",才全面得庄子发明"性命之情"这一组合词的思想义旨。并由"彼至正者,不失其性命之情"可知,庄子以为,性命之至正的状态,是保持其性命之真性不丧失的状态;一旦人失去性命之真性,则性命再无法保持"至正"的状态;故庄子实以人天然所有的性命之真性,为人的性命之正性、道德之正性。林自指出,"性命之情,即正性、正味、正色、正声,万物之所自有者"④。宣颖亦指出,

---

① 张松辉:《庄子译注与解析》,第164页。

② (汉)许慎撰,(清)段玉裁注:《说文解字注》,第502页。

③ 许维遹:《吕氏春秋集释》,第518页。

④ (宋)褚伯秀撰:《南华真经义海纂微》,第369页。林自,字疑独。

"性命之情,即道德之正也"①。

庄子以为,人的性命是否处于"至正"状态,关键在于是否保持人之性命之原初的本真的状态。所以天生连合的两指不算骈合,天生多出的一指不为枝指。如果强行将天生的拼拇割开,天生的枝指咬断,实际上是以只有五指才属正常之性的观念,强行改造天然本真的性命状态,实质是对他人形态各异、各具特色的本真的性情状态的不宽容与伤害。天赋之性命,有性长者,也有性短者。然不当以性长者为多余,以性短者为不足。强行依照实为某些个体之殊性的"普遍标准",将人与万物所有之性,齐整到整齐划一的普遍标准状态,如仁义之状态,这种做法实质是对天命的本真之性情的不尊重与不宽容。因此,对性长者,不当将之强行截短,以使其适应某一齐整划一的普遍标准;对性短者,不应对之进行强行的接续,将之拔高到某一其实质达不到的标准法式。至为重要的是尊重和不伤害每一类事物与每一个体天生的本真的存在本性与存在特性。

2. 且夫骈于拇者,决之则泣;枝于手者,龁之则啼。二者或有余于数,或不足于数,其于忧一也。今世之仁人,蒿目而忧世之患;不仁之人,决性命之情而饕贵富。② (《骈拇》)

"决性命之情而饕贵富",成玄英曰:"饕,贪财也。素分不怀仁义者,谓之不仁之人也。意在贪求利禄,偷窃贵富,故绝己之天性,亡失分命真情。"③林自曰:"不仁之人决裂其性命之情以饕富贵。"④宣颖曰:"决,溃乱。其性命不宁,一也。"⑤

---

① (清)宣颖:《南华经解》,第69页。

② 蒿,成玄英曰:"蒿,目乱也。"《释文》曰:"《蒿目》好羔反。司马云:乱也。李云:蒿目,快性之貌。"[(清)郭庆藩撰:《庄子集释》,第319页。]王叔岷引朱骏声曰:"蒿,司马注曰:'乱也。'蒿,假借为眊。"(王叔岷:《庄子校诠》,第315页。)宣颖曰:"愁视,则睫毛蒙茸如蒿。"[(清)宣颖:《南华经解》,第69页。]诸家之解,唯李颐将"蒿目"释为"决性之貌"不切,其余几解皆可通。饕,《说文》曰:"饕,贪也。"《释文》曰:"杜预注《左传》云:贪财曰饕。"[(清)郭庆藩撰:《庄子集释》,第320页。]

③ (清)郭庆藩撰:《庄子集释》,第320页。

④ (南宋)褚伯秀撰:《南华真经义海纂微》,第358页。

⑤ (清)宣颖:《南华经解》,第69页。

王先谦曰:“决,溃也。如水之决堤而出。情,实。饕,贪也。”[①]陈鼓应曰:“不仁的人,溃乱性命实情而贪图富贵。”[②]方勇曰:“不仁的人,却溃乱真实的本性去贪求富贵。”[③]诸家对“决性命之情”的解释亦各有不同。

“决性命之情”之“决”,本字作“決”。《说文》曰:“決,行流也。”段玉裁曰:“決水之义,引申为決断。”[④]故决之本义为掘开水流的堵塞处或堤岸,使水下流,后引申为掘开、分开、决裂、决断等义。成玄英释“且夫骈于拇者,决之则泣”(《骈拇》)曰:“决者,离析也。”[⑤]所解甚确。一旦堤岸溃决,水流泛滥乱流,故决又有溃决、溃乱之义。“决”还与“诀”通,《康熙字典》曰:“決,又绝也,与訣同。”诀即诀别、决绝、舍弃之义。成玄英将“决性命之情”释为“绝己之天性”,未取其前文的“决者,离析也”之解,改为以“诀”释“决”。林自将“决”直译为“决裂”,乃取决之本义。宣颖将“决”释为“溃乱”,陈鼓应、方勇从之,则是取决之溃乱义。王先谦将“决”释为“溃”,言如水之决堤而出,则有将“决性命之情”释成“溃决欲壑”[⑥]的意味。此解与庄子对“性命之情”整体看法不相协调,因庄子所谓的“性命之情”作为性命之真性可以直接安任。故除王先谦之解可商榷外,其余“决”之诸解皆可通。

但若结合“且夫骈于拇者,决之则泣”“二者或有余于数,或不足于数”等前文,属林自解“决”为“决裂”最为恰确。因枝于手者为有余于数,骈于拇者为不足于数;枝于手者乃喻指“枝于仁”的今世之仁人;如此,骈于拇者当喻不足于仁之数的不仁之人。原本不足仁之数的不仁之人,见“枝于仁者,擢德塞性以收名声”(《骈拇》);因此,亦开始如决骈拇者,决裂自己的性命之情,使自己强足于仁义之数,依此奉行自己原本所不及的仁义之法式,以贪取由仁义之

---

① (清)王先谦:《庄子集解》,第 79 页。

② 陈鼓应:《庄子今注今译》,第 237 页。

③ 方勇译注:《庄子》,第 138 页。

④ (汉)许慎撰,(清)段玉裁注:《说文解字注》,第 555 页。

⑤ (清)郭庆藩撰:《庄子集释》,第 319 页。

⑥ 崔大华曾在引王先谦注的基础上,将“决性命之情”的歧解之一释为:“决,溃决、放纵。情,人欲。句谓不仁之人,溃决欲壑而贪富贵。”(崔大华:《庄子歧解》,中州古籍出版社 1988 年版,第 310 页。)然此将“性命之情”解为“性命之欲”的解释,与庄子主张性命之情可直接安任的思想不相协调,属误解。

行而来的名声、富贵、尊位等外物。

因此,“不仁之人,决性命之情以饕贵富”,实犹言,不仁之人,决裂离析自己的性命之真性,以去换取富贵、名声、尊位等外物。由是可知,庄子以为,就内在因素而言,诱使人们舍弃自身本真的性情,很大程度上来自对富贵、名声、尊位等外物的贪求之欲。是故,“以物易性”之异化现象的发生,性命之真性的丧失,实内在根源于对富贵、名声、尊位等外物的贪求之欲。

3. 吾所谓臧,非仁义之谓也,臧于其德而已矣;吾所谓臧者,非所谓仁义之谓也,任其性命之情而已矣。[①]（《骈拇》）

林希逸曰:“臧,善也,言虽如此,非吾所善也,善于其德,任其性命之情,即顺自然也。”[②]陈鼓应曰:“我所认为的完善,不是所谓仁义之称,而是在于自得就是了;我所认为的完善,并不是所谓仁义之称,而是在于率性任情就是了。”[③]方勇曰:“我所说的完善,不是指仁义,而是说自然本性完善罢了;我所说的完善,不是指所谓的仁义,而是任其自然本性之实罢了。”[④]张松辉曰:“我所说的美好,绝对不是指仁义之类的东西,而是指妥善地保护好自己的天性而已;我所说的美好,绝对不是指所谓的仁义,而是指放任天性、保持真情罢了。”[⑤]

以上诸家,林希逸将“任其性命之情”解为“顺自然”,则是以顺任解任;陈鼓应释为“率性任情”,乃以率任解任;方勇解为“任其自然本性之实”,对任字无所疏解;张松辉解为“放任天性”,则将任解为放任之义。任本有“听任”之

---

① “吾所谓臧者,非所谓仁义之谓也”,王叔岷曰:“王氏《集解》引宣云:‘此句疑言味之讹。’(之原误而。)案此与上文‘吾所谓臧者,非所谓仁义之谓也。’复,此句当有误。如是言味之讹,又与下句‘任其性命之情而已矣。’无涉。存疑可也。”(王叔岷:《庄子校诠》,第324页。)王叔岷所言是,若视此句为言味之讹,则与下句的“任其性命之情而已矣”主题无涉,故宣颖与王先谦之疑还未确。王叔岷疑此句当有误,因前文曾言“属其性于五味”,后文却遗漏“味”这一话题,故其疑有理据,但无实据,故只能姑且存疑。钟泰则以为,“既曰‘非仁义之谓’,又曰‘非所谓仁义之谓’,重复言以申之者,见世之所谓仁义非彼仁义之本真,二者当有所别。此立言之谨也。”(钟泰:《庄子发微》,第194页。)钟泰之见,于义为长。

② (宋)林希逸:《庄子鬳斋口义校注》,第143页。

③ 陈鼓应:《庄子今注今译》,第243页。

④ 方勇译注:《庄子》,第140页。

⑤ 张松辉:《庄子译注与解析》,第170页。

义,又有"放任"之义。[1] 若只从字词训解来说,上述二义皆亦通。但解"任"为"放任"极易让人误解庄子主张放纵自己的性命之情,从而产生出魏晋玄学时以"纵情任诞"为"达"的思想之流弊。事实上,放任自己的性情,放纵自身欲望的做法,并不符合庄子"处于不淫之度"(《达生》)的思想。故"任"在此释为"顺任"更为确当,"任其性命之情"则当确解为:顺任自身的性命之真性。

钟泰指出,"既曰'臧于其德',又曰'任其性命之情',复易言以释之者,明德之为性命,非于性命之外别有所谓德,二者不能相歧"[2]。虽然钟泰未确解何谓"性命之情",然其此注可谓有见。庄子在此正以复言的方式强调,真正的"道德"之善,非是以仁义之性为善,而是以天生的自然德性为善;真正的"道德"之善,不是以仁义来改易天生的自然德性,而在于顺任自身的性命之真性。可知,庄子以天赋的自然德性即为人的性命之真性,并认为天然具有纯真、朴素、静定等自然的德性的性命之真性,是人的道德之正性,是最大的道德之善。正因性命之真性天生就具有纯真朴素、平和静定等自然的德性,故"性命之情"可直接顺任。就此而言,顺任自身的性命之真性,即顺任自身天赋的纯真朴素、平和静定等自然的德性。

4. 自三代以下者,匈匈焉终以赏罚为事,彼何暇安其性命之情哉![3]

(《在宥》)

林希逸注曰:"人人皆慕赏避罚,以伪相与,则岂能安其性情自然之理哉!"[4]方勇曰:"自夏商周三代以来,人们扰攘不安,始终以受赏免罚为能事,哪里还有空闲安定自己的本性呢!"[5]杨柳桥曰:"可是自从三代以下,总是闹闹攘攘地把赏罚当件事情来做。人民哪里还有时间安于他们性命的真情呢?"[6]此处的"性

① "任"之本字作"壬",本是担子之义。作为动词,任本是挑担、负荷、肩负之义。能挑重担者多是能出色完成重任者,委任者由此可放手不管,故任引申有"放任",即不约束管制之义;从受任者而言,接受他人的委任,即听从他人的安排,故任又引申有"听任、听顺"之义。

② 钟泰:《庄子发微》,第194页。

③ 成玄英曰:"匈匈,讙哗也,竞逐之谓也。"[(清)郭庆藩撰:《庄子集释》,第367页。]

④ (宋)林希逸:《庄子鬳斋口义校注》,第163页。

⑤ 方勇译注:《庄子》,第161页。

⑥ 杨柳桥:《庄子译注》,第111页。

命之情”,林希逸释为“性情自然之理”,延续其以“实理”释“情”的做法,然如前述,情本身并不含理之义,故此解并不恰确。方勇释为“自己的本性”,杨柳桥释为“性命的真情”,亦皆未全确,因“自己的本性”实既包括性命之真性,也包括欲望之性;并且,庄子在此要人所安的对象实是“性”,而非是“情”。准确释解此处的“性命之情”实关系重大,否则或使人误将自己的本性中非“正性”的部分,如欲望之性,也理解为“性命之情”的内涵,如此,可能产生以“安欲望之性”为“安其性命之情”的思想流弊。“性命之情”在此还是应如前述之解,将之确解为性命之真性。《尔雅》曰:“安,定也。”故“安其性命之情”整体犹言:安定于自己的性命之真性。

庄子认为,使天下人皆自在自由,至为关键的是不淆乱人们天然的真性,不改变人们自然的德性。自尧舜与桀纣等三代以下的君主竞相使用赏罚的手段治理天下,使人们或乐其性或苦其性,性情不恬不愉,无法保持自身纯真朴素、平和静定等自然的德性,再无闲暇安定于自己的性命之真性。由是可知,庄子以为,就外在的因素而言,使人们无法安定于自身的性命之真性,实因三代以来的君主采用不当的治理手段,淆乱了人们天然的真性,改造了人们自然的德性。

> 5. 而且说明邪?是淫于色也;说聪邪?是淫于声也;说仁邪?是乱于德也;说义邪?是悖于理也;说礼邪?是相于技也;说乐邪?是相于淫也;说圣邪?是相于艺也;说知邪?是相于疵也。天下将安其性命之情,之八者,存,可也。亡,可也;天下将不安其性命之情,之八者,乃始脔卷伧囊而乱天下也。而天下乃始尊之惜之,甚矣天下之惑也!岂直过也而去之邪?乃斋戒以言之,跪坐以进之,鼓歌以儛之,吾若是何哉!故君子不得已而临莅天下,莫若无为。无为也而后安其性命之情。①(《在宥》)

① 《释文》曰:“《脔》力转反。崔本作栾。《卷》卷勉反,徐居阮反。司马云:脔卷,不申舒之状也。崔同。一云:相牵引也。《獊》音仓。崔本作戕。《囊》如字。崔云:戕囊,犹抢攘。”[(清)郭庆藩撰:《庄子集释》,第369页。]王叔岷曰:“崔本脔作栾,栾亦借为挛,《释名·释宫室》:‘栾,挛也,其体上曲挛拳然也。’(拳与卷通。)崔本伧作戕……戕、伧、怆并借为枪,獊乃俗字。《说文》:‘枪,一曰,枪攘也。’段注:‘《庄子·在宥》“伧囊”,崔譔作“戕囊”,云:“戕囊,犹抢攘。”晋灼注《汉书》曰:“抢攘,乱貌也。”’。”(王叔岷:《庄子校诠》,第374—375页。)由此可知,“脔卷”,乃不舒展,混卷貌,“伧囊”乃是攘扰之乱貌。“岂直过也而去之邪?”宣颖云:“岂但过时便任其去乎?”[(清)宣颖:《南华经解》,第80页。]儛,通舞。

庄子在此进一步阐发其“安其性命之情”的思想主张。认为,如果人们都安定于自己性命之真性,则聪、明、仁、义、礼、乐、圣、知八者,“虽有亦不能为累,故曰:存可也,亡可也。不安其自然,则八者能为害矣”①。否则,将如成玄英所云,“天下群生,唯知分外,不能安任,脔卷自拘,夸华人事,狁囊悤速,争驰逐物,由八者不忘,致斯弊者也”②。可知,庄子实质上以“安其性命之情”,作为聪、明、仁、义、礼、乐、圣、知八者恰当发挥其作用的根本。只有以天下人皆安定于自身的性命之真性作为根本,聪、明、仁、义、礼、乐、圣、知八者才可成为帮助安定天下的事物。如果天下人皆不安定于其性命之真性,则聪、明、仁、义、礼、乐、圣、知八者就成为天下人竞逐的目标,结果就成为扰乱天下人天然本性与自然德性的事物。

庄子指出,不得已而临莅天下的君主,没有比采取无为而治更好的治理方式,只有无为,才能使天下人皆安定于自己的性命之真性。如前述,庄子以为,使人们无法安定于自身的性命之真性的外在根源,主要在于三代以来的君主采用不当的治理手段,淆乱了人们天生的纯朴真性,改造人们的自然德性。因此,所谓的“莫若无为”,实质即去除君主不当之政治作为,具体而言,即去除以赏罚的手段使人们竞相追逐聪、明、仁、义、礼、乐、圣、知的治理方式,如此才能使人们的天然的本性与自然的德性不受到淆乱和搅扰,安定于自己的性命之真性。

6. 余语女,三皇五帝之治天下,名曰治之,而乱莫甚焉!三皇之治,上悖日月之明,下睽山川之精,中堕四时之施。其知憯于蛎虿之尾,鲜规之兽,莫得安其性命之情者,而犹自以为圣人,不可耻乎!其无耻也?③(《天运》)

“莫得安其性命之情者”句,成玄英疏云:“憯,毒也。蛎虿,尾端有毒也。鲜规,小貌。言三皇之智,损害苍生,其为毒也,甚于蛎虿,是故细小虫兽,能遭

① (宋)林希逸:《庄子鬳斋口义校注》,第164页。

② (清)郭庆藩撰:《庄子集释》,第368页。

③ 成玄英曰:“睽,乖离也。堕,废坏也。施,泽也。”[(清)郭庆藩撰:《庄子集释》,第530页。]

扰动，况乎黔首，如何得安！以斯为圣，于理未可。毒害既多，深可羞媿也。”①可知，庄子在此激烈批判了三皇五帝之治天下的行为。庄子以为，正是尧、舜、禹采取“使民心亲”“使民心竞”“使民心变”的治理方式，使得连细小虫兽都无法安定于其性命之真性，更何况普通的天下百姓！面对这一糟糕透顶的情形，却还自以为是圣人，不是非常可耻的事情吗？

故庄子在此寓言中，依然在批判有为的政治，阐明正是君主的有为政治所采取的不当政治措施，淆乱了人们天然的本性，改变了人们自然的德性，使人们无法安定于自身的性命之真性。

7. 徐无鬼因女商见魏武侯，武侯劳之曰：“先生病矣，苦于山林之劳，故乃肯见于寡人。”徐无鬼曰：“我则劳于君，君有何劳于我！君将盈嗜欲，长好恶，则性命之情病矣；君将黜嗜欲，掔好恶，则耳目病矣。我将劳君，君有何劳于我！”武侯超然不对。②（《徐无鬼》）

“性命之情病矣”句，成玄英疏曰：“君若嗜欲盈满，好恶长进，则性命精灵困病也。”③林希逸曰：“盈嗜欲，长好恶，则失其性命之理。”④钟泰云：“‘性命之情’，性命之真也。”⑤陈鼓应曰：“你要是充盈嗜欲，增长好恶，性命的实质就要受损了。”⑥方勇曰：“你如果要满足嗜好和欲望，滋长好恶之情，那生命的自然真性就会受到伤害。”⑦诸家对此处“性命之情”的解释亦各不相同。

成玄英将此“性命之情”释为“性命精灵”，乃是视“情”为“精”之通假，然庄子的“性命之情”作为固定的组合词，在《庄子》中的意义实固定统一，故成玄英此解并不恰确。林希逸延续其以“性命之理”释“性命之情”的理路，但如

---

① （清）郭庆藩撰：《庄子集释》，第 530 页。

② 掔，《释文》曰：“《尔雅》云：固也。崔云：引去也。司马云：牵也。”成玄英曰：“掔，引却也。”[（清）郭庆藩撰：《庄子集释》，第 819 页。]掔，当如崔譔与成玄英释为“引去”“引却”为是。

③ （清）郭庆藩撰：《庄子集释》，第 819 页。

④ （宋）林希逸：《庄子鬳斋口义校注》，第 373 页。

⑤ 钟泰：《庄子发微》，第 551 页。

⑥ 陈鼓应：《庄子今注今译》，第 628—629 页。

⑦ 方勇译注：《庄子》，第 404 页。

前述，情本身并不包含理之义，故此解亦不恰确。陈鼓应在释“实”为“情”的基础上将之解为“性命的实质”，然此解未够明确，因无法知“性命的实质”的具体所指。方勇将之解为“生命的自然真性”，亦未全确，因庄子在此所言的主题实为“性命”，而非“生命”。因此，此处的“性命之情”当如钟泰的“性命之真”，释为性命之真性。

由上亦可知，庄子将“性命之情”当作与“耳目”所象征的欲望之性相对待之性。徐无鬼对魏侯言，你若盈满嗜欲，增长好恶，则性命之真性将受到损害；但如果废黜嗜欲，抛却好恶，则耳目等感官所象征的欲望之性亦将病困。因欲望之性本身即拥有自身所嗜好的愿欲和喜乐好恶之情，若欲望之性基本的愿欲不得满足，基本的好恶之情不得宣达，则欲望之性本身亦将产生病弊。魏侯之苦即在于此，不知如何处理性命之真性与欲望之性之间的关系。表面而言，性命之真性与欲望之性在此似是非此即彼的关系：若欲望之性得盈足，则性命之真性将受到损害；若为保全性命之真性，则又必须摒弃欲望之性。然此一理解未达性命之真性与欲望之性的恰确关系。

庄子提出，人之性命至正的状态，即保持人的性命之真性不亡失的状态。如此，一切欲望之性的满足，当以不亡失可使性命一直保持至正之状态的性命之真性为限，否则人的性命之真性一旦受到伤害，将丧失其贞定人之性命发展方向，使人陷入“以物易性”等生命异化的状态的现实功用，人之性命必将偏离其原本的“至正”的状态，陷入邪僻的异化状态。反过来，性命之真性的保全，并不要求人全面摒弃人的欲望之性，因完全禁欲主义式的“黜嗜欲，掔好恶”亦将伤害欲望之性本身。欲望之性作为天生之性，亦是人不可去之性，应得到适当的满足。因此，至为重要的是，不使欲望之性的满足活动，损害作为性命之正性的性命之真性，其是确保人不陷入人之情性的弊病，陷入“以物易性”之人生歧途的根本。

综上所述，由上述庄子以“性命之情”所表达的思想的详细解析，可见庄子对作为人的性命之真性的“性命之情”，有如下深刻而独到的思想洞见与丰富而重要的性命哲学主张：

第一,性命之至正的状态,是保持其性命之真性不烂漫散失的状态。人的性命之真性实即人的性命之正性。

第二,真正的"道德"之善,非是以仁义之性为善,而是以自然的德性为善;真正的"道德"之善,不是以仁义来改易天生的自然德性,而在于顺任自身的性命之真性。庄子以为,人的天赋的自然德性,就是人的性命之真性,就是最大的道德之善。

第三,就内在因素而言,诱使人们决裂离析自身的性命之真性,主要来自对富贵、名声等外物的贪求之欲。而人若盈满自身的嗜欲,增长自己的好恶之情,则人的性命之真性将受到损害。虽然天生的耳目等感官的欲望之性不可去,也应适当满足,但欲望之性的满足,应以不损害人的性命之真性为限。

第四,就外在的因素而言,使人们无法安定于自身的性命之真性,实因三代以来的君主采用不当的治理手段,如竞相采取赏罚的措施,淆乱了人们天生的纯朴本性,改变了人们的自然德性。正是尧、舜、禹采取"使民心亲""使民心竞""使民心变"的治理方式,使人们无法安定于其性命之真性。

第五,只有天下人皆安定于自己的性命之真性,聪、明、仁、义、礼、乐、圣、知八者才可成为帮助安定天下的事物。如果天下人不再安定于自己的性命之真性,则聪、明、仁、义、礼、乐、圣、知八者就成为天下人竞逐的目标,成为扰乱天下人天然之本性与自然之德性的事物。不得已而临莅天下的君主,只有无为而治,去除君主不当之政治作为,才能使天下人皆安定于自己的性命之真性。

(四)"大命""小命"

在《庄子》中,庄子还将人的"性命"之命区分为"大命"和"小命",这一对"命"特殊的区分方式,体现了庄子对"性命"独特的看法:人自天所受的"性命"之命,亦有小大之别,人应达取的是作为性命之"大命"的性命之真性,而非作为性命之"小命"的巧智之性。庄子曰:

> 知、慧外通,勇、动多怨,仁、义多责,〔六者所以相刑也〕。达生之情

者傀，达于知者肖。达大命者，随；达小命者，遭。[①]（《列御寇》）

“达生之情者傀，达于知者肖。达大命者，随；达小命者，遭”，义晦难解，故注家与学者的解释，歧解纷出。如郭象曰：“傀然，大恬解之貌也。肖，释散也。”[②]成玄英曰：“注云：肖，释散也；傀，恬解也。达悟之崖，真性虚照，傀然县解，无系恋也。大命，大年。假如彭祖寿考，随而顺之，亦不厌其长久，以为劳苦也。小命，小年也。遭，遇也。如殇子促龄，所遇斯适，曾不介怀耳。”[③]林希逸曰：“达生，一府也，达有生之理，必傀然自高；达知，一府也，达众人之智见，必每事而消详之，肖音消。达命，一府也，在天者为大，在己者为小。达在天者，则随顺之，听自然也；达在己者，则随时所遭皆归之命。遭者，犹有得失委命之心，随则无容心矣，此二者自有分别。”[④]王先谦曰：“大命，谓天命之精微，达之则委随于自然而已。小命，谓人各有命，达之则安于所遭，亦无怨怼。”[⑤]陈鼓应曰：“通达生命实情的就心胸广大，精通智巧的就心境狭小；通达大命的就是顺任自然，精通小命的就是所遇而安。”[⑥]方勇曰：“通达生命之情的人心胸广大，通达智能的人心地渺小；通达万事万物命数的人随顺自然的运化，通达部分事物命数的人安于自己的遭遇。”[⑦]可见，在如何理解“傀”与“肖”、“大命”与“小命”、“遭”与“随”上，诸家意见各不相同。

---

① 陈景元曰：“‘仁义多责，六者所以相刑也，达生之情者傀’见刘得一本，旧阙。”［（宋）陈景元：《南华真经章句余事》，见《道藏》第15册，第959页。］王叔岷认为，“仁义多责”下脱“六者所以相刑也”，并且，“刘本‘六者所以相刑也’句，刑疑本作形，刘本易借字为本字耳。”（参见王叔岷：《庄子校诠》，第1281页。）二见皆是，当据补此七字。

② （清）郭庆藩撰：《庄子集释》，第1060页。

③ （清）郭庆藩撰：《庄子集释》，第1060—1061页。

④ （宋）林希逸：《庄子鬳斋口义校注》，第487页。林希逸在“达生”“达知”“达命”下所言的“一府也”，指“达生”“达知”“达命”皆是前文“形有六府”中的“一府”。此属误解，因庄子所谓的“六府”，乃指“知、慧、勇、动、仁、义”六者。“仁、义多责”下，刘得一本下有“六者所以相刑也”，可知“六府”指“知、慧、勇、动、仁、义”六者。林希逸不知下文原有“六者所以相刑也”一句，故有此误解。

⑤ （清）王先谦：《庄子集解》，第285页。

⑥ 陈鼓应：《庄子今注今译》，第848页。

⑦ 方勇译注：《庄子》，第562页。

首先,准确释解"傀"与"肖"之义,是恰确理解此处的思想的关键。①"傀",郭象解为"傀然,大恬解之貌也",成玄英本之;林希逸解为"傀然自高";陈鼓应与方勇释为"心胸广大";虽然皆有解"傀"为"伟"或"大"之意向,但皆附加了其他之义。"肖",陈鼓应与方勇将之释为"心地狭小"之义,有将"肖"释为"小"之意向,郭象释为"消散",林希逸释为"消详",解释则皆不同。实际上,"傀"在此应如司马彪之解,将"傀"读若"瑰",只释为"大"之义,不应再附加其他之义。因后文所谓的"大命",即承"傀"即"大"而言。所谓的"小命",亦承上文的"肖"即"小"而言之,故郭象将"肖"释为"消散",林希逸释为"消详",皆不确。"肖"应只释为"小"之义。

其次,《列御寇》此处的"达生之情者",与《达生》的"达生之情者,不务生之所无以为"所谓的"达生之情者",句式全同;二者义当相近。如前所述,《达生》的"达生之情者","生"为"性"之本字,其实犹言"达性之情",即通达人之性命能力的真正实情。故《列御寇》的"达生之情",也应解作相似的达性之情之义。不过,《达生》的"达生之情者",达是通达义,所通达的对象是性命能力的真正实情。《列御寇》的"达生之情者",达是达取义;"达生之情",与"达于知"对言,讨论的主题是当达取"性之情",还是"巧智"的问题;故"生之情",当译解为"性命之真性"。林希逸将"达生之情"解为"达有生之理",陈鼓应与方勇将之译解为"通达生命实情",解释皆不确。因此,"达生之情者傀,达于知者肖",整体实犹言:达取性命之真性的人为大,达取巧智之性的人为小。

① 傀,《释文》曰:"《傀》郭、徐呼怀反。《字林》公回反,云:伟也。"[(清)郭庆藩撰:《庄子集释》,第1060页。]王念孙曰:"郭象曰,傀然,大恬解之貌;肖,释散也。案郭以傀为大,是也,以肖为释散则非。《方言》曰:肖,小也。(《广雅》同。)肖与傀正相反,言任天则大,任智则小也。"[(清)王念孙:《读书杂志》余编,第29页。]郭庆藩曰:"肖司马作胥。《文选》谢灵运《初去郡诗》注引司马云:傀读曰瑰,瑰,大也;情在故曰大也。胥,多智也。谢灵运《斋中读书诗》注(江文通《杂体诗》注并)又引云:傀,大也,情在无,故曰大。《释文》阙。"[(清)郭庆藩撰:《庄子集释》,第1060页。]傀,《字林》与《说文》同释,皆释为"伟"。《荀子》的"则傀然独立天地之间而不畏",杨倞注曰:"傀,傀伟,大貌,公回反。"[(清)王先谦:《荀子集解》,第447页。]杨倞言"傀"为"公回反",亦将"傀"读若"瑰"。司马彪也云:"傀读曰瑰,瑰,大也。"可知,"傀"古与"瑰"通,乃伟、大之义。"肖"司马彪注本作"胥",王叔岷认为,"胥"盖"肖"之误(参见王叔岷:《庄子校诠》,1281页),其见是。"肖"当从王念孙之见,释为小之义。

思想义旨即王念孙所言的“任天则大,任智则小”。

再次,“大命”与“小命”之命,当解为“性命”之命。此前注家对“大命”与“小命”的解释各不相谋。成玄英将此两个“命”与《逍遥游》的“大年”“小年”联系起来,将“大命”释为“大年”,将“小命”释为“小年”;并将“随”释为“随而顺之”,“遭”释为“遇”,由此将此句整体义旨解为:若得长寿,则随而顺之;若得短命夭折,也安适所遇。然成玄英此解属误解。因庄子此处所谓的“大命”与“小命”,与“寿命”并没有关系,“大命”与“小命”之分乃承上文所谓的作为性之情的“生之情”与巧智而来,故所谓的“命”实为“性命”之命。

林希逸将“大命”与“小命”之别,解为“在天者为大,在已者为小”。从其后文所言可知,作为“在天者”的“大命”指“天命”,作为“在已者”的“小命”指人随时所遭的“运命”。故其将此句整体之义旨解为:达于天命者,随顺自然;达于运命者,则将所遇皆归为命。王先谦将“大命”释为“天命之精微”,将“小命”释为“人各有命”之“运命”,整体将此句之义旨解为:通达于天命者委随自然,通达运命者安于所遇。其解实质与林希逸相似。然以“天命”解“大命”,以“运命”解“小命”,则使“大命”“小命”所言之命则成为两个含义,与庄子原文之义有所抵牾。因为庄子既以“大小”来区分此命,则“大命”“小命”所言之命,当属同一个命。再者,“运命”实涵括于“天命”之中,以“大小”来区分“天命”与“运命”,亦不确当。

方勇有见于将“大命”“小命”所言之命若分释为两义,将与庄子原文之义有所抵牾,故其将“大命”“小命”所言之命,皆同释为“命数”也即“运命”之命,由此将“大命”解为“万事万物的命数”,将“小命”解为“部分事物的命数”。然“万事万物的命数”与“部分事物的命数”,其分别实在整体与部分,而非大小。故方勇此解的准确性亦值得商榷。

庄子在前文提出,达取性命之真性的人为大,达取巧智之性的人为小的思想,如此,所谓的“达大命者”,乃承上文“为大”的“达生之情者”而言之;“达小命者”,亦是承上文“为小”的“达于智者”而言之。由是可知,所谓的“大命”,实指“生之情”,即性命之真性;“小命”实指人之巧智;“大命、小命”所言之命,实为包含性命之真性与巧智两方面内容的“性命”之命;“大命”实犹言

"性命之大者";"小命"犹言"性命之小者"。因此,将"大命、小命"所谓的命,解为"天命""生命"或"运命"之命,皆不恰确。因上述三个"命",实无所谓的"大小"之分。

庄子将"性命"之命区分为"大命""小命"的做法,有可能继自《逸周书》的《命训》。《逸周书·命训》曰:"天生民而成大命。命司德正之以祸福。立明王以顺之,曰:大命有常,小命日成。"①其提出,天生众民之时,即成就众民的"大命",还专门命令"司德"这一属神用祸福的赏罚之道来规正众民的"大命"。因此一"大命"是"司德"可以规正之命,则"大命"所谓的命,当是"乾道变化,各正性命"(《周易·彖传》)意义上的"性命"之命。孔晁注"大命"曰:"贤愚自然之性命也。"②即将"大命"之命,解为"性命"之命。如此,后文的"大命有常,小命日成"两所谓的"命",亦当是"性命"意义上的命。可知,在《命训》中,周人已将人的"性命"之命分为"大命"与"小命",并认为,天所赋予人的性命之"大命"有其常则,性命之"小命"则是后天日渐生成的本性。

虽然因文献所限,不知周人所谓的"性命"之"大命"与"小命"的具体内涵所指,但庄子将"性命"分为"大命"与"小命",并认为人的性命之真性是性命之"大命",人之巧智是性命之"小命",却与《命训》的"大命有常,小命日成"的思想十分相契。庄子认为,天所赋人的性命之真性,"各有仪则","仪则"正表明了性命有其常则;而人的巧智之性,则是在后天的社会实践中日渐形成的本性。

将"性命"分大小的做法,亦为与庄子同时代的孟子所继承。孟子提出,在人所受于天之"体"中,有其"大体",也有其"小体":

> 公都子问曰:"钧是人也,或为大人,或为小人,何也?"孟子曰:"从其大体为大人,从其小体为小人。"曰:"钧是人也,或从其大体,或从其小体,何也?"曰:"耳目之官不思,而蔽于物。物交物,则引之而已矣。心之官则思,思则得之,不思则不得也。此天之所与我者。先立乎其大者,则

① 黄怀信、张懋镕、田旭东撰:《逸周书汇校集注》,上海古籍出版社 1995 年版,第 21—22 页。

② 黄怀信、张懋镕、田旭东撰:《逸周书汇校集注》,第 21 页。

其小者不能夺也。此为大人而已矣。"(《孟子·告子上》)

孟子所谓的"小体",指人之身体中具有各种欲望的耳目之感官;所谓的"大体",与"小体"相对,指人之身体中能够思考、省思仁义之道的心官。孟子以为,人若听从人之身体的感官欲望之"小体",则成为小人;若听从天所赋予我的心官之"大体",则成为大人。可知,孟子所谓的"大体"与"小体",并非指身体之大小,而是指在天所赋予我身体之内的性命本性,哪一部分是最重要的,当居于"大"之主导地位;哪一部分是相对次要的,当居于"小"之从属地位。

庄子将人的"性命"之命区分为"大命"与"小命"的思想义旨,与孟子将人于天所受之"体"区分为"大体""小体"的思想义旨实相似。庄子主张,人的性命之真性是人于天所受的性命之"大命",即主张性命之真性应作为人之性命中最主要的,居于主导之位的性命本性;而人之巧智,是人之性命之"小命",是人之性命中应居于次要的、从属之地位的部分。

最后,"随"当释为"随顺","遭"当释为"迂曲"。此前注家对"随"与"遭"的解释皆未能揭示二者的真正差异所在。成玄英、林希逸等绝大多数注家皆将"随"释为"随顺",此解不误。《说文》曰:"随,从也。"《广雅》曰:"随,顺也。"随即从顺之义。"遭"绝大多数注家皆解释为"安遇"之义。然如此解释,"随"与"遇"的真正差异并未体现出来。因随顺与安遇的态度实质相似,安遇即主动接受、从顺于当世所遇。庄子既然主张达性之情者与达于智者有小大之别,则达大命者与达小命者亦当表现出境界的差异,故"随"与"遭"当有实质差别。《说文》曰:"遭,遇也。一曰逦行也。"可知,遭,除了遇之义外,还有逦行之义;逦行,即迤逦而行、迂曲斜行之义①;故遭亦有迤逦而行、迂曲斜行之义。此处与"随"对言之"遭",当释为迂曲、迂邪之义,因达取人的巧智

① 《说文》曰:"逦,行逦逦也。"徐锴曰:"逦逦,渐迂邪也。"段玉裁曰:"逦逦,萦纡貌。"[(汉)许慎撰,(清)段玉裁注:《说文解字注》,第72页。]徐锴所谓的"迂邪",迂本有邪僻、不正之义;邪,通斜;故迂邪即迂斜,也即迂曲歪斜、不直不正貌。段玉裁所谓的"萦纡",即萦绕盘旋、迂回曲折貌。综合二家注可知,"逦行"指行路迂曲歪斜、不直不正之貌或所行之路迂回曲折、盘旋萦绕之貌。

之性者，未随顺性命之真性或正性，故其行为迂邪不正。

两汉时常谓的“随命”“遭命”，亦证此“遭”不当训为“安遇”，而应训释为迂曲、迂邪之义。纬书《孝经·授神契》曰：“命有三科：有受命以保庆，有遭命以谪暴，有随命以督行。”①其注曰：“受命谓年寿也，遭命谓行善而遇凶也，随命谓随其善恶而报之。”②《授神契》所谓的“随命”与“遭命”，当是本自庄子所谓的“达大命者，随；达小命者，遭”的思想。赵岐亦曰：“命有三名，行善得善曰受命，行善得恶曰遭命，行恶得恶曰随命。”③赵岐之解虽然与《授神契》在何谓“受命”与“随命”上有所差别，但在何谓“遭命”上则说法一致。所谓“遭命”，即行善而遇凶或得恶。故“遭命”之遭，实为迂曲、曲折之义，“遭命”本为曲折的运命之义。“遭命”概念的发明，即为了归类命运多舛、不得正命或随命这一类人的运命。

综上所述，“达生之情者傀，达于知者肖；达大命者，随；达小命者，遭”，整体其实犹言：达取性命之真性的人为大，达取巧智的人为小；达取性命之大的人，随顺自身的自然真性；达取性命之小的人，行为迂邪不正。庄子此一思想其实在表达“任性去智”的主张。据王叔岷辑佚的《庄子佚文》，庄子尝曰：

> 夫去智任性，然后神明洞照，所以为贤圣也。④

庄子以为，贤圣之所以成为贤圣，乃因其去除巧智，顺任自身的性命之真性，故内心澄澈，神明有如洞照，光明透亮，故能旷照透达世间一切事物的本质。这则庄子佚文，亦证明庄子将人之性命区分为“大命”与“小命”，是为了阐发人当达取性命之真性，而不应达取巧智之性的思想主张。⑤

总之，《列御寇》的“达生之情者傀，达于知者肖；达大命者，随；达小命者，遭”，也表达了庄子“达命”的思想主张。不过，此一“达大命”的思想主

① （明）孙瑴编：《古微书》，第596页。

② （明）孙瑴编：《古微书》，第596页。

③ （汉）赵岐注，（宋）孙奭疏：《孟子注疏》，北京大学出版社1999年版，第351页。

④ 王叔岷：《庄学管窥》，第240页。

⑤ 参见拙文：《从“大命”“小命”之分看庄子“去智任性”的思想》，《中国哲学史》2015年第3期。

张，既不同于《天地》的“致命尽情”与《天运》的“达于情而遂于命”所谓的，人应实现自己的本性，并将天所赋予人的性分之潜能遂达实现到极致的“达命”；也非《达生》的“达命之情者，不务〔命〕之所无奈何”所谓的，人应通达自己天赋之性分能力的真正实情，不致力于人之性分能力之外人所无可奈何的事情意义上的“达命”；而是人应达取人的性命之真性，不应达取人之性命中的巧智之性意义上的“达命”。由上述三层各具自身特殊意义的“达命”之主张可见，庄子对“性命”之命，亦非常明确地倡导“达命”的思想精神。

四、“运命”之“命”

学者通常将庄子所谓“命”，首先理解为“运命”之命，形成此一理解倾向非是无由。因在《庄子》中共有12处所谓的“命”，皆指人于时世中所遭的无力抗拒又无法改变的无可奈何之境遇。分而言之，庄子表达其“运命”思想的核心概念亦有两个：一是单称的“命”，二是作为复合词的“时命”。由对庄子以此两范畴所论的思想的分析，整体可见，庄子认为，人所无可奈何的“运命”，根本而言，来自道对人施加的决定性作用影响；并且，天道自然并不依据人现实的道德的表现进行赋命，自然之命具有非道德性、无标准性、无常性、无根由性等特点；故对此种人根本无法抗拒、无从逃避又无力改变的客观境遇，人应当以豁达的态度对待自身所遭遇的无论穷达的运命。因此，庄子的运命观亦整体表现出“达命”的思想精神。

（一）“命”

《庄子》中，“命”意为“天命之运命”，指人于时世所遭的无可奈何之客观境遇，共有9处，分见于如下6个段落：

1. 自事其心者，哀乐不易施乎前，知其不可奈何而安之若命，德之至也。（《人间世》）

郭象注曰：“知不可奈何者命也而安之，则无哀无乐，何易施之有哉！故冥然以所遇为命而不施心于其间,泯然与至当为一而无休戚于其中。"①成玄英曰:"夫为道之士而自安其心智者,体违顺之不殊,达得丧之为一,故能涉哀乐之前境,不轻易施,知穷达之必然,岂人情之能制!是以安心顺命,不乖天理。自非至人玄德,孰能如兹也!"②庄子在此言"命",由"知其不可奈何"而引发。此一"不可奈何"者,具体指叶公子高沈诸梁,作为人臣,必须听从当时楚惠王之命,承担出使齐国这一危险的重任,但又必须尽职尽责完成传达王命之责任的既定境遇。郭象与成玄英等注家皆以庄子此所谓的"命",指人于时世所遭的无可奈何的运命,此皆无甚异议。有争议的是"安之若命"之"若"字的释解,由此产生学者对庄子运命观的不同看法。

张岱年认为,"安之若命"之"若"字乃"假定"义,其曰:"到无可奈何的时候,只当安之若命。'安之若命'的'若'字最有意义,不过假定为命而已……命的假定性,在《庄子·外篇》更表示得清楚。《外篇》云:'莫知其所终,若之何以无命也?莫知其所始,若之何其有命也?'(《寓言》)任何事的结果都非人力所决定,不得不言有命;但推本原始,命又是如何而有的?儒家言天命,似乎命由于天,但天亦非究竟,命到底由何而来?命的有无,实难确定;实际上不过是对于不能解释的事情姑说为命而已。"③张岱年将"若"释为"假定"义,存有取消"命"之存在的实在性,依此消解庄子之所谓"命"为先定之命的思想意图。郎擎霄、侯外庐则认为,"安之若命"反表明庄子乃宿命论者。如郎擎霄认为,庄子所谓"命","不过谓人力之无可奈何者,求其为之者而不得,乃姑字之曰命以自慰耳"④。侯外庐认为,"在这里,他很巧妙地以宿命论解决了这一裂痕,所谓'知其不可奈何而安之若命',从逻辑上讲来,就是遁词"⑤。郎擎

① (清)郭庆藩撰:《庄子集释》,第156页。

② (清)郭庆藩撰:《庄子集释》,第156页。成玄英在此言"知穷达之必然",有将人之穷达之境遇,归为是由必然所决定的运命的倾向,此一释解实与庄子对运命的看法不相融贯。后文详之。

③ 张岱年:《中国哲学大纲》,第402页。受其影响,刘笑敢亦认为,"庄子所谓命还有一种假设的意义……实际上,命不过是对于不可抗拒又无法解释的事情姑且言之为命而已"。(刘笑敢:《庄子哲学及其演变》,第131页。)

④ 郎擎霄:《庄子学案》,第97页。

⑤ 侯外庐、赵纪彬、杜国庠:《中国思想通史》第一卷,第327页。

霄、侯外庐皆认为,庄子是将无可奈何的境遇视作先定的命运,以此作为自我心理安慰或逃遁积极作为的借口。

首先,张岱年引“莫知其所终,若之何其无命也? 莫知其所始,若之何其有命也?”(《寓言》)作为庄子对“命”之有无难以确定,故将无可奈何者假定为“命”,将不能解释的事情姑说为“命”的证据。然由前述对《寓言》此一思想的详细解析可知,庄子在此并非在追问“命”之最根本的原始自何而来,而是在探讨人与万物无有终穷的运动变化与道之变化无有始点,背后有无推动者在“命”的问题。前句“莫知其所终,若之何其无命也?”乃言人与万物死生循环的运动变化无有终穷,怎么会没有推动者在“命”人与万物运动变化,故前句实际上肯定了作为第一推动者的道之“命”的存在。后句“莫知其所始,若之何其有命也?”乃言,作为第一始因与第一推动者的道本身之变化未有起始,如此,怎么会有其他的实体在“命”道产生变化? 故后句所否定的不是道对人与万物之“命”的存在,而是否定其他实体对道之“命”的存在。因此,《寓言》的这一段话,实际上表明了庄子肯定“命”之存在的实在性,而非表达庄子怀疑“命”之存在的确定性。

其次,庄子也非因于时所遭的无可奈何的境遇非人力所能改变,故假定为其为先定的“宿命”,以达自我心理安慰之用或作为逃遁积极作为的借口。人于时世所遭的无可奈何的境遇,必有其原因。造成此一无可奈何的境遇无法抗拒、无从逃避又无力改变的原因,或因为其是已然先行决定好的命运;或因为其是由天道自然或社会历史的客观变化发展态势所决定的境遇,只因天道自然或社会历史的客观变化的力量非常强大,非人有限的力量所能加以抗拒与改变。如前所述,庄子将天道自然或社会历史的客观变化发展态势对人之无可抗拒的赋授与决定性的作用影响,拟人化地称为“命”。庄子主张“安之若命”,只是强调于时所遭的这一无可奈何的境遇,如同天所决定的事项,故而无法抗拒、无从逃避又无力改变,并无肯定其是先行决定好的宿命的含义。所以,庄子并非如郎擎霄、侯外庐所言,通过将人所遭遇的无可奈何的境遇视为先定的“宿命”,然后加以安心接受,以此作为自我安慰或逃避积极作为的借口。二位学者对庄子提出“安之若命”之思想的动机首先存在误解,因此对庄子所言之“命”的性质产生严重的误解。要之，无论是郎擎霄、侯外庐出于批评庄子以“命”作自我安慰与逃避积极作为之借口的思想动机，还是张岱年出于取消“命”之存在的实在性，依此消解庄子之“命”为先定之命的思想意图，将“若”释为“假定”义的解释思路，实与庄子的整体思想并不相协。

事实上，“若”除“假若”义之外，还有“顺”之义。《尔雅·释名》曰：“若，顺也。”并且，古代注家多将“若命”，释为“顺命”之义。如成玄英将“若命”释为“安心顺命，不乖天理”。林希逸亦曰：“此便是天命，又可奈何！止得安而顺之。若命，顺命也。”①此一释解思路，实与庄子的整体思想更相融贯。因庄子视天地为“万物之父母”，并提出人当听顺天地或阴阳之“父母”之命的思想。故“若命”作为“顺命”，实即是听顺如同父母的天道自然与社会历史之客观变化情势的安排与决定，镇定地接受这一无可奈何的境遇，顺任客观发展情势的现实要求，尽心尽力地完成自身的责任与使命，庄子以为，这才是德行修养的极致境界。因庄子在此其实提出了“知命”“安命”“顺命”三个豁达对待自己无可奈何之命运的思想要求，无论是“知命”，还是“安命”“顺命”，皆需要极高的心灵的修持与精神的修养始能达此境界，故而成为人们之德行修养的极致。

> 2. 知不可奈何，而安之若命，唯有德者能之。游于羿之彀中，中央者，中地也；然而不中者，命也。（《德充符》）

“知不可奈何，而安之若命，唯有德者能之”，与《人间世》的“知其不可奈何而安之若命，德之至也”句式相若，思想实质一致；所不同者，庄子在此提出此一境界“唯有德者能之”。成玄英疏曰：“若，顺也。夫素质形残，禀之天命，虽有知计，无如之何，唯当安而顺之，则所造皆适。自非盛德，其孰能然！”②林希逸曰：“唯有德者知事事有命，岂人之所能奈何哉……若命，顺命也。”③可见史上的注家多将“若命”解为“顺命”。但还是有个别学者可能受张岱年的“若”为“假定”义之看法的影响，将此句释为“知道事情的无可奈何而能安下

① （宋）林希逸：《庄子鬳斋口义校注》，第68页。
② （清）郭庆藩撰：《庄子集释》，第199页。
③ （宋）林希逸：《庄子鬳斋口义校注》，第88页。

心来视如自然的命运，这只有有德的人才能做得到”①。事实上，庄子是在肯认人所无可奈何的境遇为“天命之运命”的基础上，要人顺任此“天命之运命”，而非以“命”为假定的基础上，将之“视如自然的命运”。

“游于羿之彀中，中央者，中地也；然而不中者，命也”，成玄英疏曰：“羿，尧时善射者也。其矢所及，谓之彀中。言羿善射，矢不虚发，彀中之地，必被残伤，无问鸟兽，罕获免者。偶然得免，乃关天命，免与不免，非由工拙，自不遗形忘智，皆游于羿之彀中。是知申徒兀足，忽遭羿之一箭；子产形全，中地偶然获免；既非人事，故不足自多矣。”②憨山曰：“羿之善射，而人游于必中之地，不被射而死者，亦幸而免耳。以喻世人履危机，当祸而免者，亦幸耳。谓我以不幸而不免者，岂非命之有在耶？”③可知，此处的字面之义为：游于神射手后羿的箭矢所及之地，正中央的地方，是最可能被箭矢射中的地方，然而有幸不被后羿射中，实是“天命之运命”使然。而其背后所隐喻之义则为：生活于战国这一战争不断，危险重重的时代，最容易被自己无法左右的社会历史发展情势以残酷的刑罚伤及自身的身体，如果有幸不被残酷的刑罚伤害自己的身体，实是“天命之运命”使然。成玄英指出，无论是免与不免，“非由工拙”，皆关天命。憨山则明确指出，不幸而不免者，亦有“天命之运命”的作用。颜世安也指出，“羿是上古时神射手，彀中是弓矢射程之内，生存之险恶犹如人始终处在神射手的射程之内。在这种情况下，被射中与不被射中，与一个人的行为巧拙无关，纯是那黑色偶然之‘命’”④。杨胜良亦指出，“因而庄子所谓的命，是偶然，只是这偶然出于自然，人力不能预测左右”⑤。可知，庄子在此将人偶然所得的无可奈何的境遇，也归为是“命”。此一思想事实，对探讨庄子所谓的“命”是否只是人所无法避免的“必然性”，关系重大，后文详之。

3. 子舆与子桑友，而霖雨十日。子舆曰：“子桑殆病矣！”裹饭而往食

---

① 陈鼓应：《庄子今注今译》，第152页。

② （清）郭庆藩撰：《庄子集释》，第200页。

③ （明）释德清：《庄子内篇注》，华东师范大学出版社2009年版，第98页。

④ 颜世安：《庄子评传》，第57—58页。

⑤ 杨胜良：《道家与中国思想史论》，第59页。

之。至子桑之门，则若歌若哭，鼓琴，曰："父邪！母邪！天乎！人乎！"有不任其声，而趋举其诗焉。子舆入，曰："子之歌诗，何故若是？"曰："吾思夫使我至此极者而弗得也。父母岂欲吾贫哉？天无私覆，地无私载，天地岂私贫我哉？求其为之者而不得也，然而至此极者，命也夫！"①(《大宗师》)

此处存在难解之处：子桑家贫，霖雨十日，竟无火食以度日，需子舆裹饭往食之。子桑思考使他至此极其穷困之境地的原因，认为父母实不欲他贫困如斯；天地也无私地覆载天下万物，因此天地之"父母"也不会偏私地故意使他贫困；因此无法求得使其遭如此穷困境遇的最终答案，只好将造成他穷困之极的原因归为"命"。此"命"既不是子桑父母之命，也不是具有无私之德性的天地之"父母"之命，如此，其所谓的"命"到底是何者之"命"，令人费解。

成玄英曰："夫父母慈造，不欲饥冻；天地无私，岂独贫我！思量主宰，皆是自然，寻求来由，竟无兆朕。而使我至此穷极者，皆我之赋命也，亦何惜之有哉！"②林希逸曰："求其为之不得，言既非天非地，非父非母，则孰为之？然则使我至此极甚者，命也。此意盖谓自然之理在于天地之上，命者，自然之理也，是所谓大宗师也。"③陆西星曰："盖谓之曰命，则固有莫之为而为、莫之致而致，而非己之所与知者。所谓'养其所不知'者，养此而已。然必求之而弗得也，而后谓之自然。一有可求可思，非自然矣。"④三位注家皆联系"自然"来解此处所谓的"命"。成玄英言，"思量主宰，皆是自然"；林希逸言，"命者，自然之理也"；陆西星言，"而非己之所与知者""然必求之而弗得也，而后谓之自然"。三位学者的解释皆以庄子《达生》中的"不知吾所以然而然，命也"为据，

① 王叔岷曰："《释文》：'霖，本又作淋。《左传》云：雨三日以往为霖。'……霖、淋正、假字……成《疏》：'任，堪也。趋，卒疾也。'《释文》：'崔云：不任其声，惫也。趋举其诗，无音曲也。'案《国语·鲁语上》：'不能任重。'韦注：'任，胜也。'成《疏》释任为堪，堪亦胜也。《国语·晋语一》：'口弗堪也。'注：'堪犹胜也。'趋借为趣，《说文》：'趣，疾也。'……案极犹困也，《广雅·释诂一》：'困，极也。'"(王叔岷：《庄子校诠》，第270页。)

② (清)郭庆藩撰：《庄子集释》，第286页。

③ (宋)林希逸：《庄子鬳斋口义校注》，第124页。

④ (明)陆西星：《南华真经副墨》，第112页。

可谓皆得庄子思想之义旨。子桑“求其为之者而不得”，即“不知吾所以然而然”。庄子曾曰，“不知所以然而然，故曰自然”。如此，使子桑所以如此贫困的原因，实是自然之命。① 故“然而至此极者，命也夫”实犹言：然而使我落到如此贫困之境地者，是不知所以然而然的自然之命吧！

林希逸指出，将“然而至此极”的原因归为天地之上的“命”，“此意盖谓自然之理在于天地之上”。此一见解可谓有见。因“自然之命”若作为天地自然的流行变化之理，则是规范天地之运行变化的规律原理，在逻辑上的确在天地之上。然庄子在此将“命”与“天地”对言，并将造成子桑如此贫困的原因归为是在“天地”之上的“命”的决定，实有更深的思想深意：

其一，庄子意欲依此表明，决定着人无可奈何之境遇的“运命”之命，有着较之于天地更为根本的来源。一般而言，庄子所谓的“命”，皆可以视为来自天地之“父母”之命。如庄子言，“受命于地”“受命于天”（《大宗师》），明确将“命”之赋授与决定的主体归为“天”。然庄子在此则明确否定此一无可奈何之境遇来自天地之“父母”的决定，而将之归为在天地之上的不知所以然而然之“命”的决定。在天地之上不知其所以然而然之命，只能是自然之命，也即道之命，因唯有道才真正不知其所以然而然，唯有道才绝对自然。因此，可以说，道是决定人于时世所遭的无可奈何之境遇的根本原因。

其二，庄子还意欲依此表明自然之命之非道德性与无常性的特点。庄子明确提出，“天无私覆，地无私载”，赋予了天地之“父母”无私等品质性的德性；庄子在他处还明确提出，“万物殊理，道不私，故无名”（《则阳》）。道也具有不私这一品质性的德性。如此，道之命本也当不有意偏私地使子桑如此贫困至极。由文中可知，子桑作为能写诗、歌诗的“学文”者，当是学习优良之人；同时，当其遭受穷困至极的境遇时，好友子舆赶紧裹饭而往食之，如此，其当是品德良善之人，然却无端遭如此穷困的境遇，这表明了自然之命，也即道之命，并不依人的现实表现和道德品质等标准进行赋命，故其虽然具有无私、

① 陈启天曰：“犹言然而贫困而至此极者，乃由于命定乎。”（陈启天：《庄子浅说》，第123页。）陈启天此解明显将庄子误解为宿命论者。命既为不知吾所以然而然的自然之命，则命并无先定，故将此“命”解为“命定”属误解。

公平等品质性的德性，但由于道没有人格性意识与道德性的德行，故其赋命具有非道德性、无标准性、无常性、无根由性等特点，经常不知所以然而然，无法给出符合自然正义原则的解释。

总之，“然而至此极者，命也夫”所谓的“命”，乃不知其所以而然的自然之命，也即道之命。道之命实是人所无可奈何之境遇的最终决定者；同时，道之命具有非道德性、无标准性、无常性、无根由性等特点，其赋命经常不知所以然而然。庄子在此将道之命归为天地之“父母”之上的强大的异己性的决定力量，如此似不当归入“天命”的范畴。但道之命即自然之命，庄子又明确言“天即自然”。在将“天命”之“天”视为“自然”之异称，将“天命”整体理解为含义更广的“天道自然之命”的基础上，道之命，还是可以归入“天命”的范畴。同时，由于此处的道之命所决定的事项，是人所无可奈何的境遇，故这一道之命应归入“天命之运命”的范畴。

> 4. 孔子游于匡，宋人围之数匝，而弦歌不惙。子路入见，曰：“何夫子之娱也?”孔子曰：“来！吾语女：我讳穷久矣，而不免，命也；求通久矣，而不得，时也。当尧、舜而天下无穷人，非知得也；当桀、纣而天下无通人，非知失也。时势适然。夫水行不避蛟龙者，渔父之勇也；陆行不避兕虎者，猎夫之勇也；白刃交于前，视死若生者，烈士之勇也；知穷之有命，知通之有时，临大难而不惧者，圣人之勇也。由处矣，吾命有所制矣。”无几何，将甲者进，辞曰：“以为阳虎也，故围之。今非也，请辞而退。”(《秋水》)

在此，庄子前两处所谓的“命”皆与“时”对言。钟泰指出，“命与时对言，则此命谓所遭之会，古人云遭命者是也。”①钟泰将与“时”对言之“命”释为“所遭之会”，甚是。《淮南子》尝曰：“命者，所遭于时也。”(《淮南子·缪称篇》)人之“运命”，实由人于时所遭的环境之各种力量汇聚而成的总力量决定。不过，钟泰以为此“命”即“古人云遭命者是也”，则属误解。因汉时常言的“遭命”皆指行善得恶的厄运之命。如赵岐曰：“行善得恶曰遭命。”②王充

① 钟泰：《庄子发微》，第385页。

② (汉)赵岐注，(宋)孙奭疏：《孟子注疏》，第351页。

亦曰:“遭命者,行善得恶,非所冀望,逢遭于外,而得凶祸,故曰遭命。”(《论衡·命义篇》)与“时”对言之“命”,作为于时所遭之境遇,并未包含所遭境遇的好坏之义在其中。

人之“运命”实是人于时世中所遭遇的、依凭人当时的力量所无法改变的客观变化态势,其义相当于文中孔子所谓的“时势适然”之“时势”。因此,文中孔子其实是以“互文”的手法使用“时”与“命”两个概念。是故后世的注家大多将“各举一边而省文”的“命”与“时”合称,释为“时命”。如郭象曰:“将明时命之固当,故寄之求讳。”①林自曰:“穷通在己,时命在天。”②林希逸曰:“此段只言时命自然,非人力所预,知道者又何惧焉!”③郭象与林自将此“命”释为“时命”,释解正确,然其所释之思想则与庄子此处的思想不合。因庄子在此借孔子之口只是提出,人忌讳困穷而不免,追求通达而不得,乃由所遭之时命决定,并没有肯定我遭此困境的时命是“固当”之义。同时,庄子只是以为,人之穷通有其时命,并不完全由己在己。故林自的“穷通在己,时命由天”的注解与庄子思想不合。惟林希逸之解得之。

个别注家也以“天命”与“时命”互训解此处的“命”与“时”,如成玄英曰:“我忌于穷困,而不获免者,岂非天命也！求通亦久,而不能得者,不遇明时也。夫时命者,其来不可拒,其去不可留,故安而任之,无往不适也。”④成玄英在此所谓的“天命”实与“时命”同义,皆是指天命之“运命”。天命之“时命”或“运命”,作为天道自然与社会历史的客观变化态势所决定的人所无可奈何的境遇,并无先定的安排。如此,将此两处的“命”释为“命中注定”的命运⑤,则属对庄子此处运命观的误解。并且,庄子所谓的遭临大难而不恐慌畏惧的

---

① (清)郭庆藩撰:《庄子集释》,第596页。

② 见(南宋)褚伯秀撰:《南华真经义海纂微》,第737页。

③ (宋)林希逸:《庄子鬳斋口义校注》,第272页。

④ (清)郭庆藩撰:《庄子集释》,第596页。

⑤ 如张松辉曰:“我讨厌困窘的处境已经很久很久了,然而却始终摆脱不了这种处境,这是命中注定的啊;我寻求顺利的生活也很久很久了,然而始终都没有得到这种生活,这是时运造成的啊……知道处境困窘是命中注定,知道生活顺利是时运造成。”(张松辉:《庄子译注与解析》,第329页。)

"圣人之勇",并非来自因自身的命运已由天所先行决定,如命中注定我不会遭难而中道死亡,而产生的不畏惧大难或死亡的勇气。若是如此,比之于明知其有危险而夷然不避的渔父、猎夫之勇,和视死若生、慷慨赴死的勇士之勇,"圣人之勇"其实并没有值得更加尊崇与赞誉的可贵品质。实际上,"圣人之勇"乃产生于对天道自然对人之命运的决定性作用影响的深刻洞察,洞达人的穷通之时命与死生之命并不完全由人自主决定,因此面对这些并不完全由人自主决定的事情而没有任何的慌张畏惧或惊恐战栗的情绪。在命运未有先定之情况下,却依然在面对大难与死亡之事时,没有任何的慌张畏惧或惊恐战栗,则是需要极高的心灵德性修养之工夫才能够达成的精神境界,这才是"圣人之勇"胜于渔父、猎夫之勇与勇士之勇的可贵之处。要之,将"时命"解为"命中注定"之命,与庄子的运命观的整体思想倾向和庄子将"圣人之勇"视作最高之勇的思想排序不相融贯。

文中孔子最后所谓的"吾命有所制矣"的思想亦常遭误解,不仅使庄子所谓的"圣人之勇"失去值得崇尊与赞誉的可贵品质,还使庄子常被误解为宿命论者。如成玄英曰:"制,分限也。告敕子路,令其安心。'我禀天命,自有涯分,岂由人事所能制哉!'"①陈鼓应译曰:"我的命运受到了限定的。"②方勇释曰:"我的命运早就有所安排了!"③张松辉译曰:"我的命运是上天注定的!"④成玄英将"制"释为"分限",将其整体之义解为,我禀受的天命自有涯分或分限。然此属误解。因人自天所赋受的"分命"或分限,只限于人性命意义上的性分,人并未自天禀受先定的运命。易言之,人自天所禀受的"分命",其决定的事项之范围只限于人之性命,虽然其能够间接影响人之后的命运境遇,但并不直接参与决定人于出生之后所遭遇的穷达、贫富等境遇。因此,成玄英在此以禀命有分限来解庄子此处的思想,并不恰确。陈鼓应、方勇、张松辉则将

① (清)郭庆藩撰:《庄子集释》,第 597 页。

② 陈鼓应:《庄子今注今译》,第 434 页。

③ 方勇译注:《庄子》,第 274 页。其注"制"曰:"制:制约,限定。"(方勇译注:《庄子》,第 273 页。)

④ 张松辉:《庄子译注与解析》,第 329 页。其注"制"曰:"制,制定,注定。"(张松辉:《庄子译注与解析》,第 328 页。)

"制"解为限定、制约、制定,由此认为此句整体之义为:我的命运受到了限定,或早就有所安排,或上天注定。首先,如此释解将使庄子所谓的"圣人之勇"失去其值得尊崇与赞誉的可贵品质。如前述,若圣人之勇气来自我命中注定不会死亡的信念,则此圣人之勇实无可值得称道的地方。其次,如此还使庄子成为认定天对人之命运早有安排的宿命论者。然如前所论,在庄子思想中,无论是道,还是天地,皆无人格性意识和主宰性意志,根本不可能对人有先定的命运。故上述释解的恰确性皆值得商榷。

《说文》曰:"制,裁也。从刀,从未。未,物成有滋味,可裁断。"段玉裁注曰:"衣部曰:'裁,製衣也';'製,裁衣也',此裁之本义。此云:'制,裁也。'裁之引申之义。"①制之本字为製,本是裁制衣物之义,由此引申出裁制、裁断、决断等义;裁制衣物是为创制新衣,由此又引申出制造、制作、制定等义;制定法规、制度,对人的行为进行限制,由此又引申出制约、约束、限定等义。"吾命有所制矣"所谓的"制",不当释为限定、制约、制定之义,而应释为其本义"裁制、裁断"之义;其实犹言:我的运命马上将有所裁断。果敢不久后,匡人知道所围之人是孔子,而非阳虎,知道误会后,马上将甲兵退走。孔子所言的"吾命有所制矣",表面似在言:其死生之命将由匡人所裁断;其实乃言:我的穷通之"运命"实由天所裁断。钟泰即指出,"'吾命有所制矣',言命制自天,不在匡人也"。②

总之,"吾命有所制矣"之"命",实由天所裁决的穷通之"运命"。具体而言,指由天道自然和社会历史的客观变化情势所决定的死生、存亡、穷达、贫富等的人所无可奈何的境遇。因天道自然与和社会历史的客观变化情势具有自然性,其对人穷通之"运命"并无预先的安排与限定,故不应因将"制"误解为限定、制约、制定等义,从而将庄子误解为认定天对人的命运早有安排的宿命论者。

5. 有孙休者,踵门而诧子扁庆子曰:"休居乡不见谓不修,临难不见

---

① (汉)许慎撰,(清)段玉裁注:《说文解字注》,第182页。

② 钟泰:《庄子发微》,第386页。

谓不勇，然而田原不遇岁，事君不遇世，宾于乡里，逐于州部，则胡罪乎天哉？休恶遇此命也！"扁子曰："子何不闻夫至人之自行邪？忘其肝胆，遗其耳目，芒然彷徨乎尘垢之外，逍遥乎无事之业，是谓为而不恃，长而不宰。今汝饰知以惊愚，修身以明污，昭昭乎若揭日月而行也。汝得全而形躯，具而九窍，无中道夭于聋盲跛蹇，而比于人数，亦幸矣，又何暇乎天之怨哉？子往矣！"①(《达生》)

孙休所谓的"休恶遇此命也"之"命"，即其向扁庆子所自陈的"田原不遇岁，事君不遇世，宾于乡里，逐于州部"等不顺的人生境遇，故其所谓"命"乃"运命"之义。成玄英曰："孙休俗人，不达天命，频诣门而言之：'我居乡里，不见道我不修饰；临于危难，不见道我无勇武。而营田于平原，逢岁不熟，禾稼不收；处朝廷以事君，不遇圣明，不縻好爵。遭州部而放逐，被乡闾而宾弃，有何罪于上天，苟遇斯之运命？'"②此段文义甚明，故对孙休所谓"命"为"运命"之命无甚歧见。

由"则胡罪乎天哉？休恶遇此命也"可见，孙休认为，人于时所遭的无可奈何的运命，乃由天定；若获罪于天，则可能遭不好的厄运。此一观念与孔子的"获罪于天，无所祷也"(《论语·八佾》)的思想观念非常相似。依此，孙休所理解的"天"与孔子所理解的"天"具有相似性，似也具有一定的意识性与意志性。如此，是否说明庄子也持相似的"天"之理解？首先，由前述对庄子"天"之观念的分析可知，庄子以为"天即自然"，天是道的化身存在形式，无论是道，还是天，皆既无人格性意识又无主宰性意志。其次，由此处的前后文语境分析可知，孙休的这一"天"之观念与"命"之理解，都遭到扁庆子的批评，由此可推断，庄子实际上并不认同孙休这一继自传统的"天"之观念和"命"之理解。因此，庄子虽然认同人之"运命"乃由天定的思想，但并不认同天具有意识性与意志性，能够依据人的现实的道德表现而给予相应的赋命。

① 诧，《释文》曰："司马云：告也。李本作讬，云：属也。"[(清)郭庆藩撰：《庄子集释》，第663页。]属即嘱之通假，嘱托之义。宾，林希逸曰："宾于乡里，摈弃于乡里也。"[(宋)林希逸：《庄子鬳斋口义校注》，第298页。]蹇，《说文》曰："跛也。"

② (清)郭庆藩撰：《庄子集释》，第663页。

故此,这则寓言故事反而表明了,庄子认为天道自然决定人之"运命",并不依据人之现实的道德表现进行赋命,其赋命经常具非道德性、无常性与偶然性。

> 6.子列子穷,容貌有饥色。客有言之于郑子阳者,曰:"列御寇,盖有道之士也,居君之国而穷,君无乃为不好士乎?"郑子阳即令官遗之粟。子列子见使者,再拜而辞。使者去,子列子入,其妻望之而拊心,曰:"妾闻为有道者之妻子,皆得佚乐,今有饥色,君过而遗先生食,先生不受,岂不命邪!"子列子笑谓之曰:"君非自知我也,以人之言而遗我粟,至其罪我也,又且以人之言,此吾所以不受也。"其卒,民果作难而杀子阳。(《让王》)

"岂不命邪",成玄英疏曰:"与粟不受,天命贫穷。"①陈鼓应译解曰:"你不接受,岂不是命该这样吗!"②成玄英将此所谓的"命"释为"天命",实亦得之,因人无可奈何的穷达贫富等境遇,亦由天命。然列子妻所谓"命",乃切于人之穷达贫富等境遇而言,故确切而言,当释为"天命之运命"。陈鼓应虽然对此所谓"命"无具体疏解,然其指谓人之"运命",亦甚明。值得注意的是,列子妻所谓的"命",有先定的意味,存在指摘列子命中注定要遭贫穷之运命的意思。然从此段寓言故事整体来看,列子并未接受这种命中注定要贫穷的观念。结合《庄子》中其他关于"列子"的思想章节可知,《庄子》中的"列子"并未一直遭遇贫穷的运命。由是可知,庄子并不接受人之穷达贫富等运命乃由天先行决定的观念,并不认可"命中注定"的思想观念。

(二)"时命"

除单称的"命",庄子还使用复合词"时命"表达其"运命"的思想,见于《缮性》的篇末:

---

① (清)郭庆藩撰:《庄子集释》,第973页。

② 陈鼓应:《庄子今注今译》,第754页。

> 古之所谓隐士者，非伏其身而弗见也，非闭其言而不出也，非藏其知而不发也，时命大谬也。当时命而大行乎天下，则反一无迹；不当时命而大穷乎天下，则深根宁极而待。此存身之道也。（《缮性》）

庄子认为，古代的隐士归隐，并非为了伏藏他们的身体于岩穴之下而不见人，也不是为了闭藏其言论而不发声，更不是为了隐藏他们的智慧而不表现；根本原因在于他们所遭遇的"时命"错谬。当碰到合适的"时命"，将大道推行于天下，然后归返于道之自然的境界，哂然归隐而杳无踪迹①；若没有碰到合适的"时命"而为天下的时势所穷困，则深藏于自然之根，静宁于至极之道，等待合适的时机，这就是保全自己的身体与生命的方法。

庄子在此三次所谓的"时命"，实为适合推行大道，适合贤能之士尽情发挥自身的治世才能的时代情势，故学者或将之释为"时机"②，或释为"时运"③。孔子曾提出："道之将行也与，命也。道之将废也与，命也。公伯寮其如命何！"（《论语·宪问》）认为，大道是被推行还是被废止，实由"命"来决定。孔子此所谓的"命"，本质是能够决定大道是被推行还是被废止的客观发展的时代情势，也即"时命"。时代情势则由社会历史发展本身的客观变化规律和发展的必然趋向性所决定，④其根本不是有限的个体，如公伯寮所能左右的。这也意味着人能否遭遇"时命"，也非个人所能自主决定。孔子还提出，"天下有道则见，无道则隐"（《论语·泰伯》），主张在天下井然有序的时候，应入世努力展现自己的才华与智慧，造福天下人民；而在天下混乱无序的时候，则应当出世归隐，等待可展现自身才华与智慧的合适时机。

庄子在此所谓的"时命"与"存身之道"的思想，则是对孔子的上述思想的继承与发展。庄子也以为，大道之推行实需要适宜的"时命"，也即适宜的时

---

① 林希逸曰："反一无迹者，言成功而不有也。"[（宋）林希逸：《庄子鬳斋口义校注》，第256页。]

② 陈鼓应：《庄子今注今译》，第407页。

③ 方勇译注：《庄子》，第257页。

④ 孔子未解时代情势的发展不以人的意志为转移的变化特点，是由社会历史发展的客观变化规律性和发展的必然趋向性所决定的，故不当地将之归因为拥有强大无比之力量的"天命"的先行决定。下文详之。

代情势。故古代的士人因为没有碰到合适的可以展现自身才华与智慧的时代情势，所以归隐。可见，庄子也主张“无道则隐”。同时，庄子还主张，当碰到合适的时代情势，应当尽力将大道推行于天下。若就此而言，庄子与孔子的思想没有差异。所不同者，庄子吸收老子“功遂身退，天之道”（第九章）的思想，主张在将大道推行于天下，大功告成后，不恋栈权位，应当“反一”，即归返于道之自然的境界，哂然归隐而杳无踪迹。由此可见，庄子的思想表现出兼收并蓄、自成一家的特点，在运命观思想上也表现得特别明显。

综上所述，“命”与“时命”是庄子表达其运命观的两个主要概念，经由上述以之所论的思想的详细分析，可见庄子对“天命之运命”如下深刻而独到的思想洞见与丰富而重要的运命哲学主张：

第一，生活于危险重重的时代，极易被自己无法左右的社会历史发展情势伤及自身的身体。若有人幸不被残酷的刑罚伤及自己的身体，实是极具偶然性的“运命”使然。

第二，自然之命或说道之命，是人所无可奈何之境遇的最终决定者；同时，自然之命具有非道德性、无标准性、无常性、无根由性等特点，其赋命经常不知所以然而然。

第三，人忌讳困穷而不免，追求通达而不得，实由人所遭之时命决定。圣人通达人的穷通由于时命，并不完全由自己的实情，因此就算是遭临大难，也不会感到任何恐慌畏惧，因其洞明人的穷达、贫富等运命实由天来裁制和决定的事实。

第四，天道自然决定人之“运命”，并不依据人现实的道德表现进行赋命。并且，庄子并不接受人之穷达贫富等运命，乃由天先行决定的观念，并不认可“命中注定”的思想观念。

第五，人应当“知其不可奈何而安之若命”，即知命、安命、顺命。听顺如同父母的天道自然与社会历史之客观变化情势的安排与决定，镇定地接受这一无可奈何的境遇，顺任客观发展情势的现实要求，尽心尽力地完成自身的责任与使命，这既是具有高超心灵德性的人才可能做到的事情，亦是人们心灵德性修养的极致境界。

第六，当碰到合适的时代情势与社会态势，应当将大道推行于天下，然后归返于道之自然的境界，哂然归隐，杳无踪迹；若没有碰到合适的“时命”而为天下的时势所穷困，则应当深固自己的自然本性，保守自己的本真性情，等待合适的可展现自身才华与智慧的时机。

第四章　《庄子》"命"之概念丛思想分析

庄子不仅使用"命"之范畴，阐发对天命与人之生命、性命、运命的存在本质与变化特点的深刻哲学认识，倡导"达命"的哲学思想精神；而且还使用很多与天命、生命、性命、运命紧密相关的概念，表达其对天命与人之生命、性命、运命的存在本质与变化特点独到的智慧洞见。这些与天命、生命、性命、运命紧密相关的概念，便构成了庄子的"命"之思想的"概念丛"①。由对《庄子》的"命"之概念丛的思想分析可见，虽然庄子使用了很多具有拟人化特征的"天命"语词，但并不表明庄子以为天具有人格意志性与主宰性意志。同时，庄子对人之生命表现出复杂的思想态度，既以形体生命是人在世的基础，故要人尊生、重生，保身，养形；但又以形骸躯体为既保神又拘神的天弢、天袠，要人堕肢体、黜聪明以解放人的精神。庄子以为，天命之性存有两种意义的天之性："人之天"与"天之天"；人不应开凿作为"人之天"的欲望与巧智之性，而应护持作为"天之天"的自然天性。而人之运命，与人所遭的时代情势与偶然性的境遇紧密相关，此两者亦是个人有限的力量所无法左右的客观情势，故应保持一贯豁然达观的"达命"思想精神。

一、"天命"之概念丛思想分析

《庄子》的"天命"之"命"，实是表征天道自然的流行变化对人与万物进

① 所谓的"概念丛"，是指由多个意义相似，或内涵相近，或外延相关的概念所组成的"概念集合"。这一"概念集合"中的概念，皆是表述同一主题或论说同一对象的概念。

行犹如命令、无法抗拒的赋授、规限和施加无从逃避又无力改变的决定性的作用影响的范畴。① 天道自然对人与万物的赋授、规限和决定性的作用影响，有着丰富的表现形式。凡以“天”为主语，作用的对象为人与万物的“动作语词”，实皆为人所体察到的“天命”对人与万物之作用的丰富表现形式。因此，《庄子》中，以“天”为主语，作用的对象为人与万物的“动作语词”，实皆为“天命”相关的概念丛，它们与“天命”一起共同表征着天道自然对人与万物无时无刻不在进行的无法抗拒的赋授、规限和施加的无从逃避的决定性的作用影响。《庄子》中，与“天命”相关的概念丛主要有：一是表征天道自然“无私”赋予人与万物以形体生命，赐予万物以性命之理则与存在之殊性的“天与”“天选”“天赐”“天布”和“天地之委”；二是表征天道自然“无私”育养人与万物的“天鬻”“天食”和“天放”；三是表征天道自然无情地惩罚或损伤人与万物，表现天道自然对人与万物之运命的裁决的“天杀”“天刑”“天戮”和“天损”。由这些“天命”的相关概念所表达的哲学思想进一步表明，庄子以为，天道自然对人与万物无法抗拒的赋授、规限和无从逃避的决定性的作用影响，是整体性、弥漫性的全面影响。

（一）天与、天选、天赐、天布、天地之委

《庄子》中，表达天道自然赐予人与万物以形体生命，赋予人与万物以性命之理则与存在之殊性的概念，主要有“天与”“天选”“天赐”“天布”“天地之委”。其中，“天与”“天选”“天赐”“天布”主要阐述天道自然对人与万物进行无私的赋赐的思想，而“天地之委”则主要用以揭示天道自然对人与万物之赋赐的暂时委付性。

首先，“天与”和“天选”，出自庄子与惠子的“人有情无情”之辩。庄子曰：

> 道与之貌，天与之形，无以好恶内伤其身。今子外乎子之神，劳乎子

① 王凯指出，“‘命’不过是天道运行的别名”。（王凯：《逍遥游——庄子美学的现代阐释》，第214页。）

之精，倚树而吟，据槁梧而瞑。天选子之形，子以坚白鸣！（《德充符》）

庄子在此将"天"与"道"并称，并非意谓道负责赋予人以相貌；天负责赋予人以形体。在此与"道"并称的"天"，实是"道"或"自然"的代称。同时，天与道在此实使用了"互文"的手法，成玄英即指出，"虚通之道，为之相貌；自然之理，遗其形质……且形之将貌，盖亦不殊。道与自然，互其文耳。欲显明斯义，故重言之也"①。并且，庄子对惠子所谓的"天选子之形"，"天"在此同样当理解为"道"或"自然"的代称。

庄子在此使用极具人格化特征的"道与""天与""天选"等关于"道"与"天"的动作语词，并不表明庄子认为"道"与"天"具有人格性意识与主宰性的意志，能够有意识地"赐予"人以形体相貌，或有意识地"选择"惠子今日所成之形体，它们其实皆是庄子对天道自然地流行变化，自然而然地化生出人的形体相貌的拟人化描述。庄子曰："人之生，气之聚也。聚则为生，散则为死。"（《知北游》）因此，人的形体相貌之化生，其实只不过是"一气"的自然变化。"一气"作为元气，由道所化生。道化生出元气，元气分判为阴阳二气，阴阳二气相互感合化生出和气，和气聚合成实形而化生人的形体相貌。正是在此意义上，人的形体相貌，实由道所与、所选。故庄子以为，根本而言，道是人之形体生命的赋授者。

其次，与"天与""天选"相似的概念，还有"天赐"。"天赐"本自庄子所谓的"天不赐"的说法。庄子曰：

四时殊气，天不赐，故岁成；五官殊职，君不私，故国治；文武〔殊能〕，大人不赐，故德备；万物殊理，道不私，故无名。②（《则阳》）

庄子在此所谓的"天不赐"，存在难解之处。《释文》曰："赐，与也。"③故按字面之义，"天不赐"犹言"天不与"。郭象即按此字面之义进行解释："殊气自

① （清）郭庆藩撰：《庄子集释》，第221页。

② 原作"文武大人不赐"。郭象曰："文者自文，武者自武，非大人所赐也，若由赐而能，则有时而阙矣。岂唯文武，凡性皆然。"成玄英曰："文相武将，量才授职，各任其能，非圣与也。无私于物，故道德圆备。"[（清）郭庆藩撰：《庄子集释》，第911页。]王叔岷曰："郭注、成玄英云云，疑正文'文武'下本有'殊能'二字。"（王叔岷：《庄子校诠》，第1032页。）其见是，当据补。

③ （清）郭庆藩撰：《庄子集释》，第911页。

有,故能常有,若本无之而由天赐,则有时而废。”[①]成玄英本之,亦曰:“赐,与也。夫春暄夏暑,秋凉冬寒,禀之自然,故岁叙成立,若由天与之,则有时而废矣。”[②]若按郭象与成玄英之解,“天不赐”乃言天地对四时殊气并无所赐予。此一解释虽然只针对四季之殊气而言,但由此则否定了天道自然对人与万物有所赐予。然庄子明确提出“道与之貌,天与之形”,认为人的形貌根本上由道或自然所与。表明,庄子认为天道自然对人与万物并非全无所赐。因此,郭象、成玄英此解,显然与庄子的整体思想不合。

郭象因主张“独化论”,故其注《庄子》时经常只要找到机会,便发挥其所谓的“是以涉有物之域,虽复罔两,未有不独化于玄冥者也”[③]的思想,总是有意识地排除《庄子》中但凡出现的言天道自然对人与万物有所赐予的思想。如郭象注“道与之貌,天与之形”曰:“岂百骸无定司,形貌无素主。”[④]其明确提出:“知道者,知其无能也;无能也,则何能生我?我自然而生耳,而四支百体,五藏精神,已不为而自成矣,又何有意乎生成之后哉!”[⑤]在郭象看来,人的形貌百骸、四肢百体、五藏精神等,皆是自然而生,不为而自成,并非在根本上由道之自然赐予,因道作为无,实是无能者,根本不可能生物。同时,天地也只是万物之总称,“接乎有生之类,会而共成一天耳。……夫天且不能自有,况能有物哉!”[⑥]因此,无论是道还是天,皆不能生物,物皆“块然而自生耳”[⑦];道与天也未有所赐予而使万物有,“有物之不为而自有也”[⑧]。在郭象的“独化论”思想体系中,人与万物都是自足的、无待的,能够依任自己的“自然”本性,即不需要任何人为却能自己而然的质性与能力,自生自有。因此,郭象在此也是有意地将“天不赐”误解为:殊气自有,不由天赐。这实际上不当赋予了四

① (清)郭庆藩撰:《庄子集释》,第910页。
② (清)郭庆藩撰:《庄子集释》,第911页。
③ (清)郭庆藩撰:《庄子集释》,第111页。
④ (清)郭庆藩撰:《庄子集释》,第221页。
⑤ (清)郭庆藩撰:《庄子集释》,第588页。
⑥ (清)郭庆藩撰:《庄子集释》,第50页。
⑦ (清)郭庆藩撰:《庄子集释》,第50页。
⑧ (清)郭庆藩撰:《庄子集释》,第712页。

时之殊气可以完全只依据自身的“自然”本性而自生自有的能力。

但如前述,郭象的这一做法首先取消了“道之自然”,作为万物之所以能够自生自化的根本原因和存在的终极本体的地位,而将“物之自然”作为万物能够“不为而自然”地具有千差万别的属性、功能等存在特点的根本原因。实际上是将原本只是作为道之分殊部分的“物之自然”,混淆为具有自本自根之能力的作为整全的“道之自然”,结果赋予了每一事物的自然本性完全不依待其他事物而自本自根、无待而生的能力。同时,郭象也取消了天地是人与万物的实际化生者,是万物赖以化生存在与运动变化的前提基础的地位。郭象的“独化论”思想,与庄子本人将道作为万物化生的根本本原和存在的终极本体,将天地作为人与万物的实际化生者,视天地为人与万物赖以化生存在与运动变化之基础前提的思想完全不符。故郭象对“天不赐”的释解属有意误解,而成玄英本之,故也承其误。

若就“赐”之本身的释解而言,其确当如郭象、陆德明、成玄英所释,释为赐予、赋予之义①,但“天不赐”却非如郭象与成玄英所言,主张天道自然对四时殊气无所赐予。在《则阳》此段中,“天不赐”“大人不赐”与“君不私”“道不私”互言,可知,“不赐”与“不私”乃义涵相近的概念。故所谓的“天不赐”实犹言“天不私赐”,其实是在表达“天地无私”的思想。庄子以为,四时运行的阴阳二气,实皆由天地之“父母”所赐予;天地之“父母”虽然赐予四时之气不同的特殊性质与存在特点,但天地之“父母”不会对任何一季节的阴阳二气有特殊的照顾,而是一视同仁,公平地赐予四时各具特殊之质性与不同之功能的阴阳二气,因此才有了正常年岁的形成。若天在赐予四时之殊气时,有所偏私,使某一季节的阴阳二气的质性与功能特别突出,则无法形成正常的年岁。或天为求表面的形式上的绝对公平,故赐予四时之气完全相同的存在质性和功能,则也无法形成各具变化特点的四季之变化,如此万物也就无法完成其春

① 马叙伦曰:“赐疑借为私,音同心钮。下文曰:‘五官殊职,君不私,故国治’,辞例相同。此作赐者,为美耳。”(马叙伦:《庄子义证》,浙江古籍出版社 2019 年版,第 583 页。)受其影响,陈鼓应曰:“‘赐’为‘私’的借字。”(陈鼓应:《庄子今注今译》,第 694 页。)虽然马叙伦、陈鼓应解整体文义得庄子义旨,但认为赐为私之借字的看法值得商榷,因典籍基本未见赐借为私之范例。

生、夏长、秋收、冬藏的循环运动变化的历程。因此,天道自然必须赐予四时以不同质性与功能的殊气,才能形成各具变化特点的四季之变化,形成正常的年岁。

同理,道在赐予天下万物以性命之理则时,也“万物殊理”,但“万物殊理”并不表明道之赐予有所偏私。因若道赐予天下万物以性命之理则时,为追求表面的形式上的绝对公平,赐予每一个事物以完全相同的性命之理则,则必然导致天下所有的事物都是同质化的存在,如此就不可能有形态万千,姿态各异,各具特色的不同事物的产生。事实上,只有“万物殊理”,才能产生各具不同的存在性质、功能与特点的万物。而各个不同的事物,本质上皆具道之本性,皆有完全为自身所独有“殊理”与“殊性”,故在各自的存在场境中,各具独特的存在意义与价值。庄子曰:“以功观之,因其所有而有之,则万物莫不有;因其所无而无之,则万物莫不无。知东西之相反,而不可以相无,则功分定矣。”(《秋水》)每一物皆各有所有,各有所无,如郭象所言,“虽所美不同,而同有所美。各美其所美,则万物一美也”①。在此意义上,每一物皆是平等的存在。因此,“万物殊理”与“四时殊气”,并不表明道与天对人与万物之赋赐的偏私性,反而表明了道与天对人与万物的赋赐具有公平无私的变化特点。

总之,庄子所谓的“天不赐”,并非主张道与天地对人与万物无所赋赐,而是主张,道与天总是赐予人与万物殊别不同的性命之理则和存在之殊性,因此,化生出形态万千,姿态各异,各具特色的不同事物;虽然道与天对人与万物的赋赐有所殊别,但从未有所偏私,反而自然地呈现出公平无私的变化特点。与“天与”“天选”相似,庄子在此使用极具人格化特征的语词,如“不(私)赐”“不私”,同样并不表明庄子认为道与天具有人格意识性、主宰性意志与道德性的德性,能够有意识地公平无私地赐予万物不同之殊理与不同之殊气。经由前述对庄子的道与天之观念的分析已知,在庄子的思想中,道与天并没有人格性意识与主宰性意志。故“天不(私)赐”与“道不私”,只是庄子基于对天道自然对人与万物之赋授特点的深刻体察,因此,采用拟人化的修辞手法指

① (清)郭庆藩撰:《庄子集释》,第191页。

出，天地赐予四时不同之殊气，道赐予万物不同之殊理，并不表明天道自然之赋赐的偏私性，反而表明了天道自然之赋赐自然呈现出的公平无私的变化特点。①

再次，《庄子》中，表达天道自然对人与万物进行无私赋授的概念还有"天布"。庄子曰：

> 施于人而不忘，非天布也。②（《列御寇》）

"天布"之"天"，还是应当视为"道"或"自然"的代称，故"天布"犹言道之布施或"自然的布施"③。庄子以为，施恩于人却念念不忘，并非是道或自然的布施方式。由此可推知：天道自然的布施，从不记挂其对人与万物的赋施之恩情。成玄英曰："二仪布生万物，岂责恩也！"④林自曰："施人而不忘，此人布也。天布则施者不见其物，受者则不知其恩。"⑤二解皆十分恰切。人布施而望报，故施而不忘；天布施不望报，故施不责恩，施即忘恩。事实上，天道自然的布施从不施而不忘的根本原因是，天道无心。无论是道或作为其化身存在形式的天地，皆没有类似于人的人格性意识与主宰性意志，故天道实无"心"之官能以将自己无偿布施天下万物的功劳牢记而不忘。⑥ 然从将天道自然进行"人

---

① 刘笑敢指出，"天无为无情，无意志，非人格，天决定人生万物的一切作用都是自然而然的。"（刘笑敢：《庄子哲学及其演变》，第126页。）

② 施，《广雅》曰："施，予也。"陆德明曰："施，与也。"（陆德明：《经典释文》，上海古籍出版社1985年版，第73页。）《周礼・天官・内宰》："施其功事。"郑玄注曰："施犹赋也。"[（汉）郑玄注，（唐）贾公彦疏：《周礼注疏》，第185页。]可知，施与赋、与、予同义。布，《广雅》曰："布，施也。"布又与施同义，则"天布"实与"天赐"相似。林希逸曰："布，陈也，天布即天经也。"[（宋）林希逸：《庄子鬳斋口义校注》，第483页。]钟泰曰："'天布'犹言天行。"（钟泰：《庄子发微》，第744页。）此二解皆不确。

③ 陈鼓应：《庄子今注今译》，第842页。

④ （晋）郭象注，（唐）成玄英疏：《南华真经注疏》，中华书局1998年版，第596页。王孝鱼点校的《庄子集释》原改"责"为"贵"。[参见（清）郭庆藩撰：《庄子集释》，第1052页。]曹础基与黄兰发指出，"责，王校《集释》本改作'贵'，似非"[（晋）郭象注，（唐）成玄英疏：《南华真经注疏》，第602页]，此见是，从成玄英后文"为责求报"[参见（清）郭庆藩撰：《庄子集释》，第1053页]的疏解可知，此处不当改"责"为"贵"。

⑤ 方勇：《庄子纂要》（六），第777页。

⑥ 刘笑敢指出，"'天布'即自然之布施，应该是施而不知，惠而无情的。这说明天对万物众生之恩泽都是无心无虑，自然而然的"。（刘笑敢：《庄子哲学及其演变》，第126页。）

化”的理解而言，天道自然一直对人与万物进行无偿的赋授，却从不责恩望报的存在特点，体现了道之赋授无私性的变化特点或品质性的德性。

若追溯庄子“施于人而不忘，非天布也”的思想渊源，其实是对老子的“功遂身退，天之道也”（第九章）和“大道泛兮，其可左右。万物恃之而生而不辞，功成不名有”（第三十四章）等思想的继承和发展。老子以为，天道自然的行事特点是，在遂成自身化生育养万物之功劳后，对自身所处的权位与所积的功劳毫不念居，马上辞任而退隐；大道对万物依恃其化生育养的责任从不推辞，但在成就化育万物之功劳后，却从不去据有无私化育万物的名誉和名号。庄子则在老子上述思想的基础上，以“施于人而不忘，非天布也”这一否定式的命题进一步提出，天道自然从不会记挂其对人与万物的赋施之恩情，一直无偿无私地赋予人与万物以形体之生命、性命之理则与存在之殊性等。

最后，表现天道自然对人之赋授的概念，还有“天地之委”。庄子曰：

> 舜问乎丞曰：“道可得而有乎？”曰：“汝身非汝有也，汝何得有乎道！”舜曰：“吾身非吾有也，孰有之哉？”曰：“是天地之委形也；生非汝有，是天地之委和也；性命非汝有，是天地之委顺也；〔子孙〕非汝有，是天地之委蜕也。故行不知所往，处不知所持，食不知所味。天地之强阳气也，又胡可得而有邪！”（《知北游》）

庄子在此所论的思想非常关键。因“天地之委”实是对上述天与、天选、天赐、天布所表达的，天道自然一直对人与万物进行无私赋赐之思想的辩证。因按照俗常的人间之情形去理解庄子所言的天与、天选、天赐、天布的思想，极易认为，既然天道自然已然将人之外在的相貌、形体（身体、生命），内在的性命之理则与存在之殊性都“赐予”人，则人就可依此而“据有”这些形体之生命、性命之理则与存在之殊性。然庄子通过此一寓言指出：形身并非人所有，实是天地之“父母”暂时委付给人使用的人形形体；生命也非人所有，实是天地之“父母”暂时委付给人使用的一团可以强阳自动的和气；性命也非人所有，实是天地之“父母”暂时委付给人使用的内在之理则；子孙也非人所有，实是天地之“父母”暂时委付给人的用以蜕化之物。

因此，天地虽然将形身、生命、性命，还有子孙等物“赐予”人，但人并不就此从根本上“占有、据有、拥有”这些事物,它们皆只不过是天地所暂时“委付”给人保管与使用之物。如同人间之借物与还物的伦理规则,某物之主人将某物委托给他人保管与使用,并不就此将此物的所有权给予他人,只是暂时给予他人保管与使用某物的权利。故当天地作为人之形身、生命、性命的委付者,在委托给人保管与使用的形身、生命、性命到达其保管与使用的期限后,其要将人之形身、生命、性命的保管权与使用权收回,作为被委付者的人,其实是无法拒绝的。是故,“天地之委”说明了,人所拥有的只是人之形身、生命、性命暂时的保管权与使用权,并没有从根本上拥有自身之形身、生命、性命的所有权。

庄子提出,正因为人之形身并非属人根本所有之物,只不过是“天地之委形”,所以人无法通过以身得道的方式而据有道。丞所言的“汝身非汝有也,汝何得有乎道”,明确否定了道的可得而有的可能性。然庄子在《大宗师》中却说:

> 夫道,有情有信,无为无形,可传而不可受,可得而不可见。(《大宗师》)

《大宗师》言道虽然不可见,但“可得”。《知北游》中,庄子借丞之口却否定了道可得而有的可能性。如此,两处的表述似存在着“思想矛盾”,需要合理的解释与辩证。事实上,两处所存的“思想矛盾”只是表面上的思想矛盾,而非根本的思想矛盾。因道所暂时委付给人使用的存在形体,可以视为道所委付给人的道之存在的分殊,就此而言,人于道还是有所“得”。在此意义上可以言,道是可“得”的。人可以“得”道之存在的分殊,是故每一个人身上皆有道。在人之身的道之分殊是人存在的依据,是人具有自然自在、自由自化等性分本性的原因。然人自道所“得”者,只不过是以道之存在的分殊为依托的人之形身、生命、性命的暂时保管权与使用权,并没有从根本上获得这些事物的所有权,最终“道”将依从“人之生,气之聚也。聚则为生,散则为死”(《知北游》)的生命变化规律,收回对人之形身、生命、性命的暂时保管权与使用权。就此而言,道其实是不可“得”的,人不可能通过以身“得”道之存在分殊的方式,从根本上据有这一道之存在分殊。因人缺乏从根本上得到或据有道之存在分殊的前提基础:人之形身的根本所有权。

是故,事实上,人于道处既“有所得”,又“无所得”。人于道处暂时性地获得了其所委付给人的形身、生命、性命的保管权与使用权;但人于道处从未获得人的形身、生命、性命的根本所有权。可以说,“天地之委”揭示了人的形身、生命、性命存在局限性的根本原因:这一切都是因为天地对人之形身、生命、性命的“委付”都是暂时性的;人只是被动地禀受天地的赋授物,却无法对自身的禀受物进行根本的主宰与掌控。

综上所述,由“天与”“天选”“天赐”“天布”“天地之委”所表达的思想的分析,可以看出庄子对于“天命”如下深刻而独到的思想洞见与丰富而重要的天命哲学主张:

第一,人的形体相貌或形身生命,根本而言由道所赋授。

第二,道与天赋赐予人与万物以殊别不同的性命之理则和存在之殊性,如此才有形态万千,姿态各异,各具特色的不同事物的产生;虽然道与天对人与万物的赋赐有所殊别,但从未有所偏私,总是进行公平无私的赋授与赐予。

第三,天道自然的布施从不记挂自身对人与万物的赋施之恩情,因其施不望报,故施不责恩,施即忘恩。

第四,人的形身、生命、性命,还有子孙等物,皆只不过是天地所暂时“委付”给人保管与使用之物。人所拥有的只是人之形身、生命、性命暂时的保管权与使用权,并没有从根本上拥有自己的形身、生命、性命的所有权。

(二)天鬻、天食、天放

天道自然对人与万物的存在作用、意义与价值,不仅表现在其无私地赋予人以形体之生命、性命之理则与存在之殊性,而且,还表现在其对人与万物无私的育养。《庄子》中,表征天道自然对人与万物无私的育养之功的概念,主要有“天鬻”“天食”和“天放”。[①] 其中,“天鬻”“天食”表现了天道自然对人

① 除“天鬻”“天食”“天放”外,《庄子》的“天无私覆,地无私载”(《大宗师》),“天地虽大,其化均也”(《天地》),“天道运而无所积”(《天道》),“天地之养也一”(《徐无鬼》)等,也表达了天地之“父母”对人与万物的无私育养之功。后文详之。

与万物之育养的自然性,而“天放”则表现了天道自然对人与万物之育养的自由性。

首先,庄子以“天鬻”“天食”,指出天道自然为人与万物提供了富足的食物与自然的育养。庄子曰:

> 故圣人有所游,而知为孽,约为胶,德为接,工为商。圣人不谋,恶用知?不斫,恶用胶?无丧,恶用德?不货,恶用商?四者,天鬻也。天鬻者,天食也。既受食于天,又恶用人?……眇乎小哉,所以属于人也!謷乎大哉,独成其天![①]（《德充符》）

所谓“四者,天鬻也”,林云铭注曰:“不谋、不斫、无丧、不货,四者皆纯乎天也,犹出于天所卖而得之。”[②]王先谦云:“知、约、德、工四者,天所以养人也。”[③]二人对“四者”与“鬻”[④]之释解各不相同。首先,“四者”当如林云铭解为“不谋、不斫、无丧、不货”四者。因“知、约、德、工”四者恰恰是为庄子所批评的做法,而“天鬻”则是为庄子所肯定的做法,故王先谦明显误解“四者”之代指。鬻,林云铭释为卖,王先谦释为养。《释文》曰:“《天鬻》音育,养也。”[⑤]陆德明特意以育音鬻,以养释鬻,乃视鬻为育之通假。林云铭释鬻为卖,不可谓错,但还是如陆德明等解为养育义,更为恰切。因后文的“天食”表明庄子在此阐述天道自然如何养育万物的问题。因此,所谓的“四者,天鬻也”,整体犹言:不谋、

① 此段“又恶用人”之后,“眇乎小哉”之前,原有“有人之形,无人之情。有人之形,故群于人。无人之情,故是非不得于身”27字,所论主题为人之“无情”的问题,与此段主题无涉,当是窜入此段中的错简。“独成其天”后的下一章,即《德充符》的末章,所载庄子与惠子的对话正辩论人“有情无情”的问题;故此27字当属此庄惠对话中的字句,原疑在庄子所谓的“道与之貌,天与之形,恶得不谓之人”句之后。将此27字下移,“既受食于天,又恶用人?”与“眇乎小哉,所以属于人也!謷乎大哉,独成其天!”前后相接,前后句皆存“天、人”比对关系,正相对应,语脉与思路皆顺畅。

② (清)林云铭:《庄子因》,华东师范大学出版社2011年版,第62页。

③ (清)王先谦:《庄子集解》,第53—54页。

④ 《说文》曰:“鬻,鍵。”徐铉注曰:“今俗作粥,古或借此為卖鬻字。”《尔雅・释言》:“鬻,糜也。”可知,鬻之本义为粥,后引申出鬻卖之义。鬻又通作育,《礼记・乐记》:“羽者妪伏,毛者孕鬻”,郑玄注云:“鬻,生也。”[(汉)郑玄注,(唐)孔颖达疏:《礼记正义》,第1117页。]郑玄当是视鬻为育之通假,故释鬻为生。

⑤ (清)郭庆藩撰:《庄子集释》,第219页。

不斫、无丧、不货四者,是自然养育万物的方式。

“天鬻者,天食也”,成玄英曰:“鬻,食也。食,禀也。天,自然也。以前四事,苍生有之,禀自天然,各率其性。”①成玄英释此鬻为食,不确;释食为禀,则属误解;故整体的疏解存在着主旨偏离的问题。因庄子言“四者,天鬻也。天鬻者,天食也”,有意利用“鬻”字的多义性。鬻之本义为粥,粥即食物之一;鬻又通育,又有养育之义。前句的“四者”限定了前一“鬻”字,只能作养育解,不当依鬻的本义解。后一“天鬻”,庄子言其乃“天食”,后文又言“既受食于天”,故后一“鬻”字当从其本义,即粥糜义作解;食则当作食物解。② 若后一“鬻”字还是作养育解③,则庄子为何提及“食”之问题则无法理解。故“天鬻者,天食也”的字面义实为:自然所给予的粥糜,即自然所给予的食物。然“天鬻者,天食也”并不是仅此字面义而言,庄子在此实以比喻的手法指出,自然本身即为人与万物提供了富足的食物。因此,既然人从天地自然处即可获得富足的食物,又何必再以人为进行无谓甚至是干扰性的有害的作为?如以巧智为谋物之智慧,以约礼为行为之胶漆,以小德为接物之功用,以工巧为商货之物品,以此获取超出生活所需的各种物资?庄子认为,对人与万物的养育,属于人之作为的功劳,非常的渺小;可以独自化成并养育人与万物的自然,实无比的伟大。

因此,庄子所谓的“天鬻”“天食”的思想实主张,不谋、不斫、无丧、不货四者,表明天地自然一直以“无为为之”的方式,自然地养育天下万物,自然本身即已为人与万物无私地提供了富足的食物,实不需要人再进行各种无谓的作为。因此圣人实不须再运用知、约、德、工等事物,进行人为的造作以求属人的功劳,只要依顺天道自然,无为为之即可。

---

① (清)郭庆藩撰:《庄子集释》,第 219 页。

② 《释文》曰:“《天食》音嗣,亦如字。”[(清)郭庆藩撰:《庄子集释》,第 219 页。]陆德明以嗣音食,则是以食为饲食义。受此影响,陈鼓应曰:“天食:受自然的饲食。”(陈鼓应:《庄子今注今译》,第 163 页。)然陆德明未解庄子有意利用鬻字的多义性的意图,皆以养育义解两所谓的鬻,故只能将食解为动词义的饲食。然庄子所谓的“既受食于天”,食为食物义,则“天食”也应解为食物义,否则与无法鬻的粥糜之本义相应。

③ 如方勇曰:“大自然的养育,就是天给予食物。”(方勇译注:《庄子》,第 91 页。)

其次，除以“天鬻”“天食”表达天道自然无私地为人与万物提供富足的食物进行自然的育养外，庄子还以“天放”指出天道自然一直自由地放任人与万物依循自然本性的作为。庄子曰：

> 吾意善治天下者不然。彼民有常性，织而衣，耕而食，是谓同德。一而不党，命曰天放。（《马蹄》）

此处的“天放”，注家歧解甚多。《释文》曰：“《天放》如字。崔本作牧，云：养也。”①王叔岷曰：“成玄英：‘党，偏也。命，名也。天，自然也。’王氏《集解》引宣云：‘浑一无偏’，‘任天自在。’案‘天放’，疑‘放天’之倒语，放，读为效字，（《广雅·释诂三》：放，效也。）‘放天’，谓效法自然耳。浑一无偏，正是效法自然也。”②崔大华总结了“天放”三种可能的理解：“1. 放，如字。天放，放任自乐也。郭象：放之而自一耳，非党也，故谓之天放。林希逸：放肆自乐于自然之中，齐物论之‘天行’、‘天钧’、‘天游’与此‘天放’，皆是庄子做此名字以形容自然之乐。2. 放，作‘牧’字。天牧，天养也。崔譔：天牧，养也。3. 放，同‘倣’字。天倣，同于天。王敔：‘放’与‘倣’同。天如是，则亦如是。”③王叔岷之解与崔大华所引的王敔之解实相似，此一解释思路要视“天放”为“放天”的倒语，以“放”为“倣”之通假。但在本字作解可通的情况下，实无必要强视之为倒语，以“放”为“倣”之通假。再者，庄子在此所论的主题实为民之“常性”的问题，与“道法自然”之旨的关系实不大。

理解“天放”之义旨的关键在确解“一而不党”之义。在此，所谓的“一”④，乃承前文的“同德”而来，正因民有“同德”，故保持“纯一”之状态。而民众皆“织而衣，耕而食”的“同德”，也即“同乎无知，其德不离；同乎无欲，是谓素朴”（《马蹄》）所谓的民众天然具有的无知无欲、素朴自然的德性。所谓的“不党”，成玄英等皆释党为偏，偏私或偏倚之义。孔子尝曰：“君子矜而不

---

① （清）郭庆藩撰：《庄子集释》，第335页。

② 王叔岷：《庄子校诠》，第332—333页。

③ 崔大华：《庄子歧解》，第317页。

④ 成玄英曰：“夫虚通一道，亭毒群生，长之育之，无偏无党。”[（清）郭庆藩撰：《庄子集释》，第335页。]成玄英释“一”为虚通之道，可通，但与前后文语境不太相应，“一”还是视为民众的“纯一”德性，更与前后文相谐。

争，群而不党。”（《论语·卫灵公》）孔安国曰：“党，助也。君子虽众，不相私助，义之与比。”[①]朱子曰：“和以处众曰群。然无阿比之意，故不党。”[②]可知，“党”有亲比结私、朋党相助之义。故“一而不党”，实言保持纯一朴素的同德，而不亲比结党相助。庄子的此一思想，实是对孔子的“群而不党”思想的批判性继承和发展。孔子虽不主张“党”，但主张“群”。庄子不仅不主张“党”，连“群”也不甚主张。庄子认为，“相呴以湿，相濡以沫，不如相忘于江湖”（《大宗师》），与其让民众结群以仁义之德相助，还不如自然放任，让民众保持松散的、自由的、自在的状态。

“天放”，崔譔本作“天牧”[③]。此一异文的出现，除了“放”与“牧”字形相近外，实因“天牧”犹“天放”也。葛洪尝曰：“泛然不系，反乎天牧（旧写本作放）；不训不营，相忘江湖。”[④]可知，“天牧”即“泛然不系”的状态，也即将牛马不加系缚、圈束，直置于自然之原，放任于广漠之野，不训不营的状态。因此，“天放”之“放”，即解开束缚、不加约束之义；故“天放”的确切之义实为：自然放任或放任于自然之中之义。成玄英将“天放”释为“直置放任”[⑤]，甚是恰切。因“天牧”犹“天放”，故前述崔大华所总结的“天放”之第一解与第二解，实可统一起来。一如人天然地牧养牛马时，不加系缚、圈束，直置于自然之原，放任于广漠之野，让其自由自在地生活；天道自然在育养人与万物时，亦不加系缚、约束，直接将人与万物直接置放于广阔的自然之中，使其依循自然的德性自由自在地生活，如林希逸所言，“放肆自乐于自然之中”。可见，“天放”与

① （魏）何晏注，（宋）邢昺疏：《论语注疏》，北京大学出版社1999年版，第214页。

② （宋）朱熹：《四书章句集注》，第166页。

③ “天牧”首见于《尚书》：“四方司政典狱，非尔惟作天牧？”（《尚书·吕刑》）孔安国传曰：“主政典狱，谓诸侯也。非汝惟为天牧民乎？言任重是汝。”[（汉）孔安国传，（唐）孔颖达疏：《尚书正义》，第542页。]《尚书》所谓的“天牧”乃代天子牧民之义，与庄子所谓的“天牧”义涵不同。

④ 杨明照撰：《抱朴子外篇校笺》上册，中华书局1991年版，第362页。葛洪将“天牧”理解为“泛然不系”的状态；还将“反乎天牧”与“相忘江湖”互文对言，亦可知其以“天牧”与“相忘江湖”义相近。葛洪又曰：“穿本完之鼻，绊天放之脚，盖非万物并生之意。”（杨明照撰：《抱朴子外篇校笺》下册，中华书局1997年版，第494页。）所谓“天放之脚”，即泛然不系之脚。

⑤ （清）郭庆藩撰：《庄子集释》，第335页。《广雅》曰：放，“置也。”放既有置义，又有放开、不加约束义。成英玄将“放”释为“直置放任”，二义皆取，释解巧妙。

“天牧”实际上阐发了天道自然对人与万物之育养的自然性与自由性。故圣人应效法“天牧”或“天放”的做法，也让民众保持纯一朴素的同德，不亲比结党；于广阔的天地之间自然地放任自身的自由自在的天性。

综上所述，由上述“天鬻”“天食”“天放”所表达的思想，可以看出庄子对于天道自然如下独到的思想洞见与重要的哲学主张：

第一，不谋、不斫、无丧、不货四者，是自然养育万物的方式。自然所给予的粥糜，即自然所给予的食物。因此，天道自然本就为天下万物提供了富足的食物。故圣人实不须再以知、约、德、工四者，进行各种人为的造作。

第二，应让民众保持纯一朴素，不亲比结党私助的状态。此一状态，也即将人与万物直接置放于广阔的天地之间，不加约束，使之自然自性，自由自在地生活，放肆自乐于自然之中的状态。

（三）天杀、天刑、天戮、天损

《庄子》中，表达天道自然无情地惩罚或损伤人与天下万物，表现天道自然对人与万物之运命的裁决的概念，主要有“天杀”“天刑”“天戮”和“天损”。其中，“天杀”表现天道自然对人之德性的杀减；“天刑”与“天戮”表现天道自然对人的刑罚；“天损”表现天道自然对人与万物损伤。

首先，庄子以为，天道自然会杀减人的自然德性，此之谓“天杀”。《人间世》曰：

> 颜阖将傅卫灵公大子，而问于蘧伯玉曰：“有人于此，其德天杀。与之为无方，则危吾国；与之为有方，则危吾身。其知适足以知人之过，而不知其所以过。若然者，吾奈之何？”（《人间世》）

“其德天杀”，《释文》曰：“谓如天杀物也。徐所列反。”①成玄英曰：“禀天然之凶德，持杀戮以快心。”②林希逸曰：“其德天杀，犹言天夺其鉴也，杀犹销铄也，

---

① （清）郭庆藩撰：《庄子集释》，第164页。

② （清）郭庆藩撰：《庄子集释》，第164页。

陨霜杀草之杀。言其德性为造物所销铄也。”[①]王先谦曰:“天性嗜杀。”[②]钟泰曰:“‘天杀’之杀,谓降杀也。‘其德天杀’者,言天薄之,不赋以美德。”[③]王叔岷曰:“此谓德性天生刻薄也。”[④]陈鼓应曰:“天性残酷。”[⑤]上述释解,王叔岷与陈鼓应乃整体意解“天杀”之义,对“杀”字本身并无疏解。陆德明、成玄英与王先谦皆按“杀”之本义,即杀戮义作解,此解实值商榷,因其与天连解时无法成义。《释文》引徐邈音“所列反”,可知徐邈以为“杀”应读若“衰”,释为衰减、削减、减少之义。[⑥] 故“杀”在此当如钟泰所言,解为降杀之义。林希逸言“杀犹销铄也”,其义近是,但程度过之。“其德天杀”犹言:天道自然在赋予卫灵公太子以德性时,杀减其自然的德性,故其天性刻薄。

由是可知,庄子以为,人的自然德性由天道自然所赋授,然天道自然在赋予人以德性时,存有薄厚多少之别。故有些人天生的德性“刻薄”,有些人天生的德性“敦厚”。如此,则产生出需要解释的问题:天道自然在赋予人以德性时,并未将自然德性平均地分配给每一个人,是否说明天道自然的不公平?

由对庄子所谓“天不(私)赐”与“道不私”的思想分析已知,天道自然赋赐予人与万物以性命之理则和存在之殊性时,本就殊别不同,故“四时殊气”“万物殊理”。但道与天对人与万物的赋赐有所殊别,并不表明天道自然之赋赐的偏私性,反表明了这一赋赐的无私性与公平性。因正是天道自然赐予人与万物以殊别不同的性命之理则和存在之殊性,如此才有形态万千,姿态各异,各具特色的不同事物的产生。而各个不同的事物,各有其美,各具独特的存在意义与价值,因此皆是平等的存在。天道自然赋予人以自然的德性亦是如此。若天道自然在赋予人以德性时,为了表面的形式上的公平,故进行平等的均分,则天下人皆成只具同质化德性的人。正因天道自然在赋予人以德性时,有所差别,如此才有天下各具不同的天性、个性、人格特质等各式各色的人

① (宋)林希逸:《庄子鬳斋口义校注》,第 72 页。

② (清)王先谦:《庄子集解》,第 40 页。

③ 钟泰:《庄子发微》,第 95 页。

④ 王叔岷:《庄子校诠》,第 146 页。

⑤ 陈鼓应:《庄子今注今译》,第 130 页。

⑥ 《广韵》曰:“杀,降也,削减也。”

之产生。每一个人的独特德性,各有其独特的存在意义与价值,就此而言,所有人皆是平等的。因此,虽然天道自然在赋予人以德性时,给有些人的自然德性轻薄一些,给有些人的自然德性厚实一些,但这种天赋的差别只是天道依其自然的变化规律而造成的自然差别,并非有心作为的结果。在此意义上,天道自然因无心而无所偏私,故其赋赐还是公平无私的。

其次,天道自然不仅会杀减人天赋的自然德性,还会对人施加不可解除与逃免的惩罚,此之谓"天刑"。《德充符》曰:

> 无趾语老聃曰:"孔丘之于至人其未邪?彼何宾宾以学子为?彼且蕲以諔诡幻怪之名闻,不知至人之以是为己桎梏也!"老聃曰:"胡不直使彼以死生为一条,以可不可为一贯者!解其桎梏,其可乎?"无趾曰:"天刑之,安可解!"①(《德充符》)

"天刑之",成玄英释为"天然刑戮"②。林希逸曰:"天刑之,犹天罚之,不与之以道也。"③宣颖认为,"天刑"乃"言其根器如此"④。成玄英、林希逸皆就"刑"之刑罚、刑戮义作解。宣颖当是将"刑"视为"形"之通假,故以之为天然形成的根器如此。由前文可知,"天刑之"乃承无趾所谓的"桎梏"而言之,"桎梏"是束缚罪人之手足的"刑具"。故"刑"在此释为刑罚、刑戮义,更与前后文相谐。

"天刑之"是无趾对现束缚于孔子身上的"桎梏"的定性:这是自然的刑

---

① 宾宾,《释文》曰:"司马云:恭貌。张云:犹贤贤也。崔云:有所亲疏也。简文云:好名貌。"[(清)郭庆藩撰:《庄子集释》,第204页。]俞樾曰:"宾宾之义,《释文》引司马云:恭貌。张云:犹贤贤也。崔云:有所亲疏也。简文云:好名貌。皆望文生义,未达古训。宾宾,犹频频也。《汉书·司马相如传》'仁频并闾',颜注曰:'频字或作宾',是其例也。《诗·桑柔篇》'国步斯频',《说文·目部》作'国步斯矉'。《书·禹贡篇》'海滨广斥',《汉书·地理志》作'海濒广潟'。是皆'宾'声,'频'声相通之证。"[(清)俞樾:《诸子平议》,第335—336页。]俞樾之见是。蕲,成玄英曰:"求也。"諔诡,《释文》曰:"李云:諔诡,奇异也。"[(清)郭庆藩撰:《庄子集释》,第205页。]

② (清)郭庆藩撰:《庄子集释》,第206页。

③ (宋)林希逸:《庄子鬳斋口义校注》,第89页。

④ (清)宣颖:《南华经解》,第42页。王先谦与方勇皆认同宣颖此解。王先谦云:"言其根器如此,天然刑戮,不可解也。"[(清)王先谦:《庄子集解》,第50页。]方勇曰:"孔子天生根器如此,哪里可以解除呢!"(方勇译注:《庄子》,第85页。)

罚,不可解除。而“桎梏”是对孔子“宾宾以学子为”等行为而博得的諔诡幻怪之“名”的比喻。无趾为何将孔子所得的名之桎梏定性为“天刑”?牟宗三指出,“桎梏不可免,则谓之‘天刑’,‘不可解’之谓‘天刑’”①。依此,将名之桎梏称为“天刑”,乃强调其“不可免”“不可解”。庄子曾曰,“寇莫大于阴阳,无所逃于天地之间”(《庚桑楚》)。认为,若是至大之寇阴阳之寇来侵,处于天地之间的人绝对无法逃免。因天地阴阳所具有的强大异己力量,根本非人所能抗拒和逃脱。故若是天道自然所给予的桎梏与刑罚,人也绝对无法解除与逃免,故可谓:“刑莫大于天,无所逃于天地之间。”

无趾为何认为孔子无法解除与逃免名之桎梏?林希逸认为,这是因为天罚之,天不与孔子以道。然此解明显与庄子所谓的道“无所不在”的思想相矛盾。无论是蝼蚁、稊稗、瓦甓,还是为人所厌恶的屎溺,天皆赋予其道,孔子肯定也不会例外。故孔子肯定禀受有道,差别当在觉与不觉,而非“与”和“不与”。宣颖则认为,是因孔子天然形成的根器有限,故无法解除与逃免名之桎梏。然无趾是否如此小视孔子的天然根器,十分可疑。对此一问题,郭象曾提出精到的见解:“今仲尼非不冥也。顾自然之理,行则影从,言则向随。夫顺物则名迹斯立,而顺物者非为名也。非为名则至矣,而终不免乎名,则孰能解之哉!故名者影向也,影向者形声之桎梏也。明斯理也,则名迹可遗;名迹可遗,则尚彼可绝;尚彼可绝,则性命可全矣。”②郭象在此为孔子辩护,其以为,从自然变化之理来说,若在光中行走,则影必从之;若大声言语,则响亦必随之;人若顺物之性而为德行,必然会有名迹随之而立。本来顺物之性而为德行,非为名迹,结果名迹自然随而来至,则名迹是德行之所不可免除者,因名迹实犹光之影,声之响也。与“影向者,形声之桎梏也”相似,名迹者,亦德行之桎梏也。因此,行德必有名迹相随的自然变化之理决定了名迹之桎梏,是行德所不可免、不可解的“天刑”。郭象此解,较好地解释了为何孔子无法逃脱名之桎梏:因孔子已为德行,故必有随此德行而立,依自然之理不可解免

---

① 牟宗三:《才性与玄理》,广西师范大学出版社 2006 年版,第 188 页。

② (清)郭庆藩撰:《庄子集释》,第 206 页。其中,“向”通“响”。

的名之桎梏。①

庄子所谓的“天刑”与《尚书》所谓的“天罚”，字面之义非常相似。如《尚书》曰：“今予以尔有众，奉将天罚”（《尚书·胤征》）；“尔其孜孜，奉予一人，恭行天罚”（《尚书·泰誓下》）；“天罚不极，庶民罔有令政在于天下”（《尚书·吕刑》）。然庄子所谓的“天刑”与《尚书》所谓的“天罚”不仅内涵不同，性质也殊别。《尚书》的“天罚”所谓的“天”，乃是具有人格意志性，又具有道德正义性的“主宰之天”，故其所谓“天罚”指“主宰之天”有意识施予人的惩罚。庄子所谓的“天”，完全没有人格性意识与主宰性意志，庄子以为，“天即自然”。故庄子所谓的“天刑”，实是对天道自然依其自然变化之理所施予孔子的如同不可解免之刑罚的现实困境的拟人化称谓。林云铭尝曰：“孔子讲学，必不肯用此意。其受好名之累，犹天加刑，非人所能解也。”②林云铭所言的“犹”字，非常形象。天实不能有意识地给人施加不可逃免的刑罚。只不过人一旦陷入某种无法逃免与摆脱的带有惩罚性意味的现实困境，如名之桎梏，实如同天道自然所给予人的不可解免的惩罚。

依郭象之解，孔子身上的名之桎梏不可解免，因这是天道自然变化之理所决定的结果。但在庄子看来，名之桎梏并非完全无法从根本上解免。庄子以为，欲从根本上解免名之桎梏，莫若一开始就“不私”“无为”。庄子曰：“万物殊理，道不私，故无名。无名故无为，无为而无不为。”（《则阳》）道之所以“无名”，因道一直无私地赋赐人与万物以形体之生命、性命之理则与存在之殊性，一直以“无为为之”的方式无私地化育天下万物，“功成不名有”（第三十四章）。圣人若能法道之“不私”“无为”，完全亦可达至“无名”的境界，从而解免名之桎梏对人的束缚与刑罚。庄子曰：“夫德遗尧、舜而不为也，利泽施于万世，天下莫知也。”（《天运》）在自身的德行完全超过尧、舜，却依然能控制自

① 牟宗三认为，“庄子假托兀者与老聃之问答，寄此境（引者注：指同体大悲，不舍众生之境）于仲尼，表面观之为贬视，而实则天地气象之孔子实真能持载一切也”。（牟宗三：《才性与玄理》，第188页。）牟宗三承“向郭之天刑义”之解释思路，进一步阐发孔子所达的至境。然庄子是否表面贬之，实则赞之，值得商榷。

② （清）林云铭：《庄子因》，第58页。

身追求所谓仁义之德的冲动,无为为之;施加给人与万物的利益恩泽延及万世,却天下人皆莫知其名。这一境界显然是比所谓行德必有名迹相随的境界更高的思想境界。故孔子之过,实在于无法控制自身追求仁义之德的冲动,不能效法道之"无为为之"的做法,陷于有为的境界,因此无法逃免名之桎梏对自身的束缚。

庄子主张"圣人无名"(《逍遥游》),认为圣人应一开始即效法天道自然"无为为之"的做法,消解追求有为的仁义之德的冲动,从而避免自身为名之桎梏所束缚。否则,依行德必有名迹相随的自然变化之理,一旦获此名之桎梏,必受不可解免的"天刑"惩罚。

再次,庄子以为,天道自然还会对人施加"天戮"。"天戮"本自庄子所谓的"天之戮民"。《庄子》中,"天之戮民"两见,首见于《大宗师》:

> 子贡曰:"然则夫子何方之依?"孔子曰:"丘,天之戮民也!虽然,吾与女共之。"子贡曰:"敢问其方?"孔子曰:"鱼相造乎水,人相造乎道。相造乎水者,穿池而养给;相造乎道者,无事而生定。故曰:鱼相忘乎江湖,人相忘乎道术。"(《大宗师》)

在此对话中,孔子向子贡自认是"天之戮民"。戮,《说文》曰:"戮,杀也。"《广韵》曰:"戮,刑戮。"戮之本义是处以死刑,后引申为刑戮之重罚。故成玄英将"天之戮民"释为"自然之理刑戮之人"①。陈鼓应本之,将之译解为"从自然的道理看来我就像受着刑戮的人"②。方勇则将之译解为"受天刑罚的人"③。"天"在此视为"自然"的代称,更为贴切。故"天之戮民",犹言受天道自然之刑戮惩罚的人。

孔子现在受何种的天道自然之刑罚?郭象认为,"以方内为桎梏,明所贵在方外也"④。成玄英则认为,"夫圣迹礼仪,乃桎梏形性"⑤。张松辉以为,

---

① (清)郭庆藩撰:《庄子集释》,第 271 页。王孝鱼将"自然之理刑戮之人"断作"自然之理,刑戮之人",属误断,当改正。

② 陈鼓应:《庄子今注今译》,第 198 页。

③ 方勇译注:《庄子》,第 114 页。

④ (清)郭庆藩撰:《庄子集释》,第 271 页。

⑤ (清)郭庆藩撰:《庄子集释》,第 271 页。

“孔子不能摆脱各种世俗事务的缠绕和束缚，故自称‘天之戮民’”①。郭象以被方内之俗世所桎梏为孔子自天所受之刑罚；张松辉的看法相似，并将之具体化为世俗事务的缠绕和束缚；成玄英以被礼法仪则桎梏形性是孔子自天所受之刑罚；三解似皆可通。然上述注家学者对“天之戮民”，皆依己意作解，未联系《天运》中庄子对“天之戮民”的自我解释而作解。

在《天运》中，庄子曾自我详解何谓“天之戮民”：

> 以富为是者，不能让禄；以显为是者，不能让名；亲权者，不能与人柄，操之则慄，舍之则悲。而一无所鉴，以窥其所不休者，是天之戮民也。②（《天运》）

由是可知，庄子所谓的“天之戮民”有其特殊的义涵，专指内心没有可以明照的镜鉴看透其所追求不休的利禄、功名、权柄等外物的真实本质的人；易言之，即为其所追求不休的利禄、功名、权位等外物蒙蔽了心灵，陷入逐物之迷途而不知返，为天所施加的刑罚惩处之人。③

故在《大宗师》中，孔子自认是“天之戮民”，即向子贡承认他还是一个没有完全看破世人所追求不休的利禄、功名、权位等外物本质的人，故精神境界还停留于游方之内，未能像孟子反、子琴张达至游方之外的境界。这一自我承认，说明孔子对自我的认识非常清醒，故虽然孔子此时还未完全看透利禄、功名、权柄等外物的真实本质，放下对功业的追求，但可谓看透自我之人。看透自我正在进行的行为的本质，是自我觉解的基础。故孔子接着向子贡表示，虽然目前我还停留在游方之内的境界，但我们可以一起共同追求游方之外的精神境界。表明孔子还是力图脱免天道自然所施加给他的刑戮惩罚。

---

① 张松辉：《庄子译注与解析》，第 136 页。

② “操之则栗，舍之则悲”与“而一无所鉴以窥其所不休者”断在一起（参见王叔岷：《庄子校诠》，第 528 页），属误断。因“操之”与“舍之”两“之”字，当依指代的就近原则，指可持握与舍弃的“权柄”，操、舍与权柄正相对应，故此句当上断。成玄英即如此断句作解曰：“操执权柄，恐失所以战栗；舍去威力，哀去所以忧悲。”[（清）郭庆藩撰：《庄子集释》，第 521 页。]《广雅》曰：“鑑谓之镜。”鑑乃“鉴”之古体字。

③ 林希逸：“无所鉴者，略无所见也。窥，视也；所不休，迷而不知返也。心无明见而不能反视其迷，此天夺其魄之人也。天之戮民，言天罚之以此苦也。”[（宋）林希逸：《庄子鬳斋口义校注》，第 239 页。]

此中关键的问题是:天道自然施加给孔子的到底是何种刑戮惩罚?由《天运》对"天之戮民"的详解可知,当人过分看重名利之物的价值时,就会产生表现为"不能让禄""不能让名"的对名利之物的"独占欲",此一"独占欲"不可避免地会使人患得患失,因此身心失和;同理,爱重权力的人,也会产生表现为"不能与人权柄"的"权力独占欲",此一"权力独占欲"也必然会使人陷入操持权柄时则惴慄恐惧,丢舍权柄时则伤悲忧苦的情态苦海中,受对权位之物又怕又爱的身心煎熬之刑。为何名利权之物必然会带来身心煎熬之刑?庄子曾有形象的说明:"利害相摩,生火甚多,众人焚和,月固不胜火,于是乎有僓然而道尽"(《外物》)。[①] 庄子指出,一旦人陷入利害两端,必定会因利害摩擦与人产生无数的矛盾,内心窜生数不胜数的火气,焚毁心灵本来的阴阳和定状态,而身之为肉,本就无法克胜心火之煎烤,于是最终身心精气僓竭,"所受以生之道,于是乎亡"[②]。由是可知,天道自然变化之理决定了人一旦以富为是、以显为是、爱重权力,则由此而生的对功名、利禄、权位等外物的"独占欲",必然会带来身心阴阳失和,受身心之火煎熬之内刑。故孔子作为"天之戮民",所承受的天道自然的刑戮惩罚,实为孔子因追求功名等外在的功业,故身心陷入阴阳失和的状态而受身心之火煎熬之刑。

这一天道自然施于人之内的由身心阴阳失和而遭受的身心之火煎熬之刑,庄子也称之为"内刑"。庄子曰:

> 为外刑者,金与木也;为内刑者,动与过也。宵人之离外刑者,金木讯之;离内刑者,阴阳食之。夫免乎内外之刑者,唯真人能之。(《列御寇》)

庄子指出,施行外在刑罚的,是"金与木"[③]所制造的刑具;施加内在刑罚的,是"动与过"所带来的身心折磨。林希逸曰:"动与过,言人身之举动过失,与刑戮同矣。"[④]

---

① "月固不胜火",宣颖注曰:"月者喻清明本性也。又何堪火之燔灼乎!"[(清)宣颖:《南华经解》,第184页。]虽然宣颖释月为清明本性之喻,似可通,然此处言"月"实与火实无甚关系。"月"在此可能是"肉"之误字。"肉"之甲骨文、小篆等古文字形皆与"月"之字形非常形似,《庄子》原可能作"肉",后人传抄时,无意误写作"月"字。

② (清)王夫之:《庄子解》,第238页。

③ 郭象曰:"金,谓刀锯斧钺;木,谓捶楚桎梏。"[(清)郭庆藩撰:《庄子集释》,第1053页。]

④ (宋)林希逸:《庄子鬳斋口义校注》,第483页。

陈鼓应则将"动与过"译解为"动摇和懊恼"①,方勇将之译解为"深心计较与忧愁后悔"②。林希逸将"动"释为"举动",未全确。因若只是人之举动,并不会造成内刑。会造成内刑的"动"肯定是不当之举动。陈鼓应与方勇偏向从心理活动上解所谓的"动",有过于狭窄之嫌。"动"在此释为"躁动有为"更加恰切,具体即指人因内心躁动,故追求功名、利禄、权位等外物的行为。"过",陈鼓应与方勇也皆偏向从心理感受的角度诠解,虽然"过"会带来懊悔或忧愁后悔等情绪,但"过"本身并不包含这些情绪,故还是如林希逸解为"过失"较为恰当。因此,所谓的"过",实指在人追求功名、利禄、权位等外物的过程中所犯的过失错误。

"动"与"过"紧密相连。一旦人躁动有为,就极易犯各种过错。一旦人犯过错,则会产生对自己行为的懊悔,对被伤害者的内疚,对上位者将要给予的惩罚的忧愁、恐惧等情绪,各种情态在内心交作,身心备受煎熬,如同火炙之刑。因此,"金与木,刑人之体者也;动与过,刑人之心者也"③。"金与木"因主要刑惩人之身体,故称"外刑";"动与过"因主要刑罚人之心灵,故称"内刑"。

庄子在指明人遭受内外之刑的原因后,还以"宵人之离外刑者,金木讯之;离内刑者,阴阳食之"④,详细指出了内刑与外刑具体如何惩戒人之身心。

---

① 陈鼓应:《庄子今注今译》,第 843 页。

② 方勇译注:《庄子》,第 558 页。

③ (宋)吕惠卿:《庄子义集校》,中华书局 2009 年版,第 575 页。点校者原将之误断为"金与木刑,人之体者也;动与过刑,人之心者也",当改正。褚伯秀的《南华真经义海纂微》引正作:"金与木,刑人之体;动与过,刑人之心。"[(南宋)褚伯秀撰:《南华真经义海纂微》,第 1323 页。]

④ 宵,《释文》曰:"《宵人》王云:非明正之徒,谓之宵夜之人也。"成玄英曰:"宵,闇夜也……闇惑之人。"[(清)郭庆藩撰:《庄子集释》,第 1053 页。]《说文》曰:"宵,夜也。"前述二解皆以"宵"这一本义作解。俞樾曰:"郭注曰,'不由明坦之涂者,谓之宵人'。《释文》引王注云,'非明正之徒,谓之宵夜之人也'。皆望文生义,未为确诂。宵人,犹小人也。《礼记·学记篇》'《宵雅》肄三',郑注曰:'宵之言小也,习《小雅》之三,谓《鹿鸣》、《四牡》、《皇皇者华》也'。然则宵人为小人,犹《宵雅》为《小雅》矣……《文选》江文通《杂体诗》'宵人重恩光',李善注引《春秋演孔图》曰:'宵人之世多饥寒'。宋均曰:'宵,犹小也'。此说得之。"[(清)俞樾:《诸子平议》,第 382—383 页。]俞樾之见是,当从之。离与讯,成玄英曰:"离,罹也。讯,问也。"[(清)郭庆藩撰:《庄子集释》,第 1053 页。]

庄子指出,小人若触犯了外在的刑法,那么官府会用金木之刑具惩戒他;若遭受了内在的刑罚,那么失和的阴阳二气就会蚕食他的精气。人遭内刑的状态,即人因动与过,故内心忧愁、恐惧、懊悔等各种情态交作,身体的阴阳二气亦随之而失和,于是寒热之疾迸发①,其痛苦之状,若有物噬咬之,失和的阴阳二气会不断蚕食和消耗作为生命之基础的精气,最终使人"偾然而道尽",此即所谓"阴阳食之"。"阴阳食之"表明,天道自然对人所施加的内刑,主要通过阴阳二气本身的内在作用机制而对人施加人根本无法克胜的身心煎熬之刑。

一如将名之桎梏称为"天刑",乃为强调一旦陷入名之桎梏,则天道自然变化之理决定了这一桎梏不可解、不可免;庄子将人因对功名、利禄、权位等外物的追求不休,故身心阴阳失和而遭身心煎熬之内刑,称为"天戮",也是为了强调,一旦人过分追求功名、利禄、权位等外物,同时灵台又没有可以鉴照的明镜,看透其所追求不休之外物的真实本质,则必有天道自然通过阴阳之气所施加的"内刑"随之,而阴阳之气所施加的"内刑"是人根本无法克胜的刑罚,因"寇莫大于阴阳,无所逃于天地之间"(《庚桑楚》)。因此,与"天刑"相似,"天戮"同样不表明庄子认为天道自然能有意识地对人施加刑戮惩罚。"天戮"实是庄子对天道自然变化之理所决定的人因过分追求外物而陷入身心阴阳失和的状态,则必受身心之火煎熬之内刑的拟人化描述。林云铭在释"天戮"时曾指出,"方内桎梏,不能自脱,如受之天"②。虽然林云铭承郭象之见,将"天戮"释为"方内桎梏",不够确当,然其"如受之天"之"如"字,形象地表述了庄子将身心陷入阴阳失和的状态而遭受身心煎熬之刑,称之"天戮",乃因其如同禀受自天道自然的刑罚。天道自然本身所具有的强大力量决定了其所施加的刑戮惩罚,无法克胜;若不从根本之因上解脱,则不可解除。

最后,天道自然还会对人与万物进行损伤与损减,此之谓"天损"。与"天刑""天戮"偏向于强调由天道自然所施加的不可解免的刑戮惩罚不同,"天

---

① 如叶公子高所言的"今吾朝受命而夕饮冰,我其内热与"(《人间世》),即"热疾"是也。《在宥》所言的"人心排下而进上,上下囚杀……其热焦火,其寒凝冰"(《在宥》),"其热焦火,其寒凝冰"即身心寒热之疾交作之状。

② (清)林云铭:《庄子因》,第 76 页。

损"则指因违逆天道自然的客观规律与发展情势,而由天道自然所施加的对人之原本赋授物的损伤或损减。《山木》载孔子与颜回的寓言对话曰:

> 仲尼恐其广己而造大也,爱己而造哀也,曰:"回,无受天损易,无受人益难,无始而非卒也,人与天一也。夫今之歌者其谁乎?"回曰:"敢问无受天损易。"仲尼曰:"饥渴寒暑,穷桎不行,天地之行也,运物之泄也,言与之偕逝之谓也。为人臣者,不敢去之。执臣之道犹若是,而况乎所以待天乎!"①(《山木》)

在此寓言对话中,孔子提出"无受天损易,无受人益难"的看法,并应颜回之问而进行详细的解释。孔子认为"无受天损易",因其以为,无论是"饥渴"这一人之性命本能的生理状态变化,还是四时"寒暑"的更替迁移,还有人穷困不通的外在境遇,皆是天地自然的运行,阴阳二气自然的变化;皆是人无法阻挡、抗拒与改变的自然客观变化。② 故面对此无可奈何的情境,人"唯安之"③,选择遵循天道自然的不可御止的变化方向,与天道自然的流行变化共同逝往,"与之俱行,亦与之俱泄"④,如此,才相对更加容易不受"天损"。

---

① "桎",《说文》曰:"桎,足械也。""桎"作为"足械",是对人行动的束缚、限制,故桎引申又有限制、束缚之义,义近于"困"。陈鼓应曰:"穷桎不行:穷困不通。"(陈鼓应:《庄子今注今译》,第520页。)释解恰确。"运物之泄",陈景元云:"运化之泄也,见江南古藏本。旧作物。"[(宋)陈景元:《南华真经章句余事》,见《道藏》第15册,第958页。]王叔岷认为,"《阙误》引江南古藏本'运物'作'运化',义同,犹造物即造化也"。(王叔岷:《庄子校诠》,第752页。)此见是,"运物"或"运化"皆指在万物背后"推动"万物变化的阴阳二气或道。《释文》曰:"《运物》司马云:运,动也。《之泄》息列反。司马云:发也。"[(清)郭庆藩撰:《庄子集释》,第691页。]泄,司马彪释为发,近是,但还未全确。《诗经·民劳》"俾民忧泄",毛亨传曰:"泄,去也。"郑玄《笺》云:"泄,犹出也,发也。"孔颖达曰:"云:'泄,漏也。'然则泄者,闭物漏去之名,故以为去。《笺》以为,忧泄者,是忧气在腹而发出,故云'出也,发也'。其意亦与毛同。《月令》'是谓泄天地之气',是发出之义也。"[(汉)毛亨传,(汉)郑玄笺,(唐)孔颖达疏:《毛诗正义》,第1142—1143页。]《礼记·月令》还有"阳气发泄""地气上泄""地气沮泄,是谓发天地之房"等语,可知,"泄"乃形容阴阳二气变化之语。因阴阳二气之变动有"发泄""泄去"两种状态,故"泄"亦有"发而出""漏而去"两义。此处的"运物之泄",既包括阴阳二气"泄发"而出现,也包括阴阳之气"泄漏"而消逝,故后文孔子才言"与之偕逝"。

② 吕惠卿指出,"天地之行也,而非人所得止也;运物之泄也,而非人所能闭也"。[(宋)吕惠卿:《庄子义集校》,第374页。]

③ (清)郭庆藩撰:《庄子集释》,第690页。

④ (宋)林希逸:《庄子鬳斋口义校注》,第311页。

成玄英认为,“天损”是“夫自然之理,有穷塞之损”①。林希逸曰:“天损,穷时也。”②马其昶曰:“天损,谓穷桎。”③三位注家皆将“天损”理解为孔子于时所遭的穷困之境遇。这一理解不确,因孔子此时困于陈蔡之间,已七日不火食,若孔子所遭的穷困之境遇即为“天损”,则孔子此时实已遭“天损”;如此,孔子实不当再言“无受天损易”,因如此“易”的天损,孔子却已遭之。因此,不当将穷困的境遇本身理解为“天损”,穷困的境遇本身并不必然会造成自我心灵境界等损伤或损害。孔子在此将“天损”④与“人益”对言。“人益”是对原本的自然赋授物的人为增益。⑤ 如此,“天损”则当指天道自然的流行变化对原本的自然赋授物的损伤或损减,如天道自然对原先“委付”给人的形体生命、寿命夭年、性命理则、阴阳和定的内在德性等物的损伤或损减,以及对外在的“运命”之物,如富贵、穷达、吉凶、祸福等物的损减或损夺。故“天损”应如陈鼓应之解,泛解为“自然的损伤”⑥。

故孔子的“无受天损易”,其实乃言,面对人所无可奈何的由天道自然所决定的客观境遇,人若选择与天偕行,与化日往,安顺于天道自然的变化,则可使自己的心灵不受天道自然的损伤,这是更加容易之事。因当人的心灵摆脱因“动与过”而产生的恐惧、忧愁、懊悔等情态的纠缠,依然保持阴阳和定的状态,则身心的阴阳二气就不会失和而遭受“阴阳食之”的内刑,如此就可以摆脱天道自然通过阴阳二气本身的内在作用机制而对人施加的内刑等损伤。此中关键的安顺天道自然的客观变化的高超心灵修养,则来自视天道自然所决定的运命境遇如天地之“父母”所施授之“命”的敬顺态度。孔子指出,一如为

---

① (清)郭庆藩撰:《庄子集释》,第 690 页。

② (宋)林希逸:《庄子鬳斋口义校注》,第 310 页。

③ (清)马其昶:《定本庄子故》,第 138 页。

④ 《说文》曰:“损,减也。”《康熙字典》曰:“损,又伤也,贬也,失也。”

⑤ 陈鼓应将“人益”译解为“人的利禄”(参见陈鼓应:《庄子今注今译》,第 519 页),方勇将“人益”译解为“人的利益”(参见方勇译注:《庄子》,第 332 页)。此两解的准确性皆值得商榷,因“人益”与“天损”对言,则“益”当是指与“减损”相反的“增益”。对原本的自然赋授物的人为增益,不仅包含“利禄”或“利益”,还包含爵位、权位、声名、美服等物。要之,一切在自然赋授物基础上的人为附加物,皆属“人益”。

⑥ 陈鼓应:《庄子今注今译》,第 521 页。

人臣子,若君主要损减原先赐予臣子的东西,作为臣子不当抗拒违逆君命,执守为臣的行为准则犹且如此;若面对作为“万物之父母”的天地或“不翅于父母”的阴阳,要损伤与损减原先赋赐给人与万物之物时,那么作为“天之所子”的人与万物,执守为子之道,更应不当抗拒和违逆天道自然之命,而应选择与天偕行,与命日往。① 陈景元指出,“故圣人泊然无情,随化所往,此达命之至也”②。这种达观面对自己一切所遇,安然与天偕行,与命日往的态度,即庄子所主张的“达命”的思想精神。

因此,庄子将天道自然的流行变化对人与万物之原本的自然赋授物的损伤或损减,称为“天损”,既为强调这一损伤或损减来自天道自然对自身命运的裁决,而非人为的原因;同时也为强调作为天地之“父母”所给予人的损伤或损减,实如同天命,故人当以安然顺受,不抗拒与违逆的方式,选择与天偕行,与命日往,从而避免外在的穷困境遇对内在心灵的损害。

综上所述,由“天杀”“天刑”“天戮”与“天损”所表达的思想,可以看出庄子对“天命”如下的深刻而独到的思想洞见与丰富而重要的天命哲学主张:

第一,人的自然德性由天道自然所赋授,然天道自然在赋予人以自然德性时,存有薄厚多少之别。故有些人天生德性“刻薄”,有些人天生德性“敦厚”。

第二,人应克制自身追求有为的仁义之德的冲动,从而避免陷入名之桎梏。否则,行德必有名迹相随的自然变化之理,决定了人必定会陷入名之桎梏。一旦获此名之桎梏,必受不可解免的“天刑”惩罚。

第三,内心没有可以明照的镜鉴看透其所追求不休的利禄、功名、权柄等外物的真实本质的人,是受天道自然之刑戮惩罚的人。因这种人为功名、利禄、权位等外物蒙蔽了心智,天道自然变化之理决定了人对功名、利禄、权位等外物的“独占欲”,必然会带来身心阴阳失和,而受身心之火煎熬之刑。此刑亦即人所遭的由阴阳二气所施加的内刑。人遭内刑是人因有为躁动,逐物不返而犯各种过错,故内心忧愁、恐惧、懊悔等各种情态交作,身体的阴阳二气亦

① 林自曰:“天地之行,运物之泄,皆本于阴阳;阴阳于人,不啻父母,是以与之偕逝也。夫臣受命于君,犹不敢去,况受命于天乎!”[方勇:《庄子纂要》(四),第1006页。]

② 见(南宋)褚伯秀撰:《南华真经义海纂微》,第836页。

随之而失和，由此不断蚕食作为生命存在之基础的精气，最终使人受“儽然而道尽”的自然刑罚。

第四，天道自然的流行变化实会对人与万物原本的自然赋授物进行无情的损伤或损减。但人在面对由天道自然所决定的无可奈何之境遇时，若选择与天偕行，与化日往，安顺于天道自然的变化，则可使自己的心灵不受天道自然的损伤。

综上可见，“天命”作为天道自然对人与万物无法抗拒的赋授规限和施加的决定性的作用影响，有“温情”的一面，表现为天道自然以“天与”“天选”“天赐”“天布”“天地之委”等形式，无私地赋予人与万物以形体生命，赐予万物以性命之理则与存在之殊性；并且，以“天鬻”“天食”和“天放”的方式，无私地赋予人与万物丰富的食物，自然自在地育养人与天下万物。

同时，天道自然对人与万物之命，也有其“无情”的一面，表现为天道自然会杀减人的自然德性；人若不能克胜自身行德的冲动，则必然将陷入名之桎梏，受不可解免的“天刑”；人若为其所追求不休的利禄、功名、权柄等外物蒙蔽了内心的明镜，则必定会因身心阴阳失和，而受天道自然通过阴阳之内刑所施予的“天戮”；天道自然还会对人与万物原本的自然赋授物进行无情的损伤或损减。但由庄子对人遭受“天刑”“天戮”与“天损”之原因的深刻反思可见，庄子试图通过提出“圣人无名”“游方之外”等思想，使人解脱因自身不当的作为而遭受的天道自然对人的无情的损伤与伤害。同时，庄子试图通过将天道自然之无情面相化为温情面相的方式，如将天道自然对人之命运的穷困，视作天地或阴阳之“父母”之命，从而安然顺受天道自然的安排，选择与天偕行，与命日往，依此避免天道自然对人之平和静定的心灵境界的损伤与伤害。

二、“生命”之概念丛思想分析

《庄子》中，未见“生命”一词，除少量使用单称的“命”字，主要以“生”表“生命”之义。人之“生”，最初指人的身体不需要外物的推动，在自我的意识指导下，自己凭借内在的活力和天赋的本性，自行开展实践活动的状态。然人之"生",必须首先有"身"。人只有自天禀受有生之身体后,才能依托此身展开各种生命实践活动。故人的"生命",实质指人之内具活力与天赋本性,能够自行开展实践活动的"身体"。《庄子》即常以"身"指"生",同时,还常以形、骸、躯、体、天弢、天袭称指"身"之有形的部分,认为形是生命不可缺离的存在基础。人有生①,必有死。死是身体活力消竭、活动消止,原本构生人之身体的阴阳二气离解消散的状态。② 死的存在意味着用以持生的身体有其"天年"。每一个人的"天年"长短不一,于是又有"寿夭"之分。人对"天年"与"寿夭"的看法,也体现人的生命观。

因此,生、身、形、骸、躯、体、天弢、天袭、天年与寿夭,构成了庄子"生命"范畴的概念丛,共同表达了庄子丰富的生命哲学思想:庄子以为,人当"尊生""重生",看重生命本身的存在价值;生命是人在世的目的本身,并非人求物的工具与手段,故人当"保生""卫生""全生""养生"。身、形、骸、躯、体是人在世的前提,因身是生命的承载者;形骸是存性载神的躯体,是人重要的保神之天弢、天袭,是人之生命存在不可缺离的必要前提。然身只是天地之委形,这决定了人之生必有其"天年"之限,然人应"终其天年",并以一种自然随顺的达观态度来对待自己生命的"天年"有寿有夭的生命实情。

(一)生

《庄子》中,"生"之义主要有四:一是作动词解,表化生、产生、出生之义③;

---

① 《墨子·经上》云:"生,刑与知处也。"毕沅云:"刑同形。"孙诒让曰:"此言形体与知识合并同居则生。"[(清)孙诒让:《墨子间诂》,中华书局2001年版,第314页。]孙诒让以"知"为知识,有以今解古之嫌。因先民所理解的生是形与神并处的状态,故"知"释为有"知"的精神,更与古人对"生"之理解相谐。

② 《说文》曰:"死,澌也,人之离也。"《释名》亦曰:"死者,澌也,就消澌也。"[(汉)刘熙:《释名》,第129页。]"澌"是原本冰冻的河冰,渐次消解为流冰,化解为流水,流水四散消竭,最终消亡的状态。身体化生,气凝为形,若水凝为冰;身体死亡,形气消散,若冰之澌释。

③ 化生、产生、出生之义又微有差别。如,"生天生地"(《大宗师》)之所谓"生",乃"化生"之生。因道"生"天地万物,是一种"化生、转生",而非如母生子之后,还依然独立于子女之外,而是转化为天地万物,继续存在于天地万物之中。又如,"舜之治天下,使民心竞,民孕妇十月生子,子生五月而能言"(《天运》)。前一"生"字,是"生产、产生"之义;后一"生"字,则是"出生"之义。

二是作名词解，指有生者或人的生命①；三是作状词解，指与“死”相对的，结聚之物能够强阳自动的状态，即内具活力的形体依本性自行活动的状态；四是作为“性”的通假，表本性之义。上述四义紧密相关，正因为有人与万物之化生，故有人与万物之生命的存在；有生命的存在，人与有生之物始能依照生之本性开展生之活动。

庄子曰：“人之生，气之聚也，聚则为生，散则为死。”（《知北游》）人之生命始于构生人之身体的气之汇聚。由气汇聚而成的人之身体，内在地具有由气之强阳自动的能力而带来的活力与由形气与精气各自带来的形神之天赋的本性，因此能够依照天赋本性开展在世的生命实践活动。故人之生命，首先指由气汇聚而成，内具自然活力与天赋本性的身体。生命是人在世存在的基础。有了生命，人才能以生之活动维持自身的存在。若失去生命，人就失去了在世存在的前提。正因为人的生命，对人之在世存在如此重要，故庄子主张：

第一，人应“尊生”“重生”，看重生命本身的存在价值，以生命为人在世实践活动的目的本身，而非求取外物的手段与工具。

首先，庄子以为，人之生命的价值重于天下等一切外物。《让王》篇载：

> 尧以天下让许由，许由不受。又让于子州支父，子州支父曰：“以我为天子，犹之可也。虽然，我适有幽忧之病。方且治之，未暇治天下也。”夫天下至重也，而不以害其生，又况他物乎！②（《让王》）

在常人的价值序列中，天下的统治权是价值至重之物，因“尊为天子，富有四海之内”（《中庸》第十八章）。但当尧把天下的统治权让予许由，许由却不受；又让给子州支父时，子州支父以刚好犯有深劳之病为由明确拒绝。因在许由与子州支父看来，生命本身的价值高于天下的统治权的价值。天下之统治权作为价值至重的“大器”，尚且不值得人们为之付出损害生命的代价，那么人更不当为功名利禄等外物而损害自己的生命。

其次，庄子以为，不应当让用以存养生命的外物，伤害作为存养之目的与对象的生命。《让王》篇载大王亶父之事曰：

---

① 有生者，泛指天地万物之中一切有生命的事物。如“今我愿合六气之精以育群生”（《在宥》）之所谓的“群生”。《庄子》中，名词义的“生”绝大多数指人的生命。

② 幽忧之病，成玄英曰：“幽，深也。忧，劳也。”[（清）郭庆藩撰：《庄子集释》，第965页。]

> 大王亶父居邠,狄人攻之,事之以皮帛而不受,事之以犬马而不受,事之以珠玉而不受,狄人之所求者土地也。大王亶父曰:"与人之兄居而杀其弟,与人之父居而杀其子,吾不忍也。子皆勉居矣,为吾臣与为狄人臣奚以异!且吾闻之,不以所用养害所养。"因杖策而去之,民相连而从之,遂成国于岐山之下。夫大王亶父,可谓能尊生矣。能尊生者,虽贵富不以养伤生,虽贫贱不以利累形。今世之人居高官尊爵者,皆重失之,见利轻亡其身,岂不惑哉!(《让王》)

亶父,即王季之父,周文王之祖父。狄人因想要占据亶父原所居的邠之土地,故频繁进攻,送给他们皮帛、犬马、珠玉也不肯止攻。最终亶父选择放弃邠这一故居之地,因其认为,人应"不以所用养害所养"。"所用养"即用以存养人之生命的事物,即皮帛、犬马、珠玉、土地等物质生活资料,亶父以为,这些外物只是存养人之生命的工具与手段;"所养"即作为存养之对象的人之生命,亶父以为,人之生命才是一切外物存养的目的与目标。就手段与目的之关系而言,作为实现某一目的和目标之工具与手段的事物,它们只有相对于这一目的与目标,才能够获得其存在的意义与价值;如果失去了它们原本所服务的目的与目标之对象,则这些外物也就失去了其作为实现目的与目标之工具和手段的意义和价值。

庄子提出,"圣人之动作也,必察其所以之与其所以为"(《让王》)。"其所以之"①,即实现某一实践目的与目标所用的手段和工具;"其所以为"②,即

---

① 成玄英释"其所以之"为"世人之所适往"。[参见(清)郭庆藩撰:《庄子集释》,第972页。]林希逸解亦相似,曰:"所以之,所以往也。所以之、所以为,两句只一意。"[(宋)林希逸:《庄子鬳斋口义校注》,第443页。]方勇在此基础上进一步将之解为"这样做的目的"。[参见方勇译注:《庄子》,第489页。]然上述之解皆值得商榷。因成玄英其实是将"所以之"解为"所之",漏解"以"字。林希逸以"往"释"之",则无法区分"所以之"与"所以为",只好强说两句只是一意,然此解明显与庄子原文之义相违。方勇将"所以之"意解为"目的",存在着相似的无法区分"所以之"与"所以为"的问题。《说文》曰:"以,用也。"故"其所以之",实犹言"其所用之",其义实同后文所谓的"其所用者"。

② 成玄英释"其所以之"为"黎庶之所云为"。(参见(清)郭庆藩撰:《庄子集释》,第972页)方勇将之解为"这样做的原因"。(参见方勇译注:《庄子》,第489页。)二解亦皆值得商榷。因"其所以为"之"以为",义实同老子的"上德无为而无以为,下德为之而有以为"(第三十八章)之所谓的"以为",即目的与目标之义。"其所以为"实即后文所谓的"所要者",即所追求的目的与目标。

这一实践活动所追求的目的与目标。庄子认为,在人的一切实践活动中,必须深刻体察并区分:什么事物只是作为实现某一实践目的与目标所用的手段与工具而存在,只具有较轻的手段与工具的意义、作用和价值;什么事物是作为实践活动所追求的目的与目标而存在,具有更为重要的目的、目标的意义与价值。因人只有首先懂得区分什么是实践活动所用的手段与工具,什么是实践活动所求的目的与目标,如此,才能够正确地确立外在的事物之间不同的"轻重"之价值序列或价值结构。如若颠倒目的、目标与手段、工具的本来位序,就会用具有更为重要之价值的事物,来追求只具有较轻之价值的事物,如同以价值千金的随侯之珠作为弹丸,去弹打价值几微的千仞之雀。

因此,亶父首先将生命本身作为人一切在世的实践活动的目的,故如此尊重生命本身的价值,持守生命本身的价值是高于皮帛、犬马、珠玉、土地等一切外物的价值的价值排序。因此,亶父所谓的"不以所用养害所养"原则,实确立了一至为重要的生命实践活动的原则:人不应当让只具有手段和工具之意义、作用与价值的事物,伤害作为人所追求之目的与目标的事物。易言之,即不应当让只是用来存养人之生命的皮帛、犬马、珠玉、土地等外物,伤害作为存养之目的与目标的人之生命。

庄子以为,只有将生命本身当作人在世的目的,尊重生命本身价值的人,才不会因傥然获得的高官尊爵、富贵财禄等外物,伤害作为所养之目的与目标的生命本身;也不会因身处贫困低贱的境地,为追求富贵与利益之物而累损自身的身体。因这些人懂得正确地区分目的与手段,知道持守正确的价值排序。当今之世,身居高官尊爵的人,为了维持自己的权势,整天苦心劳形,已犯了很大的错误,那些为了外在的利益而丢失自己生命的人,岂不是糊涂透顶!因这些人犯了将目的与手段的位序本末倒置的根本错误。

最后,庄子认为,人只有首先看重生命本身的价值,才能看轻外物的价值。《让王》篇载,中山国公子魏牟曾向瞻子请教:"身在江海之上,心居乎魏阙之下,奈何?"瞻子曰:"重生。重生则利轻。"庄子借瞻子之口提出,人应首先看重生命本身的价值;人只有首先看重自己生命本身的价值,在价值序列中将生命排在比外在利益之物的价值更加重要的地位时,才会看轻外在利益之物的价值。如此才能够"不以利自累","不以国伤生",不"危身弃生以殉物"。

第二,人应"抱汝生"[①]"卫生"[②](《庚桑楚》),"存生"(《达生》),"全生"(《养生主》)。"抱汝生",侧重于强调保护自己的生命不受外在事物的伤害,如母抱子以保之。"卫生",侧重于强调以合道的方式防卫自己的生命。"存生",侧重于强调存养生命的精神活力。"全生",侧重于强调保全生命的整全性,不使生命为外刑所伤而有所残缺。虽然上述主张各有侧重,但皆共同主张人应保护守卫自己的生命。因保全守卫自己的生命,实即保护人生在世的前提与基础。

首先,庄子指出,存养自己的生命,不同于仅只存养自己的形体,庄子曰:

> 世之人以为养形足以存生,而养形果不足以存生,则世奚足为哉!虽不足为而不可不为者,其为不免矣。[③](《达生》)

因人的生命实质指人之内具活力与天赋本性,能够自行开展实践活动的身体,故易使人误以为,存养自己的形体就足以存养自己的生命。然而,人之生命虽实质指人之身体,即"生"虽实指"身",但"身"却不等同于"形"。

因先秦时所谓的"身",常指身心合一的"身"之整体,其实包括后世所谓的"身心"或"形神"两方面。如"富润屋,德润身,心广体胖"(《大学》),为德所润的"身",实包括后文所谓的"心"与"体",故身为德所滋养后,心胸广大,形体安舒。《庄子》中的"身"亦相似,如"正女身哉!形莫若就,心莫若和"(《人间世》),"正汝身"包含就形与心两方面,可知此"身"亦指身心合一的身体。后世常与"心"[④]对言之"身",指包括躯干、四肢及骨骼等部分的形体。[⑤]

---

① 俞樾曰:"《释名·释姿容》曰:'抱,保也,相亲保也。'是抱与保义通。抱汝生,即保汝生。"[(清)俞樾:《诸子平议》,第367页。]成玄英曰:"守其分内,抱生者也。"[(清)郭庆藩撰:《庄子集释》,第778页。]

② 《释文》曰:"李云:防卫其生,令合道也。"[(清)郭庆藩撰:《庄子集释》,第785页。]

③ 方勇曰:"世:指世人备物养形之事。"(方勇译注:《庄子》,第295页。)

④ "心"不仅指身体中的血肉之"心",还包括存于此血肉之心中的"神",即存在于心舍中的"精神""精气"。《鬼谷子·捭阖》曰:"心者,神之主也。"其所谓的"心",即作为人的身体全部精气之主宰者的心之精神。

⑤ 王引之曰:"人自顶以下,踵以上,总谓之身……颈以下,股以上,亦谓之身。"(《经义述闻》卷三十一。)

因此，一意义上的“身”，主要被用来称指身体中由外部可见的、有可感之形状的部分，故被称作“形”。作为整体的“身”，除由外可见其状貌的“形”之外，还有由外不可见的“心”或无具体可感之形的“神”的部分。“心”与“神”可统称为“心”，因造就人之“精神”现象的精气，亦舍止于人的血肉之心中。故心常被称作心舍、心室、心宫、心府。庄子就常称“心”为“舍”“室”与“灵府”。①因神就舍止于心府中，故“心”有时又可代称“神”。如庄子曰：“胞有重阆，心有天游。”（《外物》）血肉之心实不能游，能逍遥游于无穷之天地的“心”，实是心中之“神”，故心游实是神游。但“神”毕竟不与血肉之心为一物，也并不完全留止于血肉之心中，故《庄子》有时又将“心”与“神”分说，分指二物。如“目无所见，耳无所闻，心无所知，女神将守形”（《在宥》）。“心”与“神”分说的情况下，“神”被认为是“心”的主宰者。是故，与“形”对言者，则常用“神”，而非“心”；所以，“形神”对言之“神”，又可用作心神合一的“心”之整体的异称。要言之，人之生命实质所指的人之身体，实是身心合一或说形神合一的身体。

因此，“存生”既包括存养自己的形体，即“养形”的工夫，又包括存养自己的心灵，也即“养心”或“养神”的工夫。庄子以为，养形实不足存生，因存在着“形不离而生亡者有之矣”（《达生》）的现象。陈鼓应认为，此乃言，“可是有些人形体没有离散而生命却已亡失了”②。方勇之解亦相似曰：“但形体虽具，而自然生命却已亡失的事也是有的。”③然此二解的恰确性值得商榷。因“生亡”若在此指生命的亡失，则人的形体亦将离散而消亡。成玄英正是有见于如此释解将导致矛盾，故其将“生亡者”解为“爱形大甚，亡失全生之道”④。然成玄英此解有添字作释之嫌。庄子所谓的“生亡者”，实指作为生之本的精神之消亡。人之精神实是“生之主”，它主宰着人的一切行为，决定着人生一

---

① 《庄子》中，以“舍”称“心”，如“夫徇耳目内通，而外于心知，鬼神将来舍”（《人间世》），“摄汝知，一汝度，神将来舍”（《知北游》）；以“室”称“心”，如“瞻彼阕者，虚室生白”（《人间世》）；以“灵府”称“心”，如“不可入于灵府”（《德充符》）。

② 陈鼓应：《庄子今注今译》，第467页。

③ 方勇译注：《庄子》，第295页。

④ （清）郭庆藩撰：《庄子集释》，第631页。

切实践活动的开展。因此，“存生”的关键实在于存养人之精神，保养自身精神的活力。同时，庄子也指出，虽然“养形”实不足以“存生”，但“养形”之事又是人不可不为、无法逃免之事。因人的生命必须以身之形体为存在基础。然而，“养形”只是“存生”的必要条件，却非“存生”的充分条件。庄子通过“养形”与“存生”的区分，要人们认识到，“存生”是对人之形身与精神全部的存养，如将“存生”误解为“养形”，那么必将走入“存生”的歧途。

其次，庄子以为，保卫自己的生命不受到外物的伤害，有其应当遵循的规则，是谓“卫生之经”。庄子借老子之口传授的“卫生之经”曰：

> 卫生之经，能抱一乎？能勿失乎？能无卜筮而知吉凶乎？能止乎？能已乎？能舍诸人而求诸己乎？能翛然乎？能侗然乎？能儿子乎？儿子终日嗥而嗌不嗄，和之至也；终日握而手不掜，共其德也；终日视而目不瞚，偏不在外也。行不知所之，居不知所为，与物委蛇，而同其波。是卫生之经已。（《庚桑楚》）

庄子既借老子之口传授“卫生之经”，故其在此所论的思想多是对老子思想的继承与发展：其一，所谓的“能抱一乎？能勿失乎”，实继承自老子的“载营魄抱一，能无离乎？”（《第十章》）的思想。老子所谓的“抱一”①，指抱守纯一之道或纯一的太和之精气。庄子亦以为，保卫自己的生命当抱守纯一之道或继承自道的纯一之精气。其二，所谓的“能止乎？能已乎”，亦继承自老子的“知足不辱，知止不殆”（第四十四章）等思想。老子以为，人应知道满足，如此才能不因外物而受屈辱；人当知道行为的当止之处，如此才能不陷入危险的境地。庄子亦以为，保卫自己的生命当知道自身行为的所当止之处，如此就能不需要卜筮却能知道将来之吉凶。其三，所谓的“能儿子乎？儿子终日嗥而嗌不嗄，和之至也；终日握而手不掜，共其德也；终日视而目不瞚，偏不在外也”②，亦

---

① 河上公曰：“言人能抱一，使不离于身，则〔身〕长存。一者，道德所生，太和之精气也，故曰一。”（王卡点校：《老子道德经河上公章句》，第 34 页。）范应元曰：“一者，道之一也。谓身载魂魄，抱道之一，顷刻无离，人能之乎。”［（宋）范应元：《老子道德经古本集注》，第 16 页。］

② 方勇曰：“嗥（háo）：哭叫。嗌（yì）：咽喉。嗄（shà）：嘶哑。掜（yì）：手筋急促。瞚（shùn）：通‘瞬’，眨眼。”（方勇译注：《庄子》，第 386 页。）

继承和发展自老子的“含德之厚，比于赤子……骨弱筋柔而握固。未知牝牡之合而全作，精之至也。终日号而不嗄，和之至也”（第五十五章）的思想。庄子亦认为，保卫自己的生命，亦当如婴儿般，一直保持含藏自然的德性深厚的状态；一直保持平和静定的状态，与道同其德的状态，不逐于外，使耳目内通的状态。

庄子所谓的“卫生之经”，对老子的思想有所发展的地方在于：其一，庄子继承孔子的“君子求诸己，小人求诸人”（《论语·卫灵公》）的思想，提出了“舍诸人而求诸己”的思想，认为保卫自己的生命，首先在于自我修养，而非求助于外物与他人。其二，庄子提出，保卫自己的生命，应当“翛然”①不为外物所系缚；“侗然”②而无知无欲，“行不知所之，居不知所为”。其三，庄子提出，保卫自己的生命，当“与物委蛇，而同其波”③，即随顺外物的变化，与天道自然的变化共逝同往。

可见，“卫生之经”，实包括保卫生命两个方面的原则：一是对内所应遵守的原则，包括抱守纯一之道与纯一之精气；知足，知行为之所当止；自我修养，求诸自己；如婴儿般保持含德深厚、平和静定、与道同德、无知无识的状态。二是对外所应遵守的原则，包括使耳目内通，不逐外物；不为外物所系缚；随顺外物的变化，与变化日往。

最后，庄子提出，在危险复杂的社会情势中，人应当以缘守中道原则的方式，努力保全自己生命的整全性，不使其为外刑所伤而有所残缺。庄子曰：

---

① 《释文》曰：“《翛》音萧。徐始六反，又音育。崔本作随，云：顺也。”［（清）郭庆藩撰：《庄子集释》，第787页。］翛，若如徐邈音始六反，则字或作“倏”。倏同儵，《广雅》曰：“儵，疾也。”《楚辞·九歌·少司命》曰：“儵而来兮忽而逝。”故儵（倏）实为迅疾而来，迅疾而往之貌。如此，翛然亦是倏忽而来，倏忽而往之貌，引申而为泛然不为外物所系之貌。故陈鼓应将“翛然”解为“无拘无束”。（参见陈鼓应：《庄子今注今译》，第604页。）方勇将之解为“往来无拘束的样子”。（参见方勇译注：《庄子》，第386页。）

② 侗，《释文》曰：“向敕动反，云：直而无累之谓。《三苍》云：慤直貌。崔同。《字林》云：大也。”［（清）郭庆藩撰：《庄子集释》，第787页。］陆德明此处所引的向秀及《三苍》《字林》之解皆不确。《山木》的“侗乎其无识”，《释文》曰：“无知貌。”［（清）郭庆藩撰：《庄子集释》，第678页。］庄子此处的“侗然”，义实同《山木》的“侗乎其无识”，故当解为无知无识貌。

③ 成玄英曰：“接物无心，委曲随顺。和光混迹，同其波流。”［（清）郭庆藩撰：《庄子集释》，第788页。］

> 为善无近名，为恶无近刑，缘督以为经。可以保身，可以全生，可以养亲，可以尽年。[①]（《养生主》）

庄子在此提出的"为善无近名，为恶无近刑，缘督以为经"的思想，一直存有巨大的思想争议。如朱子曾严厉批评曰："老庄之学，不论义理之当否，而但欲依阿于其间，以为全身避患之计，正程子所谓闪奸打讹者。故其意以为善而近名者为善之过也，为恶而近刑者亦为恶之过也，为能不大为善，不大为恶，而但遁中以为常，则可以全身而尽年矣。然其'为善无近名'者，语惑似是而实不然……至谓'为恶无近刑'，则犹悖理。"[②]庄学史上，注家与学者也因其中的"为恶无近刑"，"有引人为恶之嫌"[③]，故曲为庄子解说，试图避免诠释出庄子有首肯"为恶"的思想倾向。然不当为了维护庄子的思想形象而曲解庄子的思想，应老实承认，庄子的"为恶无近刑"即主张，人若"不得已"为恶时，应以"无近刑"为自己的行事底线原则。

庄子提出的"为善无近名，为恶无近刑，缘督以为经"的思想原则，作为一个整体，是一有其特殊时代情境针对性的原则，是庄子特意针对战国时期，人们经常要遭遇"若以为善矣，不足活身；以为不善矣，足以活人"（《至乐》）这类两难的道德困境，因而提出来的具有"权变"之特征的特殊情境原则。虽然其中可见庄子放松了对"不为恶"之绝对道德底线要求的思想倾向，但由庄子对就算"为恶"也应"不近刑"的坚持中，可知庄子依然在权变性地坚守"不为恶"的绝对道德底线原则。

要之，庄子主张，面对恶劣的时代生存环境，应努力保全自己生命的整全性，不使其为外刑所伤而有所残缺。若碰到两难的需要"为恶"才能"全生"，若"不为恶"则无法"全生"的道德困境，人其实可以通过为"不近刑"之小恶，即以古代的刑法条文衡之，属不道德但不犯法的小恶，来保全自己的生命，使

---

① 《释文》曰："李云：缘，顺也。督，中也。经，常也。郭崔同。"[（清）郭庆藩撰：《庄子集释》，第 117 页。]

② （宋）朱熹：《养生主说》，见《朱子全书》第 23 册，上海古籍出版社、安徽教育出版社 2002 年版，第 3284 页。

③ 王叔岷：《庄学管窥》，第 107 页。

其不为无道时代的残酷外刑所伤,努力地将天道自然所赋赐给人的生命,全而受之,全而归之。①

第三,人应当依乎天理,顺任自然地"养生",并对人之形体与精神进行全面的养护。人的生命需要养护,并且需要用正确的方法养护,因生不养则生离之,同时,养生若不得方,将反过来伤生而害命。老子的"长生久视"(第五十九章),"善摄生"(第五十章)等思想,确立了后世道家"重生"的价值立场与注重"养生"的思想倾向。同时老子对"生生之厚"(第五十章),"益生"(第五十五章)等错误的养生方式的批判,又揭示了养生必须得法,否则将"人之生动之死地"(第五十章)。② 故"养生"的关键在于得法、得道。

首先,庄子借庖丁解牛的寓言,提出了爱护生命,去智而守神,"依乎天理""因其固然"等重要的"养生"之原则:

> 庖丁为文惠君解牛,手之所触,肩之所倚,足之所履,膝之所踦,砉然向然,奏刀騞然,莫不中音。合于《桑林》之舞,乃中《经首》之会。文惠君曰:"嘻,善哉!技盖至此乎?"庖丁释刀对曰:"臣之所好者道也,进乎技矣。始臣之解牛之时,所见无非牛者。三年之后,未尝见全牛也。方今之时,臣以神遇而不以目视,官知止而神欲行。依乎天理,批大郤,导大窾,因其固然。技经肯綮之未尝,而况大軱乎!良庖岁更刀,割也;族庖月更刀,折也。今臣之刀十九年矣,所解数千牛矣,而刀刃若新发于硎。彼节者有间,而刀刃者无厚。以无厚入有间,恢恢乎其于游刃必有余地矣。是以十九年而刀刃若新发于硎。虽然,每至于族,吾见其难为,怵然为戒:视为止,行为迟,动刀甚微,謋然已解,如土委地。提刀而立,为之四顾,为之踌躇满志,善刀而藏之。"文惠君曰:"善哉!吾闻庖丁之言,得养生焉。"(《养生主》)

庄子为文之妙在于,庖丁所言本只是为文惠君解释其何以技至于此,未言一字"养生"之事,文惠君却从庖丁所言最后悟得"养生"之道。关于此寓言的主

① 参见拙文:《庄子"为善无近名,为恶无近刑"思想新解》,《现代哲学》2016 年第 1 期。

② 参见拙文:《自爱不自贵——老子生命观思想辩正》,《人文杂志》2012 年第 5 期。

旨,宣颖认为,"养生之妙,只在缘督一句。引庖丁一段,止发明缘督一句"①。事实上,庖丁解牛之寓言的丰富象征性可予人丰富的思想启发:

其一,庖丁对待自己所用之刀的态度和用刀的方式方法,可予人重要的养生之道的启示:"养生"如"养刀"②,人必须如庖丁爱刀惜刀般,爱惜自己的生命。族庖月更刀,良庖岁更刀,皆因不爱惜自己的所用之刀,粗暴对待自己的所用之刀,如用其刀大力折骨,结果损刀折刀,需要经常换刀。庖丁用刀十九年却不需换刀,说明庖丁十分爱刀惜刀,善于护刀养刀。这点从其解牛时,总是游刃于有余之地,不使其碰到技经肯綮之处;若碰到难为之处,便怵惕戒惧,非常小心翼翼地使用自己的刀具,怕伤及刀具;在解完牛后,便马上"善刀而藏之",表现得非常清楚。因此,养生实当如庖丁之待刀、用刀,总是设法将生命置于有余地之处,努力不使其碰到危险的情境;如若无法逃免地碰到困难之情境,马上怵惕戒惧,非常小心翼翼地应对困难的情境;在完成自己的人生使命后,则功成身退,藏身归隐。③

其二,庖丁"以神遇而不以目视"的用神之法,也给人重要的养生之道的启示:人当去智而守神。庖丁言其刚开始学解牛时,一直使用自己的感官,主要是目官,来认识牛,故"所见无非牛也";三年之后,虽然已达至不见全牛的境界,但依然还是使用自己的感官来认识牛;而现在可以做到"不以目视""官知止",却能够在解牛之时,"批大郤,导大窾",游刃有余,这是因为庖丁已不再用感官心智去认识外物,而是以精神感通外物。"官知止而神欲行",说明只有停止感官之识感外物的作用,精神才能凭借其"神清意平,乃能形物之情"(《文子·九守》)的能力,发挥其感通外物的作用。

庖丁为何弃智而用神?《文子》曰:"神者,智之渊也。"(《文子·九守》)可知,"神"作为舍止于人心中的精气,是人产生智识的基础。《管子》曰:"凡

① (清)宣颖:《南华经解》,第27页。

② 郭象曰:"以刀可养,故知生亦可养。"[(清)郭庆藩撰:《庄子集释》,第124页。]

③ 张默生认为,"庖丁的'刀',以喻善养生的人,牛形体,以喻人类所处的环境。只要依乎天理,批大郤,导大窾,以无厚的刀刃,入有间的关节,自可十九年而刀刃若新发于硎。所以善于养生的人,也是循虚而行,于物无触,无求功于世,无嫁祸于人,亦不以智慧自炫,故能尽其天,以全其生"。(张默生:《庄子新释》,第58页。)

心之形，过知失生。”（《管子·内业》）可知，人如果过分地使用自己的心智，将不断损耗心的精神、精气，最终使人失去生命的活力。庄子亦曰，“精用而不已则劳，劳则竭”（《刻意》）。人如果不断如惠子般“外乎子之神，劳乎子之精”（《德充符》），就会使自己精神疲劳不堪；精神疲劳不堪，则心舍的精气活力消竭，最终将损生折生。正因为人之精神如此重要，故庄子主张，人应“体性抱神”（《天地》），“唯神是守”“不亏其神”（《刻意》）。庖丁放弃自己的感官与心智而不用，亦是认识到过分地使用自己的心智，将损害作为“生之本”的精神的活力。然庖丁的“以神遇”，是否即是在过分地劳使自己的精神？“以神遇”其实是让精神发挥其自身感通外物的功能，此一用神之法，恰恰是惜神保神之法。陈赟指出，“对于精神能量的任何一种使用不可避免地带来能量的耗费，换言之，精神能量的使用几乎很难避免耗散结构的发用。然而，当吾人将其精神持久地专注于某一焦点时，精神能量的使用反而从耗散状态转变为能量的节俭甚至凝聚”①。庖丁“以神遇而不以目视”正是将精神由感官向外发散的状态，凝聚为内感官的精神感知的状态，而这正是节约使用自身精神的表现。因此，庖丁“以神遇而不以目视”的用神之法，也启示了重要的养生之道：人在养生时，应弃智而守神，不过分使用感官心智之识感外物的功用，应当保守精神，使精神自然地发挥感通外物的神奇功用。

其三，庖丁解牛时，“依乎天理”“因其固然”的解牛方式，也给人重要的养生之道的启示：养生应当依循生命的自然之理则，因顺生命的本然之状态。②庖丁在解牛时所发出的声音，皆莫不中音；具有音乐与舞蹈般的美感，这是因庖丁在解牛时，“依乎天理”，“因其固然”。“天理”，成玄英解为“天然之腠理”③，林希逸亦曰：“天理者，牛身天然之腠理也。”④然此解只切于庖丁解牛的这一具体情境而言。既然庖丁以解牛启文惠君以养生之道，如此“天理”就

① 陈赟：《庄子哲学的精神》，上海人民出版社2016年版，第113页。

② 户川芳郎指出，“庄子这种观点暗示我们，这种随顺着天理而向‘自然’回归的主张才是‘养生’，才有生命的充实”。（［日］户川芳郎：《古代中国的思想》，姜镇庆译，北京大学出版社1994年版，第34页。）

③ （清）郭庆藩撰：《庄子集释》，第120页。

④ （宋）林希逸：《庄子鬳斋口义校注》，第50页。

不当只理解为牛身上天然的腠理，而应在此基础上视其为“事物的自然理则”之象征。故“依乎天理”，实亦主张依循事物本身的自然之理则。“固然”，即事物之本然，亦即事物之自然。① 故“因其固然”亦即是“因其自然”。

庄子与惠子辩“人有情无情”时，曾提出“常因自然而不益生”（《德充符》）的养生原则。所谓的“常因自然”，成玄英解为“因任自然之理”②，虽然整体义旨得之，但解“自然”为“自然之理”，似有以今解古之嫌。“自然”在此释为生命的天然本真状态或自己而然的状态，实更与庄子其他所谓的“顺物自然，而无容私焉”（《应帝王》），“真者，所以受于天也，自然不可易也”（《渔父》）等对“自然”之范畴的使用相契合。③ 因此，庄子的“依乎天理”“因其固然”“常因自然”乃主张，人在养生时，应依循生命本身的自然变化之理则，因顺生命天然本真、自己而然的状态。此一态度，实际上就是以一种自然的态度对待自己的生命，不去违反生命本身的存养规律，人为地增益自我的生命，厚自营养自己的生命。庄子所谓的“不益生”即对老子“益生曰祥”（第五十五章）思想的继承，并进一步将之归结为因顺生命本身天然本真、自己而然的存在特点。

其次，庄子还提出，“养生”应当全面地养护自己的形体与精神，不应有所偏废。《达生》曰：

> 田开之见周威公。威公曰：“吾闻祝肾学生，吾子与祝肾游，亦何闻焉？”……开之曰：“闻之夫子曰：善养生者，若牧羊然，视其后者而鞭之。”威公曰：“何谓也？”田开之曰：“鲁有单豹者，岩居而水饮，不与民共利，行年七十，而犹有婴儿之色，不幸遇饿虎，饿虎杀而食之。有张毅者，高门县薄，无不走也，行年四十，而有内热之病以死。豹养其内，而虎食其外；毅

---

① 章炳麟曰：“或有言本然者，与自然同趣而异其名。”（章太炎：《章太炎全集》第4卷，上海人民出版社1985年版，第454页。）

② （清）郭庆藩撰：《庄子集释》，第222页。

③ 罗安宪指出，“在庄子的哲学里，‘自然’是一种状态，一种社会状态，一种人的存在状态，一种人的精神状态，也是一种情感状态”。（罗安宪：《存在、状态与“自然”——论庄子哲学中的“自然”》，《现代哲学》2018年第3期。）

养其外，而病攻其内。此二子者，皆不鞭其后者也。”①(《达生》)

庄子在此寓言中，以牧羊当鞭其后者的比喻，指出一重要的养生原则：人在养生时，无论对外在的形体，还是对内在的精神，都应兼养之，不能有所偏废；若有其中一方落后时，应鞭策之而使之齐头并进。庄子举了两个非常典型的事例。其一，鲁国的单豹，十分注重存养自己的内在精神，可谓养内有成，行年七十而犹有婴儿之色；然其不注意修养存养外形之术，不察吉凶祸福之道，轻践死地，不幸遇饿虎，力又不能搏虎，遂为饿虎所食。可知，养其内而忽其外者，则外有失生之患。其二，鲁人张毅，如成玄英所言，“追奔世利，高门甲第，朱户垂帘，莫不驰骤参谒，趋走庆吊，形劳神弱，困而不休，于是内热发背而死”②。可知，养其外而忽其内者，则内有阴阳之患。因人若贪求外在的养形之物，不注意养其内在精神，使自己欲寡心和，便会使自己因贪求外在的名利之物，陷入患得患失、忧愁懊悔等各种情态的苦海中，身心必定阴阳失和，而受身心煎熬之天戮。单豹与张毅皆因养生时“不鞭其后者”，各滞于内外之一偏，故皆失其生。此二人之教训，皆甚可为戒。因此，人在养生时，必须做到形体与精神共养，内外兼修；若有所偏滞，必须及时鞭其后者。

（二）身、形、骸、躯、体、天弢、天袭

《庄子》中，“身”大多指形神合一的身体，而形、骸、躯、体、天弢、天袭则指身体中有形的部分。庄子以为，生与身实一体共在，身是生之体，生是身之动；身体本身的价值胜于一切外物，人当爱重并想方设法保存自我的身体；形体虽然不等同于身体，只是身之有形的骨骸躯体部分，但身之形体是人之生命存在不可缺离的必要前提，因形是人生的基础，性的载体和神的寄处之地；形、骸、躯、体，既是人重要的保神之天弢、天袭，又是人之精神不得自由逍遥的原因。

第一，庄子认为，生身一体，身体本身的价值胜过身体的一切隶属物，故人应当爱重自我的身体；在面对复杂的时代情势与危险的现实情境时，人应努力

① “学生”，《释文》曰：“司马云：学养生之道也。”[（清）郭庆藩撰：《庄子集释》，第644页。]

② （清）郭庆藩撰：《庄子集释》，第646页。

“保身”“存身”“活身”，甚至“藏其身”；为避免自我的身体内为阴阳之内刑所伤，外为金木之外刑所戮，人还应内治其身，“无以好恶伤其身”，外则“正女身”“谨修而身”，持守自我的自然真性，不使自我失性失生。

首先，庄子以为，身体是人之生命的承载者，“身”与“生”一体共在。在先秦时，“身”与“生”常作同义的概念使用。如老子曰：“人之生也柔弱，其死也坚强”（第七十六章），其所谓的“生”，即指人的身体，否则不可能有柔弱、坚强等之为存在体的属性特点。“生”和“身”可相互代指，背后隐含的思想观念是：人之生命即人之有生的身体，在生的身体即人的生命。庄子亦继承老子这一思想，以身体为人之生命的承载者。《庄子》中所有表示人之一生的“终生”一词，全部被写作“终身”。如“终身役役而不见其成功”（《齐物论》），“大惑者，终身不解；大愚者，终身不灵”（《天地》）。“终身”之所以为“终生”者，因人之身体开始化生之时，即人的生命开始之时刻①；人的身体死亡之时刻，亦即人的生命终结之时。庄子将“身”“生”互代使用，表明了庄子认为，“身”与“生”实是一体共在的关系：身是生之体，生乃身之动；人开始有身，即开始有生；身在，生才在；身终，生亦终。

其次，庄子以为，身体本身的价值胜过身体的一切隶属物，人应当爱重自我的身体。《让王》篇载：

> 韩、魏相与争侵地，子华子见昭僖侯，昭僖侯有忧色。子华子曰：“今使天下书铭于君之前，书之言曰：‘左手攫之则右手废，右手攫之则左手废，然而攫之者必有天下。’君能攫之乎？”昭僖侯曰：“寡人不攫也。”子华子曰：“甚善。自是观之，两臂重于天下也，身亦重于两臂，韩之轻于天下亦远矣，今之所争者，其轻于韩又远。君固愁身伤生以忧戚不得也！”僖侯曰：“善哉！教寡人者众矣，未尝得闻此言也。”子华子可谓知轻重矣。②（《让王》）

子华子向昭僖侯提出：假如需要付出砍掉双臂的代价，是否愿意用两臂去换取

① 汉语中，女子怀孕称“有身”，背后隐含的观念是：婴儿“有身”即婴儿“有生”之时。

② 成玄英曰：“僖侯，韩国之君也。华子，魏之贤人也……铭，书记也。攫，捉取也。废，斩去之也。”［（清）郭庆藩撰：《庄子集释》，第969页。］

天下的统治权？常人在面对这一问题时，可能会有所踌躇，不知如何抉择；昭僖侯则直接选择了不愿意，因在其看来，所要付出的代价太过重大，所能获得之物的价值太过轻微。两臂的价值尚且贵重于天下的统治权，何况贵重于两臂的身之全体。故为所谓的国土之争端而忧戚不已，愁苦自我的身体，损伤自我的生命，实不值当。在此寓言中，庄子提出了人之身体的价值重于天下等一切外物的思想。为何庄子认为身体的价值重于天下等一切外物？

老子曾指出，"名与身孰亲？身与货孰多？"（第四十四章）虽然老子使用反问的语气，以激发人们的自我反思，但实际上提出了，较之于声名之物，身体是人之至为亲近者，因身体是人的第一存在感知物；人之声名只是由人之身体的活动所产生的影响在名言中的反映；身亲而名远，故人当亲身而远名。并且，与众多的财货相比，身体又是至为珍稀的存在；因人之身体的存在具有唯一性，这决定了身体价值的珍贵性；因事物的价值之轻重，实由其存在是否具有稀缺性而决定；货多而身少的存在事实，决定了必定身重而货轻，身体的价值胜过名货等外在的事物。

庄子则在继承老子上述思想的基础上，进一步提出，"名者，实之宾也"。①（《逍遥游》）在庄子看来，名只是身体的宾从物、附属物，作为"名之主"的身体才是名真正所宾从与附属的主人。故人应"无为名尸"（《应帝王》），而为名之主。庄子还指出：

> 知身贵于隶也，贵在于我，而不失于变。②（《田子方》）

---

① 成玄英曰："然实以生名，名从实起，实则是内是主，名便是外是宾。"[（清）郭庆藩撰：《庄子集释》，第25页。]庄子所谓的"名"，指人之声名，故所谓的"实"乃指人之身体。并由"名者，实之宾也"可反推知"实者，名之主也"，即身实为名之主人。

② 隶，成玄英释为"仆隶"。[参考（清）郭庆藩撰：《庄子集释》，第715页。]林希逸承之，亦曰："隶，仆隶也。"[（宋）林希逸：《庄子鬳斋口义校注》，第321页。]陈鼓应引黄锦鋐之解曰："隶：仆隶；指身份的得失祸福。"（陈鼓应：《庄子今注今译》，第541页。）方勇曰："隶，隶属于势位的外物。"（方勇译注：《庄子》，第346页。）成玄英、林希逸之解不确。《说文》曰："隶，附箸也。"隶在此实指附着于人之身体上的一切后天之物。黄锦鋐、陈鼓应因承成玄英、林希逸之解，亦承其误。方勇之解亦未全确，因隶在此指隶属于身体之外物，而非隶属于势位的外物。刘凤苞释"隶"曰："犹属也。"[（清）刘凤苞撰：《南华雪心编》，第484页。]陆西星曰："隶，谓天下之以势分相属者。"[（明）陆西星：《南华真经副墨》，第301—302页。]此二解得之。

在庄子看来，天下、尊位、声名、物货等一切外物皆只是身体的隶属物，身为主、物为隶的存在事实决定了身体的价值尊贵性胜过一切外在的隶属物。因若无身之主，则一切外物皆无可寄隶之主；如此，一切外物对此身也就失去了其价值性。并且，身体本身的价值尊贵性，并非是"赵孟之所贵，赵孟能贱之"(《孟子·告子上》)等由君主封赏的人爵与尊位，即由外人、外物的增益所带来的，故随情势变化随时会失去的外在尊贵性，而是由身体本身存在的稀缺性和身与外物的主隶关系结构所决定的内在尊贵性。是故，身体本身的价值尊贵性乃由身体自我的存在特点所决定，因此永远不会因外在情势的变化而失去。①

庄子以为，人应当认识到身体本身的价值贵重于身体的一切隶属物，不当为只是作为身体隶属物的外物而殉献自我的身体与生命。庄子激烈地批评了三代以来人们"伤性以身为殉"的现象：

> 故尝试论之，自三代以下者，天下莫不以物易其性矣。小人则以身殉利，士则以身殉名，大夫则以身殉家，圣人则以身殉天下。故此数子者，事业不同，名声异号，其于伤性以身为殉，一也。(《骈拇》)

在庄子看来，自夏商周三代以来，天下人莫不因外物而迷失了自我的本性。小人为了外在的物利而不惜殉献自己的身体之生命；士人为了荣名美誉而不惜殉献自己的身体之生命；卿大夫为了护持自己的家业而不惜殉献自己的身体之生命；圣人为了追求治理天下的功业而不惜殉献自己的身体之生命。这些人虽然追求的事业有所不同，名声称号亦各有不同，但在损伤自身的本性，为追求外在的身体隶属物而不惜殉献自己的身体之生命，本质上是同一的。就此而言，并没有哪一行为更值得肯定和赞誉。

根本而言，三代以来，人们为追求外在的事物而不惜殉献自己的身体之生

---

① 陈鼓应释"贵在于我，而不失于变"曰："可贵在于我自身却不因变换而丧失。"(陈鼓应：《庄子今注今译》，第543页。)方勇则释曰："以我为贵，就不会因外物的变化而失去自己的自然真性。"(方勇译注：《庄子》，第347页。)二解皆有值得商榷之处。首先，"贵在于我"非因"以我为贵"，因身之贵实来自身体自身的存在特点，而非我以为；其次，变，"指上得丧祸福，言不以物之变而失其在我也"。[(清)刘凤苞撰：《南华雪心编》，第484页。]故释为身份等之变换，窄化了此处变之义。最后，所失者，不是自己的自然真性，而是身体本身的价值尊贵性。

命，皆因不知身体与外物的价值何者更重要，颠倒了身体与外物的价值小大轻重的排序，不知道身体为一切外物所隶属之主，是一切外物对个人产生价值的基础，是更为尊贵的存在。人只有首先拥有身体这一切外物隶属之主，才能让一切外物发挥其服务于人之身体与生命的价值；若没有人之身体这一基础，一切外物之于个人的价值也失去了其存在的基础，就此而言，一切外物之于个人的身体，永远是价值更为轻微的存在。故人当爱重自己的身体胜过一切外物。

再次，庄子主张，在面对复杂的时代情势与危险的现实情境时，应努力“保身”“存身”“活身”，甚至“藏其身”。庄子生活的战国中期，当时诸侯国的君主为兼并他国，争雄天下，战争不断，民生悲惨，生活艰难，随时皆有生命不保之危险。庄子曾发出深重的呐喊曰：“天下有至乐无有哉？有可以活身者无有哉？”(《至乐》)可见，当时艰难的生存环境使人们几无“活身”之道；复杂的时代情势与危险的现实情境，还经常使人们遭遇“若以为善矣，不足活身；以为不善矣，足以活人”(《至乐》)，“不仁则害人，仁则反愁我身；不义则伤彼，义则反愁我己”(《庚桑楚》)等两难的道德选择困境。如前述，庄子为应对此两难的道德选择困境，提出了“为善无近名，为恶无近刑，缘督以为经”(《养生主》)的思想原则。通过允许人们为“不近刑”之小恶的方式，让人们“可以保身，可以全生，可以养亲，可以尽年”(《养生主》)，摆脱前述两难的道德选择困境。

庄子以为，在无道的乱世中生存，“至乐、活身，唯无为几存”(《至乐》)，只有无为才存“至乐”与“活身”之道。① 所谓的“无为”，即不去追求有为的功

① 成玄英曰：“夫至乐无乐，常适无忧，可以养活身心，终其天命，唯彼无为，近在其中者矣。”[(清)郭庆藩撰：《庄子集释》，第613页。]后世学者多从成玄英此解，如陈鼓应曰：“至极的欢乐可以养活身心，只有‘无为’的生活方式或许可以得到欢乐。”(陈鼓应：《庄子今注今译》，第450页。)方勇亦曰：“至乐可以养活自然身心，只有无为可以使至乐常存。”(方勇译注：《庄子》，第284页。)然成玄英解“至乐”“活身”为主谓的关系，属误解。由前文的“天下有至乐无有哉？有可以活身者无有哉？”可知，“至乐”与“活身”在此是并列的关系，庄子其实主张，唯有无为，才几存至乐与活身之道。王先谦指出，“存是二者，惟无为近之”。[(清)王先谦：《庄子集解》，第150页。]

业而使自身陷入危险的情境，“茫然彷徨乎尘垢之外，逍遥乎无为之业”（《大宗师》）。庄子提出无为以活身的思想，实因无道无义、危险重重的时代使人根本找不到合适的施展自身才华的机会，因此只好通过使自身疏离于有为之事业的方式，使自己远离危险之地，从根本上避免陷入前述两难的道德选择困境，避免自己的身体为无道的时代所刑、所伤、所害。庄子主张：

> 当时命而大行乎天下，则反一无迹；不当时命而大穷乎天下，则深根宁极而待。此存身之道也。（《缮性》）

如前所述，庄子的这一思想是对孔子的“天下有道则见，无道则隐”（《论语·泰伯》）思想的继承与发展。并且，庄子的这一思想与孟子“古之人，得志，泽加于民；不得志，修身见于世。穷则独善其身，达则兼善天下”（《孟子·尽心上》）的思想亦十分相似。所不同者，庄子继承老子“功遂身退”（第九章）的思想，认为，当时命而行道于天下，即兼善天下，泽加于民之后，当归返道之自然境界，归隐而无迹；若不当时命，反为天下穷困其身，当修其身、保其性，然不当“见于世”，因如此有可能使自己的身体由于“修身见于世”而受其累害，而应藏身于自然之根与至极之道。

因此，庄子以为，为避免自己的身体为无道的时代所刑、所伤、所害，人应“藏其身”，甚至以支离其形、德，用自身无用化等极端的方式保全自己的身体。庄子指出，凶可吞车之猛兽若独自离开山木，则难免罗网之祸；口可吞舟之大鱼，如果被激荡出水，连蚂蚁都能侵害它；故鸟兽为了藏其形身不厌高深。“夫全其形生之人，藏其身也，不厌深眇而已矣”（《庚桑楚》），为保全自我形体生命的人，藏隐自我的身体亦不厌深远。在《人间世》中，庄子描绘了形有残疾的支离疏，在国君征召武士时，因身体残疾而免于征战；在国君发布大的徭役时，因身有常疾而不需受徭役之劳苦；在国君给贫病者发放救济时，反而能领到国君给予的粮食与柴火。庄子不禁感慨：“夫支离其形者，犹足以养其身，终其天年，又况支离其德者乎！”①（《人间世》）庄子提出藏其形身，支离其

① 陈景元曰：“处身无用，支离其形也；怀道若愚，支离其德也。”[（南宋）褚伯秀撰：《南华真经义海纂微》，第 178 页。]

形、德以养身尽年的主张，实出于战国时惨无人道的战争与不断的徭役，使人无法自在地养身尽年的惨痛的社会现实，"固有所不得已"（《人间世》）而提出的下策，是无道无义的时代情势逼迫人们只能以支离其形、德，使自身无用化等极端的方式，才能满足保身、全生、养亲、尽年这些实为生存之底线式的生命愿望。

最后，庄子认为，为避免自我的身体内为阴阳之内刑所伤，外为金木之外刑所戮，人还应内治其身，"无以好恶伤其身"，外则"正女身""谨修而身"，持守自我的自然真性，不使自我失性失生。

人的身体之所以会为阴阳之内刑所伤，根本而言，还是因外物之得失而引起内心各种不和之情态，使身心失和由此引发各种寒热之疾。庄子指出："悲乐者，德之邪；喜怒者，道之过；好恶者，德之失。故心不忧乐，德之至也。"（《刻意》）认为悲乐是内在的德性不正的状态，喜怒是内心的道过其度而愆过的状态，好恶是内在的德性失丧的状态；只有内心不为忧乐等激烈的情态所滑乱，即保持原本的平易和洽、虚静恬淡等德性不邪、不过、不失的状态，才是心灵德性修养的极致状态。可见，各种不和之情态，首先伤害的是心灵原本自道所继承的平易和洽、虚静恬淡等德性。这些德性本是维持身心和谐，使身心不受伤害的关键。

庄子指出，"平易恬惔，则忧患不能入，邪气不能袭，故其德全而神不亏"（《刻意》），只要内心一直保持平易和洽、虚静恬淡的状态，则忧愁与患苦等各种情态就无法进入心灵滑乱内心的和气，外在的邪气就无法侵入人的身体，因此心德完备而精神不受损伤。可见，内治其身，首先在内治其心，使心灵原本的德性不被各种不和之情态滑乱与损伤。这也是庄子在与惠子辩"人有情无情"时，提出"人固无情"的主张，要求人们"无以好恶伤其身"（《德充符》）的根本原因所在。

人自一受其成形，便进入"有人之形，故群于人"（《德充符》）的人间世生存的状态，这决定人必定要遭遇他人他身，必须操持人与人之间的关系。本来人与人之间是皆"天之所子"（《人间世》）的平等关系，"易世而无以相贱"（《外物》），但时代情势的变迁，使人与人之间还是被构建出"君臣""臣妾"

“主仆”等不平等的关系。如此就产生出在不平等的社会关系下,在权力的支配关系网中,如何保全自我的身体的难题。如颜阖将傅的卫灵公太子,“其德天杀。与之为无方,则危吾国;与之为有方,则危吾身。其知适足以知人之过,而不知其所以过”(《人间世》)。面对如此天性刻薄之人,如何才能既不“危吾身”,又不危吾国,常是在危险的人间世生存的难题。

庄子以为,如果碰到无道之世,又不能以藏其身,支离其形、德等方式,脱离危险的人间世,游方之外,因各种“有所不得已”的原因,必须游方之内,在应对危险的社会生存情境时,人必须通过“正女身”“谨修而身”,持守自我的自然真性,不使自我失性失生。如果“不知务而轻用吾身”(《德充符》),不仅可能“亡足”,还可能“亡身”。故面对为天道自然杀减德性的卫灵公太子,蘧伯玉首先给颜阖的告诫是:“戒之、慎之,正女身哉!形莫若就,心莫若和。”①(《人间世》)所谓的“正女身”,即端正你自身,包括“就形”与“和心”两方面。“就形”指形身之行为迁就顺从他人之所为,但不与彼同入彼之邪道;“和心”指心灵之境界时刻保持平和的状态,不为声为名而出显己能己智。②

庄子此一“正身”的思想,实即老子的“和其光,同其尘”③(第四章)的思想。因“就形”所表现的“彼且为婴儿,亦与之为婴儿;彼且为无町畦,亦与之为无町畦;彼且为无崖,亦与之为无崖”(《人间世》),正是“同其尘”的做法;“和心”所表现的内保平和之心,又不为声名之故而出显己能己智,正“和其光”的做法。但比照于孔子的“正身”思想,如“苟正其身矣,于从政乎何有?不能正其身,如正人何?”(《论语·子路篇》)孔子要求人们无论是形身与心灵,皆要端肃正直,符合道德规范的要求;庄子所谓的“正身”,则允许“就形”,

---

① 成玄英曰:“身形从就,不乖君臣之礼。心智和顺,迹混而事济之也。”[(清)郭庆藩撰:《庄子集释》,第165页。]林希逸曰:“就,从也,随顺之也。和,调和也,诱导之也。外为恭敬随顺之形,而内则尽我调和诱导之心。”[(宋)林希逸:《庄子鬳斋口义校注》,第72页。]

② 张默生指出,“他虽说形莫若就,但不可堕溺其中,为环境所同化;虽说心莫若和,但不可显露锋芒,为他人所嫉视”。(张默生:《庄子新释》,第60页。)

③ 王弼注曰:“和光而不污其体,同尘而不渝其真。”[(魏)王弼:《老子道德经注校释》,第11页。]河上公注曰:“言虽有独见之明,当如暗昧,不当以曜乱人也。常与众庶同垢尘,不当自别殊。”(王卡点校:《老子道德经河上公章句》,第14—15页。)

如此就降低了“正身”在形身之作为也要无不合乎道德规范这一方面的要求。然从庄子对“和心”的坚持，还是可以看到，庄子要求人们在险恶的人间世生存时，应坚持虽“就形”而同尘，然“和心”而“不污其体”“不渝其真”，即坚守自己的心灵不受形身与他人同尘污之作为的浸染与影响的底线要求。可以说，庄子的“正身”思想，其实是以老子的“和光同尘”思想为基础，改造孔子的“正身”思想，通过降低在形身之作为符合道德规范这一方面的要求，使之成为适合人们在险恶的人间世中生存的策略。

因此，庄子的“正身”思想，实提出了“守真”的要求；不仅如此，庄子的“谨修而身”思想，亦提出相似的要求：

谨修而身，慎守其真，还以物与人，则无所累矣。① （《渔父》）

修身，是先秦诸子共同的主张。庄子的修身思想，不同于其他诸子的地方在于，庄子提出，谨修己身要慎守己真，不因危险的时代情境，恶劣的社会环境，甚至两难的道德选择困境而丧失自己的自然真性。而慎守其真的关键在于，将一切后天附着于人身之物，皆还归于他人与他物，归之于自然的境界，如此才能不受身之隶属物的患累。

正因为对修身的守真之自然境界的追求，因此庄子反对为“好名”，为“明污”等外在的目的而修身：

纣杀王子比干，是皆修其身以伛拊人之民，以下拂其上者也，故其君因其修以挤之，是好名者也。② （《人间世》）

今汝饰知以惊愚，修身以明污，昭昭乎若揭日月而行也。③（《达生》）

子其意者饰知以惊愚，修身以明污，昭昭乎如揭日月而行，故不免也。（《山木》）

---

① 林希逸曰：“还以物与人者，言以外物还之于人，而一归之自然，则物我不对立也。”［（宋）林希逸：《庄子鬳斋口义校注》，第472页。］

② 成玄英曰：“伛拊，犹爱养也。拂，逆戾也。”［（清）郭庆藩撰：《庄子集释》，第139页。］

③ 成玄英曰：“汝光饰心智，惊动愚俗；修营身形，显他污秽；昭昭明白，自炫其能，犹如担揭日月而行于世也，岂是韬光匿耀，以蒙养恬哉！”［（清）郭庆藩撰：《庄子集释》，第664页。］

在庄子看来，王子比干修身以爱养百姓，犯颜直争，以下拂违君上之意，是为了“好名”，以史实所载比干事迹揆之，庄子此一看法未必尽实，但从中可知，庄子反对为了好名而修身。与之相似，在庄子看来，为了显明他人之污秽，凸显自我的高洁，犹如担揭日月而行于世，也非正确的修身方式；如此修身，不是“为己”而“为人”，根本而言，还是出于名利等外在的目的而修身，不仅将使自己落于巧言伪饰，失其自然真性，还极易因“惊愚”“明污”而使自身不免于祸患，为无道之世所害。可知，庄子以为，修身的真正目的，是持守自我的真性，保持自然的境界，使自身不“禄禄而受变于俗”（《渔父》），不为无道的时世、污浊的尘世所染、所变、所伤。

第二，《庄子》中，形、骸、躯、体，皆指人之身体有形的部分。庄子以为，人之形身根本上由道所赋予，气聚成形而后才有生；形体是人之生命存在不可缺离的必要前提，因形不仅是人的生之基础，还是人之性的载体和神的寄处之地；形、骸、躯、体，既是人重要的保神之天弢、天袠，又是人之精神不得自由逍遥的原因。

首先，庄子认为，道或说自然是人之形体的根本赋授者，气是人之形体的具体化成者。《庄子》中，“形”绝大多数指人身之形体。① “形”可直接代指人之身体，因身即“天地之委形”（《知北游》），人之身体即天地之“父母”暂时委付给人使用的一种人形形体。从根本而言，人之形身实由道或自然所赋予。故庄子曰，“道与之貌，天与之形”（《德充符》），“形非道不生”（《天地》），“大块载我以形”（《大宗师》）。大道化生人之存在的根本特点是，通过人形形体来承载人的生命、精神与自我意识。这是人得以生，得以有自我意识的基础所在，亦是人为大道所劳所苦的全部原因所在。

庄子曾详细描述道经德与命的演化阶段，化生万物形体的过程，并给“形”下了一明确的定义：“留动而生物，物成生理谓之形。”（《天地》）庄子认

---

① “形”在《庄子》中 182 见。只有少数不是指人身之形体，如《天道》曰：“礼法度数，形名比详，治之末也。”“形名”之“形”，乃指作为确立名号之依据的物形。再如《知北游》曰：“有伦生于无形”，此“无形”指无形无象之道。形绝大多数指人身之形体，如“一受其存形，不亡以待尽”（《齐物论》）。

为，道首先转化为无形的整一之元气；德据有此无形的整一之元气以作生物之基础；命分化此无形的整一之元气，由此元气分阴分阳并分化为众多的分殊，是为万物成形之前提；众多分殊的阴阳二气流动相感，聚合出具体的事物，物生成后具有不同的形状纹理、内在理则等属性，此即所谓“形”。“形”具体由元气所生，阴阳二气所聚，就此而言，形依气而生。故庄子曰：“杂乎芒芴之间，变而有气，气变而有形，形变而有生。”（《至乐》）形之有，依赖气之变；人之生，又依赖形之成；有形始能载生，有身之形体才能开展身的“生”之活动。故此，“有生必先无离形”（《达生》），人之生命必须以形为不可缺离的存在基础。

其次，庄子以为，形对人之生命不可或缺，不仅因形是人生之基础，还因形是人之性的载体和神的寄处之地。庄子曰：“形体保神，各有仪则谓之性。”（《天地》）可知：其一，性作为形体与精神各自的变化之理则，在形生之后始有，性必须依形而存在，故形是性的载体。其二，“形”常与“骸”“躯”“体”组成“形骸”“形躯”“形体”，指人之身体由外可见其形貌的“躯壳”部分①组成；并且，形常与神对言，形的核心功用在于保神，这侧面说明了形神在身之整体中的不同功用与地位：神为形之主，形只是神的寄处之地，只是保神之具。

形虽然只具有相对的工具性的功用价值与存在意义，但形对神之保护与存养的功用必要而不可或缺。庄子曰：“形全者神全”（《天地》），精神的保全实有赖于形体的保全。事实上，性之承载与生之保全，皆有赖于形之保全。因此，庄子主张，人必须“养形”（《达生》），“存形”（《天地》），“为形”②（《至乐》），“守形”（《山木》），“全汝形”（《庚桑楚》），“正汝形”③（《知北游》），

---

① 《庄子》中，骸、躯、体，有时或单独使用，如“百骸、九窍、六藏，赅而存焉”（《齐物论》），“而况官天地，府万物，直寓六骸”（《德充德》），“知乎？反愁我躯”（《庚桑楚》），“信行容体而顺乎文”（《缮性》）。但大部分皆与形一起组成形骸、形躯、形体等复合词，指与心、神相对又是心、神之寓所的形骸躯体。如“岂唯形骸有聋、瞽哉？夫心知亦有之”（《逍遥游》），“颂论形躯，合乎大同，大同而无己”（《在宥》），“齐七日，辄然忘吾有四枝形体也”（《达生》）。

② 方勇曰：“为形：保养形骸。”（方勇译注：《庄子》，第283页。）

③ 成玄英曰：“汝形容端雅，勿为邪僻。”［（清）郭庆藩撰：《庄子集释》，第737页。］可知，“正形”包括正形之容与正形之为。

“治其形”①(《则阳》)。同时,庄子又非常反对“驰其形性”(《徐无鬼》),“以利累形”(《让王》),“劳形”(《应帝王》),“残其形”(《至乐》),“见得而忘其形”(《山木》)等错误的待形之态度与做法。

庄子以为,生不能离形,以物养形是人不可不为、无法逃免之事。因此,“存形”“为形”“守形”“全汝形”“正汝形”“治其形”,即维护人之生命不可缺离的存在基础。但如前所述,养形只是存生的必要条件,并非存生的充分条件,因存生既包括存养自己的形体,即养形的工夫,又包括存养自己的心灵,也即养心或养神的工夫;存生的关键实在于存养人之精神。因此,人若误以为养形就足以存生,因而“驰其形性”②,由此放纵自我形体的欲望之性,则将“潜之万物,终身不反”③(《徐无鬼》),终将被自己所追求的外物所淹没,终身而不知归返生命原初的状态。故庄子反对为了追逐物利而“累形”“劳形”,因“形劳而不休则弊”(《刻意》)。人之形体存在的特点是“饥而欲食,寒而欲暖,劳而欲息”(《荀子·荣辱》)。形若劳而不休,将因疲敝不堪而倒毙。人若为争夺声名等外物而“残其形”,迷于物利之得而“忘其形”,或因追求富贵寿善而愚于“为形”、外于“为形”、疏于“为形”,是皆为倒置之民,结果可能“物有余而形不养”(《达生》)。庄子既倡导存养、守护、修治人之形体,又批评错误的“养形”“为形”等做法,实希望人们正确地认识形体之于人之生命既必要而不可或缺,同时又非养生之关键而只具有限之功用的地位。

最后,庄子以为,作为“神舍”的形骸躯体,既是人重要的保神之天弢、天袠,又是人之精神不得自由逍遥的原因。整体而言,庄子主张人应以正确的态度和方法,存养、守护、修治人的形体。然奇怪的是,庄子还提出“堕枝体”“堕尔形体”“堕汝形骸”的主张:

---

① 陈鼓应译解曰:“治理他的形体。”(陈鼓应:《庄子今注今译》,第685页。)荀子曰:“少而理曰治。”(《荀子·修身》)

② 成玄英曰:“驰骛身心。”[(清)郭庆藩撰:《庄子集释》,第837页。]受此影响,方勇亦曰:“形性:指身心。”(方勇译注:《庄子》,第411页。)然此一释解,受到了“以心为性”的思想传统影响。事实上,庄子所谓性,义涵不完全等同于心。故“形性”解为“形之性”更为确当。

③ 林希逸曰:“潜,没也,汩没于万物之中。终其身而不知反。”[(宋)林希逸:《庄子鬳斋口义校注》,第381页。]

堕枝体，黜聪明，离形去知，同于大通，此谓坐忘。①（《大宗师》）

堕尔形体，吐尔聪明，伦与物忘；大同乎涬溟，解心释神，莫然无魂。②（《在宥》）

汝方将忘汝神气，堕汝形骸，而庶几乎！（《天地》）

“堕枝体”“堕尔形体”“堕汝形骸”因义晦难解，故常遭误解。如成玄英疏“堕枝体，黜聪明”云：“隳，毁废也。黜，退除也……既悟一身非有，万境皆空，故能毁废四肢百体，屏黜聪明心智者也。”③方勇本之，故译解曰：“毁坏形体，泯灭聪明。”④成玄英又解“堕汝形骸”为“隳坏形骸”⑤，方勇则解作“遗弃形骸”⑥。然如此释解，则与庄子主张存养、守护、修治人之形体的整体思想倾向

① 王叔岷曰：“唐写本、《道藏》成玄英本、覆宋本堕并作隳，《意林》、《御览》四九零、《云笈七签》九四《坐忘论》引皆同。堕、隳正、俗字，《淮南子》《览冥篇》《道应篇》亦并作隳。《鹖冠子·学问篇》陆注引此堕下、黜下并有其字，枝作肢，《道藏》成玄英本、褚伯秀义海纂微本、罗勉道循本本、覆宋本枝皆作肢，《意林》、《云笈七签》、《记纂渊海》五一引咸同。《淮南子·览冥篇》亦作肢。《文选》贾谊《鹏鸟赋》注、《御览》引此枝并作支，《淮南子·道应篇》同。枝、支并胑之借字，肢为胑之或体。《淮南子·览冥篇》黜作绌，（《文子·上礼篇》绌作黜。）《史记·太史公自序》亦云：‘绌聪明。’（《汉书·司马迁传》绌作黜。）本书《在宥篇》：‘咄尔聪明。’（今本咄误吐，王氏《杂志·余编》有说。）黜、绌、咄，古并通用。”（王叔岷：《庄子校诠》，第267—268页。）

② “堕尔形体”，《道藏》成玄英本作“隳尔形体”。成玄英疏云：“隳形体，忘身也。”[（晋）郭象注，（唐）成玄英疏：《南华真经注疏》，第223页。]“吐尔聪明”，郭庆藩引王引之曰：“吐当为咄。咄与黜同。（《徐无鬼篇》黜耆欲，司马本作咄。）韦昭注《周语》曰：黜，废也。黜与堕，义相近。《大宗师篇》堕枝体，黜聪明，即其证也。”[（清）郭庆藩撰：《庄子集释》，第391页。]“伦与物忘”，郭象注云：“理与物皆不以存怀。”成玄英疏云：“伦，理也。堕形体，忘身也。吐聪明，忘心也。身心两忘，物我双遣，是养心也。”[（清）郭庆藩撰：《庄子集释》，第391页。]郭象将“伦”释为“理”，成玄英本之，并进一步视为“我”之代指。此“伦”与“有伦生于无形”（《知北游》）之“伦”同义，是当皆释为“理”之义，然其所谓“理”非如郭象所谓的道理之理，而是言纹理之理，故二者皆指外有纹理状貌的形体。“伦与物忘”犹言“形与物忘”。故林希逸曰：“伦与沦同，沦，没也，泯没而与物相忘。”[（宋）林希逸：《庄子鬳斋口义校注》，第174页。]属误解。

③ （晋）郭象注，（唐）成玄英疏：《南华真经注疏》，第163页。此《道藏》成玄英本“堕”写作“隳”，当是促使成玄英作出“隳，毁废也”之解的原因。“隳，毁废也”，郭庆藩的《庄子集释》改作“堕，毁废也”。[（清）郭庆藩撰：《庄子集释》，第285页。]不当。

④ 方勇译注：《庄子》，第120页。

⑤ （晋）郭象注，（唐）成玄英疏：《南华真经注疏》，第247页。此《道藏》成玄英本“堕”写作“隳”，当是促使成玄英作出“隳坏形骸”之解的原因。“隳坏形骸”，郭庆藩的《庄子集释》改作“堕坏形骸”。[（清）郭庆藩撰：《庄子集释》，第435页。]不当。

⑥ 方勇译注：《庄子》，第195页。

相矛盾,故上述之解皆值得商榷。

"堕"本是崩落、坠落之义,后引申出倾坏、毁坏之义;表倾坏、毁坏之义的"堕",皆被俗写作"隳"。① 故《道藏》成玄英本、覆宋本《庄子》中,"堕枝体""堕尔形体""堕汝形骸"皆被写作"隳肢体""隳尔形体""隳汝形骸"。《释文》曰:"《堕》许规反。徐又待果反。"②堕,若读若"许规反",则字当作"隳";若读若"待果反",则字当作"堕"。事实上,作"堕"更近于《庄子》原本之旧文。因庄子的"堕枝体""堕尔形体""堕汝形骸",并非主张要人"毁坏形体""隳坏形骸""遗弃形骸"。上述三"堕"字,都应从其本义作解,释为"坠落、下落"之义。"堕枝体""堕尔形体""堕汝形骸"皆犹言:使你的形骸肢体坠落。人不可能拔着自己的头发使自己脱离大地,人本就处于大地之上,如何能使自己的形骸肢体再坠落?

从《大宗师》的原文可知,"堕枝体"乃颜回描述"坐忘"时的心理体验。颜回所谓的"离形去知",乃进一步解释何谓"堕枝体,黜聪明",由是可知,所谓的"黜聪明"即"去知",所谓的"堕枝体"即"离形"。"离形"乃描述某物离开人的形体。在先民的理解中,处于形体之内却能够脱离形体而优游于形体之外,乃处于形体心舍中的精神,即造就人之"精神"现象的精气。因此,颜回所谓的"堕枝体",实是在描述非常神秘的"出神"体验。当颜回由忘仁义、忘礼乐而渐次臻达"坐忘"的境界时,此时耳目感官之知觉与心之思知皆处于被黜落的状态,原来舍止于形体心舍中的精神或精气,开始"出离"人的形体,神游天外,游心于物之初,与道合同,故曰"同于大通"③。当人的精神刚"出离"人之形体的那一刻,反观原本作为心神之寓所的形骸肢体,若土块然,纷然坠落。

---

① "堕",字本作"陊",《说文》曰:"陊,败城阜曰陊。墮篆文。"段玉裁注曰:"小篆陊作墮,隶变作堕,俗作隳。用堕为崩落之义。用隳为倾坏之义。"[(汉)许慎撰,(清)段玉裁注:《说文解字注》,第 733 页。]可知,堕本是崩落、坠落之义;由城阜崩落引申出倾坏、毁坏之义,此意义之堕皆俗写作隳。

② (清)郭庆藩撰:《庄子集释》,第 285 页。其在另两处皆曰:"《堕》许规反。"[(清)郭庆藩撰:《庄子集释》,第 391、435 页。]

③ 成玄英曰:"大通,犹大道也。道能通生万物,故谓道为大通也。"[(清)郭庆藩撰:《庄子集释》,第 285 页。]

《在宥》的"堕尔形体，吐尔聪明，伦与物忘；大同乎涬溟，解心释神，莫然无魂"，实际上也是描述相似的神秘的"出神"体验。所谓的"堕尔形体"即"堕枝体"，"吐尔聪明"亦即"黜聪明"。当人由"忘"的工夫而入定之极，形骸肢体如同坠落，聪明心知亦被黜落，故形物皆忘，此时心之精神或说精气从形骸肢体中解放出来，与流行于天地之中的涬溟之精神合体同游①，此即"解心释神，莫然无魂"的境界，亦即"精神四达并流，无所不极，上际于天，下蟠于地"（《刻意》）的境界。《天地》的"忘汝神气，堕汝形骸"②，也是提出应黜落你的聪明心智，使形骸肢体如同坠落，如此才庶几接近与道同一的境界。

与"堕枝体""堕尔形体""堕汝形骸"相似，庄子还提出"解其天弢，堕其天袠"的思想：

> 人生天地之间，若白驹之过郤，忽然而已。注然勃然，莫不出焉；油然漻然，莫不入焉。已化而生，又化而死，生物哀之，人类悲之。解其天弢，堕其天袠，纷乎宛乎，魂魄将往，乃身从之，乃大归乎！③（《知北游》）

---

① 《释文》曰："司马云：涬溟，自然气也。"成玄英亦曰："溟涬，自然之气也。"[（清）郭庆藩撰：《庄子集释》，第391页。]涬溟作为自然之气，即流行于天地之中的精神或说精气。

② "忘汝神气"，陈鼓应译解曰："你遗忘精神。"（陈鼓应：《庄子今注今译》，第322页。）方勇译解曰："你如果能黜除机巧之心。"（方勇译注：《庄子》，第195页。）相较而言，方勇之解更为确当。因庄子所谓的"忘汝神气"实义同"黜聪明"或"吐尔聪明"。林希逸指出，"忘汝神气，犹曰黜其聪明也。"[（宋）林希逸：《庄子鬳斋口义校注》，第199页。]

③ "若白驹之过郤"，《释文》曰："《白驹》或云：日也。《过郤》去逆反。本亦作隙。隙，孔也。"[（清）郭庆藩撰：《庄子集释》，第747页。]"注然勃然"与"油然漻然"，成玄英曰："注勃是生出之容，油漻是入死之状。"[（清）郭庆藩撰：《庄子集释》，第747页。]成玄英是整体译解，未予细解。《增韵》曰："注，水流射也。"可知，注然是水流射倾泻而出之貌。勃然，《天地》曰，"忽然出，勃然动"，勃然义近忽然，乃突然、突起之貌。油然，《知北游》曰，"油然不形而神"，《释文》曰，"《油然》音由，谓无所给惜也"。[（清）郭庆藩撰：《庄子集释》，第737页。]漻然，《天地》曰："漻乎其清也。"漻本是水清貌，《说文》曰："漻，清深也。"故漻然是阴阳二气因分解消散而逐渐稀疏清朗之貌。"纷乎宛乎"，《释文》曰："《宛》于阮反。"[（清）郭庆藩撰：《庄子集释》，第748页。]宛有三音：一是于阮切，读若 yuān。二是委远切，读若 wǎn。三是于云切，读若 yūn。奚侗曰："宛假作缊，古音与宛为韵。"（见王叔岷：《庄子校诠》，第824页注引。）奚说是。"纷乎宛乎"，即"纷宛"貌。"纷宛"亦常作"纷缊""纷纭""纷云""纷员"，"纷缊"即"絪缊""氤氲"之义。故郭象注曰："变化烟煴。"《释文》曰："《絪》音因。本亦作烟，音因。《緼》于云反。本亦作煴，音同。"卢文弨曰："今本作烟煴。"[（清）郭庆藩撰：《庄子集释》，第748页。]郭象注本又作"变化絪缊"。可知，郭象即将"纷乎宛乎"读若"纷缊"，释为絪缊之义。絪缊是阴阳二气弥漫蒸腾、感应变化之貌。

庄子以为，人生在世，迅速忽然，转瞬即逝。众多的生命如同水流倾注，突然化生而出；又如水流之逝，无所顾惜，决然归返而入。出乎道之“天门”①，是谓生；入乎道之“天门”，是谓死；忽化而生，又化而死。人死的过程，实即“解其天弢，堕其天袠”的过程。弢，《释文》曰：“《字林》云：弓衣也。”②《小尔雅》曰：“矢服谓之弢。”可知，弢本指装弓箭的袋子。袠，袠的异体字，《说文》曰：“帙，书衣也。从巾，失声。袠，帙或从衣。”可知，袠又是帙的异体字，本皆指装书的袋子。成玄英曰：“弢，囊藏也。袠，束囊。言人执是竞非，欣生恶死，故为生死束缚也。今既一于是非，忘于生死，故堕解天然之弢袠也。”③林希逸曰：“弢，藏弓之物也；袠，囊也。愚惑之人，犹有所包裹而不明也，能自知觉，则解其弢而堕其袠矣。堕。落也，弃之也。”④宣颖曰：“哀之悲之，却不知人有躯壳，如天以弢袟拘之，今死则如解弢堕袟也。堕，音挥，同隳。弢，弓囊。袟，衣囊，取譬精绝。”⑤

三位注家对“弢”“袠”之解大抵相似，但对“天弢”“天袠”之喻指理解各不相同。成玄英以为二者乃喻指是非、生死之束缚。林希逸则解为愚惑之人有所包裹，犹如有蓬之心塞满蓬草。宣颖则以为，二者乃喻人的躯壳。相较而言，宣颖之解最为确当。因弢与袠本是用以保护弓箭或书籍不受损坏的袋子。人的形骸躯体正如同天所赋予人的用以保护人之精神不受伤害的袋壳，其功用正类同如弢袠。功用如同弢袠的形体，因由天所赋授，故谓之“天弢”“天袠”。在宣颖看来，人有形体躯壳，如同天以弢袟拘限人之精神⑥，然此解未够

① 《庚桑楚》曰：“有乎生，有乎死，有乎出，有乎入，入出而无见其形，是谓天门。天门者，无有也，万物出乎无有。”庄子所谓的“天门”，本自老子的“天门开阖，能为雌乎”（第十章），“玄之又玄，众妙之门”（第一章）等思想。老子“天门”与“众妙之门”皆是对道的隐喻。道之为天门是万物出生之处，亦是万物入死之处。道无形，故天门无有。万物出乎无有，即万物出乎道。

② （清）郭庆藩撰：《庄子集释》，第748页。

③ （清）郭庆藩撰：《庄子集释》，第747页。

④ （宋）林希逸：《庄子鬳斋口义校注》，第339页。

⑤ （清）宣颖：《南华经解》，第151页。《玉篇》曰：“帙，书衣也，或作袠。”又曰：“袠，亦作帙。袟，同上。”

⑥ 钟泰亦持相似看法曰：“‘弢’同韬，弓衣也。‘袠’同帙，书衣也。皆取缠缚之义。”（钟泰：《庄子发微》，第497页。）

全面。因弢袠实具有二重的功用:一是保护囊藏其中的弓箭与书籍不受损害;二是拘束弓箭与书籍,使其不出而伤人或混乱读书的环境。人之形体对人之精神实也具有相似的二重功用:一是保护人的精神不受外物的伤害,二是拘束人的精神于形体之中,使其不得自由地逍遥于无穷的天地之间。若只见其二,而不见其一,未全面准确认识形体之于精神的全部功用。然就形骸躯体对人之精神的拘限而言,宣颖之解可谓极有见的。

庄子以为,人之死亡,对人之精神实是一种解脱与解放。所谓的“解其天弢,堕其天袠,纷乎宛乎,魂魄将往,乃身从之,乃大归乎”,其实乃言,人化而之死,天所赋予人的“弢袠”——即人的形骸躯体,因精神之离形脱解,纷然下堕①;由此原本构生人之形体的阴阳二气细缊变化,二气分离;人之魂魄,质为清轻之阳气,故将往归原本的天上之居所;人之形体,质为浊重之阴气,亦随而从之,归返原来的地上之居所。② 人之生,始于阴阳二气受道或自然之“委命”而汇聚成人之身体,由此开始道或自然辛劳这些构生人之形体与精神的阴阳二气的过程;人之死,则原本构生人之形体、精神的阴阳二气,各自归返原本之居所,是为这些阴阳二气完成天所委付的持人之生的使命,归家休息的过程,故谓之“大归”。③ “归”字表明,人之形骸躯体并非这些构生人之形体与精神的阴阳之气的终极家园,只不过是其暂时的寓所;道才是这些阴阳二气的终极家园。故对这些阴阳二气而言,人死而形神分解的过程,是为归返终极家园,休止生息,以备道或自然开始其新一轮生之使命的过程。

故由庄子“天弢”“天袠”的隐喻可知,形骸躯体作为“神舍”,对人之精神而言,保护与束缚的二重功用相互缩结,同时俱在。首先,人之形体是人之精

---

① “堕其天袠”之“堕”,林希逸解为“落”可取,进一步解为“弃之”值得商榷。宣颖音堕为挥,解为隳,亦值得商榷。因庄子此所谓“堕”与“堕枝体”“堕尔形体”“堕汝形骸”之所谓“堕”同义,皆指人精神出离人之形体时,形体因脱解而下堕的神秘体验。

② 《在宥》所谓的“上见光而下为土”,亦在描述此一过程。“上见光”即《天地》所谓的“上神乘光”,“下为土”即《天地》所谓的“与形灭亡”。为何曰“上见光”,或与人濒死时似见到“光芒”照其身上,精神乘光而随之升天的神秘体验相关。

③ 《列子》曰:“精神者,天之分;骨骸者,地之分。属天清而散,属地浊而聚。精神离形,各归其真,故谓之鬼。鬼,归也,归其真宅。”(《列子·天瑞篇》)

神的日常居处之地，是保护人之精神不受外物伤害的躯壳。若没有形骸躯体暂时作“舍”，人之精神将裸露于人的形体之外，受天地阴阳二气之作用，则将消散，精神消散，则其所承载的心知灵识消亡，人的自我意识也就消失；同样，若没有形骸躯体作壳，人之精神则将受外物的伤害，人之精神受损，则人之形体无主宰者以指导其形性之作为，人生之实践活动也就无从开展。因此，形骸躯体作为人之精神的暂时寓所，是保持人之精神凝而不散，由此使人有灵识知觉的重要保障，是人重要的保护自我的精神不受伤害的“天弢”“天袭”。其次，形骸躯体同时也严重地限制了人之精神的自由。人之精神受之于天，本居天地之间，逍遥自在，然受道或自然之“委命”，不得不暂居于人有限的七尺之躯之内，为人之生的实践活动而操劳、操持、操心，为人之形心所役。故形骸躯体对于人之精神，又如同囚笼、囹圄，是其不得自由、解放、逍遥的根本原因。

人的精神莫不渴求自由，渴求自身从沉重的形身之缠绕与束缚中解放，渴求不为物系，不为形累，不为心役，超拔于人的形体之外，与道合同为一，从而自由自在地逍遥于无穷的天地之中。故当人的精神经由无己、无功、无名的工夫，真正实现不为物所系，不为形所累，不为心所役，不再为人有限的形躯所缠绕、束缚、拘限后；再由“坐忘”之“离形去知”等“出神”的工夫，超拔自己的精神于沉重的肉身之外，精神轻清的本性，将使之自然地上升而独与天地精神相往来，最终达至与道合同为一的境界。

人的精神只有“同于大通”，与道合同为一后，人才能摆脱自身“以人观物”，及拟物化的“以物观物”等有限的观物视角先天自有、难以脱免的局限性，从而进入“以道观物”的超越性的视域。庄子曰：“以道观之，物无贵贱；以物观之，自贵而相贱；以俗观之，贵贱不在己。”（《秋水》）所谓的“以俗观之”，即“以人观物”，而且还是未能脱免流俗之见，不识“贵在于我，而不失于变”之理之人的观物。人之“有人之形，故群于人”（《德充符》）的人间世生存结构，使人很难脱免受他人的流俗之见的影响，因此难以摆脱以人自身与他人有限的“以人观物”之视角的局限性，常认为人自身的贵贱不由自己决定，而由上位者赋定。所谓的“以物观之”，即“以物观物”。然人不是物，观必有其主，故观必定是“主观”；人之精神若不能脱离人之形身之拘限，只能拟物而观①，拟客而观。这决定了人必然无法摆脱以身为观物之通道的局限性，故必定以己为贵，而以他为贱。所谓的“以道观之”，即“以道观物”。② 人之精神若脱离人之形身的拘限，与道合同为一，将从道之整全的视角获得“通天下一气耳”（《知北游》），“自其同者视之，万物皆一也”（《德充符》）的超越性认识，由此“何贵何贱”“何少何多”（《秋水》），无分贵贱多少，平等地对待万物。

事实上，当人之精神脱离人之形身的拘限，与道合同为一，以道观物后，不仅将平等对待万物，人对自身、他者、社会、世界、宇宙以及人之生命历程、本质、目的等之认识，都将发生质的变化，人的精神境界亦将发生质的超越性的提升。因此时，人将不再局限于一己一物、一时一地来认识自我、自身所处的宇宙与自己的人生之历程，而将从由道而德、由德而命、由命而形、由形而性的变化历程，从“道无终始”“至大不可围”（《秋水》）的无限时空视域，来审视人之自我、自身所处的宇宙与自己的人生之历程。由此认识到，“吾在于天地之间，犹小石小木之在大山也”“此其比万物也，不似豪末之在于马体乎？”③（《秋水》）故人间世的各种利益之争，如同蜗之左右角触蛮氏之争，渺小而可笑！

精神与道合同为一的自我，不再是拘限于有限的七尺之形躯的“小我”，而是与天地同流，与大化共往，独与天地精神相往来的“大我”！这样的“大我”，怎么可能再斤斤计较于渺若尘埃的外物的得失？怎么可能再为俗世的功名、利禄、权位之物而受身心煎熬之天刑、天戮？怎么可能再被世俗的人情物事撄扰纠缠？怎么可能再为存亡、穷达、贫富、寿夭、毁誉、得丧、

① 方勇曰：“以物观之：从万物的本身来看。”［方勇：《庄子纂要》（四），第700页。］此即所谓的“拟物而观”。

② 郑世根曰：“‘以道观之’的基准是经过‘以物观之’、‘以俗观之’、‘以差观之’、‘以功观之’、‘以趣观之’等诸视角而获得最高基点。”（郑世根：《庄子气化论》，台湾学生书局1993年版，第93页。）

③ 郑开曰：“万化之流终而复始，恢闳而无情，正如老子所说‘天地不仁，以万物为刍狗’；在这种视野中，人的生命渺小而孱弱。”（郑开：《道家形而上学研究》，中国人民大学出版社2018年版，第85—86页。）

祸福而介怀？怎么可能再让喜怒哀乐、虑叹变慹等各种情态入乎心中，滑扰自己内心的平和？怎么可能再让死生惊惧入乎胸中而内变外从？与道为一、以道观物的"大我"，是精神乘于天地之正，御于六气之辨，逍遥游于无穷天地之间的我，是无待之我，是实现精神彻底之自由、解放与逍遥的"大我"！

问题的关键在于，人如何才能使自己的精神超拔于人的形骸躯体，使其不为有限的七尺之身躯所缠绕、束缚与拘限，实现自己精神彻底之自由、解放与逍遥？人是否只有在死亡来临的那一刻，才能因"解其天弢，堕其天袠"，使自己的精神摆脱人之形骸躯体的拘限，往归道之终极的家园？事实上，庄子所谓的"堕枝体""堕尔形体""堕汝形骸"，即是教人如何在人"生"的过程中，实现精神"离形去知"，脱离形体的束缚与拘限，同于大通，与道合同为一的重要修养功法。因此，"堕枝体""堕尔形体""堕汝形骸"，不是要人"毁坏形体""隳坏形骸""遗弃形骸"，其实是使人的精神"出离"人的形体，使其不再被人的形骸躯体所缠绕、束缚与拘限，以实现精神彻底之自由、解放与逍遥的根本方法。

（三）天年、寿夭

人之身体只是"天地之委形"，人之生命也只是"天地之委和"，人之身体与生命的"天命性"与"委付性"，决定了"吾生也有涯"（《养生主》）。天道自然"委命"给人的形体、生命之保管权与使用权有其涯限，是为人之"天年"。天道自然所命授之天年，有长有短，于是又有人的"寿夭"之分。庄子对"天年"与"寿夭"的看法，也深刻地体现了庄子的生命观。庄子以为，人应完成实为天命之使命的"尽年"之人生重要责任，并以一种自然随顺的达命思想精神，对待自己的生命之天年有寿有夭的客观实情。

第一，庄子以为，人应当"尽年"，完成作为天命之使命的"终其天年"的人生重要责任。庄子曰：

> 为善无近名，为恶无近刑，缘督以为经。可以保身，可以全生，可以养亲，可以尽年。（《养生主》）

所谓的"尽年"即"穷尽天命之寿年"①。庄子在此将"尽年"与"养亲",这一儒家至为重视的人生责任并列而提,可知在庄子看来,穷尽生命的天年,如同赡养自己的双亲,是每一个人应尽的重要的人生责任。为完成这一重要人生责任,庄子甚至提出"为恶无近刑"这一充满争议性的主张,由此可见庄子对完成"尽年"之人生责任的重视。

首先,"尽年"即想方设法"终其天年"。② 庄子在多处强调,人应尽力"终其天年"③而不中道夭折于各种祸患。如庄子曾将"以其知之所知以养其知之所不知,终其天年而不中道夭者"④(《大宗师》),盛赞为是拥有盛大之智的人。庄子还以支离其形的支离疏,因身体的缺陷无法应召君主的征役,免遭战争的祸患和徭役的劳苦,反因身体的缺陷而受到君主的仁赏说明:"夫支离其形者,犹足以养其身,终其天年,又况支离其德者乎!"(《德充符》)庄子对"支离其形"的妙用的欣赏,和对"支离其德"思想的主张,目的是实现"养其身"和"终其天年"的目标。由此可见,庄子主张,每一个人应想方设法完成"终其天年"的人生责任,甚至以支离其形、德,将自身无用化的方式。

有见于战国时期很多有才之士,因才华横溢而常遭不得"终其天年"的厄运,庄子在《人间世》中,两次以有材之文木易遭苦厄之境遇为喻说明:人在混乱的时世,当以无材而无用的方式,完成"终其天年"的人生责任。庄子说,楂梨橘柚等属类的果树,果实成熟即遭剥落,枝干因人摘果而扭折,大枝被折断,

① "尽年",陈鼓应曰:"享尽寿命。"(陈鼓应:《庄子今注今译》,第95页。)方勇曰:"享尽天年。"(方勇译注:《庄子》,第45页。)两解皆以庄子对天年之态度为"享",此与庄子的"人之生也,与忧俱生,寿者惛惛,久忧不死,何之苦也"(《至乐》)思想实不相谐。"尽"当译为"穷尽"。

② 钟泰曰:"'尽年'者,终其天年,而不中道夭也。"(钟泰:《庄子发微》,第66页。)

③ 《尚书·洪范》以"考终命"为"五福"之第五福。孔安国曰:"各成其短长之命以自终,不横夭。"[(汉)孔安国传,(唐)孔颖达疏:《尚书正义》,第323页。]可知,"终命"是长久以来人们追求的"五福"之一。《洪范》的这一"终命"思想,可能是庄子"终其天年"思想的来源。

④ 林自曰:"一身之中,凡在形骸之内,吾所不知;形骸之外,吾所知也。为之饮食,为之动止,皆所以养其不知也。"[方勇:《庄子纂要》(二),第765页。]宣颖以为,"知之所知"为"卫生之术","知之所不知"为"年命之数"。[参见(清)宣颖:《南华经解》,第48页。]相较而言,林自之解更切于前后文,因"年命之数"当尽之,而非养之。"养其知之所不知"可解为"养其身"或"存养舍止于身中的道"。《徐无鬼》曰:"故德总乎道之所一,而言休乎知之所不知",其所谓"知之所不知"指"道"。

小枝被拽曳,这些文木都因有材而苦其生,因此属"不终其天年而中道夭,自掊击于世俗者"(《人间世》)。而楸、柏、桑等直木,则因其树干粗直,可作为有用之材,所以才拱把而上者,早早就被求拴猴之杙桩的人砍去;三围四围者,则被求屋堂之栋梁的人砍去;七围八围者,则被求棺椁之木的富商贵人砍去。这些直木"未终其天年,而中道夭于斧斤"(《人间世》),都是因为有材而遭此祸患。故庄子以为,在混乱的时世中,人可以用将自身无用化的方法,使己如同大而不中用的栎社树等散木,因无材而无用,故不为人所伤、所害,依此完成"终其天年"的人生责任。

在《山木》篇中,还载有庄子与弟子讨论如何完成"终其天年"之人生目标的故事:

> 庄子行于山中,见大木,枝叶盛茂,伐木者止其旁而不取也。问其故,曰:"无所可用。"庄子曰:"此木以不材得终其天年。"夫子出于山,舍于故人之家。故人喜,命竖子杀雁而烹之。竖子请曰:"其一能鸣,其一不能鸣,请奚杀?"主人曰:"杀不能鸣者。"明日,弟子问于庄子曰:"昨日山中之木,以不材得终其天年;今主人之雁,以不材死。先生将何处?"庄子笑曰:"周将处乎材与不材之间。材与不材之间,似之而非也,故未免乎累。若夫乘道德而浮游则不然。无誉无訾,一龙一蛇,与时俱化,而无肯专为;一上一下,以和为量;浮游乎万物之祖,物物而不物于物;则胡可得而累邪! ……"①(《山木》)

从《山木》此则由庄子弟子所记的庄子佚事可知,"终其天年"是庄子至为看重的价值追求之一,故在见大木因无所可用而不为伐木者所取,因而慨叹曰"此木以不材得终其天年"。由此亦可反证,《人间世》《德充符》《大宗师》等篇中所提出的"终其天年"的思想皆是庄子思想的直接反映。并由此可知,在混乱的时世中,人当处材,还是不材;或说处用,还是无用之境地,以完成"终其天年"的重要人生责任,是庄子与弟子们经常讨论的重要问题。

---

① "山中之木",王叔岷的《庄子校诠》原误作"山木之木",续古续丛书本《庄子》原作"山中之木",不误。

以常情而论,在一个危惧的时世中生存,由于危险的时代情势对人惨无人道的压迫与无情的迫害,人选择以支离其形、德等类似于“自戕”的方式,将自身无用化,以此免除因有才而招致的各种祸患,实现“终其天年而不中道夭”的人生目标应没有什么问题。然生存于一危惧而凶险之时代的艰难之处在于,人甚至无法将“不材以终其天年”的原则一以贯之地运用到底。《山木》的这则庄子佚事表明:“不材”并不能保证所有人在全部的危惧的社会生存环境中皆能“终其天年”。虽然山木因无材而得“终其天年”;然庄子朋友家中的两只鹅,一只因有才能鸣,因此在主人杀鹅以享客时,得以保存自己的生命;另一只因无才不能鸣,结果被杀而为客人享。表明无论是处才之境地,还是处不才之境地,皆有可能因此而招致杀身之祸患。故庄子的弟子依此而问难庄子曰:“先生将何处?”庄子先以打机锋的方式,笑而答曰:“周将处乎材与不材之间。”虽然庄子先以“处乎材与不材之间”的答案,避免自己陷入弟子所请问的两难选择的困境,然其接着为弟子们指出,“材与不材之间,似之而非也”。“似之而非”的断语表明,庄子其实又自我否定了先前给出的“处乎材与不材之间”的答案。

庄子指出,正确的做法其实是“乘道德而浮游”,即怀抱道德而随时势俯仰。庄子以“一龙一蛇”的比喻手法,指出“乘道德而浮游”的人,并不会让自己只处于一种境地之中,只以一种处世的原则“专为”;而是与时俱化,随时根据时势的变化,调整自己的处世方法。然以此方法处世,并不意味着人就可丧失自己的道德原则和行事标准。不仅“乘道德”说明在与世俯仰的同时,内心应始终怀抱“道德”;同时“一上一下,以和为量”①,也表明在随时上下的同时,应以与人和谐作为自己的行事准则和实践原则。庄子认为,“乘道德而浮游”的达道者,能够使自身的精神不为人有限的形躯所局限,悠游于作为万物之祖的道之处,由以道观物的视角而将外物尘埃化,摆脱外物的纠缠与束缚,故能够主宰外物而不被外物所宰制,如此自然不会让自己陷入危险的境地而为外物所患累。故庄子最终以“乘道德而浮游”的方法,教弟子们在混乱而危

① 《礼记·礼运》“月以为量”,孔颖达疏曰:“量,犹分限也。”[(汉)郑玄注,(唐)孔颖达疏:《礼记正义》,第699页。]分限,即“分判之度量、标准”。故成玄英疏曰:“言至人能随时上下,以和同为度量。”[(清)郭庆藩撰:《庄子集释》,第669页。]

惧的时世中,努力完成"终其天年"的重要人生责任。①

庄子所谓的"存形穷生",同样也表达了人当"尽年"的思想:"存形穷生,立德明道,非王德者邪!"(《天地》)所谓"穷生",即穷尽天赋的生命之年寿,故"穷生"也即"尽年"。庄子以存其形身,穷其天年,为王者之大德。综合《庄子》诸篇众多的"尽年""终其天年""穷生"等思想可知,庄子提出人们应当自然地穷尽天赋的寿年,不中道轻生、弃生,并认为"尽年"与"养亲"乃同等重要的人生责任。

其次,庄子又是基于生命之痛苦的深刻感受而提出"尽年"的主张。由"庄子见髑髅"的寓言可知,庄子以为,人生在世的历程是一个充满着各种劳苦痛苦的过程。事实上,哲学家提出的思想主张,与其在世的生命体验,特别是对生命在世的快乐与痛苦两种基本感受紧密相关。一般而言,主张消极弃世的思想,多因哲学家灵敏的感受力与敏锐的洞察力,深刻地感受和体察到人生的生老病死、求不得、爱别离等诸多的痛苦,故以为有生皆苦。与此相反,反对消极弃世,反对自杀而中道轻生、弃生的哲学家,虽不至于以生皆乐,但基本上甚少以为有生皆苦。因有生皆苦的主张,将阻碍人们激起对生命的快乐与悦爱的感受,反而刺激人们产生轻生、弃生的思想倾向。然庄子"尽年"思想之特异处在于,其是基于以其独绝而敏感的心灵深刻感受到生命存在的各种痛苦这一生命体验背景下,提出人皆应尽其天年的思想。庄子曰:

> 夫大块载我以形,劳我以生,佚我以老,息我以死。(《大宗师》)

天道自然以人形形体承载我之生命的存在。然天道自然以形承载我之生命的同时,也意味着天道自然要"劳我以生"。因为我生之有形,使我必须不断地求养形之物,以维持载我之形的存在。若人不以物养形,就无法维持载我之形的存在,如此,我之生命亦将不复存在。故天道自然只等人年老力衰,才让人

① 张松辉认为,庄子在其"无用以保生"的原则受到了弟子的挑战后,"庄子不得不把自己的处世原则修正为'处乎材与不材之间'。然这一原则更不安全……紧接着庄子提出'一龙一蛇,与时俱化'的主张"。(张松辉:《庄子研究》,人民出版社 2009 年版,第 223 页。)此见值得商榷。因庄子最后主张的处世原则实为"乘道德而浮游"。将之片面归为"一龙一蛇,与时俱化",易使人将庄子误解为乡愿主义者或滑头主义者。

依子孙之养而相对休佚;在人完全死亡后,才让人彻底休息。由上可见,庄子以有生皆劳苦。

既然在庄子看来,人生是一个充满着各种劳苦与其他各种难以忍受之痛苦的过程,那为何人还要坚持生而受各种生之苦?在困顿的生命境遇面前,为何人不能选择轻生、弃生以逃各种生之苦,还应"终其天年而不中道夭"?庄子为何在深刻感受各种生命之苦的情况下,还依然提出人应当"尽年"的思想?庄子曰:

体尽无穷,而游无朕;尽其所受乎天,而无见得,亦虚而已。① (《应帝王》)

"尽其所受乎天",在庄子的生命哲学主张中实非常关键。因其正解答了为何庄子在深感生命之痛苦的情况下,还依然提出"尽年"的思想:因为"尽年"乃在完成"尽其所受乎天"这一在庄子看来实为天命的使命与责任。② 展开而言,"尽其所受乎天",不仅包括"尽年",而且还包括"尽性"。因人之"所受乎天"者,除了"天年",还有"天性"。③ 庄子提出,人不仅应努力完成"终其天年

---

① 方勇曰:"体悟着无穷的大道,游心于大道而不现形迹。"(方勇译注:《庄子》,第 131 页。)

② 康德指出:"假若身置逆境和无以排解的忧伤使生命完全失去乐趣,在这种情况下,那身遭此不幸的人,以钢铁般的意志去和命运抗争,而不失去信心或屈服。他们想要去死,虽然不爱生命却仍然保持着生命,不是出于爱好和恐惧,而是出于责任。"([德]康德:《道德形而上学原理》,苗立田译,上海人民出版社 1986 年版,第 47 页。)

③ 成玄英曰:"所禀天性,物物不同,各尽其能,未为不足者也。"[(清)郭庆藩撰:《庄子集释》,第 308 页。]成玄英只释"所受乎天"者为"天性",受此影响,方勇译解曰:"只是尽其所禀受的自然本性。"(方勇译注:《庄子》,第 131 页。)然此二解皆未全面,因"所受乎天"者,既包括天性,也包括天年,还包括"天属"等自天所禀受之物。寿年之所以称"天年";父母子女相属连的关系,之所以称其为"天属",皆是表其乃受之于天之物。陈鼓应曰:"尽其所受乎天:承受着自然的本性。"(陈鼓应:《庄子今注今译》,第 228 页。)然此解误解"受"为"承受"义,且未释"尽"之义。林希逸曰:"天之授我以是理,吾能尽之。"[(宋)林希逸:《庄子鬳斋口义校注》,第 135 页。]受此影响,杨柳桥曰:"穷究尽禀受天命的道理。"(杨柳桥:《庄子译注》,第 90 页。)虽然庄子有"天理"之说,以显示理之为性,受之于天,然林希逸此解明显受程朱理学的影响,实是以今解古,且未全面。因受之于天之性,不仅包括天理,还包括人欲。张松辉曰:"尽其所受乎天而无见得:尽情享受所禀受于自然的快乐,而不要眼盯着人间世的利益。尽,尽情。得,利益。"(张松辉:《庄子译注与解析》,第 158 页。)此解亦值得商榷。因其不仅添释"享受"二字,还释此"所受乎天"者为"自然的快乐"。虽然庄子有"天乐"之说,显示有受之于天之乐,然庄子并无"尽天乐"的思想,故释"所受乎天"者为"自然的快乐"与"尽"字之前后文不相协调。因庄子在此所言的"所受乎天",是可"尽"的天之"赋授物",故此处的"所受乎天"者,当释为天年与天性。

而不中道夭"的人生责任,而且还应"致命尽情",成为"达于情而遂于命"的圣者①,如此,才可谓完成"尽其所受乎天"的人生责任与义务。然问题的关键在于:这一每一个人都应当"尽其所受乎天"的人生责任与义务,如何确立起来?

事实上,庄子是基于"天人"之间所存在的"生命"与"性命"的"赋予—禀受"的关系,而主张人当"尽其所受乎天"。如前述,先秦诸子基本上共享着"天父地母"的思想观念,认为人与万物皆由天地生发的阴阳二气和合而生,并由天地提供适宜的育养环境和富足的食物,因此,作为人与万物普遍意义之化生者和育养者的"天地"或"阴阳",是人与万物普遍意义上的"父母"。故庄子曰:"天地者,万物之父母也"(《达生》),"阴阳于人,不翅于父母"(《大宗师》)。所有人皆禀受天地之"父母"之"命"而有"生命""性命"。这也是汉语中,"生命"与"性命"被称作"生命"与"性命"的原因所在。众所周知,如果一个人从"上位者",如君王或父母,禀受某一"命令",如此,这个人对此"上位者"就背负有完成这一项"使命"的责任和义务,这是"命令—使命"之间内在所存的伦理要求与责任规定。由此,人因皆自天地之"父母"处禀受"生命"与"性命",故人对赋予人"生命"与"性命"的天地之"父母",就负有不可逃脱的"尽其所受乎天"的重要人生责任和义务。

在庄子看来,"尽其所受乎天",是天地之"父母"赋予每一个人的人生"使命",是每一个人必须完成的人生责任与义务。因这一人生"使命"的确立,乃奠立于人与天地之"父母"之间无可逃免的"生命"与"性命"的"赋予—禀受"的关系。自人开始禀性而生的那一刻,如同签立契约,"生命"与"性命"的"赋予—禀受"的关系就开始确立,人就开始禀受必须全尽自己所受之"生命"与"性命"的"使命"。人只有"尽其所受乎天",全尽自天处所禀受的全部的"天年"和"天性",全而受之,全而尽之,全而归之,如此才可谓不负对"天之所命受"的重要人生责任与义务。②

---

① 如前所述,《天地》的"致命尽情"和《天运》的"达于情而遂于命"二语中的"情",乃"性"之义。故"尽情"即"尽性";"达于情"即"达于性"之义。此二主张即庄子"尽性"的主张。

② 刘凤苞曰:"尽年者完所生之分而不至于虚生。"[(清)刘凤苞撰:《南华雪心编》,第70页。]

如果从"父母和子女"之间所存在的"孝"之伦理要求来说,因是天地之"父母"赋予人"生命"与"性命",赋予人以"天性"和"天年",如此,每一个人只有完成"尽其所受乎天"这一天命的义务和责任,①才成其为听顺天地之"父母"的"天之孝子";否则,就成为天地之"父母"的"天之不孝子"。庄子提出,每一个人都应当成为听顺天地之"父母"之"命"的"天之孝子":

> 子来曰:"父母于子,东西南北,唯命之从。阴阳于人,不翅于父母。彼近吾死,而我不听,我则悍矣,彼何罪焉!夫大块载我以形,劳我以生,佚我以老,息我以死。故善吾生者,乃所以善吾死也……"(《大宗师》)

庄子借子来之口提出,子女应听顺于父母的任何命令,无论是去东西南北,都应唯命是从。阴阳二气或天地与人之间的关系,无异于父母与子女之间的关系,因此,对于天地之"父母"的任何命令,同样也应唯命是从。虽然天地之"父母"载我以形,即劳我以生,使我必须以老得佚,以死得息,但无论遭遇何种情境,当天地之"父母"在命人生时,人应当听顺其命,"善吾生";当天地之"父母"命人死时,人同样应听顺其命,"善吾死"。如果有人因"好生恶死",只"善吾生"而不"善吾死",那么就成为悍戾不顺天地之"父母"的"天之不孝子"!与此相似,"尽其所受乎天"是天地之"父母"赋予每一个人的天命之"使命",如此,每一个人只有完成"尽其所受乎天"这一天命的"使命",才成其为听顺天地之"父母"的"天之孝子";否则,就成为捍抵不顺天地之"父母"的"天之不孝子"!

由是可知,庄子把儒家的"孝"之伦理原则,由"人间之父母"推广到"天地之父母"的身上,创造性地发展了儒家的"孝"之思想,不仅拓展了儒家"孝"之伦理运用的范围,而且进一步强化了"孝"之伦理对人的约束力。"天地之父母"与"人间之父母"所不同的地方在于:"天地之父母"是人与万物的"造化者"和"造物者",其掌管着天地间所有生命的存在权、所有权,以及这些生命存在的形式、样态、属性、特点等本性的赋授权。故对"天地之父母"之"命",

① 成玄英释"尽年"曰:"尽其天命。"[(清)郭庆藩撰:《庄子集释》,第117页。]即指出尽年即在完成天命的使命。

人更不当违逆而悍戾不顺,否则必将受天道自然所施加的天刑与天戮。①

第二,庄子以为,人应以一种自然随顺的达命思想精神,对待自己生命之天年有寿有夭的客观实情。庄子虽然主张人应"尽年",但并不欣赏"为寿"的导引之士。庄子曰:"吹呴呼吸,吐故纳新,熊经鸟申,为寿而已矣。此道引之士,养形之人,彭祖寿考者之所好也。"(《刻意》)在庄子看来,导引之士刻意为寿,然只是"养形之人",境界实不如"不道引而寿","澹然无极,而众美从之"的圣人。庄子主张,人应以自然随顺的达命精神,对待自己的天年之寿夭。

首先,庄子提出,生命长寿,不必以之为乐;生命夭折,亦不必以之为哀。因寿未必是可乐之福,夭未必是可哀之祸。庄子曰:

> 不乐寿,不哀夭;不荣通,不丑穷。(《天地》)

长久以来,寿一直被认为是人生之首福。如《洪范》言"五福"时,首言"一曰寿"。(《尚书·洪范》)《天地》的"尧观乎华"寓言中,华封人见尧为圣人,首先"请祝圣人,使圣人寿"。(《天地》)庄子亦指出,"夫天下之所尊者:富、贵、寿、善也"。(《至乐》)然在庄子看来,人不当以寿为乐,以寿为福而尊崇之。庄子曰:"人之生也,与忧俱生,寿者惛惛,久忧不死,何之苦也!"(《达生》)人之一生,实一直与忧苦一起共在同生;如此,神智惛痴糊涂的长寿者②,因不死而要遭受更长时间的忧苦,实是更加痛苦之事,故寿未必是可乐之福。在"尧观乎华"的寓言中,尧收到华封人祈祝长寿的祷请后,马上加以坚辞。因其觉得"寿则多辱"。(《天地》)然华封人指出,"夫圣人鹑居而鷇食,鸟行而无彰。天下有道,则与物皆昌;天下无道,则修德就闲;千岁厌世,去而上仙,乘彼白云,至于帝乡。三患莫至,身常无殃,则何辱之有!"(《天地》)因此,虽然寿未必是可乐之福,但人若修养达道,寿也未必带来更多的屈辱。更为通达的态度实是以一种自然随顺的达命精神,对待自己的生命之年寿。因人之年寿,命自于天,故对天地之"父母"所予之年寿,自然承之,随而顺之。

---

① 部分内容曾发表,参见拙文:《庄子"尽年"思想生命伦理义蕴发微》,《现代哲学》2019年第2期。

② 《说文》曰:"惛,不憭也。"憭为清楚明白之义,不憭即昏昧糊涂之义。《广雅·释诂三》曰:"惛,痴也。"

长久以来，夭折一直被认为是人生首要穷极之恶事。如《洪范》言“六极”时，就首言“一曰凶短折”。[①]（《尚书·洪范》）庄子亦指出，天下人“所下者：贫、贱、夭、恶也”。（《至乐》）故面对年轻生命之夭折，人们常扼腕痛惜，哀之恸之。《论语》中，孔子就曾多次哀叹颜回好学却不幸短命而死。虽然庄子要求人们“终其天年而不中道夭”，但如果碰到无可奈何的短夭之命运，庄子以为，也没有必要为短夭而感到哀恸。因如果从“人之生，与忧俱生”的视角来看，短夭者意味着其为忧愁所患累的时间更短；又从生实为劳的视角来看，短夭者实是更早归家而休息；故短夭者未必皆是不幸。故无论是对待自己之短夭，还是他人之短夭，皆应以自然随顺的达命精神，安承天地之“父母”所给予的短夭之命运。与之相似，若偶获通达之境遇，不必以之为荣；若暂遭贫苦之境遇，亦不必以之为丑；皆安然承受，通达对待。

其次，庄子以为，如果从“以道观物”的超越性视角来看，寿夭相差无几，只不过是片刻性、相对性的差异，因此，人不当执着于寿夭之分别。庄子曰：

> 自本观之，生者，喑醷物也。虽有寿夭，相去几何！须臾之说也。[②]（《知北游》）

从道之根本的视角看来，人的生死，皆只不过是一气之短暂的聚散；人之一生，在“道无终始”的无限变化历程中，只不过是“白驹之过隙”的一瞬。因此，人生在世的寿夭长短之不同，如放在无限的时间视域来看，它们之间的区别相差无几，只不过是片刻性的差别。并且，在庄子看来，寿夭的区分、定性具有相对性。庄子曰：

> 天下莫大于秋豪之末，而大山为小；莫寿乎殇子，而彭祖为夭。[③]（《齐物论》）

---

① 孔安国曰：“短未六十，折未三十。”［（汉）孔安国传，（唐）孔颖达疏：《尚书正义》，第323页。］

② 《释文》曰：“李郭皆云：暗醷，聚气貌。”成玄英曰：“本，道也。喑醷，气聚也。从道理而观之，故知生者聚气之物也，奚足以惜之哉！”［（清）郭庆藩撰：《庄子集释》，第745页。］

③ 《释文》：“《秋豪》如字。依字应作毫，司马云：兔毫在秋而成。王逸注《楚辞》云：锐毛也。案毛至秋而耎细，故以喻小也。《大山》音泰。《殇子》短命者也。或云：年十九以下为殇。”［（清）郭庆藩撰：《庄子集释》，第82页。］

在常人看来，泰山为大，秋毫之末为小；殇子为夭，彭祖为寿。然事物的大小、寿夭等性质的判定，实取决于所比照的对象，事物本身并不具有固定不变的小大、寿夭等性质。一旦比照的对象发生改变，对事物性质的判定将立即发生改变。如比之于更小的至精无形之物，则天下莫大于秋毫之末；比之于作为形之大者的天地，则泰山为小；比之于不知晦朔的朝菌，则莫寿乎殇子；比之于以八千岁为春，八千岁为秋的大椿树，则彭祖为夭。因此，如果转换评价的标准，“以足言之，则殇子为寿；不足论之，则彭祖为夭”①。事实上，人的生命除了长度之别以外，还有生命的深度、广度与高度之别。若殇子在极其有限的一生中，实现了超乎长寿者的生命的深度、广度与高度。若转以生命的深度、广度与高度为评判标准，则殇子亦可胜于长寿者，颜回、王弼等皆是其证。故人不应执着于寿夭，这只是一维的，同时又具有极大相对性的生命评判之标准。

最后，庄子提出，人应当“善夭、善老，善始、善终”（《大宗师》）。在人依乎天理，因其固然地养生、卫生、保生、存生的努力之外，人最终是寿是夭，实由天道自然所定。既然寿夭最终由天地之“父母”所命，则人应以对待人间之父母之命的态度，对天道自然所命之寿夭，皆承而安之，随而顺之；不仅以寿为善，亦以夭为善。故当天命人寿时，人受而不喜；天使人夭时，人亦承而不哀。如此，才是通达地对待自己的生命之天年有寿有夭的达命思想精神。

总之，生、身、形、骸、躯、体、天弢、天袠、天年与寿夭，作为庄子“生命”范畴的概念丛，亦表达了庄子对人之生命深刻而独到的思想洞见和丰富而重要的生命哲学主张：

第一，庄子以为，人之生命始于构生人之身体的气之汇聚。生命是人在世存在的前提基础。故人应“尊生”“重生”，看重生命本身的存在价值，以生命为人实践活动的目的本身，而非求取外物的手段与工具。人不应让只

① 王叔岷：《庄学管窥》，第235页。王叔岷认为，“旧抄本《文选》江文通《杂体诗》注引庄子佚文云：‘以足言之，则殇子为寿；不足论之，则彭祖为夭。’疑是此文古注。”（王叔岷：《庄子校诠》，第71页。）

是用以存养生命的外物，伤害实为存养目标的生命本身，而应“存生”“卫生”“全生”，依乎天理，因任自然地“养生”，并对人之形体与精神进行全面的养护。

第二，庄子认为，身体是人之生命的承载者，身生一体共在。故身体本身的价值胜过身体的一切隶属物，故人应当爱重自我的身体；在面对复杂的时代情势与危险的现实情境时，应努力“保身”“存身”“活身”，甚至“藏其身”；为避免身体内为阴阳之内刑所伤，外为金木之外刑所戮，人还应内治其身，使身心不为各种不和之情态所伤，外则端正其身，谨修其身，持守自我的自然真性，不使自我失性失生。

第三，庄子以为，人之形身根本上由道所赋予，气聚成形而后才有生；形体实是人之生命存在不可缺离的必要前提，因形不仅是人的生之基础，还是人之性的载体和神的寄处之地；形、骸、躯、体，既是人重要的保神之天弢、天袠，又是人之精神不得自由逍遥的原因。为此，人应通过“堕枝体”“堕尔形体”“堕汝形骸”等方式，使自己的精神从形骸肢体中解放出来，使其不再为人有限的形躯所缠绕、束缚、拘限，再由“坐忘”之“离形去知”等“出神”的工夫，超拔自己的精神于沉重的肉身之外，最终达至与道合同为一的境界。从而摆脱自身“以人观物”，及拟物化的“以物观物”等有限观物视角的局限性，获得“以道观物”的超越性的视域。

第四，庄子以为，人之天年，由天道自然所命授，人应完成实为天命之使命的“尽年”之人生重要责任。人在危惧的时代中生存，应以无才而无用和“乘道德而浮游”等方法，努力“终其天年”而不中道夭折于各种祸患。庄子在深刻感受各种生命痛苦的情况下，还依然提出人应“尽年”的思想，因其以为，“天人”之间存在着“生命”与“性命”的“赋予—禀受”的关系，故人应当完成“尽其所受乎天”的天命之使命。同时，人还应以一种自然随顺的达命思想精神，对待自己生命之天年有寿有夭的客观实情。既不以生命长寿为福为乐，也不以生命夭折为祸为哀。因从道之根本的视角来看，寿夭相差无几，只不过是片刻性、相对性的差异，因此，人不当执着于寿夭之分别，而应“善夭、善老”，对天命之寿夭，皆承而安之，随而顺之。

三、“性命”之概念丛思想分析

“性”之问题是战国中期的诸子研讨的重点问题。庄子亦特重“性”之问题的探讨，曾给“性”下过明确的定义：“性者，生之质也。”(《庚桑楚》)可知，庄子承“以生言性”的传统，亦以“性”为“物类天生之本性或特质”①。“性”与“天”“生”紧密相关。性之本字为生，性是从生字孳乳而来的新字。性字新创后，先秦诸子还经常将“生”与“性”字混用。同时，性为天生，性本天然，故诸子亦常以“天”表“性”之义。此外，“情”在先秦亦常表“性”之义。因情作为一种“生之质”，本即“性”的规定性之一，故亦经常代指“性”。

庄子就常以“生”“天”“情”表“性”之义，故“生”“天”“情”构成了庄子的“性命”范畴的重要概念丛②，共同表达了庄子丰富的性命哲学思想：庄子以为，根本而言，人之本性造生于道，本自静定安乐，自然无为。故人必须以精神之德，持守心性之德；以心性之德，卫护精神之德；因精神的本性若不安定，道将不载。关键是，人应达取作为性命之大命的天然纯朴之真性，不要达取作为性命之小命的巧智与欲望之性。因人实存有两种“天”之“性”：一是“人之天”，即人的欲望与智能之性；二是“天之天”，即人的天然纯朴的天性。人不应“开人之天”，而应“开天之天”；应“以天待人”，而非“以人入天”。否则，必将遭“遁天之刑”。庄子认为，天命之性，原本不齐，有独得天地之正性与性多仁义者。不应将只是少数个体之殊性的仁义之性，强行上升为普遍之人性，否则将诱使人们决裂自我的天性，奉行仁义之法式；然故意行仁义，并非出自人的天然本性。仁义也非所有人的普遍人性。人应循顺形之本然，率任性之自然，不追求以文形饰性之物修饰自己的自然形性，这样才能摆脱对文形饰性之物的心理性依赖。人若遁逃自己的天性，背离自己的正性，亡失自己的真性，

---

① 罗安宪：《虚静与逍遥——道家心性论研究》，第84页。

② 庄子表“性”之义的概念，除前文已论的“命”“性命”“性命之情”“大命”“小命”与此处将论的“生”“天”“情”外，还有“德”“性”“真”三个重要的概念。庄子以“德”“性”“真”所论的“性命”思想，下文详之。

将被自我的欲望之性完全淹没。

（一）“生”之性

《庄子》中,作为“性”之本字的“生”常表“性”之义。徐复观指出,“按照我国文字在演进情况中之通例,有时生字可用作性字,有时性字亦可用作生字,此须视其上下文之关联而始能决定其意义”①。《庄子》中下列五处所谓的“生”,皆表“性”之义,然因其写作“生”之本字,故所表达的思想亦常遭误解:

> 1. 仲尼曰:“人莫鉴于流水,而鉴于止水,唯止能止众止。受命于地,唯松柏独也〔正〕,在冬夏青青;受命于天,唯〔尧〕舜独也正,〔在万物之首〕,幸能正生,以正众生……”(《德充符》)

“幸能正生,以正众生”,成玄英曰:“受气上玄,能正生道也,非由用意,幸率自然,既能正己,复能正物。”②成玄英因道教对养生之道特别关注的旨趣,故将此处的“生”释为“生道”,然此解与前后文思想并不相协,属误解。林希逸曰:“以松柏比舜,以舜比王骀,但言其得于天者独异于众人,故能正其所生,以正众人之所生,此生字只是性字。”③宣颖曰:“舜能正己之性,而物性自皆受正。”④陈鼓应曰:“幸而他们能自正性命,才能去引导众人。”⑤可见,多数注家认为,此两“生”字乃“性”之义。

庄子以为,人自天地禀受的性命之本性,唯尧舜独得全正之性,立于万物之首;幸赖尧舜能自正己性,依此而端正众人之性,使众生皆能各正性命。“幸”字表明,尧舜等独得天地所命的全正之性者,并不必然一定能够自觉其全正之性,自正其原本全正之性。因人生过程中所存在的众多使人失性之物,极易使人被外物迷其本性,失其正性。并且,独得天地所命的全正之性者,事

① 徐复观:《中国人性论史 · 先秦篇》,第5—6页。
② (清)郭庆藩撰:《庄子集释》,第195页。
③ (宋)林希逸:《庄子鬳斋口义校注》,第86页。
④ (清)宣颖:《南华经解》,第40页。
⑤ 陈鼓应:《庄子今注今译》,第149页。

实上承担着更大的天命之使命：帮助天地之“父母”一起去端正众人之性，这当是天地之“父母”赋予其全正之性的原因。

然帮助天地之“父母”一起去端正众人之性，不能以发明一普遍的“正性”之标准，然后将之强推于众人之上的方式；而应当以自正己性的方式，若为他人确立一可供镜鉴的止水，使他人自悟己之不正，依此效仿先觉先正者而自正己性，最终归于众人皆各正性命的境界。表面上，庄子在此似表彰尧舜，但如林希逸所言，“以舜比王骀”，庄子在此其实是以尧舜摹状王骀的“立不教，坐不议，虚而往，实而归”（《德充符》），无言而成化的教化方式。

由上可知，庄子以为，天命之性，不仅有薄厚、清浊之分，还有正与不正之别，唯尧舜等独得全正之性。独得全正之性者能够自正己性，亦幸赖未被外物迷其本性，失其正性。并且，独得全正之性者当以自正己性，以作众人之镜鉴的方式，帮助天地之“父母”一起端正众人之性。

2. 孔子曰：“鱼相造乎水，人相造乎道。相造乎水者，穿池而养给；相造乎道者，无事而生定。故曰：鱼相忘乎江湖，人相忘乎道术。”①（《大宗师》）

“相造乎道者，无事而生定”，郭象注曰：“所造虽异，其于由无事以得事，自方外以共内，然后养给而生定，则莫不皆然也。”②林希逸曰：“得道则随其分量以为生，无事而生定，无事，无为也。”③宣颖承此见，亦曰：“随分量相安，而生可定矣。”④郭象、林希逸与宣颖皆以“生”之本字作解。但由“知止而后有定，定而后能静”（《大学》）可知，先秦诸子所追求的“定”之境界，多与心性相关。故此解与先秦诸子对“定”的通常理解不甚相协。成玄英曰：“鱼在大水之中，

① 俞樾曰：“定疑足字之误。‘穿池而养给，无事而生足’，两句一律。给，亦足也。足与定，字形相似而误。《管子·中匡篇》：‘功定以得天与失天，其人事一也。’今本定误作足，与此正可互证。”[（清）俞樾：《诸子平议》，第340页。]陈鼓应认为，“俞说有理”。（参考陈鼓应：《庄子今注今译》，第196页。）然俞樾此说为求庄子原文一律，改文作释。《天地》曰：“纯白不备，则神生不定；神生不定者，道之所不载也。”所谓“生不定”即“生定”之反语。表明，庄子亦本有“生定”之说，故原文还是作“无事而生定”为是。

② （清）郭庆藩撰：《庄子集释》，第272页。

③ （宋）林希逸：《庄子鬳斋口义校注》，第118页。

④ （清）宣颖：《南华经解》，第57页。

窟穴泥沙，以自资养供给也；亦犹人处大道之中，清虚养性，无事逍遥，故得性分静定而安乐也。”[①]王先谦曰：“鱼得水则养给，人得道则性定。生、性字通。”[②]方勇曰：“生定，心性安静。”[③]可知亦有很多注家以为，此处的“生”为“性”之通假，此解实更契合庄子此处的原文之义。

庄子以为，相生于天池大水中的鱼[④]，只要在水中自由地穿行，获得的给养即已富足；相生于道中的人，只要将其自然地置放于天地之间，就算圣人无事无为，人们也能静定于自然无为的本性。庄子曰：“天鬻，天食也。既受食于天，又恶用人？”（《德充德》）人从天地之中本就可获得富足的育养，性本皆静定安乐，自然无为，哪还需要所谓圣人的作为？鱼因江湖广大，穿游天池即可获得富足的育养，故不结党成群、相互党助，所以“相忘于江湖”；人因天地广阔，“织而衣，耕而食”（《马蹄》），“日出而作，日入而息，逍遥于天地之间，而心意自得”（《让王》），亦本不需结党成群、相互党助，故“相忘于道术”。可知，庄子以为，由自然无为之道所化生的人，性本皆静定安乐，自然无为。圣人若有意造作有为，反而破坏了人们原本自然无为的静定本性。

3. 子贡南游于楚，反于晋，过汉阴，见一丈人方将为圃畦，凿隧而入井，抱瓮而出灌，搰搰然用力甚多而见功寡。子贡曰：“有械于此，一日浸百畦，用力甚寡而见功多，夫子不欲乎？”……为圃者忿然作色而笑曰：“吾闻之吾师：‘有机械者必有机事，有机事者必有机心。机心存于胸中，则纯白不备；纯白不备，则神生不定；神生不定者，道之所不载也。’吾非不知，羞而不为也。”（《天地》）

两“神生不定”句，成玄英疏曰：“纯粹素白不圆备，则精神县境，生灭不定。不定者，至道不载也，是以羞而不为。”[⑤]成玄英依“生”之本字作解，将“神生不定”解为精神生灭不定，实属误解。因汉阴丈人所谓的“生不定”，与《大宗师》

---

① （清）郭庆藩撰：《庄子集释》，第 272 页。

② （清）王先谦：《庄子集解》，第 66 页。

③ 方勇译注：《庄子》，第 113 页。

④ 宣颖曰：“造之为言，生也。”[（清）宣颖：《南华经解》，第 57 页。]宣颖将“造”释为“生”，甚是。因此“造”字即“造物”“造化”之“造”。物之生，在天曰“造”；在物曰“生”。

⑤ （清）郭庆藩撰：《庄子集释》，第 434 页。

所谓“生定”，义正相反。故两“生不定”之“生”，与“生定”之“生”相似，皆为“性”之义。马其昶引吴汝纶曰：“生读为性。”①王先谦曰：“生、性同。言不可载道。”②曹础基曰：“生，性……不定，由于机心杂念作怪，故不安定。”③自吴汝纶指出“生”当读为“性”后，后世注家基本都同其见。故汉阴丈人实言：若机巧之心存于人心中，则人之精神原本纯粹素白的德性将不再完备；若人之精神原本纯粹素白的德性不再完备，则人的精神本性将不再虚静安定；若人的精神本性不虚静安定，则道将不载承之。④

因此，汉阴丈人拒绝使用机械，因在其看来，使用机械必定会产生机巧之心；机巧之心追逐物利的最大化，故机巧之心若存于人的心舍中，不仅将败坏心性原本纯真素朴的本性，还将染污舍止于人心中的精神原本纯粹素白的德性；若人之精神原本纯粹素白的德性为机巧之心所染污，则人之精神将无法保持原本虚静安定的本性；若人的精神本性不再虚静安定，人就会开始躁动有为；躁动有为的精神将“方且尊知而火驰，方且为绪使，方且为物絯，方且四顾而物应，方且应众宜，方且与物化而未始有恒”⑤（《天地》）；逐物而不知返的精神将为物所缠绕，为形身所拘束；精神为物所缠绕，为形身所拘束，就无法使自己的精神超拔于人的形体之外，离形去知，游心于物之初，与道合同为一。

在此寓言中，“孔子”曾评价汉阴丈人完全拒绝使用机械的做法曰：

> 彼假修浑沌氏之术者也，识其一不知其二，治其内而不治其外。夫明白入素，无为复朴，体性抱神，以游世俗之间者，汝将固惊邪？且浑沌氏之术，予与汝何足以识之哉！（《天地》）

---

① （清）马其昶：《定本庄子故》，第 86 页。陈鼓应亦引吴汝纶云：“生读为性。”（陈鼓应：《庄子今注今译》，第 320 页。）

② （清）王先谦：《庄子集解》，第 106 页。

③ 曹础基：《庄子浅注》，第 173 页。

④ 老子曰：“归根曰静，是谓复命。复命曰常。”（第十六章）“复”字说明，本根之道原处于静之状态；“常”字说明，静是道之存在的恒常之状态。此是道不载承躁动不安的精神的原因。

⑤ 陈鼓应译解曰：“会尊尚智巧而谋急用，会为琐事所役使，会为外物所拘束，会酬接四方不暇，会事事求合宜，会受外物影响而没有定则。”（陈鼓应：《庄子今注今译》，第 306 页。）

在“孔子”看来,汉阴丈人假借浑沌氏之术修养自己的心性与精神的做法,只知其一,不知其二;只注重修养自己的内在,而不注意修养自己的外在。汉阴丈人的做法,实非常类同《达生》所谓的鲁国单豹,“豹养其内,而虎食其外”(《达生》),只养其内,而不养其外,极易为外所伤。这是孔子评价其只知其一,不知其二的重要原因。孔子指出,在浑沌氏之术之上,还有更高明的修道之术与思想境界:“明白入素,无为复朴,体性抱神,以游世俗之间者。”①此一境界较之于浑沌氏之术更加崇高之处在于,达此境界者的精神始终保持纯粹清明的德性,不为外物所障所蔽,体会心性原本纯真素朴的本性;以自然无为的方式,复归原本的纯真朴素的本性;又以体悟自身纯真朴素的本性,抱守自己的精神不使之外驰;虽然优游于世俗之间,但未受到任何不良的影响。可知,需将自身隔绝于世俗的事物之外,以保持自己纯真朴素的心性与精神虚静安定的本性者,其心性和精神抗拒俗事俗思之染污的能力还未足够强大。因精神真正强大无比、境界真正高明稳固者,无须将自身的心性与精神隔绝于机械、外物、俗事、俗思之外,即使面对污浊不堪的人间世,其心性与精神依然还能不受外在恶劣之环境的影响,如老子所谓的“善为士者”在“混兮其若浊”的同时,依然能够“敦兮其若朴”(第十五章)。

故此,汉阴丈人所假以修的浑沌氏之术的不足之处在于,不能主内以治外;只能以拒绝使用机械的方式,确保自己不生机心;而不能以直面机械,使用机械,却不为机械所制而不生机心。究其原因,在于汉阴丈人承其师之见,认为“有机事者必有机心”。事实上,有机事者未必一定生机心。庄子指出,“乘道德而浮游”者,可“物物而不物于物”(《山木》)。当人能够以道观物而将外在的物利渺小化后,实能主宰机械、机事而不被机械、机事所主宰,可使自己的心性继续保持纯真朴素的状态,不为外物所染污;自己的精神始终保持纯粹清明的状态,不为外物所障蔽。

虽然“孔子”指出了汉阴丈人所假以修的浑沌氏之术在修养心性与精神

① 成玄英曰:“夫心智明白,会于质素之本;无为虚淡,复于淳朴之原;悟真性而抱精淳,混嚣尘而游世俗者。”[(清)郭庆藩撰:《庄子集释》,第438页,标点有微调。]

的方式方法与思想境界上的不足之处，但汉阴道人闻诸其师的“机心存于胸中，则纯白不备；纯白不备，则神生不定；神生不定者，道之所不载”，不可谓错误，其实际上为修道者指出了，保持人之纯真朴素的心性，对保持精神的纯粹素白的德性与原本虚静安定的本性具有重要的影响。然同时，保守人之精神的德性与本性，对保持人之心性的德性与本性亦具有重要影响。“明白入素，无为复朴，体性抱神，以游世俗之间者”，亦需要“明白”以“入素”，“无为”以“复朴”，“体性”以“抱神”。只有使自身的精神始终保持纯粹清明的德性，不为外物所障蔽，才能深入体知心性原本纯真朴素的本性；只有自然无为，“逍遥乎无为之业”(《大宗师》)，才能复归纯真朴素的本性；只有体悟自身原本纯真朴素的本性，才有利于抱守自己的精神，不使之外驰而逐物不已。精神只有不坐驰不已，“徇耳目内通，而外于心知”(《人间世》)，天地之精神才会来舍；天地之精神来舍，才能带领自己的精神超拔于人的形体之外，离形去知，游心于物初，与道合同为一。

综上所述，庄子以为，人的心性修养与人的精神修养具有辩证的互为影响的关系：人之心性本来具有纯真朴素的德性，人之精神原本具有纯粹素白等德性；如果精神不能保持纯粹清明，不为外物所障所蔽，主宰外物而不被外物所主宰，则将产生机心；机心将使人的心性失去纯真朴素的德性，并将染污精神原本纯粹素白的德性，使精神德性不再完备；人的精神失德，德性不再完备，则将无法保持精神原本虚静安定的本性；若人的精神本性不虚静安定，道将不载乘它，就无法与道合同为一。要之，人必须以精神之德，持守心性之德；以心性之德，卫护精神之德；若精神失德，则心将失性失德；心若失性失德，则精神亦将失德失性；精神若失性失德，就无法载道得道。

4. 达生之情者，不务生之所无以为；达命之情者，不务〔命〕之所无奈何。(《达生》)

“达生之情者，不务生之所无以为”两“生”字，如前所述，当解作“性”之义。《淮南子》的《诠言篇》和《泰族篇》引庄子此文“生”皆作“性”。《淮南子·诠言篇》曰：“故通性之情者，不务性之所无以为；通命之情者，不忧命之所无奈何。”[①]《淮南子·泰族篇》曰：“故知性之情者，不务性之所无以为；知命之情者，不忧命之所无奈何。”《诠言篇》和《泰族篇》皆将两“生”字，视为“性”之本字，非是无由。因事实上，“生之所无以为”者，即“性之所无以为”者。郭象指出，“生之所无以为者，分外物也”[②]。郭象所谓“分”乃“性分”之分。人在生命中无法作为之事，即人的天赋性分能力无法做到之事，故是天赋性分能力之外的事。成玄英亦曰：“故达于性命之士，性灵明照，终不贪于分外，为己事务也。”[③]姚范、吴汝纶、王叔岷亦皆认为，此两个“生”字，皆当解作“性”之义。[④]

有学者还是依“生”之本字作解，解为“生命”。如陈鼓应曰：“通达生命实情的，不追求生命所不必要的东西。”[⑤]方勇曰：“通达生命实情的人，不追求性分所不应有的身外之物。”[⑥]然两学者的诠解皆存可商榷之处。首先，“生之所无以为”，并非“生命所不必要的东西”。生之所无以为之事，只因性分能力有限，并不意味着其是生命所不必要之物。其次，“生之所无以为”，也非“性分所不应有的身外之物”，因没有哪个主宰者先天决定人性分该有某物，或不该有某物。“不务”之主张的提出，既非因其是生命之不必要，也非因其是性分之不应有，而是因为自身的性分能力无法做到。因此，唯有将两“生”字解作“性”，才真正透点“不务生之所无以为”主张的关键所在。

因此，“达生之情者，不务生之所无以为”，其实主张：通达人的本性之真正实情的人，不去致力于自己的性分能力无法作为之事。庄子以为，真正“达命”的智者，应通达自身本性能力极为有限的事实：“且夫物不胜天久矣”《大宗师》；“有人，天也；有天，亦天也。人之不能有天，性也”（《山木》）。庄子要人通达“无知无能者，固人之所不免也”（《知北游》）的性命能力之实情，进而“不务生之所无以为”，是为了让人们将自身的思想、精力等全部的生命力量

---

① 高诱注曰：“人性之无以为者，不务也。”（刘文典：《淮南鸿烈集解》，第465页。）

② （清）郭庆藩撰：《庄子集释》，第630页。《玉篇》曰：“物，事也。”

③ （清）郭庆藩撰：《庄子集释》，第630页。

④ 参见王叔岷：《庄子校诠》，第666页。

⑤ 陈鼓应：《庄子今注今译》，第467页。

⑥ 方勇译注：《庄子》，第295页。

转向"生之所可以为"之事。庄子以为,对于完全超出人之性分能力之事,人应学会的通达智慧态度是:安然接受,逶迤随顺,而非徒劳无功地致力于去改变它。

5. 达生之情者傀,达于知者肖;达大命者随,达小命者遭。(《列御寇》)

"达生之情者傀"所谓的"生",如前所述,也应解作"性"之义。首先,《列御寇》所谓的"达生之情者",与《达生》所谓的"达生之情者",句式全同,义应相近,故"生"都应释为"性"之义。然两处的"达生之情者"因语境不同,故义又有别。《达生》的"达生之情者",与"达命之情者"对言,所论的主题为性命本性能力的问题,故当译解为"通达本性能力的实情"。《列御寇》的"达生之情者"与"达于知者"对言,所论的主题是巧智与真性的关系,故应将"性之情"与庄子的"性命之情"联系起来,译解为"达取性命的真性"。

因此,"达生之情者傀,达于知者肖",其实主张:达取性命之真性的人为大,达取巧智的人为小。由是可知,庄子以为:人之本性有属于性命之大命的纯真朴素的性命之真性,也有作为性命之小命的巧智之性。人应当达取性命之真性、正性,而不应追求巧智之性。

(二)"天"之性

由《庄子》的"天"之范畴的分析已知,庄子所谓"天"具有"性"之义。《秋水》的"牛马四足,是谓天""无以人灭天"等"天"字,皆指事物自然而生的天性。庄子以"天"命名事物本然的天性,除了指其来源本诸天外,更主要意在强调本性原本自然真朴、天然自足。除《秋水》上述所谓"天"当解为天性。《庄子》中,"人之天""天之天""开天""为天使""遁天""遁其天"等"天"字,皆应解为天然本性之义,由此亦可见,庄子对人之性命深刻而独到的思想洞见和丰富而重要的性命哲学主张:

第一,庄子认为,"天"之为"性",存在着两种意义上的"天"之"性":一是"人之天",即人之本性中欲望与智能方面的人性,二是"天之天",即人之本性中天然的纯真素朴、自然无为、静定安乐等天性。人不应"开人之天",而应"开天之天"。

首先,庄子提出,人不应去开掘人之本性中欲望与智能方面的人性;而应启发人之本性中天然的纯真素朴、自然无为、静定安乐等天性。庄子曰:

> 不开人之天,而开天之天。开天者德生,开人者贼生。不厌其天,不忽于人,民几乎以其真。① (《达生》)

因未解此处所谓“天”乃“性”义,故注家对此段义旨多有误解。如郭象曰:“不虑而知,开天也;知而后感,开人也。然则开天者,性之动;开人者,知之用。”② 郭象未释“开人之天”与“开天之天”,只释何谓“开天”与“开人”。马叙伦指出,“开天”“开人”实为“开天之天”“开人之天”的省略语。③ 如此,“开人者”亦是一种“开天”,只不过是“开人之天”。郭象将此段的主题与此“子列子问关尹子”的寓言中醉者坠车“乘亦不知也,坠亦不知也”联系作解,认为此段的主旨还是讨论“知”的问题,故“开天”与“开人”的差别在“知而后感”与“不虑而知”。然此解并不准确,因“圣人藏于天,故莫之能伤也”等语表明,“天”之问题,才是庄子在“子列子问关尹子”的寓言中讨论的核心主题。由郭象所谓的“开天者,性之动”与“任其天性而动,则人理亦自全矣”④,可知,郭象只隐约把握到此文段的思想义旨,然注解皆不确。

林自曰:“人之天,有为中之自然;天之天,无为中之自然。”⑤林自将“人”释为“有为”,“天”释为“无为”或“自然”,就字义训诂而言则可;然整体连解

---

① 陈鼓应曰:“这一段七十二字疑是别处错入,和本节主题(论神全)无关。关尹回答列子的问题,到‘圣人藏于天,故莫之能伤也’,文义已完足。《列子·黄帝篇》正同,文至‘故莫之能伤也’句而止。根据《列子》并省察文义,宜删。”(陈鼓应:《庄子今注今译》,第 470 页。)陈鼓应以为此段文字与论神全主题无关,并《列子》亦有“子列子问关尹子”的寓言故事,文只至“故莫之能伤也”句而止,故疑是别处错入的错简,理由十分牵强。因两书同文,若是《列子》抄《庄子》,则抄袭者可能就只抄到“故莫之能伤也”句而止,不能证其未抄之部分不是《庄子》原文。若是《庄子》抄古本《列子》,则恰证多出的七十二字,为庄子的义旨所在。即庄子抄引古本《列子》“子列子问关尹子”的寓言故事,恰恰为阐发此七十二字之理。在无实据的情况,随意排除《庄子》的文本,并非客观、科学的态度。再者,此段义旨亦非与论神全问题无关,因精神的保全,亦赖于天性的保全。性德若不全,则神德亦难全。

② (清)郭庆藩撰:《庄子集释》,第 638 页。

③ 马叙伦曰:“本言‘开天之天者德生,开人之天者贼生’,此简辞耳。”(马叙伦:《庄子义证》,第 409 页。)

④ (清)郭庆藩撰:《庄子集释》,第 637 页。

⑤ (南宋)褚伯秀撰:《南华真经义海纂微》,第 784 页。

为"有为中之自然"等则与庄子以及道家的整体思想观念不合。因在老庄道家看来,既已有心而作为,则已不"自然"矣,唯有"无为"才近于"自然"。故所谓"有为中之自然",在庄子思想中根本无法成立。故林自之解亦不通。

林希逸曰:"人之天,犹有心也;天之天,无心也。开,明之也;德生者,自然之德也。开人之天,心犹未化,心未化则六根皆为六贼,况外物乎!"①林希逸将"人之天"释为"有心",将"天之天"解为"无心",当是受到郭象的"醉故失其所知耳,非自然无心者也""然报雠者不事折之,以其无心"②等注解的影响,然如此释解,就字义训诂而言毫无根据,故属臆解。再者,庄子在此所论的主题实为"天"的问题,而非"有心"与"无心"的问题。

宣颖曰,"不启人心之窦。知巧果敢,皆开人之天者。但由自然之门,纯气之守是也","纯气之守止是无心自然,所谓开天之天也。知巧果敢,处处有心着迹,所谓开人之天也"③。虽然宣颖承郭象、林希逸等人之见,还以"有心"与"无心"释"开人之天"与"开天之天"之别,未得庄子的思想义旨;"自然之门"之说,亦未够明确;然以"启人心之窦"释"开人之天"可谓有得。方勇在承其见的基础上,进一步完善此解曰:"不要开启人心之窍,而要开启天性之门。开启天性之门就会保全自然德性,开启人心之窍就会产生祸害。"④方勇此解可谓已较全面得庄子思想之义旨,不过,未解释为何"人之天:谓情欲。天之天:谓自然恬淡"⑤。

除《达生》言"人之天",《列御寇》亦提到"人之天":

> 夫造物者之报人也,不报其人,而报其人之天。(《列御寇》)

郭象注曰:"夫积习之功为报,报其性,不报其为也。"⑥成玄英曰:"故假于学习,辅道自然,报其天性,不报人功也。"⑦王叔岷曰:"案报犹应也,其犹于也。

① (宋)林希逸:《庄子鬳斋口义校注》,第288页。
② (清)郭庆藩撰:《庄子集释》,第636页。
③ (清)宣颖:《南华经解》,第131页。
④ 方勇译注:《庄子》,第299页。
⑤ 方勇译注:《庄子》,第298页。
⑥ (清)郭庆藩撰:《庄子集释》,第1043页。
⑦ (清)郭庆藩撰:《庄子集释》,第1043页。

此谓造物者之与人相应也，不应于人为，而应于人之本性，郭《注》说天为性，成《疏》本之，是也。”①虽然郭象解《达生》的“人之天”，不确，然确如王叔岷所言，其解《列御寇》的“人之天”，释“天”为“性”，则是。成玄英本之，亦得之。王叔岷还指出，“报犹应也”，亦甚当。②

“造物者之报人”，虽然报为报应、回应义，然其并非言造物者会有意识地报应人的作为，因道作为造物者无知无识，故道回应人之作为，并非在意识指导下的对人之作为的报应，而是以自己无意识的天道自然的流行变化规律回应人的作为。天有天行，人有人为，看似各由不同的主体各自决定其所为所应。然人自天生由天育，天道自然决定着人之生，人之性与人之运；人生于天地之间，人的作为又会对天道自然之流行施加影响；天道自然又依人的作为回馈其之反应。故天道自然的流行变化与人的作为间必然存有相互作用、相互影响的关系，此之谓天人之间的“报应”关系。

庄子以为，天道自然的流行变化对人的行为之作为的影响回应，不是回应于人的具体行为之作为，而是回应于人的本性。③ 易言之，人如何依从自己的本性作为，天道自然的流行变化将皆在人的本性中给予回应。因天道自然无知无识，故天道自然不会，也不可能对每一个人的具体之行为、作为皆给予直接对应的影响回应。然天道自然先行规定了人之本性，人的先天本性决定了人的后天行为的可能开展之方向、可能到达之范围与可能实现境界之高度。每一个人莫不依从自己的本性而作为，故每一个人的所作所为，皆将在自身的本性中得到相应的回应、报应。故无论是积学成智，积行成功，积善成德，积恶成殃，每一个人的所积之行，道皆会在人的本性中给予相应的回应、报应。如天和与天乐，实际上和之、乐之于人的内在本性；天刑与天戮亦通过阴阳之内刑，刑戮于人的内在本性；此之谓“夫造物者之报人也，不报其人，而报其人

① 王叔岷：《庄子校诠》，第1259页。

② 方勇采吴世尚之说，将“报”释为“成就”，曰：“造物者成就人，不是成就他的人为而是成就他的天性。”（方勇译注：《庄子》，第554页。）然“报”本身并无成就之义，报还是当释为报应、回应义。成就人的天性只是造物者回应人的作为的表现之一。

③ 林希逸曰：“而不知造物之于人，自有报应之理，不以人之能者为应，而以其人之所得于天者为应。”[（宋）林希逸：《庄子鬳斋口义校注》，第480页。]

之天"。

因此,由《列御寇》的"人之天"为"人之性"义可知,《达生》的"开人之天"与"开天之天"等所谓的"天"亦皆为"性"义。故在《达生》中,庄子其实主张:人不应开凿人性的欲望,而应启发自然的天性。启发自然的天性,将成就德行;开凿人性的欲望,将带来戕害。不抛弃自然的天性,不忽略人性的欲望,人就可以几乎保全自我的真性。①

具体而言,何谓"开人之天"?《应帝王》中"浑沌开七窍"的寓言,可谓是"开人之天"的绝佳注脚:

> 南海之帝为儵,北海之帝为忽,中央之帝为浑沌。儵与忽时相与遇于浑沌之地,浑沌待之甚善。儵与忽谋报浑沌之德,曰:"人皆有七窍以视听食息,此独无有,尝试凿之。"日凿一窍,七日而浑沌死。(《应帝王》)

方勇注曰:"儵:虚构的帝王。其名亦取疾速之意。忽:虚构的帝王。其名亦取疾速之意。浑沌:虚构的帝王。比喻大道浑全未亏。"②除解"浑沌"的喻义还可再商外,余者皆甚当。儵与忽皆是疾速之义,故二者其实是"向疾强梁,易彻疏明"(《应帝王》)之人和"聪明叡知,给数以敏"(《天地》)之人的象征。"浑沌"则是知、欲未开,保持无知无欲、纯朴自然、静定安乐等天性之人的象征。由"人皆有七窍以视听食息"可知,人之"七窍"的作用是"视听食息";"视听"为知,"食息"为欲,故"七窍"其实是人之欲望与智能的象征。故南海之帝儵与北海之帝忽,为中央之帝浑沌开七窍,乃象征"向疾强梁,易彻疏明"之人和"聪明叡知,给数以敏"之人,强行给保持无知无欲、纯朴自然、静定安乐等天性之人开凿或挖掘其本性中欲望与智能方面的人性。而浑沌开完七窍即死的结果则隐喻:一旦强行开掘人之欲望与智能方面的人性,必将造成人无

① "不厌其天",成玄英曰:"常用自然之性,不厌天者也。"[(清)郭庆藩撰:《庄子集释》,第639页。]成玄英实释"厌"为"讨厌"。然此解与庄子整体思想倾向并不相协,因庄子主张护持并循顺自然的天性,不可能提出"讨厌天性"之说。林希逸曰:"不厌其天,言不弃其天理也。"[(宋)林希逸:《庄子鬳斋口义校注》,第288页。]林希逸解天为天理,明显受到程朱理学的影响,属以今解古,与庄子思想并不完全相契,然解"厌"为"弃",则是。故"不厌其天"实犹言不抛弃自然的天性。

② 方勇译注:《庄子》,第132页。

知无欲、纯朴自然、静定安乐等天性消亡的严重后果。①

释性涵尝联系《应帝王》的“浑沌开七窍”寓言，解“开人之天”“开天之天”曰：“凿窍人为，人之天也。无识无知，如飘瓦之无情，天之天也。”②甚是恰确。“开人之天”，如同儵与忽以“谋报浑沌之德”为发心，人为地给浑沌开凿七窍；一如圣人以仁义为发心，人为地开掘民众之本性中欲望与智能方面的人性。然儵与忽为浑沌开七窍结果浑沌亡；圣人为民众开掘欲望与智能的人性，反造成了民众原本无知无欲、纯朴自然、静定安乐等天性的消亡。庄子主张“不开人之天，而开天之开”，即反对圣人以所谓“仁义”为发心，人为地开掘民众之本性中欲望与智能方面的人性，因如此必然会带来对原本纯朴自然等天性的戕害。庄子主张，应启发民众保持原本纯朴自然的天性。因只有“开天之天”，才能让民众如浑沌般保持纯粹素朴、待人和善等德性；只有不抛弃民众原本纯朴自然的天性，对人之本性中智能与欲望方面的人性时刻保持警惕，才可以保全民众原本的自然真性。

其次，庄子指出，正确对待人性与天性的态度，当是以天性抵御人性的侵染，而不是让人性侵入天性。庄子曰：

> 古之真人，以天待〔人〕，不以人入天。③ （《徐无鬼》）

成玄英曰：“即是玄古真人，用自然之道，虚其心以待物。不用人事取舍，乱于天然之智。”④成玄英只隐约体察后一“天”字乃“性”义，因无论是自然物质之天，还是主宰之天或义理之天，皆是不可“入”的。然其还是以“自然之道”释前一“天”字，庄子既然两处皆“天”“人”对言，前后两“天”字当是同义，故此解并不准确。林希逸曰：“不以有心而预其自然之理，故曰不以人入天。”⑤受

---

① 陈祥道曰：“凿窍而浑沌死，则以人灭天。”［（南宋）褚伯秀撰：《南华真经义海纂微》，第337页。］

② （明）释性涵：《南华发覆》卷六，国家图书馆藏清乾隆十四年云林怀德堂刊本。

③ 原作“以天待之”。陈景元曰：“古之真人，以天待人，见张本，旧作之。”［（宋）陈景元：《南华真经章句余事》，见《道藏》第15册，第958页。］马其昶曰：“人，旧作之，今从张君房本。”［（清）马其昶：《定本庄子故》，第177页。］王叔岷曰：“案之，当从张本作人，良是。”（王叔岷：《庄子校诠》，第981页。）三见皆是，当据改。

④ （清）郭庆藩撰：《庄子集释》，第867页。

⑤ （宋）林希逸：《庄子鬳斋口义校注》，第391页。

其影响,陈鼓应:“古时的真人,以自然待人事,不以人事干预自然。”[①]两学者皆是以“预”释“入”,然“入”并无“预”或“干预”义,故解释的恰确性亦值得商榷。奚侗曰:“待,御也。(见《楚语》注)之系人字之误。盖御之不使入也,与下‘不以人入天’句相耦,义相应。”[②]奚侗虽未详解此处天与人之义,然所解甚当。“待”与“入”对言,故“待”当释为抵御义,“入”当释为侵入义;“天”当释为“天性”义,“人”当释为“人性”义。因此,庄子其实主张,古时候的真人,以天性抵御人性的侵染,不使人性侵入天性。

在庄子看来,人应以“天性”天然具有的纯真素朴、自然无为、无知无欲、静定安乐等德性,抵御人性的欲望与巧智和作为人伪的俗学与俗思对纯朴自然之天性的侵染与伤害;不使人性的欲望与巧智和作为人伪的俗学与俗思,侵占原本纯真素朴、自然无为、无知无欲、静定安乐的天性在人之本性中的主导地位,结果使人缮性于俗学,滑欲于俗思,因追求欲望与巧智而失性失德。

由上可知,在庄子思想中,“天”之为“性”,存有两种意义的“天”之“性”:

一是“人之天”,指人之本性中智能与欲望方面的“人性”。庄子将其命名“人之天”,“人”字表其是后天人为挖掘或成就的,故是“人属”之性的性质;“天”字表明,庄子认为,人的智能与欲望方面的人性,先天的潜质亦来自天之所命,也是天生的一种原本潜在的本性。但庄子认为,人之本性中欲望与智能方面的人性,只是人的性命之“小命”,是人不应当去开掘的潜在的本性,要让其保持被纯朴自然的天性所覆包与主导的状态。因一旦去开掘人之本性中原本潜在的欲望与智能方面的“人性”,不仅人将失去纯真素朴、自然无为、无知无欲等“天性”,还将陷入对巧智与物欲永不满足的追求中,到时人将皆“争归于利不可止也”(《马蹄》),就算用严刑峻法也无法制止人们对智识和物欲之利益的狂热争夺。

二是“天之天”,指人的本性中天然的纯真素朴、自然无为、无知无欲等

---

① 陈鼓应:《庄子今注今译》,第659页。

② 王叔岷:《庄子校诠》,第981页注引。《国语·楚语》的“其独何力以待之”注曰:“待,犹御也。”(徐元诰撰:《国语集解》,中华书局2002年版,第523页。)

"天性"。庄子将其命名为"天之天"，后一"天"字表其是来源于天之性；前一"天"字则表其是天然形成、天生自有，故是"天属"之性的性质；事实上，纯真素朴、自然无为、无知无欲等属性即天道自然的本性，故人自天道自然处所继承的纯真素朴、自然无为、无知无欲等本性，只能以"天"表其是为天所属的本性。庄子以为，人的本性中天然的纯真素朴、自然无为、无知无欲等"天性"，是人的性命之"大命"，是人应当护持的人的性命之"正性"与"真性"，如此才能使自己不成为"丧己于物、失性于俗"的"倒置之民"。

第二，庄子以为，人莫不为自身的天性所支使，天性是人之行为的大经大法，故人不应当试图逃遁与背离自我的天性，否则必将遭"遁天之刑"。

首先，庄子以为，从根本而言，人莫不为自身的天性所支使，因此很难作伪。庄子曰：

为人使，易以伪；为天使，难以伪。(《人间世》)

何谓"为天使"？郭象曰："视听之所得者粗，故易欺也；至于自然之报细，故难伪也。则失真少者，不全亦少；失真多者，不全亦多；失得之报，未有不当其分者也。而欲违天为伪，不亦难乎！"①郭象以"自然之报"释"为天使"，实引《列御寇》的"夫造物者之报人也，不报其人，而报其人之天"的思想解此处的思想。如前所述，郭象将"人之天"解为"性"之义。从"失真者少""失真者多"来看，郭象亦以此处的"天"为"性"义，并将天道自然回报人之所为于人之本性当作人"为天使"的具体表现。虽然"自然之报"是人为天所支使的具体表现之一，但郭象此解未够全面，因人"为天使"的意义实较"自然之报"更广。林希逸曰："为人使易以伪，言为人欲所役，则易至于欺伪。唯冥心而听造物之所使，则无所容伪矣。人使即人欲也，天使即天理之日用者也。"②林希逸则认为，"为天使"即为听造物之所使，具体而言，天以"天理之日用"支使人。林希逸将"人"释为"人欲"，将"天"释为"天理"，明显可见受程朱理学的思想影响，属以今解古，故与庄子思想并不完全相契。不过，天以天理之日用支使人，

① (清)郭庆藩撰：《庄子集释》，第150页。

② (宋)林希逸：《庄子鬳斋口义校注》，第65页。受其影响，方勇曰："为人欲所驱使就容易作伪，唯任自然天理就难以作伪。"(方勇译注：《庄子》，第60页。)

可视为人为天使的表现方式之一。

事实上，天道自然无知无识，其不可能以主宰性意志支使人的行动，天道自然实以赋予人以性命之理则的方式，以性命之理则来支使人的行为与行动。因此，“为天使”之“天”实应释为“性”义。并且，庄子在此天人对言，“为人使”指为人性的欲望与巧智所支使，如此，“为天使”之“天”作为“性”之义，当释为与“人性”对言的“天性”。故庄子其实提出，为人性的欲望与巧智所支使，容易作伪；为自身的天性所支使，难以作伪。因天性作为天命之理则，是人无所逃于天地之间的大戒法。

其次，庄子以为，因天性是人之行为的大戒法，故人不当逃遁与背离自我的天性，否则必将遭“遁天之刑”。《养生主》曰：

> 老聃死，秦失吊之，三号而出。弟子曰：“非夫子之友邪？”曰：“然。”“然则吊焉若此，可乎？”曰：“然。始也吾以为其人也，而今非也。向吾入而吊焉，有老者哭之，如哭其子；少者哭之，如哭其母。彼其所以会之，必有不蕲言而言，不蕲哭而哭者。是遁天倍情，忘其所受，古者谓之遁天之刑。适来，夫子时也；适去，夫子顺也。安时而处顺，哀乐不能入也，古者谓是帝之县解。”（《养生主》）

作为此处思想之关键的“是遁天倍情，忘其所受，古者谓之遁天之刑”，常遭误解。如林希逸释曰：“则是忘其始者之所受，而遁逃其天理，背弃其情实，如此皆得罪于天者，故曰遁天之刑。”①然林希逸明显以程朱理学的“天理”来解庄子此处所谓的“天”，此属以今解古，并不完全契合庄子的思想；因庄子曰：“无所逃于天地之间”（《人间世》），认为天地是不可能逃的，天理作为天地自然之理实亦不可逃；同时，以“情实”解“情”亦不确，因“情”在此与“天”对言，实为

---

① （宋）林希逸：《庄子鬳斋口义校注》，第54页。受其影响，方勇曰：“这就是逃遁天理，背弃情实，忘掉了禀受于自然的天伦关系，古人称这种做法是逃避自然天理所得到的刑罚。”（方勇译注：《庄子》，第50页。）方勇解“天”为“天理”，解“情”为“情实”，皆是承林希逸之见；而解“所受”为“禀受于自然的天伦关系”，乃承刘武之见。刘武曰：“非母子，而哭之如母子，是逃遁乎天然之伦。”（刘武：《庄子集解内篇补正》，第83页。）刘武实以“天属”释此所谓“所受”；虽然“天属”亦是人自天“所受”之一，然因老者、少者哭老聃如母子，就言其逃遁于自己与父母的天属关系或天然之伦，不符现实的情理，故刘武与方勇此解值得商榷。

“性”之义。[①] 王叔岷曰:“‘遁天倍情’,谓逃避自然,违反情实。《寓言篇》:‘夫受才乎大本,复灵以生。’人之生也,禀受才性于自然,死则还归于自然,哀哭太过,是‘忘其所受’矣。”[②]王叔岷虽然解“所受”为禀受于自然的才性,有所得;但以“自然”来解此处所谓的“天”,与庄子以天地自然不可逃的思想不相融贯。同时,将“情”释为“情实”亦不确,因如前所述,“情”在此乃“性”义。郭象曰:“天性所受,各有本分,不可逃,亦不可加。感物大深,不止于当,遁天者也。将驰骛于忧乐之境,虽楚戮未加而性情已困,庸非刑哉!”[③]虽然郭象解“倍”为“加”不确,因由《释文》的“本又作背”[④]可知,倍实通背;又《说文》曰:“倍,反也。”可知,倍在此当释为背反之义;但郭象皆释“天”与“情”为“天性”,可谓确解。因唯有“天性”,才是人可能遁逃和背离之“天”;又因“天”是“天性”义,故“情”当释为与之对言的“本性”义。因此,所谓的“遁天倍情”,确切之义实为:逃避自我的天性,背离自己的本性。相应地,所谓的“遁天之刑”,则指因遁逃和背离自己原来静定平和的天然本性,驰骛于哀忧喜乐之境,故受由各种不同之情态的搅扰而引起的身心阴阳二气不和之内刑。

因此,秦失实言,刚才我进去吊唁,有年长的人在哭老子,如同哭自己的孩子;有年少的人在哭老子,如同哭自己的母亲。他们之所以会合到此,必定有

---

① 明确记载为庄子之所言的“遁其天,离其性,灭其情”(《则阳》),表明与“天”对言之“情”,实是“性”之义。下文详之。

② 王叔岷:《庄子校诠》,第 113 页。受其影响,陈鼓应曰:“这是逃避自然违背实情,忘掉了我们所禀赋的生命长短,古时候称这为逃避自然的刑法。”(陈鼓应:《庄子今注今译》,第 105 页。)陈鼓应释“所受”为“我们所禀赋的生命长短”,则是以“天年”释“所受”。虽然“天年”也是人自天“所受”之一,然此处忘的主语乃在哭的老者与少者,言老者与少者因忘记我们所禀赋的生命长短,就是逃避自然的刑法,亦不符现实的情理,故陈鼓应此解亦值得商榷。

③ (清)郭庆藩撰:《庄子集释》,第 128 页。受其影响,成玄英曰:“言逃遯天然之性,加添流俗之情,妄见死之可哀,故忘失所受之分也。夫逃遁天理,倍加俗情,哀乐经怀,心灵困苦,有同捶楚,宁非刑戮! 古之达人,有如此议。”[(清)郭庆藩撰:《庄子集释》,第 128 页。]成玄英前言“逃遯天然之性”,后言“逃遁天理”,则其所谓“天理”义同“天然之性”。理亦有性之义,《礼记·乐记》的“灭天理而穷人欲者也”,孔颖达曰:“理,性也,是天之所生本性灭绝矣。”[(汉)郑玄注,(唐)孔颖达疏:《礼记正义》,第 1084 页。]然成玄英因承郭象以“加”释“倍”之误,故将“情”释为“流俗之情”,则属误解,因“情”在此实为“性”义。

④ (清)郭庆藩撰:《庄子集释》,第 128 页。

家属不求他赞言而赞言老子,家属不求他哭泣而哭泣老子的原因。他们都逃避自我的天性,背离自己的本性,忘记了从天所禀受的性命之理则与天性之天德,古时候把这叫作逃离自我天性的刑戮惩罚。当出生时,老子安定于时势的自然变化;当离去时,老子随顺天道的自然流行。① 安定于时势的自然变化而随顺天道的自然流行,这样哀伤与喜乐等不和的情态就不会进入静定平和的心灵,古时候把这叫作天帝解人于倒悬。

因此,庄子借秦失之口指出,老子以"安时而处顺"的高超修养工夫,不使哀忧喜乐进入自己静定平和的心灵,实已解脱于如同倒悬之苦,即充满各种痛苦的人生。而那些不蕲言而言,不蕲哭而哭的老者与少者,因不能透达人的性命之理则与天性之天德,不能如老子般安时而处顺,故陷入因死生而引发的各种不和之情态,背离了天命的本性原本平易和洽,心灵的性德本自静定平和的状态,因此遭受逃遁与背离自我天性的刑戮惩罚。

由是可知,庄子以为,人自天所继承的性命之理则本就有生有死、有来有去,这是人必须循顺的性命之大经大法;如果人祈望有生而不死,有来而不去;不能安于时势的自然变化,随顺天道的自然流行,则是试图遁逃性命之理则的大经大法。而人自天所禀受的本性原本平易和洽,心灵的性德亦本自静定平和,这也是人必须循顺与护持的天然性德②;如果人因外物的得失、死生的惊惧而陷入各种不和之情态,那么身心的阴阳二气必将因此失和。遁逃性命之理则与背离天性之天德的人,必将遭受天道自然通过失和的阴阳二气所施加的刑戮惩罚。

在《列御寇》中,庄子详细阐述了天道自然施加"遁天之刑"的内在机制:

> 夫造物者之报人也,不报其人,而报其人之天。彼故使彼。夫人以己为有以异于人,以贱其亲,齐人之井饮者相捽也。故曰,今之世皆缓也,自

---

① 王治心曰:"适,当也。当其生来,是顺其时;当其死去,亦顺自然。"[方勇:《庄子纂要》(一),第450页。]

② 陈鼓应曰:"《养生主》在'老聃死,秦失悼之'的寓言中提出'遁天倍情'一词。'遁天倍情'的正面意涵即是顺应'天情'。"(陈鼓应:《庄子论"情":无情、任情与安情》,《哲学研究》2014年第4期。)

是，有德者以不知也，而况有道者乎！古者谓之遁天之刑。[①]（《列御寇》）

“夫造物者之报人也，不报其人，而报其人之天”。庄子的这一思想可谓“天刑”“天戮”“遁天之刑”的内在运作机制和“天刑”“天戮”与“遁天之刑”之内在关系的绝佳注解。作为造物者的道，虽然造物造化未始有极，然本身无知无识，这决定了道不可能“有意识地报应”每一个人的具体的行为之过错或罪尤。然天道自然以阴阳二气赋予人以生命与性命，阴阳二气的变化规律决定了人之生命的性命本性。每一个人莫不依从由阴阳二气的变化规律所规定的本性而行动。如此，如若人的作为违反了人之性命的根本理则——身心的阴阳二气变化必须和洽、和谐，才能形体康健，精神完足，身心和定——则身心的阴阳二气必定因失和而使身心陷入“漂疽疥痈，内热溲膏”（《则阳》）等寒热交作、百病丛出的状态。

是故，人若犯过错与罪尤，天道自然必将以报应于人之本性的方式，施加“天刑”“天戮”。如人追求外在的声名，必将陷入名之桎梏，“德荡乎名，知出乎争。名也者，相轧也；知也者，争之器也。二者凶器，非所以尽行也”（《人间世》）。名必将使人陷入倾轧算计、争夺利益的泥沼无法自拔，必将因名利之得失而引生各种不和之情态，身心必将因此失和，于是阴阳之气有沴，受阴阳食之的内刑，此之谓“天刑之”；同样，人若内心没有可鉴照的明镜，看透其所追求不休的利禄、功名、权柄等外物的真实本质，人对利禄、功名、权柄永不知足的追求欲与独占欲，也必将因利禄、功名、权柄等外物的得失而陷入各种不

① 俞樾曰：“自是二字绝句。若缓之自美其儒，是自是也。有德者已不知有此，有道者更无论矣。故曰有德者以不知也，而况有道者乎！以读为已。”[（清）俞樾：《诸子平议》，第382页。]王叔岷曰：“俞读‘自是’绝句，极是。以犹所也，谓自是，有德者所不知也，以不必读为已。有德者不知自是，有道者愈不知自是矣。”（王叔岷：《庄子校诠》，第1260页。）俞樾与王叔岷以为当自是二字绝句，极是。然因训以为已或所，故认为“有德以不知”，乃言有德不知自是。此解可商榷。《释文》曰：“《不知》，音智。”[（清）郭庆藩撰：《庄子集释》，第1044页。]陈鼓应曰：“自以为是，在有德者看来是不智的。‘不知’即不智。”（陈鼓应：《庄子今注今译》，第836页。）陆德明的《释文》与陈鼓应之解更为恰确，更与前后文相谐。因庄子在此引出有德者与有道者，目的在借有德者与有道者之口批评世人皆如缓自是，实皆不智；而非赞美有德者与有道者皆不知自是。若目的在转而赞美有德者与有道者皆不知自是，则后文不当再接“古者谓之遁天之刑”句。此一后文表明，庄子的思想重心始终在批评缓和如缓之世人，皆自是其行，自以为功的做法。

和之情态,必然因身心阴阳失和而受阴阳二气所加之内刑,成为"天之戮民"。因此,天道自然对人之过错与罪尤的报应机制,是以刑戮之于人之本性,使人身心失和,受阴阳食之内刑的方式,施加"天刑""天戮"。

与此同理,人若逃避和背离自我的天性,天道自然亦将以报应于人之本性的方式,施加"遁天之刑"。郑人缓因不知"彼翟者先有墨性,故成墨,若率性素无,学终不成也","自恃于己有学植之功,异于常人,故轻贱其亲而汝于父"①,不仅因父亲在儒墨相互辩论时帮助墨翟,就自杀身亡,自弃其生,不循顺天地之"父母"要求人"尽年"的使命;还在托梦父亲时,自言使你儿子成为墨翟实是我的功劳,呼父为"你",轻贱己父,自弃天伦;是皆遁逃天命的使命,背离天赋的性命的表现。因天赋的人生之使命的要求是人当"终其天年而不中道夭"(《大宗师》),天赋性命之本然理则是"子之爱亲,命也"(《人间世》);缓因遁逃天命的生之使命,背离天赋的性命理则,故受逃离自我天性的刑戮惩罚。在其未弃其生之前,因一直怨忿父亲在儒墨相辩时偏帮墨翟,不知这其实是自己的培植之功,已然因各种不和的情态交作,身心阴阳二气失和,而受阴阳食之内刑;在其死后,未散的精神还在受怨忿等各种不和的情态纠缠,无法摆脱天道自然所施加的刑戮惩罚。庄子以为,人之所以在世如此表现作为,首先乃因天赋本性使之如此,首先是天赋本性的功劳。人若自以为自己有功,以为自己与他人不同,因此轻贱自己的亲人,就好比齐人掘井饮水,却自以为有造泉之功而互相扭打在一起。② 因此,当今的世人皆如同郑人缓,自以为是,在有德的人看来已是不智,何况在有道的人眼里呢!古时候把这叫作逃离自我天性的刑戮惩罚。

总之,"遁天之刑"是与"天刑""天戮"相似的,由天道自然以报应于人之本性的方式,通过失和的阴阳二气所施加的自然的刑戮惩罚,其实是"天刑""天戮"的表现形式之一。庄子提出"遁天之刑"的思想,并揭示"遁天之刑"的内在运作机制,最终目的是为了让人们认识到,人的天性是人之行为的大经

① (清)郭庆藩撰:《庄子集释》,第1044页。"先有墨性","先"原误在"者"前,当改正。

② 《释文》曰:"言穿井之人,为己有造泉之功而捽饮者,不知泉之天然也。喻缓不知翟天然之墨而忿之。"[(清)郭庆藩撰:《庄子集释》,第1044页。]《说文》曰:"捽,持头发也。"

大法,是人应当循顺,不应当试图逃遁与背离的根本的性命之理则。

(三)"情"之性

"情"亦是表达庄子"性命"思想的重要概念。"情"在《庄子》中主要有情实、情欲、本性三义。如庄子曰:"夫道,有情有信"(《大宗师》),情为情实义。又如庄子曰:"有人之形,无人之情"(《德充符》),情为情欲义。情还有重要的本性义。徐复观曾指出,"《庄子》一书中所用的情字,有三种分别。一种是情实之情,这种用法的本身,没有独立意义。另一种实际与性字是一样,例如他说:致命尽情,天地乐而万事消亡。万物复情,此之谓混冥。(《天地篇》第三五四页)这里的情字,只能作性字解。第三,是包括一般所说的情欲之情,而范围较广;他对于这种情,则采取警惕反对的态度。"①徐复观对《庄子》的"情"之用法的归纳,准确而全面。

前文已经详细阐明,《养生主》的"遁天倍情",《天地》的"致命尽情""万物复情"和《天运》的"圣也者,达于情而遂于命也"等所谓的"情",皆当释为"性"之义。"遁天倍情"是遁逃自我的天性、背离自我的本性之义。"致命尽情",乃"致命尽性"之义,即实现自己的分命,并将天赋的性分之潜能实现到极致;穷尽自己天赋的本性之潜质,使之达至竭尽无余之状态。"万物复情",乃"万物复性"之义,指万物复归返于道所赋予的天性。"圣也者,达于情而遂于命也"则言,所谓的圣人,是完全实现自己的本性,遂成自己的天赋分命,并将天赋的性分之潜能实现到极致的人。

除上述所谓"情"皆当释为"性"之义外,《庄子》中,下述所谓的"情"亦当释为"性"之义:

> 1. 多方骈枝于五藏之情者,淫僻于仁义之行,而多方于聪明之用也……故性长非所断,性短非所续,无所去忧也。意仁义其非人情乎!彼仁人何其多忧也!……今世之仁人,蒿目而忧世之患;不仁之人,决性命之情而饕贵富。故意仁义其非人情乎!自三代以下者,天下何其嚣嚣也!(《骈拇》)

① 徐复观:《中国人性论史·先秦篇》,第329页。

首先,“五藏之情”,“情”实为“性”之义,整体则是“内在的真性”①的象征。所谓“多方骈枝于五藏之情者”②,即“多方乎仁义而用之者,列于五藏哉!”③指多端造作仁义而施用之,并节外生枝地将之骈列于内在的真性。在庄子看来,天命之性,并非均等齐一;有性多仁义,有余于仁义之数者,如曾子、史鳍等“枝于仁者”;有性少仁义,不足于仁义之数者,如不仁之人。本来,曾史之徒性多仁义,只是少数人所有的个体之殊性;然曾史之徒既未有自知之明,也未有识人之明,不知其性多仁义只是少数人才有的个体之殊性,并非所有人共有的普遍之人性;为收罗名声,故意多端造作仁义而施行之④,并将之骈列于所有人共有的普遍之人性;这种淫滥施行仁义,邪僻对待仁义的做法,其实是将有限个体之殊性强行提升为普遍之人性,造作多端地运用自己的聪明才智,其实是自作聪明。

当淫滥施行仁义可获得巨大的声名、富贵之利后,性少仁义,不足于仁义之数者愿慕之,亦开始造作多端地运用自己的聪明才智,奉行原本为自己所不及的仁义之法式。这一做法如同骈拇者强行决裂自己的骈拇,使之足于五指

---

① 陈鼓应:《庄子今注今译》,第 234 页。

② 成玄英曰:“夫曾史之徒,性多仁义,以此情性,骈于藏府。性少之类,矫情慕之,务此为行,求于天理,既非率性,遂成淫僻。淫者,耽滞;僻者,不正之貌。”[(清)郭庆藩撰:《庄子集释》,第 313 页。]成玄英此解未全确、因淫僻于仁义之行,首先指曾史之徒为了收罗名声,故意多端造作仁义而淫滥地施行仁义,邪僻对待仁义。而后,性少仁义者,矫情慕之,务此为行,以收名声,贪富贵,也使仁义之行堕化为淫僻之行。

③ 林希逸曰:“列于五藏哉,言非出于内也。非道之自然。”[(宋)林希逸:《庄子鬳斋口义校注》,第 138 页。]确切而言,多仁义之性,对曾史之徒是“出乎性”,然对其他人而言则是“侈于性”。故曾史之徒骈列于五藏的多仁义之性,对曾史之徒是“出于内”,但对其他人则是“非道之自然”。

④ 康德指出,“许多人很富于同情之心,他们全无虚荣和利己的动机,对在周围播散快乐感到愉快,对别人因他们的工作而满足感到欣慰。我认为在这种情况下这样的行为不论怎样合乎责任、不论多么值得称赞,但不具有真正的道德价值。它和另一些爱好很相像,特别是和对荣誉的爱好,如果这种爱好幸而是有益于公众从而是合乎责任的事情,实际上是对荣誉的爱好,那么这种爱好应受到称赞、鼓励,却不值得高度推崇。因为这种准则不具有道德内容,道德行为不能出于爱好,而只能出于责任”。([德]康德:《道德形而上学原理》,第 47—48 页。)在康德看来,一个人若是出于对收获快乐或获得荣誉的爱好而为善,虽然他的善行值得称赞、鼓励,但不具有道德的价值,因行为的道德价值出于责任,出于自身的向善意志。故曾史为名而行仁义,虽然有益于公众,但依然不是“道德”的行为或正确的仁义行为,而是“淫僻于仁义之行”。

之数,不足于仁义之数者其实是强行离析自己原本的天然本性,使之从外看起来足于仁义之数。然这些强行离析自己的天然本性,以奉仁义之法式者,真正所愿慕的并非仁义之善本身,而是贪求由奉仁义之法式所带来的巨大的声名、富贵之利;所施的仁义之行,并非出于自身真正所有的仁义之本性,而是出于"聪明之用",出于巧智的算计;因此,"这种行为既不是出于责任,也不是出于直接爱好,而单纯是自利的意图"①,故实质属于"意仁义"的行为。康德指出,"只有出于责任的行为才具有道德的价值"②。而在庄子看来,只有出于自己本性的仁义行为,才是真正的"道德"行为。"意仁义"的行为,既不是出于责任,也不是出于自身真正所有的仁义之本性,故无论是依康德的标准,还是依庄子的标准,皆不是一种真正的"道德"行为。

因此,庄子指出,"意仁义其非人情乎!""情"字在此依然当释为"性"之义。郭象曰:"夫仁义自是人之情性,但当任之耳。"③成玄英曰:"噫,嗟叹之声也……其〔非〕人情乎者,是人之情性者也。"④方勇先是译解曰:"料想仁义不合乎人的本性吧!"⑤后改变前见,新解曰:"噫,嗟叹之声……仁义本出乎人的自然本性,但自有虞氏以来,它却成了强加给人们的教条,所以说'其非人情'。"⑥郭象与成玄英皆将"性"解为"情性",实以"情"为"性"之义;方勇虽然前后见解不同,但皆认为"情"在此是"本性"之义。此"情"为"性"义为大多数学者所认同。但如何作解此句却有两种不同意见:一是认为,庄子在此肯定仁义是人之情性或本性,如郭象、成玄英与方勇之后解,此是主流见解;二是认为,庄子在此否定了仁义是人之本性,如方勇之前解,此是少数见解。然前一见解,多如成玄英将"意"径改为"噫",视为"噫"之通假,解为嗟叹之声。此一作法属改文作释,实不确当;后文的"故意仁义其非人情乎"之"故意",表明"意"在此有实义,故前一见解并非庄子对仁义的真正看法。后一见解,认

---

① [德]康德:《道德形而上学原理》,第 47 页。

② [德]康德:《道德形而上学原理》,第 49 页。

③ (清)郭庆藩撰:《庄子集释》,第 318 页。

④ (清)郭庆藩撰:《庄子集释》,第 318—319 页。非原误在其之前,当改正。

⑤ 方勇译注:《庄子》,第 138 页。

⑥ 方勇:《庄子纂要》(三),第 19 页。

为“意”非感叹词,具有实义,见解正确;然解“意”为“料想”等义,则未得庄子思想义旨。“意”在此当解为“故意、有意”之义。

庄子之意实为故意行仁义,并非出于人的真正本性。孟子尝曰:“舜明于庶物,察于人伦,由仁义行,非行仁义也。”①(《孟子·离娄下》)孟子区分了“由仁义行”与“行仁义”两种不同的仁义行为。“由仁义行”,仁义的行为出于以恻隐之心等为端绪,以仁义德性为实质的先天本性,故是真正的仁义道德行为;“行仁义”,仁义的行为出于以仁义为美名、厚利的功利动机,仁义蜕变为追求美名、厚利的工具,故并非真正的仁义道德行为。由孟子的“由仁义行,非行仁义也”,可反推知:行仁义,非由仁义行也。

庄子所谓的“意仁义”,义实同孟子所谓的“行仁义”。“意仁义”亦非“由仁义行”,并非出于自身天然具有的仁义之本性而去行仁义,而是通过强行离析自己原本的天然本性,矫饰自身亦足于仁义之数,亦具有仁义之性而行仁义。但此一通过离析原本的天然本性而得的仁义之性,并非少仁者或不仁之人原本的性命之真性;而是出于“聪明之用”,出于巧智的算计后,通过决裂、离析其先天的性命之真性而得的后天矫饰之性。庄子以为,这种行为实质也是另一种意义上的“多方乎仁义而用之者,列于五藏哉”,因此,“非道德之正也”(《骈拇》),即非人的道德之正性。

“故意仁义其非人情乎!”再次强调了,性本不仁之人,通过决裂自己的性命之真情,矫饰自己亦具有仁义之性,以贪取由仁义之行而来的名声、富贵、尊位等外物,这种故意行仁义的行为,并非出于人的真正本性。但自从三代以下,天下人都喧嚣竞相决裂自己的性命之真性,以换取名声、富贵、尊位等外物,是为“以物易性”的行为。

在庄子看来,天命之性,原本就不齐;既不可能,同时也没有必要使每一个人皆长于仁义,施行仁义。无论是性长于仁义者,还是性不足以仁义者,皆是天命的“性命之情”;天然性长于仁义者,不为有余;天然性不足仁义之数者,

---

① 朱子注曰:“由仁义行,非行仁义,则仁义已根于心,而所行皆从此出。非以仁义为美,而后勉强行之。”[(宋)朱熹:《四书章句集注》,第294页。]

不为不足。至为重要的是尊重每一个人的性命之真性原本所具有的自然德性,不去伤害民众的性命真性与天然德性。但自从儒者自作聪明,将仁义这一原本只是少数人所有的个体之殊性强行提升为普遍之人性,将仁义骈列于普遍人性之中;并且,为收罗名声淫滥施行仁义,邪僻对待仁义;这诱使原本不足仁义之性的人,决裂离析自己的性命之真性,矫饰自己的仁义之性,虚伪地施行仁义之行,完全抛弃了自身的性命之真性,以换取名声、富贵、尊位等外物。因此,实际上是儒者的不当作为,开启了自三代以来,人们莫不"以物易性"的进程。

2. 老聃曰:"请问,仁义,人之性邪?"孔子曰:"然。君子不仁则不成,不义则不生。仁义,真人之性也,又将奚为矣?"老聃曰:"请问,何谓仁义?"孔子曰:"中心物恺,兼爱无私,此仁义之情也。"老聃曰:"意,几乎后言!夫兼爱,不亦迂乎!无私焉,乃私也……"(《天道》)

"此仁义之情也",注家多将"情"解为"情实"义,如陈鼓应曰:"这是仁义的实情。"①此解亦通。然在寓言中,老子与孔子一直在论"仁义"与"人之性"的关系;并且,孔子所谓的"仁义,真人之性也",已明确将仁义认定为人之性;故此"情"释为"性"之义,实更与前后文相协。孔子实言,中心和乐;兼爱无私,这就是仁义之性。然在老子看来,兼爱实是人性的迂曲,无私的行为实出于自私的目的。老子曾明确指出:"是以圣人后其身而身先,外其身而身存。非以其无私邪?故能成其私。"(第七章)在老子看来,圣人采取"后其身""外其身"的高尚无私的行为背后,是为了实现"身先""身存"的自私目的,实际上是通过采取无私的手段,达成自私的目的。因此,老子其实否定了孔子主张的兼爱无私的仁义是人的普遍人性的看法。

由此一寓言可知,庄子并不认同仁义是人所共有的普遍人性的看法。若结合上文可知,在庄子看来,仁义只是少数人具有的人性,并非所有人共有的普遍人性。因此,要求所有人都兼爱他人,实际上歪曲了绝大多数人的天然本性。绝大多数人所谓"无私"的仁义道德行为,其实皆是出于自私的目的,皆

---

① 陈鼓应:《庄子今注今译》,第 349 页。另参见方勇译注:《庄子》,第 218 页。

是易取名声、富贵、尊位等外在的利益。

> 3. 夫德，和也；道，理也。德无不容，仁也；道无不理，义也；义明而物亲，忠也；中纯实而反乎情，乐也。（《缮性》）

“中纯实而反乎情”，成玄英曰：“既仁义由中，故志性纯实，虽复涉于物境而恒归于真情，所造和适，故谓之乐。”①方勇曰：“心中纯朴信实而返于自然本性，这就是乐。”②成玄英依“情”之本字作解，方勇将“情”释为“性”，相较而言，方勇之解更为恰确。因如徐复观所言，情绪与欲望之情是庄子所警惕和反对的一种“情”。并从庄子所谓的“危然处其所而反其性”（《缮性》）等可知，庄子真正主张归返的对象是“性”，而非情绪与欲望之“情”。因此，庄子实认为，人若内在保持着纯真朴实等自然德性，复返于自己的自然本性，将自然和乐。事实上，乐只有生于自身天然的本性，乐才是真乐。

> 4. 舜之将死，真泠禹曰：“汝戒之哉！形莫若缘，情莫若率。缘则不离，率则不劳；不离、不劳，则不求文以待形；不求文以待形，固不待物。”（《山木》）

“情莫若率”所谓的“情”，一些注家依本字作解，如陈鼓应曰：“情感不如率真。”③方勇曰：“情感莫如天真率意。”④成玄英则认为，“情”是“性”之义，其疏曰：“形顺则常合于物，性率则用而无弊。”⑤此“情”是庄子主张率任的对象，故依成玄英解为“性”实更为恰确。因对情绪与欲望之情，庄子并不主张无条件地率任循顺，而是始终保持警惕和反对的态度。故“情莫若率”，其实主张没有比率任自然的天性更加智慧的做法。

在此，庄子以“重言”的形式，构造了舜临终告诫教导禹的故事。曾子尝曰：“鸟之将死，其鸣也哀；人之将死，其言也善。”（《论语·泰伯》）作为人将死时总结一生智慧的善言，舜给禹两个终极的告诫：“缘形”“率性”。“缘形”

---

① （清）郭庆藩撰：《庄子集释》，第549页。

② 方勇译注：《庄子》，第256页。

③ 陈鼓应：《庄子今注今译》，第515页。

④ 方勇译注：《庄子》，第329页。

⑤ （清）郭庆藩撰：《庄子集释》，第687页。

即循顺形之本然；“率性”即率任性之自然；循顺形之本然，则形不离其纯真素朴之本然；率任性之天然本真的自然，则身心不劳；不离、不劳则不追求以“文”饰修其原本纯真素朴、天然本真的形性；不追求以“文”饰修其原本纯真素朴、天然本真的形性，则“固不待物”①。“固不待物”的“物”，指用以“文形饰性”之物，其所指范围涵盖甚广。如《至乐》所言的用以“为形”的“美服、好色、音声”，是；《缮性》所谓的傥来寄之于身“轩冕”，亦是；质言之，一切用以纹饰原本纯真素朴、天然本真之形性的事物，皆属于“文”。“固”字表明：对原来纯真素朴、天然本真的形性而言，这些“文形饰性”之物既非生命本然所有，同时也非维持人之生命和实现人之生命最大限度的逍遥、自由与解放之所必须，故本质属于对人无用且无益，反给人身心带来“离、劳”患累之物。“不待”表明，人之生命的维持和实现生命最大限度的逍遥、自由与解放，完全不需要依待此“文形饰性”之物，其是一种人完全可以摆脱的对外物的依赖关系。

由是可知，庄子以为，人对外物的依待关系，并非全然皆是人对不可或缺的作为人之存在前提的事物的实质性依待。其中，人对很多外物的依待，是人在后天的生命实践活动中，受“文以待形”的思想观念的影响，不断地往己身累加外在的文形饰性之物，而逐渐形成的一种对外物的依待关系。这种依待关系是在增加自身优点、地位、价值等比较优势的意图支配下而形成的一种心理性的依待。一旦人形成对此文形饰性之物的心理性依待，相应地，人就为其所系缚与拘限，它们是人不得逍遥自由的主要原因。② 但是，只要人循顺形之纯真素朴的本然，率任性之天然本真的自然，不追求以文形饰性之物修饰自身原本纯真素朴、天然本真的形性，人完全可以摆脱这些实际上对人无用且无益，反给人身心带来“离、劳”患累之物的依待。事实上，人生最大限度的逍遥、自由与解放，在很大程度上，就来自摆脱因追求文形饰性之物而形成的外物对人的系缚与拘限；只要人摆脱这些实质上对人无用且无益，反给人身心带

① 林希逸曰：“文，身外之物也。不以身外之物而待我，故曰不求文以待形，今人宴客曰待客，此待字之意也。不以身外为文华，则无所资于物矣。故曰固不待物，此待字又是不用之意。三个待字自作两义。”［（宋）林希逸：《庄子鬳斋口义校注》，第 308 页。］

② 参见拙文：《庄子“有待”“无待”思想新诠》，《哲学研究》2021 年第 12 期。

来“离、劳”患累之物的心理性的依待,人就可最大限度地实现人生的逍遥、自由与解放。

5. 庄子闻之,曰:“今人之治其形,理其心,多有似封人之所谓,遁其天,离其性,灭其情,亡其神,以众为……”①(《则阳》)

此段明确载为庄子之言。庄子连言“遁其天,离其性,灭其情”,将“天”“性”“情”并言,其实是将三者当作三个既相互联系又微有差别的近义概念,以达到排比修辞,增强其意的效果。因此,所谓的“天”与“情”,皆是“性”之义。首先,庄子所谓的“遁其天”,即《养生主》的“遁天倍情”“遁天之刑”等所谓的“遁天”,皆指遁逃、背离自己的天性。其次,庄子所谓的“灭其情”,其义类似《秋水》的“无以人灭天”所谓的“灭天”,皆指亡失自我的天然真性。因情绪、情欲之情,作为人之生命存在的根本规定性之一,完全不可能“灭”。庄子在与惠子辩“有情无情”时,曾提出了“无人之情”的主张,但在惠子“既谓之人,恶得无情?”的质疑之下,庄子进一步明确其立场,“是非吾所谓〔无〕情也”②,表明庄子对其“无情”的主张进行了范围限定,立场实有所回缩,改为主张,“吾所谓无情者,言人之不以好恶内伤其身,常因自然而不益生也”。(《德充符》)这表明,庄子亦承认,人实际上不可能完全消灭自然产生、先天自存的情感,达至完全无情的境地,因此,人只能尽力做到不让好恶之情内在地伤害自我的身心。

因此,庄学史上的一些注家将“灭其情”解为“绝灭真情”,如成玄英曰:“逃自然之理,散淳和之性,灭真实之情,失养神之道者,皆以徇逐分外,多滞有为故也”③;陈鼓应曰:“逃避自然,疏离本性,绝灭真情”④;方勇曰:“失去天

① “以众为”,《释文》:“王云:凡事所可为者也。遁离灭亡,皆由众为。众为,所谓卤莽也。司马本作为伪。”“卤莽”,司马彪曰:“卤莽,犹麤粗也。”成玄英曰:“卤莽,不用心也。”参见(清)郭庆藩撰:《庄子集释》,第899页。

② 原作“是非吾所谓情也”,王叔岷认为,“情上盖脱无字。上文‘惠子曰:既谓之人,恶得无情?’庄子因惠子所谓无情之义与己不同,故驳之曰:‘此非吾所谓无情也。’下文‘吾所谓无情者,言人之不以好恶内伤其身,常因自然而不益生也。’紧申所谓无情之义,文理粲然明白。”(王叔岷:《庄子校诠》,第201页。)其见是,当据补。

③ (清)郭庆藩撰:《庄子集释》,第899页。成玄英所谓“自然之理”,理为性之义。

④ 陈鼓应:《庄子今注今译》,第685页。

性，背离本真，灭绝性情”[1]；皆值得商榷。事实上，如惠子所言，只要人存在，就不可能完全无情，故“绝灭真情”“灭绝性情”实际上完全不可能实现。但人之自然无为、纯真朴素等天然本性，则可能因人决裂离析自身的原本的天性而灭失，故“灭其情”当解为亡失自我的天然真性。

庄子在此严肃批评了当时之人错误的治形理心的态度与做法。其以为，现今世人修治自我身心的态度，与封人所谓的粗疏地对待自己所耕种的田地的态度极为相似，漫不经心地修治自己的心性之田；遁逃自己的天性，背离自己的正性，亡失自己的真性，消亡自己的精神，由从众人之所为，这便是鲁莽自我本性的做法，如此将使自己被自我的欲望之性所淹没，最终阴阳失和，百病从出。由是可知，庄子主张，人不应遁逃自己的天性，背离自己的正性，亡失自己的真性，而应始终保持自我性命的天性、正性、真性，只有这样才不为欲望之性所淹没。

综上所述，在《庄子》中，作“性命”之概念丛的“生”“天”“情”三个概念也表达了庄子丰富而深刻的“性命”哲学思想：

第一，天命之性，并非均等齐一，有正与不正之别。唯尧舜等人独得天赋的全正之性，并有幸未被外物迷其本性、失其正性，故能以自正己性，以作众人之镜鉴的方式，帮助天地之“父母”一起端正众人之性。

第二，庄子以为，由自然无为之道所化生的人，性本皆静定安乐，自然无为。而人的心性修养与人的精神修养具有辩证的互为影响的关系：人之心性本来具有纯真朴素的德性，人之精神原本具有纯粹素白等德性；人必须以精神之德，持守心性之德；以心性之德，卫护精神之德；若精神失德，则心将失性失德；心若失性失德，则精神亦将失德失性；若人的精神本性不虚静安定，则道将不载承之。

第三，通达人的本性之真正实情的人，不去致力于自己的性分能力无法作为之事。对于完全超出人之性分能力之事，人应学会的通达态度是安然接受，而非徒劳无功地致力于去改变它，人应将自身的目光、精神与全部的生命力量

---

① 方勇译注：《庄子》，第 444 页。

转向“生之所可以为”之事。天命之性命，有作为性命之大命的性命之真性，作为性命之小命的巧智之性。人应当达取性命之真性、正性，而不应追求巧智之性。

第四，庄子认为，“天”之为“性”，存在着两种意义上的“天”之“性”：一是“人之天”，即人之本性中欲望与智能方面的人性；二是“天之天”，即人之本性中天然的纯真素朴、自然无为、静定安乐等天性。人不应去开掘人之本性中欲望与智能方面的人性，而应启发人之本性中天然的纯真素朴、自然无为、静定安乐等天性。人正确对待人性与天性的态度，当是以天性抵御人性的侵染，而不是让人性侵入天性。

第五，庄子以为，人莫不为自身的天性所支使，天性是人之行为的大经大法，故人不应当试图逃遁与背离自我的天性，否则必将遭“遁天之刑”。庄子指出，天道自然的流行变化对人的行为之作为的报应，不是报应于人的具体所为，而是报应于人的本性。每一个人的所作所为，皆将在自身的本性中得到相应的回应、报应。故人若逃避和背离自我的天性，天道自然将以报应于人之本性的方式，通过阴阳二气对人施加“阴阳食之”之内刑。

第六，天命之性，有性多仁义者，有性少仁义者。曾史之徒不知其性多仁义只是为其少数人才有的个体之殊性，并非所有人共有的普遍之人性，为收罗名声，故意造作多端施行仁义，并将之骈列为所有人共有的普遍之人性；实质上是自作聪明地将有限个体之殊性强行提升为普遍之人性。当淫滥邪僻施行仁义可得巨大声名、富贵之利，性少仁义者亦开始离析自己的天然本性，造作多端地运用自己的聪明才智，奉行原本为自己所不及的仁义之法式。但性少仁义者施行仁义，只是贪求效行仁义所带来的巨大的声名、富贵之利，是出于巧智的算计，故属于“意仁义”的行为。庄子认为，故意行仁义，并非出于人的真正本性。实际上是儒者的不当作为，诱使原本不足仁义之性者，决裂离析自己的性命之真性，矫饰自己的仁义之性，虚伪地施行仁义之行，以换取名声、富贵、尊位等外物。庄子并不认同仁义是人所共有的普遍人性看法，认为兼爱他人，歪曲了绝大多数人的天然本性；所谓的“无私”的道德行为，实皆是出于自私的目的。

第七，庄子以为，内在保持纯真朴实等自然德性，复返于自然的天性，将自然和乐。人应循顺形之纯真素朴的本然，率任性之天然本真的自然，不追求以文形饰性之物修饰自身原本纯真素朴、天然本真的形性，这样就可以摆脱实际上对人无用且无益，反给人身心带来“离、劳”患累的文形饰性之物的心理性依待，最大限度地实现人生的逍遥、自由与解放。

第八，现今世人对修治自我的身心漫不经心，遁逃自己的天性，背离自己的正性，亡失自己的真性，消亡自己的精神，有从众人之所为，这是鲁莽粗疏地对待自我本性的做法，最终将被自我的欲望之性所淹没，为外物所异化。

四、“运命”之概念丛思想分析

人之“运命”，是人于时所遭、于世所遇的，由天道自然等强大的异己力量所决定的人所无可奈何的客观时代情势和个人既定境遇。人所生之“时”，所遇之“时势”，具有不以人的意志为转移的客观规律性和发展的趋向性，由此，“时”与“时势”便成为裁决人之死生、存亡、穷达、贫富等境遇最终结果的“时命”。本来，“运命”只是客观运行的天道自然的流行变化，人与天道自然的流行变化的“遭”与“遇”，才转而成为个人的运命；“遭”与“遇”实是人之运命生成的关键枢机所在；若非个体“遭”之“遇”之，天道自然的流行变化也不会转变成个人的命运。因此，“时”“时势”“遭”“遇”，是庄子“运命”范畴的重要相关概念丛，共同表达了庄子丰富的运命哲学思想。

（一）时与时势

“时”作为时间，本是表征天道自然未始有极的运动变化之运行次序、变化周期与持续长短的范畴。① 只要天道自然一直运动变化不休，时就一直运

① 时，古文作“旹”，《说文》曰：“时，四时也；从日，寺声。旹，古文时；从之日，市之切。”“旹”之下部为日之象形；上部为“之”的古文“㞢”之象形，“之”本义为出；故“旹”本是日出之义，古人最初以日出为“时”，以日出日落为“时”之变化。“旹”后写作“时”。“时”，左日右寸，最初表日行之寸，即日行周期均等的刻度单位为“时”。日行分别有一天与一年的周期，故“时”既可表作为一天日行之寸的“时辰”，又可表一年日行之寸的“四时”。故《韵会》曰：“时，辰也，十二时也。”《释名》曰：“时，四时，四方各一时，时，期也。”时后又引申出时间、时期、时代等义。

行不止。这决定了人生必受时之限，必随时而往，不可止歇，这是人必然不可免的命运。

首先，庄子指出，时之变化最大的特点是：时无止亦不可止。庄子曰：

> 时不可止，道不可壅。（《天运》）
>
> 夫物，量无穷，时无止，分无常，终始无故。（《秋水》）
>
> 年不可举，时不可止；消息盈虚，终则有始。是所以语大义之方，论万物之理也。物之生也，若骤若驰，无动而不变，无时而不移。（《秋水》）

庄子以为，时间一直向前流逝，永不停止；作为标示时之变化短长的年数无穷，根本不可胜举。人也根本不可能使时间停下来，因时与天道自然未始有极的阴阳二气之变化一体流行；阴阳二气的消息盈虚之变化终则又始，时亦周而复始；气化不休，时就不止。人只有认识到气化与时行一体流行，永不歇止，才可谓知道言说大道之大义的方法，阐论万物变化之理的方式。由阴阳二气所化生的万物，永远处于奔骤如驰的气化之流中，无论大小的运动皆会发生形性的变化，无时无刻不在移动变易。

人作为万物之一，就必不可免要处于天道自然未始有极的阴阳二气的变化之流中，人由气化而生，亦由气化而死。这意味着人自受其成形，便必然“无动而不变，无时而不移”，故人必定要承受“吾一受其成形，而不化而待尽，效物而动，日夜无隙，而不知其所终”（《田子方》）的命运。表面而言，生之尽为人之终；然自气而言，气之万化未始有极，人死之后，原本构生人之气又将开始新一轮的终而复始的变化历程，又开始日夜无隙、效物而动的运动历程。依此来看，身处气化之流中的人根本就不可能知道构生自己之气最终的归向与歇止之地，如同开始一程又一程在宇宙中流浪的旅程，永远不知自己最后归往的终点，这便是人在宇宙中存在的必然命运。

其次，庄子以为，时世、时代亦不断变化，不同的时代情势将决定对个人行为与事物存在不同的认识评价与价值定性，依此决定每一个人与每一个事物不同的在世存在的意义与价值。人不仅生于无限广阔的宇宙之中，亦夹处于拥挤逼仄的人间世中。这决定了人不仅必然要于天地遭天之时，人也必然要

于人间世遭世之时。人于人间世所遭之时,是为时世;时世又必然依天时而不断更代,故又谓之时代。庄子曰:

> 时有终始,世有变化。祸福淳淳,至有所拂者而有所宜;自殉殊面,有所正者有所差。(《则阳》)

"时有终始",字面上与《秋水》所谓的"时无止"的思想似相互矛盾。因"时无止",认为时间向前流逝永不休止,未有终极。"时有终始",则认为"时"之变化有始有终。成玄英注意到了两处思想的不一致,并认为,时在此虽亦指"天时",然实指"四叙递代循环"①的四时。成玄英此解虽然能避免两处思想相互矛盾,然与前后文思想不甚相协。因庄子在后文言"世"有变化,依此,"时"当谓与"世"相对的时代。故"时有终始",其实言,人所处的时代、朝代有始有终。庄子以为,时代有始有终,不断终而复始地更替,相应的时代情势也不断变化。如此,祸福流转,实变化无定。因在此一时代情势中,被认定为拂戾于人的事物,如灾祸;在另一个时代情势中,却被认定为适宜于人的事物,如善福。而且,每一时代的人自我追求的事物方面与人生方向,各不相同;在此一时代中被认为正确、正当的事情,在另一时代中就会被认为差错、谬误。

庄子还详细指出,之所以对同一事物与行为的评价定性与价值判断,并不恒常固定,因在不同的时代情势下,同一事物与行为将产生不同的实践后果,由此,它们是高贵还是卑贱等道德性、价值性的评判,实由当时的时代发展情势决定。庄子曰:

> 昔者尧、舜让而帝,之、哙让而绝;汤、武争而王、白公争而灭。由此观

---

① 成玄英曰:"时,谓四叙递代循环。世,谓人事迁贸不定。淳淳,流行貌。夫天时寒暑,流谢不常,人情祸福,何能久定!……拂,戾也。夫物情向背,盖无定准,故于此乖戾者,或于彼为宜,是以达道之人不执逆顺也。殉,逐也。面,向也。夫彼此是非,纷然固执,故各逐己见而所向不同也。于此为正定者,或于彼为差邪,此明物情颠倒,殊向而然也。"[(清)郭庆藩撰:《庄子集释》,第911—912页。]叙通序。又方勇本之,译解曰:"四季有循环终始,世事有发展变化。祸福的变化无常,有所乖逆却可以变为有所适宜;各自朝着不同的方向驰逐,取向正确却可以出现偏差。"(方勇译注:《庄子》,第453页。)方勇在成玄英的"四叙",即四序的基础上,将"时"译解为"四季"。

之，争、让之礼，尧、桀之行，贵贱有时，未可以为常也。[①]（《秋水》）

庄子举例说，同是禅让的行为，尧、舜之间的帝位禅让，让他们成为千古传颂的贤帝；而燕王燕哙，听从苏代之言，将自己的王位禅让给燕相子之，结果让自己身灭而国几亡。同是争夺王位的行为，商汤与周武依势争王，结果成为千古闻名的贤王；楚平王之孙白公胜起兵争王，结果为忠于楚惠王的叶公子高所灭。尧、舜与燕哙、子之，汤、武与白公胜，所作所为性质相同，前者因适宜于时势，故功成名就，成为人们尊贵和颂扬的对象；后者因为不合时宜，失败灭亡，故成为人们卑贱与鄙视的对象。因此，时代的情势及其所决定的最终的行为后果，对人物的行为与历史的事件的认识评判与价值定性具有决定性的影响，它将决定对人物的行为与历史的事件是积极性的肯定，还是消极性的否定，依此决定这些人物与历史事物的在世意义与存在价值。庄子此一思想，深刻揭示了人们的价值判断与评价定性由时而定、依时而变的相对性存在特点，并明确指出了时代的情势对人物行为与历史事件的价值判断与评价定性决定性的影响。

再次，庄子认为，个人的德行才华与所作所为，能否与其所处的时代情势和当时的习俗风尚相当相合，是人们能否成就自身的功名伟业的关键。庄子曰：

> 帝王殊禅，三代殊继。差其时、逆其俗者，谓之篡夫；当其时、顺其俗者，谓之义之徒。（《秋水》）

尧、舜、禹不同姓帝王间的禅让，夏启、商汤与周武不同姓的三代间的继替，如果差谬于时代的发展情势，违逆当时的习俗风尚，就会成为千夫所指的篡夫；只不过因这些帝王的所作所为刚好适合于时代的发展情势，循顺了当时的风

① 成玄英曰："之，燕相子之也。哙，燕王名也。子之，即苏秦之女婿也。秦弟苏代，从齐使燕，以尧让许由故事说燕王哙，令让位与子之，子之遂受。国人恨其受让，皆不服子之，三年国乱。齐宣王用苏代计，兴兵伐燕，于是杀燕王哙于郊，斩子之于朝，以绝燕国……白公名胜，楚平王之孙，太子建之子也。平王用费无忌之言，纳秦女而疏太子，太子奔郑，娶郑女而生胜。太傅伍奢被杀，子胥奔吴，胜从奔吴，与胥耕于野。楚令尹子西迎胜归国，封于白邑，僭号称公。胜以郑人杀父，请兵报仇，频请不允，遂起兵反，楚遣叶公子高伐而灭之，故曰'白公争而灭'。"[（清）郭庆藩撰：《庄子集释》，第 580—581 页。]

俗习尚，所以成为千古传颂的高义之徒。因此，适合的时代情势与顺宜的时代风尚，是尧、舜、禹、夏启、商汤与周武能够成就自身的伟大功业与千古美名的关键。否则，无论尧、舜、禹、夏启、商汤与周武具有多么高尚的德行与贤能的才华，也无法成就自身的伟大功业与千古美名。① 因为个人高尚的德行与贤能的才华，只是成就自身的功名伟业的必要条件，并非充分条件。

庄子认为，相比个人的德行与才华，时代的情势才是决定个人能否成就功名伟业的决定性因素。庄子曰：

> 当尧、舜而天下无穷人，非知得也；当桀、纣而天下无通人，非知失也。时势适然。(《秋水》)

在尧、舜的时代，百姓生活皆富足安乐，天下没有穷困愁苦之人，并非完全因圣人的智慧有得。易言之，这一天下太平的社会情势，并非仅凭圣人有限的智慧作为而得到，而是当时社会发展的时势适巧使之如此。在桀、纣的时期，百姓生活皆贫困愁苦，天下没有一个通达安乐的人，并非因时人的智慧有所缺失。易言之，当时并不是没有能看到整个社会所存在的危机，懂得治国理政之道的通达贤士，而是整个社会历史发展的时势，决定了社会秩序崩溃，王朝统治的更替不可避免。

时代的情势对个人成就功名伟业具有如此巨大的决定性作用，是故，庄子以为，每一个人并每一个事物，只要碰到适宜的时代情势，就能实现自我存在价值的最大化，成为主导他人功用之发挥与价值之实现的帝者。庄子曰：

> 药也，其实堇也，桔梗也，鸡壅也，豕零也，是时为帝者也，何可胜言！② (《徐无鬼》)

实堇、桔梗、鸡壅、豕零，本是平常使用的普通草药，一般作为配药使用；但在一些药方中，本是配药的它们却被作为主药来用。可见，每一种各具独特药性与

---

① 《吕氏春秋》曰："人虽智而不遇时，无功。"(《吕氏春秋·首时》)

② 成玄英曰："堇，乌头也，治风痹。桔梗治心腹血。鸡壅即鸡头草也，服延年。豕零，猪苓根也，似猪卵，治渴病。此并贱药也。帝，君主也。夫药无贵贱，愈病则良，药病相当，故便为君主。乃至目视耳听，手捉心知，用有行藏，时有兴废。故时之所贤者为君，才不应世者为臣，此事必然，故何可言尽也。"[(清)郭庆藩撰：《庄子集释》，第868页。]

治疗功效的药物，若碰到适宜的时势，皆将成为治疗功效与价值最大的主药；成为主导其他药物功效之发挥与价值之实现的"帝者"。庄子以此为喻说明，每一个各具才性与贤能的普通个人，只要碰到适合于他的时代情势，皆可能成为功用、价值最大的主导者，成为主导他人功用之发挥与价值之实现的领导者，甚至决定整个时代情势发展之走向的历史创造者。然而，每一个各具才性与贤能的个人，能否成为主导他人功用之发挥与价值之实现的领导者，甚至历史的创造者，并不只取决于个人所有的才性与贤能，而最终取决于其所遭遇的时代发展情势。

又次，庄子基于每一个人皆可能"时为帝者"的深刻洞见，还洞察到人与人之间以君臣上下相使的关系形态，实由时代的发展情势变化而产生。庄子曰：

虽相与为君臣，时也，易世而无以相贱。(《外物》)

本来，每一个人无不是天地之"父母"所生，故人与人之间本皆是平等的"天之所子"(《人间世》)的关系。然时代情势的不断发展变化，使人与人之间形成君臣上下相使的不平等关系。因时代的情势或机遇，使某些人成为价值功用最大化的主导者，成为主导他人功用之发挥与价值之实现的帝者；其他人的功用之发挥与价值之实现，变为皆需要依赖于这些帝者的决定。庄子指出，如果时代的情势发生改变，消除人们由社会历史的发展变化而形成的不平等的关系，则人与人之间就无法以君臣上下相使的支配关系而相互轻贱。身处战国中期，庄子已深刻洞察到，人与人之间的关系形式与形态，实由时代的发展情势所决定；时代的情势可以决定人与人之间的关系是一种平等的关系，还是一种上下相使的不平等的支配关系。庄子已然预见到，如果生活于一个平等的时代，每一个人皆将成为人身关系独立和人格完全平等的自由人，不再成为权力支配关系网络中的主隶与君臣的存在。

最后，正是因为洞察到与气化一体的时行决定了人必然要随化而往的命运和时代的情势对个人存在的关键的决定性作用：不仅决定每一个各具才性与贤能的个人，能否成为主导他人功用之发挥与价值之实现的领导者，决定着每一个人能否成就功名伟业；还决定着对每一个人的德行才华与所作所为的认识评判与价值定性，依此决定每一个人的在世存在的意义与价值；故庄子以为，时与时势构成了人之在世存在的“时命”。

时代的情势对个人的命运具有关键性的决定影响。每一时代的情势，皆是由当时的社会历史发展的各种要素，如经济、政治、文化、制度、观念传统、习俗风尚等，共同相互作用所形成的合力，所决定的具有相对确定不移的发展趋向性的客观变化情势。时势的发展具有不以人的意志为转移的客观规律性和发展的趋向性。个体有限的智慧、才华与道德，根本无法独立改变时代情势的发展趋势，也无法抗拒社会历史发展的各种因素共同相互作用所形成的强大合力；由此，这一既无法独立改变，又无力抗拒，还具有相对确定的发展方向性的客观变化时势，便成为决定个人的死生、存亡、穷达、贫富、贵贱、寿夭、毁誉、得丧、祸福、吉凶、成败等运命境遇的关键性力量。换言之，个人的死生、存亡、穷达、贫富、贵贱、寿夭、毁誉、得丧、祸福、吉凶、成败等运命境遇，不由人自身的智慧、才华与道德独立决定，而由时代的情势作出最终的关键性的裁决与决定。

人无法选择自己生活的时代、时世，每一个人皆是被天道自然抛入自己所生活的时代与时世；个人有限的力量又完全无法抗拒、逃避与改变天道自然将人抛掷入某一时代与时世的命运。如此，时代与时世对人而言，就如同天之“命”。人必须承受其遭逢的无论是太平盛世，还是无道乱世的时代情势，如同必须接受天之“命”。庄子正是在此意义上，将人所处的时代、时世命名为“时命”。“时”与“命”的实质所指为一，只不过命名的角度有异。钟泰曾指出，“时”与“命”的差别，只在于“就世言之，则谓之时；就己言，则谓之命”①。即就时代的情势是不以人的意志为转移的客观运动变化的时世而言，谓之“时”；就时代情势对人施加决定性的作用影响而言，谓之“命”。故庄子有时将“时”与“命”互文对言，如“我讳穷久矣，而不免，命也；求通久矣，而不得，时也”“知穷之有命，知通之有时”（《秋水》）；有时将“时”与“命”，合称为“时命”，如“当时命而大行乎天下，则反一无迹；不当时命而大穷乎天下，则深根

① 钟泰：《庄子发微》，第357页。

宁极而待。此存身之道也"(《缮性》);根本的原因即在于此。庄子以为,人必须洞察"时命"对个人之运命境遇的决定性的裁决作用,这样才能不因未得"时命"而怨天尤人,或因遇"时命"而得意忘形,而一直以通达的智慧态度对待自己所遭的或穷或达的"时命"境遇。

(二)遭与遇

社会历史的时势发展,从整体而言,具有相对确定不移的必然发展趋向,但此必然的发展趋向则是通过各种偶然性实现的。在具体的社会历史发展情境中,每一时刻的时代发展态势皆瞬息万变;其中一个微小因素的变化,就有可能造成向着某一必然性趋向发展的社会历史的现实发展态势大为不同。换言之,实现社会历史发展必然趋向的具体的社会历史发展路径,并不唯一固定,其受社会历史发展中各种极具偶然性的事件影响。时势的发展本身具有偶然性的变化特点,使必不可免受时代情势作用影响的个体生命境遇,亦受偶然性的决定作用与支配影响。由此,人于时世所遭遇的死生、存亡、穷达、贫富、贵贱、寿夭、毁誉、得丧、祸福、吉凶、成败等外在的境遇,表现出极大的无常性与偶然性。《庄子》中"遭"与"遇"两概念,就表现了人于时世所遭遇的外在境遇的偶然性,故也体现了庄子对人之运命的深刻思想洞见。

首先,在汉语中,"遭"与"遇"两字,本就带有偶然性的意义。《说文》曰:"遭,遇也。"又曰:"遇,逢也。"《玉篇》曰:"遇,见也,道路相逢也。"可知,"遭"与"遇"本是同义词,皆指道路相逢而相互碰见。"相逢"形象地描述了二人或多人相互迎面相会、相碰甚至相撞的情形。道路相逢具有极大的偶然性。《春秋穀梁传》曰:"不期而会曰遇。"①(《春秋穀梁传·隐公八年》)所谓的"不期而会",指诸侯王未约定相见的日期却相互会面,这表明了遇的偶然性。故遇又通偶。《周礼·春官·大宗伯》的"冬见曰遇",郑玄注曰:"遇,偶也,欲其若不期而俱至也。"②郑玄以偶训遇,因"遇"正是人与人之间不期而偶至的

① 《礼记》亦曰:"诸侯未及期相见曰遇。"(《礼记·曲礼》)

② (汉)郑玄注,(唐)贾公彦疏:《周礼注疏》,第464页。原文注云:"俱",余本、岳本、嘉靖本同,闽、监、毛本作"偶"。可知闽、监、毛本《周礼注疏》原作:"遇,偶也,欲其若不期而偶至也。"

偶然性的相互会面。

因此,“遭”与“遇”后来被引申为人迎面与外在的事物,大者如天道自然的流行变化,中者如社会历史的发展形势,小者如具体的客观事物,以偶然性的方式相会、相逢、相接、相碰甚至相撞的情形。人与外在的事物一旦偶然地相互遭遇,由此,这一偶然相互遭遇的事件就转变为人无法抗拒、无从逃避又无力改变的运命。因这一偶然相互遭遇事件的发生,不由自主,并非由人所掌控;其要么由社会历史发展的必然性趋势根本决定,这一偶然性只不过是社会历史发展实现其必然性的趋向的一种方式;要么由天道自然不知其所以然而然的自然流行变化根本决定,这一偶然性亦是天道自然实现其必然性的客观变化规律的一种方式。人既无力抗拒由天道自然的自然流行变化所决定的偶然性,也无力抗拒由社会历史发展的必然性趋势所决定的偶然性,故人一旦遭遇此两种偶然性,其就不可避免地转变成人无法抗拒、无从逃避又无力改变的“运命”。具有极大偶然性的“遭”与“遇”,成为人之运命生成的关键枢机,根本原因即在于此。

其次,庄子对“遭”与“遇”两字的使用特点表明,庄子认为,不仅人与人之间的际会适巧而偶然,人与外在的客观变化情势的遭遇亦具有极大的偶然性,故人之运命实具极大的偶然性。如庄子曰:“天根游于殷阳,至蓼水之上,适遭无名人而问焉”(《应帝王》);“知北游于玄水之上,登隐弅之丘,而适遭无为谓焉”(《知北游》);“谆芒将东之大壑,适遇苑风于东海之滨”(《天地》)。庄子在“遭”与“遇”前常加“适”字,正为了强调人与人之间的际会的偶然性。若非适巧的机缘,人与人之间实不可能相互逢遇而成为彼此生命中的重要遭遇事件。庄子又曰:“鲁有单豹者,岩居而水饮,不与民共利,行年七十,而犹有婴儿之色,不幸遇饿虎,饿虎杀而食之”(《达生》);“今者,丘得遇也,若天幸然”(《渔父》)。庄子在“遇”之前,加“不幸”与“天幸”等形容,亦为了表明人无论是遭遇悲惨的境遇,还是得遇天赐的福分,实具有极大的偶然性,而这正是人之运命的偶然性的重要表征。

再次,庄子将“遭”与“遇”也理解为人与适合自我尽情发挥自身的才华与智慧的时世相互遭逢的状态,并认为人能否“遭时”亦具有极大的偶然性。

《吕氏春秋》尝曰:"凡遇,合也。时不合,必待合而后行。"(《吕氏春秋·遇合》)可知,先秦时,"遇"也常被理解为人与适合自我发挥自身的智慧与才华的时代情势相会合的状态。人若遭遇不适合自我发挥自身的才华与智慧的时代情势,则谓之"时不合"或"不得遇"。先秦时人们很早就已深刻认识到,人所遭遇的时代情势若与己不合,人就无法尽情地发挥自身的才华与智慧;必须遇到适合的时代情势而后才能尽情地行事,最大化地实现自我的人生目标与在世价值。然人能否遇到适合发挥自身的才华与智慧的时代情势,具有极大的偶然性。《吕氏春秋》曰:"遇合也无常"(《吕氏春秋·遇合》),正指出了人能否得"遇"的无常性与偶然性。

庄子认为,不仅人是否"遭时"受时代情势的无常变化影响,人所遭遇的穷达、贫富、贵贱、得失、成败等外在境遇,也无不受时代情势的偶然性的发展态势作用影响。如人身处于贫困愁苦与疲惫不堪的境遇,常并非因个人的才华与智慧不够,而是因不"遭时",未能有幸碰到能够让其自由施展才华与智慧的时势。《山木》篇载:

> 庄子衣大布而补之,正緳系履而过魏王。魏王曰:"何先生之惫邪?"庄子曰:"贫也,非惫也。士有道德不能行,惫也;衣弊履穿,贫也,非惫也。此所谓非遭时也。王独不见夫腾猿乎?其得柟梓豫章也,揽蔓其枝,而王长其间,虽羿、逢蒙不能眄睨也。及其得柘棘枳枸之间也,危行侧视,振动悼慄,此筋骨非有加急而不柔也,处势不便,未足以逞其能也。今处昏上乱相之间,而欲无惫,奚可得邪?此比干之见剖心征也夫!"①(《山木》)

① 后一"非惫也",王叔岷的《庄子校诠》误作"非弊也"。(参见王叔岷:《庄子校诠》,第746页。)续古逸丛书本等原不误。成玄英曰:"大布,犹粗布也。庄子家贫,以粗布为服而补之。緳,履带也,亦言腰带也。履穿故以绳系之。魏王,魏惠王也。惫,病也。衣粗布而着破履,正腰带见魏王。王见其倾顿,故问言:'先生何贫病如此耶?'柟梓豫章,皆端直好木也。揽蔓,犹把捉也。王长,犹自得也。羿,古之善射人。逢蒙,羿之弟子也。睥睨,犹斜视。字亦有作眄字者,随字读之。言善士贤人,遭时得地,犹如猿得直木,则跳踯自在,虽有善射之人,不敢举目侧视,何况弯弓乎!柘棘枸枳,并有刺之恶木也。夫猿得有刺之木,不能逞其捷巧,是以心中悲悼而战栗,形貌危行而侧视,非谓筋骨有异于前,而势不便也。士逢乱世,亦须如然。此合谕也。当时周室微弱,六国兴盛,于是主昏于上,臣乱于下。庄生怀道抱德,莫能见用,晦迹远害,故发此言。昔殷纣无道,比干忠谏,剖心而死,岂非征验!"[(清)郭庆藩撰:《庄子集释》,第687—689页。]

庄子的生活比较贫苦,这是事实。① 然庄子穿补过的粗布衣服,用系腰的麻绳一端系缚已穿底的鞋履见魏王,肯定是有意而为之。魏王见庄子之状如此窘迫,故问庄子,先生为何如此疲惫困病?庄子则指出,他现在所处的情境,是贫穷,而非疲惫困病。衣服破旧,鞋履穿底,只是生活比较贫穷;贤能之士有道德而不能践行,才叫作疲惫困病。庄子以猿猴若得地势之利,便自由自在地生活于高树枝杈之间,率其属类自为王长于其间;若处势不便,处于柘棘枸枳等有刺之恶木,不仅不能尽情地施展其才能,还必须时刻危行侧视,胆战心惊,小心翼翼地应对自己现身处的危险环境。说明:当今贤能之士,如此疲惫困病,不是因没有道德、才华与智慧,而是因未遇到可以尽情施展其道德、才华与智慧的时代环境。庄子说,贤能之士夹处于昏上乱相之间,必须一直行事小心翼翼,战战兢兢,如临深渊,如履薄冰,如此想要精神不疲弊困惫,其实是不可得的。因其可能一不小心就要遭比干剖心之类的残酷刑罚。

庄子之所言,深刻反映了战国中期,贤能之士身处危殆险恶的生存环境,随时皆有生命不保之危险,精神高度紧张,疲惫困病不堪的严峻现实;同时也深刻揭示了,贤能之士必须“遭时”才能尽情地施展自身的道德、才华与智慧的客观现实。然个人能否“遭时”,并不由个体自身独立决定,而由具有不以人的意志为转移的客观规律性和发展趋向性,同时又具有极大偶然性的时代发展情势最终决定。

最后,庄子主张,既然人所遭遇的穷达、贫富、贵贱、得失、成败等外在的境遇不由人自己完全自主掌控,而由既有客观规律性和发展趋向性,又有极大偶然性的时代发展情势,或不知其所以然而然的天道自然流行变化最终决定;同时,人亦不能自主决定自己能否“遭时”;如此,人对自身所遭遇的既无法抗拒、无从逃避又无力改变的运命境遇,最为通达的智慧态度是:以安然随顺的态度,遭之而不违,过之而不守,不使自己内在平和的心境受到不由自身完全

① 《外物》载:“庄周家贫,故往贷粟于监河侯。”《列御寇》亦载:“宋人有曹商者,为宋王使秦。其往也,得车数乘,王说之,益车百乘。反于宋,见庄子,曰:‘夫处穷闾阨巷,困窘织屦,槁项黄馘者,商之所短也;一悟万乘之主,而从车百乘者,商之所长也。’”庄子贷粟于监河侯,与曹商讥讽庄子“处穷闾阨巷,困窘织屦,槁项黄馘”,无不说明庄子生活一直较为贫苦。

掌控的外在境遇变化的影响。庄子曰：

> 果蓏有理，人伦虽难，所以相齿。圣人遭之而不违，过之而不守。调而应之，德也；偶而应之，道也。[①]（《知北游》）

庄子以为，果蓏之物皆有生理，人作为“有伦”[②]之物，亦有伦常之理。人的伦常之理虽然难尽，却不可逃免，因其是相互齿次建立长幼尊卑秩序的必须之物。然在庄子看来，圣人并不将人的伦常之理作为生命存在的根本规范，因唯有大通一切生命的“道”才是人之生命存在的最高规范。[③] 是故，圣人若遭遇人伦之理的要求，亦随顺而不违；事过境迁后，亦不固守而不弃；一直以“道”与“德”的方式，“偶而应之”“调而应之”。王叔岷认为，“偶，似当读为遇，‘遇而应之’，谓随所遇而应之也”[④]。王叔岷之言是。不过，虽然“偶”与“遇”通，偶在此当读为遇；但偶训为遇的同时，亦当同时保留其偶然的意义。故庄子其实主张，以平和、调和的心态应对自己所遭的人伦事务，这便是德；随其偶然之所遇，自然随顺地应对自己需尽的伦常之理，这便是道。因“夫德，和也”（《缮性》），德本处和守和，不因人伦之事务而失其内心平和、调和的状态，便是有德的表现。道则一直“法自然”，一直顺任万物之自然，故自然随顺地应对自己需尽的伦常之理，便是得道者的表征。

---

① 陈鼓应曰：“瓜果有它生长的道理，人伦关系虽然复杂，还是可以依序相处。圣人遇人事而不违拒，过往而不拘守。调和顺应，便是德；随机适应，便是道。”（陈鼓应：《庄子今注今译》，第573—574页。）

② 庄子尝曰：“夫昭昭生于冥冥，有伦生于无形。”（《知北游》）成玄英曰：“伦，理也。夫昭明显着之物，生于窅冥之中；人伦有为之事，生于无形之内。”[（清）郭庆藩撰：《庄子集释》，第742页。]成玄英将伦解为理，则是，然将“有伦”解为“人伦有为之事”，则非。林希逸曰：“昭昭，可见者也。冥冥，不可见者也。见而可得分别者，谓之有伦，有伦，万物也。无形，造化也。”[（宋）林希逸：《庄子鬳斋口义校注》，第335页。]林希逸将有伦义解为有形的万物，良是；然未解伦为理之义。“有伦”实指外有纹理形貌、内有伦常理则的万物。

③ 叶海烟认为，“在《大宗师篇》，庄子借子桑户之死、孟孙才善处丧及意而子和许由的对话，对儒家烦琐化形式化外在化的礼进行批判，进而肯定吾人生命的大宗师不是不通生命造化的礼，乃是大通的道，道大通一切之生命，故成为生命最高之规范，而以是非仁义为内容的道德形式则渐远离生命，甚至有害生命。”（叶海烟：《庄子的生命哲学》，东大图书股份有限公司1990年版，第16—17页。）叶海烟以为，庄子以道为生命的最高之规范，极是。庄子对人伦道德之所以“遭之而不违”，而非若儒家视礼义伦常为天命的最高原理，根本原因在此。

④ 王叔岷：《庄子校诠》，第823页。

庄子所谓的“遭之而不违，过之而不守”“偶而应之”“调而应之”，虽然主要针对如何因应人伦之理而言，但这一豁然达观的态度亦是人应对于时世所遭遇的一切外在境遇的通达智慧态度。正如“道”对待万物的通达智慧态度是一直顺任万物之自然，人应对在世所遭遇的一切外在境遇的通达智慧态度亦是：随其自然之偶遇，一直以自然随顺的态度应对一切自然之偶遇。心灵的性德原本静定平和，一直以平和、调和的心灵应对一切之所遇，不使喜怒哀乐等不和的情态进入平和静定的心灵，便恒保其德。因此，无论人遭遇何种的运命境遇，皆应采取遭之便逶迤随顺，不违其理；事过境迁后，亦不固守不弃的原则；一直以自然随顺与平和静定的态度，通达地应对一切的自然之偶遇，保持着一贯豁然达观的“达命”思想精神。

总之，“时”“时势”“遭”“遇”，作为庄子“运命”范畴的概念丛，亦表达了庄子对人之运命深刻而独到的思想洞见与丰富而重要的运命哲学主张。

第一，庄子认为，时之变化最大的特点是：时无止亦不可止。人只有认识到气化与时行一体流行，永不歇止，才知道言说大道之大义的方法和阐论万物变化之理的方式。因人必不可免受一体流行的气化与时行的影响，这意味着人自受其成形，便必然“无动而不变，无时而不移”，故人必定要承受“化而待尽，效物而动，日夜无隙，而不知其所终”的命运。

第二，庄子以为，时代的情势对个人的在世存在具有关键性的决定作用。首先，时势决定着每一个各具才性与贤能的个人能否成为主导他人功用之发挥与价值之实现的领导者。其次，个人的德行才华与所作所为，能否与其所处的时代情势和当时的风尚相当相合，是人们能否成就自身的功名伟业的关键。再次，时势还决定着对每一个人的德行才华与所作所为的认识评判与价值定性，依此决定每一个人的在世存在的意义与价值。故时与时势构成了人之在世存在的“时命”。

第三，具有极大偶然性的“遭”与“遇”，是人之运命生成的关键枢机。庄子认为，不仅人与人之间的际会适巧而偶然，人与外在的客观变化情势的遭遇亦具有极大的偶然性，故人的运命具有极大的偶然性。因此，贤能之士身处贫困愁苦与疲惫不堪的境遇，不是因没有道德、才华与智慧，而是因未“遭时”，未遇到可以尽情施展其道德、才华与智慧的时代环境。

第四，庄子主张，既然人所遭遇的穷达、贫富、贵贱、得失、成败等外在的境遇不由人自己完全掌控，而由天道自然与社会历史的发展情势最终决定；同时，人亦不能自主决定能否"遭时"。因此，人应安然随顺于自己所遭遇的任何外在境遇，一直以遭之而不违、过之而不守的通达智慧态度，因应一切自然之偶遇，保持着一贯豁然达观的"达命"思想精神。

第五章　庄子的“达命”哲学思想体系

庄子所谓“命”，同时含摄“天命”“生命”“性命”“运命”四重深刻的哲学思想含义；并且，“命”之四重意义层级间内在蕴含着紧密的思想联系，及由其所表征的现实中“天命”与人之“生命”“性命”“运命”复杂辩证的关系，无不表明：庄子的命论，是一个以天命论为基础，涵盖生命论、性命论、运命论三方面的思想内容，并包含严密的内在思想结构的整体思想体系。无论是“天命”，还是人之“生命”“性命”“运命”，庄子皆倡导“达命”的哲学思想精神，故这一命论的整体思想体系，可命名为庄子“达命”哲学思想体系。庄子以“天命”对人施加的决定性的作用影响既自然而无常又公平而无私等变化特点的深刻思想洞察为基础，下贯其对人之“生命”“性命”“运命”的存在本质与变化特点深刻而独到的哲学反思和提出的通达而超越的智慧主张，由此将天命论、生命论、性命论、运命论四方面的哲学思想统贯为混沦不可分的“达命”哲学思想体系。

一、天命论

“天命论”指庄子基于天道自然的流行变化，及其对人与万物无时无刻不在进行的犹如命令、无法抗拒的赋授、规限和施加的无从逃避又无力改变的决定性作用影响之变化特点的深刻洞察，依此而提出来的天命哲学思想。天命论是庄子“达命”哲学思想体系的思想根基，庄子的生命论、性命论、运命论，都奠基于其“天命论”的思想之上。天命论基础性的思想地位，实际上奠立于现实中“天命”与人之“生命”“性命”和“运命”所存在的复杂辩证的关系。

首先，“天命”决定着人之生命的存在形式与形态，是人之生命的根本来源和存在根基。人之生命之所以生而有形体欲望，之所以会由所欲之物的得失而引起痛苦、悲伤、忧愁等情态，之所以有知而能觉这些生命存在的情态，之所以有生有死，之所以经由生之觉解而能解脱情态对人的纠缠，由此实现生命最大限度的逍遥、自由与解放等，这些问题的答案都要从“天命”对人之生命存在形式与形态的根本赋授与规限中找寻。故论说人的生命，必须首先从“天命”开始。

其次，“天命”也决定着人之性命存在的根本规定性，是人之性命的根本来源和存在根基。人之性命之所以具有自然无为、纯真素朴、静定平和等自然德性，性命之所以不可损益、不可改易，人之所以生具有自生自化、自然自在、自由自主的自然本性等，这些问题的答案，也要从“天命”对人之“性命”的根本规限中寻找。故论说人的性命，也必须从“天命”开始。

最后，“天命”也决定着人之运命的境遇，是人之运命的根本来源和对人之规限作用的力量根基。运命之所以成其为人所无可奈何的“运命”，人之所以必须由知命、安命而顺命等，这些问题的答案也要从“天命”对人之运命的根本裁决中寻找。故论说人的运命，也必须首先从“天命”开始。

因此，如欲解答庄子为何对人的生命、性命和运命皆有深刻而独到的思想洞见，并提出在中国哲学史上独树一帜的生命哲学、性命哲学与运命哲学①，必须首先揭示，庄子如何深刻洞察“天命”的变化特点，及这些变化特点对人之在世存在所产生的决定性的作用影响；如何从“天”或“天命”的视角，来审视人之生命、性命和运命的存在本质与变化特点，依此而提出其深刻而独到的哲学

① 张默生指出，“在庄子以前，没有可比庄子的人；在庄子以后，更没有可比庄子的人，他在道家诸子中，真可以取得荣耀的冠冕了。……他这种伟大的思想，在中国思想界，真是凤毛麟角”。（张默生：《庄子新释》，第65页。）评价可谓至当不过。

思想和通达而超越的智慧主张。[①] 整体而言，庄子以为，人应通达地了解天道自然的流行变化具有生化自然、变化无常与赋授无私等变化特点。易言之，人应通达天道自然对人与万物进行犹如命令、无法抗拒的赋授、规限和施加无从逃避又无力改变的决定性的作用影响，具有自然性、无常性与无私性等变化特点。

（一）天命自然

近代以来的学者，在诠解庄子的“命”论时存在的一个重要特点是，不是选择从传统的“命”之范畴本有的思想义涵出发，从自殷周革命以来逐渐形成的深厚的“天命”思想传统出发，而是在先秦诸子命论思想的演进逻辑和发展脉络中，诠解庄子所谓“命”之独特的思想义涵和存在特点，进而理解庄子为何会在墨子“非命”，即否定先定之命存在的情况下，还依然大量地论命，并创造性地提出“达命”的哲学思想，因见庄子所谓的“命”具有不可抗拒、无从逃避又无力改变等特点，或就此直接将庄子的命论定性为“宿命论”，或直接将庄子所谓“命”等同于西方哲学的“必然性”。

这并不是说，在现当代的思想语境中，不可以资借“必然性”或“宿命论”等范畴，来诠解和定性庄子的命论；毋宁说，如果不理解庄子如何通过形式化地资借传统的“命”这一范畴，批判性地继承殷周革命以来形成的深厚的“天命”思想传统和先秦诸子的天命论的合理思想成分；并通过“天即自然”的全新理解，革命性地改造传统的“天命”观念；将传统的“天帝的意旨或命令”意义上的“天命”或“由正义之天所决定的命令”意义上的“天命”，创造性地诠释为“天道自然对人与万物无时无刻不在施加的决定性作用”意义上的“天

---

① 张恒寿指出，“庄子和普通人不同的最大特点是，观察问题总是从‘天’（指宇宙、自然）的立场出发，而不是从人类的立场或小己的立场出发”。（张恒寿：《庄子新探》，第354页。）正指出庄子哲学的思维方式与常人最大的不同之处。事实上，庄子深刻而独到的哲学见解和通达而超越的智慧主张，可以说全部来自“以道观之”“照之于天”等思想所主张的，从“天”与“天命”的视角审视人之生命、性命和运命的存在本质与变化特点，反思人世间的一切事物的存在意义与价值。就此而言，荀子的“蔽于天而不知人”（《荀子·解蔽》），可谓从批评的视角，敏锐地体察到庄子深刻而独到的哲学见解和通达而超越的智慧主张，皆来源于庄子的“天”之思想，也即庄子的“天命论”。

命”。如此，将因未准确地理解庄子所谓“命”的确切义涵和全部特点，故在资借西方哲学的“必然性”等范畴来诠解庄子所谓的“命”时，难免只片面性地诠解庄子所谓“命”的部分含义，偏颇性地强调庄子所谓“命”的必然性一面的存在特点，有意无意地忽略“命”之偶然性一面的存在特点。故在对庄子的命论进行思想定性时，将因严重误解庄子所谓“命”的根本性质，而将庄子的命论或错误地定性为“宿命论”，或误解为“强决定论”形态的“命定论”，严重降低庄子哲学的学理品质或理论品格，遮蔽庄子的命论深刻而独到的思想洞见和通达而超越的人生智慧。

第一，传统宗教信仰的“天命”观念，是庄子得以形式化地资借“命”这一范畴，进而提出其“达命”的哲学思想的前提。庄子之所以选择形式化地资借传统的“命”这一范畴，拟称天道自然不以人的意志为转移的客观流行变化，表征既无意识又无意志也无道德的天道自然，对人与万物无时无刻在进行的无法抗拒的赋授、规限和施加的无从逃避又无力改变的决定性的作用影响。因作为“天命”之省称的“命”，所本指的“天帝”对人所发布的命令，本就在以人格化的方式，显象着超乎个体知行之域、人完全无法抗拒的天之强大无比的力量，表征着天之强大无比的异己力量对人无可抗拒的行为之支使、权物之赋授和行动之规限。

首先，“天命”概念的发明，本是为了说明“天”对“人”的决定性作用影响，说明“天”对自然与人间的事务，特别是天下之统治权，权威无比、不可违抗的裁决与决定。周初统治者最初提出“天命”之说，最主要的目的是证明自己推翻商王朝，建立自己王朝统治的合法性与正当性，即这一“革命”是遵奉天帝的旨意与命令。故《尚书》中所谓的“天命”及其省称的“命”，多是为了说明君王的政治行动或统治行为的合法性与正当性，来自拥有强大无比的异己力量，故拥有至高无上之权威性的“天帝的命令”，如：

> 天命有德，五服五章哉！天讨有罪，五刑五用哉！政事懋哉懋哉！天聪明，自我民聪明。天明畏，自我民明威。[①]（《尚书·皋陶谟》）

---

① 五服，五章，皆是指天子、诸侯、卿、大夫、士之服。五服彩章各异，故又名五章。懋，勉之义。参见（汉）孔安国传，（唐）孔颖达疏：《尚书正义》，第108—109页。

有夏多罪，天命殛之……夏氏有罪，予畏上帝，不敢不正。①（《尚书·汤誓》）

商罪贯盈，天命诛之。予弗顺天，厥罪惟钧……天矜于民，民之所欲，天必从之。②（《尚书·泰誓上》）

天休于宁王，兴我小邦周，宁王惟卜用，克绥受兹命。③（《尚书·大诰》）

皇天无亲，惟德是辅。民心无常，惟惠之怀。④（《尚书·蔡仲之命》）

由上可见，周初的统治者所理解的“天帝”，既有人格意识，又有主宰意志，还有道德正义性。他能够借助于民众的“聪明”，了解掌握天下的一切状况；能够区别辨识谁有德，谁有罪。并且一直矜惜下民，听从民众的愿望；一直公正无私，并不偏私亲爱某些人；谁有德，就“命”谁做民众的君主；君主如果不敬“天命”，不爱惜民众，虐害民众，犯下大罪，“天帝”就会让其他人讨伐这个君主，改变原来降下的“天命”，任命一个新的君主来做民众的统治者。

事实上，此一意义上的“天命”，实是周人对社会历史发展不可抗拒的必然性的一种模糊把握。每到王朝统治的末期，王朝统治逐渐腐败，社会不义现象增加，故社会历史的时势逐渐发展到阶级统治关系十分紧张的局面；加上末代君主的不当作为，加速王朝统治的崩溃。故根本而言，王朝更替革命事件的

---

① 《说文》曰：“殛，诛也。”为何《皋陶谟》《汤誓》等关于周之前的历史篇章亦出现“天命”之说，一个合理的解释是：作为过去的历史皆由后来者书写。可以自然想见，周作为革商之命的成功者，虽然不能胡乱改写历史，但可以依自己的理论观点与价值观念重新叙述已往的历史，以体现自己的历史观。郑开指出，“我们可以从《甘誓》《汤誓》和《泰誓》等篇什看出周人是如何编排这些理由和借口的。《甘誓》是夏人征伐有扈氏的誓词，但它一定经过了周初的整理与改写”。（郑开：《德礼之间——前诸子时期的思想史》，生活·读书·新知三联书店2009年版，第275页。）与《甘誓》相似，《皋陶谟》《汤誓》等关于周之前的历史篇章当皆经过周人的整理与改写。

② 厥，同其。钧，同均，均等之义。矜，怜惜之义。参见（汉）孔安国传，（唐）孔颖达疏：《尚书正义》，第272—274页。

③ 休，嘉美之义。宁王，指文王。绥，安之义；言文王用占卜安受了天帝的命令。参见（汉）孔安国传，（唐）孔颖达疏：《尚书正义》，第347页。

④ 《蔡仲之命》属古文《尚书》的篇章。《左传》曰：“《周书》曰：‘皇天无亲，惟德是辅。’”（《左传·僖公五年》）表明，这一思想是先秦时古本《尚书》原本就有的思想。

发生,实由社会历史发展不可抗拒的必然性所决定。如此,所谓的由天帝所决定的不可抗拒的王朝统治更替的“天命”,实是社会历史发展不可抗拒的必然性的表征。然在周初,人们不可能有此认识。故周初的统治者借助自己模糊把握到的社会历史发展的必然性,并将之上升为拥有至高无上的权威性的“天命”,依此证明自己推翻商王朝,建立自己王朝统治的行为的合法性与正当性。

其次,“天命”之说不仅被用以论证王朝革命和天下统治之正当性与合法性,还扩展成既解释宇宙万物自然之变化、社会治乱兴衰之更替,又解释个人生命之来源、性命之质性以及人之死生存亡、吉凶祸福等运命差异之原因的系统性学说。如《尚书》曰:“今天其命哲,命吉凶,命历年。”(《尚书·召诰》)不仅认为,人的本性之哲与不哲由天所“命”,而且人的外在境遇的吉凶也由天所“命”,并且天还决定着自然的年月、历数的变化规律和年成的好坏。由此,“天命”的实质,不再只是被模糊把握到的社会历史发展的必然性,而成为全面表征天之强大无比的异己力量,对人与万物的存在施加决定性的作用影响的范畴。在此过程中,由于先民不能准确地“知天之所为,知人之所为者”(《大宗师》),故常将本属“人之所为者”不当地归入“天之所为者”,错误地扩大“天命”对人与万物之存在的决定性作用影响的范围与限度。

最后,虽然周初的统治者一直强调“天命靡常”(《诗经·大雅·文王》),强调“天帝”对人并无恒常固定不变的命令,而是依据人的道德表现而进行相应的赋命①,但由于周人信仰的“天帝”有知有识,具有人格性意识与主宰性意志,故只要稍微改变天命的命令形式与内容,无常的天命就转变为先定的天命。因“天命先定论”相较于“天命无常论”,明显更有利于统治者维护自身的统治,故周初的统治者着力强调的“天命无常论”,在社会历史的发展现实中不可避免地蜕变为其原先所批评的“天命先定论”。周定王的臣属王孙满答楚庄王问鼎之轻重时尝曰:“天祚明德,有所厎止。成王定鼎于郏鄏,卜世三

① 唐君毅指出,“与此天命靡常,上帝于人之未来无预定之观念,相连之又一中国古代宗教思想中之观念,为天之降命,乃后于人之修德,而非先于人之修德者;而其命于人也,乃兼涵命人更努力于修德,以自定其未来之义”。(唐君毅:《中国哲学原论·导论篇》,第325页。)

十，卜年七百，天所命也。周德虽衰，天命未改，鼎之轻重，未可问也。”（《左传·宣公三年》）如王孙满所言属实，则周成王已通过给“天命”加一个固定期限的方式，将原本的“无常天命”转变为有所定止，有固定不变的期限的“先定天命”。如此，“天命”在本质上就又蜕变为先行决定且不可改变的“宿命”。①由于“天命”具有由强大无比的力量性带来的至高无上的权威性，故人不可能也不应当试图改变已然预先决定且固定不变的“天命”。如此，将自然形成人之死生、存亡、穷达、贫富、贤不肖、寿夭、毁誉、得丧、祸福、吉凶、成败等境遇，也无不由天命先行决定，并且一旦先行决定，便固定不变，不可更改的宿命观念。

到了春秋时期，随着周王室势力的衰微与权威的衰退，传统“天帝”的宗教信仰亦开始逐渐动摇和式微，逐渐出现了不再用“天命”或“天意”来解释自然或人间的事务，转而开始用自然的阴阳变化理论解释自然界的变化②，以人自身的作为解释人间的事务。如公元前645年，五颗陨石降落宋国，并有六只鹢鸟倒飞过宋都，这本是不同寻常的怪异之事，周内史叔兴则认为，“是阴阳之事，非吉凶所生也。吉凶由人”（《左传·僖公十六年》）。说明当时人们已不再将自然界的怪异现象与神秘难测的“天命”或“天意”的表征联系起来，开始用物质性的阴阳二气的自然变化解释自然界的事物变化，完全祛除了自然变化的神秘性与天意性。同时，叔兴还认为，“非吉凶所生也。吉凶由人”，说明人们不仅不再从“天命”处寻找吉凶祸福等现象背后的原因，而且还割断了吉凶祸福等现象与自然的阴阳变化现象间的联系，开始以“天人相分”的思维

---

① 唐君毅指出，“由卜知来，则为预定。此预定亦可说为天之所定，天之所命。此便又与诗书所谓‘帝命不时’之意略相违”。（唐君毅：《中国哲学原论·导论篇》，第327页。）

② 《国语》载：“幽王二年，西周三川皆震，伯阳父曰：‘周将亡矣！夫天地之气，不失其序；若过其序，民乱之也。阳伏而不能出，阴迫而不能烝，于是有地震。今三川实震，是阳失其所而镇阴也。阳失而在阴，川源必塞；源塞，国必亡……夫国必依山川，山崩川竭，亡之征也。川竭，山必崩。若国亡不过十年，数之纪也。夫天之所弃，不过其纪。’”（《国语·周语上》）表明，早在西周末期，伯阳父就已经用阴阳变化理论解释自然界的变化。不过伯阳父在用阴阳变化理论解释地震现象时，还是将之与周亡之兆联系起来，说明伯阳父还没有完全摆脱“天人相感”的思维模式，还是受“天命”观念支配影响。

方式，完全用人自身的作为解释人事的吉凶祸福等现象的原因。① 冯契指出，“这显然是无神论思想，反对了天人感应的迷信，把天解释为自然界了”②。当人们开始用阴阳变化理论解释自然界的变化，实际上就逐渐开始重新将天自然化。如此，原本宗教信仰意义的“天命”观念，在整体的态势上便不可避免地逐步瓦解。然由于“天命”观念已形成为深厚的思想传统，并且本质上还包含着真理性思想成分，故人们根本不可能完全摆脱原本“天命”观念的笼罩性的思想影响。因此，这一宗教信仰的“天命观”开始以碎片化的方式，被先秦诸子继承和转化其思想中合理的真理性的成分。

第二，在庄子之前的先秦诸子，逐渐祛除传统“天命”的人格意志性或道德正义性等因素，力图提出各自的合理的天命观，为庄子批判性地继承传统宗教信仰的“天命”和先秦诸子的天命论的合理思想成分，最终通过“天即自然”的全新理解，革命性地改造传统的“天命”之义涵与性质奠定了重要的基础。

首先，老子对传统的宗教天命观的根本性变革，对庄子的“天命论”思想的形成产生了巨大的思想影响。老子率先提出，“天”与“神”“帝”并不是万物存在的根本来源，在天地之前，在“神”“帝”之先，还存在着一个比“天”与“神”“帝”更加根本的存在——道；道不仅是天地万物化生的本根和本原，还是天地万物存在的本体与本基。这意味着，原来被周人当作至上神，当作最高权威存在的“皇天上帝”或“主宰之天”，既不是最根本的存在，也非最高的权威存在，反而必须依赖“道”作为其化生的本根与存在的本体。老子提出：

谷神不死，是谓玄牝，玄牝之门，是谓天地根。③（第六章）

谷、神、不死，是形容道之空虚若谷、无物不容、响而善应、神妙莫测、永存不死

① 叔兴的“吉凶由人”，若作全称的判断，将产生谬误。因完全用人之作为来解释人的吉凶现象亦不周延；事实上，有“吉凶由人”，又有“吉凶由天”；重要的是“知天之所为，知人之所为者”（《大宗师》）。

② 冯契：《中国古代哲学的逻辑发展》上册，第 78 页。

③ 唐玄宗曰：“谷者，虚而能应者也。神者，妙而不测者也。死者，休息也。谷之应声，莫知所以。有感则应，其应如神，如神之应，曾不休息。欲明至道，虚而生物，妙用难名，故举谷神以为喻说。玄，深也。牝，母也。谷神应物，冲用无方，深妙不穷，能母万物，故寄谷神玄牝之号，将明大道生畜之功。深妙虚牝，能母万物，万物由出，是谓之门。天地有形，故资禀为根本矣。”[（唐）唐玄宗：《唐玄宗御注道德真经》，参见熊铁基、陈红星主编：《老子集成》第 1 册，第 419 页。]

等存在特点。“玄牝”“门”“天地根”皆是老子对道的隐喻:“玄牝”言道是人与万物玄妙而不可知的化生者,“门”言道是人与万物所从出与归返之地,“天地根”言道是天地化生的本根。“天地根”表明,老子认为天地并非最根本的存在,道才是天地化生的本根。这实际上取消了传统“天”之最根本之存在的地位,由此消解了传统“天”之存在的神圣性与权威性。

老子还提出,“神得一以灵”(第三十九章),认为即使是神灵,也要“得一”即“得道”,才具有神奇的灵验法力;若神不以道为自己存在本质的依据,“神无以灵将恐歇”(第三十九章),将因无法维持自身神奇灵验的存在本质而歇止。这也从根本上否定了“神”原先所具有的崇高的神圣地位。

“天”与“神”“帝”失去了人与万物的化生本原和存在本体的地位,也就意味着“天”与“神”“帝”失去了作为人与万物的绝对“主宰者”的地位。老子提出,道才是人与万物真正的“宗主”。老子曰:

> 道冲,而用之或不盈。渊兮,似万物之宗;湛兮,似或存。吾不知谁之子,象帝之先。(第四章)

老子以为,道具有冲虚无形、渊深难知、澄澈透明、永恒存在、功用无穷等存在特点,并且“似万物之宗”“象帝之先”。“似”与“象”既是老子因道体冲虚无形、渊深难知,故努力避免在宇宙本原与本体的论断上陷入独断论①;同时,也是为了缓和与传统的“天帝”信仰者之间的紧张关系②,因此,故意使用不完全确立和肯定的语气。“宗”,既有宗祖之义③,又有宗主之义④;宗祖言其是人与万物根本的本原,宗主则言其主宰的功用。⑤ 故老子以为,作为万物

---

① 陈景元曰:“夫不测之理,非有非无,难以定名,故寄言似也。”[(宋)陈景元:《道德真经藏室纂微篇》,参见熊铁基、陈红星主编:《老子集成》第 2 册,第 582—583 页。]

② 苏辙曰:“渊兮深眇,吾知其为万物宗也,而不敢正言之,故曰‘似万物之宗’。”[(宋)苏辙:《道德真经注》,华东师范大学出版社 2010 年版,第 5 页。]

③ 河上公曰:“道渊深不可知也,似为万物之宗祖。”(王卡点校:《老子道德经河上公章句》,第 14 页。)

④ 唐玄宗曰:“道常生物,而不盈满,妙本渊兮深静,故似为万物宗主。”[(唐)唐玄宗:《唐玄宗御注道德真经》,参见熊铁基、陈红星主编:《老子集成》第 1 册,第 418 页。]

⑤ 张岱年曰:“道生万物,为万物之宗,然非如有人格的上帝之以意主率一切,以力统治一切。”(张岱年:《中国哲学大纲》,第 18 页。)

最根本之本原的道，是万物真正的“宗主”。因万物无不由道所生，由道赋予存在的本质属性与变化规律等，故无不要由从于道。老子说，他“不知”道是谁之子。此一“不知”，非因人之认识能力有限，而是因道作为万物存在最根本的本原，本身无父无母，就是万物存在最根本的父母。因此，老子提出，道的存在比“帝”的起源还要在先。这也否定了“帝”之最根本的地位与至高的权威。可以说，老子将“天”与“神”“帝”皆从它们原来所处的至高无上的“神坛”上打落下来。

虽然老子向传统的“天帝”宗教信仰作了妥协，未完全否定“神”“帝”的存在，但实际上取消了“帝”主宰宇宙间一切事物的权力，无论是自然界还是人间的事物的无上权力；解除了“神”可无条件地对人施加绝对不可抗拒的作用影响的权限。老子提出，“以道莅天下，其鬼不神；非其鬼不神，其神不伤人”（第六十章）①，认为只要以道莅临、治理天下，非但鬼怪无法发挥其神验的法力，神帝也无法施加其神奇的法力而伤人。这实际上赋予了“道”较之鬼神更加强大的力量，使人可以依凭守道而获得的力量，抗拒鬼神所施加的原本绝对不可抗拒的作用与影响；同时，提出了鬼神也必须遵守“道”之规范的要求，否则，鬼神将因不守“道”，失去其神奇的灵验法力而歇止。

老子不仅取消了传统的“主宰之天”最根本的存在的地位和绝对主宰者的权力，还祛除了原先赋予“主宰之天”的人格属性和道德属性，将“天”完全自然化，彻底还原为“自然物质之天”。在老子的宇宙生成论中，天地由道转化而来，天地的本质只是阴阳二气之凝结，万物也皆由“负阴而抱阳，冲气以为和”（第四十二章）的和气所构生。故无论是天地还是万物，本质皆是气之存在。无心或无灵的气之存在皆无意识与意志；天地无心，故既无意识又无意志。而且，“人法地，地法天，天法道，道法自然”（第二十五章），道效法自然，天地是道之存在的化身，故天地也“法自然”；天地也一直顺任人与万物自己而然，并无干涉与宰制人与万物的主宰性意志。由此，老子首先祛除了传统的

① 王弼曰：“物守自然，则神无所加。神无所加，则不知神之为神也。”［（魏）王弼：《老子道德经注校释》，第157页。］

“天帝”信仰所赋予“主宰之天”的人格性意识和主宰性意志。老子还进一步提出，天地本身并没有仁义等道德性的属性：

天地不仁，以万物为刍狗。① (第五章)

天地只是阴阳二气之凝结，天地无心，既无意识又无意志；仁与不仁则是具有人格意识性的人才具有的特质，因此，天地不可能具有“仁义”等人格性的道德情感与道德性的德性。由此，老子又祛除了传统“天帝”的信仰不当投射到天地之上的仁义等道德性的属性。②

不同于传统的“主宰之天”经常以发布命令的方式，显现其强力意志，实现其主宰性意志所意向的结果，老子指出，作为万物真正之“宗主”的“道”，从不对万物发布“命令”，而是恒常地使万物自已而然：

道之尊，德之贵，夫莫之命而常自然。(第五十一章)

道之所以成为天地万物共同尊崇的“宗主”，德之所以获得其尊贵的地位，皆是因为道与德从不以“命令”这一主体强力意志的权力表征形式，干涉和宰制天下万物，而是恒常地使万物依照自己的本性自已而然。依此，老子似乎以为，道对人与万物全无所“命”。然老子又曰：

夫物芸芸，各复归其根。归根曰静，是谓复命。复命曰常。(第十六章)

① 李荣曰：“仁，爱也，有爱则有憎。天地无心，绝于憎爱，以无爱故，故曰不仁。刍狗者，结草为狗，古人祝所用，已而弃之。言人于刍狗，用之不以为爱，弃之不以为憎。喻明天地暖然若春气之自和生者，不以为仁，凄然若秋霜之自降杀者，不以为义。”[(唐)李荣：《道德真经注》，参见熊铁基、陈红星主编：《老子集成》第1册，第352页。]陈鼓应曰：“天地不仁：天地无所偏爱。即意指天地只是个物理的、自然的存在，并不具有人类般的感情；万物在天地间仅依循着自然的法则运行着，并不像有神论所想象的，以为天地自然法则对某物有所爱顾(或对某物有所嫌弃)，其实这只是人类感情的投射作用！”(陈鼓应：《老子今注今译》，第93页。)

② 老子并非认为道与天地全无“德”，然老子所谓的道与天地之“德”，则是指道与天地的运动变化自然呈现出来的特点、特性、优点、品质意义上的“德”。道之“德”，与人在所得于道者之“德”(自然德性)的基础上修养而成的人之“德”(道德德性)，在性质上存有重要的差别。二者的差别类似于古希腊的德性(arete)与道德(virtue)之间的差别。(参考郑开：《德礼之间——前诸子时期的思想史》，第382—391页。)此处言，老子祛除了不当投射到天地之上的仁义等道德性的属性，指老子祛除了原本投射到天地之上的人格性的道德。故本书言老子与庄子的“自然物质之天”无“道德”，是指其无人格性的道德，非指无道之“德”。

两“复命”所谓的“命”,乃谓人与万物的“性命”本性。① 老子以“命”称谓人与万物的本性,当是承袭当时称“性”为“命”的语言使用传统。传统的天命观认为,人与万物的本性也无不由“天”,即“天帝”所命授;故人与万物的本性在传统中也习称为“命”。老子既然承袭这一称“性”为“命”的思想传统,表明老子亦认同“性为天命”的看法。不过,在老子看来,道才是人与万物最根本的本根与本原;如此,人与万物的本性虽然具体还是由天地所命授,但从根本而言,则来自道之赋授。道作为人与万物的本根,原处静定的状态,其赋予人与万物的本性亦是静定的本性。② 故万物复归道之本根的状态,就是复归静定的状态;复归静定的状态,就是复归自己的“性命”本性;复归自己的“性命”本性,就是复归万物存在的常态。

故从两所谓的“复命”可以看出,老子以为,道对人与万物并非全无所“命”,其实际上赋予了人与万物静定的“性命”本性。但老子此所谓的“命”,只是对道在转生、转化为人与万物的过程中,将自身的一部分属性“赋授”给人与万物,将之转化为人与万物的自然本性之行为的拟人化描述,并非是在人格意识指导下主体为实现自身的强力意志而发布的“命令”。就此而言,道赋予人与万物静定的“性命”本性的思想,并未与道对人与万物一直“莫之命而常自然”的思想相互矛盾。

总之,老子对传统的宗教天命观的改造最为彻底:不仅取消了传统的“主宰之天”最根本的存在地位和绝对主宰者的无上权力,还彻底祛除了原本赋予“主宰之天”的人格性的属性和不当投射到“主宰之天”之上的仁义等道德性的属性,将传统的“主宰之天”完全自然化,还原为“自然物质之天”。③ 因老子所谓的“天”,是既无意识又无意志,也无道德的“自然物质之天”,故老子整体上不言“命”。虽然所谓的“复命”表明,老子认为,道赋

① 河上公曰:“言安静者是为复还性命。”(王卡点校:《老子道德经河上公章句》,第63页。)

② 《礼记》曰:“人生而静,天之性也。”(《礼记·乐记》)表明在先秦,还存在一以静为天性的思想传统。《老子》与《乐记》即同属这一以静为天性的思想传统。

③ 刘笑敢提出,“彻底把天从上帝之宝座中打落下来的是老子。老子说‘天法道,道法自然’(《老子·25章》),这既取消了天至高无上的地位,又取消了天福善祸淫的意志。”(刘笑敢:《庄子哲学及其演变》,第123页。)

予了人与万物静定的"性命"本性,但他更主张"道之尊,德之贵,夫莫之命而常自然"。老子对传统天命观的彻底改造,对庄子的"天命论"的思想形成产生了巨大的影响;庄子全部继承了老子的天是既无意识又无意志,也无道德的"自然物质之天"等思想,并通过"天即自然"创造性地发展了这一思想。

其次,与老子将传统的"主宰之天"完全自然化,还原为"自然物质之天"不同,孔子则选择了祛除"主宰之天"的具人格形象和能够言语等人格属性,却保留"天"的道德属性的思想道路,将传统的"主宰之天"改造成了"正义之天"。由此,孔子将传统宗教信仰性的"天命"改造成道德信仰性的"天命",主要从天赋予人以道德本性,故人承担着相应的道德使命来理解"天命";同时,承认"天命"决定着道之行、废等社会历史发展兴衰的命数和人的死生、富贵等运命,因此主张"知天命""畏天命"。其中,孔子承认"天命"的存在、主张"知命"等思想和"达命"的人生态度,对庄子产生了重要的影响。

因天本然就是自然运动变化的物质之天,故孔子将天也理解为阳阳四时自然的运行变化,认为天未有口,其实不言。孔子曰:

> 天何言哉! 四时行焉,百物生焉;天何言哉?(《论语·阳货》)

孔子认为,天表现为天地四时自然地运行代谢,而万物自然地化生,天无人格形象,无口眼耳鼻,故天实不言。① 原先周人所信仰的"主宰之天"是能言语的。《诗经》曰:"帝谓文王:无然畔援,无然歆羡,诞先登于岸。"②(《诗经·大雅·皇矣》)所谓的"帝",即人格形象化的"主宰之天","谓"字说明人格化的"主宰之天"能言能语。孔子则取消了原本赋予"主宰之天"的有人格形象、能

① 冯友兰认为,"孔丘的这段话无非是说,上帝也可以'无为而治'。说不言就证明他能言而不言"。(冯友兰:《中国哲学史新编》,第172页。)冯友兰指出了"不言"存在着"能而不言"的可能性。虽然孔子亦常言"天命"或"命",但其所谓的"天命"与"命"并非通过言语命令表现,故天实未有"言"。然天未有"言",根本原因当在天无口。就此而言,可以说,天能命但不能言。

② 畔援,盘桓,徘徊不进之义。歆羡,羡慕之义。诞,语气词,无实义。"先登于岸",喻先占据有利的地形。参见高亨:《诗经今注》,第391页。

够言语等人格属性。[①]

孔子在取消天的一些人格属性的同时,选择保留了天能够赏善罚恶的道德属性,故不可避免地使天具有特定的意识性与意志性。《论语》载:

> 王孙贾问曰:“与其媚于奥,宁媚于灶,何谓也?”子曰:“不然;获罪于天,无所祷也。”(《论语·八佾》)

奥,是房屋的西南隅,乃祭尸主之处;灶,指灶神,是五祀的对象之一。奥尊于灶,然灶用大于奥。[②] 王孙贾以俗语“与其媚于奥,宁媚于灶”,暗讽孔子不知媚附当时主事的权臣。孔子认为,无论是媚于奥,还是媚于灶皆不合天理,将获罪于天;一旦获罪于天,到时将连祈祷的机会都没有,即必受天之罚。可知,孔子以为,天能够依据人的道德表现而赏善罚恶。赏善罚恶的必要前提是能够随时察知人之所行,因此,虽然天可能没有人格形象,但具有意识性,具有无限的感知能力。[③] 孔子曰:

> 不怨天,不尤人;下学而上达。知我者,其天乎![④] (《论语·宪问》)

由“知我者,其天乎”明确可见,孔子认为,天能够“知”人之所为。此一“知”字,除感知之义外,还包含理解之义[⑤];感知是理解的前提。正因为天能够随时感知、察知人之所行,故人不可以做不合天理之事,不可以欺天。孔子在因

---

① 冯友兰认为,“孔丘所说的天,基本上仍然是当时的传统的宗教所说的天、帝或上帝,是宇宙的最高主宰”。(冯友兰:《中国哲学史新编》,第 172 页。)冯友兰的这一看法可商榷。孔子只言“天”不言“帝”,又主张“敬鬼神而远之”(《论语·雍也》),表明了孔子对传统的“天帝”信仰实有所改造,而非全盘地继承。

② 朱子曰:“凡祭五祀,皆先设主而祭于其所,然后迎尸而祭于奥,略如祭宗庙之仪。如祀灶,则设主于灶陉,祭毕,而更设馔于奥以迎尸也。故时俗之语,因以奥有常尊,而非祭之主;灶虽卑贱,而当时用事。喻自结于君,不如阿附权臣也。”[(宋)朱熹:《四书章句集注》,第 65 页。]

③ 刘笑敢指出,“孔子所谓天无人格而有意志”。(刘笑敢:《庄子哲学及其演变》,第 123 页。)

④ 马融曰:“孔子不用于世,而不怨天尤人;不知己,亦不尤人也。”孔安国曰“下学人事,上知天命也。”何晏曰:“圣人与天地合其德,故曰唯天知己也。”[(魏)何晏集解,(梁)皇侃义疏:《论语集解义疏》,第 205—206 页。]

⑤ 牟宗三指出,“‘知我其天’表示如果人能由践仁而喻解天道的时候,天反过来亦喻解人,此时天人的生命互相感通,而致产生相当程度的互相了解”。(牟宗三:《中国哲学的特质》,上海古籍出版社 1997 年版,第 34 页。)

不得已而见南子，子路不说时，曾发誓曰："予所否者，天厌之！天厌之！"①（《论语·雍也》）孔子说，我若行不合礼法之事，天将厌弃而惩罚我。子路在孔子生病期间，使唤门人为臣，孔子听闻后曰："无臣而为有臣，吾谁欺？欺天乎？"（《论语·子罕》）孔子认为，天实有知，不可欺。

因此，孔子所信奉的天，实是一个无人格，有意志，能无限感知，具有道德正义性，能够赏善罚恶的"义理之天"或"正义之天"。② "正义之天"的主要特点是，一直依据人的道德表现而赏善罚恶，维持着世间的道德正义性。故孔子认为，由这一"正义之天"所决定的"天命"甚可畏怖，人应当敬畏"天命"：

> 君子有三畏：畏天命，畏大人，畏圣人之言。小人不知天命而不畏也，狎大人，侮圣人之言。③（《论语·季氏》）

孔子的"畏天命"思想，明显继自传统宗教信仰的天命观。周初的统治者因由小邦周建立起周王朝的统治，故拥有着强烈的"忧患意识"④，一直强调"天命靡常""皇天无亲，惟德是辅""天命有德""天讨有罪"，要求统治集团的所有成员一直敬德保民，"永畏惟罚"（《尚书·吕刑》）；因若弗敬上天，失德无行，虐民害众，天将"恭行天罚"（《尚书·泰誓下》），降下祸殃，夺其大命。孔子

---

① 朱子曰："否，谓不合于礼，不由其道也。厌，弃绝也。"[（宋）朱熹：《四书章句集注》，第91页。]

② 杨伯峻曰："在《论语》中……'天'有三个意义：一是自然之天；二是主宰或命运之天；三是义理之天。"（杨伯峻：《论语译注》，中华书局1980年版，第10页。）此一看法值得商榷。孔子对天最核心的理解是"义理之天"，"自然之天"实兼含于"义理之天"中；同时，在孔子的思想中，并无独立的"命运之天"，否则将变成存在两个天或三个天的理论后果，"义理之天"就是决定人之命运的"命运之天"。故杨伯峻归入"自然之天"与"命运之天"中的"天"之表述，皆可归入"义理之天"中。

③ 何晏曰："顺吉逆凶，天之命也。"皇侃曰："天命，谓作善降百祥，作不善降百殃。从吉逆凶，是天之命，故君子畏之，不敢逆之也。"[（魏）何晏集解，（梁）皇侃义疏：《论语集解义疏》，第234页。]朱子曰："畏者，严惮之意也。天命者，天所赋之正理也。知其可畏，则其戒谨恐惧，自有不能已者。而付畀之重，可以不失矣。"[（宋）朱熹：《四书章句集注》，第172页。]相较朱子后世理学思想解此所谓"天命"。何晏与皇侃之解，较合孔子原义。

④ 徐复观曰："周人革掉了殷人的命（政权），成为新地胜利者；但通过周初文献所看出的，并不像一般民族战胜后的趾高气扬的气象，而是《易传》所说的'忧患'意识……'忧患'与恐怖绝望的最大不同之点，在于忧患心理的形成，乃是从当事者对吉凶成败的深思熟虑而来的远见；在这种远见中，主要发现了吉凶成败与当事者行为的密切关系，及当事者在行为上所应负的责任。"（徐复观：《中国人性论史·先秦篇》，第18—19页。）

继承了传统宗教天命观所信仰的“天”，具有道德正义性，一直依据人的道德表现“赏善而罚淫”（《国语·周语中》）的思想，由此提出，君子应当敬畏“正义之天”的“天命”赏善罚恶的奖惩机制，修德为善，否则将“获罪于天，无所祷也”。

孔子还认为，具有道德正义性的“天”，不仅能依据人在现实中的德行表现而决定其在世的命运；而且还决定着道之行、废等社会历史发展兴衰的命数。在孔子想到宋国去，宋国的司马桓魋威胁要杀害孔子生命时，孔子曰：

> 天生德于予，桓魋其如予何?①（《论语·述而》）

孔子之所以如此自信司马桓魋无法奈何他，因其非常坚信“天”的正义性，十分自信既然具有道德正义性的“天”已赋予他深厚的德性，其已将此深厚的德性修养成崇高的德行；按照“正义之天”一直依据人的道德表现而赏善罚恶的奖惩机制，天必定依其德行已决定好其死生之运命，不会使其生命现在就横遭不测；因此司马桓魋根本无法奈何由“正义之天”已然决定好的其死生之运命。在公伯寮向季孙毁谤子路，子服景伯问是否要将他“肆诸市朝”时，孔子曰：

> 道之将行也与？命也。道之将废也与？命也。公伯寮其如命何!②（《论语·宪问》）

人有限的力量，根本不可能违抗或改变拥有无比强大力量的“正义之天”所决定的“天命”，故人不仅无法违抗“正义之天”依据赏善罚恶的奖惩机制已然决定好的运命，也不可能改变由“正义之天”同样已先行决定的道之行、废等社会历史发展兴衰的命数。

是故，孔子所信仰的具有道德正义性的“天”，能够先行决定人的死生、富贵等运命。《论语》载：

---

① 朱子曰：“魋，徒雷反。桓魋，宋司马向魋也。出于桓公，故又称桓氏。魋欲害孔子，孔子言天既赋我以如是之德，则桓魋其奈我何？言必不能违天害己。”［（宋）朱熹：《四书章句集注》，第98页。］

② 刘宝楠曰：“行废皆天所命，若天不废道，虽寮有愬，季孙且不听之。若天未欲行道，此自命所受宜然，非关寮愬。”［（清）刘宝楠：《论语正义》，中华书局1990年版，第593—594页。］

> 司马牛忧曰:“人皆有兄弟,我独亡!”子夏曰:“商闻之矣:死生有命,富贵在天。君子敬而无失,与人恭而有礼。四海之内,皆兄弟也。君子何患乎无兄弟也?”(《论语·颜渊》)

如前所述,子夏所闻之“死生有命,富贵在天”,当是闻之于孔子;同时,此句使用了互文的修辞手法,“天”与“命”皆是“天命”的省文,其实本言:“死生、富贵皆在天命”。就字面之义而言,其似只认为人的死生、富贵之运命,由“天命”决定,并未认定人的死生、富贵之运命已然先定;然结合前述的思想分析和后世墨子对儒家命运观的批评可知,其实主张,人的死生、富贵之运命,实由“天命”已先行决定。朱子曰:“命禀于有生之初,非今所能移;天莫之为而为,非我所能必,但当顺受而已。”①朱子一直依理气而解说天地万物的化生与变化,并不认为天地具有意识性,在此也承认“死生有命,富贵在天”的主张,人的死生、富贵之运命在人“有生之初”就已先行决定,非人通过后天的个人努力所能改变。因此,孔子的运命观实际上未能摆脱由周初的“天命无常论”蜕变而来的“天命先定论”的窠臼。

杨伯峻认为,“从文句表面孤立地看,似乎孔子是宿命论者,或者如《墨子·天志篇》所主张的一样是天有意志能行令论者。其实不如此……如果说,孔子是天志论者,认为天便是人间的主宰,自会‘赏善而罚淫’,那伯牛有疾,孔子不会说‘命矣夫’,而会怨天瞎了眼,怎么孔子自已又说‘不怨天’呢?(14.35)如果孔子是天命论者,那一切早已由天安排妥当,什么都不必干,听其自然就可以了,孔子又何必栖栖遑遑‘知其不可而为之’呢?……由一般有知识者看来,上天似乎有意志,又似乎没有意志,这是谜,又是个不可解的谜,孟子因之说:‘莫之为而为者,天也;莫之致而至者,命也。’(《万章上》)这就是把一切偶然性,甚至某些必然性,都归之于‘天’和‘命’。这就是孔、孟的天命观”②。

杨伯峻认为,在孔子看来,“天”似有意志,又似无意志而不可知,故孔子

① (宋)朱熹:《四书章句集注》,第134页。

② 杨伯峻:《论语译注》,第11—12页。

所谓“命”，只是不知其所以然而然的“自然之命”，故孔子并非宿命论者。杨伯峻以为，此说更能融洽地解释，孔子为何在伯牛有疾时，言其“亡之，命矣夫”，为何孔子“知其不可而为之”（《论语·宪问》），但此说未能融贯地解释，为何孔子十分自信，“天生德于予，桓魋其如予何？”为何后世墨子批评儒家主张的“命前定论”。不过，杨伯峻提出的问题，恰恰揭示了孔子天命观的矛盾之处。任何主张“天”具有正义性，能够依据人的道德表现而赏善罚恶的思想学说，在解释为何会产生行善而得恶的问题时，皆难以自圆其说，除非使用“宿业报应”的说法。① 这一问题是任何主张“正义之天”的学说难以弥合的思想裂缝，孔子亦不例外。

孔子在主张人的死生、富贵等运命，皆由“天命”先行决定的情况下，为何还“知其不可而为之”，这是因孔子认为，人不可能改变由“天命”先行决定的死生、富贵等运命，并不意味着“天命”决定着人一切的存在，人完全没有自由意志和行动自由。孔子思想的伟大创造性在于，其将人的死生、富贵等外在的运命，归之于“天命”的领域；而将人的道德行为，归入人完全可以自由自主决定的“由己”的领域；通过将死生、富贵等外在的境遇划归为“命”，将人的道德行为划归为“由己”的“性”，由此从具有强大无比决定性力量的“天命”处，重新夺回了人之道德行为的自由性，高扬了人的道德主体性。② 孔子曰：“为仁由己，而由人乎哉？”（《论语·颜渊》）又曰：“仁远乎哉？我欲仁，斯仁至矣。”（《论语·述而》）孔子认为，仁与不仁，善与不善，这是完全由人自由决定的事情。

在孔子思想中，具有道德正义性的“天”，既能赋予人自然的德性，又将依据人的道德表现赏善而罚恶；依此，“天命”其实要求人行仁修德为善。由此，

---

① 孟子提供了一种解释方案：只要是“尽其道而死者”（《孟子·尽心上》），无论是遭贫困夭恶等何种的噩命，虽然还不是“福命”，但皆是“正命”。但孟子的此一解释方案，依然难以解释，为何“正义之天”给予行善之人贫困夭恶等噩命，是正义之“命”。

② 冯友兰认为，“孔子没有否定天命，但对天命的威力加了限制。天命可以叫人的道德行为不成功，但不能叫人不做道德的行为”。（冯友兰：《中国哲学史新编》，第174页。）徐复观指出，“由孔子开辟了内在的人格世界，以开启人类无限融合及向上之机”。（徐复观：《中国人性论史·先秦篇》，第61页。）

孔子提出人应"知天命"的思想。孔子曰：

不知命,无以为君子也。(《论语·尧曰》)

所谓的"知命",与孔子自述的"五十而知天命"(《论语·为政》)之"知天命"义旨完全相同。孔子自述的"知天命",虽包含有人必须知人外在的运命境遇由"天命"决定的客观事实①,但更主要的指人应知天赋予人仁义等自然的德性,即是要人将此仁义等自然的德性修养成崇高的仁义之德行;天使人修成崇高的仁义之德行,则是要人运用此崇高的仁义之德行将仁义之道推行于天下。② 故此,《尧曰》篇所谓"知命"的主要义旨,亦是人当知天之所命予人者和人因此而承担的天命之使命。孔子以为,人若不知"天命",不知天所命授予人者和由此而承担的使命责任,那么就无法成为一个君子。③ 人只有体察到"正义之天"其实要求人行仁修德为善的"天心";自觉天之所命授予人者,自觉地承担起因此而生的天命之使命,才能以完全自觉的道德使命开展自己的道德实践,成为有德行的君子,最终达至圣人这一"人极"的境界。孔子言其"五十而知天命",可知,正是在五十岁左右,孔子更加上体要求人行仁修德为善的"天心",完全领会"天命"其仁义之德,即是要其依此天命的仁义之德将仁义之道推行于天下,因此,更加自觉地承担起天命的使命,更加积极地推其仁义之道于天下,所以,就算之后孔子周游列国,遭遇伐树于宋,削迹于卫,围于陈蔡之间,七日不火食,与死相与邻等巨大的人生磨难还九死而不悔,依然还"知其不可而为之",一直践行着"与命与仁"(《论语·子罕》)的天命之使命,直到自己生命的终点。

---

① 皇侃曰:"天命,谓穷通之分也。谓天为命者,言人禀天气而生,得此穷通,皆由天所命也。"[(魏)何晏集解,(梁)皇侃义疏:《论语集解义疏》,第15页。]

② 刘宝楠曰:"知天命者,知己为天所命,非虚生也……则知天之所以生己,所以命己,与己之不负乎天,故以知天命自任。'命'者,立之于己而受之于天,圣人所不敢辞也……是故知有仁、义、礼、智之道,奉而行之,此君子之知天命也。知己有得于仁、义、礼、智之道,而因推而行之,此圣人之知天命也。"[(清)刘宝楠:《论语正义》,第44—45页。]

③ 《韩诗外传》曰:"子曰:'不知命,无以为君子。'言天之所生,皆有仁义礼智顺善之心。不知天之所以命生,则无仁义礼智顺善之心。无仁义礼智顺善之心,谓之小人。故曰:'不知命,无以为君子。'……大雅曰:'天生蒸民,有物有则。民之秉彝,好是懿德。'言民之秉德以则天也。不知所以则天,又焉得为君子乎?"[(汉)韩婴:《韩诗外传集释》,中华书局1980年版,第219页。]

总之，孔子的天命观具有其极力倡导的“中庸”，即取其中道、不走极端的思想特点。其既非完全继承传统宗教的天命观，全盘接受传统的既有人格意识性与主宰性意志，又具有道德正义性，主宰决定着天下一切事物的“主宰之天”的观念；又非像老子般完全抛弃传统宗教的天命论，对传统的“主宰之天”进行根本的变革，完全祛除了天的人格属性和道德属性，将天完全自然化而彻底还原为“自然物质之天”。孔子选择了中间的思想道路，只祛除“主宰之天”具人格形象和能够言语等人格属性，却保留其全部的道德属性，由此将“主宰之天”改造成无人格，却有意志，能无限感知，并具有道德正义性，能够赏善罚恶的“正义之天”。孔子对传统“主宰之天”改造的不彻底，使其天命观不可避免存在着无法调和的内在思想矛盾。① 出于维持世间的道德正义性和天道终极惩戒的权威性等思想需要而保留“天”的道德属性，必然要付出“天”必保留有特定的意识性与意志性，故“天”依然能够先行地决定人的死生、富贵等外在的“运命”，无法挣脱传统的“天命先定论”之窠臼的代价。

然应看到，孔子承认“天命”的存在，要人“知天命”，既知“天命”的道德使命不可违抗，又知“天命”的运命非人所能改变等思想，还是具有非常重要的思想意义。因为其深刻揭示了，在现实生活中，的确有些事情非人力所能完全左右，非个人所可以完全自主决定。故虽然孔子将人之运命不可抗拒、无从逃避、无法改变的原因，不当地归因为拥有强大无比之主宰力量的“天命”的先行决定，但孔子于人力所穷之处，继续请回“天命”之说，实是要人承认个人力量的有限性，承认现实中一直存在着一人力所无法攻破的名之为“命”的坚硬堡垒。并且，孔子还创造性地将非人力所能改变的无可奈何之事划归“命”的领域；将完全可由人自由做主的道德行为划归“由己”的“性”的领域；这一“天人相分”或“性命相分”的思维方式，实为后来的哲学家，如庄子、孟子与荀

---

①　冯友兰指出，“综合孔丘所说的话看起来，他是认为在个人的生活中，有一部分事情，是他的力量所能支配的；有一部分事情是他的力量所不能支配的。就这后一部分说，好像有一个不是个人所能控制的力量，在那里支配着。这种力量好像是有意志的，又好像是没有意志的；好像是可以理解的，又好像是不可以理解的”。（冯友兰：《中国哲学史新编》，第 176 页。）冯友兰正指出了孔子“天命”思想的中庸性同时内存矛盾性的思想特点。

子，继续沿着“天人相分”或“性命相分”的思想道路，继续从拥有强大无比之主宰力量的“天命”所统治的王国中，为人争取“自由的领地”指明了前进的方向。同时，孔子在面对人所无可奈何的运命境遇，如遭遇陈蔡之厄，几乎身死等巨大的人生磨难时，采取“一任委诸天命”，将自己的死生之运命完全交由“天命”进行裁决的达观态度，也即经由通达“天命”而产生的豁然达观应对一切之所遇的智慧应对态度，对庄子“达命”哲学思想的形成产生了巨大的思想影响。庄子一而再，再而三地思想反刍孔子的“陈蔡之厄”这一人生事件，即是明证。

但孔子的“天命”学说毕竟还是存在着局限性。孔子所选择的中间思想道路，使其“天命”学说，不可避免地陷入了宿命论。宿命论将使人们的思想、行为产生消极懈怠性。故孔子所主张的、之后由其后学继承和发展的“命先定论”，遭到了墨子的强烈反对和激烈批评。

再次，墨子针对儒家的“命先定论”，提出了“非命”的思想，认为不存在着由天先行决定的“前定之命”，对庄子的“天命论”的思想形成亦产生了重要的影响。庄子之所以能够摆脱传统宿命论的影响，其实资借了墨子的“非命”思想提供的重要思想洞见。

墨子认为，儒家“执有命”，以为“命富则富，命贫则贫，命众则众，命寡则寡，命治则治，命乱则乱，命寿则寿，命夭则夭”（《墨子・非命上》），这一“命先定论”对社会的危害极大。墨子指出，如果负责治理国家的官吏相信“命先定论”，就会对自己所负责的职分消极懈怠；如果普通民众相信“命先定论”，就会不用心从事生产；而且，如果大家皆相信“命先定论”，就会强烈冲击人们的道德伦理观念，“以此为君则不义，为臣则不忠，为父则不慈，为子则不孝，为兄则不长，为弟则不弟”（《墨子・非命上》）。墨子深刻揭示了“命先定论”对人们的人生态度与伦理观念的危害。因如果一切境遇皆由天命先行决定，必将使人们产生或消极懈怠或放肆妄为的人生态度：既然命中注定我将得富贵寿善，如此，我不需要再努力奋斗，只要静待命运的到来即可；或既然命中注定我将得贫贱夭恶，如此，我同样不需要再勤奋努力，因任何努力皆无法改变先定的命运；或既然富贵寿善等福命的获取，不需要道德的前提与保障，不遵守道德，为非作歹也不会改变已然前定的命运，不会导致厄难祸殃的发生，那么人就可以不守道德，胡作非为。故墨子以为，儒家主张的“命先定论”，“上不利于天，中不利于鬼，下不利于人”（《墨子·非命上》），是贼害天下民众的有害学说，是儒者足以丧天下的“四政”[①]之一。

墨子指出，儒家既主张“命先定论”，又主张让人努力学习，存在着内在的思想矛盾：

> 公孟子曰：“贫富寿夭，齰然在天，不可损益。”又曰：“君子必学。”墨子曰：“教人学而执有命，是犹命人葆而去亓冠也。”[②]（《墨子·公孟》）

作为与墨子同时代的儒者，公孟子提出，贫富寿夭等外在的运命，明白无误由天已先确定，人不可能损益也不应当试图改变；同时，君子必须努力学习。墨子则指出，儒者既主张运命已定，不要尝试去改变，又叫人努力学习，这好比叫人把头发扎起来，又叫人去掉冠弁。本来把头发扎起来，是为了戴冠弁。叫人包头又去冠，是两个自相矛盾的命令。墨子以此为喻，说明儒者要人努力学习，又要人不试图改变已定的运命，两个思想主张完全自相矛盾。[③]

基于对儒家“命先定论”的现实危害与思想矛盾的深刻体察，墨子运用其创造的“三表法”，即“本之”“原之”“用之”三法，驳斥儒者主张的“命先定论”。墨子首先通过“上本之于古者圣王之事”（《墨子·非命上》），从历史事实出发批驳“命先定论”。墨子认为，同样的人民，桀纣治之天下乱，汤武治之

---

① 《墨子》曰：“儒之道足以丧天下者，四政焉。儒以天为不明，以鬼为不神，天鬼不说，此足以丧天下。又厚葬久丧，重为棺椁，多为衣衾，送死若徙，三年哭泣，扶后起，杖后行，耳无闻，目无见，此足以丧天下。又弦歌鼓舞，习为声乐，此足以丧天下。又以命为有，贫富寿夭、治乱安危有极矣，不可损益也。为上者行之，必不听治矣；为下者行之，必不从事矣。此足以丧天下。”（《墨子·公孟》）

② 孙诒让注曰：“《说文·齿部》：‘齰，啮也。’非此义。毕云：‘齰同错。’毕云：‘葆，言包裹其发。’‘亓’，毕本作‘丌’，云：‘旧作“亦”，知是此字之伪，“丌”即“其”字，以意改。’王引之云：‘古“其”字亦有作“亓”者，《玉篇》：“亓，古文其。”是其证。今本《墨子》“其”作“亦”，则是“亓”之伪’，非‘丌’之伪也。后凡‘亓’伪作‘亦’者，放此。案：王说是，今并据正。”（孙诒让：《墨子间诂》，第455页。）

③ 唐君毅曰：“故知墨子所反对之儒者，乃其心目中之儒者；其所非之‘命’，亦不必即儒者所谓‘命’。吾人尤不可以墨子之所言，定儒者之真。考墨子之非命，实为上文所引卜年卜世一类之预定未来之命。此定命之观念，与儒者求自尽己力，以道易天下之教，乃相违者。”（唐君毅：《中国哲学原论·导论篇》，第335页。）唐君毅认为墨子所非之命为预定之命，则是；然否认孔子及其后学有“定命”的观念，则是出于维护儒家思想的目的，并不符历史的事实。

却天下治，说明社会的治乱取决于恰当的政治治理，并非儒者所谓的“命治则治，命乱则乱”（《墨子·非命上》）。墨子指出，社会治乱深受人之政治作为的影响，社会历史由人所创造，否定儒者主张的“历史命定论”是正确的。但社会历史由人创造，并不能就此否定社会历史发展存在着不以人的意志为转移的必然趋向性。因此，虽然“历史命定论”是错误的，社会历史的发展既不先定也不唯一固定，但必须承认社会历史的发展存在着以各种偶然性的历史事件为实现方式的必然趋势性，也即存在着未先定，但客观存在的不以人的意志为转移的“时命”。

墨子其次又通过“下原察百姓耳目之实”（《墨子·非命上》），从人们的经验认识出发批驳“命先定论”。墨子以为，若一个事物存在，则必然可以为人的感官所认识；若人的感官未曾经验到这一事物，则此一事物肯定不存在。墨子提出，“自古以及今，生民以来者，亦尝见命之物、闻命之声者乎？”（《墨子·非命中》）答案肯定是没有。继续考之于更为聪明贤达的诸侯大夫之所见所闻，答案同样是否定的。再继续考之于先王的典籍，如《尚书》的《仲虺之告》《泰誓》等皆明确否认“有命”，召公更是明确言，“无天命”（《墨子·非命中》）。由此，墨子试图以未曾为人们的感官经验所认识，证明先定之命的不存在。然墨子此一论证还是存在着较大的漏洞：其一，人的感官经验认识存有局限性，无法作为一个事物是否存在的充分论据，因人的经验认识可能错误。其二，事物的存在并不以人的感官经验认识为前提，存在着超出人有限的感官经验认识的事物。[①] 如“命”无形无状，并不能通过人的感官经验而认识，而是通过人的理性思考分析而得到的认识。

墨子还通过“废以为刑政，观其中国家百姓人民之利”（《墨子·非命上》）的角度[②]，从将思想学说转变为现实的政策，观察其中国家和人民所获得

① 詹剑峰指出，“墨子的认识论是有缺点的。过于强调经验，过于强调耳目之实，认为看得见的，听得到的，摸得着的，才是实在的，否则不是实在的，把认识局限于见闻。而且有时又把人们习惯的成见、错觉和幻觉当做实在的东西”。（詹剑峰：《墨子及墨家研究》，华中师范大学出版社2007年版，第33页。）

② 孙诒让曰：“废读为发，故中篇作‘发而为刑政’，下篇作‘发而为政乎国’。发、废古字通。”（孙诒让：《墨子间诂》，第266页。）

的利益，来检验儒家“命先定论”的正确性。墨子指出，上古的圣王发布的政令得当，以赏罚劝贤黜不肖，故民众皆入孝出悌，知礼数，守法制，忠君主。天下大乱，根本原因在于桀、纣罷顽不肖，为政不善。故墨子以为，“安危治乱，存乎上之为政也，则夫岂可谓有命哉”（《墨子・非命下》）。因此，禹、汤、文、武成就丰功伟业，贤良之人得赏获赐，烈士俊杰成就功名，声闻不废皆是自我努力的结果，不可谓“命”。故此，儒者“繁饰有命”的行为，实为愚朴天下百姓的做法。墨子否认儒者主张的个人的成就来源于先定之命，这是正确的，然将个人的成功完全归为个人的努力，则夸大了人之作为的功用。事实上，个人的成就固然首先与个人的努力紧密相关，但个人的成就其实也有赖于“时命”，即社会适宜的时代情势为其成功提供必要的前提条件。“时命”并非全然皆是对人之实践作为的规限，“时命”也帮助人之实践作为取得成功。

整体而言，墨子的“非命论”，对当时儒者主张的“命先定论”的批判，虽然主要依据其总结的经验主义的认识方法，存在着或此或彼的问题和认识上的局限性，但其否认社会历史的发展与个人的成功由前定之“命”决定，指出二者与人之恰当的政治治理和个人的努力紧密相关，具有深刻的思想意义与现实价值。因其揭示了人“力”之因素在社会历史发展与个人事业成就过程中所发挥的重要作用，肯定了人本身的力量和个人的努力存在的意义与价值，提升了“人”在强大无比的“天”与“命”面前的作用与地位，激发了后来者不断继续去探讨“力命之辨”①的问题。

---

① 《列子》曰：“力谓命曰：‘若之功奚若我哉？’命曰：‘汝奚功于物，而物欲比朕？’力曰：‘寿夭、穷达，贵贱、贫富，我力之所能也。’命曰：‘彭祖之智不出尧舜之上，而寿八百；颜渊之才不出众人之下，而寿十八。仲尼之德，不出诸侯之下，而困于陈蔡；殷纣之行，不出三仁之上，而居君位。季札无爵于吴，田恒专有齐国。夷齐饿于首阳，季氏富于展禽。若是汝力之所能，奈何寿彼而夭此，穷圣而达逆，贱贤而贵愚，贫善而富恶邪？’力曰：‘若如若言，我固无功于物，而物若此邪，此则若之所制邪？’命曰：‘既谓之命，奈何有制之者邪？朕直而推之，曲而任之。自寿自夭，自穷自达，自贵自贱，自富自贫，朕岂能识之哉？朕岂能识之哉？’”（《列子・力命篇》），《列子》的《力命篇》是墨子之后不断延续的“力命之辨”集中的思想呈现。表明，墨子试图通过突出人力在社会发展与个人成功过程当中的决定性作用，只在否定先定之命的存在上有所创获，但在否定“命”之存在的问题上并不成功。因完全否定“命”的存在，将无法周延地解释为何在现实生活中，总是存在着人所无可奈何的客观情势或既定结果。

然同时,墨子出于自身的思想体系构建的理论需要,重新肯定"天志"和"鬼神"的存在,使其对儒家"命先定论"的批判不可避免地存在理论上的缺陷。墨子虽然否认"天"对人有先定之命,但未否定传统的"主宰之天"的人格性意识、主宰性意志和赏善罚恶的道德正义性,实际上重新肯定了传统宗教信仰的"上帝""鬼神"的存在。墨子曰:"则此语古者上帝鬼神之建设国都立正长也,非高其爵、厚其禄、富贵佚而错之也,将以为万民兴利除害、富贵贫寡、安危治乱也。"(《墨子·尚同中》)又曰:"天子为善,天能赏之。天子为暴,天能罚之。"(《墨子·天志中》)可见,墨子所谓的"上帝""鬼神",与传统宗教信仰的"上帝""鬼神"在存在特点上没有差异。因此,墨子对"天"与"天命"的理解,首先实际上是回归到周初的统治者对"天"与"天命"的理解:即"天"是具有人格性意识、主宰性意志,并有道德正义性的"皇天上帝",其只依据人现实的道德表现而赏善罚恶,并无先定且固定的"天命"。

但是,墨子所谓的"天"与周初的统治者对"天"的理解,在主宰目的与内容方面则存在着重大的差异。① 墨子改造了传统的"主宰之天"的"天志"或"天意"的具体内容。墨子曰:

> 故天意曰:"此之我所爱,兼而爱之;我所利,兼而利之。爱人者此为博焉,利人者此为厚焉。"(《墨子·天志上》)
>
> 曰:"顺天之意何若?"曰:"兼爱天下之人。"(《墨子·天志下》)

墨子其实是把自己所提出的"兼爱""非攻"的思想学说,上升为"天意",从而使其获得"天意""上帝之意旨"的思想合法性与无上权威性,依此要求人们无不遵照实行。冯友兰指出,"墨翟把传统宗教中的上帝鬼神都搬出来,作为他的'兼爱'学说的实行的保证……他抬出了传统宗教中的上帝与鬼神,但是给他们新的内容,新的意义","墨翟是以自己的思想为内容,改造传统的宗教,

---

① 冯友兰曰:"墨翟所说的'天'虽然和西周以来传统宗教中的'天'同是'主宰之天',但照墨翟所说的,主宰的目的是不相同的。墨翟的'天'的主宰的目的,在于兼爱天下。"(冯友兰:《中国哲学史新编》,第248页。)准确而言,墨子所说的"天",与周初统治者所理解的未有先定之命的"主宰之天"相同。

作为阶级斗争的工具”①。正指出了墨子“天志”思想的实质。

墨子虽然对传统宗教信仰的“天命观”进行了思想改造，用自己的“兼爱”“非攻”的思想替换了传统“天命观”的思想内容，但是由于保留了传统“主宰之天”全部的人格属性和道德属性，肯定“天志”“天意”的存在，这就给其“非命”的思想留下“致命性”的漏洞：“天”若还是具有人格性意识与主宰性意志之“天”，则这一个“天”完全可以预先决定人与万物的“命运”。故极易与周初的“天命无常论”之后蜕变为“天命先定论”相似，也沦为自己所批评的对象——“命先定论”。同时，墨子在阐论自己的思想时，为避免与自己“非命”思想相矛盾，故刻意不用“天命”或“命”的概念，然其所谓的“天志”“天意”，及“天能赏之”“天能罚之”等，本质还是传统所谓的“天命”及其特殊的表现形式。

总之，墨子的“非命”思想之实质，其实是通过恢复周初的统治者着力强调的“天命无常论”，来否定孔子及其后学所主张的由“天命无常论”蜕变而来的“天命先定论”②。因此，墨子的“非命论”，只否定了“先定之命”的存在，但实际上并未否定“天命”的存在，只不过将“天命”替换为“天志”“天意”等说辞而已。墨子上述“非命”的思想，对庄子的天命论的思想形成实产生了重要的影响：庄子事实上与墨子相似，也是通过继承周初的统治者着力强调的“天命无常论”，依此而否定“天命先定论”；这一思想进路的相似性，不当是偶然的思想巧合，庄子应是资借了墨子的“非命”思想提供的重要思想洞见。

第三，庄子通过完全继承老子的“天”是既无意识又无意志，也无道德的“自然物质之天”的思想；同时，又通过批判性地继承孔子的人生当中实存在着众多由“天命”决定的无可奈何之事等思想；再资借墨子的“非命论”所提供的重要思想洞见，批判性地继承传统的“天命无常论”的合理思想因素；最后通过“天即自然”的创新性理解，将传统“天帝的意旨或命令”意义上的“天命”和孔子所谓的“由正义之天所决定的命令”意义上的“天命”，完全改造为

① 冯友兰：《中国哲学史新编》，第 247、250 页。

② 唐君毅指出，“然墨子言天志，而辟除天之命定之说，则上承诗书所传之宗教精神”。（唐君毅：《中国哲学原论 · 导论篇》，第 335 页。）实际上，墨子对传统的“天命无常论”进行了一定的改造。

“天道自然对人与万物无时无刻不在施加的决定性作用”意义上的“天命”，完全改变了“命”的思想义涵与存在性质。

首先，庄子完全继承了老子的“天”是既无意识又无意志，也无道德的“自然物质之天”的思想。如前所述，庄子对作为“命”之来源的“天”的理解，完全地继承自老子。庄子正是通过继承老子的天地乃由道转化而来的形之大物，是道之存在的化身的思想，创造性地提出了“天即自然”的思想。故从道之角度而言，庄子以为，天地的本质即“道”即“自然”，故“天”与“地”皆可用作“道”与“自然”的代称；从气的角度而言，天地只不过是作为万物存在基本元素的阴阳二气之所聚。由于道既无人格性意识，又无主宰性意志，也无道德性的德性，故道对于人与万物“莫之命而常自然”；因此，作为道之化身存在形式的天地，同样既无人格性意识，又无主宰性意志，也无道德性的德性，对人与万物同样也是“莫之命而常自然”。庄子与老子一样，并不认为“自然物质之天”有人格性意识与主宰性意志，能够以“命令”这一主体强力意志的权力表征形式，干涉和宰制人与万物的存在。

其次，与老子整体不言“命”、墨子大力“非命”的思想倾向不同，庄子选择沿着孔子的承认“天命”存在，主张人应“知命”，达观对待天之所“命”的思想道路①，选择继续资借传统的“命”这一范畴，表征既无意识又无意志，也无道德的天道自然的流行变化，对人与万物无时无刻不在进行的无法抗拒的赋授、规限和施加的无从逃避又无力改变的决定性的作用影响。

庄子为何既不继承老子整体不言“命”的思想传统，继续整体不言“命”；为何不继承墨子“非命”的思想道路，继续“非命”；为何选择沿着孔子的承认“天命”存在，主张人应“知命”，达观对待天之所“命”这一思想道路，继续大量言“命”，因在庄子看来，人在现实生活中碰到的众多无可奈何之事，使人根本无法否定拥有强大无比之主宰力量、超乎人的知行之域的“天命”及其所决定之“命”的存在。张岱年指出：

---

① 刘笑敢指出，“庄子虽然批判了儒家，但他在思想上与儒家传统也仍有丝丝缕缕的联系，最突出的就是命的观念”。（刘笑敢：《庄子哲学及其演变》，“前言”第3页。）

> 我们做一件事情，这件事情之成功或失败，即此事的最后结果如何，并非做此事之个人之力量所能决定，但也不是以外任何个人或任何其他一件事情所能决定，而乃是环境一切因素之积聚的总和力量所使然。如成，既非完全由于我一个人的力量；如败，亦非因为我用力不到；只是我一个因素，不足以抗广远的众多因素之总力而已。做事者是个人，最后决定者却非任何个人。这是一件事实。儒家所谓命，可以说即由此种事实而导出的。这个最后的决定者，无以名之，名之曰命……总而言之，可以说命是环境对于人为的裁断。①

张岱年揭示了儒家和庄子，承认“天命”或“命”之存在，继续大量言“命”的原因：任何人所做的事情，都是个人力量与环境力量共同作用的结果；故一件事情的成功，其中既有个人努力之因素的作用，也有环境总力之因素的作用；只有个人努力与环境总力的作用密切配合，才能促使一件事情成功；然裁断这一件事情能否成功的最后的决定者，其实是“命”。

孟子尝曰：“口之于味也，目之于色也，耳之于声也，鼻之于臭也，四肢之于安佚也，性也，有命焉，君子不谓性也。仁之于父子也，义之于君臣也，礼之于宾主也，智之于贤者也，圣人之于天道也，命也，有性焉，君子不谓命也。”（《孟子·尽心下》）孟子通过继承孔子的“天人相分”，也即“性命相分”的思想指出，人所有的事情实存在着“性”“命”之分：口目耳鼻和四肢的生理本能，这是“性”；同时，在常人看来属于“命”之范畴的仁、义、礼、智、圣，虽然看似“命”的作用因素较大，但本质还是属于“性”之范畴，它们本质也是人生而具有的一种能力；在孟子看来，真正属于“命”之范畴的事情是“皆天也，非人之所能为也”（《孟子·万章上》），也即只有真正非人之所能为的“莫之为而为者”“莫之致而至者”（《孟子·万章上》）才属“天”与“命”的范畴。

因此，依孟子的思想洞见，人在不同的事情上，个人力量的因素与环境总力的因素所起的作用各自不同。在一些事情上，虽然名之为“命”的环境总力的因素不可或缺，但其中个人力量的因素实起主导的作用，故只要是个人能力

① 张岱年：《中国哲学大纲》，第399—400页。

之所及，这件事情便可成功。这类“求则得之，舍则失之”的“求在我者”（《孟子·尽心上》）之事，可称为“性”之范围内的事，然“性”之背后亦有“命”在起作用。在另外一些事情中，个人力量的因素退居次席，环境总力的因素则居于主导的地位；此时，这一事情能否成功，则需看环境总力的因素是否提供了成功所需的必要且充分的条件；易言之，决定这一事情能否成功的关键性因素实是环境总力的因素。而环境总力因素的变化总是有其自身的客观变化规律，有着不以人的意志为转移的客观趋势性和强大无比的人所无法抗拒的力量性。故在很多时候，虽然成功所需的个人力量之因素的条件都具备了，但由于环境总力因素的条件尚不具备，故这一事情还是不能成功。这类“求之有道，得之有命”的“求在外者”（《孟子·尽心上》）之事，便可称作“命”之范围内的事情①，然“命”之中，亦有“性”。但根本而言，“性也，有命焉”，人生而具有的性命能力，也来自“天道自然”不可抗拒的命授；故无论是人之所能为的“性命”之命，还是人之所不能为的“运命”之命，其实皆来自“非人之所能为”的“天命”之命。因此，人与万物之存在的事实真相是：“莫非命也”（《孟子·尽心上》），在人生实践过程中，莫不有“非人之所能为”的被命名为“天命”或“命”的强大异己力量，无时无刻在对人与万物施加不可抗拒又无从逃避的作用与影响。

庄子大量言“命”，其实也是受孔子“天命”思想的启发，与孟子相似地深刻洞察道：在人生的实践过程中，无论是人之生命、性命，还是人之运命，莫不受“天命”的决定性作用与影响。每一时，每一刻莫不有既无意识又无意志也无道德的天道自然的流行变化，对人与万物进行无法抗拒的赋授、规限和施加无从逃避又无力改变的决定性的作用与影响，将之形象化、拟人化地称为

---

① “性”之外者始为“命”，则“命”之范围实依“性”而定。由于每一个人先天所赋加后天所养成之“性”的能力范围各不相同，故每一个人所无可奈何之“命”的范围也各不相同。从共时性的角度而言，对甲来说属无可奈何之“命”者，对乙来说可能就是所能为之“性”。“性”小者，无可奈何的“命”之范围就更大；“性”大者，无可奈何的“命”之范围就更小。再从历时性的角度而言，由于每一个人的“性”之所能在不断变化，故其无可奈何之“命”的范围亦在不断变化；原先属人之所无可奈何之“命”者，随着人自身能力的不断增长，就转变为“性”之所能为者。因此，人只有不断地增长自己的“性”之能力，才能让自己更少地受“命”之支配与影响。然很多事情是完全“非人之所能为”者，属人完全无可奈何之“命”，就此而言，人所无可奈何之“命”可细分为：人暂时无可奈何之“命”和人完全无可奈何之“命”。

"命";易言之,继续形式化地资借传统的"命"这一范畴,表征既无意识又无意志也无道德的天道自然的流行变化对人与万物所进行的无法抗拒的赋授、规限和所施加的无从逃避又无力改变的决定性的作用与影响,实是最佳的选择。因"命"极为恰当地呈现了天道自然对人与万物之赋授、规限和施加决定性的作用与影响无法抗拒、无从逃避、不可改变等存在特点;而且,"命"作为来自"上位者"的命令的性质,可以为人顺任天道自然不以人的意志为转移的自然流行变化,提供了伦理思想资源上的支持。

最后,庄子通过"天即自然"的创新性理解,革命性地改造了传统"天命"概念的思想内涵,改变了传统"天命"的根本性质。"天即自然",表明庄子将能够决定人与万物之"命"的"天",由传统宗教信仰的既有人格性意识,又有主宰性意志,还有道德正义性,能够赏善罚恶的"主宰之天"和孔子所信奉的虽无人格,但有意志,能无限感知,并具有道德正义性,能够赏善罚恶的"正义之天",完全转变成了老子所主张的既无人格性意识,又无主宰性意志,也无道德性属性的"自然物质之天"。如此,由于作为"命"之存在主体与赋授主体的"天",在根本性质与存在特点上发生了重大的改变,故庄子所谓的"命"之思想义涵也发生了重大的改变:"命"指"由天帝的意旨或命令"或"由正义之天所决定的命令",变成了指既无意识又无意志也无道德的天道自然的流行变化,及其对人与万物无时无刻不在进行的犹如命令、无法抗拒的赋授、规限和施加的无从逃避又无力改变的决定性的作用与影响。

由此,"命"的存在本质,也被庄子革命性地由"天命先定论"所主张的"前定之命",改造为指"天道自然对人与万物无时无刻不在施加的决定性作用"意义上的未前定的"自然之命"。刘笑敢指出,"按照庄子的思想逻辑,命来自于道与天的决定作用……由于道和天都无意识,无目的,所以庄子所说的命没有惩罚或恩赐的含义","庄子所说的命虽保留了宗教之命的形式,但命的内容却不同于宗教的前定论与天命论","庄子讲命定,不讲前定。不讲一切皆是生前命定的,与墨家所非之命不同"。① 正指出了,庄子之命与宗教信仰意

① 刘笑敢:《庄子哲学及其演变》,第130—131、132、150页。

义上的“天命”，以及墨子所非之“命”在存在性质上的重要差别。

其一，庄子所谓的“天”，是继自老子的“自然物质之天”，既无人格性意识又无主宰性意志，故不可能有意识地预先决定人与万物之“命”。因此，庄子所谓的“命”，不是由“主宰之天”或“正义之天”所预先决定的“前定之命”；而是由既无意识又无意志的“自然物质之天”，依据其客观的变化规律和自然或偶然的运动变化所决定的未前定的“自然之命”。“自然”表明道与天对人与万物之决定性的作用没有意识和意志进行主宰和控制；“命”则是对这一决定性的作用不可抗拒、无从逃避、不可改变等存在特点的拟人化形容与形象化的表征，并未表示其背后有一主宰者在“有意识、有目的地命令、决定”的意义；也没有主宰者已“预先决定”的思想意味。

主张“命先定论”，必须满足下列两条件中的任一条件：

（一）若“命运”的主宰者与决定者有意识并有意志，则必须假定其出于特定的目的而预先决定好人与万物之“命”；易言之，“如果命运是前定的，那就需要假定命运的决定者是有意志和有目的的”①。

（二）若“命运”的主宰者与决定者既无意识也无意志，则必须设定其主宰与决定的自然的运动变化完全只有必然性，没有任何的偶然性。只有一个运动变化完全只有必然性，没有任何偶然性的“自然”②，才能凭借自身必然的客观变化规律（必然因果律）和先在的客观变化条件（前因），预先决定人与万物之后的运动变化历程中的一切“命运”（后果）。

庄子所谓的“天”，既非有人格性意识与主宰性意志的“天”，也非完全只有必然性，没有任何偶然性的“天”③，因此根本不可能预先决定人与万物的命

---

① 刘笑敢：《庄子哲学及其演变》（修订版），中国人民大学出版社 2010 年版，第 325 页。刘笑敢指出了“命先定论”者必须满足的任两前提之一。事实上，无意识无目的的“命运”主宰者亦可预先决定人与万物之“命”。

② 斯宾诺莎曰：“自然中没有任何偶然的东西（contingens），反之一切事物都受神的本性的必然性所决定而以一定方式存在和动作。”（［荷］斯宾诺莎：《伦理学》，第 29 页。）其还认为，“神既没有理智，也没有意志”。（［荷］斯宾诺莎：《伦理学》，第 20 页。）斯宾诺莎所谓的“神”与其“自然”概念同义。故“自然”的本性完全只有必然性，没有任何偶然性，故“自然”最先的一个动作将决定之后事物的一切变化，故也能先行地决定好人与万物的“命运”。

③ 庄子所谓的“天”并非完全只有必然性，没有任何偶然性的“天”，后文详之。

运。是故，庄子所谓的“天”之存在的根本性质与变化特点，决定了庄子所谓的“命”不可能是“前定之命”，决定了庄子在根本上不可能是宿命论者。近代以来，胡适、渡边秀方、郎擎霄、郭沫若、侯外庐、黄锦鋐等学者之所以将庄子误解为宿命论者①，根本原因在于未深入分析庄子所谓的“天”之存在的根本性质与变化特点，受传统“天命先定论”的思想影响，见庄子所谓的“命”具有不可抗拒、无从逃避、不可改变等存在特点，就以为庄子所谓的“命”是一种前定的宿命。事实上，庄子所谓“命”之无法抗拒、无从逃避、不可改变等存在特点，来自于既无意识又无意志的天道自然强大无比的客观力量的决定性作用，并非来自既有人格性意识又有主宰性意志之“天”的预先决定，也非来自完全只有必然性，没有任何偶然性之“天”的预先决定。

在《庄子》中，唯一具有“命运”先定之思想意味的章节，是“仲尼问于太史大弢、伯常骞、狶韦”这一寓言：

> 仲尼问于太史大弢、伯常骞、狶韦曰：“夫卫灵公饮酒湛乐，不听国家之政；田猎毕弋，不应诸侯之际。其所以为灵公者何邪？”大弢曰：“是因是也。”伯常骞曰：“夫灵公有妻三人，同滥而浴，史鳝奉御而进所，搏币而扶翼。其慢若彼之甚也，见贤人若此其肃也，是其所以为灵公也。”狶韦曰：“夫灵公也死，卜葬于故墓不吉，卜葬于沙丘而吉。掘之数仞，得石椁焉，洗而视之，有铭焉，曰：‘不冯其子，灵公夺而埋之。’夫灵公之为灵也久矣，之二人何足以识之！”（《则阳》）

王船山曰：“引此以喻自然者非意知之所可及也。亦寓言耳，非如邵康节所言前定之说也。为铭者亦妄言之，而灵公偶尔合之。有是言，则可有是人，有是事。化之偶然者且然，况天之大常而圆运者乎？”②张恒寿则指出，“这故事的最后说：灵公之所以为灵，不是由于品德的好坏，而是早已前定了的”③。其评价船山的注解曰：“船山的解释，虽有精义，但未必庄子原文含有这样的深意。

---

① 参见本书的“绪论”之“已有研究综述与检讨”部分，因“绪论”已论之甚详，此处不再一一俱引。

② （清）王夫之：《庄子解》，第 234 页。

③ 张恒寿：《庄子新探》，第 357 页。

王船山是思想深刻而实事求是的学者，为什么此处有求之過深的倾向呢？是因为从庄子全书中看，这种浅俗的命定论和其他篇中讲命的含义不相吻合，所以做了新的解释。”①虽然此一寓言的主旨未有明言，存在多种解读的可能性，船山据此为庄子作了思想辩解，但还是比较勉强。因此，张恒寿的思想定性大抵没错，此一寓言体现了浓厚的“命运前定”的思想意味。因此章“浅俗的命定论”的思想倾向与庄子对“命”之整体思想倾向相互矛盾，故可怀疑此一寓言有可能非庄子所作。若此一寓言确为庄子所作，则有可能属庄子思想未臻化境之前的作品。就算其为庄子所作，也不应因庄子极个别的寓言存有“命运前定”的思想看法，就此认定庄子所谓的“命”皆是前定之命，而犯“以偏推全”的逻辑错误。

孟子提出，“故说诗者，不以文害辞，不以辞害志。以意逆志，是为得之”（《孟子·万章上》），认为不应因个别文辞的错误，而影响对作者思想整体的定性。这一原则，其实也是对庄子的“命论”进行思想定性时所应遵循的原则。因此，虽然《庄子》中极个别的寓言，存在“命运前定”的看法，但整体而言，庄子所谓的“命”，性质为未前定的“自然之命”，而非已先预定的“前定之命”。因庄子所谓“天”，既非有人格性意识与主宰性意志的“天”，也非完全只有必然性，没有任何偶然性的“天”这一存在的根本性质与变化特点，决定了庄子所谓的“命”不应当是“前定之命”，决定了庄子在根本上不可能是宿命论者。②

其二，庄子所谓的“命”，也没有任何道德性的恩赏与惩罚的思想意味，因庄子所谓的“天”，作为“自然物质之天”，不仅既无人格性意识与主宰性意志，也没有任何的道德性德性。“天”如果要进行其道德性的恩赏与惩罚，不仅必须以“天”具有道德正义性或仁义等道德性的德性作为前提基础，还必须设定“天”具有无限“全知”的能力，这是“天”进行赏善罚恶的道德性裁决不可或

① 张恒寿：《庄子新探》，第357—358页。

② 近代以来，张默生、叶国庆、陈品卿等学者，虽然对庄子命论非是宿命论已有所辩正（参考本书的绪论之“已有研究综述与检讨”部分，因“绪论”已引之甚详，此处不再一一俱引），但并未透点庄子所谓“命”不是宿命论的根本理据实在于此。

缺的两个必要条件。庄子所谓的“天”完全没有上述的存在属性与特点，这就在根本上决定了庄子所谓的“命”不可能有道德性的恩赏与惩罚的思想意味。

因此，庄子虽然也使用了“天与”“天赐”“天布”“天刑”“天戮”等，与传统宗教信仰的天命观所谓的“天赏”“天罚”“天刑”等极为相似的概念，但由前述对这些概念的详细思想解析已知，庄子使用这些以“天”为主语，作用的对象为人与万物的“动作语词”，并不表明庄子以为天具有人格性意识和主宰性意志，并还具有道德正义性，一直依据人之现实的道德表现，对人进行赏善罚恶的道德性的裁决。这些“天命”的相关概念丛，本质皆是庄子基于天道自然对人与万物之决定性作用之既“温情”又“无情”的存在特点的深刻体察，由此对“天命”丰富的表现形式进行拟人化的表现和形象化的说明。因此，虽然在概念语词的使用形式上，庄子使用的“天命”之相关概念丛，和传统宗教信仰的“天命”之相关概念丛具有一定的相似性，但庄子所使用的前述的“天命”之相关概念丛，实际上并没有传统宗教信仰的“天命”之相关概念丛所具有的道德性的恩赏与惩罚的思想意味。

不仅如此，庄子事实上还深刻地揭露了既无意识又无意志也无道德性的天道自然，对人与万物的“自然之命”的非道德性，无根由性，不知其所以然而然，无法给出符合自然正义原则的解释等存在特点。如《大宗师》中，子桑作为学习优良、品德良善之人，却遭遇需要朋友“裹饭而往食之”的穷困境地；再如，《德充符》中，王骀具有崇高的德行与智慧，立不教，坐不议，却能使人虚而往，实而归，可与孔子中分于鲁，却丧一足而成为一个兀者等；无不说明，天道自然因完全没有任何的道德性，故其所决定的“自然之命”也是非道德性的；甚至有时不仅非道德，而且不道德、不正义，无根由性地使行善者得噩命，完全不知其所以然而然，根本无法给出符合自然正义原则的解释。这也从反面说明了，“自然之命”的运动变化具有完全不受人的主观性意愿影响，根本无视人所发明的道德性原则，只依自己的自然本性和客观规律而变化等存在特点。

其三，庄子所谓的“命”，根本而言，来自道对人与万物之存在根本性的决定作用。传统所谓的“命”之所以具有不可抗拒、无从逃避、无法改变等特点，或来自于拥有强大无比之力量,故拥有至高无上之权威的“天帝”的命令决定,或来自于同样拥有强大无比之力量的“正义之天”的命令决定。与此不同,由于庄子与老子一样,取消了“天”之最根本的存在地位与至高无上的权威,改以道为万物化生的本原、本根和存在的本体、本基,“天”变成了“道”与“自然”的代称,如此,作为最根本之“造物者”与“造化者”的道,才拥有真正强大无比的主宰性力量。因此,道才是人与万物真实的主宰者,是故庄子经常称“道”为“真君”“真宰”①。由于道才是人与万物真正的“真宰”,故道是人与万物之“命”的根本来源和存在根基。②

道不仅是万物化生的本原、本根和存在的本体、本基,也是“万物之所由”(《渔父》)。道原本就有是人与万物行走无不要由从的道路、大道和行事无不要遵从的规则、规律的含义,因此,作为本体与本根之道的恒常的运动变化轨迹,就转变成人与万物无不遵从的恒常变化规律。道自身的自然本性与变化规律,和其拥有的强大“无比”的客观力量,决定了其一旦将决定性的作用施加于人与万物,是任何人与万物皆无法抗拒、无从逃避、无法改变的。因此,“命”之所以“性不可易,命不可变”,之所以是“人之有所不得与”,之所以是“日夜相代乎前,而知不能规乎其始者”等,皆是因“命”来自道对人与万物所施加的根本性的决定作用。

总之,庄子通过形式化地资借传统的“命”这一范畴,批判性地继承殷周革命以来形成的深厚的“天命”思想传统和老子、孔子与墨子之天命论中的合理思想成分,最终通过“天即自然”的全新理解,革命性地改造传统的“天命”观念,将传统“天帝的意旨或命令”意义上的“天命”和孔子所谓的“由正义之

① 林希逸曰:“真宰,造物也……百骸、九窍、六藏之君臣既不可得而定名,则心者身之主也,其以心为君乎?心又不能以自主,而主之者造物,则造物为真君矣。故曰其有真君存焉。”[(宋)林希逸:《庄子鬳斋口义校注》,第19页。]林希逸指出了,表面而言,心为身之主,心能自主身之活动,故以心为真君、真宰。然根本而言,心实不能完全自主;事实上,心能部分性自主身之活动,亦来自于道之主;故惟道才是真正的“真君”“真宰”。另外,“真君”“真宰”只是庄子对“道”之拟人化的称谓,其所谓的“宰”,也只是道对人与万物施加决定性作用与影响的拟人化称谓,并非谓“道”具有人格性意识和主宰性意志。

② 罗光指出,“儒家以命来自上天之命,老庄之命来自‘道’的自然”。(罗光:《中国哲学思想史·先秦篇》,第546页。)

天所决定的命令”意义上的“天命”，完全改造为指“天道自然对人与万物无时无刻不在施加的决定性作用”意义上的“自然之命”。“自然之命”最根本的存在特点是“天命自然”。“天命自然”，首先，意味着“天命”本身的流行变化，及其对人与万物无时无刻不在施加的决定性的作用，并没有意识和意志进行主宰和控制，其所决定之“命”不是预先决定的“前定之命”。其次，“天命自然”，还意味着“天命”没有任何道德性的恩赏与惩罚的思想意味；“自然之命”经常具有非道德性、无根由性等存在特点，甚至赋命还经常不道德、不正义、完全不知其所以然而然，无法给出符合自然正义原则的解释。最后，“自然之命”，根本而言，来自于道对人与万物之存在根本性的决定作用，道是人与万物真正的“真宰”，是人与万物之“命”的根本来源和存在根基。

（二）天命无常

在庄子思想中，作为“命”之所自出的“天”，除既无人格性意识又无主宰性意志，也无任何道德性的德性这一根本的存在属性之一外，另一重要的根本属性是其并非完全只有必然性，没有任何偶然性的“天”。庄子以为，天道自然的流行变化，既有“常”的一面，又有其“无常”的一面；易言之，既有“必然”的一面，也有“偶然”的一面。天道自然流行变化的偶然性决定了“天命”具有“无常”的重要特点。庄子继承了周初的统治者提出的“天命无常”的思想，并进一步提出了“分无常”，即“命无常”的思想；同时，庄子认为“命”之变化亦有其常。故合而言之，庄子以为，天命对人与万物施加的决定性作用既有常又无常；易言之，“命”之变化既有必然性又有偶然性。如此，近现代以来的一些学者，见庄子所谓“命”具有不可抗拒、无从逃避、无法改变等特点，就直接将其等同于“必然性”。这一诠解片面强调了庄子所谓“命”之必然性一面的变化特点，忽略了“命”之变化偶然性一面的特点，结果不仅使庄子被误解为“强决定论”形态的“命定论”者或客观决定形态的“宿命论”者，完全抹杀人之“意志自由”“选择自由”与“行动自由”的存在；而且，还使庄子所追求的“逍遥”这一至高的人生理想境界，被误解为只是一种主观上的“精神自由”。是故，有必要厘清和驳正上述对庄子命论的误解，回归庄子实际上认为“命”之变化既有必然性，又有偶然性这一全面而准确的理解。

第一，庄子指出，天道自然的流行变化皆有其“常”的一面，表现为人与天地万物的化生存在、运动变化的恒常规律性和不可御止的变化趋势性。这些现象实际上是天道自然的运动变化之必然性的表征。

首先，庄子以为，无论是天地、阴阳、四时、日月、星辰、树木、禽兽等万物的运动变化，还是死生等现象的变化，皆有恒常周期反复的规律性与相对固定不变的存在常态。庄子曰：

> 则天地固有常矣，日月固有明矣，星辰固有列矣，禽兽固有群矣，树木固有立矣。(《天道》)

庄子指出，天地的运行本来就有恒常的规律性；日月、星辰、禽兽、树木原本就有光明、列序、成群、挺立等相对固定不变的自然属性与存在常态，不需要人为的指导、控制与干涉。庄子又曰：

> 天地有大美而不言，四时有明法而不议，万物有成理而不说……阴阳四时运行，各得其序。① (《知北游》)

> 凡人心险于山川，难于知天。天犹有春秋冬夏旦暮之期，人者厚貌深情。(《列御寇》)

天地万物的运动变化皆有其恒常的表现是，天地阴阳四时的运行都有自然的秩序与明确的规律；万物的化生存在与运动变化皆有固定的理则、规律。其中，天地阴阳四时运行的秩序性与规律性具体表现为天地阴阳四时皆有“春秋冬夏旦暮之期”。庄子以为，天之春夏秋冬四时与旦暮早晚的变化皆有固定性的期限和周期，故皆还可知；人心比山川还危险，然表现出来的都是厚貌深情，故想要知人心比知天还难。庄子还指出，人与万物的死生之变化，也具有犹如“夜旦之常”(《大宗师》)不断相互更替的恒常变化规律。

其次，正因为天地万物的自然变化具有恒常的规律性，故天地万物的运动

---

① 林希逸曰：“天地有大美而不言，即乾‘以美利利天下’，不言所利大矣哉。明法者，寒暑往来，盈虚消长，皆有晓然一定之法，则何尝犯商量！故曰不议。凫短鹤长，麦垂黍仰，或寒或热，或苦或甘，皆是自然之理，而其所以长短甘苦者，如何说得！故曰有成理而不说。”[(宋)林希逸：《庄子鬳斋口义校注》，第332页。]

变化表现出不可御止的变化趋势性。庄子说，死生之变化，犹如夜旦之常，则意味着人与万物之生命的死生两种状态的相互更替，犹如夜旦之相互更替，是人根本不可能御止的必然性变化趋势。不仅夜旦之相互更替人根本不可能御止，春夏秋冬的依次更替因有四时运动变化的“明法”规限，故春夏秋冬依次更替的变化趋势性也是人根本不可能御止的必然性变化趋势。庄子曰：

> 杂乎芒芴之间，变而有气，气变而有形，形变而有生，今又变而之死，是相与为春秋冬夏四时行也。（《至乐》）

庄子将人与万物由“本无气（死而无生）—有气—有形—有生”的循环变化历程，比喻为春夏秋冬四时依次更替的变化历程，表明，庄子以为，如同春夏秋冬四时依次更替是人必须循顺的必然变化之理，人与万物之“本无气（死而无生）—有气—有形—有生”的循环变化历程，也是人与万物必须循顺的必然变化之理。庄子将这一由天道自然必然变化之理所决定、人与万物根本不可能御止的必然性变化趋势，拟人化、形象化地称为“命”，正是为了强调人与万物之“本无气（死而无生）—有气—有形—有生”的循环变化历程，是人根本无法抗拒、无从逃避又无力改变，只能承顺的“天命”的必然变化。

第二，庄子指出，天道自然的流行变化亦有“无常”的一面，表现为天地阳阳四时运行的混乱无序，人与万物的在世之遭遇毫无根由，完全不知“其所自来”等反常的现象。这些反常的现象正是天道自然流行变化之偶然性的表征。

首先，庄子以为，天地阳阳四时的运行变化有时亦失其常，表现为天地阴阳二气的失和、四时不节、六气不调等反常的自然现象：

> 天气不和，地气郁结，六气不调，四时不节。①（《在宥》）

① “六气”为《庄子》常见概念，《释文》曰：“司马云：阴阳风雨晦明也。李云：平旦为朝霞，日中为正阳，日入为飞泉，夜半为沆瀣，天玄地黄为六气。王逸注《楚辞》云：陵阳子《明经》言，春食朝霞，朝霞者，日欲出时黄气也。秋食沦阴，沦阴者，日没已后赤黄气也。冬食沆瀣，沆瀣者，北方夜半气也。夏食正阳，正阳者，南方日中气也。并天玄地黄之气，是为六气。沆，音户党反。瀣，音下界反。支云：天地四时之气。”[（清）郭庆藩撰：《庄子集释》，第20页。]相较而言，司马彪之解更为合理。

阴阳并毗，四时不至，寒暑之和不成，其反伤人之形乎！①（《在宥》）

阴阳错行，则天地大絯，于是乎有雷有霆。（《外物》）

天气不和，则晴雨风霜不时；地气郁结而不能发，就有可能引起地震②；六气不调谐，则万物不能正常生长；四时不节，则万物皆将疵疠而病。上述反常现象产生的根本原因，皆是因阴阳二气不和。阴阳二气之不和还表现为，阴阳二气有时同时增益，不相互递次你增我减，故造成四时不至，无法形成正常的寒暑之和的自然现象；阴阳运行的次序又时而发生错误，故“天地大絯”③，天地大震动，于是产生出反常的雷霆现象。这些反常的自然现象，表明天道自然的流行变化亦有“无常”的一面，即也存在着偶然性的变化特点。

其次，天道自然流行变化的无常性还表现在，人与万物的在世之遭遇有时莫名其妙，不知“其所自来”，完全不知其所以然等变化特点。《徐无鬼》曰：

子綦有八子，陈诸前，召九方歅曰：“为我相吾子，孰为祥？”九方歅曰：“梱也为祥。”子綦瞿然喜曰：“奚若？”曰：“梱也将与国君同食以终其身。”子綦索然出涕曰：“吾子何为以至于是极也！”九方歅曰：“夫与国君同食，泽及三族，而况父母乎！今夫子闻之而泣，是御福也。子则祥矣，父则不祥。”子綦曰：“歅，汝何足以识之！而梱祥邪？尽于酒肉，入于鼻口矣，而何足以知其所自来！吾未尝为牧，而牂生于奥；未尝好田，而鹑生于宎。若勿怪，何邪？吾所与吾子游者，游于天地。吾与之邀乐于天，吾与之邀食于地；吾不与之为事，不与之为谋，不与之为怪；吾与之乘天地之诚，而不以物与之相撄；吾与之一委蛇，而不与之为事所宜。今也然有世俗之偿焉。凡有怪征者，必有怪行，殆乎，非我与吾子之罪，几天与之也。吾是以泣也。”无几何而使梱之于燕，盗得之于道，全而鬻之则难，不若

---

① 毗，《释文》曰：“司马云：助也。一云：并也。”［（清）郭庆藩撰：《庄子集释》，第366页。］方勇曰：“毗（pí）：伤。”（方勇译注：《庄子》，第160页。）毗由辅助之义，而引申有增益之义。此处训为增益于义为长。

② 如伯阳父曰，“夫天地之气，不失其序；若过其序，民乱之也。阳伏而不能出，阴迫而不能烝，于是有地震”。（《国语·周语上》）

③ 奚侗曰：“《释文》‘絯音骇’，是即借絯为骇，《说文》：‘骇，惊也。’《汉书·杨雄传》注：‘骇，动也。’阴阳错行，则天地大震动矣。”（王叔岷：《庄子校诠》，第1044页注引。）

刖之则易，于是乎刖而鬻之于齐，适当渠公之街，然身食肉而终。①（《徐无鬼》）

在此寓言中，相者九方歅如同郑国的神巫季咸能以神奇的相术，“知人之死生存亡、祸福寿夭”（《应帝王》），其预言子綦之子梱将得“与国君同食以终其身”的命运。虽然因相术之局限性，未能准确预言出梱是遭“刖而鬻之于齐”等悲惨的遭遇后才得“身食肉而终”的境遇，但九方歅其实部分准确地预言了梱得“身食肉而终”的最终命运。这似乎表明，庄子相信人存在着前定的命运，而且，人可以通过相术部分预知前定的命运；然而因前定的命运决定着人必然要遭遇某种境遇，虽然人可以预知前定的命运，“但也逃不出命运的安排”②，因“关乎定命，人力莫移”③。实际上，庄子讲述此一寓言的主旨，并非是为了表明人其实存在着前定的命运，就算人预知了自己前定的命运并积极努力作为，但无论如何都逃脱不了命运的安排。在《应帝王》中，庄子已通过神巫季咸为壶子相生的寓言，揭示相术之预言的错谬性与不可信性。在此寓言中，庄子实际上也以梱最终所得的命运与相术所预言的命运看似有所吻合，但事实上二者的性质完全相反，讽刺相者之术的错谬性与可笑性。

然此则寓言的根本主旨，重点并不在于揭示相术的错谬性与可笑性，而是为了阐明人之命运的无常性，人生际遇的荒谬性，人所遭境遇经常不知“其所自来”的无根由性和不知其所以然而然的自然变化特点。子綦与其八子皆自然悠游于天地之间，邀乐于天，邀食于地；不做任何谋算他人与怪异反常之事，一直顺应天地之道，不与外物相矛盾纠缠撄扰；委蛇随顺于一切之所遇，不捡择只适宜自己之事。然而就算子綦与其八子无任何的过错，梱还是遭使去燕的路上为盗贼所劫，“刖而鬻之于齐”的悲惨境遇。这正表明了人所遭之命运的非道德性与无常性。

---

① 陈，行列。瞿然，惊喜貌。索然，涕出貌。御，拒抵。牂，羊。奥，房屋西南隅。宎，房屋东南隅。撄，扰。委蛇，随顺。为事所宜，择事之所宜。殆，危险。鬻，卖。刖，断去一足。渠公，一云：渠公为齐之富室，为街正，买梱自代，故梱得终身食肉至死。一云：渠公为屠者，故梱与之终身食肉至死。参见（清）郭庆藩撰：《庄子集释》，第856—860页。

② 张恒寿：《庄子新探》，第357页。

③ （南宋）褚伯秀撰：《南华真经义海纂微》，第1054页。

《吕氏春秋》曰:“祸福之所自来,众人以为命焉,不知其所由。”(《吕氏春秋·召类》)船山也指出,“凶有不期至而至者矣。自卖其巧以招人之射,犹可期必之凶耳;自不鬻而人且鬻之,则凶不知其所自至……确然自定,物自顺,而安居以邀之,然且有意外之凶,形性之怪,犹足悲泣,况敢鬻以招怪乎?”①在人生过程中,人们经常遭遇的情境是:祸,人未求它至,结果莫之致而至;福,人虽求它至,但其完全只依自己的变化规律决定来或不来,不依人之祈求而改变;因此,祸福无常,莫测其意,完全“不知其所由”,无法给出符合最基本的自然正义原则的解释。因此,只能将之归为不知其所以然而然,但却是天之所与的人必须承顺的无常之“命”。庄子指出,“不知吾所以然而然,命也”(《达生》),即强调了“命”之变化不知所以然而然的变化特点。事实上,人与万物在世所遭之境遇不知其所以然而然,正是天道自然流行变化之无常性与偶然性的表现。

第三,基于天道自然流行变化之无常性、偶然性的深刻体察,相较于天命有常的一面,庄子更加强调天命“无常”的一面。在继承周初的统治者提出的“天命无常”的思想基础上,庄子进一步创造性地提出了“分无常”,即“命无常”的思想;然同时,庄子并未否定天命的“有常性”。

首先,周初统治者提出的“天命无常论”,为庄子提出“分无常”,即“命无常”的思想提供了重要的思想基础。周初的统治者最初提出“天命无常论”,强调“天帝”对人并无恒常固定不变的命令,而是依据人的道德表现而进行相应的赋命,是专为反驳殷商的统治者原先宣扬的“天命先定论”,即人皇实承“皇天上帝”之命而统治人间,“天命”一旦确定,便固定不可更改这一政治思想。殷商的统治者原先宣扬,“天命玄鸟,降而生商”(《诗经·商颂·玄鸟》),认为商王朝的统治权力来自于上天的授命。当周文王攻克黎国,祖伊奔告于商纣王时,商纣王曾言:“呜呼!我生不有命在天?”②(《尚书·西伯既戡》)认为我一生下来就禀受已预先决定并固定不变的“天命”,任何人皆无法

① (清)王夫之:《庄子解》,第220页。

② 刘起釪译曰:“咦!我不是一生下来就有大命在天的吗?”(顾颉刚、刘起釪:《尚书校释译论》第二册,第1055页。)

奈何由“上帝”已预先决定的“天命”，这一思想的实质即“天命先定论”。周初的统治者为了证明自己革商之“命”，建立自己王朝统治的正当性与合法性，有所针对性地提出“天命无常论”，否定“天命先定论”。《诗经》曰：

天命靡常。[①]（《诗经·大雅·文王》）

《尚书》亦曰：

惟命不于常。（《尚书·康诰》）

天命无常的根本原因是“皇天无亲，惟德是辅”（《左传·僖公五年》）。皇天上帝一直矜惜下民，从民之愿，因此只挑选有德者做民众的君主，并无预先决定并固定不变的天命。

辩证而言，周初的统治者提出“天命无常论”，并非针对“天命有常论”，而是针对“天命先定论”，其并非主张“天命”完全没有任何恒常的规律性；由“皇天无亲，惟德是辅”可知，“皇天上帝”在发布“天命”时，亦有其“常”，“惟德是辅”就是其所遵循的恒常准则。[②] 因天命之所以“无常”，根源于天帝只遵循“惟德是辅”的“恒常”行事准则，故“天命有常论”实为“天命无常论”提供了重要的主张前提和思想保障，“天命无常论”其实内蕴着“天命有常论”。虽然周初的统治者提出“天命无常论”，将天命的“无常性”归因于天帝“有常性”的道德性行事原则，未能正确揭示天命之“无常性”的真正根源，但其批驳“天命先定论”，否定“先定之命”的存在却包含着真理性的思想成分。因此，墨子的“非命论”，批驳当时的儒者所主张的“天命先定论”，否定存在着先定之命，就资借了“天命无常论”的思想资源。

其次，庄子资借墨子的“非命论”所提供的重要思想洞见，通过继承传统的“天命无常论”的合理内核，扬弃传统宗教天命观中的“天”之人格性意识、主宰性意志和道德性的德性，由此创造性地提出“分无常”，也即“命无常”的

① 唐君毅曰：“此所谓天命靡常，即谓天未尝预定孰永居王位，而可时降新命，以命人为王。”（唐君毅：《中国哲学原论·导论篇》，第324页。）

② 冯友兰曰：“周公所说的天，当然仍然是有意志、有好恶、有赏罚的至上神，但是他的好恶赏罚，不是任意的而是照着一个标准。这个标准就是老百姓的愿望和统治者的‘德’。”（冯友兰：《中国哲学史新编》，第81页。）统治者有德即百姓所愿望者，故可言，天帝只遵循“惟德是辅”这一行事标准与原则。

思想。庄子曰：

夫物，量无穷，时无止，分无常，终始无故。（《秋水》）

庄子以为，物之变化具有“量无穷”“时无止”“分无常”和“终始无故”四个根本性的特点。“量无穷”，言事物存在的广延性与数量性无穷无尽；“时无止”，言事物之变化一直向前时行，永不停止；“终始无故”①，言事物的变化循环周行，终始无端，一直终则又始，始而又终，实难确定端在何处。最难解的属“分无常”。庄子自己释“分无常”曰：

察乎盈虚，故得而不喜，失而不忧，知分之无常也。（《秋水》）

庄子以为，真正智慧通达之人体察阴阳盈虚消长之变化的特点后，得而不喜，失而不忧，因其知“分之无常”。庄子在此并未点明具体是何物之分无常。由“察乎盈虚”推测，庄子所谓的“分”，似指阴阳二气之分。然阴阳二气是整一之元气已分后的状态，易言之，阴阳二气是“分”的结果，不当是“分”的主体。由所得之结果可以反观前因之变化的特点，故由体察作为结果的阴阳二气之盈虚消长的变化特点，可以反推作为阴阳二气分化之前因的整一之元气的分化之特点。因此，“分无常”②，其实指整一之元气最初始的分化是无常的。

是故，庄子所谓的“分无常”之“分”，与其所谓的“未形者有分，且然无间谓之命”（《天地》）之“分”，完全是同一个“分”。如前所述，“未形者有分”之“分”，言整一之元气分化为众多细小的分殊，并开始分阴分阳。整一之元气这一最为初始的分化，本质是道对人与万物的形体与本性之化生所依托的基

① 郭象注曰：“日新也。”成玄英疏云：“虽复终而复始，而未尝不新。”[（清）郭庆藩撰：《庄子集释》，第569页。]郭象与成玄英似皆以“故旧”释“故”。马其昶曰：“诗笺：‘故，端也。’”[（清）马其昶：《定本庄子故》，第112页。]马其昶认为，“故”当训“端”，极是。庄子曰：“消息盈虚，终则有始”（《秋水》），“与物无终无始”（《则阳》），表明，庄子以为物之循环周行无始无终。然需注意，庄子认为，就死生而言，物为有始有终者；只有不生不死的道才无终始，故庄子曰：“道无终始，物有死生”（《秋水》）。

② 林希逸曰：“分无常，言有无得失，人之分剂，或先或后，初无定也。”[（宋）林希逸：《庄子鬳斋口义校注》，第262页。]分剂，犹言分量。林希逸联系前文的“得而不喜，失而不忧”释“分无常”，混淆了庄子思想言说的逻辑顺序，“得而不喜，失而不忧”是“知分之无常”后所采取的通达应对态度，而非“知分之无常”所知的内容；易言之，得失只是分无常的后果表现，而非分无常的变化主体。

质,进行最为初始的分配和命授,故“分”即是“命”。如此,庄子所谓的“分无常”①,实即“命无常”之义。

其一,“分无常”即“命无常”,意味着道以整一之元气最初始的分化,对人与万物的形体与本性之化生所依托的基质,进行最为初始的分配和命授时,没有恒常的标准与原则。传统的“天命无常论”虽然主张“天命无常”,但实际上“天命”遵循了“皇天无亲,惟德是辅”这一“恒常”的行事原则;易言之,“天命”之分配与命授遵循道德性、正义性的行事原则。由于庄子将天完全理解为“自然物质之天”,不仅取消了传统的“主宰之天”的人格性意识与主宰性意志,还完全取消了“天”之道德正义性。这意味着“自然物质之天”对人与万物的“分配与命授”,不可能在人格性意识的指导下,遵循道德性、正义性的行事原则,以实现分配结果的道德性与正义性。是故,天道自然对人与万物之“命”,没有一直恒常的标准与原则,具有无标准性、无根由性、非道德性,甚至还具有经常不道德、不正义地赋予行善者以噩命,完全不知其所以然而然的变化特点。

其二,“分无常”即“命无常”,意味天道自然对人与万物不可能有前定之命。庄子曰,“道无终始”(《秋水》),表明道化生出整一之元气,整一之元气再分化为阴阳,阴阳和合化生出天地万物的过程,不是一次性的过程,而是始而又终、终而又始、无穷无尽的过程。若将“分无常”置入“道无终始”的无限视域,则意味着由“道”转化而来的整一之元气,每一次进行元气最为初始的分化,都不是恒常固定不变的。每一个人、每一事物在回归道之居所后,都将在元气之初始分化的阶段,进行形体与本性之化生所依托的基质的重新分配与命授。如此,“分无常”将消解一切恒常的固定不变的分配结果,解构一切先定宿命的存在;是故,“分无常”完全否定了先定之命存在的可能性。

其三,整一之元气之所以“分无常”或“命无常”,若从意识性的角度解释,因由道转化而来的整一之元气是完全无知无识的物质性元素,没有可依托的

① 成玄英疏曰:“所禀分命,随时变易。”[(清)郭庆藩撰:《庄子集释》,第569页。]即将庄子此所谓“分”,释为“分命”。

心智慧识以谋划恒常固定不变的态势或结果；若从必然性与偶然性角度解释，则是因道之变化并非完全只有必然性而没有任何偶然性。康德曾指出，“如果一切都是按照单纯的自然律而发生的，那么任何时候都只有一种特定的开始，而永远没有一个最初的开始……但既然自然律恰好在于：没有先天地得到充分规定的原因就不会有任何东西发生，所以如果说一切因果性都只有按照自然律才是可能的，则这个命题在其无限制的普遍性中就是自相矛盾的，因此这种因果性不可能被看做是唯一的因果性。根据这一点，必须假定有一种因果性，某物通过它发生，而无须对它的原因再通过别的先行的原因按照必然律来加以规定，也就是要假定原因的一种绝对的自发性，它使那个按照自然律进行的现象序列由自身开始，因而是先验的自由，没有它，甚至在自然的进程中现象在原因方面的延续系列也永远不会得到完成”①。

康德以为，如果一切都是按照必然的自然因果律而产生世界的一切现象存在，则必定只能无限往前追溯作为某一现象发生之原因的“特定的开始”，永远没有一个最初的开始。而必然的自然因果律本身规定了，若没有充分规定的原因，则不会有任何事物的产生；如此，若必然的自然因果律的产生，还是由必然的自然因果律自身所产生，则将产生自我矛盾；因必然的自然因果律本身并不足以成为自身产生的充分原因。因此，必须假定一个具有绝对自发性的原因，使按照必然的自然因果律而进行的事物化生序列或现象序列得以开始；而这个具有绝对自发性的原因是绝对自由的，无须或事实上也不能再用必然的自然因果律为其规定一个先行的原因，即这个具有绝对自发性的原因，就是最原始、最根本的原因，在其之前再无任何其他的原因。

道作为人与万物无有终极的化生序列的根本原因，实即康德所谓的具有绝对自发性、自由性的原因。因道“自本自根”，“道法自然”，道自己就是自己化生的本根和存在的本体，自己就是自身变化的根本动因，完全自我做主，绝对自由。康德认为，作为自然因果律产生之原因的绝对自由因，在其之后由其

① ［德］康德：《纯粹理性批判》，邓晓芒译，人民出版社2004年版，第375—376页。

所决定的自然变化完全遵循自然因果律。① 但如果作为万物化生之始端的自由因是绝对自由的，则其决定万物之化生存在与运动变化完全可以不必按照必然的自然因果律而进行，其完全可以自由发动各种偶然性的因果运动。虽然这一偶然性的因果运动事实上也由自由因所发动或自由因此施加了作用与影响，但由于自由因可以不以完全的必然因果律的方式决定其因果运动的可能方向，故其可以成为本质不同于完全遵循必然因果律之运动的偶然性的因果运动。

在庄子的思想中，道作为“自本自根”的绝对自由因，其所发动的万物的自然变化，就非完全只有必然性，没有任何的偶然性。庄子认为，存在着一种“不知所以然而然”的“自然”运动。这一“自然”的运动之所以“不知所以然而然”，根本的原因是其运动变化并非由具有可知性的确定性的原因所决定或所发动，而是由无法确知的不确定性的原因所决定或所发动。事实上，必然性的运动变化因遵循必然因果律，故其原因是可确知的，可知其所以然；只有偶然性的运动变化不遵循必然因果律，故其原因是不确定的，无法确知，故才成其为“不知所以然而然”的“自然”运动。因此，庄子所谓的“不知所以然而然”的“自然”的运动变化，本质即当今所谓的偶然性的运动变化。因此，庄子实际上以为，道之变化也具有偶然性。而由道自由发动的性质为偶然性的因果运动变化，正是使一元之气最为初始的分化具有无常性变化特点的根本原因，也是道对人与万物之“命”有时完全无根由性，不知其所以然而然的根本缘由所在。②

最后，辩证地看待“分无常”即“命无常”的思想，其并未否定“分有常论”即“命有常论”，庄子认为，“命”之变化亦有其常。一如周初的统治者提出“天命无常论”，并非针对“天命有常论”，而是针对“天命先定论”；并非主张“天

---

① 在康德的思想中，人的道德自由，即将定言命令式的道德法则自觉采纳为行为之动机的自由，实来自道德主体有限的“实践理性”，有限的“实践理性”虽然有限，但却可以使道德主体不再完全遵循自然因果律的法则，可以使主体超越自然因果律的被动决定，主动地将道德法则纳为自己行为的第一法则。

② 罗光以为，“庄子以命，为‘道’之变化所有必然的经历”。（罗光：《中国哲学思想史·先秦篇》，第546页。）罗光之所以将庄子所谓“命”误解为人生中所有必然的经历，因将“道”之所有变化皆理解是必然的。

命”完全没有任何恒常的规律性，而是为了否定存在着已然先定、不可更改的前定之命；“天命无常论”其实内蕴着“天命有常论”。庄子提出“分无常”，即“命无常”的思想，也是只针对“命先定论”，而非“命有常论”；也只是强调天道自然对人与万物之“命”具有“无常性”的特点，故并不存在着已然先定、不可更改的前定之命；但并未有否定天道自然对人与万物之“命”亦具有“有常性”。故“分无常论”即“命无常论”，其实也内蕴着“分有常论”即“命有常论”。事实上，一元之气之“分”与“命”的有常性表现为，一元之气必然要分化为众多部分的分殊之气，必定要分阴分阳；阴阳自然内具的生发、相感、凝聚和消散的机制，决定了人与万物必然要聚合为形体，形体达其期限后必然解体消散，而后进行新一轮的化生过程。如此，人与万物必然有生有死，这是人与万物完全无法逃免的必然命运。总之，辩证而言，庄子对“命”之运动变化特点的全面理解是：“命”之变化既有常又无常。

第四，庄子认为，“命”之变化既有常又无常，则意味着“命”之变化既有必然性又有偶然性。如此，近现代以来的一些学者将庄子所谓“命”完全等同于“必然性”，片面强调庄子所谓“命”之必然性的变化特点，有意无意忽略“命”之偶然性的变化特点，则使庄子被误解为“强决定论”形态的“命定论”者或“客观决定论”形态的“宿命论”者，完全抹杀了人之“意志自由”“选择自由”“行动自由”存在的可能性。因此，有必要回归庄子实际上认为“命”之变化既有必然性，又有偶然性这一全面而准确的理解。

首先，庄子所谓的“命”，的确具有必然性一面的变化特点。如庄子曰：

> 死生，命也；其有夜旦之常，天也；人之有所不得与，皆物之情也。（《大宗师》）

确切而言，庄子在此只是强调，死生是天命所决定之事。此处所谓的“命”，因“有生必有死”这一生命变化的必然规律，故具有必然性的意味，但并不意味着此处所谓的“命”完全等同于“必然性”。因若将“命”完全等同于“必然性”，则意味着“人的死生是必然而不可免的”①。然言人之死是必然而不可

① 陈鼓应：《庄子今注今译》，第180页。

免的，这是大家皆可接受的客观事实；而谓人之生也是必然而不可免的，则与现实中人们对“生”之情形的认识完全不符，每一个人的出生皆是具有极大偶然性的事件。只有以“命先定论”或“宿命论”，才能解释人之出生也是必然而不可免的。[①] 然庄子提出的“分无常”思想，完全否定了先定之宿命存在的可能性。故此一解释与庄子思想并不相谐。真正完全必然而不可免的客观变化其实是，人与万物的生命之死生两种状态相互更替。故只有从生命之整体的角度言，人之生命的死生之相互更替是必然而不可免的天命之流行变化，才可以成理。因死生相互转化之“命”是必然而不可免的，故庄子所谓“命”具有必然性的变化特点。

其次，庄子所谓的“命”，还具有重要的偶然性的变化特点。庄子曰：

> 知不可奈何，而安之若命，唯有德者能之。游于羿之彀中，中央者，中地也；然而不中者，命也。（《德充符》）

后羿是古代有名的神射手，几乎百发百中；在后羿的箭矢所及之地的中央，有幸不被射中，这完全是一种“偶然”。成玄英、憨山、颜世安、杨胜良等学者皆指出，庄子此处所谓的“命”乃指偶然性之“命”。[②] 这表明庄子所谓的“命”并非全部皆是必然性，“命”也包括由天道自然的流行变化自然决定的偶然性。

有些学者在看到庄子此处所谓的“命”为“偶然”的情况下，却将庄子所谓的“命”完全解说为“必然”。如刘笑敢曰：“羿是有名的神射手，在他的靶子中散步而不被射中，这应属偶然，但庄子认为这也是命。命不仅包括必然，而且包括偶然。一切都应归之于命，亦即一切都应归于必然（本书所谓必然多用必然的一般意义，即指无可改变、不得不然的趋势，并非专指客观规律）。”[③]刘笑敢本来已正确地指出，庄子此处所谓的“命”属偶然，故“命不仅包括必然，而且包括偶然”。然其紧接着所下的结论，“一切都应归之于命，亦即一切都

① 如张松辉曰：“有生有死，这是命中注定的。”（张松辉：《庄子译注与解析》，第 123 页。）此解实际上即将庄子视为了宿命论者，故言人之生也是命中注定的。然此属于误解，庄子根本非宿命论者。

② 参考本书的“绪论”之“已有研究综述与检讨”部分，因“绪论”已引之甚详，此处不再一一俱引。

③ 刘笑敢：《庄子哲学及其演变》，第 130 页。

应归于必然”,则与其前面的结论明显相互矛盾。虽然刘笑敢对其所谓的“必然”概念进行了进一步的补充解释,但其所谓的“无可改变、不得不然的趋势”这一“必然的一般意义”,实际上无法含括“偶然”的意义。“偶然”概念的义涵本身规定了,偶然可以是无可改变的趋势,但不是一种“不得不然”的趋势;只有“必然”的趋势才“不得不然”。①

刘笑敢当是因先入为主地把庄子的“命”理解为“无可改变、不得不然”的“必然”②,故才得出了“一切都应归之于命,亦即一切都应归于必然”的结论。然庄子所谓的“命”实际上并不等同“必然”。庄子尝曰:“不知吾所以然而然,命也”(《达生》);又曰:“不知所以然而然,故曰自然”③。两相对照则可得出“命即自然”的结论。④“命即自然”若要等同于“命即必然”,除非“自然”完全只有“必然”,没有“偶然”。事实上,只有在“命前定论”中,“命”与“必然”才是实质相同、可相等同的概念。“命前定论”者主张,人与万物的“命运”已经由“命运”的主宰者或决定者——无论是有人格性意识与主宰性意志的“天帝”还是既无意识又无意志,但完全只有必然性,没有任何偶然性的“神”或“自然”——已预先决定;故无论人如何积极作为,皆无法逃脱前定的“命运”,“命中注定”的事情,必然要发生,故“命”皆“必然”。然如前所述,庄子所谓的“天”,既非有人格性意识与主宰性意志的“天”,也非完全只有必然性、没有任何偶然性的“天”,根本不可能预先决定人与万物的命运,故庄子所谓的“命”不是“前定之命”,而是经常不知所以然而然的未前定的“自然之命”,这决定了庄子所谓的“命”不能完全等同于“必然”。

刘笑敢在将庄子所谓“命”完全理解为“必然”后,又反过来批评庄子“抹杀一切偶然”:

> 庄子不仅抹杀人的主观能动性,而且抹杀了一切偶然。幸逃于神箭

---

① 《哲学大辞典》曰:“必然性指事物发展中合乎规律的确定不移的趋向;偶然性指可能发生,也可能不发生,可以这样发生,也可以那样发生的不稳定现象。”[金炳华等编:《哲学大辞典》(修订本),上海辞书出版社2001年版,第79页。]

② 参见刘笑敢:《庄子哲学及其演变》,第131—132、145页。

③ 见王叔岷:《庄学管窥》,第239页。

④ 《鹖冠子》曰:“命,自然者也。”(《鹖冠子·环流》)。这一思想有可能继自庄子。

> 手之靶心是命之必然(《德充符》:“中央者,中地也;然而不中者,命也。”),不幸逢遭伤残病困也是命之必然(《大宗师》:“至此极者命也夫。”),必然统治一切,偶然没有立足之地。
>
> 庄子从命定论立场出发,把必然与偶然完全割裂开来,极力夸大必然,抹杀偶然……庄子哲学中没有偶然的因素。①

然说庄子“抹杀一切偶然”,显然极大冤枉了庄子。这一结论的得出,当是因将庄子所谓的“命”首先误解为完全的“必然”。遵照文本,刘笑敢其实也不得不承认庄子所谓的“游于羿之彀中,中央者,中地也;然而不中者,命也”,明显属于偶然;而且,庄子还明确提出“分无常”即“命无常”的思想。因此,言“庄子哲学中没有偶然的因素”,实质上是将庄子所谓的“天”“道”“自然”的本性,理解为与斯宾诺莎所谓的“神”“自然”的本性完全同质的存在。斯宾诺莎认为,“自然中没有任何偶然的东西(continsens),反之一切事物都受神的本性的必然性所决定而以一定方式存在和动作”②。然庄子所谓的“天”“道”“自然”的本质,并非如斯宾诺莎所谓的“神”“自然”的本性完全只有必然性,没有任何的偶然性。前面已阐明,庄子所谓的“不知所以然而然”的“自然”的运动变化,本质即由道所发动或决定的偶然性的运动变化。因此,庄子所理解的“天”“道”“自然”的存在本质与变化特点是既有必然又有偶然,与斯宾诺莎所谓的“神”“自然”的本性完全只有必然没有任何偶然,存在着重大的本质差别,不当将二者相互混淆。

最后,庄子所谓的“命”其实是比“必然性”范畴更大的,指既有必然性,又有偶然性的天道自然的流行变化,及其对人与万物无时无刻不在施加的决定性作用与影响。庄子所谓“命”之所以经常被误解为“必然”或“必然的经历”,因其具有无法抗拒、无从逃避又无力改变的变化特点。无法抗拒、无从逃避又无力改变的结果,极易被误以为其发生的原因皆是“必然”的。然事实上,作为天道自然与社会历史发展之必然性之实现方式的偶然性,从根本而

---

① 刘笑敢:《庄子哲学及其演变》,第146、323页。

② [荷]斯宾诺莎:《伦理学》,第29页。

言，还是由作为人与万物之根本主宰者的道所发动或决定，故偶然性之“命”，对人与万物而言，同样是无法抗拒、无从逃避又无力改变的。因此，庄子所谓的“命”，实既包括无法抗拒、无从逃避又无力改变的必然性，又包括同样无法抗拒、无从逃避又无力改变的偶然性。

近代以来，随着西方哲学思想学说的大量引入、消化、吸收，学者逐渐也采用西方哲学的概念与学说来诠解庄子的哲学思想，逐渐形成“以西解庄”的诠解范式。自20世纪中叶，任继愈采用斯宾诺莎的“必然与自由”的思想学说，诠解庄子的“命”与“逍遥”的思想，明确将庄子所谓的“命”解说为“必然性”：“庄子把自然（天）发展变化的必然性叫做‘命’，‘命’就是任何事物不可逃避的绝对的支配力量……庄子所指出的‘命’，就是庄子所认为客观世界在发展变化中的必然的结果”①；同时，将庄子所谓的“逍遥”诠解为“精神上的绝对自由”②，这一诠解范式对之后的学者产生了巨大的影响。张恒寿、刘笑敢、崔大华等学者皆是在这一诠解范式下，阐论庄子所谓的“命”与“逍遥”的思想。同时，虽然很多学者未在斯宾诺莎的“必然与自由”的思想框架下诠解庄子所谓的“命”，但也将庄子所谓的“命”完全解说为“必然性”或“必然的结果”。③但这一诠解，实际上使庄子变成了“强决定论”形态的“命定论”者，或说“客观决定论”形态的“宿命论”者，完全抹杀了人之“意志自由”“选择自由”与“行动自由”的存在。

因在人生实践过程中，莫不有“非人之所能为”的命名为“命”的强大异己

① 任继愈：《庄子的唯物主义世界观》，见《庄子哲学讨论集》，第165页。据笔者有限目力所及，最早以斯宾诺莎的“必然与自由”的思想作为理解框架释解庄子哲学的学者，当是侯外庐。其曰：“我们知道，‘自由是必然的把握’，在中国古代社会的演进史中，因了一列旧氏族传统的束缚，必然是难于把握，厌倦于历史的必然，放弃把握而自愿地谓得到全自由，本质上却是自由的否定。庄子的学说就是假象上获得绝对自由，而在真实上否定了一点一滴的‘物自身’之把握，否定了全自由……哲学家们说庄周的哲学为进化论也好，为绝对自由学说也好，都是皮相的说明而有毒素。”（侯外庐：《中国古代思想学说史》，商务印书馆1946年版，第184页。）虽然侯外庐首先引入“自由是必然的把握”的思想评述庄子的“逍遥”（即侯外庐所谓的全自由或绝对自由）思想，但并未将庄子所谓的“命”解说为“必然性”。

② 参见任继愈：《庄子的唯物主义世界观》，见《庄子哲学讨论集》，第175页。

③ 参见本书的“绪论”之“已有研究综述与检讨”部分，因“绪论”已论之甚详，此处不再一一俱引。

力量，对人施加无法抗拒、无从逃避又无力改变的决定性的作用与影响。“命”若等同于“必然性”，则意味着人在生命中所遭遇的一切境遇（结果），皆由已然发生的客观变化（前因）和必然的因果变化规律（必然因果律）共同预先决定。“必然性”之“命”所决定的一切境遇，因前因已定，经过或长或短的必然的因果决定链条，结果命中注定，必定发生。如此，变成了虽不由有人格性意识又有主宰性意志的天帝等命运主宰者预先“主观决定”，却变成既无意识又无意志的“自然”依据人禀生之前既定的客观变化条件和必然的因果变化规律共同预先“客观决定”。

因此，若将庄子所谓的“命”完全等同于“必然性”，则庄子的命论将被改造为类似斯宾诺莎的“强决定论”的“命定论”，或变质为“客观决定论”形态的“宿命论”，使庄子如同斯宾诺莎一样，完全抹杀了人之“意志自由”“选择自由”与“行动自由”的存在。在斯宾诺莎看来，“意志不能说是自由因，只能说是必然的”，“在心灵中没有绝对的或自由的意志”，“这一切都出于神的本性的必然性，其存在与动作都在一定方式下为神所决定”①。斯宾诺莎否定了人具有“意志自由”“选择自由”与“行动自由”的可能性，认为人与万物所有产生的意志、自身的存在与运动都在一定方式下为“神”或“自然”的必然性本性所决定。如果，“心灵必定为一个原因所决定以意愿这个或那个，而这一原因又为另一原因所决定，而这个原因又同样为别的原因所决定，如此递进，以至无穷”②，最后归结到作为神之本性的必然性所发动的最初的一个动作，人实际上根本不可能有“意志自由”“选择自由”与“行动自由”。只有作为绝对自由因的“自然”既有必然性又有偶然性，依此，其在赋予人与万物以“自然”的本性的时候，也将偶然性的变化本性部分性地赋予人与万物，如此，人才具有“意志自由”“选择自由”与“行动自由”的可能性。

庄子所谓的“命”如果完全等同于“必然性”，由于庄子所谓的“命”，实质指道对人与万物施加的决定性作用与影响，则意味着人与万物的一切存在与

① ［荷］斯宾诺莎：《伦理学》，第32、33、87页。

② ［荷］斯宾诺莎：《伦理学》，第87页。

动作，将皆由道的必然性之“命”主宰决定；如此，人根本就不可能有“意志自由”“选择自由”与“行动自由”。在此情况下，任何人皆将无法逃脱被道的“必然性”之“命”规限得死死的，没有一丝“意志自由”“选择自由”与“行动自由”之缝隙的命运，完全不可能从“必然性”之“命”中求得人之“意志自由”“选择自由”与“行动自由”的可能性之所在。如此，将不得不选择将庄子所谓的“逍遥”诠解为“精神的绝对自由”或“主观上的全自由”；整体上将“命”与“逍遥”之关系，解释为类似斯宾诺莎的“必然与自由”之关系的一种思想关系。这一诠解因在作为思想会通之前提的基本概念之内涵的准确释解上首先失当，故实质上变形为“以西解庄”的过程中，对斯宾诺莎的“必然与自由”理论的一种“不当比附”。这一“不当比附”事实上不仅未能增进对庄子哲学思想的深入理解，反而遮蔽了庄子对宇宙、世界、人生的深刻而独到的思想洞见和通达而超越的人生智慧。因此，回归庄子实际上认为“命”之变化既有必然性又有偶然性这一全面而准确的理解，以为庄子的“逍遥”学说奠定人是具有自由之可能性这一重要的前提基础实非常必要。

总之，庄子认为，天道自然的流行变化既有常又无常，既有必然性又有偶然性；这决定了由其所决定的“命”之变化同样既有常又无常，既有必然性又有偶然性。相较于“命”之“有常性”与“必然性”的一面，庄子其实更加强调“命”之“无常性”与“偶然性”一面的变化特点。庄子在吸收传统的“天命无常论”的思想基础上，创造性地提出了“分无常”即“命无常”的思想，依此深刻揭示了人之命运的无常性，人生际遇的荒谬性，人所遭境遇经常不知“其所自来”的无根由性和不知其所以然而然的自然变化特点。然近现代以来的一些学者，将庄子所谓“命”片面地等同于“必然性”，忽略“命”之变化偶然性的重要特点，使庄子的命论被误解为“强决定论”形态的“命定论”或“客观决定论”形态的“宿命论”，使庄子完全抹杀了人之“意志自由”“选择自由”与“行动自由”的存在。这一误解因严重改变了庄子命论的思想性质，故极大降低了庄子哲学的学理品质，不仅未能增进对庄子哲学思想的深入理解，反而遮蔽了庄子对宇宙、世界与人生深刻而独到的思想洞见和依此而提出的通达而超越的人生智慧。因此，回归庄子认为“命”之变化既有必然性又有偶然性这一全面而准确的理解实非常必要。

（三）天命无私

庄子认为，天道自然对人与万物施加的决定性的作用与影响第三个重要的特点是：“天命无私”。即天道自然对人与万物施授其“命”，具有无私、平等、公平等特点。庄子其实已将天理解为“自然物质之天”，不仅取消了传统的“天”之人格性意识与主宰性意志，还完全祛除了传统的“天”之道德性属性；并且，还深刻揭示了天道自然对人与万物之“命”具有非道德性、无标准性、无根由性等变化特点；本来，不当再用“无私”“不私”等具有人格性与道德性色彩的语词，形容道与天地对人与万物施加的决定性作用与影响的变化特点。然庄子却明确说，“天无私覆，地无私载”（《大宗师》），“万物殊理，道不私，故无名”（《则阳》），这是否表明，庄子其实并未完全祛除道与天地的道德性属性，依然还相信道与天地对人与万物之“命”具有道德正义性的特点？其实不然。

天道自然的客观变化的有常性，使天道自然依据恒常的客观变化规律对人与万物施加决定性的作用与影响时，会自然地呈现出均平性、同质性、齐一性等变化特点。在传统天命观中，这些变化特点被人格化地描述为，天帝或天道具有无私、公平、平等等道德性的德性。由于老子通过完全祛除传统的“主宰之天”的人格性意识、主宰性意志和仁义等道德性的德性，将原本被不当人格化为天帝之道德性的德性（virtue）的无私、公平、平等等品质，改造为表征天道自然流行变化之均平性、同质性、齐一性等特点，本质为天道自然之变化特点、特性、优点等意义上的品质性的“德性”（arete）。由此，无私、不私或不有、不恃、不宰等具有人格性与道德性色彩的语词，性质也被改变为形容道与天地对人与万物施加决定性作用与影响之变化特点的语词。

庄子之所以继续使用“无私”“不私”等具有人格性与道德性色彩的语词，形容道与天地对人与万物施加决定性作用与影响的无私性、平等性与公平性等变化特点：一是受传统的“天地无私”的观念和老子与孔子的相关思想影响；同时，又基于自身对天道自然对人与万物施加的决定性的作用与影响自然呈现出均平性、同质性、齐一性等变化特点的深入体察，故选择继承传统的

“天无私覆,地无私载”等思想,并进一步提出“道不私”等思想。二是出于人在遭受天道自然对人与万物的非道德性、无根由性之“命”,特别是依人的道德标准看来,完全不道德不正义之“命”时,化解对作为“天下母”的道和作为“万物之父母”的天地之不满、怨怼等不和之情态的思想考量。三是出于化无情无义的天道自然为依然有温情有道义的“天下母”与“万物之父母”;从而为自己提出知命、安命、顺命的哲学主张,提倡以“一全‘不怨天,以对父母之心对天地阴阳,自安于一切人生之境’之精神,亦即‘人之无条件的承担人所遇之一切无可奈何之境’之精神”①,奠定伦理上的思想基础的特殊考虑。

第一,庄子继承传统的“天无私覆,地无私载”等思想,并在老子的“生而不有,为而不恃,长而不宰,是谓玄德”(第五十一章)等思想的基础上,进一步明确提出“道不私”的思想。既是受传统的“天地无私”的观念和老子与孔子的相关思想影响,同时,又是基于自身对天道自然对人与万物施加的决定性的作用影响自然呈现出均平性、同质性、齐一性等变化特点的深入体察。

首先,庄子本人所谓的“天无私覆,地无私载”等思想,既源自传统的“天地无私”的思想观念,又继自孔子与老子在此一问题上的看法。天地自然的运动变化的一大特点是:

譬如天地之无不持载,无不覆帱。②(《中庸》第三十章)

本来,天无不覆帱,地无不持载,易言之,天对天下万物进行均平性、同质性、齐一性的帱覆被盖,地对天下万物提供均平性、同质性、齐一性的承载支持,只是天地自然具有的变化特点。然先民基于天地这一自然的变化特点,在“惟天地万物父母”(《尚书·泰誓》)的思想观念之上,进一步赋予天地之“父母”无私、平等、公平等人格性的道德性的德性,形成源远流长的“天地无私”的传统观念。③《礼记》曰:

天无私覆,地无私载,日月无私照。(《礼记·孔子闲居》)

---

① 唐君毅:《中国哲学原论·导论篇》,第341页。

② 《尔雅》曰:“帱,覆也。”

③ 《尚书》曰:“非天私我有商,惟天佑于一德,非商求于下民。”(《尚书·咸有一德》)《咸有一德》虽然属古文《尚书》的篇章,但天帝具有无私的品质当属古本《尚书》原本就有的观念。

在《礼记》中，孔子曾将此一思想概括为“三无私”，并认为夏商周的“三王之德”的本质就是“奉三无私，以劳天下”（《礼记·孔子闲居》）。因此，孔子的这一思想当是继自源远流长的“天地无私”的传统观念。周初的统治者提出的“皇天无亲，惟德是辅”（《左传·僖公五年》），“天道赏善而罚淫”（《国语·周语中》）等主张“天帝”具有无私性、公平性与正义性的观念思想，也应当是在源远流长的“天地无私”的传统观念之基础上进一步发展而来。赋予天地无私、公平、正义等道德性的德性，虽然是一种将人格性的道德性的德性不当投射到原本无知无识、无情无义的天地之上的错误做法，但先民实际上是以无私、公平、正义等原属于人的道德性的德性（virtue），表征天地对人与万物施加的作用或提供的化育支持之均平性、同质性、齐一性等变化特点，显现天地自然的客观变化自然呈现出的无私性、平等性、公平性等品质性的“德性”（arete）。因此，传统的这一思想实际上包含着合理的思想成分。

是故，不仅孔子因保留传统“天”之道德正义性的属性而继续主张上述的思想，老子实际上也以对其进行“改头换面”的方式继承传统的这一思想。老子曰：

> 天长地久。天地所以能长且久者，以其不自生，故能长生。①（第三十二章）
>
> 天地相合以降甘露，民莫之令而自均。②（第三十二章）
>
> 天道无亲，常与善人。③（第七十九章）

老子所谓的“不自生”，老学史上歧解不少，然准确而言，其实是“不自私其生”之义。④ 因此，老子其实也主张天地具有无私的品质，并认为天地之所以能够

---

① 范应元曰：“天地均由道而生，所以能长且久者，以其安于无私而不自益其生，故能长生。”[（宋）范应元：《老子道德经古本集注》，第 13 页。]

② 吴澄曰：“道之功普遍于天下，譬如天地之气相合而降为甘露，虽无人使令之，而自能均及于万物。”[（元）吴澄：《道德真经吴澄注》，第 45 页。]

③ 李荣曰：“天道平等，无有亲疏。”[（唐）李荣：《道德真经注》，见熊铁基，陈红星主编：《老子集成》第 1 册，第 388 页。]苏辙曰：“天道无私，惟善人则与之。”[（宋）苏辙：《道德真经注》，第 89 页。]

④ 参见拙文：《自爱不自贵——老子生命观思想辩正》，《人文杂志》2012 年第 5 期。

长且久,是因天地不自私地只自营其生,而是一直无私地化育万物成长。天地无私的具体表现,首先表现为天地阴阳相合以降甘露时,不需要人使令之就自然地均平、平等地对待天下万物;其次还表现为天道的自然变化法则是不特别地亲爱某些人,而是恒常地给予善人更多的回报,这也体现了天道的无私性与公正性。

老子认为天地具有无私、均平、公正等品质,实际上是对传统的"皇天上帝"具有无私、公平、公正等道德性的德性这一思想观念的继承和转化,特别是"天道无亲,常与善人",明显是对"皇天无亲,惟德是辅"(《左传·僖公五年》)与"天道赏善而罚淫"(《国语·周语中》)等思想的一种改造性的继承。老子对上述传统思想的改造体现在,老子祛除了传统的"主宰之天"的人格性意识、主宰性意志和仁义等道德性的德性,如此,将原本不当投射到天地之上,性质为人格性、道德性的德性(virtue)的无私、公平、公正等,改造成为性质属表征天地自然变化之特点、特性、优点等意义上的品质性的"德性"(arete)。老子所谓的天地具有无私、均平、公正等德性,以及道具有"生而不有,为而不恃,长而不宰"(第五十一章)的"玄德",本质皆是此一意义上的"德性"(arete)。

因此,老子和在道与天地之看法上完全继承老子思想的庄子,所谓的道与天地之"德",本质皆不是一种在人格性意识与主宰性意志的指导与支使下而践施的道德性的德性(virtue),而是由既无人格性意识、主宰性意志,又无道德性属性的道与天地,依照其客观的变化规律自然地变化运行,自然呈现出均平性、同质性、齐一性或不有、不恃、不宰等变化特点①,因此自然具有的一种品质性的"德性"(arete)。易言之,道与天地之"德"不是一种人格主体主观具有的道德性德性(virtue),而是一种自然客体客观呈现的品质性德性(arete)。

---

① 冯友兰曰:"因为'道'并不是有意识、有目的地创造万物,所以老子又说'生而不有,为而不恃,长而不宰。'(《老子》十章亦有此文)就是说,'道'生长了万物,却不以万物为己有;'道'使万物形成,却不自己以为有功;'道'是万物的首长,却不以自己为万物的主宰。这些论点表明,万物的形成和变化不是受超自然的意志支配的,也不是有某种预定的目的。"(冯友兰:《中国哲学史新编试稿》,见冯友兰:《三松堂全集》第七卷,第254—255页。)

由于这两种德性之间所拥有的品质特点具有相似性，所以老子与庄子还是继续使用具有人格性、道德性色彩的语词，如无私、均一、公平或不有、不恃、不宰等，形容道与天地等自然客体自然呈现的无私性、平等性、公正性等品质性德性。但在将天整体理解为“自然物质之天”的老子与庄子的思想中，这些用词并不表明老子与庄子认为，道与天地具有人格性的属性，具有与人相似的道德性德性。这些语词本质上皆是老子与庄子用以揭示，天道自然对人与万物施加的决定性作用自然而然呈现出的均平性、同质性、齐一性等变化特点的概念。

其次，庄子由于继承了传统的“天地无私”的思想观念，特别是孔子与老子的上述思想，因此，继续以“天无私覆，地无私载”等说法，形容天道自然对人与万物之赋“命”的无私性、公正性、平等性等变化特点；依此揭示天道自然对人与万物施加的决定性作用与影响，自然而然呈现出的均平性、同质性、齐一性等变化特点。庄子曰：

> 夫天无不覆，地无不载，吾以夫子为天地，安知夫子之犹若是也！（《德充符》）
>
> 天无私覆，地无私载，天地岂私贫我哉？（《大宗师》）
>
> 天地虽大，其化均也；万物虽多，其治一也。（《天地》）
>
> 天地之养也一，登高不可以为长，居下不可以为短。（《徐无鬼》）

《德充符》的“天无不覆，地无不载”，与《中庸》的“天地之无不持载，无不覆帱”思想义旨完全一致。《大宗师》的“天无私覆，地无私载”，则与《礼记》所载的孔子原话完全相同。庄子很有可能是通过学习上述儒家经典而继承传统的“天地无私”的思想观念。而庄子所谓的“天地虽大，其化均也”，明显是对老子的“天地相合以降甘露，民莫之令而自均”思想的继承与发展；“万物虽多，其治一也”与“天地之养也一”，则应是在老子的以“一”称道，以道为“一”和天地具有无私性、公平性等思想的基础上发展而来。还有，如前所述，庄子所谓的“天不赐”（《则阳》），作为“天不私赐”的省文，其实也表达了“天地无私”的思想。天地虽然赐予四时不同之殊气，但天地从不偏私地赋赐，而是一视同仁，公平地赐予四时各具特殊之质性与不同之功能的阴阳二气，因此才有了正常年岁的形成。另外，庄子所谓的“施于人而不忘，非天布也”（《列御寇》),也表达了天地自然对人与万物进行无偿无私的赋授,丝毫不记挂这一自然布施之恩情的变化特点。

最后,庄子在老子的"生而不有,为而不恃,长而不宰,是谓玄德"(第五十一章)等思想的基础上,还进一步明确提出了"道不私"的思想:

万物殊理,道不私,故无名。(《则阳》)

老子只提出天地具有无私的德性,但未直接用"无私"一词形容道之德。不过,老子所谓的"生而不有,为而不恃,长而不宰,是谓玄德",其实内蕴着道具有无私的德性的思想意蕴,因"生而不有,为而不恃,长而不宰"就是"无私"的一种具体表现。庄子则在老子上述思想的基础上,明确提出了"道不私"的思想,直接赋予了道无私的德性。在庄子看来,道之无私性不仅表现为老子所谓的"生而不有,为而不恃,长而不宰",还表现为"无为为之之谓天,无为言之之谓德,爱人利物之谓仁,不同同之之谓大,行不崖异之谓宽,有万不同之谓富","故其与万物接也,至无而供其求"(《天地》)等变化特点。最为特殊的是,庄子认为,"万物殊理"也体现了道之无私性、公平性与平等性。如果言道之"不同同之",即将不同的事物皆同等对待的变化特点,体现道之无私性、公平性与平等性较易理解,"万物殊理"明显是差别对待,如何体现了道之无私性、公平性与平等性?

如前所述,若道在赐予天下万物以性命之理则时,为追求表面形式上的绝对公平,赐予每一个事物以完全相同的性命之理则,则必然导致天下所有的事物都是同质化的存在,如此就不可能有形态万千、姿态各异、各具特色的不同事物的产生。只有"万物殊理",才能产生各具不同的存在性质、功能与特点的万物。易言之,道对天地万物必须进行差异化的赋授,才能产生不同的事物。但差异化的赋授,并不必然是不公平的;因公平并不全部等于完全均等,完全均等只是一种形式平均意义上的"量之公平",事实上还有本质齐同意义上的"质之公平"和每一个体皆同等具有存在特殊性意义上的"性之公平"。

其一,道在对人与万物进行赋授时,实际上全部赋予每一个人、每一事物以道的本性,这首先体现了道之无私性、公平性与平等性。道,并不因蝼蚁弱小而不赋予蝼蚁以道性;并不因稊稗对人无用而不赋予稊稗以道性;并不因瓦甓无生机而不赋予瓦甓以道性；并不因屎溺污浊恶臭而不赋予屎溺以道性，事实上道公平、无私、平等地赋予了蝼蚁、稊稗、瓦甓、屎溺以道性。因此，虽然每一个人、每一个事物在量的存有上存在不同，但就每一个人、每一个事物本质上皆是道之存在的分殊，皆拥有道之存在的本性而言，所有人皆是平等的存在，所有的事物皆是平齐的存有。

其二，“万物殊理”则意味着，每一个人、每一个事物皆具有完全为其所独有的“殊理”“殊性”“殊器”“殊技”等存在的特殊性，就此而言，所有人与所有事物也皆是平等的存在。① 因天道自然赋赐给每一个体的“殊理”“殊性”“殊器”“殊技”等存在的特殊性，完全是只为此一个体所有；除其以外，任何人、任何事物皆没有这一存在的特殊性；并且，这一完全为此一个体独有的存在的特殊性，同等地具有自身独特的存在意义与价值，可以在各自适合的存在场遇中，发挥自身独特的功用与价值。庄子指出，“梁丽可以冲城，而不可以窒穴，言殊器也；骐骥骅骝一日而驰千里，捕鼠不如狸狌，言殊技也；鸱鸺夜撮蚤，察毫末，昼出瞋目而不见丘山，言殊性也”（《秋水》），“今夫斄牛，其大若垂天之云。此能为大矣，而不能执鼠”（《逍遥游》），“是不材之木也，无所可用，故能若是之寿”（《人间世》）。可见，无论是可冲城却不能窒穴的栋梁之大柱、可一日千里却弱于捕鼠的骐骥骅骝之良马、可夜察毫末却昼出瞋目的鸱鸺之猫头鹰，还是只能为大却不能执鼠的斄牛、无所可用却可终其天年的不材之散木，“以功观之，因其所有而有之，则万物莫不有；因其所无而无之，则万物莫不无”（《秋水》），在各自恰当的存在场境中，皆自有独特的功用与价值；然在不恰当的存在场境中，又皆将丧去自身的独特的功用与价值。因此，在每一个个体皆拥有完全为其所独有、独具自身独特价值的存在特殊性之意义上，所有人皆是平等的存在，所有的事物皆是平齐的存有。这也体现了道之无私性、公平

① 林希逸曰：“万物各具一理，故曰殊理。以大道合之而为公，故曰不私。”［（宋）林希逸：《庄子鬳斋口义校注》，第410页。］林希逸联系庄子所谓的“大人合并而为公”解庄子所谓的“道不私”之思想。此解并未根本得庄子所谓“道不私”的思想义旨，因林希逸未解道之无私性、平等性、公正性还体现在万物各具的一理，是完全为其所独有之理，道无私、平等、公正地赋予了每一个个体为其所独有之理。

性与平等性的德性。

因此，并非只有完全的同一化，如形式性的量之绝对公平、同质化的完全均等，才可以实现平等、公平与公正；事实上，差异化，如量有差别的质之齐同、每一个体皆同等具有存在特殊性等，亦可实现平等、公平与公正。庄子言道赋予万物以不同之理则和存在之殊性，体现了道之公平性、无私性与平等性的德性，其背后的理据即在于此。而且，如果将事物的变化历程置入“道无终始”的变化视阈，则每一个个体将皆有机会遇其“时”而成为主宰他人他物之功用的发挥的“帝者”；每一个体之所遇与所得亦将在概率上变为均等化与齐一化。易言之，道对天下万物的形体之生命、性命之理则与存在之境遇的赋予，在短时段内虽然存在着差异性、不平等性，然在“道无终始”的无限时段中，最终将无不实现完全的齐一性、平等性与公正性。庄子曰：“故万物一也，是其所美者为神奇，其所恶者为臭腐；臭腐复化为神奇，神奇复化为臭腐。”①(《知北游》)庄子指出，万物之所得最终将齐一化、平等化；现在人所美之神奇，将复化为所恶之臭腐；现在人所恶之臭腐，将有机会复化为所美之神奇；最终，万物将平齐地各得神奇与臭腐。故暂时所得为所美之神奇者，不必自骄自矜；暂时所得为所恶之臭腐者，不必自卑自怜；最终道将平等、公平、公正地对待每一个人，每一个事物。

要之，庄子继续使用“无私”“不私”等具有人格性与道德性色彩的语词，形容天道自然对人与万物之赋“命”具有无私性、平等性、公正性等变化特点，首先是为了深入揭示天道自然对人与万物施加的决定性作用与影响具有均平性、同质性、齐一性等变化特点，进而阐明每一个人，每一个事物无不是平等地承受天道自然既有常又无常的“天命”。

第二，庄子继续主张道与天地具有无私性、平等性和公平性等品质性的德性，亦是出于人在遭受天道自然对人与万物的非道德性、无根由性之“命”，特

① 陈鼓应曰：“万物一也：指万物有共通性、一体性。和《逍遥游》‘磅礴万物以为一’、《齐物论》‘万物一马也’、《德充符》‘自其同者视之，万物皆一也’以及《田子方》‘万物之所一也’相同意义。”(陈鼓应：《庄子今注今译》，第561页。)事实上，庄子所谓的“一”，除了指万物本质的同一性与存在的一体性以外，还有一重要的意义指万物存在之平等性或所得之境遇的“齐一性”。

别是依人的道德标准看来，完全不道德不正义之“命”时，化解对作为“天下母”的道和作为“万物之父母”的天地之不满、怨怼等不和之情态的思想考量。

首先，人之所以对某一主体或某一事件产生不满、怨怼等不和之情态，很多时候是因为此一主体行事不公，在某一事件上未能公平地对待所有人；若某一主体在行事时，对所有人与所有的事情皆采用同一标准，皆平等、公平、公正地对待所有人、所有事，则就算人遭遇悲惨的境遇，人亦不怨。如《诗经》中“民莫不穀，我独于罹。何辜于天？我罪伊何？”（《诗经·小雅·小弁》）等怨天的诗句，皆是因认为天帝或天道行事不公，未遵循道德正义性的原则，在我无任何过错，获罪于天的情况下，却使他人皆得美好的境遇，而使我独自罹遭悲惨的境遇。而孔子之所以“不怨天”（《论语·宪问》），是因其完全信奉“正义之天”的道德正义性与行事的绝对公平性，因此，就算自己遭陈蔡之厄，七日不火食，几乎身死的情况下，孔子依然未有任何怨天之语。

其次，庄子认为，天道自然对人与万物之“命”，虽然不遵循道德正义性的原则，具有非道德性、无标准性等特点，但因其对天下万物一直均平无别地遵循“自然性与无常性”的原则；就此而言，天道自然其实具有公平无私的德性；故人其实不应当怨怼公平、无私、平等地对待每一个人与每一个事物的天。庄子所谓的“天”，由于被庄子完全取消了天之人格性意识、主宰性意志和道德性的属性，故根本不可能在意识指导下遵守道德正义性的原则；因此，“天”在对人与万物进行赋“命”时经常具有非道德性、无标准性、无根由性，常不知其所以然而然等特点；但其实是天道自然流行变化之自然性与无常性的表现。而天道自然流行之自然性与无常性的客观变化，则是对天下万物皆均平无别、平等齐一地施加的客观变化，并不对某些人有特殊性、偏私性的照顾。由此，天道自然对人与万物施加的决定性作用自然而然地呈现出均平性、同质性、齐一性等变化特点；用带有人格性与道德性色彩的语词描述，即具有无私性、平等性与公平性等变化特点。天道自然之所以自然地呈现出上述的变化特点，根本而言，是因为天道无心，既无人格性意识也无主宰性意志，故没有可依托之心智慧识以谋划偏私性、不平等性、不公平性的赋命，只能对天下万物共同遵循作为其客观变化之自然规律的“自然性与无常性”的原则。

庄子指出，如果一件事情是由均平无别的自然无心的无常变化所造成的，则人不当有不满、怨怼等情绪。庄子曰：

> 复仇者不折镆干，虽有忮心者不怨飘瓦，是以天下平均。故无攻战之乱，无杀戮之刑者，由此道也。（《达生》）

此段主旨常未被确解。如郭象曰：“夫干将镆铘，虽与仇为用，然报仇者不事折之，以其无心。飘落之瓦，虽复中人，人莫之怨者，由其无情。凡不平者，由有情。无情之道大矣。”①方勇曰：“复仇的人虽曾为镆铘、干将所伤，但在复仇时却不会折断它们；即使气量狭隘常存忌恨之心的人，也不会去怨恨那砸伤自己的飘落之瓦；因此人人都像镆干、飘瓦一样无心无情，那天下就会和平安宁。所以没有攻战的动乱，没有杀戮的刑罚，就是由于实行了这种无心无情之道的缘故。”②在郭象看来，复仇者不折干将镆铘，有嫉恨心的人不怨飘落的瓦片，皆是因二者皆是无心无情，天下没有攻战的动乱，没有杀戮的刑罚，正是因为有从此无心无情的大道。方勇承郭象之解，亦存相似的见解。然此解只得了庄子部分的思想义旨，事实上，复仇者不折镆干，有忮心者不怨飘瓦，并非完全是因二者皆是无心无情之物。而郭象等之所以未能完全确解庄子此处思想的义旨，皆是因未确解庄子所谓的“是以天下平均”之义。“以”被郭象等学者皆释为表结果的“所以、因此”之义，然此解不确，“以”在此实是表缘故的“因”之义。③

庄子其实认为，复仇者不折干将镆铘，有嫉恨心的人不怨飘落的瓦片，皆是因明白了解这种自然无心的伤害，一旦遭遇之，则是对天下所有人皆公平均等的。易言之，干将镆铘作为锋利无比之宝剑，无论是谁遭遇之，皆是公平均等地对待，若不是我的亲人，而是其他人遭遇之，也将为其所害，其并不特定针对我的亲人；自然吹落的飘瓦若掉下来，无论是谁遭遇之，也是皆公平均等的

---

① （清）郭庆藩撰：《庄子集释》，第637—638页。

② 方勇译注：《庄子》，第299页。

③ 《康熙字典》曰：“以，又因也。《诗·邶风》‘何其久也，必有以也’。《左传·昭十三年》‘我之不共，鲁故之以’。注：以鲁故也。《列子·周穆王》‘宋人执而问其以’。”又参见高亨：《诗经今注》，第54页。

对待，若不是我遇到，而是其他人遇到，也将享受同等的待遇，并不特定针对我。复仇者与忮心者正是因为明白了解干将镆铘和飘瓦对所有人皆公平、公正、平等地对待，并没有特定针对我的亲人和我本人这一道理，因此就算现在处于仇怨与嫉恨等不和的情态中，但也不折干将镆铘，不怨恨飘瓦。因怨之产生实来自某一主体对所有人与所有事物未采用同一标准，未公平、公正、平等地对待所有人与所有的事物。是故，天下没有攻战的动乱，没有杀戮的刑罚，不是因为有从无心无情之道，而是因为天下所有人无论对谁，在何事情上，皆无不遵从公平、公正、平等的正义之道。这才是天下不起纷争而无有战乱，人与人之间不相互伤害而无有刑罚的根本原因。孔子曾指出，有国有家者皆“不患寡而患不均”（《论语·季氏》）。只要国与国、家与家、人与人之间皆是公平、公正、平等的，就算皆是贫病穷困的境况，大家皆可接受；国与国之所以战争不断，家与家之所以相互篡夺，人与人之所以总是相互伤害，皆是因为国与国、家与家、人与人之间未能完全地遵守公平、公正、平等的正义原则。

同理，不同于醉者因无知无识而保持精神守全的状态，至人能够在精神绝对清醒的情况下，“死生惊惧不入乎其胸中”（《达生》），任何外物都不能伤害其精神自然守全，无任何可伤之隙的状态；就算作为至大之事的死生，也不能改变其心灵静定平和的状态，也是因为至人完达通达理解死生这一重大的事件，是天道自然对天下人所有人皆公平、公正、平等地赋施之“命”；每一个人皆必有死，天道自然并没有对某些人有特殊性的照顾；因此，对必将到来的死亡这一事件没有任何的惊慌恐惧；所以就算身处无比高危的现实情境中，也没有任何战栗恐惧的情绪，当然也没有任何对天道自然不满与怨怼的情绪。

庄子指出，鲁国的兀者王骀之所以心灵的境界如此地崇高而独特，能够做到“死生亦大矣，而不得与之变，虽天地覆坠，亦将不与之遗”①（《德充符》）；

① 郭象曰：“人虽日变，然死生之变，变之大者也。彼与变俱，故死生不变于彼。斯顺之也。”[（清）郭庆藩撰：《庄子集释》，第189—190页。]郭象揭示了人日日在变，不可能不变，并解释了为何不与之变的原因，但未揭示何物不变。庄子曰“日与物化者，一不化者也”（《则阳》），“不化之一”，指人平和静定的心灵状态。故方勇译曰：“生死虽是大事，却不会影响到自己的心境，即使天塌地陷，也不会与天地一起坠落。”（方勇译注：《庄子》，第80页。）

就算作为至大之事的死生，也不因此改变自己心灵平和静定的状态，就算天地崩塌于前，也不为之失和而色变；皆是因为王骀“审乎无假，而不与物迁，命物之化，而守其宗也”①（《德充符》）；完全地审察知悉道之变化的根本特点，通达明了万物变化的根本规律，因此，始终冥守与道宗同一的心灵，不使之随物迁变。实际上，王骀所审知的道之变化的根本特点，其实就是道对天下万物皆均平无别、平等齐一地施加其自然而无常之“命”这一根本的变化特点；王骀所通达明了的万物变化的根本规律，实际上也是万物之变化对天下的所有人，所有的事物，皆均平无别、平等齐同地施加其有常又无常的决定性的作用与影响这一根本的规律。因此，王骀能够在因无常之“命”丧一足的情况下，还依然始终冥守与道宗同一的状态，不因自身一足之得失和死生之大事而改变自己的心灵静定平和的状态，对天道自然没有任何的怨言怨语。

要之，依据天道自然的流行变化自然呈现出的均平性、同质性、齐一性等变化特点，赋予天道自然以平等性、公平性、无私性、公正性等德性，可以化解人们在遭遇非道德性、无根由性之“命”，甚至是不道德、不正义之命时，所产生的不满、怨怼等不和的情态。庄子基于对人之不满、怨怼等不和之情态化解机制的深入体察，故选择了继续主张天道自然具有无私性、平等性和公平性等品质性的德性，使人们通过对天道自然这一变化特点的理解与体察，化解自身遭受自然而无常之“命”时所产生的不满、怨怼等不和的情态。

第三，庄子选择继续赋予道与天地以无私性、平等性和公平性等品质性的德性，还有化无情无义的天道自然为有温情有道义的“天下母”与“万物之父母”；从而为自己提出由知命、安命而顺命的哲学主张，倡导以无条件安顺人

---

① 成玄英曰：“灵心安审，妙体真元，既与道相应，故不为物所迁变者也。达于分命，冥于外物，唯命唯物，与化俱行，动不乖寂，故恒住其宗本者也。”[（清）郭庆藩撰：《庄子集释》，第190页。]方勇曰：“审视自己没有瑕疵而不与外物一同迁移覆灭，主宰万物的化育而守住大道的宗本不变。”（方勇译注：《庄子》，第80页。）成玄英将“无假”释为作为“真元”的道；方勇认为，“无假”是“无瑕”，相较而言，成玄英之解于义为长。“命物之化”，成玄英实际上将之理解为“明命与物之化”，虽然释“命”还有可商之处，但整体得庄子思想之义旨。方勇取历史上多数注家意见，解为主宰物化，然此解与庄子思想并不相谐，因人在根本上不可能主宰物化，只能顺物之化；至多只能在顺物之化的基础上，使物之化朝自己有利于自身的方向发展。关于“命物之化”之“命”，如何释解更切当，参见本书的“附录二”。

间之父母之“命”的敬顺态度,无条件地安顺于由道与天地、阴阳之“父母”所施授的无可奈何之“命”的哲学思想精神,也即“知其不可奈何而安之若命”的“达命”思想精神,奠定伦理上的思想基础的特殊考虑。

首先,传统将天地自然人格化与道德化的做法,其实具有调和天人关系、化解对天的畏惧、不满、怨恨等情绪的特殊的理论功用与思想功能。传统的“天父地母”与“天地无私”等思想观念,虽然是一种不当地将天地自然人格化与道德化,不当地赋予天地自然人格属性与道德属性的错误的做法,但先民基于天地无偿地赋予人以形体生命和自然本性,并无偿地为人提供富足的育养资源,将天地人格化为自身普遍意义上的“父母”,赋予天地无私、公平、平等的道德性的品质,从而将天人之间的关系理解和构造为“父母与子女”式的温情关系,这一“人化自然”的做法,实际上有利于人们化解对拥有巨大而可怖之未知力量的自然的恐惧感与威压感;并在人们遭受各种由天地所造成的自然灾害时,如台风、暴雨、洪涝、干旱、地震等天灾地祸时,化解对天地的不满、怨恨等情绪;并为人们自觉遵守天地自然的法则也提供了伦理思想上的资源支持。

其次,老子与庄子在将道与天地的本质已完全理解为既无人格性意识、主宰性意志和道德性属性的客观存在的同时,却还继续将道与天地喻比为“天下母”和“万物之父母”;继续使用“不有”“不恃”“不宰”和“无私”“不私”等具有人格性与道德性色彩的语词,形容道与天地对人与万物自然所施加的决定性作用与影响自然呈现出的均平性、同质性、齐一性等变化特点,依此赋予道与天地以无私性、平等性和公平性等品质性的德性;实际上还是将天人之间的关系理解和构造为“父母与子女”式的温情关系。与其说老子与庄子实际上未能完全摆脱传统“天父地母”与“天地无私”等思想观念的影响,故还是一定程度上将道与天地人格化与道德化,毋宁说老子与庄子实际上是深入体察到将道与天地继续视为“天下母”与“万物之父母”所具有的独特的理论功用与思想功能,因此,选择以对之进行思想改造的方式,继承和转化传统的“天父地母”与“天地无私”等思想观念。

如果将道完全地自然化、客观化、祛魅化,完全不以“父母与子女”的关系喻比天人之间的关系，不对之进行一定程度人化的理解，完全不用任何具有人格性与道德性色彩的语词描述它，依此赋予其具有一定人格性与道德性色彩的无私性、平等性和公平性等品质性的德性，如此人们只会如今人般，将道理解为本质是客观性自然存在物的宇宙万物的本原与本体和客观的自然变化规律，只会将道与万物之间的关系理解为冷冰冰的没有任何情感维度的宇宙的本原、本体与自然规律和人类之间。如此，人们只会迫于道之自然本体与客观规律所拥有的强大无比的主宰性力量而遵守宇宙自然的客观变化规律，被动地承受道对人与万物施加的决定性作用，不会以主动接纳来自道的决定性作用的方式，化解自己因此而产生的各种不和之情态。因一旦不再将道视为无私化生和育养天下万物的“天下母”，不将道与万物之间的关系构建为具有人伦性情感温度“母与子”的关系，如此，就不会对道或自然心存有类似于对父母式的感恩与敬畏的情感，也不会将道或自然对人与万物施加的决定性作用之“命”，视为是来自如同父母之尊者的不可抗拒之“命”，以敬顺的态度安然随顺于道的“自然之命”。

与此相似，如果视天地只是无情无义的天地之自然，如此，虽然天地实际上“无私”赋生了人得以在世存在的形体与自生自化的自然本性，但人们不会对天地自然产生类似于对父母式的感恩与敬畏之心；不会以如同安顺于人间之父母之“命”的态度，安顺于天地之“父母”或“不翅于父母”的“阴阳”所赋授之“命”。因此在自身遭受由天地自然而无常的客观变化所决定的悲惨之境遇时，将因不再视天地如同具有无私、平等、公正等德性的父母，因而主动化解对天地自然的不满、怨怼的情绪和自身悲苦的情绪，尽快回归心灵之静定平和的状态，安顺于其所赋予的无可奈何之“命”；反而将因不理解天地对人与万物所施加的决定性作用自然具有均平性、同质性、齐一性等变化特点，易言之，将因不理解天地之“父母”实具有无私性、公平性与平等性等品质性德性，因此而怨天咒天之不公。要言之，原本将道与天地和人与万物之间的关系，理解和构建为“父母与子女”式的温情关系，所具有的调和天人之关系；在人遭受无常性与非道德性之“命”时，化解对天地自然的不满、怨怼等不和的情态，排遣因自身遭受悲惨之境遇而产生的痛苦、悲伤、哀怨、愤恨等情绪，使自己尽快回归心灵静定平和的状态等特殊的理论功用与思想功能皆将消失而不再存在。①

然而老子与庄子事实上并没有走上这一思想道路，而是在深入体察将道与天地继续视为“天下母”与“万物之父母”所具有的独特的理论功用与思想功能的基础上，通过改造传统构建天人之间的“父母与子女”式的温情关系时，不当地赋予天地自然人格性意识与道德性德性等思想不合理之处，继续转化和发展这一思想。其中，庄子在以“天地者，万物之父母也”（《达生》）的思想，继承和转化传统的“天父地母”之思想的基础上，还进一步提出了“父母于子，东西南北，唯命之从。阴阳于人，不翅于父母”（《大宗师》），“是以夫事其亲者，不择地而安之，孝之至也”，“知其不可奈何而安之若命，德之至也”（《人间世》）等思想；倡导人们应以如同人间之孝子无条件地安顺父母之“命”的思想精神，无条件地安顺于由天地之“父母”或“不翅于父母”的阴阳所赋授和决定的无可奈何之“命”，也即唐君毅所言的，以“一全‘不怨天，以对父母之心对天地阴阳，自安于一切人生之境’之精神”，无条件地承担人所遇的一切无可奈何之境。这表明，庄子并非被动受传统的“天父地母”与“天地无私”等思想观念的影响，故沿着传统思想观念发展的惯性，继续阐发道与天地是“天下母”和“天地之父母”，具有无私性、公平性与平等性等德性。实际上，庄子是以其敏锐的思想洞察力，深刻地认识到将天人之间的关系继续理解和构建为“父母与子女”式的关系，化既无情识又无道义的天地自然为有温情有道义的“万物之父母”，具有调和天人之间的紧张关系，化解因遭无常之“命”而产生的对天之不满、怨怼等情绪这一独特的理论功能与思想效果。因此，主动继承和改造传统的“天父地母”与“天地无私”的思想观念，并进一步创造性地发展这一思想。

由此，庄子事实上只取消了传统的“天父地母”与“天地无私”等思想观念，不当地赋予天地自然的人格性意识、主宰性意志和道德性的德性，但依然

① 这或许就是人类随着人自身的智识的成长，有能力将宇宙与天地完全地自然化、客观化、祛魅化后，必然要付出的思想代价。

将道与天地和人与万物之间的关系，理解和构造为“父母与子女”式的具有人伦性情感温度的关系；只是将传统不当赋予天地之“父母”的无私、公平、平等等道德性的属性，改造为形容天地对人与万物施加其决定性的作用自然呈现出的无私性、平等性和公平性等变化特点的品质性的德性，但并未完全取消道与天地一切的德性。由于庄子在继续化无情无义的天地为有温情、有道义的“天地之父母”的思想基础上，还进一步将原本只运用于人间之“父母与子女”之关系的“孝”之伦理，推广运用到天人之间的“父母与子女”的关系之上，因此，极大强化了传统的将天人关系理解和构建为“父母与子女”之关系所具有的独特的理论功能与思想效果。

其一，因道是人与万物无私的“天下母”，基于父母与子女间的“孝”之伦理，如此，人必须以待道如母式的感恩和敬畏之心，无条件地安顺于由道所赋授的“自然之命”。这无疑进一步强化了人接受道的“自然之命”的自觉性。

其二，因天地是无私、平等、公正的“万物之父母”，基于父母与子女间的“孝”之伦理，则人必须自觉听顺天命之使命，自觉地完成由天地之“父母”所赋授的、人一出生即已领受的“尽性”“尽年”等“尽其所受乎天”这一天命的使命。这实际上也强化了人们听顺天命之使命的自觉性。

其三，还是因天地是无私、平等、公正的“万物之父母”，基于父母与子女间的“孝”之伦理，则人必须以如同人间之孝子无条件地安顺于父母之“命”的敬顺态度，无条件地安顺于由天地之“父母”或“不翅于父母”的阴阳所赋授的无可奈何之“命”，甚至是非道德性、无根由性之“命”；由此，主动地化解对天地之“父母”的不满、怨怼等情绪，排遣因此产生的战栗、恐惧、痛苦、悲伤、哀怨等不和之情态，尽快回归心灵静定平和的状态，以无比静定的精神状态安然接受一切由道与天地、阴阳之“父母”所施授的无可奈何之“命”。这也强化了人们安然接受无可奈何之命运的自觉性。

最后，庄子所倡导的以无条件承顺人间之父母之“命”的敬顺态度，无条件地承顺由道与天地、阴阳之“父母”所施授的无可奈何之“命”的精神，也即“知其不可奈何而安之若命”的“达命”思想精神，事实上，奠立在道与天地、阴阳是具有无私性、平等性、公平性等品质性德性的“万物之父母”这一思想基础之上。因只有具备这一前提，才具有将“孝”之伦理由人间之父母推广到天地之父母身上的基础；否则，如果道与天地、阴阳完全是一个偏私性、不平等、不公平的“万物之父母”，则丧失了将“孝”之伦理由人间之父母推广到天地之父母之上的思想基础。

因此，《大宗师》中，子桑在遭受了贫困之极的境遇，霖雨十日需要好友裹饭而往食的时候，虽然苦苦思索自己遭此贫极之命的原因，最后将之归为不知其所以然而然的“自然之命”①，但子桑并未如孙休般说出“则胡罪乎天哉？休恶遇此命也！”（《达生》）等任何怨天之语，还能宽言，“父母岂欲吾贫哉？天无私覆，地无私载，天地岂私贫我哉？”（《大宗师》）这其中所体现出来的“不怨天，以对父母之心对天地阴阳，自安于一切人生之境”的精神，实际上奠立于由子桑所谓的“天无私覆，地无私载”所体现出来的，以道与天地皆是具有无私、平等、公平等德性的“万物之父母”这一独特的思想体认之上。若非通达地理解了道与天地皆是无私、平等、公平的“父母”，子桑亦可能如孙休般怨天之不公。

此外，《大宗师》中，子来之所以能够豁然达观地对待自身死亡的事件，因其完全自我觉悟了人必须以无条件承顺人间之父母之“命”的思想精神，无条件地听从“不翅于父母”的阴阳所迫近的死亡之“命”，因此，对自身即将死亡之事实，没有任何的战栗、恐惧或不满、怨怼等不和之情态。然这一通达地面对自身之死亡的“达命”思想精神，也即“不怨天，以对父母之心对天地阴阳，自安于一切人生之境”的精神，其背后则奠立于子来通达地理解了“不翅于父母”的阴阳，具有无私、平等、公平的德性；故在死生这一至大的事件上，是在对天下人所有人皆公平、公正、平等赋施之“命”这一深刻的思想认识之上。要言之，道与天地、阴阳是无私、平等、公平的“万物之父母”的思想观念，其实为庄子提倡“知其不可奈何而安之若命”的“达命”思想精神，倡导对天地之父

① 宣颖曰：“贫困之来，不能逃也。于是从而揣测之。揣测之而不得其故，乃举而归之于命焉。归之于命，子桑此时一齐放下矣。命者何？大宗师抟捥万化，无臭无声，然而行者已行，生者已生，不可谓无所受也。则不可谓无所授也。提出命字，乃大宗师化权所在，乌得不顺乎！”［（清）宣颖：《南华经解》，第 60 页。］

母也应遵循“孝”之伦理原则等思想，奠定了重要的思想基础。

总之，庄子的“天命论”，是庄子在深刻洞察天道自然的流行变化对人与万物施加决定性的作用与影响具有生化自然、变化无常、公平、无私等变化特点的基础上，由此而提出来的哲学思想，其是庄子整个“达命”哲学思想体系的思想根基。庄子是以“天命”之自然性、无常性和无私性等主要变化特点深刻而独到的思想体察为基础，下贯其对人之“生命”“性命”“运命”的存在本质与变化特点的深刻哲学反思和提出的通达而超越的智慧主张。如“知其不可奈何而安之若命”，这一庄子“达命”哲学重要的思想主张的提出，既奠立于天命的自然变化流行没有人格性意识与主宰性意志控制与干涉，故人所遭之“命”完全是由既有常又无常的天道自然的客观变化规律所决定的无可奈何之结果；同时，也奠立于道与天地、阴阳是具有无私、平等、公平等品质性德性的“万物之父母”，故其对人与万物施授之“命”又具有无私性、平等性和公正性的变化特点，并不特定针对某些人某些事；并且天人之间存在着“父母与子女”式的化生育养与被化生育养的关系，如此，人应当遵循“父母与子女”间所存在的“孝”之伦理要求，如同无条件安顺人间之父母之“命”一样，也无条件地安顺由道与天地、阴阳之“父母”所施授的无可奈何之“命”。这是庄子提出“知其不可奈何而安之若命”，这一“达命”哲学思想关键之主张全部的内在思想逻辑所在。

要而言之，庄子对“天命论”主要具有如下深刻而独到的思想洞见和通达而超越的智慧主张：

第一，庄子通过形式化地资借传统的“命”这一范畴，批判性地继承殷周革命以来形成的深厚的“天命”思想传统和老子、孔子与墨子之天命论中的合理思想成分；最终通过“天即自然”的全新理解，革命性地改造传统的“天命”观念；将传统“天帝的意旨或命令”意义上的“天命”和孔子所谓的“由正义之天所决定的命令”意义上的“天命”，完全改造为指“天道自然对人与万物无时无刻不在施加的决定性作用”意义上的“自然之命”。“自然之命”最根本的存在特点是“天命自然”。“天命自然”，首先，意味着“天命”本身的流行变化，及其对人与万物无时无刻不在施加的决定性的作用，并没有意识和意志进行主宰和控制，其所决定之“命”不是预先决定的“前定之命”。其次，“天命自然”，还意味着“天命”没有任何道德性的恩赏与惩罚的思想意味；“自然之命”经常具有非道德性、无根由性等存在特点，甚至赋命还经常不道德、不正义、完全不知其所以然而然，无法给出符合自然正义原则的解释。最后，“自然之命”，根本而言，来自道对人与万物之存在根本性的决定作用；道是人与万物真正的“真宰”，是人与万物之“命”的根本来源和存在根基。

第二，庄子认为，天道自然的流行变化既有常又无常，既有必然性又有偶然性，这决定了由其所赋授、规限与决定之“命”的变化同样既有常又无常，既有必然性又有偶然性。相较于“命”之“有常性”与“必然性”的一面，庄子其实更加强调“命”之“无常性”与“偶然性”一面的变化特点。庄子在吸收传统的“天命无常论”的思想基础上，创造性地提出了“分无常”即“命无常”的思想，依此深刻揭示了人之命运的无常性，人生际遇的荒谬性，人所遭境遇经常不知“其所自来”的无根由性和不知其所以然而然的自然变化特点。然近现代以来的一些学者，将庄子所谓“命”片面地等同于“必然性”，忽略“命”之变化偶然性的重要特点，使庄子的命论被误解为“强决定论”形态的“命定论”或“客观决定论”形态的“宿命论”，还使庄子完全抹杀了人之“意志自由”“选择自由”与“行动自由”的存在。这一误解因严重改变了庄子命论的思想性质，故极大降低了庄子哲学的学理品质，不仅未能增进对庄子哲学思想的深入理解，反而遮蔽了庄子对宇宙、世界与人生深刻而独到的思想洞见和依此而提出的通达而超越的人生智慧。因此，应回归庄子认为“命”之变化既有必然性又有偶然性这一全面而准确的理解。

第三，庄子之所以继续使用“无私”“不私”等明显具有人格性与道德性色彩的语词，形容道与天地对人与万物施加决定性作用与影响具有无私性、平等性、公平性等变化特点：一是受传统的“天地无私”的观念和老子与孔子的相关思想影响；同时，又是基于自身对天道自然对人与万物施加的决定性的作用与影响自然呈现出均平性、同质性、齐一性等变化特点的深入体察，故选择继承传统的“天无私覆，地无私载”等思想，并进一步提出“道不私”等思想。二是出于人在遭受天道自然对人与万物的非道德性、无根由性之“命”，特别是依人的道德标准看来，完全不道德不正义之“命”时，化解对作为“天下母”的道和作为“万物之父母”的天地之不满、怨怼等不和之情态的思想考量。三是出于化无情无义的天道自然为有温情有道义的“天下母”与“万物之父母”；从而为自己提出由知命、安命而顺命的哲学主张，倡导以无条件安顺人间之父母之“命”的敬顺态度，无条件地安顺于由道与天地、阴阳之“父母”所施授的无可奈何之“命”的哲学思想精神，也即“知其不可奈何而安之若命”的“达命”思想精神，奠定伦理上的思想基础的特殊考虑。

二、生 命 论

“生命论”指庄子以其敏感而独绝的心灵，对天命所规制下的人之生命的存在本质和变化特点等独特的思想洞察，和对人之生命存在的根本意义与价值等问题深刻的哲学反思而提出来的生命哲学思想。“生命论”是庄子“达命”哲学思想体系最为核心的思想主题。虽然“天命论”为庄子“达命”哲学的思想体系奠定了思想根基，但“天命论”其实是为庄子的“生命论”而服务的。[①] 因庄子哲学的根本宗旨，实际上是通过究索造成人生在世总是充满着劳苦忧悲等各种生命存在之痛苦的根本原因，从而实现对人之生命存在的本质、意义与价值的觉解，进而通过区分“天之所为”和“人之所为”，以安顺“天之所为”和遂尽“人之所为”的方式，解脱人生的劳苦忧悲等各种生命存在的痛苦，最终实现生命最大限度的逍遥、自由与解放。

在庄子“达命”哲学思想体系中，“生命论”排序第二，除生命哲学是庄子哲学的根本主题这一原因外，还因为在天所“命”于人的三个根本之“命”，即

① 崔大华指出，“庄子思想发源于对人的精神自由（‘逍遥’）的追求。由这个源头，庄子思想向两个方向展开去。一个方向是对永恒的宇宙根源的热烈的探索，自由就是对它的归依，与它同体；另一个方向就是对现实社会的冷峻的审视，自由就是对它的超脱，与它绝离”。（崔大华：《庄学研究：中国哲学一个观念渊源的历史考察》，第 104—105 页。）崔大华指出了庄子思索洞察宇宙万物的本原与本体的思想动机，实际上也揭示出了庄子思索与洞察“天命”的存在本质与变化特点的思想动机，即为解决作为庄子哲学根本主题的如何实现人之生命最大限度的逍遥、自由与解放这一问题而服务。

人的生命、性命和运命，人的生命相对于人的性命和运命，在现实存在和思想逻辑上皆具有在先性。

首先，人的生命相对于人的性命，具有现实存在和思想逻辑上的在先性。因人的生命实是人的性命存在的载体。在庄子所论的由道而德，由德而命，由命而形，由形而性的生命化生序列中，形在性之先。形是性化生存在的基础，是性的载体和神的寄处之地，性必须依赖形才能存在并发挥功用，这决定了人之生命在现实存在上先于人之性命。因此，人只有在思想上首先理解人之生命存在的原因、本质与变化特点，才能进而解答为何人的性命具有如此的存在性质与变化特点，才能决定应当遵循何种的性命哲学，以辅助人之生命实现最大限度的逍遥、自由与解放。

其次，人的生命相对于人的运命，也具有现实存在和思想逻辑上的在先性。庄子曰：“吾命有在外者也”（《山木》），人的运命是天所“命”于人之外者。庄子对人的生命与运命之内外的区分与标识，揭示了生命与运命对人之存在的意义与价值上的差别。人之运命，作为人之生命于时世所遭遇的无可奈何之境遇，则必须待人以自己的生命，展开自身的生命实践活动后才产生并存在；人只有首先拥有生命，才能以自己的生命去承受人生当中各种无可奈何的运命。因此，生命是运命存在的前提基础。如此，人只有在思想上首先解答生命存在的原因、本质与变化特点，才能解答为何人必然要遭受无可奈何的运命；只有在思想上首先解答生命存在的意义与价值的问题，才能决定应当采取何种的运命哲学，以帮助人之生命实现最大限度的逍遥、自由与解放。所以，人的生命相对人的运命，也具有思想逻辑上的在先性。

在“天命”下贯于人的三个“命”中，因生命是性命与运命存在的共同前提与基础，故在讨论庄子的性命哲学与运命哲学之前，必须首先讨论庄子的生命哲学，依循庄子深刻而独到的思想视角与智慧洞见，分析人既无法拒绝自己的出生也无法拒绝自己的死亡，必定要遭受劳苦忧悲等生命存在之痛苦的根本原因；解析生命存在的本质与变化特点，解答生命存在的意义与价值等问题；然后才能解答庄子为何提出其独特的性命哲学与运命哲学的主张。故庄子的“生命论”，在庄子“达命”的哲学思想体系中，排在“天命论”之下，居于“性命论”和“运命论”之前。

整体而言,庄子的生命哲学与先秦时的其他诸子存在着极大的不同。在庄子之前,老子、孔子与墨子等人在解答人之生命存在的意义与价值等问题时,总是将人置于家国天下的存在场域中,将人放在人群之中,放在君臣、父子、兄弟、夫妇、朋友等人伦性与社会性的关系中,来认识和理解人之生命存在的意义与价值等问题。如老子虽然提出了人之生命的价值高于名利财货之物的价值等思想,但整体而言,老子的哲学本质是一种政治哲学。老子思想的重点在“自然与无为”,主张君主应“道法自然”,无为而治,以实现民众皆复归纯朴自然的本性,甘食美服,却老死不相往来等理想的社会图景。[①] 而孔子思想的核心则在“仁与礼”。孔子要求人们以克己、复礼、为仁等方式,修养成为具有崇高道德品质的君子,依此在国家的治理时“为政以德”,最终实现身修、家齐、国治、天下平的社会理想。墨子思想的重点则在“兼爱与非攻”,试图通过倡导人人皆兼相爱、交相利,从而让人与人、家与家、国与国皆不再相互伤害、篡夺、攻战,最终实现人人皆相亲相爱的理想社会图景。可见,老子、孔子与墨子的思想重心始终放在国家与社会的治理问题上,而非个体生命的存在的问题;而且,始终将人置于家国天下的存在场域和社会性的人伦关系之中,要人在修身、齐家、治国、平天下的社会实践中,实现人生在世存在的意义与价值。

罗安宪指出,“庄子思想和前代及同代人最大的不同在于,他不像老子、孔子、墨子、孟子那样强调社会应当怎样,也不强调我们每个人作为一个社会成员应该怎么样。他更强调的是,我们每个人作为个体的生命存在,如何在现实生活中生存;作为个人,我们应当具有什么样的精神状态,应当过什么样的精神生活”[②]。正指出了庄子思想与老子、孔子、墨子等诸子思想的最大不同。因庄子独特的生命经历,特别是或因遭遇家庭变故,跌入社会的底层,生活曾

① 张默生认为,“老子的哲学,是‘半出世哲学’。他虽富有出世思想,仍然是不能抛却政治而不问,故他总是说:‘无为而无不为’”。(张默生:《庄子新释》,第65页。)

② 罗安宪:《老庄论道》,沈阳出版社2012年版,第80页。

一度极度贫困，直面个人的生死存亡的问题①，遭受了常人难以想象的各种磨难和痛苦这一独特的生命经历②，使庄子哲学思考的重点，不再是先前诸子所重点关注的应采取何种的治国方略与如何让失序的社会重归有序等国家和社会的治理问题③；而是个人的自我的生命存在的问题：如在战乱不断、民生凋敝，生活艰难，并随时存有生命不保之危险，精神高度紧张疲惫的乱世中，应采取何种的生存哲学，使自己生存下来？为何人生在世要遭受如此多劳苦忧悲等痛苦，造成这些生命痛苦的根本原因是什么？在人生无时无刻充满着劳苦忧悲等难以忍受的生命之痛苦的情况下，生命存在的意义和价值是什么？如何通过究索造成人生在世总是充满劳苦忧悲等各种生命之痛苦的根本原因，实现对生命存在的本质、意义与价值的根本觉解，从而解脱劳苦忧悲等各种人生的痛苦，最终实现生命最大限度的逍遥、自由与解放？

---

① 《史记》载庄子曾做过漆园史，并客观指出了庄子“其学无所不窥”（《史记·老子韩非列传》）的事实，表明庄子受过良好的教育，可能出生贵族家庭，早年生活虽不是大富大贵，但生活无忧。《外物》载：“庄周家贫，故往贷粟于监河侯。”《列御寇》还载：“宋人有曹商者，为宋王使秦。其往也，得车数乘，王说之，益车百乘。反于宋，见庄子，曰：‘夫处穷闾阨巷，困窘织屦，槁项黄馘者，商之所短也；一悟万乘之主，而从车百乘者，商之所长也。’”《山木》又载：“庄子衣大布而补之，正緳系履而过魏王。”这些材料则说明庄子中间或因遭受家庭变故（《则阳》的“旧国旧都，望之畅然”，《田子方》的“凡之亡也，不足以丧吾存”等，隐秘地反映了此点），跌入社会的底层，在陋巷以织履为生，生活极度贫苦，衣弊履穿，面黄肌瘦，有时生活无以为继，还得贷粟于他人，直接面对个人与家庭成员的生死存亡之问题。然《庄子》中 10 则的庄惠对话，又说明庄子长期与作为魏相的惠子保持往来；还有《山木》《徐无鬼》《列御寇》等篇章提到庄子弟子，说明庄子尝收徒授业，故庄子的生平后期虽然还身处社会的下层，但生活当有所好转。冯友兰认为，庄子是“一个没落奴隶主阶级的知识分子”。（参见冯友兰：《中国哲学史新编》，第 397 页。）张恒寿、刘笑敢认为，庄子是自由的小生产者或平民知识分子。（参见张恒寿：《庄子新探》，第 382 页；刘笑敢：《庄子哲学及其演变》，“前言”第 1 页。）皆是依据庄子生活的不同阶段而得出不同的结论。颜世安认为，“庄子很可能出身贵族，但是庄子自己这一生是彻底从上层政治以至整个上流社会退出”，“庄子一生主要活动在社会下层”。（颜世安：《庄子评传》，第 10、11 页。）这一描述应较接近庄子生活的现实。

② 颜世安指出，“庄子生逢乱世，他对乱世之中个人所遭遇的种种痛苦有独特体验。这种痛苦的体验，是庄子思想的起点”。（颜世安：《庄子评传》，第 50 页。）

③ 因以常情揆之，当个人的生存都面临问题时，人不可能再去思考宏阔高远的国家与社会的治理问题，而首先是具体而微的个人生存问题。然这并非说，庄子丝毫不关注国家与社会的治理问题，《天地》《天道》等论治道的篇章，表明当采取何种的治国方略，亦是庄子所关注的问题之一。

因此,与老子、孔子、墨子所思考的人,总是身处家国天下的存在场域之中,身处于人群之中,被各种人伦关系所织就的社会关系网网住的人不同,庄子所思考的人,是从家国天下的存在场域中或被动或主动脱离出来,从人群之中独立出来,从各种人伦关系所织就的社会关系网中剥离出来,只能独自面对天道自然和社会历史的强大主宰力量,作为个体存在的人。个体生命这一独特的存在境遇,使其再无法从家国天下的存在场境中,在各种社会性的人伦关系中,找到个人生命存在的本质、意义和价值等问题的答案,只能从自己独自所面对的无时而不移的宇宙大化之流行和被解构了崇高性与神圣性的社会历史之流变中,重新找寻生命存在的意义与价值等问题的答案。

当人或被动或主动从家国天下的存在场域中脱离出来,从人群之中独立出来,从各种人伦关系所织就的社会关系网中剥离出来,成为个体的人后,身后就不再有家国天下的力量可以依托,只能孤零零地独自站立于天地之间,独立面对天道自然和社会历史的强大主宰力量,此时,个体生命存在的脆弱性和各种局限性就开始暴露出来,人生必不可免要遭受的生命存在的各种痛苦也开始凸显出来。庄子对人之生命的哲学思考,就是从其敏感而独绝的心灵所深刻感受到的,人生当中总是不可避免要遭遇劳苦忧悲等各种难以忍受的“生之困苦”。①

(一)生之困苦

人生而降世,其实是被动地由父母带到这个世界中来。庄子指出,任何人皆无法拒绝自己的出生,也无法拒绝自己的死亡;生而为人,人的生命首先必须依托形体而存在,同时又必须不断求养形之物以存形,二者共同决定了人必受生之劳苦;人生而又只具有限之知能,故一生必与忧相伴而生,这又决定了人必定要受生之忧苦;人生而又是具有各种无法免除的生命存在之局限性的

---

① 崔大华指出,“庄子的人生哲学主要是对人生的理想境界和实践方法的思考;这种对人生的思考不同于先秦诸子一般皆开始于、立足于‘人性’,而是发端于、立足于个人生存中的‘困境’,从人生困境中超脱出来,构成了庄子人生哲学的基本的理论方向和内容”。(崔大华:《庄学研究:中国哲学一个观念渊源的历史考察》,第142页。)

“人形”存在物，这又决定了人必定要受生之悲苦。因此，庄子以为，人生的本质，其实是一个必然要受劳苦忧悲等各种难以忍受的生命之痛苦的在世过程。①

第一，庄子以为，“有生必先无离形”与“养形必先之〔以〕物”（《达生》）这两个生命存在的根本规定性，决定了人必然要受生之劳苦。

首先，庄子指出，人生之劳苦，根本而言，实来自于道对人之生命的根本规限，故是人不可逃免的命运。人的生命首先一是由气凝聚而成的“人形”生命体，人的生命必须依赖作为生之前提的“人形”的存在，这是天命所规限的人之生命的根本规定性之一。而作为人生之前提的“人形”生命体的根本特点是，人必须养之。人若不养其形，则形必消亡；形一旦消亡，也就失去了人之生命存在的前提基础。故“养形必先之〔以〕物”，也是天命所规限的人之生命的根本规定性之一。这意味着人为了维持自身“人形”的存在，必须不断地求养形之物。因养形之物是人之身体活动所需能量的来源。人必须依托人之身体的活动展开自己的在世生命实践活动，而身体活动必然要消耗能量。宇宙间任何事物的运动或活动，必然要消耗能量，这是道在化生万物时，为所有的存在物共同规定的根本变化规律之一。因此，生必须由外物所提供的能量维持。

是故，为了不断补充因人生之活动而不断消耗的能量，人必须不断地去求养形之物。这决定了人生首要的活动其实是劳动，也即为求取养形之物而开展的生命实践活动，劳动是人自我维持、发展与实现的前提与基础。人必须不断地去求养形之物，又决定了人必然要“与物相刃相靡”②（《齐物论》），这是人在世存在必不可避免的命运。这意味着人必然要受养形之劳苦。③ 生之劳，实无处可逃。庄子指出，“夫大块载我以形，劳我以生，佚我以老，息我以

① 颜世安指出，“若不能把握这种痛苦，对庄学的理解就会走上轻浮一路”。（颜世安：《庄子评传》，第51—52页。）

② 李振纲曰：“世间的人，有哪个不是念念不忘自己的形体性存在，一直固执到生命的尽头。你有你的形体，别人又有别人的形体，在原本拥挤的人间世，就会形成冲突，构成形与形的碰撞，也就是‘与物相刃相靡’。”（李振纲：《生命的哲学——〈庄子〉文本的另一种解读》，中华书局2009年版，第25页。）

③ 汉语中言“劳动”，概因凡动者皆有劳，凡动者必然要劳。

死”(《大宗师》)。道化生出人之形体以承载人之生命的存在,道对人之生命这一先在的根本规定性,决定了下一步道必然要此“形”而“劳我以生”。故人生之劳苦,从根本上,实来自道对人之生命的根本规定性。因其属来自道之“命”,则意味着其属于人不可抗拒、不可逃避又不可改变的必然命运。道只有等人老得实在劳动不了了,才让人相对佚乐一些,靠子孙之养以维持“载我之形”的存在;道只有等人完全死亡,才让人最终休息。是故,人之一生其实是“终身役役”(《齐物论》),唯死才休的在世历程。

其次,庄子以为,每一个人皆有其所劳所苦,生之劳,实无处可逃。就算大道免于人田间耕作或跋山涉水等劳苦,但人还是要以其他形式的劳动获取养形之物。因每一个人,生而为人,就有“人形”要养,就必定免不了“做人”的劳苦。每一个人皆有每一个人之劳苦,无论身处社会的哪一个层级,从事何种的工作。如为君者要“劳”于治国理政,故魏文侯慨叹曰:“夫魏,真为我累耳!”(《田子方》)因国君作为“有人者”,必然要因“有人”、治人而劳累其形。① 为人臣者作为“见有于人者”,则要“劳”于辅佐君主施政,为君分忧;小吏要“劳”于长官所分配之职分;农夫要“劳”于田间耕作,生产粮食;商贾要“劳”于通货物之有无;一家之长要“劳”于一家之生计。似乎只有不知生计之苦的幼儿没有劳苦,然等其长大后,还是要受无处可逃的养形之劳苦。

再次,庄子指出,多求者与多知多能者,实较之常人更加的苦心劳形。人若不仅只求持生、养生所必需的养形之物,还在此之上“求文以待形”(《山木》),追求各种并非维持人之生命和实现生命的逍遥、自由与解放之所必须,故本质属对人无用且无益,反给人身心带来“离、劳”患累之物,则将不仅更加劳苦,还将因形成对这些文形饰性之物的心理性依待而为其所系缚和拘限,成为“丧己于物,失性于俗”的“倒置之民”(《缮性》),唯有到死才能解脱这一倒悬之苦。

本来,贤达之士聪明好学,学道不倦,追求多知多能,本当是好事,然在庄

---

① 《山木》曰:“故有人者累,见有于人者忧。”陈鼓应译曰:“有人者:掌有人民的。郭象说:‘“有人者”,有之以为己私也。’见有于人者:为人所役用的。”(陈鼓应:《庄子今注今译》,第504页。)

子看来，其实属于“劳形怵心”之事：

阳子居见老聃，曰：“有人于此，向疾强梁，物彻疏明，学道不倦。如是者，可比明王乎？”老聃曰：“是于圣人也，胥易技系，劳形怵心者也。且也虎豹之文来田，猨狙之便、执斄之狗来藉。如是者，可比明王乎！”①(《应帝王》)

庄子指出，如同虎貌因为美丽的花纹而招来田猎，猿猴因为擅长攀爬，便于抓取高处之物，猎狗因嗅觉灵敏，擅长抓捕狐狸而招来拘系一样；如果圣人因“素性聪达，神智捷疾，犹如响应，涉事理务，强干果决，鉴物洞彻，疏通明敏，学道精勤，曾无懈倦”，故多才多能，结果将“无异胥徒劳苦，改易形容。技术工巧，神虑劬劳，故形容变改；系累，故心灵怵惕也”②，反而将因多知多能，如同胥吏总被自己所擅长的技艺所系缚，更加的劳形怵心。故庄子以为，多知多能未必是好事。庄子曰：

巧者劳而知者忧，无能者无所求，饱食而敖游。(《列御寇》)

手巧之人，因其较之常人更加心灵手巧，故大家皆来烦劳他，故比无知无能者更加劳形；多智之士，因鉴物更加洞彻，通达于事物发展的恒常规律，又明敏于发现事物发展趋势的端倪，故较无知无能者更加忧虑将来之事；而无知无能者因不追求所谓的“巧知之能”，结果反而能够“饱食而敖游”。③ 是故，多巧者

---

① 《天地》亦存相似说法曰：“夫子问于老聃曰：‘有人治道若相放，可不可，然不然。辩者有言曰：“离坚白，若县寓。”若是则可谓圣人乎？’老聃曰：‘是胥易技系，劳形怵心者也。执留之狗成思，猿狙之便自山林来。’”

② （清）郭庆藩撰：《庄子集释》，第295页。

③ 张默生指出，“盖庄子生当乱世，社会的分子复杂。懦弱者，固往往被人欺侮；而贤能者，亦有时被人嫉害。人与人之间，终日以智诈相倾，竞斗权能。他既不肯离群索居，而又不愿与之俱化，所以不能不韬光晦迹，而又具此超乎世俗的思想。他由是且倡过‘以无用为用’的言论，这是处乱世比较聪明的法子”。（张默生：《庄子新释》，第60页。）张默生指出了，庄子提出“无用之用”思想的社会原因。在此，庄子对无知无能者的愿羡和称赞，实是因凶险而恶劣的时代生存环境，使人根本不可能自由率性地施展自身多知多能的才华；多少多知多能的才华之士或为昏上乱相所害，或因遭他人嫉恨所害；才使庄子反过来歌颂无知无能无用的好处。虽然庄子这一思想，存有庄子因怨憾于凶险而恶劣的时代生存环境使人们不得自由施展其才华而所说的“反语”意味，但庄子实际上也揭示了，多巧者更劳其形，多智者更累其心，无知无能者更少患累的客观事实。

实更劳其形，多智者实更累其心。实际上，凡有所多求者，皆将被其所多求之物更加苦心劳形。如求名者，必将为名所累①；求利者，必将为利所累②；求权位者，亦必将为高权尊位所累③。

复次，庄子以为，人生之劳，除形劳或身劳以外，实还有神劳（心劳）和性劳。一般而言，劳于力者，多形劳；劳于心者，多神劳；需要缘附他人，委曲己性之人，则多性劳。如惠子因不知万物本来为一，“故劳神明为一”（《齐物论》），结果“外乎子之神，劳乎子之精”（《德充符》）。是为神劳的情形之一。除此以外，还有因凶险无比的生存环境，使人每时每刻必须小心翼翼，精神高度紧张而导致的精神之惫劳。庄子衣大布，正縻系履见魏王时尝指出，“今处昏上乱相之间，而欲无惫，奚可得邪?”（《山木》）贤能之士因不得遇可率性施展自身才华的时势，身处昏上乱相之间，必须一直小心翼翼，战战兢兢，如临深渊，如履薄冰，故精神必不可免要疲弊困惫不堪。性劳者，如颜阖为卫灵公太子师，面对“其德天杀”“其知适足以知人之过，而不知其所以过”（《人间世》）的卫太子时，必须时时刻刻戒惧警慎，就形和心，委曲己性，迁就他人，必然使自己本真的性情惫劳不堪。庄子指出，“形莫若缘，情莫若率。缘则不离，率则不劳”（《山木》）。人只有得遇可率性自由地发挥自己的才华和率任自己本真之性情的适宜的社会环境，才能从根本上摆脱性情之惫劳。

人不仅无法免除劳形累身，还需不断劳心、劳性的根本原因是，“有人之形”就使人必然要“群于人”（《德充符》）；人之存形，就是由作为他人他形的父母带到这个世界中来；这决定了人不仅需要不断“操劳”于求养形之物的身心之劳动，还需要不断“操持”于自己的各种社会人伦之关系。特别是在存在着严格的等级关系，上位者可随意剥夺下位者的生命权的凶险时代环境中，人

① 《渔父》中，渔父评价孔门之士的作为时曰：“仁则仁矣，恐不免其身；苦心劳形，以危其真。”可知，求“仁名”者，必将因求“仁名”而“苦心劳形”。

② 《让王》曰：“能尊生者，虽贵富不以养伤生，虽贫贱不以利累形。”由“以利累形”可知，求利者必将因求利而累其形。

③ 《列御寇》曰：“而况于万乘之主乎！身劳于国，而知尽于事。”由是可知，一旦求为万乘之主，必定要身劳于国，知尽于事。

更要劳形、劳心、劳性地“操持”自己的社会人伦之关系，使自己的生命免受他人的伤害。

人生在世必然存在着根本无法免除的形劳、心劳与性劳之苦，以至于庄子发出深重的慨叹：“生乃徭役，死乃休息也。”[①]庄子认为，人生在世的本质，实是一个需要不断为自己又为他人而操劳、操持，如同自天禀受徭役，劳苦不休的思想，在两千多年后的海德格尔处，获得了思想上的回应。海德格尔指出，“在世本质上就是操心”[②]。海德格尔依据人所操心的不同对象，区分了“操劳”和“操持”这两种不同的情况，并将之归结为“操心”的两个结构环节。其曰，“寓于上手事物的存在可以被把握为操劳，而与他人的在世内照面的共同此在共在可以被把握为操持”[③]。虽然庄子没有像海德格尔那样，依其现象学的方法，逻辑严密地揭示人在世存在的根本结构及其各个环节，但两位相隔两千多年的思想家，在如何看待人在世存在的本质上，取得了惊人的一致。这不是仅用思想巧合可以解释之事，而是思想敏锐的哲学家一旦本真地揭示人生在世存在的本质真相，必将在根本处取得一致。

第二，庄子以为，人之一生始终要与根本无法摆脱的忧之情态相伴而生，这决定了人必不可免要受生之忧苦。

首先，忧是一种人因自身能力有限，不能掌控外物与自身的发展变化趋势等原因而引起的情绪反应，内在包含有思虑深重、担惊受怕、着急不安、烦闷愁苦、郁结难解等多种复杂的情绪感受。庄子指出，“人之生也，与忧俱生，寿者惛惛，久忧不死，何之苦也！”（《至乐》）。人之一生，始终与忧一起共生。因人作为能力有限的存在者，在自己的一生中，始终要遭受各种不以人的意志为转移的天道自然、社会历史和自我生命的客观变化；始终存在着既不由人所掌控但又与自己的生存权益紧密相关的外在事态；如此，人之一生始终要为此类事态担忧思虑，愁苦不已。故忧苦也是人完全无法免除的一种生命存在之痛苦，因其植根于人之生命存在的能力有限性。只要人是只具有有限能力的存在

---

① 此是庄子佚文，参见王叔岷：《庄学管窥》，第 229 页。

② ［德］海德格尔：《存在与时间》，第 222 页。

③ ［德］海德格尔：《存在与时间》，第 222—223 页。

者，忧苦之情态就将与人始终相伴而生。① 庄子以为，就此而言，神智糊涂的长寿者，要更加长久地遭受愁忧之苦；并且天命之使命又要求人必须“尽年”，不能主动求死，这是何其痛苦之事！

其次，庄子以为，因忧愁是人无法摆脱的始终与人之生命相伴而生的一种情态，故无论身处哪一个阶层，每一个人皆必不可免要受生之忧苦。天子、诸侯身处高位，为民之父母，必须忧民，故鲁哀公告闵子曰：“始也吾以南面而君天下，执民之纪而忧其死。”（《德充符》）在战国这一诸侯国之间相互攻战不断的时代，各诸侯王还要时刻忧国之不保，“天下脊脊大乱……万乘之君忧栗乎庙堂之上”（《在宥》）；故市南宜僚见鲁侯时，鲁侯有忧色，并解释曰：“吾学先王之道，修先君之业，吾敬鬼尊贤，亲而行之，无须臾离居。然不免于患，吾是以忧”（《山木》）；“韩、魏相与争侵地。子华子见昭僖侯，昭僖侯有忧色”（《让王》）。仁义之士因性长于仁义，故“蒿目而忧世之患”（《骈拇》）。普通人因苦于“身不得安逸，口不得厚味，形不得美服，目不得好色，耳不得音声”，故“若不得者，则大忧以惧”（《至乐》）。身具富利者，忧自己所积之财的得失；身处尊位者，忧自己所得之高位的得失；未得高名者，又忧名之不显；已得高名者，又忧美名受污。因此，社会中每一个阶层的人，皆有每一个阶层的人之忧。因此，《渔父》曰：

> 田荒室露，衣食不足，征赋不属，妻妾不和，长少无序，庶人之忧也；能不胜任，官事不治，行不清白，群下荒怠，功美不有，爵禄不持，大夫之忧也；廷无忠臣，国家昏乱，工技不巧，贡职不美，春秋后伦，不顺天子，诸侯之忧也；阴阳不和，寒暑不时，以伤庶物，诸侯暴乱，擅相攘伐，以残民人，礼乐不节，财用穷匮，人伦不饬，百姓淫乱，天子有司之忧也。（《渔父》）

自天子以至庶人，每一个阶层的人，莫不有忧。虽然每一个阶层的人，所忧不同，但他们皆每时每刻“与忧俱生”。

再次，从人有形体生命就必有所求的角度来说，人生之忧苦为人之所不免

① 林自曰：“无乐则不忧，无身则不死，求其至乐而不忧，活身而不死者，无有也。”[方勇：《庄子纂要》（二），第787页。]

者，乃因每一个人皆有所求，皆有所重。人既忧自己所看重所追求之物之不得，又忧自己所看重所追求的已得之物之失。然人所求之物，所重之物，皆有着自身不以人之意志为转移的客观变化规律。若这些事物遵守的变化规律皆是恒常的客观变化规律，则人可以通过遵守事物恒常的客观变化规律，更长地持守这些事物。然这些事物遵守的变化规律，既有人所无法抗拒的“恒常”地向着自己的对立面转化的变化规律，又有着人所无法掌控的变换“无常”的变化特点。特别是事物变化的“无常性”的存在，使事物的变化具有不确定性与偶然性，人根本无法预知下一个变化是何种之情形，这就使人无法通过遵循恒常的变化规律而尽量避免已得之物的丧失，如此将使人“忧”之更甚。因根本而言，人生之忧苦奠定于人根本无法摆脱的，作为被他者化生的人必然要存在的无可免除的生命存在之局限性。

第三，庄子以为，人所存在的寿年有限，一受其存形，只能被动等死等生命存在的各种局限性，则使人必不可免要受生之悲苦。

“悲”是人因外物之得失或因自身能力有限，所愿不得等而引起的一种情绪反应，也内在包含着多种复杂的情绪感受，既包括哀伤、痛苦、愤怒、沮丧等较负面的情感，也包括矜惜、怜悯等较正面的情感。庄子所谓的“悲”，有些是为世人之不智而悲。如庄子曰：

> 几何侥幸而不丧人之国乎！其存人之国也，无万分之一；而丧人之国也，一不成而万有余丧矣。悲夫，有土者之不知也！（《在宥》）
>
> 不亦悲乎！大声不入于里耳，《折杨》、《皇荂》，则嗑然而笑。①（《天地》）
>
> 今世俗之君子，多危身弃生以殉物，岂不悲哉！（《让王》）

此一类的悲，是庄子因世人之不智，做出了错误的选择或行动，因此而丧失了土地、人口或整个国家，失去了获得雅乐、至言与智慧等机会，甚至于丧失了自己的本性与生命，故为之感到可惜和悲怜。此一类的悲，体现了庄子悲天怜人

---

① 林希逸曰：“《折杨》《皇荂》，里巷之曲名也。大声，古乐也，喻其至高之论也。不止于众人之心者，与之说，不入也。《折杨》《皇荂》，比俗言也，俗言胜则至言隐矣。”［（宋）林希逸：《庄子鬳斋口义校注》，第410页。］

的思想情怀。

然庄子之“悲”，更多则是为人之生命所存在的各种局限性而感到的悲哀、痛苦。此类之悲是为人生根本之悲哀。庄子曰：

> 小知不及大知，小年不及大年。奚以知其然也？朝菌不知晦朔，蟪蛄不知春秋，此小年也。楚之南有冥灵者，以五百岁为春，五百岁为秋；上古有大椿者，以八千岁为春，八千岁为秋，〔此大年也〕。而彭祖乃今以久特闻，众人匹之，不亦悲乎！① （《逍遥游》）

庄子之悲，首先是为身为“人形”之存在物，人的生命之寿年极其短暂而感到悲哀、痛苦。庄子曾指出，若造化者在重新化物时，有人“特犯人之形而犹喜之”，“而曰‘人耳人耳’。夫造化者必以为不祥之人”（《大宗师》）。因当我们的生命成为“人形”的存在物，实没有任何值得可喜的地方，恰恰应感到极度的悲哀。因成为“人形”的生命存在物，存在着各种的生命局限性。如人类的寿命，以传说中寿命最长的彭祖言之②，才八百余岁。现实中，人实际上差不多只能活百二余岁。庄子说，楚之南的冥灵，“以五百岁为春，五百岁为秋”，则其一个“大年”就相当于人类的两千岁。假定冥灵能活其五百个“大年”③，则其相当于人类寿命的一百万岁！而上古之大椿树，“以八千岁为春，八千岁为秋”，如此其一个“大年”就相当于人类的三万两千岁。假定其能活八千个“大年”，则相当于人类寿命的两亿五千六百万岁！何况以人有限之年寿，如同“朝菌不知晦朔，蟪蛄不知春秋”，根本不知道冥灵与大椿树到底能活多少个各自的“大年”！故当将人类的寿命和冥灵、大椿树的寿年相比时，如何能够不让人悲从中来！因此，生而为“人形”的存在物，意味着必须承受“人形”

---

① 王叔岷指出，“陈碧虚阙误引成玄英本‘八千岁为秋’下，有‘此大年也’四字，与上文‘此小年也’相对而言，当据补”。（王叔岷：《庄子校诠》，第14页。）其见是，今据补。

② 成玄英曰：“彭祖者，姓籛，名铿，帝颛顼之玄孙也。善养性，能调鼎，进雉羹于尧，尧封于彭城，其道可祖，故谓之彭祖。历夏经殷至周，年八百岁矣。”［（清）郭庆藩撰：《庄子集释》，第13页。］

③ 为何假定冥灵能活五百个“大年”？因为人之“小年”，一季三个月约120天。而120岁则约略等于现实中人类寿命之长度。故假定冥灵能活其“大年”的一季之数。后文假定大椿树能活八千岁，亦同此理。

这一生命存在形态的各种局限性。故当有人要即将“更生”之时，丝毫不知身为“人之形”的存在物的各种局限性，还大声呼救将自己变化成“人之形”，这正是使“造化者”感到不解，故将此“人”认定为“不祥之人”的根本原因。

其次，作为“人形”之存在，人之生命的可悲之处还在于，人自“一受其存形”，便要承受“不亡以待尽”，且“行尽如驰，而莫之能止”的必然命运。庄子曰：

> 一受其存形，不亡以待尽。与物相刃相靡，其行尽如驰，而莫之能止，不亦悲乎！①（《齐物论》）

“一”是表不确定之开始的“一旦”义，故“一”揭示了人禀受存形的不确定性与偶发性。“受”表明人之存形乃禀受自天地之“父母”，而天地之“父母”在赋授时丝毫不管人本身的意愿与喜好，故“受”揭示了人之生命的被给予性和不可抗拒性。“存形”则揭示了天地之“父母”授予人形体的目的是让人用以生存。“不亡”则指示了存形暂时还存，未完全消亡殆尽的状态。然无物不化、无物不亡的自然变化规律决定了存形终有一天必将消亡而殆尽，“尽”正指示了每一个存形最终的必然的命运。而“待”字则深刻揭示了“尽”这一存形最终的必然的命运何时到来，却非由人完全自主决定的特点，人其实如同等待戈多一样，只能被动地等待无可抗拒的“尽”这一最终的必然的命运自动到来。

因此，庄子所谓的“一受其存形，不亡以待尽”，作为一个整体，深刻揭示了人生在世存在的本质真相：人只是偶然性地经人间之父母之手，自天地之“父母”处，无可抗拒、被动禀受了用以暂时生存的形体；而天地之“父母”授予人这一存在的形体，目的却只是让人暂时性的生存；人之一生其实只是暂时性地处于生故形还存，未完全消亡的状态，但自人禀受存形开始生的那一刻起，

---

① 《田子方》亦曰：“吾一受其成形，而不化以待尽，效物而动，日夜无隙，而不知其所终。”王叔岷曰：“郭庆藩《集释本》亡作忘。刘师培校补云：‘“不忘”《田子方》篇作“不化”。窃以忘即化讹，“不化”犹云“弗变”，下云“其形化”，即蒙此言。盖匕、亡形近，匕讹为亡，俗本竟以忘易之。’匕、化古、今字。”（王叔岷：《庄子校诠》，第55页。）实际上，《齐物论》的“亡”不必与《田子方》同作“化”。无物不化，“亡”即“化”之一种，只不过“亡”所言之化偏向指本有之物由有向无之化，而化既可以指由有向无之化，亦可以指由无向有之化。

人必然消亡而殆尽的命运就已然先行决定,但何时到来,却非由人完全自主,人只能被动地等待无可抗拒的“尽”这一存形最终的必然的命运自动到来。是故,每一个人皆不可抗拒、无从逃避又无法改变的人生之必然命运是:偶然性地被动禀受存形,暂时不亡以生,然每时每刻却在向死而行,只能被动等待最终“亡尽”的必然命运的自然到来。

庄子还指出,在人生而待死,向死而行的在世过程中,人还要一直承受“与物相刃相靡”①的必然命运。因人所禀之存形,如欲使之持存,必须不断地以物养之,这决定了人必须不断地去求养形之物;如此,人就必然无法逃脱必须与外物“相刃相靡”的命运。“相刃”,形象描述了人为求取养形之物或超乎其上的其他外物,与他物、他人相互争斗,如同直接白刃相见、相互厮杀的情形;“相靡”,也形象描述了人在求取外物的过程,与他物、他人不断发生摩擦的情形。② 人的生命在与他物、他人不断相互厮杀、相互摩擦的过程中,活力不断地日渐损耗,这更加速了人之向死行进的历程。如同骤马不断加速向前奔驰,人向着死亡这一必然的人生之终点不断加速行进的变化趋势和行进速度,又是人根本无法加以停止的变化趋势和可以改变的客观现实。天道自然所赋授的“一受其存形,不亡以待尽”的必然命运,规定着人只能单向地朝着死亡之终点而加速行进,既无力抗拒、无从逃避又无力改变。当人只能无奈地看着自己被生必向死而行这一必然性的变化态势驱使着,不断向着自己死亡的终点而加速行进;只能眼睁睁地看着自己被必然性的锁链,一步步地拖向最终消亡而殆尽的虚无深渊而“莫之能止”,这又如何不让人悲从中来!

再次,庄子又为人之生命既不能拒绝自己的出生,又不能阻止自己的死亡的存在局限性而感到极度之悲苦。庄子曰:

> 生之来不能却,其去不能止。悲夫!(《达生》)

---

① 马其昶引王闿运曰:“靡同䃺。”[(清)马其昶:《定本庄子故》,第11页。]又䃺、磨是古今字。

② 杨国荣指出,“‘一受其成形’,即一旦成而为人,则人的悲剧性生活也就开始了。人来到这个世界之后,从年少到年老,忙忙碌碌,既与物打交道,又与人彼此互动,终其一生,都为各种身外之事所支配,后者包括逐利与求名;与名利相关的诸种外在社会因素,都构成了对人的束缚和限定”。(杨国荣:《庄子的思想世界》,第372页。)

庄子在此形象地以“来”形容每一个人获得生命的情形。“来”意味着生并非人本然所有，而是自外而来；生未经人主动请求，亦未尝过问人之意愿与喜好就意外而来，意味着生非人所能自主掌控之事；并且，有来必有去，这又决定了终有一天生又将离人而去。每一个人皆无法拒绝自己的生之到来，也无法阻止自己的生之离去，这是人之生命存在体无法摆脱的生命局限性。因天道自然规定着每一个人的出生方式，根本就不由人自主决定，而在一定程度上由人之父母决定；然父母之决定又非完全之决定，因为人之出生，实是极具偶然性的事件，有时父母未有决定，人却意外而出生。人出生的这些偶然性，可以说由天道自然变化的偶然性所决定的，就此可以言，人之出生，实由“天”定或“命”定。故庄子曰：“死生，命也。”（《大宗师》）人不是自己出生事件的决定者，“天”或“命”才是人之出生事件的最终决定者；而“天命”所拥有的强大无比之主宰力量和以此为依托的生命化生之客观规律，又非人所能抗拒，这意味着人完全无法拒绝自己的出生而降临于世界。

天道自然对人之生命存在形态的根本规定，在人出生之事件上，根本就没有赋予人拒绝自己出生的能力。① 在天道自然所规限的人之当下的生命存在方式，人化生之初的懵懂无知与出生之时弱小无比的力量，使人如同被抛入这个世界中存在一样，根本无力拒绝被自己的两个“父母”联手被动地带到这个世界中来的命运。因此，每一个人的出生，本质皆是被出“生”；人皆是被动地被给予“生之命”，皆是只能被动地接受“生”之到来；完全无力抗拒、拒绝或改变自己生命的被给予性。故在人产生能够自觉其生的自我意识，和依此而进一步培养出的拒绝之能力前，人“生”已然是一个既定的事实性的存在。人对自己的生命所能做的第一件事，只能是接受、接纳自己生命的全部存在，无论

① 刘慈欣的科幻小说《人生》中，设想了一个胎儿在未出世之前，以生命科学的技术，通过与母亲脐带的联系而分享了母亲所有在世的记忆，具有了成人完全的感受、经验和思考、决断的智能。这个胎儿在通过母亲的全部记忆而提前感受、经验了在世存在之各种痛苦之后，在即将出生之前夕，用自己的小手拉断了自己的脐带，拒绝了自己的出生。若人能够提前感知在世存在的各种劳苦忧悲，很多人之选择或许会与这一胎儿的选择相同，拒绝自己的出生。然事实上，人并没有被赋予这种拒绝出生的能力。“生之命”自拥有强大无比之主宰力量的天地之“父母”而来，完全不可拒绝。

两“父母”共同联手所给予的是美还是丑,是强大还是弱小,是完全健康还是有所残缺的生命。①

庄子对生命之被动给予性的深刻揭示,在海德格尔处也获得了义旨完全一致的思想回应。海德格尔曾指出,人的在世存在,具有一种人无法完全自主的“被抛”的性质,其曰:“此在的这种展开了的存在性质,这个‘它存在着’,我们称之为这一存在者被抛入它的此的被抛情况(Geworfenheit)。”②海德格尔亦揭示了,人作为此在,其实是被天命抛入“此”之存在中;事实上,所有在世存在的事物无不是被抛入世界之中而存在,故此,“在……中”成为此在先天自带的生存论结构;并且,人的在世存在也总是处于一种被“抛掷状态”之中,因人的生存活动总是具有不完全由人自主这一性质。

人不仅完全不能拒绝自己的出生,还不能阻止自己不断向“死尽”之终点行进的必然变化历程,是为人生当中最大的可悲之事。庄子指出:“生也死之徒。”(《知北游》)成玄英曰:“气聚而生,犹是死之徒类。”③王叔岷曰:“徒犹类。”④庄子以为,生命是有死之类的存在。只有是有死之类的存在,才能不断地更生,不断地获得新的生命存在与形态;若生命是不死之类的存在,则意味着生命永远只有一种存在形式与形态;严格而言,完全不死之物其实是完全不化之物,也即状态完全固定不动的恒寂之物。因若物若有所化,则必有死,要么部分,要么整体死去。故有所化,有所生,则必有死,是为天道自然对有化有生之物的根本规定。这意味人之生命必然要不断地走向死亡。死是由天道自然所决定的完全不可抗拒的必然之“命”,决定了人完全无法拒绝自己的死亡,完全无法阻止任何有生之物的生之离去。虽然人以理达情,可以通达地理

① 王博指出,“形体是人无法控制的领域,我们具有什么样的形体,譬如我们生来就是残疾或者健美,并不取决于我们自己,也不取决于我们的父母,这是‘天’的事情”。(王博:《庄子哲学》,第54页。)

② [德]海德格尔:《存在与时间》,第157页。海德格尔又曰:“只要此在作为其所是的东西而存在,它就总处在抛掷状态中而且被卷入常人的非本真状态的旋涡中。”([德]海德格尔:《存在与时间》,第207页。)

③ (清)郭庆藩撰:《庄子集释》,第733页。

④ 王叔岷:《庄子校诠》,第808页。

解死亡是人不可避免的必然之命,然人非草木,孰能无情!故当人只能眼睁睁地看着自己深爱之人离己而去,这又如何不让人悲从中来!因此,以庄子完全看透生死之本质的大智慧和自己一直倡导的达命哲学精神,在面对自己心爱的妻子之死亡时,亦不可避免地悲慨曰,“我独何能无槩然!”(《至乐》)

复次,庄子以为,人之生命存在的可悲,还在于人根本无法拒绝悲、乐等情感的产生和来去。庄子曰:

> 山林与!皋壤与!〔与我无亲〕,使我欣欣然而乐与!乐未毕也,哀又继之。哀乐之来,吾不能御,其去弗能止。悲夫,世之人直为物逆旅耳!夫知遇而不知所不遇,能能而不能所不能;无知无能者,固人之所不免也。夫务免乎人之所不免者,岂不亦悲哉![①] (《知北游》)

庄子说,山林与湖泽边美丽的风景,本与我一点亲近的关系都没有,却使我欣然而乐。然欣乐之情还未结束,悲哀之情却接踵而来。庄子为何在见山林与皋壤而欣乐,忽又哀伤不已?郭象曰:“山林皋壤,未善于我,而我便乐之,此为无故而乐也。夫无故而乐,亦无故而哀也。”[②]郭象认为,哀乐之来具有无故性。事实上,哀乐之来皆有其故。当人面对美好的事物时,转念将觉任何美好的事物皆无法长久,一念及此,莫不感到伤悲不已。[③] 由此可见,情绪变化具有转换无常的特点。因人之情感,是人依据对外在客观事物变化的认识而自

---

① 陈景元曰:“‘山林与!皋壤与!与我无亲,使我欣欣然而乐与!’见江南古藏本。”[(宋)陈景元:《南华真经章句余事》,《道藏》第15册,第958页。]郭象注曰:“山林皋壤,未善于我,而我便乐之,此为无故而乐也。”[(清)郭庆藩撰:《庄子集释》,第767页。]王叔岷先认为,“注‘未善于我’,似对‘与我无亲’而言,疑郭本原有此四字”。(王叔岷:《庄子校诠》,第848页。)其见是,当据补。“能能”原作“知能能”。郭注云:“知与不知,能与不能,制不由我也,当付之自然耳。”成玄英云:“分之所遇,知则知之,不遇者不能知也;分之所能,能则能之,性之不能,不可能也。”[(清)郭庆藩撰:《庄子集释》,第768页。]马其昶曰:“郭注以‘知与不知,能与不能’并言。似‘能能’上衍一知字。”[(清)马其昶:《定本庄子故》,第156页。]于省吾曰:“敦煌古抄本无知字,按敦煌本是也。”(于省吾:《双剑誃诸子新证》上,中华书局2009年版,第621页。)王叔岷先亦曰:“‘能能’上衍知字。”(王叔岷:《庄子校诠》,第849页。)三见皆是,当删“知”字。

② (清)郭庆藩撰:《庄子集释》,第767页。

③ 林希逸指出,“凡人游于山林车壤之间,其始也必乐,既乐则必有所感,感则哀矣,《兰亭记》中正用此意。因物而乐,因物而哀,去来于我皆不自由,则我之此心是哀乐之旅舍也,此言自无主人公,为物所动也”。[(宋)林希逸:《庄子鬳斋口义校注》,第348页。]

然产生的一种身心反应。人之情感的产生受外物客观的变化的影响，同时，情绪反应机制作为人之生命长期进化过程中自然形成的反应机制，并不由人的理性意识完全自主控制，故情绪变化具有不由自主、情不自禁的特点。庄子所谓的“哀乐之来，吾不能御，其去弗能止”，即形象地揭示了人之情感的变化特点：人既不能禁止哀乐之情不生，又不能禁止哀乐之情不去；故哀乐之情，其来不能御抵，其去又不能强止。

人无法完全自主掌控自己的情感的产生和来去，若以情感为主体描述之即：哀乐等情感完全将人之身体，当作暂时寄处的旅馆一般，爱来就来，爱去便去，丝毫不管人的感受如何！人连在己身之物，都无法完全自主地控制；哀乐之情都可视人之身如同逆旅一般，又如何不让人悲从中来！念言及此，不由自主而生悲！人若又为此悲不由自主而生或不由自我控制而悲之，如此而生悲，则悲情之生将无有穷止之时！庄子尝曰：“我悲人之自丧者，吾又悲夫悲人者，吾又悲夫悲人之悲者，其后而日远矣！”①（《徐无鬼》）我若为他人自我鬻卖其才而自丧其生其性而悲，我作为悲人者，不由自主而产生悲情，此又是可悲之事，故吾又悲乎我之悲人者；吾作为悲乎我之悲人者，又不由自主而生悲哀之情，此仍是可悲之事，故吾又悲乎吾悲乎我悲人之可悲者；如此而生悲，则人生悲哀之情将无有穷止之时！

还次，庄子以为，人生而为人最为根本的悲哀是，人根本不可能免除人必不可免的无知无能的局限性，也即“不能免乎人之所不免的无知无能”这一生命存在的根本局限性。庄子刚为人之生命只不过是哀乐等情态的“逆旅”，人不能自主自我情绪的来去而感到悲哀；通过思想反思，庄子认识到这其实是人之无知无能，也即人之生命局限性的表现。庄子由此进一步指出，身为“人形”的生命体，人之知能存在着根本的局限性。

其一，人只能认识其所遇到的事物，而不能认识其没有遇到的事物。可

① 陈鼓应曰：“唉！我悲伤人的自我迷失，我又悲伤那些悲伤人的人，我又悲伤那悲伤人的悲伤，然后一天天地远离衒鬻而达到泊然无心的境界。”（陈鼓应：《庄子今注今译》，第647页。）陈鼓应将“悲人者”译解“悲伤人的人”，不确，因此“悲人者”还指前句的“我”；还有将“其后而日远矣”，译解为远离衒鬻，亦值得商榷，因其实际上指悲情无穷延伸，日渐离远。

知,庄子实以“遇”为人之“知”的产生前提。虽然以当下所有的胜于庄子的思想认识,我们可以指出,人其实可以依据事物类本质的同一性,事物恒常不变的变化规律性和逻辑推演的规则等,将人所认识到的个体事物的存在本质和变化规律,推广到同类的事物或所有的事物之上,人也能知所不遇的事实。但只要是由不能完全列举的归纳和在此基础之上的逻辑演绎共同推演而得的间接性的普遍性知识,实质皆是无法以实践性的验证手段全部验证其正确性的普遍性知识。人们只不过因其现阶段还未发现解构此一普遍性的反例,故而相信其是真理。但此一真理其实是在人之信念加持下的“真理”,与人在由可完全列举归纳而得的一类事物的普遍本质与变化规律的认识之基础上,再以实践性的验证手段完全验证无误的真理,存在着性质上的重要不同。故可以说,“遇”是人确保人之“知”完全为“真”的前提性条件。就此而言,庄子言,人只能“知遇而不知所不遇”,其实成立。

其二,人只能做自己的性分本性之能力所能做到的事情,而不能做自己的性分本性之能力所不能做到的事情。虽然个体之间存在着能力的差异,故在我做不到而其他人能够做到的情况下,人可以依托其他个体的能力完成自己所做不到的事情。另外,人的能力实际上也是不断发展的历时性的范畴,当下人不能做到,并不意味着原先做不到的全部事情,在将来还继续全部是人做不到的事情;其中有些可转化为人可以做到的事情,此类事情其实属人之暂时所无奈何之事;但人力毕竟有其穷止之处,有很多的事情是人无论是现在,还是将来皆不可能做到之事,故它们属人之性分本性能力所完全无可奈何者。就此而言,庄子言,人只能“能能而不能所不能”,事实上也完全成立。

因此,庄子深刻揭示人之生命的根本局限性:“无知无能者,固人之所不免也”,即是要人承认并接受人之生命存在着“不能免乎人之所不免的无知无能”这一客观的事实。庄子提出,“达生之情者,不务生之所无以为;达命之情者,不务〔命〕之所无奈何”(《达生》),目的也是让人们深刻认识到并承认和接受,人生当中存在着很多属人的性分本性之能力所无以为和所无奈何之事,因此,人最为明智的应对此类事情的智慧策略是,不去从事那些超出人的性分本性之能力以外的事情。虽然庄子因限于其所处之时代的整体认识水平,未能认识到人之性分能力是一个随人不断拓展的实践活动而不断发展变化，能力不断变强的历时性范畴；故未能将人之所无奈何者进一步区分为人之暂时所无奈何者和人之完全所无奈何者；但其提出的“不务生之所无以为”“不务命之所无奈何”主张，在应对人之完全所无奈何者方面，是完全正确的智慧应对策略。因此，人若不能认识到“无知无能者，固人之所不免也”，还在“务免乎人之所不免者”，是为最大的不智。故庄子最后又为绝大多数的世人不能通达人生当中有些事情实属人之“完全无知无能者”，还在不断“务免乎人之所不免者”而感到悲哀和怜悯。由此，庄子又揭示了人类存在的另一重要的可悲之局限性：绝大多数世人其实缺乏透达事物存在的本质和依此采取明智的应对策略的人生智慧，而这一人之生命存在的局限性，决定了绝对多数的世人将比通达的智者承受更多的人生之痛苦。

事实上，庄子所谓的“人之所不免”者，本质皆是由天命所赋授和规限的人之存在的根本规定性；因其来自天道自然之“命”，故才成其为“人之所不免”者。故“人之所不免”者事实上涵括甚广，除此处庄子所谓的“知遇而不知所不遇，能能而不能所不能”外，其实还包括前文所阐发的“有生必先无离形”“养形必先之〔以〕物”（《达生》），“一受其存形，不亡以待尽。与物相刃相靡，其行尽如驰，而莫之能止”（《齐物论》）和“生之来不能却，其去不能止”（《达生》）等生命存在的根本规定性。因此，综合上之所论，人之生命存在的根本无法免除的“人之所不免”者可归纳概括为：

其一，人不能免于自己的生命是不能离“形”且必须养其“形”的生命存在体。易言之，人不能免于自己用来作生存前提的形体生命，是一个需要不断用养形之物补充活动能量的生命体，是一个有“欲望”的形体。正是因人不能免于自己的生命是有欲望的生命体，因此，决定了人必然无法逃免养形、存形之劳苦。

其二，人不能免于自己的生命是一个哀乐等情态以之为“逆旅”的生命体。易言之，人不能免于自己的生命是一个有“情”并且不能自主其“情”的生命体。若人之生命从根本上是一个“无情物”，如此，人也就不会感受到劳苦、忧苦、悲苦等人生当中各种难以忍受的生命存在之痛苦。然天生人之生命就是一个有“情”并且不能自主其“情”的生命体，这决定了人必然无法逃免要受劳苦忧悲等各种生命存在之痛苦的命运。

其三，人还不能免于自己的生命是一个只具“有限之知能”的生命体。若人之生命根本就是一个“无知无能之物”，如此，虽然人的生命是有情的生命体，但因人天生无知无能，不能感知情感的产生和来去，人也就不会感受到劳苦、忧苦、悲苦等生命中存在的各种痛苦。若人之生命是一个“全知全能之物”，则人之所愿皆可得，人之所恶皆可去，如此，人也不会产生求不得、怨憎会等生命存在的痛苦。然偏偏天生人只是一个只具“有限之知能”的生命体，故人只能“知遇而不知所不遇，能能而不能所不能”；只能拥有有限之寿年。在出生之事件上，只能选择生，不能选择不生；在死亡之事件上，只能选择死，不能选择不死，只能承受“一受其存形，不亡以待尽”等必然的命运。

正是上述三个由天道自然所赋授与规限的人之生命存在的根本局限性，决定了人必定要受劳苦悲忧等生命存在的痛苦。生命存在的痛苦既然是植根于人之生命存在本身的根本规定性，意味着痛苦本身其实是生命存在的不可避免的必然构成部分。就此而言，苦其实是人生存在的本质。一个完全没有任何痛苦的人生，对人而言是完全不可能的妄想与幻象；只有无情之物，才没有痛苦；生为有情，必然有苦。庄子对人生的本质实为苦的敏锐洞察与深刻揭示，丝毫不亚于佛祖乔达摩·悉达多对人生的苦之本质的敏锐洞察与深刻揭示。只不过，与乔达摩·悉达多对人生之苦的彻底解脱与解放，人生之目的、意义与价值，人生最终所追求的理想境界等人生根本问题的思考答案不同，庄子走上了一条完全不同于佛教的解脱人生之苦的道路。①

（二）生之觉解

当庄子以其独绝而敏感的心灵，深刻体察人生在世的劳苦忧悲等各种生命存在的痛苦，庄子就已开始思索人生必然要受劳苦悲忧等生命存在之痛苦

---

①　崔大华指出，“庄子在对生命短暂的深沉的慨叹中蕴含着对现世生活、生命的积极的肯定，不同于原始佛教思想把现世生活、生命本身看作是苦难，因而对人生表现出恶、负担的那种观念和态度”。（崔大华：《庄学研究：中国哲学一个观念渊源的历史考察》，第 143 页。）

的根本原因，并从最根本处深刻揭示了，人因是受道对人之生命存在规定性的规限，因此，必然要受劳苦悲忧等生命存在的痛苦。但如果人生，就意味着必然要受劳苦悲忧等生命存在的痛苦，那人之生命存在的意义与价值何在？①人为何还要生，为何不可以选择早死早解脱？到底有无解脱这些生之劳苦忧悲等生命存在之痛苦的办法？如何才能最大程度解脱人之生命存在的各种痛苦，实现人之生命最大程度的逍遥、自由与解放？

由此，要实现人生彻底之觉解，不仅需要洞达人生在世必受劳苦悲忧等各种痛苦的根本原因是什么，还要求人们进一步觉解人之生命存在的根本目的、意义与价值，进而找到最大程度解脱人之生命存在的各种痛苦，最大程度实现人之生命的逍遥、自由与解放之境界的方法。

第一，事实上，庄子不仅从"命"这一角度入手，解答为何人之生命总是存在着各种痛苦的原因；也从"命"这一角度入手，解答人之生命存在的根本目的、意义与价值的问题。

首先，庄子以人之生来自于天道自然之"命"，解答为何人之生命总是存在着各种必不可免的生命存在之痛苦。《大宗师》曰：

> 死生，命也；其有夜旦之常，天也；人之有所不得与，皆物之情也。（《大宗师》）

"死生，命也"，不仅指出了人之死是"天命"，还指出了人之生也是"天命"。"生由天命"则意味着：

其一，人之生命，不是人本然所有之物，而是直接来自人间之"父母"，间接来自天地之"父母"，根本而言来自"道"之"天下母"等上位者的"命"授。既然是来自上位者的"命"授，则其如何"命"，赋授物本然具有什么，就非人自己所能自主决定或参与决定，而是完全由上位者决定②；人只能被动地禀受、

① 罗安宪指出，"在这样一个动乱的时代，在这样一个虽有济世之志，但任何救世之方都无由得施的时代，生灵涂炭，精神飘零而无处安顿，人的生命价值究竟安在？人的精神家园又在何处？这是一个时代课题，这一时代课题也正是庄子哲学的基本课题"。（罗安宪：《虚静与逍遥——道家心性论研究》，第108页。）

② 杨沂孙曰："凡为人为物，为生为死，皆天之所主而命之所赋，己之所不得与。"（方勇：《庄子纂要》（二），第760页。）

承受上位者的给予，无论是美是丑，是性长仁义，还是性短仁义等。根本而言，人的生命之所以生而是具有形体欲望的生命体，之所以是有情且不能自主其情的生命体，之所以是只具有有限之知能的生命体等，这一切都根源于人之生命的“天命性”。人之生命的“天命性”，意味着生命存在的根本规定性的被决定性，意味着人完全无法自主决定自我生命初始的存在形式与形态。可以说，人所有的生命存在之痛苦，都根植于人无法完全自主决定自我生命的痛苦。

其二，“生由天命”，还意味着人之生命的拥有与收回，既非人所能自主决定，也非人所能参与决定之事。天道自然是天人关系中的上位者，其依凭自身所拥有的强大主宰力量，对作为下位者的人的赋授、规限和支使，是人完全无法抗拒、无法逃避和不可改变的。因此，无论是“生”之来还是“生”之去，人皆无法抗拒和御止。同时，人的生命来自天道自然的命授，非人本然所有，还意味着人无法拥有人之生命的根本所有权。庄子指出，“生者，假借也，假之而生生者，尘垢也”（《至乐》）。本质而言，人皆只不过借天地的阴阳二气来构生人的生命存在，依此开展自己在世生生的活动。“生是假借”，则意味着人根本不可能据有假借以生的阴阳二气的根本所有权，因其根本而言由道所有。故人所能拥有的只是由天地暂时委付给人的阴阳二气之暂时的使用权与保管权。任何“借物”之行为所存在的正义的伦理规则是：人在保管和使用完所借之物后，原先所委付给人使用的主人，在要收回原先所借之物的使用权与保管权时，人是不能拒绝的。正是这种生命的赋授、拥有和收回，由天命所定，既非人所能完全自主，又非人所能参与决定，是人生在世必然要遭受各种生死之痛苦的原因。

其次，庄子还从“命”这一角度入手，解答人之生命存在的目的、意义和价值的问题。“命”之行为，若从施命者与受令者两个不同的角度描述，“命”对上位者，指对下位者所发布的“命令”，即上位者对下位者无法抗拒的赋授、规限与支使；“命”对下位者，指人自上位者所禀受的无法抗拒的“命令”，即所禀之“使命”。由此，“生是天命”，还意味着“生”是人自天道自然所禀受的无法抗拒的“天命之使命”。庄子以为，天赋予人“生命”的“目的”，就是让人禀受此“生之命”然后自然地完成“生”之“使命”。

庄子曰：“知天之所为者，天而生也。”（《大宗师》）此句一般被解作，“知道天的所为,是出于自然的”①。但“所为”在古代除作“所作所为”之义外,还可解作“所为的目的”。故此句其实还可解为:知道天之自然作为的目的,就是让人自然而生。事实上,庄子所谓的“天”没有人格性意志和主宰性意志,天之所作所为其实没有目的性,天的一切运动变化皆是出于天之自然本性与客观规律。但当我们将“目的”理解为“一个事物的运动变化自然趋向的结果”时,则一个客观事物的自然运动变化的“目的”,就是由其客观的变化规律所决定的自然趋向的结果,如我们言,植物开花的“目的”是为了结果。天地借阴阳二气化生人与万物之“生命”的客观变化规律决定了“生命”自然地趋向于“生”这一结果,就此可以说,“生”就是天地化生出人与万物之“生命”的“目的”。以“知天之所为,天而生也”言之,天之所作所为,就是自然地生生不已;生生不已,是天之自然趋向的结果。因此,使化生物自然地生生不已就是天之所作所为的“目的”;人应当通达地明了天这一自然作为的“目的”,自然而生。

是故,天道自然赋予人与万物“生命”的“目的”,就是让人与万物顺着“生命”自然地趋向于“生”这一趋势,自然去“生”,自然地完成一个个“生”之历程,如同草木自然地完成一个个生命的循环历程。就人而言,人“生”,首先就是在完成天道自然赋予人“生命”的“目的”,完成人自天道自然所禀受的“生”之“使命”。

“生”是一切生命自然运动变化的“目的”,还意味着,人“生”就是人之生命一切活动的“目的”本身。易言之,人“生”不是为了人“生”之外的其他一切事物;人之生命不是用来求取外物的手段,生命本身反而是人开展求取养形之物等一切“生”之活动的目的。庄子提出,“圣人之动作也,必察其所以之与其所以为”(《让王》),并且,“不以所用养害所养”(《让王》)。人开展生命实践的活动,必须区分什么是用以实践的手段,什么是实践的目的。“生命”其实是人进行营生、营养之活动的“所养”之目的;人所有求得的营生、营养之物,皆是为营养人之生命而服务的“所用养”之手段与工具。人只有觉解人生之目的,不在于生之外的其他一切的事物,而在于自觉地并高质量地完成天赋

① 陈鼓应:《庄子今注今译》,第176页。

的人“生”之“使命”，这样才不陷入人生之歧途。

是故，虽然人生就意味着人必然要承受劳苦悲忧等各种难以忍受的生命存在之痛苦，然人依然还是必须去生！不可以选择轻生、弃生以逃生之苦！这一切背后根本的原因是“生是天命”！“生”是人自天道自然处所禀受的不可抗拒、不可逃脱的天命之“使命”！并且，“生之使命”是人自天禀受“生命”，也即“生之命”那一刻起，即开始承担起的人生之“使命”！全面而言，人自天地之“父母”处所禀受之“命”，除了“生命”外，还有“性命”，“生命”和“性命”皆是人“所受乎天”者。天地之“父母”赋予人以“生命”与“性命”，“目的”就在于让人“尽其所受乎天”，这是天地之“父母”在赋予人以“生命”和“性命”时，同时赋予每一个人的人生之“使命”，是每一个人必须完成的人生责任与义务。

要言之，庄子以为，每一个人在世存在的根本目的、意义与价值，就在于自觉地并高质量地完成天地之“父母”所赋予人的人生之“使命”：“尽其所受乎天”，既全尽天所赋予人的全部生命之“天年”，又全尽天赋予人的全部的性命之潜能与自然之德性。前者要求人们“以其知之所知以养其知之所不知，终其天年而不中道夭者”（《大宗师》）；后者要求人们“致命尽情”（《天地》）和“达于情而遂于命也”（《天运》），完全实现自己的本性，遂成自己的天赋分命，并将自身天赋的性分之潜能与自然之德性实现到极致。人只有完全理解和明白天道自然赋予人“生命”与“性命”的这一“目的”，这样才能最大限度地完成天道自然所赋予人的“天命之使命”！①

第二，庄子以为，人生必然要遭受劳苦悲忧等生命存在之痛苦，同时，人因自天禀受“天命”，必须去生；对此两难的生命存在的困境，人应努力找到解脱这些生命存在之痛苦的办法，从而最大限度解脱人之生命存在的痛苦，实现人之生命最大限度的逍遥、自由与解放。

要想解脱人生之劳苦悲忧等生命存在的痛苦，则必须首先区分这些生命

---

① 陈祥道曰：“知天之所为，命也；知人之所为，义也。知天不知人，则以命废义；知人不知天，则以义废命，皆道之一偏，而非至也。”（方勇：《庄子纂要》（二），第769页。）依此，知天之所为，就是知天之所命；知人之所为，即知人之所当为，因义者，宜也。人只有深刻理解“天之所命”的“目的”，才能自觉地承当起“天命的使命”，不以义废命。

存在的痛苦,哪些是“天之所为”,哪些是“人之所为”。① 因人只有准确地区分“天之所为”和“人之所为”,才能够清楚地知道哪些生命存在之痛苦,是由天对人之生命存在的根本规定性所造成,是人无法根本免除的必须承受的痛苦,对此人唯有选择改变自身对待它们的态度;哪些生命存在之痛苦,其实是由人自身缺乏通达的智慧,不能正确理解人生存在的目的、价值与意义等问题而咎由自取的,因此是人自身可以通达的智慧加以根本解脱与免除的。庄子曰:“知天之所为,知人之所为者,至矣!”(《大宗师》)“知天之所为,知人之所为者”之所以是“知之至”,是因为唯有具有通达的智慧,才能准确地区分“天人”之分限。只有准确知“天人”之分限,才不会将人所不可为的“天之所为”,误认为是人可为的“人之所为”;才能摆脱实为“生之无以为”与“命之所无奈何”的不当愿望与妄想,及其对人之心灵痛苦的纠缠与樱扰;才能不犯“知其不可而为之”等愚谬的错误。同时,只有准确知“天人”之分限,才能不将本质是“人之自为”者,归咎于“天之所为”者,因此而怨天咒天;才能不将属人可为的“人之所为”者,错误地归入人所不可为的“天之所为”,放弃追求人完全可以实现,但暂时较为困难的人生之目标,不去追求完全实现自己的本性,遂达自己的天赋分命,将自身天赋的性分之潜能与自然之德性实现到极致。人只有准确知“天人”之分限,才能最大限度解脱由人自身所造成的人生之痛苦,进而实现人生之最大限度的逍遥、自由与解放。② 具体而言,人应当如何准确

---

① 吴世尚曰:“道无分于天人也,而有在天者,有在人者。在天者非人之所能为,在人者非天之所能代,亦各有其分也。”[方勇:《庄子纂要》(二),第953—954页。]正指出了“天人”之为的区别所在。

② 爱比克泰德曰:“有些事情是属于我们权能之内的事情,有些事情却不是属于我们权能之内的事情。属于我们权能之内的事情包括看法、行为驱动、想要得到东西的意愿、想要回避东西的意愿,等等所有由我们自己做出来的事情。不属于我们权能之内的事情包括肉体、财产、名誉、职位,以及所有不是由我们自己做出来的事情……假如你把那些本性上是受奴役的东西当作是自由的东西,把那些不属于自己的东西当作是你自己的东西,那么,你必将受到阻碍,必将痛苦不堪,必将心烦意乱,必将怨天尤人。相反,假如你只把属于你自己的东西当作是你自己的东西,把不属于别人的东西当作是别人的东西(引者注:按英译本当作,把不属于自己的东西当作不属于自己的东西,此处衍一‘不’字),——其实,实际情况本来就是这个样子的——那么,谁都无法强迫你、阻碍你。”([古希腊]爱比克泰德:《爱比克泰德论说集》,王文华译,商务印书馆2009年版,第578页。)

地区分“天之所为”和“人之所为”?

首先,就生之劳苦而言,“有生必先无离形”“养形必先之以物”,这是“天之所为”;而人无限地放大自己的欲望,结果使自己为物欲所攫所主,“丧己于物,失性于俗”(《缮性》),这是“人之所为”;然人可以通过觉解人生之存在的根本目的,洞达生命存在的价值高于一切外物等智慧,最大限度解脱人生之劳苦,这是“人之所可为”。

庄子以为,虽然天在赋予人生命时,先行规定了人之生命形态是有欲望的生命体,故养形之事是人之所不免者,但养形之苦并非全然皆是人所不能免者。事实上,人只要弃事无为,就可最大限度免除养形、为形之劳苦。庄子曰:

> 世之人以为养形足以存生,而养形果不足以存生,则世奚足为哉!虽不足为而不可不为者,其为不免矣。夫欲免为形者,莫如弃世。弃世则无累,无累则正平,正平则与彼更生,更生则几矣。事奚足弃?而生奚足遗?弃事则形不劳,遗生则精不亏。夫形全精复,与天为一。(《达生》)

“世奚足为”“莫如弃世”“弃世则无累”所谓的“世”,由后文的“事奚足弃”“弃事则形不劳”可知,“世”乃指“世人备物养形之事”①。庄子所谓的“弃世”,以及与此相似的“遗生”,并非要人弃世自杀、遗弃生命,而是要人抛弃非实现生命之最大限度的逍遥、自由与解放之所必需的世事和营生之作为。庄子指出,虽然养形之事不可不为,因“有生必先无离形”决定了人无法根本免除养形之事,然人却可以尽力免除为形之累,其中关键在弃事无为。只要弃事无为,则形不劳、精不亏,无为形之累;当人最大限度摆脱为形之累时,则形正而心平,就可与造物者一起日新,不断更化自我的生命,达至与天为一的境界。② 事为何可弃?因人用以持生和追求实现生命之最大限度的逍遥、自由与解放所须之物,实不须多。庄子指出,“鹪鹩巢于深林,不过一枝;偃鼠饮河,不过满腹”(《逍遥游》)。人所求的用以养形之物就算再多,最终还是要以人的形体所能承受的极限为限;超出了人的形体所能承受的极限,若硬要人之

① 方勇译注:《庄子》,第295页。

② 林希逸曰:“更生者,与之为无穷也,彼者,造物也,与造物俱化,日新又新,故曰与彼更生。”[(宋)林希逸:《庄子鬳斋口义校注》,第285—286页。]

形体再加承受，则这些养形之物对人而言，就不再是享受，而是痛苦。如偃鼠饮河已经满腹，若硬叫它再饮，便成痛苦之事。

维持自己生命存在之物实不须多，人最基本的性分之欲其实并不难以满足，因此，人若能“足欲”，就不会陷入以利累形的劳苦：

> 孔子谓颜回曰：“回，来！家贫居卑，胡不仕乎？”颜回对曰：“不愿仕。回有郭外之田五十亩，足以给飦粥；郭内之田十亩，足以为丝麻；鼓琴足以自娱；所学夫子之道者足以自乐也。回不愿仕。”孔子愀然变容，曰：“善哉，回之意！丘闻之：‘知足者不以利自累也，审自得者失之而不惧，行修于内者无位而不怍。’丘诵之久矣，今于回而后见之，是丘之得也。”（《让王》）

“知足者不以利自累也”，正指出了免除养形、为形之累的根本方法：知足。颜回之所以能够免除为世之累，自得其乐，就是因其足于饱腹之粥糜、裹体之丝麻，乐于鼓琴怡情和学道习道之乐。故颜回可谓“虽贫贱不以利累形”（《让王》）的典型。

庄子指出，人很多时候受人生之劳苦，完全是因人不知足，无限放大自己的欲望，追求外物无止无休，同时，内心又无灵台的明镜可以照鉴以自省，觉悟以摆脱，故才成为受阴阳之“内刑”的“天之戮民”。如前所述，“天之戮民”是灵台之明镜为物欲所蒙蔽之人，故其对所追求不体的功名、利禄、权位等外物所可能带来的严重后果一无所觉①，“惨怛之疾，恬愉之安，不监于体；怵惕之恐，欣欢之喜，不监于心”②。而一旦人为物欲所攫所主，由此将自然产生表现为“不能让禄”“不能让名”“不能与人权柄”（《天运》）等对名利权位之物的

① 《吕氏春秋·去宥篇》载：“齐人有欲得金者，清旦，被衣冠，往鬻金者之所，见人操金，攫而夺之。吏搏而束缚之，问曰：‘人皆在焉，子攫人之金，何故？’对吏曰：‘殊不见人，徒见金耳。’”为功名、利禄、权位等外物蒙蔽了心灵之人，正若此徒见金，不见人，不见攫金之刑的齐人。

② 《盗跖》第三章语。如本书“附录一”所辨析，虽然《盗跖》第一章，既不可以视为庄子学派的作品，也不能视为是道家学派的作品，但今本《盗跖》第二章与第三章，因是郭象从其他篇中并入此章之中，故还是可以视为庄子学派的作品，视为是对庄子思想的一种反映。惨怛，悲痛之义。恬愉，快乐之义。监，察照之义，引申为显现。怵惕，惊惧之义。（参见方勇译注：《庄子》，第524页。）

“独占欲”；此一“独占欲”使人对自己所得的名利权位之物患得患失，故形身时刻为之操持不休，内心又为之忧栗悲惧不止；身为之疲弊，心为之失和；身心若为欲火所烤，煎熬不已；身心痛苦之状，若有“阴阳食之”（《列御寇》），此之谓天所与的阴阳之“内刑”。庄子曰：“其耆欲深者，其天机浅。”（《大宗师》）嗜欲深者因其身心原本具有的自然之生机，已为“阴阳食之”，故天机薄浅。然人受此“阴阳食之”之刑戮，完全是咎由自取，是人自身永不知足的“嗜欲心”使其必然要受阴阳之内刑。庄子指出，“非阴阳贼之，心则使之也”（《庚桑楚》）。天地阴阳皆无知无识，并无任何贼人刑人戮人之心，完全是人难以根除的“嗜欲心”使人自贼自刑自戮！

今本《盗跖》的第三章，载“无足”与“知和”的对话曰：

> 无足曰：“必持其名，苦体绝甘，约养以持生，则亦久病长阨而不死者也。”知和曰：“平为福，有余为害者，物莫不然，而财其甚者也。今富人耳营钟鼓管籥之声，口嗛于刍豢醪醴之味，以感其意，遗忘其业，可谓乱矣；侅溺于冯气，若负重行而上〔坂〕也，可谓苦矣；贪财而取慰，贪权而取竭，静居则溺，体泽则冯，可谓疾矣；为欲富就利，故满若堵耳，而不知避，且冯而不舍，可谓辱矣。财积而不用，服膺而不舍，满心戚醮，求益而不止，可谓忧矣；内则疑刦请之贼，外则畏寇盗之害，内周楼疏，外不敢独行，可谓畏矣。此六者，天下之至害也，皆遗忘而不知察。及其患至，求尽性竭财，单以反一日之无故而不可得也。故观之名则不见，求之利则不得，缭意〔绝〕体而争此，不亦惑乎！”①

“无足”讽刺一些人为了所谓的“廉让、简朴”之名，困苦自己的形体，绝弃甘美

① 《盗跖》第三章。阨，同“厄”，困穷之义。平，谓适如其分。有余，谓超出性分。侅溺，陷溺之义。冯气，犹愤懑，或盛气之义。参见方勇译注：《庄子》，第525页。“上”后脱一“阪”。王叔岷曰：“成玄英：‘犹如负重上阪而行’。案《阙误》引张君房本上下有坂字，当从之。疏言：‘上阪而行’，是成本上下亦有阪字，坂与阪同。《说文》：‘坡者曰阪’。”（王叔岷：《庄子校诠》，第1209页。）其见是，当据被。慰，或训为病，或训为怨。溺，指沉溺于嗜欲，“体泽则冯”之冯，谓满胀。堵，指墙。“冯而不舍”之冯，谓疾追，《说文》：“冯，马疾行也”。戚醮，指烦恼。刦，同劫，劫请，劫取之义。单，本或作蕲，祈求之义。缭，犹缠绕。体上脱一“绝”字。（参见方勇译注：《庄子》，第525页；王叔岷：《庄子校诠》，第1207—1212页。）

的食物,简约持养自己的生命,只不过如同久病长苦而不死之人。“知和”则指出,所求之物刚好与自己的性分所须相持平,足于所欲而不贪外物,实为幸福;若不能足于所欲,追求超出自己性分的有余之物,反而是祸害。“知和”的智者之所以不求富利,因富有乱、苦、疾、辱、忧、畏六个“天下之至害”。然而世人只见富贵之“无所不利,穷美究势”,“侠人之勇力而以为威强,秉人之知谋以为明察,因人之德以为贤良,非享国而严若君父”(《盗跖》)等好处,却对乱、苦、疾、辱、忧、畏六个至害“遗忘而不知察”。只有等到富利所带来的祸患降临到他头上了,才知道后悔,然此时再想散尽钱财,只为祈求过上一天往日无忧无虑的日子,却不可得。因此,世人只见“廉让”“约养”之名,就以之为大苦,不见其平福之利,避之而不及,至陷于高名富利之泥潭无法自拔时,再欲求平福之利已不可得。如此,世人为拥有六大至害的名利之物缭绕束缚自己的心志,甚至不惜牺牲自己的生命而去争夺这些名利之物,岂不是迷惑至极?

世人惑于见名利权位之物六大“至害”,根源于其灵台之明镜已完全被名利权位之物的厚利所眩所蔽。也因为此,其无法洞达人之生命就是在世实践活动的目的本身,一切外物只是持养生命的手段的本质真相,因此,经常将目的与手段本末倒置,用本应当作目的的生命,殉求原本只是存养生命之工具和手段的外物;因此不断“以物易己”(《徐无鬼》),“以物易其性”(《骈拇》),“以物害己”(《秋水》),“徇名失己”(《大宗师》),蜕变为“名尸”,异化为“物奴”。根本而言,人只有“知身贵于隶”(《田子方》),知道生命本身的价值高于一切外物的价值,真正确立起尊生、重生的价值原则,才能够以生为重,以物为轻,将外物的养形之价值摆在适当的位置,这样才能从根本上根除自己的“嗜欲心”,摆脱物欲对人的心灵的蒙蔽与控制。当人们的心灵之明镜扫除了物欲之蒙蔽,重新回归清明之时,将自然不愿再为本质无用且无益,还可能带来至害之物而累形损生①,如此就进入了“逍遥乎无为之业”(《大宗师》)的境界。

---

① 据王叔岷辑佚的庄子佚文,庄子尝曰:“人之去秽累,若镜之见磨饰。”(王叔岷:《庄学管窥》,第236页。)可知,只要灵台之明镜见磨饰,涤除玄览,复归清明,则人自然将去除有为之“秽累”。

庄子以为,只要人抛弃俗世有为的事业而“逍遥乎无为之业”,就可最大限度地得人生之“至乐”。庄子曰,“至乐、活身,唯无为几存”(《至乐》)。唯有无为才可得人生之“至乐”。由无为而得人生之“至乐”,也就是“天乐”。庄子曰:“天机不张而五官皆备,此之谓天乐,无言而心说。”(《天运》)通达的智者,不张启作为身体自然之枢机的心神,不用之劳心费神地追求名利权位之物,故完备地保全了感官的自然德性。因此能至为纯粹地感受由天地自然所给予的“天乐”,一种可以不用任何的语言加以诠说,但内心却无比愉悦的纯粹快乐。庄子曰:“知天乐者,无天怨,无人非,无物累,无鬼责。”(《天道》)当人抛弃俗世有为的事业后,不需再苦心劳形地“操劳”于那些超出了人的性分之所需的有余之物,劳形怵心地“操持”于自己的社会人伦关系,故“无人非”亦“无物累”;并且,因此时人与天地阴阳鬼神皆实现了一种和谐的关系,故又“无天怨”亦“无鬼责”。当人得“天乐”时,则意味着人已最大限度摆脱人生之劳苦。

其次,再就人生而就是有情并且不能自禁其情的生命体,必须承受一生与忧悲等情态相伴而生的命运,这是“天之所为”;然人因与他人争名夺利,不能摆脱“嗜欲心”对自己的控制,因身外之物的得失等原因,陷入各种不和之情态,因此失去身心原本和谐静定的状态,这是“人之所为”。但人其实可以通过透达物之得失的本质,以“常因自然不益生”和“用心若镜”等办法,最大限度解脱人生的忧悲之苦,这是“人之所可为”。

庄子在《齐物论》中曾详细描绘辩者为与人争胜,弊其形体,劳其精神的各种情态:

> 其寐也魂交,其觉也形开,与接为构,日以心斗。缦者、窖者、密者。小恐惴惴,大恐缦缦。其发若机栝,其司是非之谓也;其留如诅盟,其守胜之谓也;其杀若秋冬,以言其日消也;其溺之所为,之不可使复之也;其厌也如缄,以言其老洫也;近死之心,莫使复阳也。喜、怒、哀、乐,虑、叹、变、慹,姚、佚、启、态,乐出虚,蒸成菌,日夜相代乎前,而莫知其所萌。已乎,已乎!旦暮得此,其所由以生乎!非彼无我,非我无所取,是亦近矣,而不知其所为使。(《齐物论》)

辩者为了与他人争辩,寐息之时,神魂也交错而动;醒后睁开眼睛,与他人相接触,便开始与人口舌交战,日日以心相争。为司是非,精神紧绷若张弓之弦;为守辩题之胜,留止而不动,日夜无休疲弊其形体与精神,自然使自己形弊精消,生机日竭,故"杀若秋冬"。因陷溺于自身所为之事无法自拔,无法恢复其自然生机;心神厌塞闭藏,有如缄封的箱子;其近乎死亡之心,无法使之恢复生气。不仅如此,"喜、怒、哀、乐,虑、叹、变、慹,姚、佚、启、态"①等各种情态,如乐音生于虚窍,熏蒸之气生成菌菇般不知其所以然而自生②,如同日夜交替不断相互更替于人之前,却无法知道它们所萌生的原因。从早到晚一直得这些情态,揣摩它们所由以生的原因,"非彼无我,非我无所取,是亦近矣,而不知其所为使"。"非彼无我"之"彼",即上文的"旦暮得此"之"此",二者皆指不断更代的各种情态。③ 故其实犹言,若无这些情态,便没有我的存在;然若不是我,便不会自取这些情态。这差不多接近真相了吧,然若再问为何使我自取这些情态,则又无法完全知道为什么使我如此的原因。④

庄子在此揭示了各种情态与我相互纠缠不清的关系:若不是我是有官感知觉的存在物,我就不会自取这些情态;然若非这些情态的存在,我便失去了我之为我的必要属性之一。"非彼无我"其实指出了,情态是构成人之为人的

---

① 成玄英曰:"故喜则心生欢悦,乐则形于舞忭。怒则当时嗔恨,哀则举体悲号,虑则抑度未来,叹则咨嗟已往,变则改易旧事,慹则屈服不伸,姚则轻浮躁动,佚则奢华纵放,启则开张情欲,态则娇淫妖冶。"[(清)郭庆藩撰:《庄子集释》,第54页。]王叔岷曰:"《释文》:'慹,司马云:不动貌。'案《田子方》:'慹然似非人。'《释文》亦引司马云:'慹,不动貌。'惟此文之慹,非不动义。《说文》:'慹,悑也。'(悑,或作怖。)……此文慹谓恐怖,姚谓轻浮,佚谓纵放,启谓开发,态谓矜夸。"(王叔岷:《庄子校诠》,第51—52页。)

② 王叔岷曰:"二句譬喻,谓心之变化多端,如声乐出于虚孔,气蒸而生菌蕈也。"(王叔岷:《庄子校诠》,第52页。)

③ 林希逸曰:"此者,造物也……下非彼无我这彼字,却是上面此字,言非造物则我不能如此。"[(宋)林希逸:《庄子鬳斋口义校注》,第18页。]宣颖曰:"(旦暮得此),相代之化……(非彼)即上之此也。"[(清)宣颖:《南华经解》,第13页。]林希逸虽然指出了,"彼"即上文之"此",然却将二者皆解为"造物",不确。"此"与"彼",当如宣颖解为不断相代的各种情态。

④ 因事实上无法从最根源处,解释作为"真君"与"真宰"的道,为何化生出人之生命时,使人成为一个有情,并且不能自主其情的存在,为何要使人易受情态的影响而遭受各种不和之情态煎熬不已的原因;无法从道德正义的角度,解释道化生出人的生命,为何要人受有情之苦的缘故。只能将之归为道之所以如此,是不知其所以然而然。

必要前提之一的事实。庄子还进一步指出，“奚必知代？而心自取者有之”①(《齐物论》)。这些辩者又何必知道这些情态为何会日夜相代于人之前的原因，因为他们就算知道这些情态日夜相代的原因，他们的心还会自取这些情态。是故，这些辩士们之所以会陷入被“喜、怒、哀、乐，虑、叹、变、慹，姚、佚、启、态”等情态控制或戏弄的境地，完全是“心自取”的原因。而辩者“心自取”这些情态，则又是因他们的心灵已被名利之欲异化为了“嗜欲心”。在战国时期，只要辩士们博得善辩之名，就可以为其带来巨大的好处和利益；因此他们如劳形、劳心、劳神地“司是非”“守胜”正是为了善辩之名背后所带来的巨大利益。得名则得巨利，失名则失巨利的客观情势，使辩士们为名利之得失而患得患失，故身心失和而陷入为各种情态作弄和煎熬的境地。

因此，过于看重功名利禄等外物之得失的“嗜欲心”，是引起人们各种情态如日夜交作的主要原因。庄子曰：

> 夫天下之所尊者：富、贵、寿、善也；所乐者：身安、厚味、美服、好色、音声也；所下者：贫、贱、夭、恶也；所苦者，身不得安逸，口不得厚味，形不得美服，目不得好色，耳不得音声。若不得者，则大忧以惧，其为形也亦愚哉！夫富者，苦身疾作，多积财而不得尽用，其为形也亦外矣！夫贵者，夜以继日，思虑善否，其为形也亦疏矣！(《至乐》)

正因天下人皆尊崇富、贵、寿、善，乐好身安、厚味、美服、好色、音声，卑下贫、贱、夭、恶，痛苦于身不得安逸，口不得厚味，形不得美服，目不得好色，耳不得音声，因此才为苦乐忧惧等各种情态所控制。故世人在未得富、贵、寿、善和身安、厚味、美服、好色、音声时，便已忧虑不已以至于惧；若得之，则欣喜若狂，然既得了这些好物，又必将时刻忧患这些已得之好物的失丧，故乐未长久，忧患之情又生；如此循环反复，若日夜交替无止，无有穷极之时。

庄子在《齐物论》中以“狙公赋芧”的寓言，进一步揭示了人们喜怒为用，

① 标点相比《庄子校诠》有微调。“知代”，郭象曰：“夫以成代不成，非知也。”成玄英曰：“何必知他理长，代己之短。”[(清)郭庆藩撰：《庄子集释》，第61页。]林希逸曰：“知代，古贤者之称也。代，变化也，言其知变化之理也。”[(宋)林希逸：《庄子鬳斋口义校注》，第21页。]诸家解“知代”皆不确，“知代”之“代”，即上文“日夜相代乎前”之“代”，实指各情态之更代。

为情态所宰制的原因：

> 狙公赋芧，曰："朝三而暮四。"众狙皆怒。曰："然则朝四而暮三。"众狙皆悦。名实未亏，而喜怒为用，亦因是也。① (《齐物论》)

本来狙公所给橡子都是七个，只不过"分"法不同。结果众狙因"朝三而暮四"而怒，因"朝四而暮三"而喜，这皆是因为未能通达"名实未亏"的道理。若以道言之，道在不同的化生之历程中，以其不同的"分命"，赋予天下万物不同的"殊气"与"殊理"，其何尝不是如同"狙公赋芧"，其对天下万物在此时"朝三而暮四"，则将在彼时"朝四而暮三"。因以"道不私"(《则阳》)之公平无私的德性和"道无终始"(《秋水》)的无穷化生之序列，每一事物之所得将在概率上最终均等化与齐一化，所以道最终将公平地赋予每一事物相同之所得。如此，每一个人之所得，其实与众狙得芧相似；若在此时得"朝三而暮四"，则将在彼时"朝四而暮三"。然世人多与众狙相似，未达"名实未亏"的道理，迷执于一时一地之得失而"喜怒为用"，结果陷入被喜怒之情态所控制的境地。

庄子认为，面对情态以人身为逆旅的客观物情，人并非全无办法；人实际上可以通过透达物之得失的本质，以"常因自然不益生"和"用心若镜"等办法，最大限度摆脱各种不和之情态对人之身心的撄扰与伤害。庄子指出，智慧通达的智者在觉解"分无常"，即"命无常"之理后，将得而不喜，失而不忧。庄子曰：

> 察乎盈虚，故得而不喜，失而不忧，知分之无常也。(《秋水》)

至人在体察阴阳盈虚消长变化之特点后，不再为物之得失而烦扰，因其深刻地体察到道依托一元之气最为初始的分化，对人与万物进行"分命"与赋授皆无常而偶然；并且"分无常"这一变化规律，是公平地对所有的事物皆共同实施之规律。分皆无常，意味着每一个人皆将公平地承受"无常"之命。因此，每

---

① 成玄英疏云："狙，猕猴也。赋，付与也。芧，橡子也，似栗而小也。"[(清)郭庆藩撰：《庄子集释》，第73页。]《列子》中也载有相似的故事，曰："宋有狙公者，爱狙，养之成群，能解狙之意；狙亦得公之心。损其家口，充狙之欲。俄而匮焉，将限其食。恐众狙之不驯于己也，先诳之曰：'与若芧，朝三而暮四，足乎？'众狙皆起而怒。俄而曰：'与若芧，朝四而暮三，足乎？'众狙皆伏而喜。"(《列子·黄帝篇》)

一个人暂时所有之物的得与失，皆受此无常的规律作用，任何人其实皆不可能恒久地占有任何外在的事物。

庄子指出，"物之傥来寄也。寄之，其来不可圉，其去不可止"（《缮性》）。每一个人在世所得之物，皆是傥然偶遇而得之。然每一物为人所拥有，本质上皆是暂寄存于某人手中。因就物之根本的所有权而言，天地之间的一切事物皆由阴阳二气所化生，阴阳二气在根本上不由天地所有，而为道根本所有。因此，人于天地之间所得的一切财货之物，从其根本而言，从来不属于人所有，而为道根本所有。人从来就没有获得过于天地之间所得的财货之物的根本所有权，只不过于自道或天地处获得它们的暂时保管权与使用权。[①] 每一个人本质上皆是向道与天地借物使用者，是故这些事物的根本控制权也不归人所有。故当作为天下万物的根本所有者的道要收回人对此物的暂时保管权与使用权，以人有限而弱小的力量，人根本无力抗拒。因此，人无法控制自己所得之物的最终之来去，其来不可抵御之，其去也无法强留之。

因此，智慧通达之人之所以"得而不喜，失而不忧"，就是因为其深刻认识到每一个人，作为一个向道与天地借物使用者，从来就没有在根本上"得"到过此物；如此，也就在根本上从来没有"失"去过这一物。是故，不再迷执于虚幻的外物之得失感，不再为外物之得失而欢喜悲忧等情态交作，而以自然随顺的态度，对待与己相关之物的得失。若遇偶得，受而不喜；若遇偶失，去而不忧。[②] 大多数世人因未达"名实未亏""分无常""物皆为寄"和"身亦为假借"等事物存在的本质真相，迷执于虚幻的物之得失的假象，不能透达人从来就没有获得过那些暂寄于人身之物的根本所有权，只是暂时拥有这些暂寄于人身之物的暂时保管权与使用权，因此，为这些既非自己的生命本来所有，亦非人可以从根本上加以占有之物的得失，欢喜悲忧等情态交作，沦为各种情态轮番

---

① 庄子指出，"生者，假借也；假之而生生者，尘垢也"（《至乐》）。人只不过是假道所生的尘垢之气而生生之物。作为占有外物之基础的人之形体生命，都是人暂时借来使用，不归人根本所有之物，人谈何从根本上占有外物！故庄子曰："汝身非汝有也，汝何得有乎道！"（《知北游》）与此相似，实亦可曰："汝身非汝有也，汝何得有乎物！"

② 或有人又将迷执于物之暂时的保管权与使用权，因其暂时拥有此物的保管权与使用权而骄人，甚至侮人，此则又是未识"朝三而暮四"与"朝四而暮三"之"名实未亏，而喜怒为用"之理。

自我表演的舞台。

庄子为了让自己，同时也为了让世人最大限度解脱为各情态所纠缠与撄扰之苦，提出了“无情说”。庄子以为，人其实应“有人之形，无人之情”，因“无人之情”后，就可以做到“是非不得于身”（《德充符》）。然庄子提出此一思想主张后，引发了惠子对其的辩难与批评：

> 惠子谓庄子曰：“人故无情乎？”庄子曰：“然。”惠子曰：“人而无情，何以谓之人？”庄子曰：“道与之貌，天与之形，恶得不谓之人？”惠子曰：“既谓之人，恶得无情？”庄子曰：“是非吾所谓〔无〕情也。吾所谓无情者，言人之不以好恶内伤其身，常因自然而不益生也。”惠子曰：“不益生，何以有其身？”庄子曰：“道与之貌，天与之形，无以好恶内伤其身。今子外乎子之神，劳乎子之精，倚树而吟，据槁梧而瞑。天选子之形，子以坚白鸣！”（《德充符》）

“人故无情乎”之“故”，义同“固”；然此“固”当释为“必”之义①，而非“原本”之义。② 因人生而就有情，人非生而原本就无情。因此，“人故无情乎”实犹言“人必无情乎”。庄子认为，人应尽量“无情”。庄子提出此一思想，概因庄子本是独觉而敏感之人，故能深刻体察和揭示人生存在的各种痛苦，因此庄子本人当是深受情态之苦之人，故为自己，也为他人脱解情态的纠缠与撄扰之苦，有所针对性提出此一学说。惠子则反问，人如果没有情感，那为什么把人叫作人呢？庄子则应之以天地自然化生出人之形体，即可称为人。此时庄子认为，人之为人实不系于人之情，而系于人之形。惠子进一步反问到，既然将人称为人，怎么可以无情？惠子其实提出了，有情是人之为人不可或缺的必要属性之

① “人故无情乎”，成玄英曰：“庄子所言人者，必固无情虑乎？”[（清）郭庆藩撰：《庄子集释》，第220页。]可知，成玄英即以“固”释“故”，又将之释为“必”之义。“固”训“必”亦是常训。《吕氏春秋·本味篇》：“不谋而亲，不约而信，相为殚智竭力，犯危行苦，志欢乐之，此功名所以大成也固不独。”高诱注云：“固，必也。”又《吕氏春秋·知度》：“以未无不知应无不请，其道固穷。”高诱亦注云：“固，必。”（许维遹：《吕氏春秋集释》，第311、456页。）

② 如方勇曰：“故：原来，原本。”（方勇译注：《庄子》，第92页。）此解可商榷，因庄子曰：“人之生也，与忧俱生”（《至乐》），可知庄子本人非常清楚，天生人就使人是一个有情并且无法从根本上免除忧悲之情的存在。

一;人如果无情,就无法称作“人”,因这时人就如同瓦石草木等无情之物。庄子受惠子辩难之启发,应是认识到既不应当取消情作为人之为人的前提条件之一,同时,人又在事实上不可能做到无情,因此立场有所回缩,改为主张其所谓的“无情”,乃指“言人之不以好恶内伤其身,常因自然而不益生也”。依庄子最后所持的立场,其所谓的“无情”,不再要求人在根本上消灭情之存在,要人化身为瓦石草木等无情物,改为要求人们最大限度地不让好恶等情态伤害自己的身心,常因顺“自然”而不增益其本然的生命状态。

庄子在此所谓的“自然”,是指天道自然赋予每一人之生命的自然本真的状态,也即人之形身原本阴阳自然和合,心灵原本静定平和的状态。《缮性》尝曰:“德者,和也。”《德充符》亦曰:“德者,成和之修也。”人之生命天然就拥有“和”这一品质性的德性。如此,人只要保持天赋的身心原本和合静定的德性或自然的状态,“内保之而外不荡”(《德充符》),那么人完全可以不使自己轻易地陷入“喜、怒、哀、乐,虑、叹、变、慹,姚、佚、启、态”等各种不和之情态交相更替在人身上表演的状态。

因此,解脱情态对人的主宰与控制,关键在于保持内心的平和,使其不为外物的变化所激荡,“外化而内不化”(《知北游》)。然人之情绪的生成机制,具有不由自主的变化特点。人虽一直想保持内心的平和,但人在长期的进化过程中自然形成的对外物的情绪反应机制,使人还是易“哀乐之来,吾不能御,其去弗能止”(《知北游》)。为此,庄子又进一步提出了“用心若镜”的情绪应对的智慧策略:

> 至人之用心若镜,不将不迎,应而不藏,故能胜物而不伤。[①](《应帝王》)

镜子的变化特点是,物来则照之,物去则又回复空无的状态。至人用心若镜,亦将如是:不主动迎接事物的到来,亦不留念地将送事物的离去;事物自然到来之时,方加以照应与应对;事物自然离去之时,内心亦不对离去的事物有丝

① 成玄英曰:“将,送也。夫物有去来而镜无迎送,来者即照,必不隐藏。亦犹圣智虚凝,无幽不烛,物感斯应,应不以心,既无将迎,岂有情于隐匿哉!”[(清)郭庆藩撰:《庄子集释》,第309页。]

毫的不舍与牵挂,强将之匿藏于心。所以能一直克胜外物,而不为外在的事物所伤。若人实在不能御止的哀乐之情之来时,其应对策略亦复如是:当所遭之情境真让人非常可悲之时,任之而悲,悲去则心灵又回归静如止水状态,不再起一丝波澜;当一事物真的让人可乐之时,任之自乐,乐去同样不加牵挂挽留,尽量不让由外物的得失而引起的各种不和之情态,伤害自己原本和谐静定的身心。

总之,庄子以为,虽然“人之生也,与忧俱生”,天生人就使人是一个有情且不能自主其情的存在,人无法从根本上禁止自己不生忧悲等情感,也无法完全不让各种不和之情态影响自己原本静定平和的心灵,但人们可以通过透达外物之得失的本质,以“常因自然不益生”和“用心若镜”等办法,最大限度摆脱各种不和之情态对人之身心的撄扰与伤害,最大限度实现心灵解除激情之桎梏的自由,使身心尽量一直保持在自然自在、逍遥自得、自由解放的和谐状态。

再次,再就人生而只是一个只具有限之知能的存在物,存在着只能“知遇而不知所不遇,能能而不能所不能”(《知北游》)等各种生命存在的根本局限性,这是“天之所为”;然人以有涯之生,随无涯之知,陷入无穷的是非之争等作为,这是“人之所为”;但人其实可以通过认识是非之争的本质和人之认识的不确性等变化特点,以“照之于天”“齐物论”等方式,最大限度摆脱本质为“一偏之见”的是非之知和“其所待者特未定”的相对性之知,对人之心灵的遮蔽与纠扰,这是“人之所可为”。

庄子指出,“吾生也有涯,而知也无涯,以有涯随无涯,殆已。已而为知者,殆而已矣”①(《养生主》)。人生在世,长寿者亦只不过百余年,人之一生实极其短暂和有限。知却没有其存在的涯际,不仅因道无终无始的变化历程,使“夫物,量无穷,时无止,分无常,终始无故”(《秋水》),更根本的原因是人对外物的认识,总是一种基于“彼此”之视角的侧显式认识,因此必然要陷入

---

① 罗安宪曰:“‘以有涯随无涯’,令人‘形劳神弊而危殆’(成玄英语),已然够令人倦殆以至危殆;而不思‘知止’,妄想以知救知,则更其危殆。”(罗安宪:《由“缘督”而“尽年”——〈养生主〉大义探究》,《现代哲学》2023年第5期。)

无穷的是非之争之。庄子曰：

> 物无非彼，物无非是。自彼则不见，自知则知之。故曰彼出于是，是亦因彼，彼是方生之说也。虽然，方生方死，方死方生。方可方不可，方不可方可。因是因非，因非因是。是以圣人不由，而照之于天，亦因是也。是亦彼也，彼亦是也。彼亦一是非，此亦一是非。果且有彼是乎哉？果且无彼是乎哉？彼是莫得其偶，谓之道枢。枢始得其环中，以应无穷。是亦一无穷，非亦一无穷也。（《齐物论》）

每一个人对世界万物的认识，总是以自身为基点，建立起对世界进行看视的视角与显现的视域。基于此，每一人都将自身建立为“此”，而将自身之外的事物建立为“彼”。然对己而言的“此”，对他人而言就成为“彼”。由此，人对世界整体的认识与显现就不可避免地陷入了以“彼此”为视角的侧显式认识之中。这是人对世界整体进行认识时，因人自身存在的根本局限性，必不可免的命运。陈赟指出，“主体总是携带着他的主观性因素（情感、态度与经验等）从他的特定位置（某种立场以及与此关联的生活形式和文化传统等），达成对事物的观看；另一方面，事物不可能非视角性地、完全透明地自我呈现，而总是以侧显的方式被给予，所给予的总是事物的某些侧面”①。正指出了人对世界整体的认识必然陷入以“彼此”为视角的侧显式认识方式的原因所在。

因此，庄子说，事物要么被认识或确立为彼，事物要么被认识或确立为此。彼与此皆不可避免地具有自身的局限性，如陈赟所言，彼与此皆携带着自身主观性的因素，同时，也总是基于特定的位置，特定的认知视角和价值立场而去认识外在的事物。所以，自彼的视角，易不见此一视角的“是”，故以此为“非”；然自此的视角却自知此一视角的“是”，故以己为“是”，以彼为“非”。当每一主体皆将自己确立为“此”（是），将他者确立为“彼”（非）时，彼此、是非、可与不可等相对待之物，如同死生并在而同生，就同时被确立起来。② 故当彼生时，则此也生；当是与可生时，非与不可亦相伴而生。非与不可是在是

---

① 陈赟：《〈齐物论〉与“是非”问题》，《华东师范大学学报（哲学社会科学版）》2022 年第 2 期。

② 钱穆曰：“‘方生’谓同时并起。”（钱穆：《庄子纂笺》，第 19 页。）

与可的标准衡量之下，才成其为非与不可；是与可则是因为其能衡量非与不可，而成其为是与可。故彼此、是非、可与不可等相互对待之物，又是相互依存之物，皆需要因待于对方而存在；若无对方，皆无法确立自身的存在。

同时，每一个此，在他者看来皆是彼；每一个彼，又皆自视己为此。每一个此又先天自然地倾向以己为是，以彼为非，故此同时包含着是与非的行为；彼亦先天自然地倾向以己为是，以他为非，亦同时包含着是与非的行为。同时，每一个彼与此，对世界整体之存在真相皆有所侧显，皆包含着部分正确性的认识；同时又皆因“彼与此”的视角有限性，故对世界整体之存在真相又有所遮蔽；故彼与此皆有其是又皆有其非。是故，彼与此皆是本质同一的存在，实难简单化地确定是此是彼非，还是彼是此非。人如果以非（彼）为是（此），则非（彼）亦是（此）也；如果以是（此）为非（彼），则是（此）亦非（彼）也；是故，是与非也皆有所是又有所非。由此，是与非又是本质同一的存在，亦难以简单地确认谁是真是，谁是真非。由于在实现中，彼与此，是与非，可与不可等，每一方都因“自然而相非”（《秋水》）的思想倾向，自然地倾向以自身的认识基点、看物的视角、思想与价值的立场，完全肯定己方之是，否定对方之是；完全认定彼方为非，否认己方为非；是故，彼与此，是与非，可与不可因极化自身立场的做法，必然将陷入了无穷的争论之中。故庄子指出，“是亦一无穷，非亦一无穷”，是非之争将永无休止之时。

是非之争无有穷止之时，人们若试图以求是非之“当”，求得是非之完全确定性的方式，以消止是非之生亦不可能。庄子指出，人之于外物所得之知，具有一个根本性的特点：

> 夫知有所待而后当，其所待者特未定也。（《大宗师》）

每一个真理性的认识，必有其依待的前提条件；只有在此一条件或范围之内，其才成为恰确的真理性认识；一旦失去了此一条件或超出其成立的范围，原先恰确的真理性认识，马上又转化为谬误性的认识。而每一个真理性的认识所依待的前提条件，又具有随着主体、时间与外在的情势等条件而不断移易变化的特点。庄子举例说：

> 民湿寝则腰疾偏死，鳝然乎哉？木处则惴、慄、恂、惧，猨猴然乎哉？

三者孰知正处？民食刍豢，麋鹿食荐，蝍且甘带，鸱鸦耆鼠，四者孰知正味？猨猵狙以为雌，麋与鹿交，鳝与鱼游。毛嫱、丽姬，人之所美也。鱼见之深入，鸟见之高飞，麋鹿见之决骤，四者孰知天下之正色哉？（《齐物论》）

人因湿寝而腰疾偏死，故以湿地为非“正处”，然泥鳅因生活在湿浊之地，却以之为“正处”；人若处于树木的高枝，则惴栗恂惧，故以之为非“正处”，然而猨猴却因生活在树枝之上，却以之为“正处”，并将人所喜好的“平地”视为危险之地。如此，何谓“正处”实必须依不同种类之主体而确定。而在类的个体之间，虽然因为类本质的同一性，因此相对于不同的种类间，具有一些认识的共同倾向性，如人类整体以湿地为非“正处”等；然每一个体因为个体需求的差异性，对什么是“正处”同样将产生不同的看法，一个完全共识性的认识在群类中实极难以达成。与何谓“正处”相似，“正味”与“正色”，也首先必须依待不同事物之主体而定；同时，在类之内的个体之间，每一个体也对何物是正味，何物是正色，亦将产生不同的看法。因此，人对世间万物的认识，皆具有依待于一个不断处于流变中的前提性条件而相对性成立的特点。如在此一时代中被认为正确正当的事情，在另一时代中就会被认为差错谬误。

因此，人之生命只具有限之知能的存在特点，使人总是陷入无穷的是非之争中，陷入无法求得根本确定性的相对性之知的无限追求当中。人若一直陷于是非之争的旋涡和无穷的相对之知的寻求而无法自拔，则人的心灵将永远无法摆脱本质皆为“一偏之见”的是非之知和“所待者特未定”的相对性之知的撄扰与纠缠。庄子指出，圣人有见于相对性之知的不确定性和是非之争的无穷性，因此，不由从是非之途，改以“照之于天”的观物视角，超越人世间的种种是非之争。所谓的“照之于天”①的观物视角，也即以道之整全性与齐一性的视域观照万物存在的本质。庄子以为，唯有上升到“天”或说道之观物的视角，才能使人们从根本上超越本质为“不该不徧”（《天下》）的一曲之见的

① 成玄英曰：“天，自然也。圣人达悟，不由是得非，直置虚凝，照以自然之智。”[（清）郭庆藩撰：《庄子集释》，第 67 页。]天即自然，自然即道，故照之于天，实即照之于道。

无穷之是非与相对性之知。

事实上，当人们以“莫若以明”（《齐物论》）的方式，洞察彼与此、是与非、可与不可皆有其是与可的合理性与存在的正当性，又皆有其不是与不可的不合理性与局限性时，依此而相互接纳对方，一起朝着共同容纳“彼此”的存在之整体不断扩展，如此，将逐渐超越“彼此”之视角的侧显式之认识方式的局限性。庄子指出，当人们能够统合所有的“彼此”，将世间万物重新统合为一个整全的存在时，人们将获得一个道之整全性与齐一性的观物视域，依此而重新观照与审视原本所区分的是非、善恶、美丑、贵贱、大小等对待性之物的存在，无论是就是非、善恶、美丑、贵贱、大小等对待性事物之本身而言（物），还是就人对这些对待性事物的“侧显”式的认识（物论），皆将在本质上重新划归为整全性与齐一性的存在，此即所谓的“齐物论”。①

在道之整体性的视角之下，“夫道未始有封”（《齐物论》）②，道最初作为“整全之一”未有任何的分化，自然就不可能对万物进行所谓的是非、善恶、美丑、贵贱、小大等对待性的区分。因此，借助这一初始性的道未开始分化的整体性之视域，即可超越所有的是非、善恶、美丑、贵贱、小大等对待性的区分，将其全部重新统合为道之整全性的存在。

在道之齐一性的视角之下，虽然道在对万物进行分命时，赋予万物以不同的“殊气”与“殊理”，但道对万物并没有进行不平等、不公平、不公正的区别性对待，由此而将万物区分为贵贱、善恶、美丑等对立的存在。这些标准本质都是人为了对物进行“分类”而制定出来的标准。“以道观之，物无贵贱”（《秋水》）。道从未觉得此物是贵，故多加照顾；彼物是贱，故加以鄙视，刻薄对待。道对天下万物无不公平地赋予每一物以道之存在的本质和完全

---

① 陈少明认为，“在齐物与齐物论之后，隐含在标题而呈现在文本中，还有第三个层次的内容，那就是‘齐物我’。三者贯通起来，才是对《齐物论》的完整理解”。（陈少明：《〈齐物论〉及其影响》，北京大学出版社2004年版，第17页。）此一理解是建立在将“物”“我”分说的基础之上。事实上，“我”即“物”之一，故言“齐物”时，已内在包含着“齐物我”。故此处还是将“齐物论”归为齐“物”与齐“物论”两层含义。

② 方勇曰：“封：域，即彼此界限。”（方勇译注：《庄子》，第29页。）陈启天曰：“谓道无所不在，而未曾有彼此之分也。”（陈启天：《庄子浅说》，第33页。）

为每一物所独有的存在之殊性。每一物的存在无不皆是道之存在的分殊，无不是齐一平等的存在。故借助这一道之齐一性与平等性的视角，也可超越对事物所进行的是非、善恶、美丑、贵贱、小大等不平等的区别性对待的做法。

因此，当人站立在作为万物化生存在与运动变化之“枢纽”的道之视角来观照万物，一切是非、善恶、美丑、贵贱、小大等对待性的存在皆将“彼是莫得其偶”。① 一如现实中的“枢纽”立于圆环之中，能够因应无穷方向之变化一样，立于“道枢”之中的通达之智者，也可以此因应无穷的是非之论争，最终通过“和之以是非，而休乎天钧”的“两行”之法，将自身从无穷的是非中彻底解脱出来。

总之，庄子认为，人生而只是一个只具有限之知能的存在物，物的无穷性使人对外物不确定的相对性之知的求取永无休止之时，因此，“知止乎其所不能知，至矣”（《庚桑楚》）。在人所不能知之处，就当知止；若不知止，必定会使自己的生命陷入疲殆不堪，又危险不已的状态。因此，人应当通过洞察人之认识的相对性和是非之争的无穷性等变化特点，以“照之于天”“齐物论”等方式，最大程度摆脱本质为“一偏之见”的是非之知和“其所待者特未定”的相对性之知，对人之心灵的遮蔽与纠扰，使人之心灵相对于知，也获得最大程度的逍遥、自由与解放。

最后，庄子通过区分“天人”之分限的方式所觉解的，人最大程度解脱人之生命存在的痛苦，实现人之生命最大程度的逍遥、自由与解放的办法，若加以归总，则可将之归结为“彻志之勃，解心之谬，去德之累，达道之塞”：

> 彻志之勃，解心之谬，去德之累，达道之塞。贵、富、显、严、名、利六者，勃志也。容、动、色、理、气、意六者，谬心也。恶、欲、喜、怒、哀、乐六者，累德也。去、就、取、与、知、能六者，塞道也。此四六者不荡胸中则正，

① 蒋锡昌曰：“枢即户枢，乃门上两端之圆木，可以左右旋转，以为启闭之用者也。‘彼’必待‘是’而有，‘是’必待‘彼’而出，故两者互相对待。若‘彼’‘是’不得其对，则相待全绝，可谓之道枢矣。”（蒋锡昌：《庄子哲学》，第131页。）庄子所谓的“道枢”以“户枢”为本喻，然此“枢”不仅仅谓“户枢”，而是立于圆环之中的枢纽。

正则静,静则明,明则虚,虚则无为而无不为也。[①] (《庚桑楚》)

庄子以为,人应当消撤不断勃发的心志愿欲,解除对心性的绸缪与系缚,去除对人心灵平和静定之德性的乏累,通达塞阻人追求大道的一切障碍。具体而言,高贵、富有、显赫、威严、美名、厚利是六个勃发人们对外物永不知足的心志愿欲的事物;仪容、举动、态色、辞理、声气、情意是六个严重束缚人之自由心性的事物;憎恶、欲求、欣喜、愤怒、悲哀、欢乐则是六个乏累人之心灵平和静定之德性的事物;舍去、趋就、获取、施与、巧智、才能是六个严重阻碍人通达大道的事物。[②] 只要四个方面各六个的事物,不在胸中激荡,则人的心灵自然平正,心灵平正则精神静定,精神静定则鉴照明彻,鉴照明彻则虚无恬淡,虚无恬淡则无为而无不为,即最终至达"逍遥乎无为之业"(《大宗师》)的境界。

为何贵、富、显、严、名、利六者会不断勃发人的心志愿欲,因此六者可使人占取更多的财物资源,纵足人的身心之欲。故消撤不断勃发的心志愿欲,实要人消解永不知足的意欲占取尽可能多之外物的"嗜欲心"。容、动、色、理、气、意六者严重束缚人心,六者乃依仁义、礼乐、威仪等仪则规范,规训人的仪容举止与人自由的心性,使人的心性不得率性尽情地舒展本然的自然自在、自由自主的性情。故解除对心性的绸缪与系缚,实要人解除这些规训人之自由心性的社会性规范,解除对人自然自在、自由自主的性情的严重束缚与压抑。恶、欲、喜、怒、哀、乐所以乏累德性,因性德原本成和处和,而恶、欲、喜、怒、哀、乐等不和之情态的搅扰,使心不和豫通悦,德性陷入邪失的状态。故去除德性的

---

① 林希逸曰:"彻,与撤同。解,释也。显,华显也。严,威严也。勃志,言六者能悖乱其志也。动,举动也。理,辞理也。谬心者,言六者能绸缪牵系其心也。累德者,情胜则累其自得之真也。知,心知也。能,才能也。塞道,障道也。荡,荡乱也,去此勃志、谬心、累德、塞道四者之六害,则胸中不为之荡乱。"[(宋)林希逸:《庄子鬳斋口义校注》,第 368 页。]实际上,"勃"除了解为悖乱义外,还可以就勃之本义作解。《说文》曰:"勃,排也。"《广雅》曰:"排,推也。"可知勃有勃然兴起,在背后推动、推挤事物运动之义。"解心之谬",《释文》曰:"《之谬》如字,一本作缪。"成玄英亦曰:"本亦有作谬字者,解心之谬妄也。"[(清)郭庆藩撰:《庄子集释》,第 810 页。]事实上,作"缪"解更与前后文相谐,因容、动、色、理、气、意六者,实是束缚心灵,使心不得自由之物。

② 成玄英曰:"荣贵、富赡、高显、尊严、声名、利禄,六者乱情志之具也。容貌、变动、颜色、辞理、气调、情意,六者绸缪系缚心灵者也。本亦有作谬字者,解心之谬妄也。憎恶、爱欲、欣喜、恚怒、悲哀、欢乐,六者德之患累也。去舍、从就、贪取、施与、知虑、伎能,六者蔽真道也。"[(清)郭庆藩撰:《庄子集释》,第 810 页。]

乏累，实要人摆脱各种不和之情态对人心的搅扰和乏累。去、就、取、与、知、能之所以障人达道，因位之去就，物之取与，卓异之能，易使人陷入无穷的人际之是非，使人无法决然疏离俗世有为的事业；而小成之巧智则使人陷入无穷的思想之是非，碍妨人追求人生之逍遥、自由与解放之超越境界。故疏通障人达道的阻碍，实要人摆脱无穷的人际与思想之是非的纠葛，抛弃使人无法决然疏离俗世有为的事业，碍妨人追求人生之逍遥、自由与解放之超越境界的一切事物。①

总之，庄子提出，人首先应通过“彻志之勃”，摆脱人对外物永不知足的“嗜欲心”对人的宰制和异化，回归对人自身欲望的自我主宰与把控，从而避免使自己陷入“以物易己”“丧己于物”“殉名失己”的异化状态，依此更大程度解脱人必不可免要求取养形之物之活动的劳苦患累。其次，又通过“解心之谬”，解除使人们“心劳、性劳”不已的外在礼仪规范对人之自由心性的严重束缚与压抑，使人之心性回归本然的自然自在、自得自乐的自由状态，最大程度摆脱人生的心劳与性劳之苦。再次，通过“去德之累”，最大限度解除恶、欲、喜、怒、哀、乐等不和之情态，对人原本平和静定的心灵的搅扰与乏累，尽可能地摆脱各种不和之情态对人之身心的撄扰与伤害。最后，通过“达道之塞”，摆脱自己追求丰功伟业与无穷之知的思想冲动对人之心灵的支使与摆布，抛弃使人无法决然疏离俗世有为的事业，碍妨人追求人生之逍遥、自由与解放之超越境界的一切事物，由此，最大限度摆脱人生当中的劳苦忧悲等各种生命存在的痛苦。

然而就算人们通过“彻志之勃，解心之谬，去德之累，达道之塞”，最大限度解脱由人必不可免的具有形体之欲、不能自主自身的情态和只具有限之知能等生命存在的局限性所引发的人生之痛苦；然还有一个人最难以解脱的人生之痛苦，即由人之死亡所引起的人生根本之痛苦。如何解脱人因死亡而引起的人生根本之痛苦，这是庄子追求实现人生最大限度的逍遥、自由与解放，必须重点解决的最大问题之一。

① 参见拙文:《庄子“无己”思想阐微》,《中国哲学史》2023 年第 3 期。

（三）善生善死

人有生，就有死。当人形成自我意识并不断完善发展，将在某一个时刻突然意识到，我终有一天将死去，将从这个世界上完全消失，堕入虚无的深渊，化为虚无的存在，由此不由自主地产生战栗、恐惧、悲伤、痛苦等情态。庄子曾因生活陷入极度贫困，一度时刻面对着个人的死生存亡之问题，因此深刻感受了由死生之问题引发的惴慄悲惧等痛苦的情态，庄子反复申言“死生亦大矣”①，就隐晦地反映了此点。是故，人应当以何种的态度对待自己、亲人和他人的死亡，如何才能超脱由人之死亡而引发的生命极度之痛苦，是庄子重点思考与解答的生命哲学的根本问题之一。

第一，庄子认为，人之生与死，本质皆是作为万物化生之基质的一气之聚散，只是气之存在的形式与形态的自然变化。

首先，意欲超脱由死亡所引起的生命之痛苦，必须首先认清人之生、死的本质。因死之问题，是由人之生而引发的问题。如欲思考和解答：什么是死？人为何必死？则必须首先思考与解答：什么是“生”？为何人有生？庄子曰：

> 生也死之徒，死也生之始，孰知其纪！人之生，气之聚也，聚则为生，散则为死。若死生为徒，吾又何患！（《知北游》）

人之生，始于天地的中和之气凝聚成人形的形体，然后人依此展开生的活动。然由天地的中和之气所凝聚而成的人形形体，因其自身存在的根本局限性，无法长久的维持。故人之形体达其使用的最终期限后，必将停止生之活动，而后形体逐渐解体，重新化归气之原本消散的存在状态，此之谓死。庄子指出，人生之所以有死，因生与死是同类的事物，死是人生之活动的开始。易言之，有生的事物就是有死的事物，有死的事物才是有生的事物。若一个事物是完全不死之物，那就是没有任何生命的活动。故死生始终同时并在，共同行进。②

① 如《德充符》曰：“死生亦大矣，而不得与之变。”《田子方》曰：“死生亦大矣，而无变乎己。”

② 以今日掌握的知识，我们已知任何生命活动的本质皆是一种物质的内化与外化的代谢活动，一种物质能量的获取、转化、利用和代谢物之排解的活动。因此，生之活动，必然伴随着提供物质能量之物与获取物质能量的细胞的死亡。

故人开始生之时,也就是人开始死亡之时。① 因若死之活动不开始,则意味着新生之物的化生与凝聚就没有前提性的物质基础;只要有新生之物的化生与凝聚,就必有化生为新生之物的旧物之死亡。只有当生命体整体完全停止生之活动时,此一生命体的死之活动才完全停止下来,然后此一生命体完全消解,重新消散于天地之中。因此,若就气之存在而言,“死”之本质,只不过是原来凝聚成形的和气重新转为原来消散的存在状态,这意味着“死”只是气之存在的形式与形态的转变,而气之存在的根本性质并没有发生任何的变化。因气之聚散变化,又是由天道自然所决定的一种自然变化,故从根本而言,人之生死,只不过是一种气转换其存在形式与形态的自然客观变化。

其次,因人之生死,只不过是气转换其存在形式与形态的自然变化,故庄子认为,“死生”之变化的性质,如同昼夜与四季相互转换的自然变化一样,本质皆是一种客观事物的自然存在形态上的变化或转换。庄子曰:

> 死生为昼夜。(《至乐》)
>
> 夫天下也者,万物之所一也。得其所一而同焉,则四支百体将为尘垢,而死生终始将为昼夜,而莫之能滑。(《田子方》)

庄子指出,死生作为一种气之不可抗拒与阻止的自然运动变化,其性质与昼夜作为天地之不可抗拒与阻止的自然运动变化完全相同。既然“死生为昼夜”,如此人应当如同接受不可抗拒与阻止的昼夜相互转换的自然变化一样,接受自己的生死之变化,不应为之影响自己内心平和状态。在《田子方》中,庄子再次提出了,“死生终始将为昼夜”。庄子以为,只要人们洞达构生天下万物的基质都是共同的“气”这一元素,那么自然就会视自己的“四肢百体”与外在的尘垢之气是性质完全相同的存在。如此,自然也就会将自身的死生之变化,视为如同昼夜之气的交替变化一样的客观事物的自然变化,不使其滑乱自己平和静定的内心。

庄子不仅将死生之变化,比喻成昼夜转换的自然变化,他还将之比喻成春

---

① 海德格尔指出,“死所意指的结束意味着的不是此在的存在到头,而是这一存在者的一种向终结存在。死是一种此在刚一存在就承担起来的去存在的方式”。([德]海德格尔:《存在与时间》,第 282 页。)海德格尔的这一思想,可谓对庄子的“死也生之始”思想的绝佳回应。

夏秋冬四时的自然之更替。《至乐》载：

> 庄子妻死，惠子吊之，庄子则方箕踞鼓盆而歌。惠子曰："与人居，长子老身，死不哭，亦足矣；又鼓盆而歌，不亦甚乎！"庄子曰："不然。是其始死也，我独何能无槩然！察其始而本无生；非徒无生也，而本无形；非徒无形也，而本无气。杂乎芒芴之间，变而有气，气变而有形，形变而有生，今又变而之死，是相与为春秋冬夏四时行也。人且偃然寝于巨室，而我噭噭然随而哭之，自以为不通乎命，故止也。"（《至乐》）

深爱的妻子死亡，是人一生当中有数的悲痛之事。普通人在面对这一情境，定是悲苦不已。而庄子的表现却十分惊世骇俗，竟鼓盆而歌。此一做法，与世俗礼法之要求，相去实在太远。① 故惠子来吊丧时，对庄子此一行为提出非常严厉之批评——"鼓盆而歌，不亦甚乎！"惠子这一句话，实有责庄子薄情之意。然庄子非是薄情于妻子而鼓盆而歌，恰是因庄子深情于妻子，故才做出如此失态之事。② 从庄子在答惠子的"其始死也，我独何能无槩然！"可以非常明显地看出此点。若依"而我噭噭然随而哭之，自以为不通乎命，故止也"，庄子似还曾"噭噭然"嚎啕大哭，只不过后来因觉得不够"通乎命"，故停止了哭泣。由是可知，庄子胜于常人之处在于，其深于悲情之后，能够以其通达的智慧较快地遣情止悲，因庄子深刻地洞察了人之死亡的真相。

在庄子看来，若察其本始，则其妻子本无生；若再往前看，不仅连生都没有，连人得以生的形体以及形体借以生的气都没有。天地万物的化生，都是恍惚之间，化生出元气；元气分判为阴阳，阴阳相感而成和气，如此才化出天下万物的形体；有了形体之后，才有了人之生；人借形而生之后，又因借以生之形体

---

① 王安石曾依此批评庄子曰："夫骨肉之复于土，魂气之无不之，是人情之所哀者矣。君子无所不言命，至于丧则有性焉，独不可以谓命也。昔庄周丧其妻，鼓盆而歌；东门吴丧其子，比于未有。此弃人齐物之道，吾儒之罪人也！"（王水照主编：《王安石全集》，复旦大学出版社 2016 年版，第 1226—1227 页。）

② 晋孙楚作《庄周赞》指出，"庄周旷荡，高才英儁，本道根贞，归于大顺。妻亡不哭，亦何所欢！慢吊鼓缶，放此诞言，殆矫其情，近失自然。"（见王叔岷：《庄子校诠》，第 644 页注引。）"殆矫其情，近失自然"正指出了庄子如此作态的原因：庄子是为了掩饰其难以抑止之悲伤，故才做出失于自然之态。因庄子本人一直主张"死生亦大矣，而无变乎己"（《田子方》）；若非因深情于妻子，为妻子之死而悲伤难止，庄子不当如此刻意作态。

消散，于是又变而为死。如此，由“无”而有“气”，由“气”而有“形”，由“形”而有“生”，由“生”而之“死”的变化历程，恰如春夏秋冬四时的自然之更替。如此，人其实应如接受春夏秋冬四时的自然更替轮转一样，接受自然地由生到死的轮转变化。由此，人随顺生死之变化，就是顺从天道自然的客观变化。庄子提出，“知天乐者，其生也天行，其死也物化”(《天道》)。所谓“天行”即“顺天而行”①，所谓“物化”即是“随物而化”②；“天行”是随顺天道自然之变化，如天地阴阳四季之自然变化而行进，不违逆天道自然的运动变化之方向，“物化”即随顺事物之自然变化，如气之凝聚与消散的自然变化，亦不试图徒劳无功地抗拒死生的自然之变化。因此，庄子提出，人应以“通乎命”的“达命”思想精神，豁然达观地自待自身与自己亲爱之人的死亡。

第二，为消解人们悦生恶死、恋生惧死的情感倾向，庄子进一步提出了“生劳死息”“生寄死归”和人应当“不知说生，不知恶死”的思想。

在现实中，就算人将生死的变化视作如同昼夜轮转的自然变化，或春夏秋冬四时相互更替的自然变化，将之自然地接受下来，随顺万物的自然变化规律而自然生化，但可能依然还是无法改变人们的悦生恶死、恋生惧死的自然情感倾向。故如何解决人们对死亡的恶厌与恐惧之心理，是庄子必须进一步加以解决的问题。

首先，为消解人们悦生恶死、恋生惧死的自然情感倾向，庄子指出，就人生在世存在的本质而言，“生乃徭役，死乃休息也”③，生其实没什么值得可悦和可恋之处。如果就人生不断需要为自己、为他人的生计而操劳，并且又需要为了持生而不断地操持各种社会人伦之关系而言，生其实就如同自天道自然处接受劳而不休的徭役一般；如此，死其实是人生之劳苦的结束，是获得了彻底的休息之机会，那人为何不加以安然地接受呢？

其次，庄子又提出了，人死其实是人向道这一生命的根本来源处归乡的思想。因道是人之生命所得以化生的阴阳之气的根本来源，就此而言，道其实是

---

① 杨柳桥曰：“他的生存，顺天而行。”(杨柳桥：《庄子译注》，第144页。)

② 方勇曰：“死时随物而化。”(方勇译注：《庄子》，第213页。)

③ 王叔岷：《庄学管窥》，第229页。

人之生命的根本来源。若以此观照人之生命在世存在的历程,人极其短暂的一生,其实只不过是构生人之生命体的阴阳之气,受道之委派,离开道之本体,暂时转化为人之形体,为人的持生之活动而操持、操劳不休。而人死亡,则是原本构生人之形体生命的阴阳之气,完成天所委派的持人之生的使命,回归道之居所休止生息。依此,庄子提出了生为寄旅、死为归乡的思想。据王叔岷辑佚的庄子佚文,庄子尝曰:"生,寄也;死,归也。"①若人死,是重归于道之居所休止生息;则人悦生恶死、恋生惧死,这其实是一种弱丧者而不知归乡的做法。庄子曰:

> 予恶乎知说生之非惑邪?予恶乎知恶死之非弱丧而不知归者邪?丽之姬,艾封人之子也。晋国之始得之也,涕泣沾襟;及其至于王所,与王同筐床,食刍豢,而后悔其泣也。予恶乎知夫死者不悔其始之蕲生乎!②(《齐物论》)

庄子在此以反问的方式提出,人如何知道悦生恋生不是一种迷惑?如何知道其厌死恶死,不是像弱龄之时丧其家园而安止于他乡的"弱丧"者一样,不知道如何回归自己的家乡?如同晋献公的宠妃丽姬,作为艾地守疆人的女儿,刚被晋献公所得时,因不知自身将来可能的命运,因此,忧惧不止,涕泣沾襟,悲切不已。等到了晋献公所在的王宫,与献公同处方床,同进刍豢美食后,又后悔当初的哭泣。当人死后重归道的居所,如何知道他不会像丽姬悔其泣一样,后悔他当初悦生恶死、恋生惧死的行为?当人回归道之居所,重回道之家乡时,人将可以与道一起无待而自由地悠游于无穷天地,此实是不可多得的"天乐"。但人惑于生之时所带给人的各种快乐之假象,而不知归乡之大乐;所以才会为了人之死亡,"生物哀之,人类悲之"(《知北游》)。人若知死后能得"虽南面王乐,不能过也"(《至乐》)之乐,将不再悦生而恶死,恋生而惧死。

---

① 王叔岷:《庄学管窥》,第229页。

② 成玄英曰:"弱者弱龄,丧之言失。谓少年遭乱,丧失桑梓,遂安他土而不知归,谓之弱失……昔秦穆公与晋献公共伐丽戎之国,得美女一,玉环二。秦取环而晋取女,即丽戎国艾地守封疆人之女也。筐,正也。初去丽戎,离别亲戚,怀土之恋,故涕泣沾襟。后至晋邦,宠爱隆重,与献公同方床而燕处,进牢馔以盈厨,情好既移,所以悔其先泣。"[(清)郭庆藩撰:《庄子集释》,第103—104页。]

再次，庄子提出，人应当以“不知说生，不知恶死”的自然随顺的态度，对待自己生命的死生。当人摆脱悦生恶死、恋生惧死的错误思想倾向，平等地对待自身生命之死生时，将达至古之真人的“不知说生，不知恶死”的思想境界。庄子曰：

> 古之真人，不知说生，不知恶死；其出不䜣，其入不距；翛然而往，翛然而来而已矣。不忘其所始，不求其所终；受而喜之，忘而复之，是之谓不以心捐道，不以人助天，是之谓真人。①（《大宗师》）

古之真人，之所以不知悦生，因其以为生未必可悦，人之生其实充满了各种生之劳苦忧悲；同时，古之真人，也不知恶死，因其以为死其实是回归道之居所归家休息的过程。正因为古之真人以这样一种自然随顺的“达命”思想精神，对待自己的生死，故天命其生时，其也不加欣喜；若天命其死时，其亦不加拒绝；翛然而去，翛然而来。古之真人不忘记自己的生命所由来之地，不忘记道之居所才是人之生命原本的根本家园；但他们不会主动地追求早点到达生命最后的终点，因其深刻体察了生其实是天道自然赋予他的人生之使命。因此，古之真人，受命以生时，有所欢喜，但其后又忘记这一喜悦之情，回归内心静定平和的状态。这就叫作既不有心着意抛弃在己身之道，主动放弃自己的生命；也不主动以地助益天之作为，增益自己的生命；这样的人就是真人。总之，庄子要人们，摆脱悦生恶死、恋生惧死的错误思想倾向，以自然随顺的态度，对待自己生命的死生之事实。

第三，为了进一步消解人们对死亡的恐惧心理，庄子还提出了“死生一体”，死生不断地相互转化，人的生命将不断地走向新生的思想。

首先，庄子提出，道之存在其实是死生一体，道将对万物不断进行死生的相互转换。人恋生大都是认为人一旦死亡，则人再也没有机会再生，故一些人虽然面对难以忍受的生之劳苦悲忧，但依然恋生而惧死。庄子指出，若从道之超越的视角来观照生命的死生之现象，人们将会发现道其实死生一体，死生不

① 成玄英曰：“捐，弃也。言上来智惠忘生，可谓不用取舍之心，捐弃虚通之道；亦不用人情分别，添助自然之分。能如是者，名曰真人也。”［（清）郭庆藩撰：《庄子集释》，第230页。］

断相互转化,旧物死亡将不断走向新生的存在真相。庄子曰:

> 不以生生死,不以死死生。死生有待邪?皆有所一体。(《知北游》)

所谓“不以生生死,不以死死生”①,其实言,道不会因“生生”不息的使有生者生的活动而能量竭尽,功能消止而死;也不会因不断的“死死”之活动,即衰死到期当死之物,而使自己的存在物有所增生。道一直是不死不生的存在。庄子尝曰:“杀生者不死,生生者不生。”(《大宗师》)道既是“生生者”,又是“杀生者”,然其本身则不生不死。道不生不死,却能“生生”,说明其内部包含“生”之机理,同时其能“死死”,说明其内部也包含“死”之机制。因此,就道之存在的内在构成而言,道既有生又有死,道“死生一体”。由于道本身又是绝对的无待存在,如此,道“死生一体”,意味着死生一体并在,是不需依待其他的任何条件就客观存在的事实。庄子在多处强调了“死生一体”的思想:

> 老聃曰:“胡不直使彼以死生为一条,以可不可为一贯者!解其桎梏,其可乎?”无趾曰:“天刑之,安可解!”(《德充符》)
>
> 子祀、子舆、子犁、子来四人相与语曰:“孰能以无为首,以生为脊,以死为尻。孰知死生存亡之一体者,吾与之友矣。”②(《大宗师》)

所谓的“以死生为一条”③,是以比喻的手法表达“死生一体”的思想。《说文》曰:“条,小枝也。”故“以死生为一条”的字面之义,言以死生犹如一个长条的小枝,其实喻言以死生为一体之义。《大宗师》中,庄子同样表达了“死生存亡之一体”的思想:“无”是“道”之代称;首、脊、尻皆是人体的整体构成之部分,其中,首是指挥脊、尻活动的主宰;故“以无为首,以生为脊,以死为尻”,以比喻性的修辞表达了,死生与道一体共在;道作为死生之活动的主宰,不断地指

---

① 方勇译解曰:“不要因为活着就想让死的活过来,不要因为已死就想让活着的死去。”(方勇译注:《庄子》,第377页。)此解可商榷,因从后文的“物物者”可知,此处实在讨论道之问题,而非人之死生的问题。

② 《庚桑楚》亦曰:“以无有为首,以生为体,以死为尻。孰知有无死生之一守者,吾与之为友。”“孰知有无死生之一守者”,陈景元曰:“‘孰知有无死生之一宗者’见文本,旧作守。”[(宋)陈景元:《南华真经章句余事》,《道藏》第15册,第958页。]陈景元所谓的“文本”,指文如海本《庄子》。实际上,文如海本《庄子》作“宗”义长。

③ 方勇曰:“一条:指齐一,与‘一贯’同义。”(方勇译注:《庄子》,第84页。)方勇此解属意解,非直解。

挥着死生之活动的进行。

道“死生一体”并主宰死生活动之进行，则意味着道将不断使死生相互转化，因此，任何死亡皆将转为新生。据王叔岷辑佚的庄子佚文，庄子尝曰：

> 假令十寸之杖，五寸属昼，五寸属夜。昼主阳，夜主阴；阳主生，阴主死。之昼复夜，生复死，虽一尺之杖，阴阳生死之理无有穷时。[①]

在庄子看来，道所化生的阴阳二气之整体，恰如五寸属昼、五寸属夜的十寸之杖一样，一半属阳，一半属阴。阳主生，阴主死，如同昼而复夜，夜而复昼一样，阴阳二气将不断使万物生而复死，死而复生。因此，道以阴阳二气而进行的生死变化之活动，无有穷止之时。

其次，庄子认为，道不断进行死生转换，则万物之死生的本质只是形体之间的相互禅代。有生之物必然不断地走向死亡，然死亡之物又将不断地走向新生，只不过新生的生命不再以原来的存在形式与形态继续存在，而转换为新的存在形式与形态。庄子曰：

> 万物皆种也，以不同形相禅。始卒若环，莫得其伦，是谓天均。天均者，天倪也。[②]（《寓言》）

庄子指出，天地万物皆是本质相同的同类存在，只不过以不同的存在形体而相互禅代。[③] 当事物的此一存在形体消亡后，将重新转化为气这一构生万物的共同基质，而后又将转化为新的事物存在的形体。因此，所有的死亡皆是形体的死亡，气本身则不死，因物质不灭。同时，死亡并非事物形体存在的终结，任何死亡的事物，在回归道之居所后，在合适的时机又将转化为新的存在形体。

---

① 王叔岷：《庄学管窥》，第235页。

② 宣颖曰：“（万物皆种也），皆有种类。”[（清）宣颖：《南华经解》，第189页。]宣颖此解不确，因万物皆种，乃万物皆同种之义，如此才能不同形相禅代奠定基础。“莫得其伦”，成玄英疏曰：“伦，理也。寻索变化之道，竟无理之可致也。”[（清）郭庆藩撰：《庄子集释》，第952页。]宣颖曰：“无端。”[（清）宣颖：《南华经解》，第189页。]成玄英以“理”释“伦”，勉强可通；宣颖将“莫得其伦”释为“无端”，乃整体释解，然“伦”无“端倪”之义。“伦”在此当释为“伦类”之义。《礼记·曲礼下》：“儗人必于其伦。”郑玄注云：“伦，犹类也。”[（汉）郑玄注，（唐）孔颖达疏：《礼记正义》，第152页。]“莫得其伦”，乃是根本不知其所化之伦类为多少之义。

③ 庄子曰：“精神生于道，形本生于精，而万物以形相生。”（《知北游》）“万物以形相生”亦也表达了万物通过不同的存在形体而生生不息的思想。

并且，万物以不同的存在形体或形式、形态不断相互禅代的变化历程，“始卒若环”，如同圆环的运动一般，终始又始，始则又终；而天地万物存在之数，“量无穷”（《秋水》），故人根本无法测知事物相互禅代的形态之伦类、种类有多少。道则是使万物以形相禅，“始卒若环，莫得其伦”的主宰。道如同陶均之底部的轮盘，不断旋转使万物形成和形毁的轮盘，使万物以形相代的变化历程，无始无终，永无穷止之时。①

再次，庄子以为，死生如均盘圆环轮转，不断死而复生，生而复死，万物不断以不同的生命存在形体、形式与形态相互禅代；故人在面对自己的死亡的时候，完全没有必要为自己“亡以待尽”之后的结局而感到担心；因天道自然必以新的生命存在形体、形式与形态来禅代此世的生命存在形体、形式与形态，只不过人不知罢了。既然必须面对此一局面，如此，人通达地应对人之死生的智慧是：在未达到这一轮生的终点之时，“正而待之”；在这一轮生的终点来临之时，“晏然体逝而终”，安然地接受“造物者”对人之生命存在形体、形式与形态的转化，对其所安排的任何新的生命存在形式与形态，都毫无怨言地加以接受。

在《山木》中，庄子塑造了孔子与颜回这样的一段对话：

> “何谓无始而非卒？”仲尼曰：“化其万物，而不知其禅之者，焉知其所终？焉知其所始？正而待之而已耳。”“何谓人与天一邪？”仲尼曰：“有人，天也；有天，亦天也。人之不能有天，性也。圣人晏然体逝而终矣！”（《山木》）

此段是孔子依次向颜回解释，“无受天损易，无受人益难，无始而非卒也，人与天一也”中的后两句。庄子借孔子之口提出，万物之变化，所有的开始没有不结束的；任何有始而生之物，其生都要有所结束。然始终将卒，又非完全之终结和结束。“卒”，其实意味着物将开始新的一轮“始”的过程。因人并非自身生命存在形体、形式与形态的自主决定者，也非参与决定者，故人完全不知道

① 钟泰曰：“‘均’者，陶均之均，其圆如盘，而可以旋转者也。泥之在均，惟陶者之所为；万物之在宇内，亦惟天之所为。其‘始卒若环’，有似于均之圆转。又‘均’者平义，平则齐，是皆惟‘均’可以表之。”（钟泰：《庄子发微》，第654页。）

作为万物之主宰的道，下一步会用什么样的生命存在形体、形式与形态，来禅代这一世存在的生命形体、形式与形态。人既然无法知道天道自然将何时来终结人此生的存在，又无法知道天道自然将何时开始人新的一轮生的过程，又无法知道新的生命存在形体、形式与形态是什么，如此，人达观地应对此一情势的智慧态度是“正而待之而已”①。“正”字强调了，人在等待自己的死亡来临时，既内心平和正定，没有任何的战栗、恐惧、悲伤、痛苦等不和之情绪，同时亦形容端正，不痛哭流涕，放声哀号而失其正形。故所谓的“正”，所体现出来的其实是“死生亦大矣，而不得与之变，虽天地覆坠，亦将不与之遗”（《德充符》），“死生惊惧不入乎其胸中”（《达生》），“死生不入于心”（《田子方》），“死生同状”（《天地》）的高超思想境界。

“正而待之”，这一既正待自己此生之终结，又正待新生之开始的“达命”思想精神，需要极高的心灵修养的工夫。实际上，“正而待之”所要求的人对死亡之来临时的战栗、惊惧、悲伤、痛苦等情绪的克胜与解脱，进一步来自人对“人与天一”之生命存在之真相的洞达与觉解。所谓的“人与天一”，指人应深刻洞察到，有人之生命的化生与存在，这是由于天的赋授、决定与作用；同时，有天道自然的存在与变化，亦是天本身的主宰、发动与作用；人作为由天所生的有限存在者，根本不可能据有天，改变天，这是人之性命本性的根本规定性。因此，人面对必然“亡而待尽”的命运，最明智的选择其实是：人与天为一，不试图违逆、抗拒和改变天道自然所规定的生命运动变化的方向，安然地接受这一指定的前进方向，在与天偕逝，与命同行的过程中，“晏然体逝而终”②。因此，智慧通达明彻、德行修养高超的圣人，其实是通过洞达和觉解“无始而非卒也，人与天一也”的生命存在之本质真相，再以高超无比的心灵德行的修养，克服与摆脱由死亡而引发的战栗、恐惧、悲伤、痛苦等情绪的反应，所以能正定平和地接受自己的始终将卒的命运，晏然镇定地体味人之生命不断逝去

---

① 陈鼓应曰：“正而待之：谓顺任自然的变化。‘正’是指上文所说的‘万物的变化’（‘化其万物’）。”（陈鼓应：《庄子今注今译》，第191页。）陈鼓应此解值得商榷。正非代词，无法代指上文的“化其万物”。事实上，“正”其实指正确的等待“终而又始”之命运来临的态度。

② 成玄英曰：“晏然，安也。逝，往也。”［（清）郭庆藩撰：《庄子集释》，第695页。］

的感觉，夷然无惧地走向生命的终点，安然接受将来可能所遭的任何之命运。

在《大宗师》中，子舆、子来、子祀、子犁等人，在遭遇自己和至友的死亡时，所体现出来的思想精神，正是这种“正而待之”“晏然体逝而终”的“达命”思想精神。其中，子舆竟然在自己将死之时，“其心闲而无事，跰𨇤而鉴于井”（《大宗师》），对由造物者所化的“曲偻发背，上有五管，颐隐于齐，肩高于顶，句赘指天”（《大宗师》）这一畸形可怖的形体无任何的怨言，还慨叹曰：“嗟乎！夫造物者又将以予为此拘拘也！”①（《大宗师》）在子祀问他“女恶之乎”时，子舆安然答曰：

> 亡，予何恶！浸假而化予之左臂以为鸡，予因以求时夜；浸假而化予之右臂以为弹，予因以求鸮炙；浸假而化予之尻以为轮，以神为马，予因以乘之，岂更驾哉！且夫得者，时也；失者，顺也。安时而处顺，哀乐不能入也。此古之所谓县解也。而不能自解者，物有结之。且夫物不胜天久矣，吾又何恶焉！

子舆之所以能够以如此超然达观的“达命”思想精神，无比平和静定地面对“造化者”对其生命存在形体、形式与形态的转化，并对“造化者”可能安排的化其左臂以为鸡，化其右臂以为弹，化其尻尾以为轮子，化其精神以为马等任何一种新的生命存在形式与形态，都毫无怨言地安然加以接受，其实是因其深刻地洞察了与“人之不能有天”相似的“且夫物不胜天久矣”这一生命存在的事实真相。事实上，人既非自己无论现在，还是将来的生命存在形体、形式与形态的自主决定者，也非参与决定者，道才是人在不同的生命轮回之历程中，生命的存在形体、形式与形态的真正主宰者。以人只是道之无限的化生物中知能极其有限的存在者之一的存在事实，人根本不可能克胜天道自然强大无比的主宰性力量，完全无力抗拒、无从逃避和无法改变天道自然对人施加的决定性作用影响。因此，对由道所安排的必不可免的死亡之命运，人通达的应对智慧其实是“安时而处顺”，以此使喜怒哀乐等不和的情态不进入平

① 陈鼓应译解曰：“哎呀！造物者又把我变成这样一个拘挛的人啊！”（陈鼓应：《庄子今注今译》，第191页。）

和静定的心灵，自觉解脱生之如同倒悬的生命存在之痛苦。此一“安”与“顺”的选择，不仅仅来自道是人所不能克胜的生命之根本主宰这一事实的体认，其实还来自道是具有平等、公平、无私之德性的“天下母”，其对天下所有的有生者，皆公平无私地赋施每一有生者皆必有死之“命”的深刻体察。

复次，在上述思想的基础上，庄子进一步提出了，人应以既“善于生”又“善吾死”的思想态度，也即对造物者在当下和将来所化的任何生命存在形态皆“恶乎往而不可”（《大宗师》），皆无不以之为善的思想态度，来对待自己生命的生与死。在《大宗师》中，与子舆对“造化者”可能安排的任何一种新的生命存在形式与形态，都毫无怨言地安然加以接受的态度相似，子来要面对“造化者”可能安排的化其为鼠肝或化其为虫臂的生命存在形式与形态，也表现出无不认可和接受的态度。其提出：

> 父母于子，东西南北，唯命之从。阴阳于人，不翅于父母。彼近吾死，而我不听，我则悍矣，彼何罪焉！夫大块载我以形，劳我以生，佚我以老，息我以死。故善吾生者，乃所以善吾死也。今之大冶铸金，金踊跃曰：“我且必为镆铘。”大冶必以为不祥之金。今一犯人之形，而曰“人耳人耳”。夫造化者必以为不祥之人。今一以天地为大炉，以造化为大冶，恶乎往而不可哉！（《大宗师》）

子来提出，既然是道化生出人之形体，来承载人的生命，使人得生劳死息。如此，受道之委派化生人之形体生命的阴阳二气，对人而言其实相当于人之“父母”。一如子女孝顺人间的父母到极致，无论人间的父母让子女去做什么，子女就去做什么；如果阴阳之“父母”以死迫近于人，其也作为一种“父母之命”，则人也应当“唯命是从”。现实中，人们皆只喜欢阴阳之“父母”的“生之命”，而不喜欢阴阳之“父母”的“死之命”，因人皆悦生而恶死，认为生为善，死为恶。子来则提出，人应当在“善吾生”的同时，也“善吾死”，即在以生为善的同时，也以死为善。死明明是“恶”，其如何可能是“善”？因死其实是原本构生人之形体的尘垢之气，重新回归天地之大熔炉，到时如同“大冶”的道，将会对人的生命存在形式进行重新再造，使人以新的生命存在形式与形态开始一段新的生之历程。[①] 死亡其实是一种新生，因此死也是一种“善”，人也应当“善吾死”。

有些人可能会承认人死以后，会转换为另外一种新的生命存在形式继承存在，但不会再以“人形”生命存在的形态继承存在。持此一种看法的人，其实皆是贪恋“人形”的生命存在形态的人。庄子指出：

> 特犯人之形而犹喜之。若人之形者，万化而未始有极也，弊而复新，其为乐可胜计邪？（《大宗师》）

人生而为“人形”的生命存在形态，其实没有任何可喜的地方。因为当我们生而成为“人形”的智能生命体时，就意味着人要开始承受“人形”这一生命存在体所带来的各种局限性。人生而只有百余年之寿，何其短也！而且人生而有“形”，意味着人有形体之欲要养；人生而有情，意味着人不能完全摆脱各种情态之影响，因此要受喜怒哀乐等各种情态的撄扰与纠缠；人生而具有有限之知能，意味着人不能自主控制与己之权益密切相关的事态之变化，必受忧悲哀惧等生命存在之痛苦。如果将人的生命存在形态，置于道无终始的无限化生历程和“至大不可围”（《秋水》）的无限空间来看，在由道转化而成的无边无际的广袤宇宙中，肯定存在着很多“若人之形”的智能生命体，他们的生命存在形态完全可能超越“人形”智能生命体上述所言的各种生命存在局限性。庄子指出，像这样“若人之形”的生命存在形态，“万化未始有极也”，数量可能无有穷极。因此，当“人形”的生命存在体敝旧不堪使用时，“造化者”将人的生命存在形体“弊而复新”，若重新造化成为一个没有现有的“人形”生命体的各种存在局限性的新的生命存在形态时，人的新生之乐，其乐不可胜计也！因此，人其实不应当贪恋“人形”的智能生命体的生存，而应安然地接受“造物

---

① 张松辉将庄子的这一思想解说为“熔炉理论”：“庄子把天地之间比作一个巨大的熔炉，把各种物质比作金属材料，这些‘金属材料’在天地之间这个大熔炉中经过锤炼，会变作不同的事物：有的变成了人，有的变成了鸟兽，有的变成了植物，如此等等。过了若干时间，这些人、鸟兽、植物死亡了，他们的身体又回到大熔炉中，经受再次的锤炼，又再次变成各种事物：原来的人体可能会变为某种植物，而原来的植物也可能会变为动物。出炉—回炉—再出炉—再回炉，如此往返循环，生生不已。我们不妨把庄子的这一理论叫作‘熔炉理论’。”（张松辉：《庄子哲学》，人民出版社2009年版，第97页。）

者”对“人形”生命存在体的重新改造与转化，因其意味着人将有机会获得完全超越“人形”智能生命体的各种存在局限性的新生命存在形态。

最后，庄子一直主张以“善吾生”又“善吾死”的态度，以“通乎命”“正而待之”“晏然体逝而终”“恶乎往而不可”等“达命”的思想精神，豁然达观地面对造物者对人之生命存在的形体、形式与形态的自然转换和重新再造。故当庄子本人将死之时，也是如此践行自己一直所主张的“达命”思想精神与态度：

> 庄子将死，弟子欲厚葬之。庄子曰：“吾以天地为棺椁，日月为连璧，星辰为珠玑，万物为赍送，吾葬具岂不备邪？何以加此！”弟子曰：“吾恐乌鸢之食夫子也！”庄子曰：“在上为乌鸢食，在下为蝼蚁食，夺彼与此，何其偏也！”①（《列御寇》）

庄子将死之时，反对自己的弟子厚葬自己，然其理由却非如墨子反对“厚葬”的理由，觉得人不应浪费操办丧礼所需的大量财物。庄子是因深刻地认识到，人之身体只不过由天地的中和之气汇聚而成的一团血肉，这一形体生命的死亡其实是构生人之形体的中和之气，重新消散，回归天地之“父母”，最终回到道之“天下母”处，进行生命存在形体、形式、形态之再造的过程。人若大其心，以宇宙天地为人所处之家，则人死是为归家也；归家之大事，其实是值得欣喜之事，本无须再为此劳心费神地准备丧具，操办丧礼。然庄子又一直主张，“人伦虽难，所以相齿。圣人遭之而不违，过之而不守”（《知北游》），为全弟子一片爱师之诚心，故又不违逆弟子为其所办之丧礼，但他非常反对为葬礼准备贵重的丧具和资送之物。庄子以为，若以天地为棺椁，日月为连璧，星辰为珠玑，万物为资送，其丧具早以完备，实不须再添任何人为的丧具。非庄子以宇宙天地只不过是人偃然所寝之“巨室”（《至乐》）的宏大思想气魄，孰能言此！只有在庄子独自所揭发“以道观之”这一无穷至大的视域下，天地才可能

① 原作“以日月为连璧”，王叔岷指出，“‘日月’上不当有以字，盖涉上以字而衍。《书抄》九二、《御览》五五五、《合璧事类·前集》六六、《北山录·释宾问》第八注引此皆无以字”。（王叔岷：《庄子校诠》，第1287页。）王叔岷之说有理，揆诸原文之义当如此，今据删。“赍送”，《释文》曰：“《赍》音资。本或作济。”［（清）郭庆藩撰：《庄子集释》，第1063页。］王叔岷指出，“赍、资古通。”（王叔岷：《庄子校诠》，第1288页。）《说文》：“赍，持遗也。”赍送，是指随人之丧而携带之物。

渺小化为人死后所寝之棺椁，日月、星辰才可能被视作墓室的连璧、珠玑，万物才可能被当作资送自己归家的资粮！

庄子言此实有让其弟子随便将其尸体弃之荒野之意，然庄子弟子拳拳爱师之心，如何忍心而让乌鸢鸟兽撕咬夫子的尸体。而庄子弃遗自己将死之身体的态度，一如其一直所言，“犹遗土也”（《德充符》），丝毫不以为意。① 在其看来，人死后之尸身，将以要么在上为乌鸢所食，要么在下为蝼蚁所食的方式，转化为新的生命存在的形体、形式与形态，开始新的一轮生命存在的历程，继续其在宇宙中“无往焉而不知其所至，去而来而不知其所止，吾已往来焉，而不知其所终”（《知北游》）的流浪历程。庄子还指出，“指穷于为薪，火传也，不知其尽也”②（《养生主》）。人的形身，实如同为燃烧发光提供能量的膏脂之物，必将因作为薪柴而有燃尽之时；然人的精神生命的延续，特别是以自身的精神之火光，洞照了宇宙、世界、人生之存在真相的精神生命，将因其永恒的思想价值而由一代又一代的后人无穷向后延递，如同火依无穷之薪而无限向后传递，不知其尽止之时，如此，人又何必忧患自己的生命之死亡！

总之，“生命论”是庄子“达命”哲学思想体系最为核心的思想主题。因庄子哲学的根本宗旨，其实是通过揭示造成人生在世总是充满劳苦忧悲等各种生命存在之痛苦的根本原因，从而实现对人之生命存在的本质、意义与价值的觉解，进而以“知天之所为”和“知人之所为”的方式，区分“天人”之间的分限，依此最大程度解脱由人自身的原因而造成的劳苦忧悲等各种生命存在的痛苦，最终实现人之生命最大程度的逍遥、自由与解放。简要而言，庄子的生命论，主要包含三个方面的核心思想内容：

第一，庄子对人生在世的劳苦忧悲等各种生命存在之痛苦的敏锐体察与深刻揭示，和对人必然要遭受劳苦忧悲等生命存在之痛苦的根本原因的深入

---

① 王博曰：“死亡并不是一件可怕的事情，它是向天地的回归，与日月、星辰、万物等合为一体。在这样的理解之下，人间的所谓陪葬的厚薄又算得了什么呢？而既然是一体，当然也就没有乌鸢或者蝼蚁的区别。这是真正的达观，达代表着通，自己和天地万物的通为一体。”（王博：《庄子哲学》，第 15 页。）

② 陈鼓应曰：“指，当是‘脂’字。”（陈鼓应：《庄子今注今译》，第 104 页。）

分析与阐释，是庄子生命哲学的起点。首先，庄子以为，“有生必先无离形”与“养形必先之以物”等生命存在的根本规定性，决定了人必然要受生之劳苦；因天生人就是一个有形体之欲的生命体，这决定了人必须不断地求养形之物以维持自己的生命，为此又需要不断地操持自己的社会人伦之关系，故人必然要受形劳、心劳与性劳之苦。其次，天生人之生命又是一个有“情”并且不能自主其“情”的生命体，这决定了人必然无法逃免要受劳苦忧悲等各种不和之情态不断撄扰与纠缠的命运。再次，天生人只是一个只具有限之知能的生命体，人只能“知遇而不知所不遇，能能而不能所不能”；只能拥有有限之寿年，既不能拒绝自己的出生，又无法抗拒自己的死亡；只能承受“一受其存形，不亡以待尽”等必然的命运，这决定了人必受由生命存在的根本局限性所引发的人生根本之悲苦。

第二，庄子对人之生命存在的根本目的、意义与价值的解答，和对人最大程度解脱由人自身的原因而造成的生命存在的各种痛苦，最大程度实现人之生命的逍遥、自由与解放之境界之方法的阐发，是庄子生命哲学的主体内容。首先，庄子以为，人之生命的“天命性”，决定了人必然要受由无法自主决定自我生命所引发的各种痛苦。虽然人生就意味着人必然要承受劳苦悲忧等各种难以忍受的生命存在之痛苦，然人依然还是必须去生！不可以选择轻生、弃生以逃生之苦！这背后的根本原因是“生”是人自天道自然所禀受的“天命之使命”。天道自然赋予人“生命”与“性命”的“目的”就在于让人“尽其所受乎天”。其次，庄子认为，人生必然要遭受劳苦悲忧等生命存在之痛苦，同时，人因自天禀受“天命”，必须去生；对此两难的生命存在的困境，人应通过“知天之所为”和“知人之所为”，以区分“天人”之分限的方式，最大程度地解脱由人自身的原因而造成的生命存在的各种痛苦，以实现人之生命最大限度的逍遥、自由与解放。再次，庄子以为，天生人就使人成为有形体欲望的生命体，这是“天之所为”，但人无限地放大自己的欲望，结果使自己为“嗜欲心”所宰制，蜕变为“名尸”，异化为“物奴”，这是“人之所为”；然而人可以通过觉解人生之存在的根本目的，洞达生命存在的价值高于一切外物等智慧，最大限度地解脱人生之劳苦，这是“人之所可为”。又次，就人生而言就是有情并且不能自禁其情的生命体,必须承受一生与忧悲等情态相伴而生的命运,这是“天之所为”;然人因与他人争名夺利,因身外之物的得失等原因,陷入为各种不和之情态所撄扰与伤害的状态,这是“人之所为”;但人其实可以通过透达物之得失的本质,以“常因自然不益生”和“用心若镜”等办法,最大程度解脱情态对人的纠缠与伤害,这是“人之所可为”。还次,就人生而只是一个只具有限之知能的存在物,存在着各种生命存在的根本局限性,这是“天之所为”;然人以有涯之生,随无涯之知,陷入无穷的是非之争等作为,这是“人之所为”;但人其实可以通过认识是非之争的本质和人之认识的不确定性等变化特点,以“照之于天”“齐物论”等方式,最大程度摆脱无穷的是非之争和相对性之知对人之心灵的遮蔽与纠扰,这是“人之所可为”。

第三,人应当以何种的态度对待自己、亲人和他人的死亡,如何才能超脱由人之死亡而引发的生命存在之痛苦,是庄子生命哲学重点解答的问题。首先,庄子认为,人之死生,本质皆是作为万物化生之基质的一气之聚散,只是气之存在的形式与形态的自然变化,其性质与昼夜、四季相互转换的自然变化一样,是人必须加以接受的天道自然的客观变化。其次,庄子以为,人生其实如同自天接受的徭役,死其实是人生之劳苦的结束和彻底的休息,人生又只是一段阴阳二气暂寄于人身的旅程,死是回道之原本的生命家园,因此,人应当以“不知悦生,不知恶死”的态度对自己生命的死生。再次,庄子以为,道“死生一体”,道一直对万物不断进行死生的相互转换,因此,死生本质只是生命存在形体的相互禅代与更替。任何生命的死亡将走向新生,天道自然将以新的生命存在形式与形态禅代当下的生命存在的形式与形态。最后,人应以“善吾生”又“善吾死”的态度,以“通乎命”“正而待之”“晏然体逝而终”“恶乎往而不可”等“达命”的思想精神,豁然达观地面对道之造物者对人之生命存在的形体、形式与形态的自然转换。

三、性命论

“性命论”指庄子基于人的性命本性的根本来源、存在本质、德性特点、价值功用等问题的深入体察和人应采取何种的态度对待天赋的自然德性等性命哲学问题的深刻反思而提出来的哲学思想。“性命论”是庄子“达命”哲学思想体系特别重要的思想主题。从庄子思考性命问题的概念包括“性”“命”“性命”“性命之情”“大命”“小命”“生”“天”“情”“德”“真”等概念可知,庄子特别重视性命问题的思考与探究。因“性”之问题,是人自我认识的核心问题之一。人生而具有何种的质性,人的本性具有何种自然的德性或特点,性分本性的存在特点对人之在世存在的活动具有何种影响,人应采取何种的态度对待自身天赋的自然德性,基于人之自然德性的存在特点,统治者应采取何种的国家治理策略等问题,皆是庄子的性命哲学思考的重要问题。

在庄子“达命”哲学思想体系中,“性命论”排序第三,因天命是人之性命的来源与存在的根基,生命是人之性命化生的前提与存在的载体,故二者对人之性命具有现实存在和思想逻辑上的先在性,但人之性命相对于人之生命活动和人之运命具有现实存在与思想逻辑上的在先性。

首先,虽然人之性命在现实存在和思想逻辑上排在人之生命之后,但人之性命对人所开展的生命实践活动则具有现实存在与思想逻辑上的在先性。因人之性命本性是人开展在世实践活动所依托的能力基础和行动开展必须遵循的内在理则或法则。虽然人的性命能力具有随着人的学习实践活动不断发展的特点,但性命的天命性决定了人之性分能力必有其分限。可以说,每一个人的性分能力的限度,决定了其所能开展的生命实践活动的范围和人生在世的实践活动所能达到的成就之高度。

其次,就性命和运命之间的关系而言,人之性命对人之运命具有一种现实存在和思想逻辑上的在先性。人之运命作为人于时世所遭的人所无可奈何的客观情势与既定境遇,必须待人循顺自身的性命之理则展开各种生命实践活动以后,才能产生并存在。只有人之性分之所无以为、性命之所无奈何之事,才成为人之所无可奈何的运命。因此,人之运命的范围,其实由人在现实中实际展现的性分能力的限度而定;只有那些完全超出人之性分能力之限度者,才属于人之运命的范围。这意味着,人之性命能力每增长一分,则人之运命的范围就要退却一分。不断为人之生命抵御人之运命对其限制和围困,最大程度拓展人之生命的逍遥、自由与解放的范围,这是人之性命对人之生命所具有重要功用或说承担的重要责任。

人之性命既是人之生命在世开展实践活动所依托的能力前提和必须循顺的内在法则,又是决定人之生命的逍遥、自由与解放所能够达至范围的决定性因素,这就要求人们采取一种正确对待自己心性的性命哲学,这样才能不因对人之性命错误的思想认识而陷入人生的迷途,遭受更大的生命存在之痛苦。

(一)性本和真

性是人自生而有的人之存在的属性与特质的总和。因此,即生识性,即生言性,是先秦诸子认识人之本性问题最先共同遵循的思想路径。[①] 故告子曰:“生之谓性。”(《孟子·告子上》)《礼记》曰:“人生而静,天之性也。”(《礼记·乐记》)庄子亦首先继承这一即生言性的思想传统而认识人之本性的问题,故庄子曰:“性者,生之质也。”(《庚桑楚》)认为性是人之生命自然就具有的质性。[②] 在老子之前,古代的先哲一般皆将人之本性的根源归于“天”,因其以为“天”是人之生命的来源,故“天”也是人之性命的来源。《中庸》的“天命之谓性”(《中庸》第一章),就是这一传统思想认识的集中表述。因儒家是传统三代文明的主要继承者,故其继承了以“天”为性之来源的传统观念。

由于老子将“天”从其原本具有的万物之本原的地位上打落下来,代之以更为原始的“道”,由此老子开启了一与传统“自天论性”的思想传统完全不同的“自道论性”的思想传统。这其实不难理解,因在老子思想中,“道”是天下一切事物的根本来源,“性”作为“物”之一种,自然也在最根源处化生自“道”。由于对万物之根本本原与存在本体之存在性质或存在性格的理解不

① 梁涛指出,“即生言性乃古代人性论的大传统,这一传统常常被概括为‘生之谓性’”。(梁涛:《郭店楚简与思孟学派》,中国人民大学出版社2008年版,第320页。)

② 庄子将“性”定义为“生之质”,并没有任何错误,因庄子所谓的“性”是有生者全部所有的属性与特质的总和,不仅包含作为共性的种之性、属之性和类本质之性(如人之所以为人之性),还包括完全为个体所独有的存在之殊性。如果要论人之所以为人之性,则“性者,生之质也”这一定义还有所不足。然庄子关注的重点并不在基于“人禽之辩”而论说的人之所以为人之性,庄子更突出强调的其实是个体之殊性。

同,“自道论性”所获得的对人之本性存在特点的思想洞见或体察认识,自然就与“自天论性”的思想传统区别开来。如孔子所信奉的“正义之天”,因继承了传统的“主宰之天”所具有的道德正义性的特点,故其所谓的“天”亦具有道德正义性的特点,因此,孔子所谓“天”能够赋予人先天的道德本性。是故,由孔子所开创的儒家在论“性”时,特重人之本性的道德性的一面,注重在“人禽之辩”的思想视野中,揭发人之本性中的道德性构成了人之为人的根本属性,也即孟子所谓的“人之所以异于禽兽者”(《孟子·离娄下》)。① 老子则以道为万物的根本本原,道之存在的根本特点是“自然性”。由于人与万物本质皆是由道之整体转化而来的道之存在的分殊,因此人与万物也从道之“天下母”处禀受了部分的“自然性”。这一“自然性”是人与万物能够自生自化、自正自朴的现实基础和根本前提。因此,老子特别注重揭发人之本性中的“自然性”的一面,以为人与万物自生自化、自正自朴的在世实践活动奠定人性论的根基,并为其提出的“圣人无为,百姓自然”的政治哲学奠定理论的前提。②

庄子虽然在“命”之思想上,主要继承和发展自孔子,但由于在天地万物之根本本原的问题上,主要继承和发展自老子的道论③,这就使其对人性问题的看法,也主要继承和发展自老子的人性理论。具体而言,庄子继承老子的人之本性先天就具有自然无为、纯真朴素、静定平和等德性的思想,并进一步阐发和揭示人之本性中自由与本真的一面,发展和完善了在老子的哲学思想体系中阐述还未够充分的道家人性理论。④

---

① 罗安宪指出,“儒家之性论,根基于其仁义之道。儒家对于性之论证与说明,目的在于要为其所张扬的仁义之道确立一根基与现实之出路”。(罗安宪:《虚静与逍遥——道家心性论研究》,第 85 页。)

② 罗安宪指出,“在道家,其性论不过是其道论之自然延伸,甚至毋宁说其性论就是其道论之具体化,是其有机之组成部分”。(罗安宪:《虚静与逍遥——道家心性论研究》,第 91 页。)

③ 韦政通指出,“老、庄之间的关系……他们的形上学,都是以‘道’为基本概念而构成”。(韦政通:《中国思想史》,水牛出版社 1986 年版,第 177 页。)

④ 罗安宪指出,“如果说,老子所突出者,为性之本然、自然,那么,庄子则更强调性之本真、自由。老子讲人,突出人之自然,其落脚点是社会政治;庄子讲人,则突出人之自由,其落脚点是个体之精神世界,是个体对于现实政治之超越。由本然向本真、由自然向自由、由社会向个体、由虚静向超越之转化、增进,既是老、庄之别,亦是老、庄哲学之历史演进”。(罗安宪:《虚静与逍遥——道家心性论研究》,第 105 页。)

第一,庄子继承了老子的“德”与“命”的思想,但与老子只言“德”与“命”不言“性”不同,庄子在继承老子思想的基础上,详细描述了“道”经过“德”“命”“形”三个变化阶段,最后化出人之“性”的过程;由此在将“德”与“命”确立为“性”之开端与具体来源的同时,也将“德”与“命”确认为与“性”本质同一的存在;更加深入地揭示了“德”“命”“性”之间的关系。庄子曰:

> 泰初有无,无有无名,一之所起;有一而未形,物得以生谓之德;未形者有分,且然无间谓之命;留动而生物,物成生理谓之形;形体保神,各有仪则谓之性。(《天地》)

在庄子所描述的由道而德,由德而命,由命而形,由形而性的化生序列中,性是道经过“德”“命”“形”三个变化阶段化生出的,存在于事物内部的性命之仪则或理则。① 其中,“德”处于“道”之后,在“命”之先,是“性”之化生的开端或第一个阶段。“命”在“德”之后,在“形”之先,是“性”之化生更具体的来源或第二个阶段。庄子如此阐述“德”“命”“性”之间的关系,既是吸收儒道两家思想的结果,也是基于自身对“德”“命”“性”之关系问题的深入思考,以此阐明人与万物的“性”之“德”的获取方式和人与万物之“性”为何既存在着统一性,又存在着差异性。

首先,庄子将“德”确立为“性”之化生最原始的开端,既是吸收儒道两家思想的结果,也是为更加深入地阐明人的“性”之“德”的获取方式,从而为“性”之“德”奠定坚实的来源基础。老子曰:“故从事于道者,道者同于道,德者同于德……同于道者,道亦乐得之;同于德者,德亦乐得之”(第二十三章)。老子指出,人可以同道之德的方式获得道之德。老子的此一思想指出了“道”是“德”之来源,但若只看此一经文,易使人误以为,老子认为人之德性是后天通过效法道而获得的。《礼记》则提出,“德者,性之端也”(《礼记·乐记》),明确提出德是性的开端与来源,这明确了人之本性先天就具有德性。庄子在吸收上述思想的基础上,明确提出人与万物之“德”是通过“有一而未形”,即

① 郑开指出,“古代哲学话语中‘性’的概念晚起,是从较早期‘德’与‘命’等概念剥落出来的”。(郑开:《道家心性论研究》,《哲学研究》2003 年第 8 期。)

通过分有作为“一”的道这一方式而获得的。这就更加明确指出了道是人与万物之德性的根本来源，并且，人之本性先天就具有自道而得的德性。

其次，庄子将“命”确立为“性”之更具体的来源，也是吸收儒道两家思想的结果；同时，也是为更加深入地阐明人与万物之“性”为何存在着差异。老子曰：“归根曰静，是谓复命。复命曰常”（第十六章）。如前所述，老子亦将人与万物的“本性”称为“命”，说明老子一定程度上认同“性自天命”，即“性”来源“命”这一传统的思想观念，不过，老子将性之“命”的根本来源推溯到“道”这一万物至为根本的本原处。同时，孔子尝曰：“故命者，性之始也。”[①]孔子认为，“命”是“性”的起始来源。庄子继承了老子与孔子的上述思想，故其与老子一样认为，最根本而言，“命”来自道之“天下母”；同时，庄子与孔子一样认为，“命”是“性”之具体的起始来源。庄子将“命”置于“德”之后，“性”之前，其实有着深刻的思想考量。因如果要对人与万物进行分“命”，必须先有所得，故必须先通过“有一而未形”，从道之“天下母”处获得人与万物得以化生的基础，即元气这一物质性元素，如此，元气对人与万物进行存在形体与本性的分配与命授才具有前提基础，是故，“德”是“命”的前提基础。庄子还指出，道依托元气对人与万物得以存在的形体与本性进行分配与命授，并不是完全均等化的分配与命授，而是差异化的分配与命授，分别赋予人与万物不同的“殊气”与“殊理”。这就以“命”之差异化命授的机制，解释了为何人与万物现实存在的形体与本性存着各种各样的差异。故此，“命”是差殊之“性”的具体来源与之所以存在差别的根本原因。

因此，庄子通过由道而德，由德而命，由命而形，由形而性的化生序列，为人与万物的存在形体与本性的统一性与差异性的问题，提供了一种完满的解释方案。其一，“德”在“道”之后，在“命”之先，并且“有一而未形”，这意味着人与万物自“道”所得之“德”，本质是完全一样的。这解释了人与万物的存在本质的同一性问题，由此为庄子的“万物一也”（《知北游》），将人与万物的存在本质齐一化奠定现实基础；还为庄子的“复通为一”（《齐物论》），即将已然

① 王聘珍：《大戴礼记解诂》，第 251 页。

分化的人与万物重新统一为"一"之存在的整体提供了基础前提。其二,"命"在"德"之后,在"形"与"性"之先,则解释了人与万物的存在形体与本性为何会存在着各种差异性的原因,这是因道在化生万物的"命"这一环节,对人与万物的分配与命授不是进行完全均等化,而是进行差异化的分配与命授。

再次,虽然"德""命""性"三者存在着化生阶段性与性质上的一些差别①,如人与万物自道所得的"德"之性质是完全同一的;因在"命"与"性"之阶段,道进行了差异化的分配与命授,故人与万物的"命"与"性"存在着各种各样的差异性;但就其本质而言,在庄子的思想中,"德""命""性"三者的本质完全同一,故三者间存在着紧密的联系。庄子曰:"道者,德之钦也;生者,德之光也;性者,生之质也。"②(《庚桑楚》)庄子认为,道是德一直钦崇的对象,因道具有无限性的存在特点,而德只是自道而得的道之分殊;性则是自道而得之德,在人与万物身上具体的呈现与显现③,因自道而得之德,还只是"有一而未形"的状态,只有在人与万物具体之存在形体才能呈现自身的存在属性与现实功用;最终,性表现为人与万物生而自然具有的质性。因此,虽然"德""命""性"三者分别标示了"道"转化为人与万物之形性的不同之存在阶段和变化形态,但"德""命""性"三者本质皆是"道"之存在的显现,本质是同一的存在。庄子经常将"德""性"并言,或"性""命"连用,根本原因即在于此。冯友兰指出,"命和德是一个东西。从人和物这一方面说,这个东西是它们所得于道的,所以称为'德'。从道那一方面说,这个东西是道所给予人和

① 徐复观曰:"若勉强说性与德的分别,则在人与物的身上内在化的道,稍微靠近抽象地道的方面来说时,便是德;贴近具体地形的方面来说时,便是性。"(徐复观:《中国人性论史·先秦篇》,第331页。)

② 《释文》曰:"《德之光》,一本光字作先。"[(清)郭庆藩撰:《庄子集释》,第811页。]作先非是。因若作先,无论是解作"生者,德之先",还是解作"性者,德之先",皆不符合庄子在《天地》所描述的由道而德,由德而命,由命而形,由形而性的化生序列,因在此序列中,"德"一直在"形"(生)与"性"之先。

③ "光"有显现、呈现之义,如此,"生者,德之光",生若作性解,则表达了性是德在具体事物中的呈现与显现的思想。由"命者,性之始也"可推得"性者,命之成也"的结论,与此相似,由《礼记·乐记》的"德者,性之端也",则可推出"性者,德之成也"的结论。故性是德在具体的事物形体中的显现与完成。

物的，所以叫做‘命’，好像是给它们一个命令”①。徐复观也指出，“《庄子》内七篇虽然没有‘性’字，但正与《老子》相同，内七篇中的德字，实际便是性字”②。罗安宪亦指出，“道在具体物上之彰显，即是‘德’。德来源于道，得自于道。得自于道而成为物之本体，而使某物成其为某物者，就道而言，就物之得道而言，是德；就物而言，就某物之所以为某物而言，是性”③。皆指出了庄子所谓的“德”“命”“性”的本质同一性。可以说，“德”是共同的在物之道，“命”是有所差殊的所分之德（道），“性”是共同之“德”与差殊之“命”在具体的事物中的显现与完成。是故，人与万物之“性”，既具有共同的存在本质，又具有完全为其所独有的个体之殊性。

第二，庄子对老子人性论思想的继承与发展，还表现为庄子继承了老子的人之本性自然就具有自然无为、纯真朴素、静定平和等德性的思想，并通过提出“同德”和“德者，和也”等思想，进一步明确阐明人之本性天然就具有自然无为、纯真朴素、静定平和等自然的德性。

首先，虽然未够明确，但老子其实提出了，人自道继承了自然、无为、纯朴、静定等自然的德性的思想。④ 因道是天下一切事物最根本的本原，又是支撑一切事物存在的本体，如此，在老子的思想中，人与万物的德性自然也无不根源于道。道是“自本自根”的无限者，故道本身具有无限的德性。不过，老子只重点阐发了道之自然、无为、朴素、安静等品质性的德性。老子曰：

> 人法地，地法天，天法道，道法自然。（第二十五章）
>
> 道常无为而无不为。（第三十七章）
>
> 道常无名，朴。（第三十二章）
>
> 夫物芸芸，各复归其根。归根曰静，是谓复命。复命曰常，知常曰明。（第十六章）

---

① 冯友兰：《中国哲学史新编》，第421页。

② 徐复观：《中国人性论史·先秦篇》，第328页。

③ 罗安宪：《虚静与逍遥——道家心性论研究》，第91页。

④ 徐复观指出，“《老子》一书无性字，《庄子》内七篇亦无性字；然其所谓‘德’，实即《庄子》外篇、杂篇之所谓‘性’”。（徐复观：《中国人性论史·先秦篇》，第369页。）

老子所谓的“道法自然”，内蕴有“道性自然”之义①；“道常无为而无不为”，强调了道具有自然无为的本性特点；“道常无名，朴”，强调了道具有纯真朴素的本性特点；“归根曰静”，强调了道作为万物的本根，一直静定而不躁动的本性特点。因此，老子认为，道主要具有自然无为、纯真朴素、静定的品质性德性。但老子实际上只揭示了道最主要的一部分德性，这些德性并非道之全部的品质性德性，因道作为无限者拥有无限的品质性德性，人与万物所具有的一切德性无不根源于道。故庄子补充曰：“夫道，覆载万物者也，洋洋乎大哉！……无为为之之谓天，无为言之之谓德，爱人利物之谓仁，不同同之之谓大，行不崖异之谓宽，有万不同之谓富。”（《天地》）庄子以为，天、德、仁、大、宽、富等也无不是道之存在的品质性德性。然庄子之所补，依然还是非常有限的对道之德性的补充性描述。

道具有无限的德性，人不可能从道继承全部的无限德性，否则人就成为道，不再只是作为道所化生的存在之分殊。庄子指出，“人之不能有天，性也”（《山木》），“汝身非汝有也，汝何得有乎道！”（《知北游》）明确指出了，人不可能拥有道，因人连自身的身体都是由道所化生，非人根本所有，而为道根本所有，如此谈何继承并据有道之全部的无限德性。故人只能从道之“天下母”处继承其一部分的德性。虽然老子没有明言，但其实提出了人自道继承了自然、无为、纯朴、静定等本性。老子曰：

> 故圣人云：“我无为，而民自化；我好静，而民自正；我无事，而民自富；我无欲，而民自朴。”（第五十七章）

只有民众的自然本性原本就无为而自化，静定而自正，无事而自富，无欲而自朴，如此，圣人才能无事无为，无欲好静，而自然达成民自化、自正、自富、自朴的治理效果；否则就算圣人无事无为，无欲好静，民众也不可能自化、自正、自富、自朴。因此，老子的此一经文，实际上内蕴有人之本性先天即自然、无为、纯朴、静定的思想。

---

① 罗安宪指出，“所谓‘道法自然’，其意即是道以自己为法。‘道法自然’实际上即是‘道性自然’”。（罗安宪：《论老子哲学中的“自然”》，《学术月刊》2016年第10期。）

除此之外，老子还认为，人的本性先天具有“和”这一德性品质。老子曰：

> 含德之厚，比于赤子。毒虫不螫，猛兽不据，攫鸟不搏。骨弱筋柔而握固。未知牝牡之合而朘作，精之至也。终日号而不嗄，和之至也。知和曰常，知常曰明。（第五十五章）

老子指出，人若能够含保自己的德性至非常深厚的程度，就可与纯真的赤子相比。赤子因未涉尘世，保持着宝贵的自然德性，故毒虫、猛兽、攫鸟等动物都不会去伤害他；虽然赤子骨弱筋柔，然抓握东西却十分牢固；未知阴阳交合之事，阳根却一直坚挺，这是因精气纯粹之至的原因。终日号哭却声音不哑，这是因内心平和之至。含德深厚、精纯之至、平和之至是赤子能够如此表现的主要原因。赤子生就“和之至”，这说明人的本性中先天就具有“和”的德性品质。之所以如此，因人是由道所转化而来的冲和之气所生。老子曰：“万物负阴而抱阳，冲气以为和。”（《第四十二章》）道化生天下万物皆是“负阴而抱阳，冲气以为和”，皆是用中和之气构生万物，人亦不例其外，故人先天就自然具有“和”的德性品质，无论是形体还是心灵原本皆自然静定而平和。老子指出，人只要“知和”，就能恒常地含保自身的自然德性；知道恒常地含保自身的自然德性，就是智慧明彻之人。整体而言，老子认为，人之本性自道继承了自然无为、纯真朴素、静定平和等德性品质。

其次，庄子全部继承了老子的上述思想，并通过提出“同德”和“德者，和也”等思想，进一步明确阐发人之本性天然就具有自然无为、纯真朴素、静定平和等自然的德性。① 刘笑敢曾指出，“庄子所谓德的第一个意义是纯朴的自然本性……德的第二个意义便是最高的修养境界……最高修养境界的特点是‘和’，即和谐圆满之意，实际上也就是涵养和保持淳朴的自然本性。所以庄子所谓德的两个意义是完全一致的”②。刘笑敢此言非常在理。事实上，庄子

① 陈鼓应指出，“道家庄子与儒家孟、荀相比，在人性上的最大不同有两个方面：一是以人类受命成性之初的真朴状态为人的本性实情；二是以人性论为人生论的基础，而人性论的建立有待于哲学形而上学以为其根据”。（陈鼓应：《庄子论人性的真与美》，《哲学研究》2010 年第 12 期。）

② 刘笑敢：《庄子哲学及其演变》（修订版），第 133—134 页。

所谓的“德”，首先指人自道而得的自然德性；然后指人在此自道而得的自然德性之基础上，通过含藏和保持这一自然的德性不离失而获得崇高的德行修养境界。整体而言，庄子认为，人之本性中天然就具有自然自在、纯真素朴、无知无欲、虚静恬淡、寂漠无为、平和静定等自然的德性。

其一，庄子以为，民众天然具有的“同德”，是一种纯真朴素、无知无欲、自由放任的自然德性。庄子曰：

> 彼民有常性，织而衣，耕而食，是谓同德。一而不党，命曰天放。故至德之世，其行填填，其视颠颠。当是时也，山无蹊隧，泽无舟梁；万物群生，连属其乡；禽兽成群，草木遂长。是故禽兽可系羁而游，鸟鹊之巢可攀援而窥。夫至德之世，同与禽兽居，族与万物并，恶乎知君子小人哉！同乎无知，其德不离；同乎无欲，是谓素朴。素朴而民性得矣。（《马蹄》）

庄子以为，民众自然具有的“常性”，是织而衣，耕而食，这也是民众共同具有的“同德”。为何织而衣，耕而食，可称为“同德”？因织而衣，耕而食表现出来的是“一而不党”的“天放”状态，也即保持纯一朴素的德性，不亲比结党私助，在广阔的天地之间自然地放任自身的自由自在之天性的状态；是不追求五色、五音、五味等使人欲望膨胀、心性飞扬的事物，无知无欲，不离自然之德，“日出而作，日入而息，逍遥于天地之间，而心意自得”（《让王》）的自由状态。因民众始终保持着纯真素朴、无知无欲、自由放任的自然德性，因此，“其行填填，其视颠颠”①。填填是满足而徐行之貌，颠颠是视物专一之貌。因人一直保持着自然的天性，故人与万物群生的自然本性皆不相违逆，因此，“禽兽可系羁而游，鸟鹊之巢可攀援而窥”，与天地万物相处皆非常和谐，没有任何的斗争冲突。但这一天人和谐状态的获得，其实需要民众始终不离纯真朴素、无知无欲、自由放任的自然德性为前提。

其二，庄子认为，“虚静恬淡、寂漠无为”是天道自然赋予人与万物的平正

---

① 《释文》曰：“填填……质重貌。崔云：重迟也。一云：详徐貌。《淮南》作莫莫。颠颠，丁田反。崔云：专一也。《淮南》作瞑瞑。”成玄英曰：“填填，满足之心。颠颠，高直之貌。”[（清）郭庆藩撰：《庄子集释》，第335页。]

之本性和道德之品质，它们是人与万物本始之性。[①] 庄子曰：

> 夫虚静恬淡、寂漠无为者，天地之平，而道德之至……夫虚静恬淡、寂漠无为者，万物之本也。(《天道》)
>
> 故曰：夫恬惔寂漠，虚无无为，此天地之平，而道德之质也。故曰：圣人休休焉，则平易矣，平易则恬惔矣。(《刻意》)

虚，本指空虚无物的状态，对人而言，则指人内心空虚无求的状态；静，指安定不动的状态；恬，《说文》曰：“安也”，《广雅》曰：“静也”，故恬指安宁和静的状态；淡，指淡泊无欲的状态；寂漠，指心性寂静不喧哗躁动的状态；无为，指无所事事的状态。合而言之，“虚静恬淡、寂漠无为”，描述了人之本性空虚、静定、安宁、淡泊、无欲、无为的状态。庄子以为，此一状态即“天地之平，道德之至”。平者，正也[②]；“道德之至”义同《刻意》的“道德之质”，犹言道德的品质或实质；故庄子将人之本性虚静恬淡、寂漠无为的状态，视为天道自然赋予人的平正之本性和道德之品质。庄子还指出，“虚静恬淡、寂漠无为”是“万物之本”。《玉篇》曰：“本，始也。”故庄子又视“虚静恬淡、寂漠无为”为人与万物本始的本性。庄子在《刻意》中再次强调了，“夫恬惔寂漠，虚无无为，此天地之平，而道德之质也”。庄子提出，圣人若休止于“恬惔寂漠，虚无无为”的本性，则心态自然平易；心态平易，则自然安宁和静、淡泊无欲。故“恬惔寂漠，虚无无为”等自然的德性，将使人自然表现出平易和正的状态。

其三，在众多的德性中，庄子最看重的德性之一是“和”。庄子曰：“夫德，和也。”(《缮性》)又曰：“德者，成和之修也。”(《德充符》)庄子将人之德性最重要的表征归结为“和”。因“和”作为“内保之而外不荡”(《德充符》)的状态，最大程度呈现了人之本性的纯真素朴、无知无欲、虚静恬淡、寂漠无为、平和静定等德性的品质。庄子以为，有德者，即是修养成就“和”之德的人。但

---

① 罗安宪曰：“道之本性即是虚无、平易、清静、柔弱、纯粹素朴。道化育为物，而为物之德；化育为人，而为人之德。故人之德、人之本性，亦是虚无、平易、清静、柔弱、纯粹素朴。”(罗安宪：《虚静与逍遥——道家心性论研究》，第102页。)

② 《吕氏春秋·适音》的“教民平好恶行理义也”，高诱注曰：“平，正也。”(许维遹：《吕氏春秋集释》，第117页。)《广韵》亦曰：“平，正也。”

“成和之修”，并不是通过后天的道德实践，将原本天性中未有之物熏习为人的后天之习性。“德者，和也”，实际上指出了人自道而得的自然德性原本就具有“和”之品质，因此，“成和之修”，最大的修养工夫实际上是涵养与保持原本自然就具有的“和”之德性，不使之脱离和丧失于人之外；易言之，不使外物伤害身心自然平和的状态，即是“成和之修”。因此，“成和之修”表现出“不修而修”的特点。《田子方》载：

> 孔子曰：“夫子德配天地，而犹假至言以修心，古之君子，孰能脱焉？”老聃曰：“不然，夫水之于汋也，无为而才自然矣。至人之于德也，不修而物不能离焉，若天之自高，地之自厚，日月之自明，夫何修焉！”①（《田子方》）

孔子认为，以老子可与天地参配的德行，犹且还需要借助“至言”指示的智慧来修养自己的心灵，那么古代的君子，没有人可以脱免于这样的修行方式。可知，孔子认为，德来自修，修是德行的必要前提，不修则无德。老子则指出，如同水之本性原本澄湛清澈，只要人不去搅扰它，自然就平静明澈；至人的德性，不需要修，德就自然不离。因人之身心原本具有平和静定等自然的德性，只要人含藏和保持身心原本的平和静定等德性，不使外物伤害和破害它，不需人为的修养就自然具有平和静定等德行。好比天原本就高远无极，地原本就博厚广阔，日月原本就光明闪耀，根本不是通过修持而具有这些品质性的德性。因此，“德”之修养的关键在于保持先天的自然德性，而非通过后天的学习实践内化人原本没有的德行。庄子所塑造的老子与孔子的这一寓言对话，深刻揭示了道家与儒家在德之来源和德行修养工夫论上的重要分歧：前者强调先天的保持，后者强调后天的修持。依此可见藏身于老子之后的庄子本人的观点是，人之本性中天然就具有自然自在、纯真素朴、无知无欲、虚静恬淡、寂漠无为、平和静定等自然的德性，因此，最为重要的是保持这些人先天就具有的自然德性不丧失，这才是修养自身德行的正确方式。

---

① 成玄英曰：“汋，水澄湛也。言水之澄湛，其性自然。”［（清）郭庆藩撰：《庄子集释》，第716页。］马其昶引李明哲曰：“汋，借为‘酌’，言任人挹取，而资用不竭。”［（清）马其昶：《定本庄子故》，第144页。］相较而言，成玄英之解更切于前后文语境。

第三，庄子对老子的人性论思想的重要发展，表现于庄子在老子有限论“真”的思想基础上，突出强调了人性“本真”的一面；并且，基于对保持人的本真之天性之重要功用的深刻体察，庄子一直强调不要人为开凿人之本性中“欲望与巧智”这一面的人性，消亡人天然就具有自然无为、纯真朴素、平和静定等自然德性的天性。

首先，“真”在先秦最初是表真实无妄、没有虚假的重要概念。“真”，古文字形作“𡗜”。《说文》曰：“真，仙人变形而登天也。”段玉裁注云：“此真之本义也。经典但言诚实，无言真实者。诸子百家乃有真字耳。然其字古矣，古文作𡗜，非仓颉以前已有真人乎？引申为真诚。”[①]《玉篇》亦曰：“真，不虚假也，又仙人变形也。”“真”的古文字形“𡗜”，实为人灵魂出窍，从人之头顶飞升之象形。故真之本义不是真实，而是人之灵魂精气飞升回归天之居所。人之精魂归天为“真”，这其中内蕴的思想观念是：“天”为“真”。世间的万物不断流转变化，草木荣枯，花开花落，人生人死等，原先还存之物转瞬即逝，使人生出人生如幻如梦的不真实感，由此产生出寻找可以永恒持存的真实之物的心理需求，以克服一旦纠缠上便难以摆脱，同时让人恐慌愁闷不已的人生虚幻感。先民基于自身的观察思考，将能够生生不已的天地视为真实无妄的存在本体。这一观念被《中庸》表述为，“诚者，天之道也”[②]（《中庸》第十九章）。天是真实无妄之本体，由此形成了归天即是归真、返真的传统思想观念。

老子为增加人们对道之存在的确信感，提出了道之存在具有“窈兮冥兮，其中有精；其精甚真，其中有信”（第二十一章）的特点。老子首先以“真”来描述“道”，但老子并未将“道”直接称为“真”，只是强调道在窈冥之中所化生之精气，虽然无形无状，但其存在却非常真实，因其有现实的具体信验。老子又曰：“建德若偷，质真若渝”（第四十一章），“修之于身，其德乃真”[③]。（第五十

---

① （汉）许慎撰，（清）段玉裁注：《说文解字注》，第384页。

② 朱子曰：“诚者，真实无妄之谓，天理之本然也。”[（宋）朱熹：《四书章句集注》，第31页。]

③ 陈鼓应译解曰：“刚健的德好似懦弱的样子；质性纯真好似随物变化的样子”，“拿这个道理贯彻到个人，他的德会是真实的。”（陈鼓应：《老子今注今译》，第231、272页。）

四章)前者言修道之士,质性纯真;后者言以道修身,其德性就真实或纯真。整体上,虽然老子已以“真”来形容“性”,但并未提出了人之“德”性原本就具有“真”这一品质。

其次,庄子在吸收老子上述思想的基础上,创新性地将“道”直接称为“真”。庄子曰:

> 彼特以天为父,而身犹爱之,而况其卓乎!人特以有君为愈乎己,而身犹死之,而况其真乎!(《大宗师》)

如前所述,庄子所谓的“卓”指“道”,唯道才是卓于天之“父”;而与“卓”相似的“真”,其实也指“道”。庄子提出,人特地把天视为自己的父亲,尚且全身心地爱他,何况那比天还卓越的道呢?人特地因君王的德行超过自己,犹且不惜为他牺牲自己的生命,何况对作为“真”的道呢?在《大宗师》的“子桑户”之寓言中,庄子再次将“道”称为“真”:

> 子桑户、孟子反、子琴张三人相与友,曰:“孰能相与于无相与,相为于无相为?孰能登天游雾,挠挑无极,相忘以生,无所终穷?”三人相视而笑,莫逆于心,遂相与友。莫然有间,而子桑户死,未葬。孔子闻之,使子贡往待事焉。或编曲,或鼓琴,相和而歌曰:“嗟来桑户乎!嗟来桑户乎!而已反其真,而我犹为人猗!”(《大宗师》)

子桑户、孟子反、子琴张皆是修道求道的方外之人,皆超脱了生死这一至大的问题。故当子桑户死时,孟子反与子琴张不仅没有如常人般感到悲伤难忍,号啕大哭,反而或编曲,或弹琴,相和而歌,欢庆子桑户之死,惊世而骇俗。然从二人所歌者,可知二人之所以做出如此举动,乃因在他们看来,子桑户之死其实是“已反其真”,回归真道这一人原先的居所。正是因持“生寄死归”的生死观,故他们认为,死其实是人的精神从“人形”这一如同囚笼与囹圄般的形身中解脱与解放出来,不再受身为人形之苦,回归道之居所休止生息的过程,故是特别值得欢庆之事。也因是之故,二人对自己犹且为人,还要遭身为人形之苦,未能完全解脱而遗憾不已。

在上述两处中,庄子皆以“真”代称“道”,表明庄子以“道”为“真”,以道为唯一真实无妄的“无假”之存在。是故,庄子又以“无假”代称“道”,庄子曰：“审乎无假，而不与物迁。”①(《德充符》)“审乎无假”即审明于道之真实的存在真相。还有，庄子将“道”称为“真君”“真宰”(《齐物论》)，同样体现了庄子的唯“道”为“真”的思想观念。在这一唯“道”为“真”的思想激使下，庄子提出了人生如幻梦般假而不实的思想。庄子曰，“丘也与女，皆梦也；予谓女梦，亦梦也”(《齐物论》)，“吾特与汝其梦未始觉者邪！”(《大宗师》)庄子这一人生如梦的思想，深刻影响了庄子本人及后世人们对人生存在本质的看法。事实上，庄子以“道”为“真”、以“生”如“梦”的思想，不仅深刻影响了庄子本人对人生之存在本质的看法，同样也深刻影响了庄子的性命观，表现为庄子特别重视强调人性本来纯真素朴和真诚无伪的存在特点。

再次，庄子明确提出，“道”具有真实无妄、真诚无假的品质性德性；因人之性命由道所赋，故人从道之“天下母”处继承了“真”这一宝贵的品质。《渔父》曰：

> 礼者，世俗之所为也；真者，所以受于天也，自然不可易也。故圣人法天贵真，不拘于俗。愚者反此，不能法天，而恤于人；不知贵真，禄禄而受变于俗。(《渔父》)

礼是由人所发明的用以规范人之行为和调节人际之关系的社会性规范，礼的人为发明性和作为形式性规则的存在特点，使礼易陷入虚伪无诚、虚假无实的状态。而纯真素朴与真诚无伪，作为人禀受自天道自然的德性品质，先天自然，不可改易。因此，庄子指出，智慧通达的圣人，效法天之真实无妄、真诚无假的品质性德性，尊贵人天然具有的纯真素朴与真诚无伪的自然本性，不使自身这一宝贵的品质为人为发明的各种社会性的礼法仪则所拘限与束缚。而愚者因不能效法天道真实无妄、真诚无伪的品质，为人为的礼法仪则所恤置；不知道尊贵纯真素朴与真诚无伪的品质，庸庸碌碌随从世俗礼法的作为，使纯真素朴与真诚无伪的品质为世俗礼法所改变。

具体而言，“真”是何种的德性品质？为何可贵？《渔父》曰：

---

①　林希逸曰：“审者，明也，见之尽也。无假者，实也。”[(宋)林希逸：《庄子鬳斋口义校注》，第83页。]林希逸虽指出了“无假”为“实”，但未透点此“无假”之“实”乃指“道”。

孔子愀然曰:“请问何谓真?”客曰:“真者,精诚之至也。不精不诚,不能动人。故强哭者虽悲不哀,强怒者虽严不威,强亲者虽笑不和。真悲无声而哀,真怒未发而威,真亲未笑而和。真在内者,神动于外,是所以贵真也。”(《渔父》)

“真者,精诚之至也”,指出了“真”是人自其本性所发之情,精纯诚实到极致的状态。精纯,意味着在人自然所发之情中,不含有任何的杂质,不掺杂有任何因功利或其他不纯之目的而造作出来的“伪情”;诚实,意味着这一情感由衷地发自内在的本心本性,实实在在,毫无虚假。情感纯真而不伪,诚实而不虚,这是真情能够感动他人的原因。如果人所发之情感不精纯诚实,根本无法感动他人。是故,勉强而哭之人,表面上好像感觉很悲伤,但其实一点也不哀痛;强发怒气之人,表面上看似非常严厉,但其实一点威严也没有;强制自己作出亲和之状的人,虽然表面笑脸迎人,但其实一点也不使人感到亲和。反过来,真正悲痛之人,哭而无声,却使人感到哀苦;真正愤怒之人,怒气未发就已让人感到威厉;真正亲和的人,还未发出笑声,就让人感到非常和悦。因此,只有真性真情由衷在内,人的神情才能自然发动于外,正所谓“造适不及笑,献笑不及排”①(《大宗师》)。若人的一切行为动作,皆出乎自然,率任自然,不需要用心造作伪情伪状,将使人的身心自然逸乐,虽动而不劳。“真”可以将人的心性从心劳与性劳的状态当中解脱出来,“真”之品质的可贵性实在于此。

虽然每一个人皆自道继承了“真”之品质,原本皆“其德甚真”(《应帝王》),但并不是每一个人都能保持“天真”的品质。只有“不离于真”(《天下》)的至人,才能够完全不失自己本真的性情。大部分的世人,因不知“谨修而身,慎守其真”(《渔父》),故或为高官贵爵,厚禄重利,“见利而忘其真”(《山木》);或为美名善誉而“刻意尚行,离世异俗,高论怨诽”(《刻意》);或本为高善之目的,然不知真正切当的治道,“屈折礼乐,呴俞仁义”(《骈拇》),湛沉于人造之“伪”之中;结果都丧失了自己本真的性情。

---

① 方勇译曰:“心情忽然达到舒适的时候是来不及笑的,笑声忽然从内心发出是来不及事先安排的。”(方勇译注:《庄子》,第116页。)

最后，庄子认为，人们应一直保持具有自然无为、纯真朴素、平和静定等自然德性的天性，不去挖掘人之本性中巧智和欲望一面的人性，否则必将带来严重的现实后果。庄子曰：

> 不开人之天，而开天之天，开天者德生，开人者贼生。不厌其天，不忽于人，民几乎以其真。（《达生》）

如前所述，庄子此一思想其实主张，人不应当开凿人性的欲望，而应启发自然的天性。启发自然的天性，将成就德行；开凿人性的欲望，将带来戕贼伤害。不抛弃自然的天性，不忽略人性的欲望，人就可以几乎保全自我的真性。其中，“开天者德生，开人者贼生”，指出了使民众失去受之于天的自然真性的主要原因：所谓的“圣人”人为地开凿、挖掘民众之本性中“巧智与欲望”方面的人性，使民众宝贵的自然真性遭受戕贼伤害而逐渐消亡。庄子指出：

> 故卤莽其性者，欲恶之孽，为性萑苇蒹葭，始萌以扶吾形，寻擢吾性；并溃漏发，不择所出，漂疽疥痈，内热溲膏是也。①（《则阳》）

庄子认为，在人的本性中，欲恶的萌蘖，如同人性的芦苇蒹葭。芦苇蒹葭刚开始萌生的时候，与黍稷并生，能够扶助黍稷生长；但不久之后芦苇蒹葭丛生，抢夺黍稷的养分，遮蔽黍稷生长所需的阳光，成为对黍稷生长有害之物。人之本性中的欲望之性，如同芦苇蒹葭对黍稷的作用一样，刚开始时，能够帮助人之性分本性的潜能的挖掘与能力的成长；但不久之后，永不知足的欲望之性就成为擢拔和消亡人的性命之真性与正性的事物。

因当人的欲望之性，如芦苇蒹葭在人之身心疯狂生长，成为人的主导之性，人之本性中具有自然无为、纯真朴素、平和静定等自然德性的天性，如同被芦苇蒹葭抢走养分与阳光的黍稷，必定逐渐枯萎而消亡。庄子指出，“欲同乎德而心居矣”（《天地》）。只有当人的欲望与人之天然德性相持平或适配的时候，保持着自然无为、纯真朴素、平和静定等自然德性的心灵才继续留居处于

---

① “孽”，宣颖曰：“牙孽。”［（清）宣颖：《南华经解》，第 180 页。］成玄英曰：“萑苇，芦也……蒹葭，亦芦也……寻，引也。擢，拔也……溃漏，人冷疮也。漂疽，热毒肿也。痈，亦疽之类也。溲膏，溺精也。耽滞物境，没溺声色，故致精神昏乱，形气虚羸，众病发动，不择处所也。”［（清）郭庆藩撰：《庄子集释》，第 899—900 页。］

人身之中。如果人永无休止地追求超出自己性分之所需的事物,原本保持着自然德性的心灵必将异化为“嗜欲心”,“嗜欲心”对外物永不知足的占取欲,则使人为自己所追求不朽的名利权位之物而患得患失,于是悲喜忧惧等各种情态交作,身心的阴阳之气失和,内热寒疾并作,漂疽疥痈从生,“并溃漏发,不择所出”。

庄子基于对开凿、挖掘人之本性中“巧智与欲望”之性的严重后果的深刻省察,一直强调“不开人之天”,“不厌其天”,“不以人入天”(《徐无鬼》),“无以人灭天”(《秋水》),谆谆不休地告诫人们不要去开凿、挖掘人之本性中“巧智与欲望”一面的人性,大声疾呼不要让“巧智与欲望”这一人为掘发的人性,侵入和消亡本然具有自然无为、纯真朴素、平和静定等自然德性的天性。庄子以为,具有自然无为、纯真朴素、平和静定等自然德性的天性,这才是人真正应当达取的“性命”之“大命”,应当安止的“性命之情”和率任的“至正”的性命之真性。而人的“巧智与欲望”一面的人性,只是人之性命中的“小命”,属于人之本性中非正性的因素。对此一方面的人性,人应一直“以天待人”(《徐无鬼》),一直让其保持在被人之自然无为、纯真朴素、平和静定的天性所含包的状态。否则,一旦“开人之天”,将带来“开人者贼生”等严重后果。

庄子指出,人一旦去开凿、挖掘自身本性中“巧智与欲望”一面的人性,对个人而言,不仅将因“盈嗜欲,长好恶”,使“性命之情病矣”(《徐无鬼》),最终付出亡失具有纯真朴素,平和静定等自然德性的天性的代价;还将因“遁天倍情,忘其所受”(《养生主》),“遁其天,离其性,灭其情”(《则阳》),成为“天之戮民”,遭受天道自然通过阴阳之“内刑”所施加的“遁天之刑”。对国家的治理而言,“开人之天”将激起人们对欲望和巧智的狂热追求,使天下人皆“不安其性命之情”(《在宥》),于是聪、明、仁、义、礼、乐、圣、知等八者就开始攘扰人心而乱天下;由此,“不仁之人,决性命之情而饕贵富”(《骈拇》),性短于仁义之人也开始决裂离析自己的本真之性情,虚伪地施行仁义,以换取富贵厚利;一旦情势发展到这一状况,到时圣人想再去制止人们对巧智和欲望的狂热追求,完全不可得。庄子指出,“夫赫胥氏之时,民居不知所为,行不知所之,含哺而熙,鼓腹而游,民能以此矣。及至圣人,屈折礼乐,以匡天下之形;县跂仁义，以慰天下之心。而民乃始踶跂好知，争归于利不可止也”①。(《马蹄》)一旦民众开始“踶跂好知”“争归于利”，就算上位者采取多么严酷的刑罚，也将无法制止。如《胠箧》所言，到时将“虽有轩冕之赏弗能劝，斧钺之威弗能禁”(《胠箧》)，因此时“轩冕之赏”已完全无法满足人们被无限激发的欲望，斧钺之威也不足以阻挡人们对欲望之物的狂热追求。最终，“故举天下以赏其善者不足，举天下以罚其恶者不给”(《在宥》)，就算拿出天下的所有之物用以赏赐为善者，也不足以填满已然凿开的无穷之欲壑；抬出天下所有的刑罚惩罚为恶者，也不足以禁止人们对自身的欲望之物的狂热追求。

(二)性不可易

庄子正是因有见于消亡人本然具有自然无为、纯真朴素、静定平和等自然德性的天性，使民众脱离无知无欲、自由放任的“同德”后，将会造成的严重后果，因此，庄子非常反对所谓的“圣人”制作礼义，有心刻意地标举仁义之道来改易人们的自然天性。他认为，这一做法，恰恰是在挖凿人们对欲望和巧智方面的追求。② 庄子主张，“性不可易，命不可变”(《天运》)。所谓的“性不可易，命不可变”，实际上包含“实然”和“应然”两个层面的思想意蕴：

第一，从实然的意义上说，“性不可易，命不可变”，强调人与万物一旦形成自身的“性命”本性，则天赋的“性命”本性之根本规定性是无法改易的；同时，每一个体的存在之殊性和在此基础上经后天的熏习所形成的已然相对固化的个体之情性的存在特点是不可改易的。

首先，“性不可易，命不可变”，强调了天赋的“性命”本性中的根本规定性是无法改易的。以人言之，人之本性作为人的“生之质”，即人自天道自然处所禀受的全部的自然的质性，事实上包括：其一，生而就有欲，生而就有情，生

① 哺，口中嚼食。熙，嬉戏。县跂，与踶跂同义，用心为仁义貌。参见王叔岷：《庄子校诠》，第341—342页。

② 罗安宪曰：“制礼作乐，标举仁义之结果，只是激发、煽动了人的好知之心。好知之心既已点燃，人只知道逐于利，却不知道守于义。”(罗安宪：《虚静与逍遥——道家心性论研究》，第112页。)

而就只有有限之智能等生命存在的根本规定性；其二，生而具有自然无为、纯真朴素、静定平和等德性的自然天然；其三，所有人共有的人之共性以外，完全为个体所独有的个体之殊性。故若将庄子所谓的“生之质”意义上的“性”进行细化，从实然的角度看，“性不可易，命不可变”，首先强调人之“性命”本性中作为生命存在之根本规定性的一些本性，是根本无法改易的。庄子指出的“有生必先无离形”“养形必先之以物”（《达生》），“人之生也，与忧俱生”（《至乐》），“哀乐之来，吾不能御，其去弗能止。悲夫，世之人直为物逆旅耳！夫知遇而不知所不遇，能能而不能所不能；无知无能者，固人之所不免也”（《知北游》），还有“子之爱亲，命也”（《人间世》）等生命存在的根本规定性，皆非人可以通过后天的作为所能加以改变或取消的；这些生命存在的根本规定性是人必须循顺的性命之根本理则与法则。

其次，“性不可易，命不可变”，还强调每一个体的存在之殊性和在此基础上经后天的熏习强化所形成的、已然相对固定化的个体之情性的特点是不可改易的。《至乐》载：

> 颜渊东之齐，孔子有忧色。子贡下席而问曰：“小子敢问：回东之齐，夫子有忧色，何邪？”孔子曰：“善哉女问！昔者管子有言，丘甚善之，曰：‘褚小者不可以怀大，绠短者不可以汲深。’夫若然者，以为命有所成，而形有所适也，夫不可损益。吾恐回与齐侯言尧、舜、黄帝之道，而重以燧人、神农之言，彼将内求于己而不得，不得则惑，人惑则死……咸池、九韶之乐，张之洞庭之野，鸟闻之而飞，兽闻之而走，鱼闻之而下入，人卒闻之，相与还而观之。鱼处水而生，人处水而死。彼必相与异其好恶，故异也。故先圣不一其能，不同其事，名止于实，义设于适，是之谓条达而福持。”（《至乐》）①

在此寓言中，颜回想到齐国去，“与齐侯言尧、舜、黄帝之道，而重以燧人、神农

① 褚，衣囊或装物之袋子。绠，汲索。“条达而福持”，钱穆曰：“‘福’当借作‘辐’。老子曰：‘三十辐，共一毂。’‘福持’，犹言‘辐凑’。由外言之曰‘条达’，由中言之曰‘辐持’。”（钱穆：《庄子纂笺》，第185页。）王叔岷进一步指出，“‘条达’，谓通畅无碍……‘辐持’，谓聚合无差”。（王叔岷：《庄子校诠》，第655页。）

之言"，而孔子深表担心。孔子以为，性有大小、长短或性长仁义、性短仁义等不同的存在特点。一如管子所言，窄小的褚囊衣袋，不可以用来装大物；短小的绠索，不可以用来汲取深井之水。通达人性存在之特点的人认为，人的性命本性一旦成形，将相对固定化；形体一旦形成，也各有适宜；皆无法再加以损益和改变。因此孔子担心，如果颜回以三皇五帝之道来说服齐侯，齐侯将会因"内求于己而不得"而困惑不已。因齐侯的天赋本性中，根本没有三皇五帝所擅长的仁义之性。若齐侯求仁义之道而不得，将困惑不已。困惑不已，或有可能因此自我否定，自弃其生而死；或有可能因觉得颜回可得三皇五帝之道，而自己却不能得，心生愤恨而杀颜回，颜回可能因此而死。孔子以在广袤之野，弹奏咸池、九韶等雅乐，鸟闻之惊飞，兽闻之惊走，鱼闻之马上潜入水底，人听闻雅乐后，却相互围观欣赏；鱼处水而生，人处水而死这两个事例为喻说明，每一个人的好恶与性分之本性，皆各不相同；每一个人因具有不同的性情之喜好与本性之特点，故对外物做出不同的反应。齐侯的性情之好恶与本性之特点现已然相对固定，实已无法再通过道德修养的工夫加以改变。故孔子指出，古代的圣人因深刻体察人性的这一存在特点，因此不齐一人们的才能，也不齐同人们的职事，皆是因实而设名，因适而设义，故能条理通达，畅通无碍；又有所聚合，辐凑无差。

庄子在此提出，"命有所成而形有所适"不可损益的思想，既是基于自身对天道自然皆赋予人与万物不同的"殊气"与"殊理"，故每一个体皆具有完全为其所独有的个体之殊性之思想的逻辑推演，亦是基于对人之本性形成和发展之特点的深入体察。事实上，每一个体皆具有完全为其所独有的个体之殊性，这是识别并确立每一个体存在的唯一性和价值的独特性不可缺离的必要前提。如果每一个体的存在之特殊性可以被取消，则所有的事物皆将转变为同质性的存在。实际上，由天道自然所赋予人与万物的个体存在之殊性，因其背后具有为天道自然所规限的强大规制性，不可能从根本上加以改易①，更遑

① 胡哲敷指出，"人在未成形以前，对于成人以后的一切蕴蓄，都具有一定分际，并且这种分际，还是自古及今，毫釐不爽，苟无此分，则不可以为人。且分薄者无以增其厚，分小者无以增其大，虽后天感化，不无变迁，但终不能去本分太远，这便叫作命"。（胡哲敷：《老庄哲学》，第 187 页。）

论取消。[①] 因此,对每一个体唯一的独有的存在之殊性,最通达的应对智慧是,以适宜每一个体存在之殊性的方式对待他;而非用实质为其他个体存在之殊性的所谓"普遍之性"对待他,试图强行将之拔高到此一个体根本达不到的本性之状态。

庄子指出,每一个人的所作所为以及要求他者做到的所作所为,皆必须与其"性命"本性,特别是个体存在之殊性完全相适应,这样才能避免激使此一个体去决裂和离析其原本的天然之本性,强行使自己表现出原来根本无法达到的行为之要求或修养之境界,因此陷入虚伪而不真、虚妄而不实的境地;或因达不到他者可以达到的要求而困惑、痛苦不已,进而自我否定、自弃其生;或因愤恨强行要求其达此根本达不到之要求的人,故造成人际之关系的紧张与斗争,陷入相恨甚至相杀的悲剧之中。这是庄子提出"适性"的理论,要求每一个人对己之性,皆"自适其适",不"适人之适"(《大宗师》);对他人之性,"长者不为有余,短者不为不足……故性长非所断,性短非所续"(《骈拇》)等思想的根本原因所在。

再者,基于对人性之形成和发展之特点的观察,可以发现,在后天的学习实践中,每一个体必定要以此个体所独有的存在之殊性为基础,进行后天的学习与实践;若不得正确的"变化气质"的修养方法,后天的学习与实践将不是削弱这一个体存在之殊性,而是强化此一个体的存在之殊性。如此,经过后天的熏习强化,相对固定化的个体之情性的存在特点更不可改易。因此,对经过后天的熏习强化、相对固定化的个体之情性,也应采取适宜其之情性特点的方式对待他,不试图改变已然相对固定化的个体之情性的存在特点,否则必将同样引起人际关系的紧张与斗争,有可能陷入相互怨恨,甚至相互残杀的悲惨境地。因此,庄子提出,"命有所成而形有所适"不可损益的思想,亦是基于对人之本性形成和发展之特点的深入体察。

第二,从应然的意义上而言,"性不可易,命不可变",则强调人不应以仁

① 因每一个体唯一的独有的存在之殊性,是天道自然所赋予的存在规定性,任何人皆无法取消,由此,每一个体独特的在世存在的意义与价值,也是任何人皆无法否定和取消的,至为重要的是觉解每一个体在世独特的意义与价值,并将之最大化地实现出来。

义礼乐之道，改易天然具有自然无为、纯真朴素、静定平和等自然的德性的天性，改易人们自生自化、自然自在、自由自主的天然本性。

首先，不同于人之生命的根本规定性和完全为个体所独有的存在之殊性无法被改易与消亡，人之具有自然无为、纯真朴素、静定平和等自然的德性的天性，则会被戕贼伤害而逐渐消亡，故人自然具有的天性非是不可改易和消亡的。否则，就不会发生人的纯朴与自然的天性，被人的欲望和巧智的人性所取代与改易的现实状况。庄子主张，人不应当以仁义礼乐之道，去改易本然具有自然无为、纯真朴素、静定平和等自然德性的天性，既是因为应当尊重每一事物的自生自化、自然自在、自由自主的自然本性，同时，也是因民众天生具有自然无为、纯真朴素、静定平和等自然德性的天性，具有静定人们的性命之情，使人不被巧智与欲望之性异化为“名尸”与“物奴”的重要功用。庄子曰：

> 天下有常然。常然者，曲者不以钩。直者不以绳，圆者不以规，方者不以矩，附离不以胶漆，约束不以缰索。故天下诱然皆生，而不知其所以生；同焉皆得，而不知其所以得。（《骈拇》）

庄子指出，天下万物皆有其恒常的自然本性。万物恒常的自然本性，因天道自然对人与万物进行差异化的赋授，故不同的事物之间皆存在着各种各样的自然本性之差异，表现为曲、直、圆、方等各种不同的本性之存在特点。因曲、直、圆、方等不同的本性之存在特点禀自天然，因此，不用曲钩就自然弯曲，不用绳索就自然正直，不用圆规就自然周圆，不用方矩就自然方正，不需要用胶漆就自然附丽黏合，不需要用缰索就自然会自我约束。天下万物皆是按照其不同的自然本性，诱然而生，却不知道为何会如此而生的原因；自然而然地同有所得，却又不知道为何得此自然本性的原因。

庄子以曲、直、圆、方为喻说明，天下的民众本然皆有其自身独特的自然本性，又皆可以按照自身独特的自然本性而自生自化，自然自在，自由自主，根本不需要所谓的“圣人”，以仁义礼乐之道改易他们原本自生自化、自然自在、自由自主的自然本性。庄子曰：“鸟高飞以避矰弋之害，鼷鼠深穴乎神丘之下以避熏凿之患，而曾二虫之无知！”（《应帝王》）庄子以为，万物天然具有的自然本性使它们自然就知趋利避害，因此，对天下民众处于自然无为、纯真朴素、无知无欲的自然状态，根本不用担心他们不知仁义礼乐之道而大乱。

其次，庄子认为，在民众纯朴的自然天性中，原本就包含着仁、义、忠、信等自然的德性，也根本不需要所谓的“圣人”以后天的人为标举的仁义之道，来修治和侵削人们先天的自然德性。庄子曰：

> 至德之世，不尚贤，不使能；上如标枝，民如野鹿；端正而不知以为义，相爱而不知以为仁；实而不知以为忠；当而不知以为信；蠢动而相使，不以为赐。是故行而无迹，事而无传。（《天地》）

庄子指出，在保持着至为纯粹的自然德性的时代，人们既不崇尚贤才，也不任用多能之士；在上的圣王自然无为，如同一个不动的标枝；民众如同野鹿一般，自由自在地生活；因不受任何的干涉与宰制，故民众的行为自然端正，却不知道这就是义；自然地相亲相爱，却不知道这就是仁；内心实诚，却不知道这就是忠；言行相当，却不知道这就是信；依天性而动，相互扶助，却不以这一行为是恩赐。

因为人们的自然本性，本就有仁、义、忠、信、赐等德性的品质；人们依其自然的本性行事，他们自然就会做出仁、义、忠、信、赐这样的善行，这些善行可以帮助人们自然地自相治理。因此，庄子以为，治理天下最好的方式是“在宥天下”。何谓“在宥”？成玄英云：“宥，宽也。在，自在也。”①因此“在宥天下”，就是君主宽宥天下民众，使民众皆依照自身的自然本性自生自化，自然自在，自由自主，完全不加任何的干涉与宰制，如此，天下的民众将自然而然地“不淫其性，不迁其德”（《在宥》）。

再次，庄子反对以仁义礼乐之道，改易天然具有自然无为、纯真朴素、静定平和等自然的德性的天性，改造人们自生自化、自然自在、自由自主的自然本性，因其以为，一旦有心刻意地用仁义礼乐之道去改易人们的自然天性，会造成德性不断衰退，天下因利益之争而大乱等严重的后果。庄子曰：

> 且夫待钩绳规矩而正者，是削其性者也；待绳约胶漆而固者，是侵其德也。（《骈拇》）

---

① （清）郭庆藩撰：《庄子集释》，第364页。

庄子以为，圣人制作礼乐，刻意地标举仁义，来匡正天下人之形，慰抚天下人之心，其实是以人为发明的仁义礼乐之规范，来侵削人们天赋的自然本性，破坏人们自然无为、纯真朴素、静定平和等自然的德性。

庄子指出，一旦刻意地用仁义礼乐之道，撄扰人们原本自然纯朴的心性，侵削人们的自然天性，破坏人们先天自然具有的德性，就会产生德性不断地衰退、社会陷入斗争与混乱的严重后果。庄子曰：

> 昔者黄帝始以仁义撄人之心，尧、舜于是乎股无胈，胫无毛，以养天下之形，愁其五藏以为仁义，矜其血气以规法度。然犹有不胜也，尧于是放讙兜于崇山，投三苗于三峗，流共工于幽都，此不胜天下也夫！施及三王，而天下大骇矣。下有桀、跖，上有曾、史，而儒、墨毕起。于是乎喜怒相疑，愚知相欺，善否相非，诞信相讥，而天下衰矣；大德不同，而性命烂漫矣；天下好知，而百姓求竭矣。于是乎钎锯制焉，绳墨杀焉，椎凿决焉。天下脊脊大乱，罪在撄人心。（《在宥》）

庄子以为，正是从黄帝开始有心刻意地以仁义之道来撄扰人心，才造成人心大乱的后果。当圣人以仁义来撄扰人心，就算尧、舜非常用心地营养天下民众的形体，用仁义道德愁劳民众的内在心性，用规章法度来禁制民众的血气，但还是无法完全使天下的民众全部安顺，于是产生“放讙兜于崇山，投三苗于三峗，流共工于幽都”等暴力强制的事件。到了夏启、商汤、周武三王的时代，天下民众的心性更加骇惊混乱，于是下有夏桀和盗跖这样的暴君与大盗侵害民众的财产与权益，上有曾参与史鳅这样的仁义之士刻意地标举仁义之道，然后才有儒家和墨家等思想学派的兴起。当圣人刻意地以仁义之道撄扰人心后，人们开始“喜怒相疑，愚知相欺，善否相非，诞信相讥”，这就使人们完全丧失了自然无为、纯真朴素、静定平和等自然的德性。丧失了这些可贵的自然德性后，人们的性命之真性皆混乱而散失。由此，人之本性中欲望和巧智一面的人性就被掘发出来，并占据了人之心性的主导地位，于是，天下人皆喜好追求巧智之知，追求竭尽自己无穷的欲望。为了制止人们对巧智与欲望之物的狂热追求，于是各种残酷的刑罚被发明出来。但是就算发明了钎锯、绳墨、椎凿这些残酷的刑罚，还是依然无法制止人们对巧智和欲望之物的狂热追求，因此，造成“今世殊死者相枕也，桁杨者相推也，刑戮者相望也”①（《在宥》）等社会性的悲剧每天都在不停上演。

在庄子看来，造成人们的德性不断衰退，天下人因利益而争斗不休，无数人因追求欲望之物而犯严重罪行，为刑所戮所杀等严重的后果，完全是所谓的“圣人”刻意造作地施行仁义之道，撄扰了人们原本自然无为、纯真朴素、静定平和的心性，挖凿出了人们巧智和欲望这一方面人性的原因。

（三）返本复初

庄子以为，既然是圣人有心刻意地施行仁义之道，撄扰人心，使得人们丧失了自然无为、纯真朴素、静定平和的自然天性，使人之本性中欲望和巧智一面的人性被挖凿出来，使天下人陷入对巧智与欲望之物的无穷争夺之中无法自拔，如此，使天下复归有序的根本办法，在于重新安定人们的心性，恢复人们自然无为、纯真朴素、静定平和的自然天性，使民众归返于无知无欲，却自由自在地放任于无穷广阔的天地之中的自然状态。

第一，庄子指出，儒家以刻意标举仁义之道的方式，追求天下大治的做法，是“击鼓而求亡子”，是完全与意欲追求实现的理想目标相违逆的错误做法，不仅完全达不到目标，还将使人们离自身所追求的理想目标越来越远。

在《庄子》中，庄子多次借老子之口，批评了孔子刻意标举仁义之道，是“击鼓而求亡子”。《天运》曰：

孔子见老聃而语仁义，老聃曰：“夫播穅眯目，则天地四方易位矣；蚊虻噆肤，则通昔不寐矣。夫仁义憯然乃愤吾心，乱莫大焉。吾子使天下无失其朴，吾子亦放风而动，总德而立矣，又奚杰然若负建鼓而求亡子者邪？夫鹄不日浴而白，乌不日黔而黑。黑白之朴，不足以为辩；名誉之观，不足以为广。泉涸，鱼相与处于陆，相呴以湿，相濡以沫，不若相忘于江湖。”②（《天运》）

---

① 方勇译解曰：“当今世上被砍头的人尸体相堆积，戴上枷锁的人接连不断，受刑戮的人满目皆是。”（方勇译注：《庄子》，第165页。）

② 王叔岷曰：“愤乃愦之形误，《说文》曰：‘愦，乱也。’《神仙传》一作‘今仁义惨然而汩人心’。憯与惨通，《说文》曰：‘惨，毒也。’段注：‘毒，害也。’”（王叔岷：《庄子校诠》，第532页。）

在此寓言中，孔子向老子宣扬仁义之道。老子则毫不客气地批评道，仁义惨毒地蛊乱人心，所造成的社会混乱没有比之更大的了。老子认为，治理天下，只要使天下民众不丧失自然无为、纯真朴素、静定平和等自然的德性，如此，“放风而动，总德而立”就可以。“放风”，义实同庄子所谓的“天放”，指让所有的民众皆自由自在，放肆自乐于广阔的自然天地之间；“总德”，指聚合民众自然无为、纯真朴素、静定平和的自然德性。因仁义之道恰恰是撄扰和蛊乱人心，戕贼和伤害人们的自然无为、纯真素朴、静定平和等自然德性之物，因此，如果以标举仁义之道追求实现天下重归大治的理想目标，完全是“负建鼓而求亡子”。本来，找寻丢失的孩子当用柔和的方法，若以击打大鼓的方式寻找丢失的孩子，孩子将因受到鼓声的惊吓而逃离得越来越远。庄子以此为喻说明，儒墨之士标举仁义之道追求天下大治的做法，是一种与他们意欲追求实现的目标完全相违逆的错误做法，不仅无法实现他们所追求的天下安定的目标，还将使他们离追求的理想目标越来越远。

在庄子看来，当今天下大乱的根本原因在于人心乱了，人们丧失了原本可以抵御追求无穷的巧智与欲望之物的自然无为、纯真朴素的性命之真性与性命之正性。因此，想要让天下重归安定，最根本的方法在于统治者以自然无为的方式，使天下民众的心性皆重归安定，重新回归自然无为、纯真朴素、静定平和的自然天性。庄子之所以对统治者只要自然无为，就可以使天下自然回归安定有序的社会状态如此有信心，因其以为，民众的自然本性既具有自生自化、自然自在、自由自主的自相治理的能力，又具有仁、义、忠、信等自然的德性；而且，还具有纯真朴素、平和静定等“常性”与“同德”，可以使人们静定于无知无欲——准确而言，低欲望的状态——然自然自在，自由放任于广阔的自然天地之中的自然状态，不陷入因追求五色、五音、五味等使人欲望膨胀、心性飞扬的事物，而相互争斗不休的状态之中。因此，依庄子的思维逻辑，刻意地标举仁义之道，试图通过教化和提升人们的道德水平的方式，使人们自觉地遵守社会的礼法秩序，从而实现天下安定的理想目标，这一儒墨两家所设想的使社会重归有序的思想道路，因在真正应当努力的方向与目标上发生了根本的错误，因此，不仅完全行不通，还将使其离自身所追求的理想目标越来越远。

首先,庄子基于对人性之存在特点的深入洞察发现,长于仁义是只有少数人才有的个体之殊性,大多数人的道德水准根本达不到自觉施行仁义或达至兼爱无私的道德水平;民众天生具有的自然德性,其实只是自然无为、纯真素朴、静定平和等所有人共有的"同德"与"常性"。如果强制要求所有人皆去追求多数人的本性原本所没有的仁义之德,"使天下簧鼓以奉不及之法"(《骈拇》),即强行要求天下所有人都去奉行多数人根本做不到的仁义之法式,必定会激使人们造作各种虚伪而不真、虚假而不实的伪仁伪义等假道德的行为。庄子指出:

> 民知力竭,则以伪继之。日出多伪,士民安取不伪!夫力不足则伪,知不足则欺,财不足则盗。①(《则阳》)

庄子认为,如果君人者等"上位者"提出的要求完全超出了民众现实具有的能力,民众根本无力做到,同时,"上位者"又以利益巨大的奖赏措施或严厉无比的惩罚措施,或诱使或强制要求民众做到,民众在自身的智识与能力竭尽的状态下,就会以各种造假或虚伪而不真、虚假而不实的伪行,来应付"上位者"的高标准和严要求。实际上,多数的上位者本人往往达不到其所提出的高标准和严要求,因此日渐生出众多的伪行,如此,作为下位者的士民哪有可能不采取虚伪而不实的造假行为,来应付自身完全达不到的高标准和严要求。庄子指出,若自身的力量不足,同时,又面临着巨大的奖赏诱惑和严厉的惩罚措施,必将使民众陷入虚伪、造假的境地之中;在自身具有的智慧不足以完成复杂且严厉的任务要求,又面对伪可得巨利、不伪则遭巨罚的两难情境,民众必将选择用欺骗的手段来应付上位者的高标准和严要求;在民众拥有的财产不足以满足基本的生活需求,或不足以满足民众自身的愿欲,社会必将产生出各种偷盗的现象。

实际上,在道德的领域中,若人自身本然具有的德性不足以自觉地践行高

---

① "日出多伪",郭象曰:"主日兴伪,士民何以得其真乎!"成玄英曰:"伪之风,日日而出,伪众如草,于何得真!"[(清)郭庆藩撰:《庄子集释》,第904页。]郭象以为,日出多伪的主体是君主,成玄英认为日出多伪的主体是虚伪的风气,相较而言,郭象更切前后文,因后文提到了一般与君主相对言的"士民",庄子在此似是不想引来君人者的迫害,所以故意不加上主语。

尚的道德行为，同时，施行仁义的行为又可获得高尚的美名和丰厚的巨利，必然使很多人选择矫饰性地施行仁义等道德的行为，是故，德不足则矫。依此来看儒墨两家标举仁义之道，以追求实现天下安定太平的理想目标的做法，因儒墨两家提出的道德修养的目标和境界要求，如成为具有崇高道德品质的君子或完全兼爱无私的圣人，过分地拔高了道德修养的标准，不符合绝大多数世人真实具有的道德水平的实际，故不仅达不到自己所追求的理想目标，还将激发社会出现更多的虚伪的道德行为。①

其次，庄子通过对战国时期所发生的各种争名夺利的社会现象的深入体察，发现施行仁义的行为因可以获得高尚的美名和丰厚的巨利，因此，仁义之行将不可避免被人们异化为攫取美名与厚利的工具。《徐无鬼》载：

> 啮缺遇许由，曰：“子将奚之？”曰：“将逃尧。”曰：“奚谓邪？”曰：“夫尧畜畜然仁，吾恐其为天下笑。后世其人与人相食与！夫民，不难聚也，爱之则亲，利之则至，誉之则劝，致其所恶则散，爱利出乎仁义，捐仁义者寡，利仁义者众。夫仁义之行，唯且无诚，且假夫禽贪者器。是以一人之断制利天下，譬之犹一覕也。夫尧知贤人之利天下也，而不知其贼天下也，夫唯外乎贤者知之矣。”②（《徐无鬼》）

许由见尧勤勉地施行仁义之道，立马逃离尧所治之国，不仅因担心尧被真正的有道之士取笑，更怕后世发生人与人相食的惨剧。许由指出，天下的民众，其实不难将他们聚合在一起，只要贤人爱护他们，他们就自然亲近贤人；只要贤人益利他们，他们自然就到来；只要贤人称誉他们，他们就勤勉工作；只要贤人招来他们所厌恶之物，他们就自然离散。因施行仁义的行为将获得人们的喜爱和巨大的利益，所以抛弃仁义而不为的人很少，以仁义获取爱利的人却无比众多。当施行仁义被当作获取爱利的手段时，则所施行的仁义的行为，不仅没

---

① 张松辉指出，“在庄子看来，人性变坏的原因主要有两个：1. 圣人过分拔高善良标准的结果……2. 社会的污染”。（张松辉：《庄子哲学》，第100—102页。）

② 《释文》曰：“《畜畜》，……李云：行仁貌。王云：卹爱勤劳之貌……《覕》郭薄结反，云：割也。向芳舌反。司马云：暂见貌。”[（清）郭庆藩撰：《庄子集释》，第861—862页。]相较而言，“畜畜然”如王叔之释为“卹爱勤劳之貌”更切前后文之义。“覕”则如司马彪释为“暂见貌”于义为长，因前文已然言断制，此处再言割显同义反复，“一覕”实犹言“一瞥”，言其见有限。

有任何真诚的向善为善之意愿，而且被如同禽兽般贪婪之人假借为实现他们自私①甚至邪恶之目的的工具。② 尧这种勤勉施行仁义的行为，完全是以一个人的决断裁制来利天下，但这种行为好比以迅速的一瞥来认识事物，所见所得极为有限，尧只看到施行仁义的贤人给天下人带来益利和好处的一面，却没有看到施行仁义的贤人给天下人带来贼害和坏处的一面。即施行仁义的行为将挖掘人们对巧智与欲望的无限追求，最终使人们陷入对巧智与欲望之物的残酷争夺之中，将出现人与人为了外在的利益之物而相杀相食的社会性悲剧。只有在贤人之外，不施行仁义的智者，才完全明白这个道理。

由“夫仁义之行，唯且无诚，且假夫禽贪者器”可见，庄子其实并不反对基于真诚的向善为善之意愿而施行的仁义行为。庄子在《骈拇》《马蹄》等篇中，对所谓的“曾史之徒”或“圣人”，“淫僻于仁义之行”，“屈折礼乐，呴俞仁义”等做法的激烈批评，易使后世的学者误以为庄子完全反对仁义。然从庄子所谓的“大仁不仁”（《齐物论》）、“至仁无亲”（《天运》）可见，庄子并非完全否定和不要仁义，庄子所追求的其实是摆脱偏私性和自私性的目的，完全只出于真诚的向善为善之意愿，并且不要任何的声名与利益而施行的真仁义。然而，现实中，人们所施行的仁义绝大多数皆不是出于真诚的向善为善之意愿，而是出于获得人们的亲爱与巨大的现实利益的目的，是为了满足自身贪婪的占取更多外物的嗜欲心而施行的假仁义，完全将仁义当作实现自身自私甚至邪恶之目的的工具。

在可能为庄子后学所作的《胠箧》中③，《胠箧》的作者对所谓的“圣人”发明仁义圣智之法进行了激烈的批判，认为“圣人”发明仁义圣智之法其实是为

---

① 《释文》曰：“司马云：禽之贪者杀害无极，仁义贪者伤害无穷。”[（清）郭庆藩撰：《庄子集释》，第 862 页。]

② 康德指出，“在世界之中，一般地，甚至在世界之外，除了善良意志，不可能设想一个无条件善的东西。理解、明智、判断力等，或者说那些精神上的才能勇敢、果断、忍耐等，或者说那些性格上的素质，毫无疑问，从很多方面看是善的并且令人称羡。然而，它们也可能是极大的恶，非常有害，如若使用这些自然禀赋，其固有属性称为品质（Charakter）的意志不是善良的话”。[[德]康德：《道德形而上学原理》，第 42 页。]与此同理，如果使用仁义这一品质的行为，不是出于善良的意志的话，仁义亦将蜕变为极大的恶。

③ 对于为何判定《胠箧》可能是庄子后学所作，参见本书的“附录一”。

大盗积守资源与财富，甚至还提出了“掊击圣人”“殚残天下之圣法”等激烈的主张。这是因为当其看到战国时，原先由“圣人”所发明的仁义圣智之法，被田成子等窃国者盗取，结果“一旦杀齐君而盗其国”，却成为“小国不敢非，大国不敢诛，十二世有齐国”的诸侯大国，因此激愤不已，以至于发出“圣人不死，大盗不止”的悲愤感慨。在现实中，仁义圣智之法不仅被田常等窃国者异化为盗取他人之国和窃取仁义并斗斛权衡符玺之利的手段和工具，而且还异化为盗跖等盗贼者学习成为大盗的手段。故盗跖曰：“夫妄意室中之藏，圣也；入先，勇也；出后，义也；知可否，知也；分均，仁也。五者不备而能成大盗者，天下未之有也。”(《胠箧》)由是可知，圣人发明仁义圣智之法，在社会混乱无序的情况下，将会异化为重利盗贼成为窃国之大盗的工具和手段。

因此，庄子反对儒墨两家刻意标举仁义之道，尊惜聪明圣智之法，指出以倡导仁义圣知之法追求天下安定太平的理想目标完全不可行，是因庄子深刻认识到，在没有自然无为、纯真朴素、静定平和等自然的德性作为施行仁义的德性基础和前提保障的情况下，仁义圣智之法将无可避免地被异化为人们追求实现自私或邪恶之目的的手段和工具。在庄子看来，当仁义异化为人们获取美名和厚利的重要手段，成为人们实现自私或邪恶之目的的工具时，这将激使更多的“不仁之人，决性命之情而饕贵富”(《骈拇》)，当越来越多原本没有仁义之品质的人，也开始强行离析自己的性命之真性，效仿所谓的“圣人”与“贤人”，施行虚伪无诚、虚假不真的仁义行为，以获取仁义之美名和巨大之利益，由此，将挖掘出更多的巧智与欲望之性，成为天下人主导之性，使更多的天下人陷入“踶跂好知，争归于利不可止”(《马蹄》)的境地而无法自拔，这实际上更加破坏了天下重新安定有序的心性基础，不仅不可能实现儒墨两家所意欲追求的理想目标，还将使儒墨两家离其所意欲追求的理想社会目标越来越远。

第二，庄子以为，只有天下人皆安其性命之真性，以自然天性中自然无为、纯真素朴、静定平和等自然的德性作为施行仁义的德性基础和前提保障，仁义之行才不会被异化为人们追求实现自私或邪恶之目的的手段和工具，此时，才能发挥其帮助安定天下的政治功用，否则，标举仁义之道就会成为使天下陷入大乱最主要的罪魁祸首。

首先,庄子以为,唯有让人们对自己所施行的仁义行为,保持在一种“无知”的状态下,才能使人们出于自然的爱人本性而不断做爱人利物之善行。庄子曰:

> 生而美者,人与之鉴,不告则不知其美于人也。若知之,若不知之;若闻之,若不闻之;其可喜也终无已,人之好之亦无已,性也。圣人之爱人也,人与之名,不告则不知其爱人也。若知之,若不知之;若闻之,若不闻之;其爱人也终无已,人之安之亦无已,性也。(《则阳》)

庄子认为,天生丽质的人,人们给她一个镜子,但却不告诉她她很靓丽,她就不知道她其实比其他人更加靓丽;好像知道,又好像不知道;好像听说,又好像没有听说;那么她的喜悦之情就会持续不已,人们对她的喜爱之情也会持续不已,因两者的行为皆是出于自然的天性。同理,圣人爱利他人,人们给予他很多名誉,但却不告诉他这是爱人的善行;于是圣人对于自己的所作所为,好像知道,又好像不知道;好像听说,又好像没有听说;那么圣人就会一直爱人而不已,人们也一直安定于圣人的善行,因两者的行为亦皆出于自然的天性。

为何庄子认为,在“无知”的情况下,仁义的行为不会被异化为获取爱利的手段?因在庄子看来,人们的自然天性中本然就具有仁、义、忠、信、赐等自然的德性;当人们保持在“无知”的状态下,此时人们未被挖掘出巧智与欲望一面的人性,故一直保持着天性中自然无为、纯真朴素、静定平和的自然德性;在此情况下,人们施行爱人利物的善行,完全是出于自然的天性,出于真诚的道德意愿和道德情感的驱使,而非获取爱利的功利之动机的驱动,因此,这样的善行是真正的道德行为;也因其是出于自然的爱人天性而施行的仁义行为,故自然的爱人天性能一直提供不竭的道德动力,一直持续而不已。

但如果“知”一旦介入出于天性的道德行为,则道德的行为不可避免将发生异化。如同生而美者,一旦有人告诉她她很靓丽,她知道了人们是因其靓丽而喜爱她,则其为了获得人们更多的喜爱,必定开始用各种“文”形之物,修饰自身天生丽质的容颜与形体,以达更加靓丽的目的,由此失去了天生丽质的宝贵品质。与此相似,圣人原本出于爱人的天性而践行爱人的行为,一旦有人告诉他这是爱人的行为，圣人一旦知道人们是因其爱人而给予其仁义的美名，则圣人有可能为了获得更加崇高的美名，刻意施行更多爱人的行为。圣人由此失去了出于真诚的道德意愿和道德情感而施行真仁义的可贵品质，陷入了道德的虚伪之中。虽然这种出于荣誉的爱好而施行的仁义行为，在用之于善的时候，有益于增加民众的利益，但如康德所言，“那么这种爱好应受到称赞、鼓励，却不值得高度推崇。因为这种准则不具有道德内容，道德行为不能出于爱好，而只能出于责任”①。同时，出于荣誉的爱好而施行的仁义行为，若被用于实现邪恶的目的，仁义的善行将会被异化为作恶的工具和手段。

因此，庄子主张让民众复归“无知无欲”的纯朴自然的状态，实因在庄子看来，这一状态所保有的自然无为、纯真朴素、静定平和的自然德性，能够为人们出于自然的爱人天性去做爱人利物之善行提供德性的基础和前提保障。一旦人们有知有欲，发现有心作伪地行善，可以博取美好的名声和丰富的利益，他们就会以虚伪而不真，虚妄而不实的方式施行仁义的行为，如此仁义就不可避免地要被异化为实现功利或邪恶之目的的手段。

其次，庄子提出，必须首先让民众安于性命之情，如此仁义圣智之法才能发挥其帮助实现天下大治的功用，实现其道德性的社会价值。庄子曰：

> 说明邪？是淫于色也；说聪邪？是淫于声也；说仁邪？是乱于德也；说义邪？是悖于理也；说礼邪？是相于技也；说乐邪？是相于淫也；说圣邪？是相于艺也；说知邪？是相于疵也。天下将安其性命之情，之八者，存，可也；亡，可也。天下将不安其性命之情，之八者，乃始脔卷伧囊而乱天下也。（《在宥》）

庄子指出，人们若悦好目明，将会迷乱于色彩；若悦好耳聪，将会迷乱于音声；若悦好施仁，将会滑乱人的德性；若悦好行义，将会违背道理；若悦好礼仪，将会助长巧技；若悦好音乐，将会助长淫乱之声；若悦好于圣睿，将会助长对才艺才能的追求；若悦好于智谋，将会助长心性不诚的疵病。只有天下人皆安定于性命之真性，聪、明、仁、义、礼、乐、圣、知这八个事物，才不会成为滑乱天下人

---

① ［德］康德：《道德形而上学原理》，第48页。

之心性之物;但如果天下人都不安任于性命之真性,那么这八个事物就会成为扰乱天下人心性的事物。易言之,只有天下民众皆保有自然无为、纯真朴素、静定平和等自然德性的状态下,这八个事物才具有发挥其帮助实现天下大治的功用,实现其道德性的社会价值。

最后,庄子认为,重新安定民众原本自然无为、纯真朴素、静定平和的心性,使民众安任于纯朴的性命之真性,最为关键的是统治者"无功""无名"(《逍遥游》),自然无为;虚去建立伟大功业与崇高美名的思想冲动,以自然无为的治世策略治理天下,对民众的作为不进行任何宰制性的干涉,使民众自然地按照自生自化、自然自在、自由自主的本性,放肆自乐于广阔的自然天地之中。庄子曰:"故君子不得已而临莅天下,莫若无为。无为也而后安其性命之情。"(《在宥》)一旦民众重新安任自身的性命之真性,复返自然无为、纯真朴素、静定平和的心性,则"万物复情",万物皆回归天道自然赋予他们的本始的德性,故"天地乐而万事销亡"(《天地》),每一个人皆因复返自己的本真的性情,按照自己的本真的性情生活,"逍遥于天地之间,而心意自得"(《让王》),人人皆安居而乐业,皆得逍遥自在的美好生活。

总之,"性命论"是庄子"达命"哲学思想体系特别重要的思想主题。因人之性命既是人之生命在世开展实践活动所依托的能力前提和必须循顺的内在法则,又是决定人之生命的逍遥、自由与解放所能够达至范围的决定性因素,所以庄子亦特别重视性命问题的思考与探究。若说在生命论中,庄子更加注重思考个人如何实现人之生命最大程度的逍遥、自由与解放;在性命论中,庄子对性命问题的探讨,则更加注重探讨所有人先天共同具有的"同德"与"常性"是什么,它们有何宝贵的价值与意义,依据这些人之性命本性自然存在的特点,治国者当采取何种正确的治世策略,使天下重归安定有序,使天下所有人皆可自然自在、自由自主地逍遥于无穷广阔的天地之间。可以说,性命论最大程度体现了"庄子眼极冷,心肠极热"①中"热肠"的一面,正是因不忍见天下人陷入"争归于利而不可止"的境地,不忍见社会时刻在发生的"人与人相

① (清)胡文英:《庄子独见》,华东师范大学出版社 2011 年版,第 6 页。

食”的人间惨剧，因此，庄子性命论的思想重心完全放在所有人共有的先天的自然德性和与此相应的所应采取的治国治世之策略的探讨之上。简要而言，庄子的“性命论”主要有以下方面的思想内容：

第一，庄子继承老子的“德”“命”和人之本性先天就具有自然无为、纯真朴素、静定平和等德性的思想，进一步完善和发展了老子哲学中阐述还不够充分的道家人性理论。主要表现在：首先，庄子详细描述了“道”经过“德”“命”“形”三阶段，最终化出人之“性”的过程；通过对“德”“命”“形”“性”化生过程的详细揭示，既解释了人与万物的存在统一性的问题，同时又解释了人与万物为何存在着差异性。其次，庄子通过提出“同德”和“德者，和也”等思想，进一步明确阐发了原本在老子思想中蕴而不显的，人之本性天然就具有自然无为、纯真朴素、静定平和等自然德性的思想。最后，庄子在老子有限论“真”的思想基础上，直接以“真”称“道”，并明确提出人自天道自然禀受了“真”之德性；庄子一直告诫治国者不要人为开凿人之本性中“欲望与巧智”的人性，消亡人天然就具有自然无为、纯真朴素、平和静定等本真德性的天性。

第二，庄子反对和批评儒家有心刻意地标举仁义之道来改易人们的自然天性的做法。庄子主张，“性不可易，命不可变”。分而言之，“性不可易，命不可变”实包含“实然”和“应然”两个层面的思想意义：首先，从实然的意义上说，庄子强调，人与万物一旦形成自身的“性命”本性，则天赋的“性命”本性之根本规定性是无法改易的；同时，每一个体的存在之殊性和在此基础之上经后天的熏习所形成的、已然相对固化的个体之情性的存在特点是不可改易的。其次，从应然的意义上而言，庄子强调，人不应以仁义礼乐之道，改易天然具有自然无为、纯真朴素、静定平和等自然德性的天性，改易人们自生自化、自然自在、自由自主的天然本性。这既是因为必须尊重人与万物自生自化、自然自在、自由自主的天然本性，看重自然无为、纯真朴素、静定平和的天性在安定人们的纯朴自然的心性方面的重要功用，还因为一旦有心刻意地用仁义礼乐之道去改易人们的自然天性，会造成德性不断衰退、天下因利益之争而大乱等严重的后果。

第三，庄子提出，使天下复归有序的根本办法，在于重新安定人们的心性，恢复人们自然无为、纯真朴素、静定平和的自然天性，使民众归返于无知无欲，却自由自在地放任于无穷广阔的天地之中的自然状态。因此，庄子认为，儒家以刻意标举仁义之道的方式，追求天下大治的做法，不仅完全达不到目标，还将使人们离自身所追求的理想目标越来越远。既因为儒家提出的道德修养的目标和境界要求，不符合绝大多数世人真实具有的道德水平的实际，还因为若缺乏人之天性自然具有的先天德性作为施行仁义的基础，仁义圣智之法不可避免地要被异化为人们追求实现自私或邪恶之目的的手段和工具。庄子以为，只有天下人皆安其性命之真性，以自然天性中自然无为、纯真素朴、静定平和等自然的德性作为施行仁义的德性基础和前提保障，仁义之行才不会被异化为人们追求实现自私或邪恶之目的的手段和工具，此时，才能发挥出其帮助安定天下的政治功用。

四、运命论

“运命论”指庄子基于对人之“运命”的根本本源和变化特点的深入体察和人在遭遇无可奈何的运命时所应采取的正确应对态度的深入思考而提出的运命哲学思想。在庄子“达命”的哲学思想体系中，“运命论”排序最后。这并非表明“运命论”在庄子整个“达命”的哲学思想体系中不重要，实际上，“运命论”是集中体现庄子“达命”哲学思想精神的重要思想部分。只不过依照天命、生命、性命和运命间所存的内在思维逻辑关系和四者间所存在的复杂辩证关系，“运命论”依序应当排在最后。

因天命是人之运命的根本来源与存在根基，生命是人之运命的产生存在的前提基础，性命是划定人之运命范围的必要条件，只有完全超出人之性分能力的限度，人完全无可奈何者，才属于人之运命的范围。龚建平指出，人之运命实际上“是生命内部认识与实践的剩余”①，即指出了运命当排序最后的原因。人只有从天道自然禀受生命与性命，以生命作为在世存在的前提基础，依

① 龚建平：《自救与放达：道家的人生智慧》，第187页。

循天赋的性命之理则,展开在世的认识与实践的生命活动。在此过程中,最大程度遂达天赋的性分能力之潜能,最大程度拓展人之生命的逍遥、自由与解放的范围,而后剩余者,才属于人之运命的范畴。然反过来,人的运命构成了对人之性命能力的限制,对人之生命的逍遥、自由与解放的围困与阻碍。因此,如何超越人之运命对人之性命能力的限制,最大程度突破人之运命对人之生命的逍遥、自由与解放的围困与阻碍,这是庄子的“运命论”所探讨的主要问题。

一如庄子以对天命的变化特点的认识和看法,下贯其对人之生命和性命的看法,庄子同样以天命下贯他对人之运命的认识和看法。庄子因天道自然一直无私地赋予人以生命和性命,故将天地视为具有平等、公平、无私等德性的人与万物之“父母”,认为天道自然一直公平地对人与万物施授其自然而无常,又公平而无私之“天命”。如此,只有将庄子的“知其不可奈何而安之若命”这一庄子的“运命论”最核心的主张,置于此一思想背景中进行理解,才能全面而准确地阐明,“知其不可奈何而安之若命”,不仅包括后世学者常用以归纳庄子运命观的“安命”这一主张,实际上还包括“知命”和“顺命”这两个重要的思想主张。特别是“顺命”,在庄子的思想中,一直内蕴有人应当安顺于如同人之“父母”的天道自然所赋授的任何之“命”的思想意义。庄子以为,一如人间之孝子无条件地安顺于父母所赋授的任何之“命”,人也应无条件地安顺于由天地阴阳之“父母”所赋授的任何无可奈何之“命”。因此,长期以来将庄子的“运命论”归纳为“安命论”,实际上并未全面呈现庄子“运命论”的全部思想主张。[①]“知命”“安命”“顺命”三者一起,才全面呈现了庄子豁然达观对待人所无可奈何之运命的“达命”思想精神。

(一)知命

对人所无可奈何的运命,庄子倡导的第一个达观对待自己所遭之运命的

① 近代以来,叶国庆、蒋锡昌、冯契、唐君毅、陈品卿、陈鼓应、刘笑敢、王博等学者,皆将庄子的“运命论”总结为“安命论”,参见本书“绪论”第二部分,因“绪论”已论之甚详,此处不一一俱引。

思想精神是“知命”。“知命”的主张,并非庄子首创。如前所述,在庄子之前,孔子已提出“知天命”和“不知命,无以为君子”的思想。庄子在墨子“非命”之后,重新大量论“命”,受到了孔子命论思想的重要影响。故庄子的“知命”思想,实继承自孔子。不过,由于庄子对“命”之思想义涵、存在性质与变化特点的理解与孔子所谓的“命”存有极大的不同,故“知命”之主张,在庄子思想中,获得了与孔子所谓的“知命”之思想不同的新的思想意义。①

孔子所谓“知命”,主要包含有两个层次的含义:一是指人当知天之所命予人的仁义等道德的本性,和人因此而承担的修养成崇高的仁义德行并将仁义之大道推广于天下的天命之使命。二是指人当知“死生有命,富贵在天”和“道之将行也与?命也。道之将废也与?命也”,即人应当了解天命对人的死生富贵等外在境遇其实已有所先行决定;并且道之行、废亦由天命先行决定;二者皆非个人有限的个人力量所能加以改变。庄子对孔子“知命”思想的上述两层含义皆有所继承。就前者言,庄子亦主张人应知“天命之使命”,不过与孔子不同的是,庄子认为人自天地之“父母”所禀受的“天命之使命”是“尽其所受乎天”,并不强调人自天所禀受的道德使命。就后者言,庄子亦主张,“死生,命也;其有夜旦之常,天也”(《大宗师》),“知穷之有命,知通之有时”(《秋水》)。但不同于孔子认为,人的死生富贵等运命和道之行、废的时命无法改变,是因其已由虽无人格,但有特定的意识性与意志性,又具有道德正义性的“正义之天”先行预先决定,庄子则认为,“天即自然”,天道自然既无意识又无意志,还无道德性的属性,因此,天对人并无先行预定之“命”;而人的死生之运命和穷通之时命之所以为人所无可奈何者,因根本而言,“命”来自道对人与万物所施加的无法抗拒,无从逃避又无力改变的决定性的作用影响。

第一,由于庄子创造性地重新阐发了“命”的思想义涵、存在性质与变化特点,故“知命”在庄子的思想中,亦获得了全新的思想含义,其主要包含如下

① 罗安宪指出,“儒家讲知命,道家亦讲知命,但所知者有所不同。孔子强调知命,是把它看成一种君子之德。‘不知命,无以为君子。’(《论语·尧曰》)而庄子的所谓知命,是知命之无可奈何。既知命之无可奈何,人亦应以一种无可奈何的态度来对待命”。(罗安宪:《道家天命论的精神追求》,《中国人民大学学报》2007年第3期。)

四个方面的义涵：

首先，人当“知穷之有命，知通之有时”（《秋水》）。庄子认为，人应通达地理解和明白，人是否“遭时”，能否得遇，可以率性尽情地发挥自身的才华与智慧的时代情势，不由人自主独立决定，而由具有不以人的意志为转移的客观发展规律性与发展的必然趋向性，同时又具有极大偶然性的时代发展情势最终裁决和决定；同时，人也应通达地理解和明白，人之穷达、贫富、贵贱、得失、成败等外在的运命境遇，既不完全取决于个人勤奋努力的程度，也不由人完全自主掌控，其实由既有客观的发展规律性与发展的必然趋向性，又具有极大偶然性的时代发展情势和天道自然流行变化共同实施最终裁决性的决定。① 因此，“知命”者应当知人是否“遭时”和人之穷达、贫富等运命的境遇，受时代的客观发展情势和天道自然的客观变化态势的作用与影响。

其次，人当“知命不能规乎其前”（《田子方》）。庄子认为，人应通达地理解和明白，由天道自然之流行变化所决定之“命”是人不能预先加以规度、谋划的。易言之，人应通达地明白，人的生命活动和性命能力，无法在人出生之前加以规度和谋划；人的外在的运命境遇，也无法在人遭遇它们之前以人的智识完全预先加以规度和谋划。无论是社会历史的发展和天道自然的客观变化，皆具有客观的发展规律性和必然的发展趋势性，似乎人可以通过循顺事物发展的客观规定性和必然趋势性，预先谋划将来的有利于人的发展态势。但社会历史的发展和天道自然的客观变化除了客观规律性和发展的必然性以外，还有变化发展的无常性和偶然性的一面。而以人有限的智识与能力，根本无法完全掌控事物变化发展的无常性与偶然性；同时，也无法抗拒、无从逃避和无力改变由拥有强大无比之主宰性力量的天道自然和社会历史的发展态势所决定的偶然性。这意味着人无法在遭遇人的运命境遇之前，将它们全部预先加以规度和谋划，使人完全不受无常性与偶然性的变化影响。事实上，人所

① 在时与命分言的情况下，时是时，命是命；但时之本质亦是命，故时命可统于命之整体而言之。与此相似，在社会历史与天道自然分说的情况下，社会历史是社会历史，天道自然是天道自然；但社会历史的发展亦是天道自然整体进程的一部分，故社会历史亦可统于天道自然之整体而言之。

能做的只能是最大程度增强自身的性命之能力和生命之力量，尽力避免自身运命境遇受事物变化发展的不确定性、无常性和偶然性的力量被动性的决定性作用影响。同时，在人不幸遭遇无常性和偶然性之“命”时，应通达地明了在整体的变化发展态势上，人作为力量极为有限的存在者，受无常性与偶然性之“命”的作用影响亦是无法完全加以拒止和避免的，因此，应进一步安然地接受已然发生的既定的不可改变的事态结果。要之，庄子的“知命不能规乎其前”，强调了人应通达地理解和明白“命”的不可完全预先谋划性和人遭受无可奈何之运命的被动给予性，而人所能选择的通达的应对智慧是，安然接受天道自然对人所施加的无法抗拒、无从逃避又无力改变的决定性作用影响，主动选择与天偕行，与命日往。

再次，人当知“命”为人无可奈何者。“命”之所以为人无可奈何者，因“命”来自天人关系中的“上位者”——天道自然的决定与赋授。易言之，人之“命”不由人定，而由“天”定。“天”既是人之生命与性命的赋授者，又是人之运命的最终裁决者。“命”由“天”定，则意味着人不是“命”的最终决定者，也非“命”的参与决定者，人只是“命”之被动的禀受者与承接者。庄子所谓的“死生，命也；其有夜旦之常，天也；人之有所不得与，皆物之情也”（《大宗师》），虽然只是针对死生之“命”而言，但事实上，凡是由天道自然所赋授和决定之“命”，皆是“人之有所不得与”者。再进一步而言，人之所以不得与其自天所受之“命”，因人之生命的根本规定性和性命之性分能力的范围与限度，皆由“天”定。易言之，给不给人得与的权限，实由“天”来决定，是故，人可得与的“人之所为”和人不可得与的“天之所为”的分界线，亦实由“天”来划定。因此，知“命”是人无可奈何者之关键在，人应通达地理解和明白，“命”是“人之有所不得与”者，是“生之所无以为”和“命之所无奈何”者。因此，人通达地应对无可奈何之“命”的智慧是：“不务生之所无以为”，“不务命之所无奈何”，不徒劳无功地试图改变人不可得与的“天之所为”者，而将全部的生命的力量和性命的能力投入人可得与的“人之所为”者。

最后，人当知“命”之“不知吾所以然而然”（《达生》）等变化特点。“命”皆由天道自然的流行变化所赋授和决定，而天道自然本身具有的变化特点，将在其对人与万物无时无刻不在进行的无法抗拒的赋授和施加的无从逃避又无力改变的决定性作用影响中体现出来。天道自然的客观变化具有自生自化、既有常又无常、公平而无私等变化特点，如此，“命”之变化亦表现出自然性，既有必然性又有偶然性，还有公平性、平等性和无私性等特点。特别是“命”之变化的自然性与偶然性，使人很多时候根本无法确知人于时世所遭遇的“运命”的具体原因是什么，于是，“命”之变化有时又表现出非道德性、无标准性、无根由性和不知其所以然而然的变化特点。因天道自然的客观变化既无知无识又无道德属性，故其根本无法认知其将赋命之对象的行为之善恶、相貌之美丑等特点；同时，天道自然的变化特点又具有齐一性、均平性的变化特点，其对天下所有人皆同等赋施其自然而无常之命。因此，很多时候，人往往在根本没有任何行为之过错的情况下，横遭不测，遭受噩命。由于天道自然本身没有道德正义性，因此无法从道德性与正义性的角度，解释为何天道自然在人没有任何行为上之过错的情况下，让人横遭此一噩命。因此，“知命”者也应通达地明白和了解，“命”之变化具有自然性，既有必然性又有偶然性，还具有公平性、平等性和无私性等特点，有时还表现出非道德性、无标准性、无根由性和不知其所以然而然的变化特点。

第二，庄子的“知命”思想的实质，即是要人承认“命”的客观存在，承认个人有限的力量在天道自然的强大无比的主宰性力量面前的有限性。在《庄子》中，经常可见庄子对个人力量有限性的强调。如庄子曰：

> 且夫物不胜天久矣。（《大宗师》）
>
> 有人，天也；有天，亦天也。人之不能有天，性也。（《山木》）
>
> 汝身非汝有也，汝何得有乎道！（《知北游》）
>
> 无知无能者，固人之所不免也。（《知北游》）

荀子在评价庄子的思想时，曾曰，“庄子蔽于天而不知人”（《荀子·解蔽》）。然就庄子对“天”与“命”之强大无比之主宰性力量的深刻洞察与揭示和“天命”对人之在世存在的决定性作用影响的独到体察与揭发而言，庄子非是“蔽于天”，而是完全“明于天”“通于道”“达于命”。再就庄子对人之生命存在的局限性与性分能力的有限性的深刻体察与揭示而言，庄子不仅不是“不知人”，而是“深知于人”。他深知个人有限的力量，无法战胜天道自然强大无比的主宰力量；深知人只不过是天道自然有限的化生物之一，人之生命存在的形式与形态和人之性分能力的范围无不由天道自然所化生与决定，人根本无法据有天、占有道；深知人根本无法免除“无知无能”的生命存在的根本局限性。庄子对“天”与“命”之强大无比之主宰性力量的深刻洞察与揭示和对人之生命存在的局限性与性分能力的有限性的深刻体察与揭发，如同一枚硬币的两面，本质皆是对人之在世存在真相的揭示与显发。

首先，庄子要人“知命”，即是要人清楚地认识到“命”的客观存在。人作为天道自然的化生物，作为天道自然赋授的生命与性命的被动禀受物，作为依托天道自然提供化生与育养之基础与前提的有限存在物，深受天道自然对人无时无刻不在进行的无法抗拒的赋授和施加的无从逃避又无力改变的决定性作用的影响。因此，人应通达地理解和明白，在人生当中，存在着很多完全超出人之性分能力，人无法自主决定，也无法参与决定，而由“命”这一强大无比的主宰性力量所决定之事。[①] 如同孟子之所谓，人应知道很多事情其实属“皆天也，非人之所能为也”（《孟子·万章上》），依此，客观地承认“命”这一强大无比的主宰性力量和由其所决定的人所无可奈何之“命”的存在。

其次，庄子要人“知命”，亦是要人清楚地认识和体察，并安然地承认和接受自身的生命存在着各种局限性和自己的性分能力存在各种有限性的客观事实。实际上，人之生命、性命的“天命性”这一客观存在的事实，就使人必须客观承认人之生命存在的局限性与性分能力的有限性。而人之运命的客观存在，无时无刻不显示着人之生命存在的局限性与性分能力的有限性的边界之所在。安然地承认和接受自身的生命存在着各种局限性和自己的性分能力存在各种有限性的客观事实，既不是要否定人之有限力量的存在意义与价值，也不是要夸大“天”与“命”对人之决定性的作用影响的程度与范围，由此否定人之积极努力作为的现实意义和价值；而是要人深刻地体察与认识天人之分限，

① 张岱年指出，“任何事的结果都非人力所决定，不得不言有命”。（张岱年：《中国哲学大纲》，第402页。）因看似由人力单独决定的事情，人力这一要素的背后亦透显着“命”之存在。

通达而明彻地了解在人所遭遇的各种境遇中，哪些是非人之所能为的“天之所为”。因此，安然地承认和接受其属于人之完全无可奈何者，由此实现与自我生命的和解。人作为天地之“父母”所生者，在天地之“父母”面前，安然地承认和接受自我生命存在的局限性和性命能力的有限性，并不可耻；拒不承认和接受自我生命存在的局限性和性命能力的有限性，虚妄地夸大自我生命之力量与性命之能力，使自己一直遭受实质为自身达不到之“天之所为”，但被虚妄地幻想为人可以作为的“人之所为”的那些生命的愿欲的折磨与煎熬，才属不智。

再次，庄子要人“知命”，亦是要人通达而明彻地了解人之努力作为可以达到的边界所在，知道“知止”。人很多时候感到痛苦，是因为自己所愿欲的事物，完全超出了自己的性分能力所能达到的范围，而自己现实具有的性分能力又完全没有办法将之实现，因此痛苦。当人通达地了解自身的积极努力作为可以达到的边界所在，就可合理地划定自己所意欲之事物的范围，科学地制定自身应努力追求的理想目标。将自身所愿欲之事物和所追求之目标从个人完全做不到的领域和范围中撤退回来，如此人就可以摆脱自身不切实际的幻想和根本不可能之愿欲对人之心灵的控制与摆布，进而摆脱由此二者所引发的痛苦、悲伤、忧愁、沮丧等不和之情态对人之心灵的搅扰和伤害。庄子将那些完全非人之所能为的事情归之于“命”，并提出“不务生之所无以为”、“不务命之所无奈何”（《达生》）、不“务免乎人之所不免者”（《知北游》）等主张，就是要人将应当积极作为之事，从“天之所为”的领地，回归“人之所为”的领域；明彻地理解“天人”之分限处，就是人之积极努力作为应当穷止之处，不再“知其不可而为之”。因此，“知命”，实际上也就是“知止”。人只有明彻地觉解人力所穷之处即人所当止之处，才能避免因自身的不智，为那些完全超出个人能力的事情付出巨大却徒劳无功的努力，而受悔恨、痛苦等不和之情态的折磨与煎熬。因此，“知命”对将自身全部的生命力量投入正确的领域之中十分关键。庄子的“知命”思想，实际上要求人在正确认识和了解人之努力作为可以达到的边界之基础上，正确地发挥人的主观能动性。

又次，庄子的“知命”，实际上还要求人们准确地认识和区分“暂时无可奈何之命”和“完全无可奈何之命”，这是庄子未明言但实际上内蕴于庄子“知命”思想的内在思想要求。对“知命”来说，至为关键同时也是最难处理的问题是：如何才能完全确定某些事情完全属于“天命”，完全非人之所可奈何者；而另外一些事情，或因人自身性命能力的发展性还有所不足，或因未完全挖掘出人全部的性分之潜能，或因人当时未找到正确解决某一困难情境的方法，或因成功所需的条件还未凑齐等原因，故属于人暂时的所无可奈何者。① 庄子所谓的“庸讵知吾所谓天之非人乎？所谓人之非天乎？”（《大宗师》）正提出了此一难题。只不过，庄子只从人之知的相对性与有限性，“夫知有所待而后当，其所待者特未定也”（《大宗师》）的角度，揭示确知“天人之分限”的困难性。实际上，只有完全非人之所可奈何者，才属于“天命”或“天之所为”者。人暂时所无可奈何者，只不过暂时停留于“天之所为”的范围之内，但随着人自身性命能力的增长，随着人更加充分地挖掘人之性分能力的潜能等原因，其将由不可为之“命”转变为可为之“性”。如果人将暂时无可奈何者错误地归入完全无可奈何者，将不当扩大“命”之范围，缩小人可以积极作为的“性”之领域，降低了人之努力作为所可能达至的人生高度，给人造成重大的损失。这一客观的情势，要求人在全尽自身全部的努力之后，事还不成，先适当知止；待自身的能力有较长足的增长或找到新的科学方法等，再进行新的尝试；若不成，再知止；再用心增长自己的性命能力，再尝试，以至人生的终点。虽然最终此事还是可能不成，但在此一过程中，人将最大限度地实现自我的性分之潜能。

最后，庄子的“知命”，要求人们“致命尽情”（《天地》）和“达于情而遂于命”（《天运》），即投入自身全部的生命力量，达至自己的性分之命的极限，将天赋之分命的潜能实现到极致；穷尽自己的天赋本性的全部潜质，使之达至竭尽无余的状态。这是人准确认识“天人”之分限，不将人之所可以为的“性”之

① 张岱年指出，“因为命是人力所无可奈何者，今如用力不尽，焉知其必为人力所无可奈何？焉知其非人力所可及而因致力未到所以未成？”（张岱年：《中国哲学大纲》，第400页。）实际上，今日用尽力量却未成，亦未必是人力所完全无可奈何者，因人之性命能力是不断增长的历时性范畴，有可能今日不成，他日却可成。“知命”之难，正在于此。

领域错误地归入人之不可以为的“命”之领域，不将人暂时所无可奈何者归入完全非人之所可奈何者的必然要求。张岱年指出，“命不可先知，必人力尽后，方能知命为如何。万种设法，仍无效果时，然后方能断定为命不容许”①。正指出了人如何正确“知命”的方法。人只有在“致命尽性”或“达性遂命”后，在穷尽天所赋予人的性分潜能之极限后，才能确知此事非人力之所能为，属人之完全无可奈何之“命”。在没有穷尽自身的天赋的性分之全部的潜能之前，根本无法确知“天人”之分限到底在何处，如此也就无法确定“命”之真正的范围。在未将自身的天赋潜能发挥到极致之前，碰到一些暂时的无可奈何者，轻易地将之归入完全非人之所能为的“命”之范围，其实犯了认“性”为“命”的错误，根本不符合“知命”的要求。若在没有付出全部的努力之前，轻易地搬出“命”作为自己不再努力的借口，则是自暴自弃的错误做法。

长期以来，学者们形成的一个对庄子命论的思想偏见是：认为庄子讲“命”，只主张任天安命，根本不讲积极作为。如张岱年曰：“儒家虽讲命，而仍不废人事，实以尽人事为基本；道家则不谈人事，专言天命……儒、道二家所谓命，意义可以说颇相同，而态度则有不同。儒家甚注重人为；道家则根本不赞成人为，而讲任天安命……《庄子·外篇》又云：‘达大命者随。’随而已矣，更不必努力作为。这就是道家的态度。”②张岱年所谓的“道家”，其实指庄子，因唯有庄子才大量言“命”。然言庄子“专言天命”，只讲“任天安命”，“不谈人事”，“根本不赞成人为”，“更不必努力作为”，则是对庄子命论的极大误解。之所以有此误解，因未注意到庄子“致命尽情”和“达于情而遂于命”的思想。事实上，庄子“知命”的主张，内在就包含着人们必须积极努力地作为，最大限度地实现自己的本性，遂成自己的天赋分命，将天赋的性分之潜能实现到极致的要求，否则根本无法确知何者为“命”，何者不为“命”。因此，并非只有儒家讲命，仍不废人事，以尽人事为基本；庄子讲命，同样不废人事，也以全尽自身全部的性分之潜能为基本前提。不应为了表彰和抬举儒家，而或无意或有意

① 张岱年：《中国哲学大纲》，第400页。

② 张岱年：《中国哲学大纲》，第401—403页。

贬斥和抑黜庄子。再者,庄子所谓的“达大命者随”,所谓的“大命”,非是言人之运命,而是言作为“性命之大者”的性命之真性;其此所谓的“随”,乃言人当顺取作为人之性命之大命的性命之真性,并未表达“更不必努力作为”之义。

总之,庄子所谓的“知命”,虽然继自孔子,但由于庄子所谓的“命”与孔子所谓的“命”,在“命”之思想内涵、存在性质与变化特点的理解上皆存在极大的不同,故庄子所谓的“知命”具有新的思想意义。庄子要求人们在“致命尽情”和“达于情而遂于命”的基础上,“知穷之有命,知通之有时”,“知命不能规乎其前”,知“命”为人不可奈何者,并知“命”的“不知吾所以然而然”等变化特点。庄子的“知命”思想的本质,实要人承认“命”的客观存在,承认个人有限的力量在天道自然的强大无比的主宰性力量面前的有限性,依此将人应当致力于作为之事,从非人之所能为的“天之所为”的领地,回归人之所可为的“人之所为”的领域,由此摆脱对由“命”所主宰的领域内的事物的不当幻想,而引发的痛苦、悲伤、忧愁等不和之情态对人之心灵的搅扰与纠缠。

(二)安命

当人由“致命尽性”或“达性遂命”后,最终明彻地理解和明白人生当中的很多境遇,属于非人之所能为的“天之所为”者,属于人完全无可奈何之“命”。如此,当人“知命”后,人通达地对待自身所遭的无可奈何之“命”的智慧是:安宁静定地接受由天道自然所赋授、规限和决定之“命”。由此,庄子所倡导的第二个达观对待自己所遭之运命的思想精神是:“安命”。

第一,“知命”是“安命”的前提基础,“安命”实是“知命”后的明智之选择。《说文》曰:“安,静也。”《尔雅》曰:“安,定也”,又曰:“豫、宁、绥、康、柔,安也”①。可知,“安”所描述的是内心安宁静定、平和正定的状态。故庄子所谓的“安命”,指以安宁静定、平和正定的态度,达观地对待自己于时世中所遭遇的无可奈何之“命”。当人们刚遭遇无可奈何之“命”,特别是非道德性、无

① 《尔雅》曰:“豫,乐也。”《广雅》曰:“绥,舒也。”《尔雅》曰:“康,乐也。”又《逸周书·谥法》曰:“好和不争曰安。”

根由性之“命”时，内心极易为战栗、恐惧、痛苦、哀悲、愤怒、愁怨等不和之情态所侵入与纠缠。而当人竭尽自身全部的生命力量试图改逆事态的发展方向，发现根本无法改变这一既定的结果，则将由“知命”的觉解过程，首先从理性上接受其属人所无可奈何之事，进而通过觉解以人有限的力量，根本无法抗拒、无从逃避又无力改变由天道自然强大无比的主宰性力量所赋授、规限和决定之“命”，无论人如何不满、抗拒、挣扎、反对、斗争等，皆无法改变既定的事态结果，于是进一步从情感上接受此一既定的结果，内心重新回归安宁静定、平和正定的状态，使人的身心不再为战栗、恐惧、痛苦、哀悲、愤怒、愁怨等不和之情态所搅扰和伤害，此之谓“安命”。①

首先，“知”是“安”的前提，人是由“知”而“安”，因“知”而“安”。人只有首先通过“致命尽性”或“达性遂命”，全尽自身全部的性命能力，竭尽自身全部的生命力量，尽到人本身所承担的全部的责任，达至人之努力所能作为的极限，才能“知”某一已然既定的事态为人所无可奈何之“命”。“知”要求人们从理性上，深刻地认识和觉解“命”的无可奈何性、被动接受性、变化无常性、不可抗拒性等变化特点。当人以理智完全觉解“命”的这些存在事实与真相，为免人的身心遭受更大的伤害，由此，人应当从情感上，进一步接受既定的不可改变的事实，在理性明智的劝解与调和下，使内心重新复归安宁静定、平和正定的状态，依此摆脱战栗、恐惧、痛苦、哀悲、愤怒、愁怨等不和之情态对人之身心进一步的伤害。在心安身定后，再勇敢地承担起这一“天命”的际遇中人应当承担的责任，从容不迫地应对任何可能的事态之发展。可见，“知”其为“命”，不可抗拒、不可逃避又无力改变，实为人进一步“安”于此“命”奠定基础；而后，“知”之明智的要求要人进一步“安”于此“命”。

其次，“安命”是在“知命”之后，才选择的通达应对无可奈何之“命”的智

① 斯宾诺莎曰：“人的力量是异常有限，而且无限地为外界的力量所超过，因此我们并没有绝对的力量，能使外界事物皆为我用。但是，有时许多事变发生，与考量我们自己利益的要求，却大相违反，我们也只好以宽大的度量去忍受，只要我们自己觉得我们已经尽了自己的职责，我们已竭尽所有的力量，但实无法可以避免此种不幸之事，并且觉得我们是整个自然的一部分，我们必须遵循自然的法则，那么我们便会感到精神的满足。”（[荷]斯宾诺莎：《伦理学》，第235页。）斯宾诺莎所谓的“精神的满足”，实即庄子所谓的“安命”。

慧。“安”在日常用语中，有安于现状、随遇而安等义。因是之故，庄子所谓的“安命”常被人误解为，庄子要人们安于现状，不与命运相抗争。[①] 然此一看法与庄子“安命”思想精神完全不符。之所以产生如此误解，是因错误地将庄子的“安命”主张，当作庄子面对无可奈何之命首先倡导的思想精神或应对态度。事实上，“安命”是人“致命尽情”（《天地》）和“达于情而遂于命”（《天运》），已经与命运拼死抗争搏斗之后，发现以人有限的力量，根本无法战胜和打倒当下所遭的无可奈何之运命后，为免受“命”之更大的打击，故主动作出的一种明智的选择。“安命”，绝不是要人一旦遭遇无可奈何之“命”后，便安心地满足于命运将其抛掷所在的境地中，而是要人在“致命尽性”或“达性遂命”后，经由“知命”的理性觉解，通达地理解有些事情完全是“天之所为”，是人完全无可奈何者。因此，主动选择从人之心灵中祛除战栗、恐惧、痛苦、哀悲、愤怒、愁怨等不和之情态，使心灵尽快回归安宁静定、平和正定的状态，使人之身心不再因人无法掌控和改变的事物的客观变化和天命的自然流行而受到更大的伤害。实际上，不主动“安命”者，听任命运对人之身心进行控制、摆布与伤害，才是愚谬至极的对自身不负责任之人。

因此，“安命”是通达的智者主动选择的因应无可奈何之“命”的智慧态度。“安命”不是要人被动地承接命运的安排，被动地安于现状，它实际上要求人积极主动地去解脱由人无法通达“命”之存在的真相，而引发各种不和之情态对人脆弱的心灵的撄扰、纠缠、控制、摆布与伤害，不使这些不和之情态进一步伤害自己的身心之和谐与健康。如庄子在面对心爱的妻子死亡时，最先亦“何独无慨然”，似亦曾“噭噭然随而哭之”（《至乐》），受痛苦、悲伤、哀怨等各种不和之情态纠缠与伤害，但当庄子由“通乎命”，完全觉解人之死亡的存在真相后，便马上遣情止悲，使心灵回归安宁静定、平和正定的状态。因此，“安命”，其实是人需要通达的思想智慧，并以极高的心灵修养的工夫，始能达

---

① 如颜世安曰：“庄子有时确实反对坚守任何原则，甚至反对有任何认真的人生期待。他主张一切都无所谓，不要与命运抗争，命运把你放在哪儿，你就待在哪儿。”（颜世安：《庄子评传》，第 17 页。）

至的崇高的思想境界。①

第二，庄子所谓的“安命”，其“安”之心理还来自视“天地”为具有公平无私之德性的“万物之父母”。天地如人间之父母，对人亦具有无私的化生与育养之功劳，视“天地”为人之普遍意义上的“父母”，具有化原本无情无义的天人之间的关系为具有人伦性温情的“父母与子女”式的关系的理论功用。若是对人具有养育之恩情的“父母”所给予之“命”，则人从心理上更易加以安然地接受，虽然其现所给予之物是一种“天损”，是对人原先赋授物的一种减损或损伤。同时天地之“父母”还具有公平、平等、无私等德性，其并非特意针对我而赋施此不平等之“命”，而是平等地对所有人公平地赋施其自然而无常，公平而无私之“命”，如此，人则不当对天地之“父母”有不满、怨怼、咒恨等不和的情绪，而应安顺于其所赋授的任何之“命”。

庄子指出，“是以夫事其亲者，不择地而安之，孝之至也”（《人间世》）。在侍养自己的双亲时，无论遭遇任何的环境都要努力地使他们安适，如此才是孝顺到极致的表现。事实上，庄子所谓的“不择地而安之”，不仅只是针对父母；同时，也是针对子女。因“安之”不仅可释为使动用法的“使之安”，还可以释为“安于之”，即安于父母之所命。故其实又言；只有对父母所给予之“命”，也是“不择地而安之”，才可谓孝之至。如此，对天地之“父母”所给予的任何之“命”，同样也“不择地而安之”，才可谓是天之孝子。唐君毅指出，“庄子安命之学之最高表现，则在不属于尽忠尽孝之任何场合之死生呼吸无可奈何之际，而仍能以孝子对父母之心，承当其在天地间之所遇。这是孔、孟、墨之知命、立命、非命之教中所未申，而为庄子安命之学所特至也”②。正可谓透点了庄子“安命”之学的至高精神表现。庄子所谓“安命”，即要求人们如同以孝子对待人间之父母的态度，对天地之“父母”所给予的任何之“命”，皆安宁静定、

---

① 罗安宪指出，“庄子对待时、命的这种态度，常被认作安命无为，常被认作消极顺世，甚至被认为是自欺欺人。如此理解庄子，未免失之于表面……以无可奈何的态度来对待命运，并不是一种无为的表现，更不是一种颓废的态度，而是‘德之至’的表现，而是精神修养达到极致的表现”。（见罗安宪：《道家天命论之精神追求》，《中国人民大学学报》2007年第3期。）

② 唐君毅：《中国哲学原论·导论篇》，第340页。

平和正定地接受,无任何“天之怨”(《达生》)。

第三,庄子所谓的“安命”,实质是要求人们摆脱由人完全无可奈何之情境而引发的忧惧、痛苦、哀悲、愤怒、愁怨等不和之情态,使身心一直保持安宁、静定、平和的状态,不被各种不和之情态所撄扰和伤害。庄子以为,当人将内心安宁、静定、平和的状态,修养成为自身心灵恒常性的德行之品质,即将自己的心灵修养至“德之至”的崇高思想境界之后,则可以使人在此之后,面对自身所遭遇的一切无可奈何之境遇时,一直恒常地保持内心安宁、静定、平和的状态,不再轻易地让忧惧、痛苦、哀悲、愤怒、愁怨等不和之情态侵入自身心灵的台府,使之伤害自身和谐静定的身心。

首先,从小的方面来说,“安命”要求人们不为外物的得失,如财货、爵位等荣华富贵之物的得失,而影响到自己内心平和静定的状态。庄子以为,人们只要认识到财货、爵位等荣华富贵之物,既非人自己性命本来所有,又非人能够控制其来去等变化的态势,只是暂时性地寄存于己身之事物,就不会为这些外物的得失而失去内心的平和。《田子方》载,孙叔敖三为令尹而不以之为荣贵华耀,三去令尹也不为之有任何一丝的忧虑神色,肩吾问其有何过人之处,为何能够用心独特如此时,孙叔敖答曰:

> 吾何以过人哉!吾以其来不可却也,其去不可止也,吾以为得失之非我也,而无忧色而已矣。我何以过人哉!且不知其在彼乎,其在我乎?其在彼邪?亡乎我;在我邪?亡乎彼。方将踌躇,方将四顾,何暇至乎人贵人贱哉!(《田子方》)

孙叔敖自认为其没有任何过人之处,只不过因其深刻认识到,像令尹等轩冕之物的来去非是人所能却御之事。在其看来,当其得令尹之位时,令尹就非其本来所有之物;如此,当他失去令尹之职位时,自然也就不是他失去了本来所有之物。因当人不视外物为我之所得时,外物离开自然就不是我之所失,故曰“得失之非我”。人总是从人之主体的视角看待外物的得失问题,所以才产生所谓的得失的感受。如果转换看待问题的视角,从物之客体的视角来看待得失的问题,当事物汇聚到人之身边时,其实是此一事物得到我这个人;当事物又离开人之身边时,其实是此一事物失去了我这个人。因此,若从彼(他者)

之视角看得失,彼(他者)才有所谓的得失,于我而言实无所谓的得失。若将我与彼(他者)齐同看待,则得失到底是彼(他者)的得失,还是我的得失,实难以确定。再者,人很多时候因心存“贵贱”之别,故以令尹等轩冕之物为贵,以土块等物为贱。但当人从道之视域来看待万物时,将齐同万物而无分贵贱,如此,得令尹等轩冕之物亦如同得一土块然,而失令尹等轩冕之物亦如同失一土块然。孙叔敖之所以心灵修养的境界如此独特,亦因其取消了“贵贱”之分,不再有“人贵人贱”的分别相,因此,丝毫不因令尹等轩冕之物的得失而影响自己的内心平和静定的状态。

因此,“安命”之人,安于所遇的穷达、贫富、毁誉等外在的运命境遇,不为这些事物的变化而影响内心静定平和的状态,是因为他们懂得区分,什么才是人之生命的根本所有之物,什么只是暂时寄处或暂时所加于人身上之物,懂得“定乎内外之分”。庄子在《逍遥游》中,曾赞扬宋荣子“举世而誉之而不加劝,举世而非之而不加沮”,并指出宋荣子之所以表现如此独特,是因宋荣子能够“定乎内外之分,辩乎荣辱之境”(《逍遥游》)。“辩乎荣辱之境”,既是通达地分辨和理解荣辱俱是依人之极具主观性的标准而进行的对待性之区分,同时,亦是深刻地透达荣辱不过是人所发明的外在性之评价,任何外在性的评价皆无法减损和取消哪怕一丁点的内在性的本有品质的存在真相。因此,宋荣子之所以能够“见侮不辱”(《天下》),丝毫不以荣辱、毁誉为意,因其深刻地透达了荣辱、毁誉等物的存在本质,只不过是由人为性、主观性的评价标准而产生的名号之物;同时,又是非性命本有的被动外来之物;故人不应当因人不能自主的外来的虚幻之名相而或勤劝或沮丧,而应将自身全部的生命力量投注于自己能够自由自主的内在性的领域;依此,一直保持内心平和静定的状态,不为外在性的评价而移易自身一贯的处世之态度。

庄子指出,唯有心灵始终保持着如同阴阳和静般自然和谐的人,才可能不因外人之崇敬而喜,不因外人之侮非而怒。其曰:“故敬之而不喜,侮之而不怒者,唯同乎天和者为然。”(《庚桑楚》)内心和顺之人之所以“同乎天和者”,皆是因其已“外非誉”(《庚桑楚》)。故兀者申徒嘉,最初在他人以全足笑申徒嘉不全其足时,申徒嘉的反应是“怫然而怒”;但自师从伯昏无人后,再反应却是“废然而反”,达至了“知不可奈何,而安之若命”(《德充符》)的崇高修养境界。这是因申徒嘉已然将由形骸而引起的荣辱、非誉置之度外。当人的心灵将一切被动的外来物,置于其本然的“命有在外者”的地位,则一切外在物的得失皆将无法再进入心灵的灵府,影响其原本平和静定的状态,此一状态,也即“不内变,不外从”(《达生》)的状态。

其次,从大的方面来说,“安命”还要求人们面对“死生”之大事时,亦一直保持内心安宁静定的状态,不让战栗、恐惧、悲伤、痛苦等各种不和之情态侵扰自己原本平和正定的心灵。庄子反复申言“死生亦大矣”(《德充符》),表明庄子以为,死生之事较之非性命本有的外物之得失为大事。然庄子认为,就算人遭遇自身与至亲之人的死生之大事,人同样应努力做到“死生亦大矣,而不得与之变”(《德充符》),“死生亦大矣,而无变乎己”(《田子方》),“死生惊惧不入乎其胸中”(《达生》),“死生不入于心”(《田子方》),“死生同状”(《天地》),“正而待之”,“晏然体逝而终”(《山木》),还依然保持着无比安宁静定平和的状态。庄子以为,人应通达“且夫得者,时也;失者,顺也。安时而处顺,哀乐不能入也”(《德充符》)之理。当人深刻地洞达人之生命的到来,其实只不过是天道自然依时而运、不可抗拒的自然流行变化的结果,人之死亡也同样只不过是随顺天道自然之流行变化不可抗拒的变化趋势,故安然于不可抗拒之时变,随顺不可拒止之形化,则喜怒哀乐等不和之情态,就无法进入于内心的灵府,就不会让自身无法拒止的死生之变化而影响安宁静定平和的心灵。是故,“安命”之“安”,亦是“临大难而不惧”(《秋水》),对死生之大难亦无所畏惧,亦从容不迫地加以应对的超然达观的崇高思想境界。

再次,人不仅应安于穷达、贫富、贵贱、得失、毁誉等外在的运命境遇,也应安于至大的死生之“命”。故庄子在《德充符》总结曰:

> 死生、存亡、穷达、贫富、贤与不肖、毁誉、饥渴、寒暑,是事之变,命之行也;日夜相代乎前,而知不能规乎其始者也。故不足以滑和,不可入于灵府。使之和、豫、通而不失于兑,使日夜无郤而与物为春,是接而生时于心者也。(《德充符》)

死生、存亡、穷达、贫富、贤与不肖、毁誉、饥渴、寒暑等事物的变化,本来属事物自然的变化，天命自然的流行，然作为个体的人一旦遭遇这些境遇，其就转变为个人无可奈何的“运命”。这些事物的变化，如同日夜一般相互更代于人之前。但“才全”之至人通达而深刻地认识到这些事物的自然变化，是人无法通过规度和谋划加以改变的“天命”之自然变化，因此，不让它们来滑扰内心的平和，不让它们进入内心的灵府，使自己的心情一直保持平和、豫乐、通畅而不失愉悦的状态，在与外物相触时，依然日夜无间地保持着对待外物的如春之和气。其中，“不足以滑和，不可入于灵府。使之和、豫、通而不失于兑”，可谓极佳地描述了“安命”时内心安宁静定平和的状态。故“安命”的“安”之状态，并非“形若槁骸，心若死灰”（《知北游》）的状态，其实是“和、豫、通而不失于兑”的状态。

至人在面对死生、存亡、穷达、贫富等外在境遇的变化时，不仅没有任何战栗、恐惧、悲伤、痛苦等各种不和之情态，还能够保持一种豫乐而不失愉悦的状态。其何以能够如此？庄子曰：

> 备物以将形，藏不虞以生心，敬中以达彼，若是而万恶至者，皆天也，而非人也，不足以滑成，不可内于灵台。[①]（《庚桑楚》）

人备具适当的养形之物，以将养其形体；退藏于无思虑谋度处，以保养自己心神的生机活力；敬慎于心中之诚，以通达外事；若是如此还有各种灾祸降临于人身上，则是天道自然的无常而非道德的客观变化，并非人之过错；因此，不让其滑乱和搅扰一直平和静定的心灵，不让其进入心灵的台府。“皆天也，而非人也”，正指出了“不足以滑成，不可内于灵台”，一直保持内心的平和静定的原因所在。“皆天也”，意味着造此“万恶”的其实是自然而无常的天道自然。既然是“天之所为”，是“天”造此“万恶”，非“我”之任何的过错。若因过错而应遭受惩罚，则应当遭惩罚的其实是“天”，而非是“我”。人不当因他者的过错而惩罚自我，因此，不让任何战栗、恐惧、悲伤、痛苦等各种不和之情态侵入

---

① 《释文》曰：“备，具也。将，顺也。”[（清）郭庆藩撰：《庄子集释》，第 793 页。]陆德明以“顺”释“将”，可能还不太切。《广雅》曰：“将，养也。”“将”释为“养”实更切此处前后文。虞，郭象释云：“虞者，亿度之谓。”[（清）郭庆藩撰：《庄子集释》，第 793 页。]宣颖曰：“却退藏于不思度之地，以活其心。”[（清）宣颖：《南华经解》，第 162 页。]虞，思虑谋度之义。

和损害自我原本安宁静定、平和正定的心灵。

因此,知“皆天也,而非人也”,知“天之所为”和“人之所为”,明于天人之分,这是人能够修持达至“知其不可奈何而安之”的崇高思想境界的关键。因此,至人在“致命尽性”与“达性遂命”后,知道死生、存亡、穷达、贫富、贤与不肖、毁誉、饥渴、寒暑等外在事物之变化,皆是自然而无常的天道自然之“命”的结果,以个人有限的力量根本无法抗拒、无从逃避又无力改变这一既定的结果。因此,其以完全通达人之在世存在之真相的无碍智慧,选择主动安然接受这一既定的变化态势和个人的运命境遇,不使一切为“天之所为”者,滑扰搅乱自己安宁静定、平和正定的心灵,不让战栗、恐惧、悲伤、痛苦等各种不和之情态进入心灵的台府,这就将自己的心灵从各种不和之情态的影响与控制中摆脱出来,因此,能够继续保持平和、豫乐、通达而不失愉悦的状态。

总之,安命之“安”,是人在遭受无可奈何之命后,通过认识外物之得失的本质,“定乎内外之分”,区分“天之所为”和“人之所为”,视对人施授自然而无常之“命”的天道自然为具有公平无私等德性的“父母”等各种方式,主动摆脱战栗、恐惧、悲伤、痛苦等各种不和之情态对人之心灵的影响与伤害后,内心重新获得并加恒常保持的一种安宁静定平和的状态。庄子曰:“万物无足以铙心者,故静也”(《天道》)。这一安宁静定的状态,是外物的任何变化都不足以扰乱其内心之平和的崇高修养状态。虽然以庄子通达无碍的智慧,有时也会因遭遇深爱的妻子死亡等事件,受情绪的不由自主性与不可御止性等变化特点的影响,会暂时地失去内心的平和静定的状态,但其很快就能忘情止悲,重新回复内心的平和静定的状态。因此,主动解除和摆脱一切不和之情态,对人原本静定和谐的身心的撄扰、纠缠、控制、摆布与伤害,才是庄子真正所主张的“安命”之精神。

(三)顺命

当人主动“安命”后,人之心灵因不被各种不和之情态撄扰、纠缠、控制、摆布与伤害,故获得了逍遥、自由与解放的状态。但经由“安命”而获得的人之逍遥、自由与解放,还停留在人之心灵的层面,只是人之心灵摆脱激情的桎梏而获得的逍遥、自由与解放。人若想要为自己求得实现中的人之行为更大的逍遥、自由与解放，还必须主动循顺天道自然无论是必然，还是偶然的客观变化。由此，庄子在“安命”的要求之上，又向人们倡导第三个达观对待自己所遭之运命的思想精神：“顺命”。

第一，“顺命”来自“知其不可奈何而安之若命”中的“若命”之要求。“若命”，即“顺命”，指人主动因循天道自然的客观变化，安顺于天道自然对人之生命的死生、存亡、穷达、贫富、祸福等无可奈何之运命境遇的安排，并主动随顺“命”之客观的发展方向。人为何应当主动循顺天道自然的客观变化？

首先，老子在将天地万物化生的本根和存在的本体，命名为“道”的时候，就给出了这一问题的答案。“道”最初作道路之本义时，指人行走时所共由的道路。“道”作为天地万物化生的本根和存在的本体时，同样是天地万物之化生存在与运动变化所必须共由者。“道”在转生或化生为天地万物时，以赋予天地万物道之“分殊”的方式，将“道”之规定性内化于天地万物的自然本性中。天地万物莫不由从自身的本性而运动变化，如此，天地万物事实上无不从由“道”之规定性而化生存在与运动变化。庄子继承了老子上述的思想，故《渔父》曰：“夫道者，万物之所由也，庶物失之者死，得之者生，为事逆之则败，顺之则成。”①(《渔父》)道是“万物之所由”，即“道”是天地万物化生存在与运动变化必须依托的由来之本原和必须由从与遵循的运动变化之法则。故一切由道所生者，皆必须依道而生死，循顺“道”所赋之自然本性与恒常法则而行事。任何违逆“道”所赋之自然本性与恒常法则的行为，皆将失败；只有循顺“道”所赋之自然本性与恒常法则而行事才能成功。道在转化为天地时，则道之自然本性与恒常法则，就转化为天地的自然本性与恒常法则，如此，对天

① 成玄英曰：“由，从也。庶，众也。夫道生万物，则谓之道，故知众庶从道而生。是以顺而得者则生而成，逆而失者则死而败。”[(清)郭庆藩撰：《庄子集释》，第 1035 页。]成玄英释“由”为“从”，似兼有“从、自”与“由从”二义。林希逸注《人间世》的“是万物之化也”曰：“此是万物之化也。言此乃造化之理，万物之所由出也。”[(宋)林希逸：《庄子鬳斋口义校注》，第 66 页。]又注《庚桑楚》的“出无本，入无窍”曰：“出，生也，万物之所由始也。未尝无本而不可知，故曰无本。入，死也，万物之所由终也。虽知其所终而不见其所入之处，故曰无窍。”[(宋)林希逸：《庄子鬳斋口义校注》，第 363 页。]可知，“由”兼有“由来、由始”和“由从”二义。

地的化生存在与运动变化的自然本性与恒常法则,亦必须循顺与遵守。故庄子曰:“天有六极、五常,帝王顺之则治,逆之则凶”(《天运》)。循顺与遵守天地的“六极、五常”,实质即循顺与遵守道之自然本性与恒常法则,故同样是“顺之则治,逆之则凶”。

其次,人之所以必须“顺命”,因“命”根本而言,来自“道”对人与万物所施加的无法抗拒、无从逃避又无力改变的赋授、规限、支使与决定。人之生命的根本规定性与性命的所有内在法则,皆来自道对人与万物的赋授与规限。人之生命的活动的开展必须循顺生命的根本规定性和性命的所有内在法则。因人作为道所化生出来的众多分殊物之一,力量极其有限,天道自然所拥有的力量强大无比,由此,天道自然对人所施加的决定性的作用影响,非人有限的力量所能抗拒、逃避和改变。“且夫物不胜天久矣”(《大宗师》)这一客观的情势,决定了人必须因循天道自然所赋予人之生命的根本规定性与性命的所有内在法则而行动,必须随顺天道自然施授于人之外的无可奈何之运命的运动变化发展方向。

再次,庄子指出,“乱天之经,逆物之情,玄天弗成”(《在宥》)。人如果遁背于天地万物运动变化的规律和客观的情势,与之逆向而行,不仅人所开展的任何生命实践活动无法成功,而且将因逆抗拥有强大无比之自然力量的天道自然的客观变化而陷入凶险无比的情境;并且,还将因人“循天倍情”而受由天地的阴阳二气所施加的“遁天之刑”。人只有主动“循道而趋”(《天道》),“循天之理”(《刻意》),“依乎天理”“因其固然”(《人间世》),“与之偕逝”(《山木》);主动随顺天道自然“命”人前进的方向,与之同向而动;才能因主动“循于道”(《天地》)而与天道自然的客观变化相一致。由此才能取得人生之实践活动的成功,避免自身陷入危险的情境,为“天杀”,受“天损”,遭“天刑”,成为“天之戮民”。通达的智者之所以主动选择“顺命”,正是因其深刻地达解上述之理,因此主动选择听顺由天道自然所施授的不可抗拒之“命”。由此不仅摆脱各种不和之情态对人之心灵的撄扰、纠缠、控制、摆布与伤害,而且因主动因循天道自然无论是必然性,还是偶然性的客观变化,实现人之生命最大程度的逍遥、自由与解放。

第二，庄子提出“顺命”这一主张，还基于视道与天地、阴阳为无私化育人与万物并拥有公平无私等品质性德性的“万物之父母”，故倡导人应当以无条件承顺人间之父母之“命”的敬顺态度，无条件地承顺由道与天地、阴阳之“父母”所施授的无可抗拒之“命”。如前所述，庄子出于化解人对无情无义的天地的不满、怨怼等不和之情态，也为了强化人们自觉听顺天道自然赋予人的“尽其所受乎天”这一“天命之使命”，还为了强化人们主动“循于道”“循天之理”的自觉性等思想考量，因此在继承传统的“天父地母”的观念基础之上，进一步提出了“天地者，万物之父母也”（《达生》），“父母于子，东西南北，唯命之从。阴阳于人，不翅于父母”（《大宗师》）等思想，创造性地将儒家的“孝”之伦理推广运用到“天人”关系之中。在庄子看来，道与天地、阴阳是如同人间之父母，对人与万物具有无私的化育之恩情的“万物之父母”；如此，人只有无条件地听顺道与天地、阴阳之“父母”所施授的无可抗拒之“命”，才能成为“天之孝子”，否则，就成为捍抵不顺道与天地、阴阳之“父母”之“命”的“天之不孝子”！

第三，庄子所谓的“顺命”，既要求人们主动随顺事物的客观变化，在游刃于有余之地中，求得人最大程度的自由空间，同时，又要求在此过程中一直保持自身的主体性，保持自身自然自在、自由自主的本性，不使自己“丧己于物”（《缮性》）。

首先，辩证而言，庄子实际上既要求人以“顺命”的精神“日与物化”，不与外物相违逆，以求得人之行动的最大自由度，同时又要求人在不恰当的情境中，“不与物迁”，不丧失自身的主体性与自然自在、自由自主的本性。人若主动随顺天道自然之流行变化，将表现为“其生也天行，其死也物化，静而与阴同德，动而与阳同波”（《天道》）。“天行”是“顺天而行”，“物化”是“随物而化”。人通过“顺天而行”“随物而化”，可以实现与外物完全和谐一致的关系，故在因循天道自然的客观变化中，在与天地阴阳同频共振中，可以求得人之生命最大程度的逍遥、自由与解放。然无条件地“随物而化”，事实上存在着“丧己”与“失己”，丧失自身的主体性与自然自在、自由自主的本性的危险。在《天地》中，庄子讲述了一个尧欲请许由之师啮缺为君的寓言，在尧向许由咨询意见时，许由评价啮缺之为人曰："方且尊知而火驰，方且为绪使，方且为物絯，方且四顾而物应，方且应众宜，方且与物化而未始有恒。"①(《天地》)人若尊崇巧智之知，逐物而化，就有可能如啮缺般"与物化而未始有恒"，因逐求万物而为外物所异化，失去自身恒常的本性，即丧失自身原本自然自在，自由自主的本性。再如，颜阖傅"其德天杀"的卫灵公太子，若在"形莫若就"时，无条件与之"为颠为灭，为崩为蹶""为声为名，为妖为孽"(《人间世》)，就会被拖入万劫不复的境地。因此，"顺命"所要求的"顺物而化"，并非要求人无条件地抛弃人自身的主体性和自然自在、自由自主的本性。特别是在面对量无穷的外物，以及在危险重重的人间世生存时，逐物而化，随世而化，必将丧失人自身的主体性和自然自在、自由自主的本性。由此，庄子又提出了"审乎无假，而不与物迁，命物之化，而守其宗也"(《德充符》)的思想。要人在日与物化中，心灵始终审定于道，不使之随外物而迁变，通达地明白万物的变化规律，始终冥守与道宗同一的心灵，一直保持自身的主体性，保持自身自然自在、自由自主的本性。

其次，若结合"安命"所要求的心灵始终保持内在的安宁静定、平和正定的状态，和"顺命"所要求的形身主动随顺外物的客观变化两方面的思想要求，庄子的思想主张可进一步概括为：人应"外化而内不化"，"安化安不化"。庄子曰：

> 冉相氏得其环中以随成，与物无终无始，无几无时。日与物化者，一不化者也，阖尝舍之！②(《则阳》)

冉相氏所得的"环中"，即《齐物论》所谓的"道枢"："彼是莫得其偶，谓之道枢。枢始得其环中，以应无穷"(《齐物论》)。故得"环中"即得"道枢"。"道枢"立于"环中"而恒定不变，故能因应无穷的在环上之事物的变化。冉相氏

---

① 林希逸曰："火驰，如火之驰，言其急也，自尊尚其知而急用之，故曰尊知而火驰。绪，末也，为末事所役而不知其本，故曰绪使，丛脞之意也。物絯，为事为物所拘碍也。物随四方而来，顾视而应之，故曰四顾而物应。事事而应，各度其宜，故曰应众宜。为物所汨而失其自然之常者，非能定而应也，故曰与物化而未始有恒。"[(宋)林希逸：《庄子鬳斋口义校注》，第190—191页。]

② 林希逸曰："无几无时，无古今也。几者，时节之变也。"[(宋)林希逸：《庄子鬳斋口义校注》，第400页。]

以将自己的心灵定止于道枢的方法,随顺天地万物之形成与形毁;其形身之作为,虽然一直随顺万物无终无始的无穷变化,无时无刻日与物化,但立于道枢的心灵其实并没有随物而迁变,即一直保持自身的主体性,保持自身自然自在、自由自主的本性。故日与物迁化者,其“一”则未尝变化。“一”常用作“道”之代称。与道为一的心灵,亦可称作“一”。因此,所谓的“一不化”即“内不化”。庄子曰:

> 古之人,外化而内不化。今之人,内化而外不化。与物化者,一不化者也。安化安不化。安与之相靡,必与之莫多……圣人处物不伤物,不伤物者,物亦不能伤也。唯无所伤者,为能与人相将迎。①(《知北游》)

庄子指出,古之人,外在的形身一直随顺天地万物而变化;然安宁静定、平和正定的心灵并不随物而迁化,一直“守其一以处其和”(《在宥》)。今之人却相反,因追求巧智与欲望之物,患得患失于自己所愿欲之物,故内心随外物之变化而“喜、怒、哀、乐,虑、叹、变、慹,姚、佚、启、态”(《齐物论》)轮番代化;形身之作为因不能与时迁移,僵硬而不化。庄子提出,人应既“安化”又“安不化”。“安化”即“安与之相靡”,内心安定地随顺天道自然的流行变化,与之相靡顺;“安不化”即“必与之莫多”,内心一直定止于道枢之中,不与外物相迁移,保持自身的主体性和自然自在、自由自主的本性。因此,“安化安不化”可谓非常恰切地阐发了庄子要人既“安命”又“顺命”的思想精神。

圣人在处物时,一直与天道自然的变化相靡顺,不与之相违逆,故不伤外物;一直“与天和”“与人和”(《天道》)而不伤外物者,亦不为外物所伤;故痛苦、哀悲、忧愁、怨怼、愤怒、恐惧等不和之情态亦无法侵入和伤害圣人静定平

---

① “安与之相靡,必与之莫多”,成玄英曰:“靡,顺也。所以化与不化悉安任者,为不忤苍生,更相靡顺。虽复与物相顺,而亦不多仁恩,各止于分,彼我无损。”[(清)郭庆藩撰:《庄子集释》,第766页。]成玄英以“顺”释“靡”,是;然将“必与之莫多”释为“不多仁恩”,则不确。奚侗曰:“多,借作迻(今作移),迻固从多得声。‘必与之莫多’,言不与物转移。”(见王叔岷:《庄子校诠》,第1004页注引。)王叔岷认为,奚侗此解,与“安之与相靡”适得其反,因此不切。笔者以为,奚侗此释,并没有与“安之与相靡”适得其反,反而恰切于庄子此处的原文之义。因“安之与相靡”,乃是承“安化”而言,谓形身及其作为与物相靡顺;而“必与之莫多”,如奚侗所释,作为必须做到不与物迁移之义,正是承“安不化”而言,谓内在心灵不与物相迁移。

和的心灵。因此，心灵始终如同明亮的镜鉴，明彻地映照一切外物，“不将不迎，应而不藏，故能胜物而不伤”（《应帝王》）。唯有能胜物而不伤的平和静定的心灵，才能够与外物相将迎，既“游于世而不僻”，又“顺人而不失己”（《外物》），在时刻保持自身的主体性和自然自在、自由自主的本性的过程中，摆脱外物对无论是对人之形身，还是人之心灵的撄扰、纠缠、控制、摆布与伤害，最终实现人在人间世生存最大程度的逍遥、自由与解放。

总之，“运命论”虽然在庄子“达命”的哲学思想体系中排序最后，但“运命论”是集中体现庄子“达命”哲学思想精神的重要思想部分。庄子“运命论”最核心的主张可以归结为“知其不可奈何而安之若命”。此一主张实际上包括“知命”“安命”“顺命”三个重要的主张，并且，此三个主张是一个相互联系、不可分割的思想整体。

第一，人首先必须通过“致命尽情”和“达于情而遂于命”，竭尽全力实现自身的性分之潜能，全尽自己的性命的全部能力和生命的全部力量，而后才能“知”哪些事情是“天之所为”，属于人完全无可奈何之“命”。由此，“知穷之有命，知通之有时”“知命不能规乎其前”，知“命”为人不可奈何者，并知“命”的“不知吾所以然而然”等特点，深刻洞察“命”之无可奈何性、被动接受性、变化无常性、不可抗拒性等存在的本质与变化特点。因此，承认“命”的客观存在，承认个人有限的力量在天道自然的强大无比的主宰性力量面前的有限性。如此，才能为人们进一步“安命”“顺命”奠定思想前提与现实基础。

第二，当人由“知命”而明彻地了解人有限的力量，根本无法抗拒、无从逃避又无力改变由天道自然强大无比的主宰性力量所赋授、规限和决定之“命”，于是进一步从情感上接受此一既定的结果，选择主动祛除战栗、恐惧、痛苦、悲哀、愤怒、愁怨等不和之情态对人心灵的撄扰、纠缠、控制、摆布与伤害，使心灵回复安宁静定，平和正定的状态，即所谓的“安命”。“知命”是“安命”的前提，人是由“知”而“安”，因“知”而“安”；“安命”则是“知命”后进一步作出的明智选择。庄子所谓的“安命”，并非要人们安于现状、随遇而安，而是要求人积极主动地去解脱各种不和之情态对人原来和谐静定的身心的搅扰与伤害。为此，庄子提出了道与天地、阴阳是对人与万物具无私化育之功劳并具有公平无私等德性之“父母”的思想，要求人们如同无条件安顺于人间之父母任何之命的态度，无条件地安顺于由天地阴阳之“父母”所赋授的任何无可奈何之“命”。因此，无论是在面对财货、爵位等外物的得失时，还是在面对至大的死生之大事时，通过明于天人之分的方式，一直保持内心安宁静定的状态。

第三，庄子在“安命”的要求之上，又进一步向人们提出了“若命”即“顺命”的要求。因“道”是天地万物化生存在与运动变化必须依托的由来之本原和必须由从与遵循的运动变化之法则；人之生命的根本规定性与性命的所有内在法则，还有人之无可奈何之运命，皆来自道对人与万物的赋授、规限与决定。因此，人必须“循道而趋”“循天之理”，主动因循天道自然不可抗拒的运动变化，与之同向而动，才能取得人生之实践活动的成功，避免自身陷入危险的情境，为“天杀”，受“天损”，遭“天刑”，成为“天之戮民”。庄子提出“顺命”这一要求，还因为道与天地、阴阳是人与万物之“父母”，故人应当以无条件承顺人间之父母之“命”的敬顺态度，也无条件地承顺由道与天地、阴阳之“父母”所施授的无可抗拒之“命”。最后，庄子的“顺命”，要求人们“外化而内不化”“安化安不化”，既主动随顺事物的客观变化，以求得人最大程度的自由空间，同时，又一直保持自身的主体性，保持自身自然自在、自由自主的本性，不“丧己于物”。

因此，“知命”“安命”“顺命”三者一起，才全面呈现了庄子对待人所无可奈何之运命的“达命”思想精神。故此前的学者将庄子的“运命论”归纳为“安命论”，不仅未全面概括庄子“运命论”的全部思想主张，存有以偏概全之失，还割裂由“知命”“安命”“顺命”三个主张紧密的内在思想联系所构成的“运命论”的思想整体性。因此，应回归庄子对人无可奈何之“命”，其实主张由“知命”而“安命”；由“知命”“安命”而进一步“顺命”，依此摆脱无论是人无法掌控的外在运命境遇，还是痛苦、悲伤、忧愁、怨怼等不和之情态，对人之身心的撄扰、纠缠、控制、摆布与伤害，最终实现人之生命最大程度的逍遥、自由与解放。

第六章　达命与逍遥:庄子的“达命”哲学精神

庄子无论是对“天命”,还是对人之“生命”“性命”“运命”,皆倡导“达命”的哲学思想精神,目的是为实现人生最大程度的“逍遥”。“命”作为天道自然对人与万物进行的无法抗拒的赋授、规限和施加的无从逃避又无力改变的决定性作用影响,对人追求“逍遥”这一理想的生命存在境界,具有吊诡而复杂的影响:“命”不仅赋予人以生命和性命,同时又规限着人之生命存在的根本规定性和人之性命的性分能力的范围与限度;不仅赋予人自生自化、自然自在、自由自主的自然本性,使人可依此追求人生最大程度的“逍遥”,同时又对人不断施授无可奈何的运命,限制人之性命潜能的发挥与实现,阻碍人实现无待的“逍遥”境界。

因此,“命”对于人追求“逍遥”的境界实际上具有双重性的作用:“命”既为人追求“逍遥”的境界提供必要的前提基础,又成为阻碍人实现无待的“逍遥”的限制性力量;既是人得以实现人生最大程度之“逍遥”的根基所在,又是人不得无待“逍遥”的根本原因。就“命”是碍阻人实现“逍遥”境界的限制性力量,是人不得无待“逍遥”的根本原因而言,“命”是人必须通达和超越的对象。“达命”是人实现人生最大程度的“逍遥”境界的根本途径与具体方法。内含“通达天命”“洞达生命”“遂达性命”“达观运命”四层深刻思想意蕴的“达命”,才是庄子命论的真精神。

一、庄子的“逍遥”思想

“逍遥”是庄子追求的至高的人生理想境界。“逍遥”本指无所事事地漫步行走、来回游走,本不带有固定的情感体验和崇高的精神境界意义。由于庄子对“逍遥”本质与功用的独特理解和语词的独特使用方式,无形中赋予了“逍遥”闲适轻松、没有困苦、无拘无束、自由自在、自足自乐、怡然自适、悠然自得等内在的含义,又经源远流长的庄子“逍遥义”诠释史,“逍遥”逐渐被“庄子化”。庄子所谓的“逍遥”,作为“闲放不拘、怡适自得”的悠游,不仅指人的精神摆脱外物的纠缠与身心的拘限,自由自在,无所拘碍地悠游于无穷天地之中的高超思想境界,也指人之形身从俗世的有为事业的羁绊与拘碍中挣脱出来,无所事事地悠游于无事无为之事业的处世方式。在庄学史上,向秀与郭象的“适性逍遥义”和支遁的“至足逍遥义”在后世影响巨大,但此二“逍遥义”实际上皆在一定程度上偏离了庄子之“逍遥”的本来义旨。近代以来,学者们开始以西方的“自由”概念来诠解庄子所谓的“逍遥”,“逍遥”逐渐被格义为“自由”。其中,很多学者认为,庄子所谓的“逍遥”,只是一种“精神的绝对自由”。然庄子所谓的“逍遥”,可否完全等同于西方的“自由”范畴,其是否仅只是一种“精神的绝对自由”,以“自由”反向格义庄子的“逍遥”思想是否完全切当,实皆是值得重新再反思的问题。

(一)“逍遥”义涵的“庄子化”

《庄子》一书,开篇以《逍遥游》为首。对于为何《庄子》最初的编排者将《逍遥游》编排为《庄子》的首篇,宣颖尝曰:“《庄子》,明道之书。若开卷不以第一义示人,则为于道有所隐。第一义者,是有道人之第一境界,即学道人之第一工夫也。内篇以《逍遥游》标首,乃庄子心手注措,急欲与天下拨雾觌青,断不肯又落第二见者也。”①宣颖将“逍遥游”理解庄子思想的“第一义”,即视

① (清)宣颖:《南华经解》,第2页。

“逍遥游”为庄子哲学的最高境界，故他认为，开篇就将自己思想的第一义示人，是为了毫无隐瞒，直接呈现自己所得的最高境界，以激发人们追求这一理想的生命存在境界。虽然因历史资料的欠缺，无法确知《庄子》最初的编排者是谁，但宣颖此解可谓道出了当初编排者的良苦用心。

与宣颖相似，庄学史上的注家与研究者基本一致认为，“逍遥游”是庄子哲学思想的根本宗旨、理想追求和思想主旨。如憨山曰：

> 此为书之首篇。庄子自云：“言有宗，事有君”。即此便是立言之宗本也。①

所谓“宗本”即思想的根本宗旨。憨山以为，“逍遥游”是庄子“立言”的根本宗旨。清人方人杰亦曰：

> 此一篇是一书大意，此一题是一篇大意，而庄子全身之纲领也。②

所谓“大意”即一书或一篇的思想宗旨。方人杰以为，“逍遥游”不仅是《逍遥游》一篇的思想宗旨，更是《庄子》一书的思想主旨，是庄子全部思想的纲领所在。表明，庄学史上的注家不仅以“逍遥游”诠解《逍遥游》的思想宗旨，更以之概括《庄子》全书的哲学思想宗旨。孙嘉淦曰：

> 《逍遥游》者，庄子之志也。……《齐物论》之丧我，《养生主》之缘督，《人间世》之无用，《德充符》之忘形，《大宗师》之入于天一，《应帝王》之游于无有，皆本诸此，实全书之纲领，故首发之，所谓部如一篇，颠之倒之而不可者也。③

所谓的“庄子之志”即庄子的理想追求。孙嘉淦认为，《庄子》内篇的其他六篇的思想皆根源于“逍遥游”这一庄子理想的追求，亦皆为实现此理想的人生境界而服务。孙嘉淦也将《逍遥游》称为庄子“全书之纲领”，认为正因《逍遥游》在全书中纲领性的地位，故必须首先呈发，不能颠倒此中的顺序。这与宣颖“第一义”必须标首，首先示人的看法不谋而合。蒙培元亦曰：

> 庄子哲学的根本目的，是实现心灵的自由境界。《庄子》内篇的《逍

① （明）释德清：《庄子内篇注》，第1页。“此”指《逍遥游》篇。

② 方勇、陆永品撰：《庄子诠评》，巴蜀书社2007年版，第33页。“此一篇”指《逍遥游》篇。

③ 方勇：《庄子纂要》（一），第7—8页。

遥游》,正是庄子哲学的主题所在。①

虽然蒙培元认为,庄子追求的“逍遥”只是心灵的自由境界,存在可再商之处,然其将《逍遥游》确立为庄子哲学的主题,可谓确论。可见,庄学史上的注家与学者皆认为,庄子哲学的主题与追求的理想境界是“逍遥游”,此无甚疑义。然对庄子所谓的“逍遥游”到底是何种超越的思想境界,庄学史上的注家与学者则存有不同的看法,由此形成了源远流长的庄子“逍遥义”诠释史。

第一,“逍遥游”是由“逍遥”与“游”组成的复合词,从词源的角度分别考索“逍遥”与“游”的义涵,有助于明晰“逍遥游”的思想本义。“逍遥”,本又作“消摇”②,是一叠韵联绵词。③“逍遥”或“消摇”二字作为叠韵联绵词,不能拆开作解④,故古代的字书皆将二字连解。《说文》曰:“逍遥,犹翱翔也。从辵,肖声。”《说文》以“翱翔”释“逍遥”,是因比《庄子》更早的典籍,如《诗经》多将“逍遥”与“翱翔”对举而言:“二矛重英,河上乎翱翔……二矛重乔,河上乎逍遥”(《诗经·郑风·清人》),“羔裘逍遥,狐裘以朝……羔裘翱翔,狐裘在堂”(《诗经·桧风·羔裘》)。《诗经》两所谓“翱翔”,非今日所言的“在空中盘旋飞行”之义,而是漫步行走之义。《诗经·齐风·载驱》的“鲁道有荡,齐子翱翔”,毛亨《传》曰:“翱翔,犹彷徉也。”⑤表明“翱翔”最初与“彷徉”义似。“彷徉”则又与“彷徨”义同。

陆德明曰:“彷徨,犹翱翔也。崔本作方羊,简文同。《广雅》云:彷徉,徙倚也。”⑥“彷徨”,崔譔与简文帝注本《庄子》皆作“方羊”,则“彷徨”又义同

① 蒙培元:《心灵超越与境界》,第208页。

② 王叔岷指出,“‘消摇’与‘逍遥’乃古、今字。游、遊亦古、今字。今本《庄子》,‘逍遥’字无作‘消摇’者。《大宗师》、《达生》并云:‘逍遥乎无为之业(为,一作事)’,《淮南子·俶真篇》《精神篇》‘逍遥’并作‘消摇’,盖存《庄》文之旧”。(王叔岷:《庄子校诠》,第3页。)

③ 钟泰曰:“‘消摇’,叠韵连语也。”(钟泰:《庄子发微》,第3页。)

④ 有些注家在释“逍遥”义时,尝将“逍遥”二字分开作解释,如顾桐柏云:“逍者,销也;遥者,远也。销尽有为累,远见无为理。以斯而游,故曰逍遥。”[(清)郭庆藩撰:《庄子集释》,《庄子序》,第6—7页。]顾桐柏当是有意将二字分开作解,以达对“逍遥”义的创新诠释。若就“逍遥”本身义涵之释解而言,顾桐柏此解属误解。

⑤ (汉)毛亨传,(汉)郑玄笺,(唐)孔颖达疏:《毛诗正义》,第354页。

⑥ (清)郭庆藩撰:《庄子集释》,第41页。

“方羊”。陆德明又直接引《广雅》“彷徉”释“方羊”,则“方羊”乃“彷徉”的异形词,皆指“徙倚”之义。成玄英曰:“彷徨,纵任之名;逍遥,自得之称;亦是异言一致,互其文耳。不材之木,枝叶茂盛,婆娑荫映,蔽日来风,故行李经过,徘徊憩息,徙倚顾步,寝卧其下。”①成玄英言“彷徨”与“逍遥”异言一致,又言“徘徊憩息,徙倚顾步”,显然是将“彷徨”“逍遥”“徘徊”“徙倚”皆当作同义词使用。《楚辞·离骚》的“折若木以拂日兮,聊逍遥以相羊”,东汉王逸注曰:“逍遥、相羊,皆游也……逍遥,一作须臾。羊,一作佯。”②如此,“逍遥”又义同“相羊”“相佯”“须臾”。

可见,“逍遥”最初与“相羊”“相佯”“须臾”“徙倚”“徘徊”“彷徨”“彷徉”“方羊”等联绵词皆是同义词;其中,“逍遥”与“相羊”“相佯”“须臾”“徙倚”等更是一音之转,故“逍遥”二字应是因音得义,所以用不同的字词拟象其声。无论“逍遥”写作何种字形,其最初由音而得之义,皆指无所事事地漫步行走、来回游走,并被当作“游”的同义词使用。

游,本字作“斿”,甲骨文字形作“𠂨”,本义为一小儿举一小旗嬉游、嬉戏、游走。《说文》曰:“游,旌旗之流也。”③《说文》其实只解释了“游”之旌旗飘流这一半的含义。实际上,“游”作为由“斿”孳乳而来的新字,“游”始终保有嬉游、游走之义。原先或还分陆上无事游走之“遊”与水边无事嬉游或水中游泳之“游”。因后来“遊”与“游”相互混用,逐渐用“游”者多,用“遊”者少,故出游、遨游、闲游、游览、游玩等现皆用“游”。若按本字当用“遊”,因上述活动基本不与水相涉。

“逍遥”作为“游”,本不带有固定的情感体验和崇高的精神境界意义。因“逍遥”之“游”,有可能是闲适轻松的“游”,亦可能是抑郁愁苦的“游”。张松

① (清)郭庆藩撰:《庄子集释》,第 41 页。

② (宋)洪兴祖:《楚辞补注》,中华书局 1983 年版,第 28 页。

③ 段玉裁曰:“《集韵》《类篇》乃作旒。俗字耳。旗之游如水之流。故得称流也……《周礼》省作‘斿’。引申为凡垂流之称。如《弁师》说‘冕弁之斿是’。又引申为出游,嬉游。俗作遊。”[(汉)许慎撰,(清)段玉裁注:《说文解字注》,第 311 页。]段玉裁以“斿”为“游”之省,可商榷,当是“斿”孳乳而生“游”字。又段玉裁以“嬉游”为“游”之引申义,亦可商榷,当是“游”兼有旌旗与嬉游二义。

辉指出：“‘逍遥’两字都从‘辵’，可见这一语词的本义就是行走，并不带有感情色彩。”①邓联合也指出：“既然‘逍遥’原是指普普通通的行走、漫步，所以该词本身并不含有任何情感成分在内。从另一个角度说，即使它关联着某种情感，‘逍遥’者也不一定非得是‘心意自得’，因为人们在漫步中既可以是轻松自在的，也可以是迷惑、忧郁、伤感、悲痛的。换言之，‘逍遥’的情感色彩取决于漫步者的个体自我感受。”②两位学者皆指出了“逍遥”本身不带有感情色彩的特点。因“逍遥”与“游”原本皆指无所事事的漫步行走、来回游走，皆未带有固定的情感体验和崇高的精神境界意义，故由“逍遥”与“游”两个同义词叠加而成的同义复合词“逍遥游”，从词义的角度来说，含义并未有任何的增加，故还是指无所事事的漫步行走、来回游走。③ 是故，“逍遥游”还是常被省作“逍遥”。

第二，从语源的角度训诂“逍遥”与“游”的本义，虽然有助于理解二者在《庄子》中的用法与含义，但意欲依此阐明庄子所谓“逍遥游”的思想意蕴却不可得。因一个语词的意义实际上存在于人们对它的具体使用中，存在于作者具体言说的文本语境或作者思想的整体背景中，更存在于诠释者对其独特的理解之中。因此，必须在《庄子》的文本中，在后世注家对庄子“逍遥义”的诠释史中，理解庄子所谓的“逍遥游”思想。

在语言的日常使用中，经常存在着这一现象：一个语词的意义原本是 A，而诠释者却将其理解为 B，由于在现实中，被广大受众所接受的是 B 的理解，产生深远而广泛之影响的皆是 B，而非原本的 A 之本义，于是 A 的本义因 B 的意义的高亮呈现、广泛接受和深远影响而逐渐被 B 遮蔽，最终逐渐消隐，只存在于字书的原义之解释之中。“逍遥”一词的义涵演变实际上即是如此。由于庄子对“逍遥”独特的理解与使用，无形中赋予了“逍遥”闲适轻松、没有困苦、无拘无束、自由自在、自足自乐、怡然自适、悠然自得等内在的含义，使后

① 张松辉：《庄子疑义考辨》，中华书局 2007 年版，第 4 页。

② 邓联合：《逍遥游释论》，北京大学出版社 2010 年版，第 51—52 页。

③ 邓联合指出，“从构词方法上说，‘逍遥游’作为‘逍遥’与‘游’的同义叠合，仍然也只是‘行走’的意思，其本身并不包含更多的其他内容”。（邓联合：《逍遥游释论》，第 55 页。）

来的注家无不需要联系前述的这些含义来诠解庄子所谓的“逍遥”。之后，因这些注家与学者所释之义被人们广泛接受并产生深远的影响，故“逍遥”原本的“无所事事地漫步行走”的本义经常被遗漏和遮蔽，反而逐渐被赋予了“无拘无束”“自由自在”“怡适自得”等新的含义。① 故可以说，一部庄子“逍遥义”的诠释史，其实是一部是“逍遥”义涵“庄子化”的历史。后世注家正是通过如此诠解庄子所谓的“逍遥义”，逐渐将“逍遥”一词的义涵“庄子化”：

王穆夜曰：

> 逍遥者，盖是放狂自得之名也。至德内充，无时不适；忘怀应物，何往不通！以斯而游天下，故曰逍遥游。②

陆德明曰：

> 《逍遥游》者，篇名，义取闲放不拘，怡适自得。③

成玄英曰：

> 彷徨，纵任之名；逍遥，自得之称；亦是异言一致，互其文耳。
>
> 彷徨逍遥，皆自得逸豫之名也。
>
> 彷徨是纵放之名，逍遥是任适之称。④

林希逸曰：

> 逍遥，言优游自在也。⑤

---

① 张松辉指出，“晋代两位注释《庄子》专家都把‘逍遥’理解为‘自由自在’，这对后世的影响非常之大……由于受到这一注释的影响，人们在使用‘逍遥’一词时，也全都是用它形容悠闲自得的样子，而没有人再注意它最初的‘散步’、‘闲游’的原始含义”。（张松辉：《庄子疑义考辨》，第13页。）邓联合也指出，“或许因为庄子的‘逍遥游’思想影响巨大，有学者甚至一些工具书在诠释‘逍遥’的本义时，总是不自觉地将庄子思想的某种内涵赋予该词”。（邓联合：《逍遥游释论》，第50页。）如现在人们经常把“逍遥”理解为“自由自在、无拘无束”。“逍遥自在”“逍遥物外”以及“逍遥法外”等日常用语皆反映了现人们将“逍遥”理解为不受拘束的自由自在的状态。

② （清）郭庆藩撰：《庄子集释》，《庄子序》，第7页。

③ （清）郭庆藩撰：《庄子集释》，第2页。闲放，《说文》曰：“闲，阑也。从门中有木。”故闲之本义是门下的木栅栏，以作阻隔、禁制、限制之用。后引申出抽象意义上的限制、约束、规范、界线等义。故《论语·子张》曰：“大德不逾闲，小德出入可也。”闲即规范、界线之义。因此，“闲放”本义当是“放闲”，即去除禁制、限制、约束、规范之义。故“闲放”与“不拘”是同义词。因闲放不拘，故能悠闲放任，因此，“闲放”后来引申出“悠闲放任”之义。

④ （清）郭庆藩撰：《庄子集释》，第41、270、664页。

⑤ （宋）林希逸：《庄子鬳斋口义校注》，第1页。

罗勉道曰:

神游寥廓,无所拘碍,是谓逍遥游。①

释德清:

逍遥者,广大自在之意,即如佛经无碍解脱。②

林云铭曰:

逍遥,徜徉自适之貌。③

陆树芝曰:

逍遥者,徜徉自得,高远而无拘束也。④

虽然上述庄学史上的注家,对庄子所谓“逍遥”的义涵释解各有不同,但皆提到了“自得”“怡适”“任适”“逸豫”“自在”“自适”“无拘束”“无所拘碍”等积极的情感体验或崇高的精神境界。在庄学史上,很少有注家会将庄子所谓的“逍遥”诠释为其本义——无所事事的漫步行走、来回游走意义上的“逍遥”。

第三,“逍遥”本不带有固定的情感体验和崇高的精神境界意义,但注家在诠解庄子所谓的“逍遥”时,多将之与“自得”“怡适”“任适”“逸豫”“自在”“自适”“无拘束”“无所拘碍”等积极的情感体验和崇高的精神境界相联系,这是因庄子在使用“逍遥”时,总是将其与闲适轻松、无有困苦、无拘无束、自由自在、自足自乐、怡然自适、悠然自得等积极的情感体验和崇高的精神境界固定相联系。

这可以将《庄子》中的“逍遥”与《诗经》中的“逍遥”,进行用法和义涵的比对可知。《诗经》中“逍遥”共 3 见,并不与固定的情感体验和崇高的精神境界相联系:

清人在彭,驷介旁旁。二矛重英,河上乎翱翔。清人在消,驷介麃麃。二矛重乔,河上乎逍遥。(《诗经·郑风·清人》)

羔裘逍遥,狐裘以朝。岂不尔思?劳心忉忉!羔裘翱翔,狐裘在堂。岂不尔思?我心忧伤!(《诗经·桧风·羔裘》)

---

① (南宋)罗勉道:《南华真经循本》,中华书局 2016 年版,第 1 页。

② (明)释德清:《庄子内篇注》,第 1 页。

③ (清)林云铭:《庄子因》,第 9 页。

④ (清)陆树芝:《庄子雪》,华东师范大学出版社 2011 年版,第 1 页。

皎皎白驹，食我场苗。絷之维之，以永今朝。所谓伊人，于焉逍遥？（《诗经·小雅·白驹》）

据《清人》诗“序言”①，《清人》描写的是高克所率领的清邑部卒，被安排到彭地守卫边疆，因郑文公极度厌恶高克，故意一直不召高克归朝，故士兵有家难归，忧愁苦闷不已，只好在卫河边上散心排忧的情景。可知，清邑士兵在卫河边上的“逍遥”，其实是忧愁苦闷不已的“逍遥”。《羔裘》的写作背景，是桧国的大夫讥讽桧国的君主好修洁其服，不能自强于政治，“羔裘逍遥，狐裘以朝”。② 本来羔裘是诸侯上朝的常服，桧君却穿着它到处游荡宴乐，不务正业；狐裘则是蜡祭息民时的祭服，桧君却穿着它上朝。可知，《羔裘》中桧君的“逍遥”，是不务正业的“游荡燕乐”之“逍遥”；从心理体验上说，是“纵放无忌”之“逍遥”。《白驹》的写作背景，则是讥讽周宣王不能留贤。③ 诗中所谓的“伊人”并非指在水一方的美人，而是乘白驹而去的贤人。因周宣王不能留贤，故贤人只好乘驹而去。《白驹》的作者非常希望贤人的白驹能食其场苗，如此其就有机会绊絷白驹，挽留贤人，故自言曰“所谓伊人，于焉逍遥”。可以想见的是，《白驹》中乘驹而去的贤人，心情肯定是极度失望抑郁，因周宣王不能留贤，使其报国无门，故只好一直在外逍遥游走，以排遣失望抑郁的心情。

《庄子》中，除“逍遥游”的篇题，“逍遥”在正文中6见，皆与积极的情感体验或崇高的精神境界相关联：

今子有大树，患其无用，何不树之于无何有之乡，广莫之野，彷徨乎无为其侧，逍遥乎寝卧其下，不夭斤斧，物无害者，无所可用，安所困苦哉！（《逍遥游》）

---

① 毛亨曰：“《清人》，刺文公也。高克好利而不顾其君，文公恶而欲远之不能。使高克将兵而御狄于竟，陈其师旅，翱翔河上。久而不召，众散而归，高克奔陈。公子素恶高克进之不以礼，文公退之不以道，危国亡师之本，故作是诗也。”［（汉）毛亨传，（汉）郑玄笺，（唐）孔颖达疏：《毛诗正义》，第286页。］

② 毛亨曰：“《羔裘》，大夫以道去其君也。国小而迫，君不用道，好洁其衣服，逍遥游宴，而不能自强于政治，故作是诗也。”［（汉）毛亨传，（汉）郑玄笺，（唐）孔颖达疏：《毛诗正义》，第459页。］

③ 毛亨曰：“《白驹》，大夫刺宣王也。”郑玄曰：“刺其不能留贤也。”［（汉）毛亨传，（汉）郑玄笺，（唐）孔颖达疏：《毛诗正义》，第673页。］

彼,游方之外者也……彼方且与造物者为人,而游乎天地之一气。彼以生为附赘县疣,以死为决肒溃痈,夫若然者,又恶知死生先后之所在!假于异物,托于同体。忘其肝胆,遗其耳目,反复终始,不知端倪。芒然彷徨乎尘垢之外,逍遥乎无为之业,彼又恶能愦愦然为世俗之礼,以观众人之耳目哉!(《大宗师》)

古之至人,假道于仁,托宿于义,以游逍遥之虚;食于苟简之田,立于不贷之圃。逍遥,无为也;苟简,易养也;不贷,无出也。古者谓是采真之游。(《天运》)

子何不闻夫至人之自行邪?忘其肝胆,遗其耳目,芒然彷徨乎尘垢之外,逍遥乎无事之业,是谓为而不恃,长而不宰。(《达生》)

善卷曰:“予立于宇宙之中,冬日衣皮毛,夏日衣葛絺,春耕种,形足以劳动;秋收敛,身足以休食。日出而作,日入而息,逍遥于天地之间,而心意自得。吾何以天下为哉!”(《让王》)

《逍遥游》的“彷徨乎无为其侧,逍遥乎寝卧其下”所谓的“逍遥”,是围着无所可用的大樗树,无所事事地来回游走,游累了便寝卧于大樗树下的“逍遥”。结合后文所谓的“无所可用,安所困苦哉”,可知大樗树下之“逍遥”,是闲适轻松、没有困苦之状态下的“逍遥”。因此时原本使人烦恼不已的大樗树“无所可用”的问题,已然消解而不再构成困扰,故可以无所事事,闲适轻松地来回游走于大樗树下。“寝卧”也从侧面反映了此一“逍遥”是无比闲适轻松状态下的“逍遥”。因人们只有在心情无比闲适轻松的状态下,才会无所事事地游走于大樗树下,游玩累了便寝卧树下,或怡然看天上云卷云舒,去留无意;或安然入梦,化蝶而游。故《逍遥游》末章所谓的“逍遥”,内蕴有“无所事事、没有困苦、闲适轻松”等思想意义。再值得注意的是,此一“逍遥”虽然与闲适轻松、没有困苦的精神境界相联系,然其本义却不是指“精神的逍遥”,而是指形身无所事事,闲适轻松地来回游走。①

① 张松辉指出,“《逍遥游》中的‘逍遥’是用来形容无事而寝卧的样子,与上句的‘彷徨乎无为’实为同义异词”。(张松辉:《庄子疑义考辨》,第8页。)

《大宗师》的“彷徨乎尘垢之外,逍遥乎无为之业”所谓的“逍遥”,则是孟子反、子琴张等游方之外的至人之“逍遥”。二人皆超拔自身的精神于沉重的肉身之外,与天地精神相往来,游乎天地之一气,故能以道之超越的视角,视生如附生的赘瘤一样丑陋,视死如痈疽之决溃一样自然,丝毫不以死生先后为意;其假借外异的形体暂时以生,却托寄精神于同体之道;忘黜形骸躯体,遗落耳目感知;与天地的精神反复终始,因此根本无法知其精神的端倪所在;茫然无心地游走于如同尘垢般的俗世之外,无所事事地悠游于无事无为的事业。因此怎么可能会昏聩糊涂地遵从世俗的礼仪,以观显于众人耳目之前?可知,孟子反与子琴张完全已达至与道同一的境界,一般人无法自解的生死的问题,已无法对他们造成任何精神上的痛苦与困扰;同时,现实的礼法仪则也无法对他们构成任何的拘限与阻碍,因此,孟子反、子琴张的“逍遥”,是没有任何的精神困扰与痛苦,也没有任何现实的拘限与阻碍,完全无拘无束、自由自在的“逍遥”。因此,《大宗师》所谓的“逍遥”,其实内蕴有“没有困苦、无拘无束、自由自在”等思想意义。再值得注意的是,虽然孟子反、子琴张的精神超拔于沉重的肉身之外,与天地精神相往来,“游”乎天地之一气;然“逍遥于无为之业”所谓的“逍遥”,却是指孟子反与子琴张将形身疏离于有为的事业,无所事事地悠游于无事无为之事业的处世方式,并不指“精神的逍遥”,形容其“精神逍遥”之状的其实是“游乎天地之一气”。

《天运》的“以游逍遥之虚”所谓的“逍遥”,则是古之至人的“逍遥”。庄子认为,古之至人,只暂时假借仁之道路,暂时寄宿于义之馆舍,即不将仁义当作久行之路和久居之所,不将仁义当作长久作为的事业;无所事事地悠游于“逍遥之墟”①,依靠随便简略的耕田为食,立足于不租贷的园圃,生活简朴却自足自乐。庄子自己解释了此处的“逍遥”之义:“逍遥,无为也”。可知,此处

---

① 释文曰:“《虚》音墟。本亦作墟。”[(清)郭庆藩撰:《庄子集释》,第520页。]《说文》曰:“墟,大丘也。”所谓的“逍遥之墟”,字面之义指用以“逍遥”游走的丘陵之地。张松辉认为,“《天运》对‘逍遥’更进行了明确的诠释:逍遥,就是无为。他所讲的‘逍遥之墟’,也即无事之处”。(张松辉:《庄子疑义考辨》,第8页。)若结合《大宗师》所谓的“逍遥乎无为之业”。“逍遥之虚”当是喻指“无为之业”。

所谓的“逍遥”,指至人疏离于仁义等有为的事业,无所事事,自然无为的处世方式,即指人之形身自然无为,无所事事地悠游于无事无为之事业的“逍遥”,而非指“精神的逍遥”。庄子以为,至人这样一种自然无为的“逍遥”,古时候被称作“采真之游”①。“采真”即“取真”,指自取纯真的性情,自适本真的性情。故“采真之游”犹言自取本真的性情,怡然自适地自在悠游。因此,《天运》所谓的“逍遥”,其实内蕴有“自然无为、自足自乐、怡然自适”等思想意义。

《达生》的“逍遥乎无事之业”与《大宗师》的“逍遥于无为之业”,只有一字之差,思想义旨完全一致。故《达生》所谓的“逍遥”,还是指至人的形身疏离于有为的事业,无所事事地悠游于无事无为之事业的处世方式,也不是指人的“精神的逍遥”。同时,“逍遥”也同样内在蕴有“没有困扰、无拘无束、自由自在”等思想意义。

《让王》中,善卷自言,其卓然独立于宇宙之中,冬日穿毛皮之衣,夏日穿细葛布衣,春耕秋收,形身足以劳动休息;日出而作,日入而息;生活淳朴自然,没有治天下等有为之事业的拘限与束缚,故无拘无束,自足自乐,自由自在地悠游于天地之间而自得心意之志。因此,善卷所谓的“逍遥”,是“无拘无束,自由自在、自足自乐,悠然自得”的状态下的“逍遥”,故其实也内在蕴有“无拘无束、自由自在、自足自乐、悠然自得”等思想意义。同时,善卷所谓的“逍遥于天地之间”,主要还是指形身无拘无束,自足自乐,悠然自得地从事于无事无为之事业的处世方式。②

因此,通过对比《诗经》与《庄子》所谓“逍遥”的语词用法与思想义涵的差别,可知:

首先,“逍遥”作为无所事事的漫步行走、来回游走,本身不带固定的情感体验或透显高超的精神境界,而是由“逍遥”的主体赋予其“逍遥”的行为相应

---

① 《说文》曰:“采,捋取也。”段玉裁注曰:“《大雅》曰‘捋采其刘’,《周南·芣苢》传曰‘采,取也’,又曰‘捋,取也’,是采捋同训也。”[(汉)许慎撰,(清)段玉裁注:《说文解字注》,第268页。]采即取之义。

② 张松辉曰:“这里的‘逍遥’也是无为无事的意思,如果‘逍遥’本身就含有‘自由自得’的意思,那么本句后面的‘心意自得’就成了同义重复。”(张松辉:《庄子疑义考辨》,第8页。)

的情感体验与精神境界。易言之,"逍遥"主体本身内在的情感体验与所达至的精神境界,决定了其"逍遥"是"困苦忧愁"或"放荡无忌"或"失望抑郁"的"逍遥",还是"闲适轻松、没有困苦、无拘无束、自由自在、自足自乐、怡然自适、悠然自得"的"逍遥"。①

其次,《诗经》中"逍遥"的主体进行"逍遥"活动的原因与当时的心理状态各不相同,故《诗经》所谓的"逍遥",并不与固定的积极的情感体验或崇高的精神境界相关联,反而大多与失望、抑郁、愁苦等负面的情感体验相联系。②同时,这些"逍遥"的主体之所以进行"逍遥"的活动,即无所事事地来回游走,大多是为了排遣自身内心失望、抑郁、愁苦等情绪。易言之,这些"逍遥"的主体多将"逍遥"的活动,当作排遣自身的负面情绪,舒展自我的愁郁心情的方式与方法。

再次,庄子所谓的"逍遥",则皆与"闲适轻松、无拘无束、自由自在、自足自乐、怡然自适、悠然自得"等积极的情感体验与精神感受相关联。庄子所谓的"逍遥"存在这一独特的特点非是偶然,而是与庄子对"逍遥"的本质与功用的独特理解紧密相关。在庄子看来,"逍遥,无为也",逍遥作为一种自然无为,无所事事的悠游,没有任何的"有为"之活动的目的性,其既不是实现某一宏伟的人生目标,也不是完成某一必须完成的任务,无所事事的悠游本身就是目的;并且,其既没有任何追求"有为"的事业所必须承担的各种责任与精神的压力,也没有因追求"有为"的事业必不可免的形劳、性劳与心劳之苦和各

① 邓联合指出,"在具体的语境中,由于漫步者此前或者此时总是要与周遭的物事发生某种关联并对其产生某种某种心理上的反应,所以其内心实际上总是会带有某种自我的情感体验。由此,'逍遥'又不可避免地关涉、透显着某种世俗的心理状态或者超越的精神境界"。(邓联合:《逍遥游释论》,第53页。)

② 在先秦,除《庄子》,只有《诗经》《礼记》和《楚辞》才使用"逍遥"一词。除上引《诗经》3见的"逍遥",《礼记》中"逍遥"1见:"孔子早作,负手曳杖,消摇于门"(《礼记·檀弓》),字形写作"消摇";《楚辞》中"逍遥"13见。《礼记》与《楚辞》中的"逍遥",也多与失望、抑郁、愁苦等负面的情感体验相关联。《礼记》中,孔子之"逍遥"是因其预见自身其病将死,故内含有对自身无望实现一生所追求的推行仁义于天下等理想的失望的情感体验。《楚辞》所谓的"逍遥",如"欲远集而无所止兮,聊浮游以逍遥"(《楚辞·离骚》),"时不可兮再得,聊逍遥兮容与"(《楚辞·湘君》),"聊仿佯而逍遥兮,永历年而无成!"(《楚辞·远游》)也皆与失望、抑郁、愁苦等负面的情感体验相关联。

种不和之情态的撄扰[①];反而可以闲适轻松,没有困苦,无拘无束,自由自在,自足自乐,怡然自适,悠然自得地游乐,使原本和谐的身心、本真的性情和轻清的精神获得最大程度的逍遥、自由与解放。因此,庄子实际上是将“逍遥”,即无所事事的悠游,作为使自身的形身摆脱俗世有为之事业的束缚、纠缠与羁绊,无所事事地悠游于无事无为之事业;使自己的精神摆脱各种不和之情态的撄扰与伤害和无穷的是非之知的拘限与阻碍,无拘无束,自由自在地悠游于无穷天地之中,从而实现人生最大程度的逍遥、自由与解放的处世方式。

正因庄子对“逍遥”的本质与功用这一独特的理解,故庄子虽然只简单透点了一下“逍遥”即自然无为的处世方式,其他皆未明言,但其所谓的“逍遥”无不紧密关涉着并无形透显着至人等“逍遥”的主体闲适轻松、没有困苦、无拘无束、自由自在、自足自乐、怡然自适、悠然自得等积极的情感体验与崇高的精神境界。这就无形中赋予了其所谓的“逍遥”闲适轻松、没有困苦、无拘无束、自由自在、自足自乐、怡然自适、悠然自得等内在的含义。是故,后世的注家在诠解庄子的“逍遥义”时,必须将其与前述的积极的情感体验和崇高的精神境界相联系作解,如此才能全面而准确地揭示庄子所谓“逍遥”的内在深刻思想意蕴和透显的崇高人生境界。

庄子所谓的“逍遥”无形透显的积极的情感体验和崇高的精神境界是如此强烈,以至于庄学史上一些注家,常将“逍遥”仅只诠解为一种积极的情感体验与崇高的精神境界。[②] 如陆德明将“逍遥”仅只解说为“闲放不拘,怡适自得”的状态。虽然陆德明此解将庄子所谓“逍遥”内在关涉和无形透显的积极的情感体验与崇高的精神境界概括得最全面,基本上将其他注家提到的“任适”“逸豫”“自在”“自适”“无拘束”等含义皆包括在内,但陆德明实际上还是遗漏了或说遮蔽了“逍遥”原本是“游”,是一种无所事事的悠游,一种自

---

① 郑开指出,“‘游’本身并不具有某种严格意义上的‘责任’意味,同时,它也并不具有强制性。从哲学上讲,‘游’具有‘无目的性’”。(郑开:《庄子哲学讲记》,广西人民出版社 2016 年版,第 236—237 页。)

② 如陈鼓应认为,“‘逍遥’为‘游’之写状,‘游’乃主体‘自得’、‘自适’之心境”。(陈鼓应:《庄子〈内篇〉的心学(上)》,《哲学研究》2009 年第 2 期,第 26 页。)此一诠解将“逍遥”的词性由原先的动词改变为形容词。

然无为的在世活动或在世方式这一重要的思想含义。若将庄子所谓的“逍遥”仅只诠解为“闲放不拘,怡适自得”的状态,则使庄子所谓的“逍遥”紧密关涉和无形透显的“闲放不拘,怡适自得”等积极的情感体验与崇高的精神境界,失去现实的来源与存在的基础;同时也无法融贯地解释庄子将“逍遥”当作“彷徨”与“游”的同义词使用的情形。实际上,“闲放不拘,怡适自得”,是通过“游”,通过自然无为、无所事事的悠游活动实现与获得的。因此,如欲全面而准确地揭示庄子所谓“逍遥”的思想意蕴,必须加上“游”这一“逍遥”自带的无法完全根除和摆脱的基础性义涵。因此,在陆德明之解的基础,将庄子所谓的“逍遥”,释解为“闲放不拘,怡适自得的悠游”,才更全面而准确得庄子所谓“逍遥”的义旨。

第四,理解庄子的“逍遥游”思想,不能仅就在《庄子》正文中才6见的“逍遥”一词,还应全面综合《庄子》中出现多达百余次的“游”字,来理解庄子的“逍遥游”思想。[①] 钟泰认为,“窃谓《庄子》一书,一‘游’字足以尽之。故今三十三篇,内篇以《消摇游》始,外篇以《知北游》终,其余各篇,语不及游者殆鲜。而《天下篇》自道其学,则曰:‘彼其充实不可以已,上与造物者游,而下与外死生、无终始者为友。’旨趣所寄,不尤为可见乎?”[②]陈鼓应亦曰:“先秦诸子绪业多方,风采各异,独树一帜的庄子,在思想格调上最能代表他那精神风貌的哲学观念,莫过于他频频使用的‘游’之一字。”[③]皆指出了“游”在庄子哲学思想中的重要地位。

事实上,相较于庄子所谓的“逍遥”皆用以形容人之形身疏离于有为的事业,无所事事地悠游于无事无为之事业的状态,庄子皆是用“游”字,描述和呈现人的精神无拘无束,自由自在地悠游于无穷天地之中的状态。最著名者如,

---

① 《庄子》中共113见的“游”字,除4次用于人名“子游”,其他皆是“游走、悠游、遨游、嬉游”等义。邓联合曾将《庄子》所谓“游”,详细归纳为五义:一、用于人名中;二、用作交游、游学之义;三、作为独立的语义单位出现,指一种理想的个体生命状态;四、作“使……行走或活动”之义,后跟表对象的宾词;五、作“行走或活动”义,后跟表处所的宾词。参见邓联合:《逍遥游释论》,第55页。

② 钟泰:《庄子发微》,第4页。

③ 陈鼓应:《庄子〈内篇〉的心学(下)》,《哲学研究》2009年第3期。

“若夫乘天地之正，而御六气之辩，以游无穷者，彼且恶乎待哉！”（《逍遥游》）还有，“游乎四海之外”（《齐物论》），“游于物之所不得遯”“游乎天地之一气”（《大宗师》），“游无何有之乡”“游于无有者”“游无朕”（《应帝王》），“游无极之野”“游无端”（《在宥》），“游乎万物之所终始”（《达生》），“浮游乎万物之祖”“独与道游于大莫之国”（《山木》），“游心于物之初”（《田子方》），“游乎无何有之宫”（《知北游》），“游于六合之外”（《徐无鬼》），“游心于无穷”（《则阳》），“心有天游”（《外物》），“上与造物者游”（《天下》）等，所描述的皆是人的精神摆脱形身的不当之欲望、心灵的各种不和之情态和一偏的是非之见等纠缠、束缚与拘限，离形去知，与天地精神相往来，与道合同为一，无拘无束，自由自在地悠游于无穷天地之中这一神秘的“出神”状态。①

因庄子皆用“游”字形容人的精神无拘无束，自由自在地悠游于无穷天地之中的状态，并且庄子论“心”之游或“神”之游的表述又是如此之多，故一些学者认为，庄子所谓“逍遥游”的实质是“心之游”或“神之游”。如王叔岷曰：“故庄子所谓遊，咸指遊心而言。”②刘笑敢亦曰：“逍遥游的实质即思想在心灵的无穷环宇中遨游飞翔。”③王博认为，“心灵高举了，你的身体仍然留在浊重的人间世，这是人，一个有着形体的人永远无法摆脱的宿命。形体是不能上升的，他没有翅膀，而且过于浊重。但虚的心是可以的，它可以无翼而飞……在《逍遥游》中，心是毋庸置疑的主角。”④李振纲亦认为，“对于庄子来说，‘逍遥游’既不是水中的游，也不是空中的游，而是‘心’中的游，是精神的苦旅：神游！”⑤虽然“心”之游或“神”之游是庄子所追求的至高的精神境界，但庄子所

---

①　杨儒宾认为，庄子所描述的这些“出神”的体验，与萨满教的文化紧密相关：“在萨满教的文化中，‘出神之技’是常见的，……庄子与殷商文化之关系极密切，庄子大概是中国思想传统当中，运用东方巫教文化最成熟的哲人”。（杨儒宾：《儒门内的庄子》，联经出版事业有限公司2016年版，第207页。）毕来德曰：“人们常常提到庄子的思想里可能有萨满文化的影响，说‘游’这个动词应该是指萨满进入‘出神’状态以后的神游。”（［瑞士］毕来德：《庄子四讲》，第57页。）事实上，“游”不仅指“神游”，还指“身游”。

②　王叔岷：《庄学管窥》，第183页。

③　刘笑敢：《庄子哲学及其演变》，第155页。

④　王博：《庄子哲学》，第115—116页。

⑤　李振纲：《生命的哲学——〈庄子〉文本的另一种解读》，第4页。

谓的“游”并不仅仅指“心”之游或“神”之游,事实上还包含“身”之游或“形”之游;并且,“身”之游或“形”之游,是“心”之游或“神”之游的前提与基础。因人只有首先将人之形身从俗世的有为的事业中疏离出来,才能最大程度摆脱由追求有为之事业而必不可免要遭受的形劳、性劳与心劳之苦和各种不和之情态等对人原本平和静定之心灵的撄扰、纠缠与束缚,如此,才能为追求“心”之游或“神”之游奠定前提性的基础。

罗安宪指出,“审查庄子之所谓‘游’,约有三意:一为形游;二为神游;三为心游。形游者,身体之闲游也,形之无拘束也;神游者,精神之游驰也,神游万里之外也;心游者,心灵之游乐也,精神之自由也”①。此说更加全面指出了庄子所谓的“游”所包含的类型。此一归类是基于“身—心—神”三分的身体结构划分。其中,“神游”是“精神之游驰”,“心游”是“精神之自由”,二者实皆共同指涉人的“精神”之游。虽然庄子亦常言“乘物以游心”(《人间世》),“游心乎德之和”(《德充符》),“游心于淡”(《应帝王》),“游心于物之初”(《田子方》),“游心于无穷”(《则阳》),但实际上,含包于人的形躯之内的血肉之心实不能游,其要随附人的形身而游,能够无所拘碍、自由自在地逍遥游于无穷天地之中的“心”,其实是暂时舍止于人之心舍中的“神”。故庄子所谓的“心游”,本质上皆是“神游”。② 因此,若从人是形身与精神的统一体的角度而言,人之游,其实可以进一步划归为“形身之游”与“精神之游”。是故,在庄子思想中,“逍遥游”作为“闲放不拘,怡适自得的悠游”,不仅指人的精神摆脱外物的纠缠与身心的拘限,自由自在,无所拘碍地悠游于无穷天地之中的高超思想境界,也指人的形身摆脱俗世有为之事业的束缚与羁绊,自然无为,无所事事地悠游于无事无为之事业的处世方式。③

总之,“逍遥”最初作为“游”的同义联绵词,本指无所事事的漫步行走、来回游走,本不带有固定的情感体验和崇高的精神境界意义,原先大多被人们当

① 罗安宪:《虚静与逍遥——道家心性论研究》,第159—160页。

② 王叔岷认为,“凡庄子所谓遊心,即神遊之意”。(王叔岷:《庄学管窥》,第183页。)

③ 邓联合曰:“庄子的‘逍遥游’既是一种外在的个体生存方式,同时又是一种内在的个体精神境界。”(邓联合:《逍遥游释论》,第82页。)

作一种排遣自身的负面情绪,舒展自我的愁郁心情的一种方式。由于庄子对“逍遥”的本质与功用的独特理解和“逍遥”语词独特的使用方式:将“逍遥”理解为使人的身心与精神获得人生最大程度的逍遥、自由与解放的自然无为的处世方式,故总是将其与“闲适轻松、无拘无束、自由自在、自足自乐、怡然自适、悠然自得”等积极的情感体验与精神感受相关联。因此,无形中赋予其“闲适轻松、无拘无束、自由自在、自足自乐、怡然自适、悠然自得”等内在的思想含义。后世注家依托前述的思想含义对庄子所谓“逍遥义”不断地诠释与解说,使“逍遥”一词逐渐被“庄子化”。当下人们所谓的“逍遥”,皆是“庄子式”的自由自在、无拘无束意义上的“逍遥”。

庄子的“逍遥游”思想所呈现的不仅人的形身摆脱俗世事务的束缚与羁绊,获得了人生最大程度的逍遥、自由与解放;人的精神也摆脱了人永不知足的欲望、各种不和之情态和无穷的是非之知的撄扰、纠缠与拘限,无拘无束,自由自在地悠游于无穷的天地之中,获得了与道同游般绝对无待的逍遥、自由与解放,这一崇高而超越的人生境界,以其强大的精神感召力和独特的思想魅力,如同磁石一般,吸引后世的无数的注家与学者通过注《庄》的方式,从庄子的“逍遥游”思想中汲取通达的思想智慧和超越的人生精神。由此,庄子的“逍遥游”思想,在整个中国传统的人文精神发展史上产生了重大而深远的影响,深刻地影响了国人对待自己人生的思想态度和精神追求。

可以说,由孔子奠立的儒家的“天行健,君子以自强不息”(《周易・象辞》)的积极进取精神,和由庄子所奠定的道家的“逍遥于天地之间,而心意自得”(《让王》)的追求个人生命的逍遥、自由与解放的精神,在魏晋“玄学”思潮流行之后,构成了中国人的人生之精神追求的两极。中国古代的士人与知识分子正是以在这两种精神之间相互摇摆的方式,安适自我的精神,安顿自己的人生。首先以儒家的积极进取的精神,不断追求人生有为之事业,追求建立伟大的功业和千古的美名。然在遭受挫折或遭遇困顿的人生境遇时,转而投入庄子思想的怀抱,寻找心灵的慰藉与精神的安适,追求自我身心的逍遥、自由与解放。这是中国古代绝大多数的士人与知识分子不需要借助宗教信仰的精神力量，亦能化解在人生过程中所遭受的各种思想压力与精神痛苦的重要原因所在。

（二）“逍遥”之“向郭义”与“支遁义”

庄子“逍遥游”思想的强大的精神感召力和独特的思想魅力，吸引历代的注家与学者对庄子的“逍遥义”作出精彩的诠释，由此形成了一部丰富多彩、波澜壮阔的“逍遥义”诠释史。其中，向秀与郭象提出的“适性逍遥义”与支遁提出的“至足逍遥义”，影响最为重大。陆德明曾评价郭象的《庄子注》曰：“惟子玄所注，特且庄生之旨，故为世所贵。”①然无论是向秀与郭象的“适性逍遥义”，还是支遁的“至足逍遥义”，皆在继承和突出庄子“逍遥义”的某一思想精神的同时，又皆在一定程度上偏离庄子“逍遥义”本来的思想义旨。因此二“逍遥义”以其精致的理论思辨和产生的深远理论影响，给人们正确理解庄子“逍遥游”的真正思想义旨造成不小的思想困扰。因此，有必要对向秀与郭象的“适性逍遥义”与支遁的“至足逍遥义”的得失，进行详细的思想分析与理论检讨，以揭露此二“逍遥义”的不足之处，解除其对庄子真正“逍遥义”思想义旨的遮蔽与缠扰。

第一，向秀与郭象的“适性逍遥义”，在继承庄子“适性”与“齐物”等思想的基础上，提出了无论大物、小物，只要各任其性，各当其分，则皆可得“逍遥”的思想，在将庄子的“逍遥”境界创新发展为小物也可得的平实而易达的思想境界的同时，又极大降低了实现庄子所谓的“逍遥”境界所需的必要条件，消解了“逍遥”境界的崇高性和超越性，弱化了庄子的“逍遥义”原本引导人们追求“大知”以实现人生最大程度的逍遥、自由与解放之理想境界的理论功能。

《世说新语》载向秀与郭象提出的“适性逍遥义”曰：

> 夫大鹏之上九万，尺鷃之起榆枋，小大虽差，各任其性，苟当其分，逍遥一也。然物之芸芸，同资有待，得其所待，然后逍遥耳。惟圣人与物冥而循大变，为能无待而常通，岂独自通而已。又从有待者，〔使〕不失其所

---

① （清）郭庆藩撰：《庄子集释》，第4页。

待,不失,则同于大通矣。①

郭象亦曰:

> 夫小大虽殊,而放于自得之场,则物任其性,事称其能,各当其分,逍遥一也,岂容胜负于其间哉!②
>
> 故乘天地之正者,即是顺万物之性也;御六气之辩者,即是游变化之涂也;如斯以往,则何往而有穷哉!所遇斯乘,又将恶乎待哉!此乃至德之人玄同彼我者之逍遥也。苟有待焉,则虽列子之轻妙,犹不能以无风而行,故必得其所待,然后逍遥耳,而况大鹏乎!夫唯与物冥而循大变者,为能无待而常通,岂〔独〕自通而已哉!又顺有待者,使不失其所待,所待不失,则同于大通矣。故有待无待,吾所不能齐也;至于各安其性,天机自张,受而不知,则吾所不能殊也。夫无待犹不足以殊有待,况有待者之巨细乎!③

向秀与郭象提出,庄子所谓的“逍遥”实包含两个层次:一是“无待逍遥”,其是唯有圣人“与物冥而循大变”才能实现的崇高思想境界;二是“有待逍遥”,是除圣人外,其他同资有待的主体所实现的境界。其以为,无论是上九万里的大

---

① (南朝宋)刘义庆著,(南朝梁)刘孝标注,余嘉锡笺疏:《世说新语笺疏》,中华书局2007年版,第260页。标点有微调。依郭象所谓的“又顺有待者,使不失其所待,所待不失,则同于大通矣”[(清)郭庆藩撰:《庄子集释》,第20页],可知《世说新语》所载之“不失其所待”,前脱一“使”字,故语意不完整,今据补。

② (清)郭庆藩撰:《庄子集释》,第1页。

③ (清)郭庆藩撰:《庄子集释》,第20页。对比郭象的注文和《世说新语》刘孝标所引的注文,刘孝标所引的注文,当是向秀注。理由:首先,今本郭象的注文与刘孝标所引的注文,义旨虽似,但文字表述存有较大不同。特别是郭象注文,明显缺失了“然物之芸芸,同资有待”这一“有待逍遥”关键而明确的表述。若刘孝标是抄引自郭象注,不当擅添注文。其次,比对刘孝标所引的注文,郭象的《庄子注》对“适性逍遥义”的表述,分处两处。一处注于《逍遥游》篇题之下,一处注于《逍遥游》的“若夫乘天地之正,而御六气之辩,以游无穷者,彼且恶乎待哉!”句下。而刘孝标所引的注文则意义完整,语脉流畅。刘孝标定非综合郭象此两条注文,而后将加之加工成今《世说新语》所见之注文。最后,郭象的两条注文,明显是由将刘孝标所引的注文之思想加以分割,再分别加以扩充而得。因此,刘孝标所引的注文,当为向秀《庄子注》的原文。故“适性逍遥义”实由向秀首先提出,而后郭象再“述而广之”。并由此一范例可知,今本郭象《庄子注》的很多思想皆“抄自”或“继自”向秀,但同时,郭象在继承向秀之思想的基础上,对向秀的思想也进行了创造性的发展,今本郭象《庄子注》所呈现的思想,很多思想也来自郭象本人的思想创造,特别是“独化论”的思想体系。

鹏，还是抢榆枋的尺鴳；无论是御风而行的列子，还是其他的普通民众；皆“同资有待”，必须“得其所待，然后逍遥耳”，故所实现的皆是“有待逍遥”。

郭象提出，无论是“有待逍遥”，还是“无待逍遥”，皆要通过安任其性，各适其性而获得，这是无待者与有待者皆无法否定的共同点。但反过来，虽然大物与小物存在着各种自然本性与天赋能力的差别，但如果大物与小物皆能各“任其性”“当其分”“称其能”，即所作所为皆适宜于自己的自然本性，所求所愿皆称当于天道自然所赋予的性分之限度，则无论大物，还是小物皆可以实现“逍遥”的境界。其间不同的主体所达的境界虽然存有“无待”与“有待”、“小”与“大”等差别，但他们所实现的境界本质皆是“逍遥”，这是完全同一的。

向秀与郭象提出的“无待逍遥”的思想，是以更加凝练的语言，对庄子“若夫乘天地之正，而御六气之辩，以游无穷者，彼且恶乎待哉”（《逍遥游》）思想的进一步归纳与概括，故符合庄子“逍遥游”思想的本来义旨，此无甚疑义。有争议的是，有待者通过得其所待而达到的境界，可否称作“逍遥”？易言之，“有待逍遥”这一概念本身是否成立？并且，将大鹏也归为与列子相似的“有待逍遥”的境界，是否符合庄子本来的义旨？

还有，庄子认为，“小知不及大知”（《逍遥游》），故在《逍遥游》中，作为“大知者”之象征的鲲鹏之大物能够实现由“南冥”所象征的“逍遥”境界，这是为庄子所承认的；而作为“小知者”之象征的尺鴳、蜩与学鸠等小物，因其“小知”，既不能觉解在榆枋与蓬蒿之外，还有更广阔、光明而温暖的南冥之理想的生命存在境界的存在，自是自大地认为其腾跃而上的数仞就是“飞之至”，并还以“彼且奚适也”，无知地嘲笑并质疑大鹏以“水击三千里，抟扶摇而上者九万里”等艰苦卓绝的努力，追求“南冥”这一理想的生命存在境界的行为意义与价值，是故，这些小物不得“逍遥”的境界，这是庄子的原本看法。庄子在《逍遥游》中这一“扬大抑小”的思想倾向，似与《齐物论》“万物齐同平等”的主张存在着内在的“思想矛盾”。为了协调此一“思想矛盾”，向秀与郭象提出，小物为其自然性分所规限，知能极其有限，仅凭其自身的力量永不可能达到南冥这一理想的境遇，故不当强求小物也去追求南冥这一理想的境遇；同时，小物也不当愿欲自己的性分能力所达不到的高远目标，但只要这些小物自适自己的性分,自足于自己的榆枋与蓬蒿之地,如此,小物也可实现“逍遥”的境界。由此产生的思想争议是:小物通过自适其性所实现的境界,可否称作“逍遥”?赋予小物获得与大物同等的逍遥权利,这一思想是以庄子的“齐物”思想创造性地改造、发展和完善庄子的“逍遥”思想,还是对庄子思想偏移式的歪曲?

首先,将大鹏也归为与列子相似的“有待”境界,并依此提出“有待逍遥”的思想,是向秀与郭象体察庄子《逍遥游》内在蕴含的“思想矛盾”的基础上而进行的个人思想创新。在《逍遥游》中,庄子将御风而行的列子归为“犹有所待者也”(《逍遥游》)。如此,作为“大知者”之象征的鲲鹏,因需要借助扶摇之力才能上九万里,借助六月之息才能图南,故其实也属“有待者”。若大鹏所达到的南冥境界就是“逍遥”的境界,则大鹏之“逍遥”实际上属于“有待逍遥”。若再严格而言,乘正御气以游无穷者所达的“无待逍遥”的境界,因需要首先“乘天地之正,而御六气之辩”,才能游于无穷,故其实也属于“有待逍遥”的境界。事实上,唯有绝对无待的道,才能实现“绝对无待”的逍遥;其他一切依待道而存在的人与万物所实现的境界其实皆是“有待”的逍遥。因此,向秀与郭象实际上是深入体察和发现:庄子将“大鹏”作为后文乘正御气以游无穷者的象征,但若依庄子这一原本的思想意向,将“大鹏”所实现的“逍遥”境界也定性为与乘正御气以游无穷者相似的“无待逍遥”;而同时,将同样待风的列子定性为有待者;两处的思想将产生内在的“思想矛盾”。故为免造成此一矛盾并替庄子进一步协调此中境界的层次安排,向秀与郭象选择依据庄子明确之所言,只将乘正御气以游无穷者所达的境界,归为唯圣人“与物冥而循大变”才实现的“无待逍遥”的境界;而将大鹏归为与列子相似的“有待”境界,并依此提出“有待逍遥”的概念。依此来看,“有待逍遥”思想的提出,实际上是向秀与郭象为解决庄子未明察的“内在思想矛盾”而进行的个人创造性的“思想创新”。①

---

① 向秀与郭象这一“思想创新”,虽然协调《逍遥游》两处文本的“内在思想矛盾”,但实际上是以偏离庄子本来的思想义旨,即大鹏作为“大知者”和“乘正御气以游无穷者”的象征,所实现的境界是无待逍遥的境界这一原本的思想义旨为代价,如何在不偏离庄子原本思想义旨的情况下,协调《逍遥游》两处文本的“内在思想矛盾”,参见拙文:《庄子“有待”“无待”思想新诠》,《哲学研究》2021 年第 12 期。

其次，向秀与郭象在大鹏必须得扶摇之力的帮助才能上九万里，得六月之息这一所待的条件，才能到达南冥，实现“有待逍遥”境界的思想基础上，进一步提出，任何同资有待之物，无论是大鹏等大物，还是尺鷃、蜩与学鸠等小物，只要各适其性，所愿所欲皆各当其分，各称其能，以得其所待的方式所实现的境界皆是“逍遥”的境界①，这也是向秀与郭象二人对庄子“逍遥义”的创造性的“思想创新”。二人通过“小大同扬”，创新性地赋予小物获得与大物同性质的“逍遥”境界的权利，由此将庄子的“逍遥”境界，由如大鹏所求之南冥式崇高而超越的境界，改造为小物也可得的平实而易达的境界。故在向秀与郭象的“适性逍遥”理论中，“逍遥”不再是只有拥有“大知”的大物或圣人、至人等理想人格才可以实现的境界，而是每一个人，甚至尺鸩、蜩与学鸠等小物，亦可能实现的思想境界，前提是：每一个体皆“自适其性、自足其性”。

因向秀与郭象将庄子的“逍遥”的境界改造成了人人皆可得的平实而易达的境界，故二人的“适性逍遥义”一出，立即对当时的士人阶层产生了巨大的影响。《竹林七贤论》称：“秀为此义，读之者无不超然，若已出尘埃而窥绝冥；始了视听之表，有神德玄哲，能遗天下，外万物；虽复使动竞之人顾观所徇，皆怅然自有振拔之情矣。”②向秀与郭象的“适性逍遥义”之所以如此激动人心，因其使当时的士人意识到，原来自己也可以通过“适性、足性”而实现“逍遥”的境界，如同神德玄哲一样“遗天下，外万物”，故读之者无不超然；就算平时动竞趋利之人，亦开始反思自己平时殉献生命与性命于名利外物的行为，在惆怅后悔之余，亦皆产生自我振拔之情。《世说新语》曰：“《庄子·逍遥篇》，旧是难处，诸名贤所可钻味，而不能拔理于郭、向之外。”③可见当时向郭“适性逍遥义”思想影响之巨大。

再次，若将向秀与郭象的“适性逍遥义”与庄子的“逍遥游”思想进行对

---

① 郭象曰：“且大鹏抟风九万，小鸟决起榆枋，虽复远近不同，适性均也。咸不知道里之远近，各取足而自胜，天机自张，不知所以。既无意于高卑，岂有情于优劣！逍遥之致，其在兹乎！”［（清）郭庆藩撰：《庄子集释》，第10页。］

② （宋）刘义庆著，（南朝梁）刘孝标注，余嘉锡笺疏：《世说新语笺疏》，第243—244页。标点有微调。绝冥，指道。表，外之义。顾观，反观之义。徇，通殉，殉献之义。

③ （宋）刘义庆著，（南朝梁）刘孝标注，余嘉锡笺疏：《世说新语笺疏》，第260页。

比，可知向秀与郭象对庄子“逍遥游”思想的创造性诠解，存在着如下两个方面的主要问题：

其一，向秀与郭象的“适性逍遥义”，事实上将庄子实现“逍遥”境界的工夫论加以简化，以降低实现“逍遥”境界所需的必要条件的，使其变为平实而易达的境界，但这同时也消解了“逍遥”境界的崇高性和超越性，弱化了其引导人们追求“大知”以实现人生最大程度的逍遥、自由与解放之境界的理论功能。向秀与郭象实际上是将庄子的“万物齐同平等”的思想，运用于实现“逍遥”境界之可得性的问题上，由此得出无论大物还是小物皆可实现“逍遥”境界的结论。从“逍遥”境界的可得性来说，若依庄子所持的人人在天地之中“皆天之所子”（《人间世》）和“以道观之，物无贵贱”（《秋水》），这一人人、物物皆平等的思想，只要每一个体能够依凭天赋的自然本性和后天获取的通达智慧，实现自我生命的觉解，的确每一个人皆可能实现“逍遥于天地之间，而心意自得”（《让王》）的崇高而超越的境界。若加以泛化，不局限于人而言，的确将如向秀与郭象所言，大物与小物虽存在着自然本性与性分能力的差别，然一旦实现自我生命的觉解，则将达至自己的生命所能求得的最大程度的逍遥、自由与解放的境界。并且，无论大物与小物最终所实现的境界皆是性质完全同一的“逍遥”境界。

但在实现“逍遥”这一崇高而超越之境界的工夫论问题上，依庄子“不能自解者，物有结之”（《大宗师》）的思想观点，每一个体若想自我解脱外物对其形身与精神的系结与束缚，实现自己的生命所能求得的最大程度的逍遥、自由与解放，则必须依凭自己天赋的自然本性加后天获取的通达智慧，实现对自我生命的觉解；由此将自己的形身从外物的各种束缚与羁绊中挣脱出来，将自身的精神从永不知足的欲望、各种不和之情态和无穷的是非之知等撄扰、纠缠与拘限中解放出来；适取自我的本真性情，无拘无束，自由自在，悠然自得地追求自我心志愿欲的游乐之事业。而向秀与郭象的“适性逍遥义”却提出，只要每一个体皆各“任其性”“当其分”“称其能”，即可实现“逍遥”的境界。这极大简化了实现庄子所谓的“逍遥”境界的必要条件。事实上，“适性”只是实现庄子所谓的“逍遥”境界的必要条件之一，并非充分的条件。同时，为了与小物有限的性分能力相适应，将“毕志榆枋”①的境界也肯定为“逍遥”的境界，这也就消解了“逍遥”的崇高性和超越性，弱化了其引导人们追求比当下的生命存在境遇更加广阔、高远、自由与理想的生命存在境界的思想功能。

在庄子的思想中，并非“适性”，而是“大知”，才是实现“逍遥”境界关键而不可或缺的必要条件。因人或其他的主体唯有通过通达而广大的智慧，才能觉解自我生命存在的真正目的、意义与价值；才能看清宇宙、世界与自我生命存在的真相；才能洞达何者是自我生命真正值得追求的理想境界，何者是使自己陷入外物对自己的束缚与纠缠，陷入更大的为外物异化的不自由与痛苦之中的状态；依此才能激发出将自身的形身与精神从外物对自己的束缚与拘限中解放出来的思想动力，主动追求“逍遥”这一理想的生命存在境界，主动去找寻实现此一理想境界的方法与途径。若只有“小知”②，则不能自我觉解当下生命存在的形态或状态的局限性，不会自觉去追求“逍遥”这一理想的生命存在境界；同时，也无法觉解实现“逍遥”这一理想生命存在境界的途径与方法，如此也就无法求得自我生命存在最大程度的逍遥、自由与解放。

进一步而言，庄子并非以“大物”为实现“逍遥”境界的必要前提，认为唯有大物才能逍遥，小物则完全不得逍遥。庄子只不过以鲲鹏等“大物”作为“大知者”的象征，以尺鴳、蜩与学鸠作为“小知者”的象征。之所以如此选择与安排，因鲲鹏等“大物”因其天赋的本性，更加形大能大，故更容易飞达九万里之上等广阔的空间，不断开拓自己的认识视域，开放自己的心灵视野，由此更易获得更加广大的智慧，依此突破现实的生命存在境遇对自己性分潜能的拘限，从而实现自身所能求得的最大程度的逍遥、自由与解放。而尺鴳、蜩与学鸠等小物因天赋的性分能力的限制，形小能小，故只能翱翔于榆枋或蓬蒿之间，极易“囿于自己有限的经验认识，不能感知更为广阔的异己世界；以自我

① （清）郭庆藩撰：《庄子集释》，第16页。

② 陈鼓应指出，“人之所以不得自由，乃因心胸被拘执在俗世的境域中，目光被囚限于常识世界里。如〈秋水〉篇所说的，一个人受空间的范限、时间的固蔽以及礼教的束缚（‘拘于虚’‘笃于时’‘束于教’），所以心量打不开”。（陈鼓应：《老庄新论》，第202页。）拘执于俗世的境域，囚限于常识世界，还有“拘于虚”“笃于时”“束于教”，皆是“小知”的表现。

为丈量世界的尺度,固执地认为自己的生存境遇已经是最好的,自己所达的高度就是所有目标追求的极致;固守自己的现实境遇不愿意去改变,固化自己认识的边界,不承认还有更广大的认知境界;不仅自是自大,还自以为极,陷入自我中心主义而不自知;并拒绝尝试去理解他者的生命境界,所以既不能理解他者‘九万里图南为’‘且适南冥’等追求高远超迈的理想目标及为此而进行厚积努力的意义和价值,还加以无知的嘲笑;毫无意愿和动力去追求生命的自我觉解,觉察自我在各方面的局限性,故不能突破‘小’的生命存在格局和认知视野对自己生命潜能的拘限”①,形成“小知”的智慧格局。这是庄子挑选鲲鹏等“大物”作为“大知者”的象征,挑选尺鷃、蜩与学鸠等小物作为“小知者”的象征的根本原因所在。因此,依庄子的本义,并非唯有“大物”因形大能大,故能到达南冥,实现“逍遥”的境界;“小物”因天赋性分能力的有限,形小能小,不能依凭自我的能力飞达南冥,故永远无法实现“逍遥”的境界。

事实上,“大物”与“大知”,“小物”与“小知”并非完全对应的关系,“小物”有可能因天赋的机缘而具有“大知”;“大物”亦有可能因不知自修或错谬的修行方法而仅有“小知”。因此,准确而言,庄子其实是“扬大知而抑小知”,而非“扬大物而抑小物”。庄子“扬大知而抑小知”的价值判定与排序结构,根本的目的是引导无论是大物还是小物,皆去追求“大知”,而后依据此一“大知”洞达自我生命的当下存在境遇、形式、形态、方式与境界等各方面的有限性,由此竭尽自己全部的性分潜能去追求更加广阔、高远、自由与理想的生命存在境界,最终实现自我生命所能求得的最大程度的逍遥、自由与解放。虽然小物因天赋性分能力的限制,较之形大能大的大物,在实现“逍遥”的理想生命存在境界时更加艰难,但小物完全可以通过资借鲲鹏等大物之力的方式,上达九万里的高空,不断开拓自己的认识视域,开放自己心灵的视野,由此将自身的“小知”转化为“大知”。

因此,向秀与郭象所谓的无论大物与小物,只要“得其所待”,就能实现

① 罗祥相:《诠释的偏移与义理的变形:庄子“小大之辩”及“逍遥”义理迁变之省思》,《孔子研究》2020年第2期。

“逍遥”的境界，这一“得其所待”，依庄子的思想观点，其实是“得其大知”“得其真知”，而非向秀与郭象所谓的“物任其性，事称其能，各当其分”。对形小能小之小物而言，如欲实现真正的“逍遥”境界，其实不是听从向秀与郭象的意见，只追求与自身的性分潜能相适应的目标，安适于自我生命当下的存在境遇、形式、形态与境界，而后以将之命名“逍遥”的方式，阿Q式地自我欺骗和自我心理安慰——这也是“逍遥”的境界；而是听从庄子的意见，在自我艰苦卓绝的努力之基础上争取他人的慷慨帮助，依此突破天赋的性分本性和对自我生命所能达的至高境界的错误认识对自我潜能的拘限，化自身原本的“小知”为超越的“大知”，依此最大程度突破外物和当下的生存境遇对自我生命自由的限制与围困，从而实现自我生命所能求得的最大程度的逍遥、自由与解放。

其二，向秀与郭象的“适性逍遥义”，没有严格地限定追求“逍遥”所应当适取之“性”，是人自道所继承的自然无为、纯真朴素、静定平和的天性，因此，给他们的“适性逍遥义”留下一个巨大的理论漏洞。这是造成其在之后被支遁的“至足逍遥义”取代的根本原因。如前所述，在庄子的思想中，存在着两种意义上的“性”：一是由天道自然所赋予人的自然无为、纯真朴素、静定平和的天性，庄子称为“天之天”，视其为人的性命之真性、正性和“大命”；二是由人后天挖掘出来的欲望与巧智的人性，庄子称为“人之天”，视其为人性中不正的因素和性命之“小命”。在庄子的“适性”理论中，人所应适取之性是第一种意义上的“天性”，而非是第二种意义上的“欲望与巧智之性”。向秀与郭象提出的“适性逍遥义”，并没有如庄子般对人应当适取之性进行严格的限定，如此，必将产生如下的问题：若人以任适“欲望与巧智之性”为“适性”，则依向秀与郭象的“适性逍遥义”，其也将得“逍遥”的境界。①

---

① 可以说，向秀与郭象的“适性逍遥”理论最大的不足，就在二人未如庄子般深入地解析人性内在的现实构成，将人之性明确严格区分为“天之天”与“人之天”；二人未去探讨并解答：天命的“衣食”之欲是否是人当适取的正性？是否一切情性皆是人当适取之性？仁义之性是否是人适取并积极作为之性？向秀对“性”的看法因材料缺失，不得而知。郭象曰：“性之不可去者，衣食也”，又曰：“夫仁义者，人之性也”。[（清）郭庆藩撰：《庄子集释》，第334、519页。]存有承认“欲望之性”与“仁义之性”等一切自然的本性，皆是应当适取之性的思想倾向。

在庄学史上,支遁揭示了向秀与郭象的“适性逍遥义”理论比前述结论更加严重的理论问题。《高僧传·支遁传》载:“遁尝在白马寺与刘系之等谈《庄子·逍遥篇》,云:‘各适性以为逍遥。’遁曰:‘不然,夫桀跖以残害为性,若适性为得者,彼亦逍遥矣。’于是退而注《逍遥篇》。”①支遁以其敏锐的思想洞察力发现向秀与郭象的“适性逍遥义”理论上存在的重大漏洞:若夏桀和盗跖等性情残忍暴戾之人,以残害百姓为适性,按照向秀与郭象的“适性逍遥”理论,则夏桀和盗跖亦将得“逍遥”的境界;而他们的“逍遥”,将是天下百姓的重大灾难。实际上,这一荒谬绝伦的结论既不符合庄子“逍遥”思想的本来义旨,也不符合向秀与郭象的“适性逍遥义”本来的理论指向。

邓联合认为,“支遁正是敏锐把握了郭象言‘性’而不严格界定其内涵这一致命的理论空白,利用其混淆先天之‘性’和后天之‘情’的逻辑缺陷,颇为狡计地换‘情’(桀跖之残暴)为‘性’,把‘适性逍遥’变成‘适情逍遥’甚至‘纵欲逍遥’,从而最终引出残暴者亦可逍遥之谬论”②。实际上,“情”并非皆是“后天之情”,“情”实是人先天具有的不可摆脱的自然本性之一。而且,残暴之性情亦是内蕴于人的动物性一面的先天本性,只不过平时被人之道德性的规范与强制性的法律所压制;一旦其有机会脱离前述二者的束缚与压制,人性之残暴的一面就会无下限地显现出来。因此,支遁并不完全是“颇为狡计”地以后天之“情”替换先天之“性”,而是敏感地洞察到向秀与郭象的“适性逍遥”理论因未严格限定所应适取之性,故在现实运用中所可能产生的危险。

事实上,今本《盗跖》第一章中,盗跖的所作所为,正应验了支遁的思想忧虑。盗跖提出,“不能说其志意,养其寿命者,皆非通道者也”。(《盗跖》)而盗跖的现实之行事,则是以“侵暴诸侯,穴室枢户,驱人牛马,取人妇女”“脍人肝而铺之”(《盗跖》)等为悦其志意者。依盗跖自我美化的“通道者”之理论,其残忍暴戾的所作所为,恰恰是“通道者”的表现。盗跖所谓的由“悦其志意”而得“通道”的境界与向秀与郭象所谓的由“适性”而得“逍遥”的境界,何其

---

① (梁)释慧皎撰:《高僧传》,汤用彤校注,中华书局1992年版,第160页。

② 邓联合:《支遁对郭象“逍遥义”的批评与承继》,《福建论坛》(人文社会科学版)2010年第5期。

相似！正是出于对向秀与郭象的“适性逍遥义”在理论上的漏洞和现实中可能的危险倾向的深刻体察，支遁决定自注庄子的《逍遥游》，以弥补向秀与郭象的“适性逍遥义”在理论上的重大漏洞，避免前述可怕之情境的发生。《世说新语》载：“支道林在白马寺中，将冯太常共语，因及《逍遥》。支卓然标新理于二家之表，立异义于众贤之外，皆是诸名贤寻味之所不得。后遂用支理。”① 于是，向秀与郭象的“适性逍遥义”因其理论上的严重缺陷而不再流行，逐渐被支遁提出的“至足逍遥义”取代。

第二，支遁提出的“至足逍遥义”，在继承和突出庄子的“知足”等思想的基础上，提出“逍遥”是只有至人等具备崇高精神修养的理想人格，以“至足”的心灵境界，才能实现的崇高而超越的精神境界。这一思想在回归庄子的唯大知者才能“逍遥”的本来思想义旨的同时，却将庄子所谓的“逍遥”仅只理解一种崇高而超越的精神境界，忽略了其原本所包含的人的形身摆脱俗世有为之事业的束缚与羁绊，无所事事，自然无为地悠游于无事无为之事业的处世方式这一层重要的思想含义。并且，支遁将庄子原本作为“大知者”之象征的大鹏，与尺鴳等小物一并抑贬为因修为有限而不得“逍遥”者，偏离了庄子原本将大鹏所得的境界定性为与乘正御气以游无穷者所得的“无待逍遥”同性质、同层次之境界的原本思想义旨。

支遁所作的《逍遥篇》注没有保留下来，故不得而知，但其所立的“逍遥义”却保留了下来。《世说新语》中刘孝标注引支遁“逍遥义”曰：

> 夫逍遥者，明至人之心也。庄生建言大道，而寄指鹏、鴳。鹏以营生之路旷，故失适于体外；鴳以在近而笑远，有矜伐于心内。至人乘天正而高兴，游无穷于放浪，物物而不物于物，则遥然不我得，玄感不为，不疾而速，则逍然靡不适。此所以为逍遥也。若夫有欲当其所足，足于所足，快然有似天真。犹饥者一饱，渴者一盈，岂忘烝尝于糗粮，绝觞爵于醪醴哉？苟非至足，岂所以逍遥乎？②

① （宋）刘义庆著，（南朝梁）刘孝标注，余嘉锡笺疏：《世说新语笺疏》，第260页。

② （宋）刘义庆著，（南朝梁）刘孝标注，余嘉锡笺疏：《世说新语笺疏》，第260页。

支遁认为,庄子所谓“逍遥”,是用来标示至人所达的崇高心灵境界的用语。[①]只此一个断语,就直接将“逍遥”的主体至限定为至人等理想人格,否认了平常人由“适性”即可实现“逍遥”境界的可能性。如此,平常人如欲实现“逍遥”的境界,必须经高超的精神修养工夫,将自己的心灵修养为如同至人般崇高而超越的心灵。支遁指出,无论是作为大者的大鹏,还是作为小者的斥鴳皆未达“逍遥”的境界,因为大鹏失适于体外,而斥鴳矜伐于心内,二者皆存在心灵或精神修养工夫上的缺陷。由是可知,支遁以为,如欲达到“逍遥”的境界,心灵必须于外无不适,同时,于内不能有矜伐等任何不和之情态。是故,只有至人才能超拔自身的精神于形身之外,乘“天地之正”而怡然自乐,悠游于无穷的天地之中,纵放不拘,自由自在,役使外物而不为外物所役使,故“遥然”达至无我的境界;守心凝神,冥想无为,不需快速疾行却迅速达至自己的目标,故“逍然”无所不适[②]。这才是真正的“逍遥”境界。

由“夫逍遥者,明至人之心也”的断语,加上前述所描述的精神无所拘碍地悠游于无穷天地之中的神秘体验可知,支遁将“逍遥”境界仅只理解为圣人的心灵审定不移,不为外物所攖扰,精神出离,自由自在,无所拘碍地优游于无穷天地之中的高超思想境界。[③] 支遁认为,如果所实现的愿欲刚好与自己所满足的心意相适当,表面上看似非常快乐与满足,如同天真纯朴的儿童,但皆只是暂时性的满足;因人的欲望具有无穷性,好比饥饿者吃一顿普通的饱饭,口渴者喝了一杯盈满的白水,暂时无比满足,但从来没有忘记在此之外还有更加美味的佳肴和珍贵的酒醸。支遁以饥者与渴者喻比普通民众虽然会暂时满

---

① 邓联合指出,“在‘支理’中,起首‘夫逍遥者,明至人之心也’一句是总纲,它既把逍遥界定为终极的内在境界,而非其他,同时又申明逍遥之关键在‘心’”。[邓联合:《支遁对郭象“逍遥义”的批评与承继》,《福建论坛》(人文社会科学版)2010年第5期。]

② “放浪”,纵放不拘之义。“玄感”,本指与道相冥契的神秘体验,因支遁的佛学背景,其具有佛教的“止观”与“入定”的思想意味。

③ 牟宗三曰:“真正之逍遥绝不是限制网中现实存在上的事,而是修养境界上的事。此属于精神生活之领域,不属于现实物质生活之领域。此为逍遥之真实定义,能体现形式定义之逍遥而具体化之者。此圣人修养境界上之真实逍遥,即支遁所明标之‘逍遥者,明至人之心也’。”(牟宗三:《才性与玄理》,第157页。)牟宗三此说揭示了支遁将“逍遥”仅只理解为崇高的精神境界的原因所在。

足于自身所得,但已然异化为嗜欲心的心灵永不可能满足无穷的占取外物之欲;唯有圣人完全至足的心灵,才能完全摆脱物欲对心灵的宰制与摆布和对精神的拘限与束缚,才能出离自己精神于形身之外,自由自在地悠游于无限广阔的天地之中,实现无待的"逍遥"境界。支遁的此一思想,既是指明实现崇高的"逍遥"境界所必需的前提条件和工夫修养的关键与重点所在,同时,也是对向秀与郭象的"适性逍遥义"的隐晦批评。因向秀与郭象的"适性逍遥义"认为,只要"适性,足性",即可实现"逍遥"的境界,而支遁则完全否定了通过"适性、足性"达至"逍遥"境界的可能性。

首先,相较于向秀与郭象的"适性逍遥义",支遁的"至足逍遥义"存在着两点重要的不同:一在"逍遥"的主体上,向秀与郭象认为,所有的主体,无论大物与小物,只要"得其所待"皆可以实现"逍遥"的境界,并且,境界虽然存在无待与有待等差别,但性质皆为"逍遥"则是完全同一的。而支遁则认为,"逍遥"是只有"至人"等理想人格才实现的境界;普通民众因为无法完全摆脱欲望对自己心灵的宰制与摆布,故无法达至"逍遥"的理想境界。因此,支遁实际上只继承了向秀与郭象的"适性逍遥义"的"无待逍遥"思想部分,完全否定了"适性逍遥义"的"有待逍遥"的思想部分。二在实现"逍遥"境界的必要条件上,向秀和郭象认为,实现"逍遥"境界的充分且必要的条件是"适性、足性"。支遁则认为,实现"逍遥"境界的充分且必要的条件是"至足"。

其次,相较于庄子的"逍遥游"思想之本义,支遁的"至足逍遥义"存在着两个重要的思想义旨之偏移:一是将庄子的"小大之辩"原本"扬大抑小"的价值取向改变为"小大同抑"的价值取向。在庄子的思想中,原本作为"大知者"或说乘正御气以游无穷者之象征的大鹏,以"水击三千里,抟扶摇而上者九万里,去以六月息"等艰苦卓绝的努力,追求"南冥"这一更加广阔、温暖与光明之地的行为,"寄寓有实现自我觉解的智慧主体,以艰苦卓绝之努力,奋力追求理想的生命存在境域和高超的思想境界的深刻寓意。支遁将大鹏适求南冥的行为认定为'失适于体外'的工夫修为缺陷,严重误解了大鹏适求南冥的动因及行为的性质,故极大贬低了大鹏的思想境界层次。支遁没有意识到,其以贬谪大鹏适求南冥之行为的境界层次的方式，消解了大鹏追求南冥天池的超越意义，也就消解了其所象征的人们追求理想的生命存在境域和高超的思想境界的自我超越意义，最终也将反过来消解其所主张的至人当追求至足之逍遥的行为意义和价值”①。二是将“逍遥”的境界仅只理解为精神摆脱外物的纠缠与身心的拘限，无所拘碍地悠游于无穷天地之中的崇高精神境界，而将庄子所谓的形身层次上的“逍遥”，即人的形身摆脱俗世有为之事业的束缚与羁绊，无所事事，自然无为地悠游于无事无为之事业这一层重要的思想含义，完全除排在“逍遥”的义涵之外。支遁的这一诠解，对后来的庄子“逍遥义”的理解产生了重要的影响，使后来的注家与学者多将庄子所谓的“逍遥”仅只理解为一种精神上的高超思想境界。

（三）“逍遥”与“自由”之辨析

随着“逍遥”义涵的“庄子化”，“逍遥”逐渐被人们理解为形身或精神或两者同时“无拘无束，自由自在”的状态。近代以来，因原本闭锁的国门被西方列强以屈辱的方式打开，激使国人开启了至今未休的“师夷长技”以自强的时代风潮，大力引进一切有利于实现国家富强、民族独立、社会自由、政治民主等现代化目标的西方物质文明与思想文化。在此过程中，为接引西方的“自由”思想学说，证明中国古代亦有“自由”等思想学说等多重复杂的目的，一些学者开始将庄子所谓的“逍遥”解说为“自由”。在20世纪中叶，学者习尚以斯宾诺莎的“自由就是对必然性的认识”的自由学说，诠释庄子的“命”与“逍遥”的思想，由此，庄子所谓的“逍遥”被诠解并定性为“精神的绝对自由”。这些做法，实质上是以西方的“自由”学说反向格义庄子的“逍遥游”思想。而这一反向格义的切当性，实值得重新再省思。

第一，庄子的“逍遥”思想与西方的“自由”学说，在思想上的相似性与亲缘性，是学者选择将庄子所谓的“逍遥”诠解为西方所谓的“自由”，而后

---

① 罗祥相：《诠释的偏移与义理的变形：庄子“小大之辩”及“逍遥”义理迁变之省思》，《孔子研究》2020年第2期。

发展为将“逍遥”当作“自由”的同义语的根本原因。在中国古代思想学说中,最具有“自由”思想气息的,非庄子的“逍遥游”思想莫属;最具有“平等”思想意味的,也非庄子的“齐物论”思想莫属。刘笑敢指出,“逍遥之所以被当成传统社会的自由的概念,显然是因为逍遥所描述的是无拘无束、自得自在的状态和感受。这种无拘无束的感觉与现代自由的概念有相通之处”①。显然,这是一个客观而持平的论断。陈静还指出,“传统中文里的‘自由’是一种‘无关系的自由’,因为这种‘自由’发生在制度的规定之外,不涉及人与人之间的关系,不涉及安排人际关系的人伦秩序。这种无关对象或他者的自由,与庄子的逍遥游有点类似”②。陈静所指出的,传统中文中的“自由”概念与庄子所谓的“逍遥游”思想的相似性,也是促成学者用之后被选作“freedom”与“liberty”对译词的“自由”概念,诠解庄子所谓“逍遥”思想的重要原因之一。

因此,自20世纪20年代开始,出于接引西方的“自由”思想学说,证明中国古代亦有“自由”等思想学说等多重复杂的目的,学者在将庄子的“逍遥”思想解说为“自由”的基础上,逐渐将庄子的“无待逍遥”的思想主要解说为“精神的绝对自由”。据邓联合的历史考索,近代以来,最先以“自由”诠解庄子“逍遥游”思想的学者是章太炎。③ 章太炎在1922年出版的《国学概论》中曰:

> 庄子的根本主张,就是“自由”、“平等”……庄子发明自由平等之义,在《逍遥游》、《齐物论》二篇。“逍遥游”者自由也;“齐物论”者平等也。但庄子的自由平等,和近人所称的,又有些不同。近人所谓“自由”,是在人和人当中发生的,我不应侵犯人的自由,人亦不应侵犯我的自由。《逍

---

① 刘笑敢:《两种逍遥与两种自由》,《华中师范大学学报》(人文社会科学版)2007年第11期。

② 陈静:《自由的含义——中文背景下的古今差别》,《哲学研究》2012年第11期。

③ 邓联合指出,在章太炎之前,已有学者如谭嗣同、康有为、严复等人,用西方的“自由”学说诠解庄子的思想,但并非以之诠解庄子的“逍遥游”思想,而是将《马蹄》《在宥》等篇中的思想,特别是“在宥”的思想,诠释为对民众不加约束与干涉的“政治自由”的思想。首先将“逍遥游”诠解为“自由”的学者是章太炎。参见邓联合:《逍遥游释论》,第419—432页。

> 遥游》所谓的“自由”,是归根结底到“无待”两字。他以为人与人之间的自由,不能算数;在饥来想吃、寒来想衣的时候,就不自由了。就是列子御风而行,大鹏自北冥徙南冥,皆有待于风,也不能算“自由”。真自由惟有“无待”才可以做到。①

此前的学者或会觉得庄子所谓的“逍遥游”具有“自由”的思想意味,所谓的“齐物论”内蕴有“平等”的思想意义,但未直接将它们相互等同。章太炎的“思想创新性”在于,将庄子所谓的“逍遥游”直接解说为“自由”;将“齐物论”直接解说为“平等”;由此提出,庄子的根本主张就是“自由”与“平等”。其还指出,庄子所谓的“自由”,与西方现代的“自由”含义有所不同:西方现代的“自由”是严复译密尔《自由论》时所谓的“群己权界”意义上的“自由”;而庄子《逍遥游》所谓的“自由”,不是人与人之间有所依待或限制的自由,而是“无待”的自由,实质上将庄子所谓的“逍遥”或“自由”,仅只理解为“精神的无待的自由”。虽然章太炎存有区分庄子所谓的“逍遥”(自由)与西方近代所谓的“自由”之不同的意识;同时,亦是出于以中国传统的“逍遥”与“齐物”的思想,接引西方的“自由与平等”的思想学说的良苦用心;但在未阐明在何种意义上庄子所谓的“逍遥游”可以诠释为西方的“自由”概念的情况下,不由分说地直接将“逍遥游”解说为“自由”,实际上是一种粗率的“以西格中”“以今解古”的做法。

受章太炎的影响,其他学者亦开始以“自由”来解庄子的“逍遥游”思想。冯友兰在1931年出版的《中国哲学史》上中,就以“绝对的自由”阐释庄子的“逍遥”思想:

> 庄学中之社会政治哲学,主张绝对的自由,盖惟人皆有绝对的自由,乃可皆顺其自然之性而得幸福也。②

冯友兰所谓的“绝对的自由”是其对“无待”的理解与阐发;“顺其自然之性”

① 章太炎:《国学概论》,上海古籍出版社1997年版,第34页。

② 冯友兰:《中国哲学史》,第175—176页。

即郭象所谓的“适性”;“幸福”则指“逍遥”①。因此,冯友兰受郭象的“适性逍遥义”的思想影响,又受亚里士多德的幸福学说的影响,首先将庄子的“逍遥游”思想理解为“无待而后乃可以适性得逍遥”,然后再政治化地将之诠解为:给予民众绝对的自由,如此民众就可以自由顺任自己的自然本性,自由地发展自我的本性,如此就可以得人生之幸福。冯友兰在此虽然未如章太炎直接将“逍遥”等同于“自由”,而是将庄子所谓的“无待”诠解为“绝对的自由”,但实质上还是以西方的“自由”学说诠解庄子的“逍遥游”思想,且并未在学理上说明为何庄子的“无待”思想可诠解为政治意义上的“绝对的自由”。

侯外庐在1946年出版的《中国古代思想学说史》中提出,庄子所谓的“自由”只是一种“假象上的绝对自由”:

> 我们知道,“自由是必然的把握”,在中国古代社会的演进史中,因了一列旧氏族传统的束缚,必然是难于把握,厌倦于历史的必然,放弃把握而自愿地谓得到全自由,本质上却是自由的否定。庄子的学说就是假象上获得绝对自由,而在真实上否定了一点一滴的“物自身”之把握,否定了全自由……哲学家们说庄周的哲学为进化论也好,为绝对自由学说也好,都是皮相的说明而有毒素。②

① 冯友兰一直将“逍遥”理解为一种人生的“幸福”境界。如其在《中国哲学史》中又曰:“凡物皆由道,而各得其德,凡物各有其自然之性。苟顺其自然之性,则幸福当下即是,不须外求。”(冯友兰:《中国哲学史》,第173页。)“苟顺其自然之性,则幸福当下即是”,实际上是以现代的语言解说向秀与郭象的“适性即可得逍遥”的思想。其在1946年以英文出版的《中国哲学简史》中亦曰:“《庄子》第一篇题为《逍遥游》,这篇文章纯粹是一些解人颐的故事。这些故事所含的思想是,获得幸福有不同等级。自由发展我们的自然本性,可以使我们得到一种相对幸福;绝对幸福是通过对事物的自然本性有更高一层的理解而得到的。”(冯友兰:《中国哲学简史》,北京大学出版社1985年版,第127页。)冯友兰所谓的“相对幸福”“绝对幸福”实际上就是“有待逍遥”“无待逍遥”的现代解说。在20世纪80年代开始重写的《中国哲学史新编》中,其亦曰:“庄周的保全自己的办法和理论是,抱一种他认为是旁观,或者‘超然’的态度,对事物的变化无动于衷。他认为,这样,就可以从当时阶级斗争上的苦恼中解脱出来,以得到精神上的,也就是主观上的‘自由’、‘幸福’。这种办法和理论就是庄周所讲的‘逍遥游’。”(冯友兰:《中国哲学史新编》,第412页。)在“主观上的‘自由’”之后,依然不忘加“幸福”二字,说明“逍遥即幸福”,是冯友兰一贯的思想观点,虽然在《中国哲学史新编试稿》中其曾提出,“在主观上虚构的‘自由’就是庄子所讲的‘逍遥游’”。(冯友兰:《三松堂全集》第7卷,第375页。)

② 侯外庐:《中国古代思想学说史》,第184页。

侯外庐率先采用斯宾诺莎的“自由是对必然的认识和把握”的自由学说,诠解庄子的思想。其以为,只有在现实中一点一滴去把握“物自身”与社会历史发展的必然性,才能获得自由。庄子放弃去把握现实的物质世界与社会历史发展的必然性,却自谓已得到“全自由”,即无待的“绝对的自由”,这其实是一种假象上获得的“绝对的自由”。虽然侯外庐未明言庄子所谓的“逍遥”是一种精神的绝对自由,但将庄子的“绝对自由”看成只是一种假象上的“绝对自由”,实际上暗含了庄子所谓的“逍遥”,只是一种精神上获得的虚假的“绝对自由”的思想意味。侯外庐最后所批评的“哲学家们”对庄子哲学的阐释,实际上是在隐晦地批评胡适与冯友兰对庄子哲学思想的诠释。胡适《中国哲学史大纲》中,曾将庄子的“化”之思想不当比附为西方的进化论思想。① 而冯友兰在《中国哲学史》中将庄子的社会政治哲学解说为,庄子主张绝对的自由。侯外庐认为胡适与冯友兰对庄子哲学思想的诠释,皆是皮相的说明,没有认识到庄子哲学的本质:庄子的哲学其实在倡导人们追求精神上虚假的“绝对自由”。然这一看法实际上是建立在庄子所谓的“逍遥”,仅只指人的精神与道合同为一,无待地悠游于无穷天地之中的崇高精神境界这一片面性的认识之上。

任继愈在1957年发表的《庄子唯物主义的世界观》一文中,将庄子所谓的“逍遥”,明确地诠解并定性为“精神上的绝对自由”:

> 庄子放弃了对客观现实作任何改变的念头,他教人对社会问题、人生问题一律采取“精神解脱”的办法。他认为精神上的自由才是真正的自由,至于肉体上的痛苦、残缺都是不关重要的……他认为,只有这种人(至人),才能超出于一般人所斤斤计较的富贵、名誉、权势、是非、大小、真伪以外,而获得绝对的自由。这也就是庄子所说的“无待”的“逍遥”。②

如前所述,任继愈明确以斯宾诺莎的“自由是对必然性的认识与把握”这一自

① 参见胡适:《中国哲学史大纲》,第183—191页。

② 任继愈:《庄子的唯物主义世界观》,《庄子哲学讨论集》,第175页。任继愈在其主编的《中国哲学史》中,也直接将庄子的“逍遥”思想称为“无条件的精神自由”。(参见任继愈主编:《中国哲学史》第一册,人民出版社1964年版,第163—167页。)

由学说，诠解庄子的“命”与“逍遥”的思想：将庄子所谓的“命”诠解为“必然性”，将庄子所谓的“逍遥”诠解为“自由”。任继愈认为，庄子只看见了作为“必然性”的客观规律对人的决定性作用，又觉得人的力量无比渺小，故放弃了对客观现实作任何改变的念头，因此教人对现实问题一律采取“精神解脱”的办法。由此，任继愈将庄子所谓的至人通过超越外物与身心对人的精神的束缚与拘限而获得的“无待逍遥”的思想境界，诠解并定性为“精神的绝对自由”。任继愈的此一观点，深刻影响了之后学者的看法。张恒寿、刘笑敢、崔大华、陈鼓应等学者皆认为，庄子所谓的“逍遥”只是一种主观幻想的或精神上的“绝对自由”。①

徐复观在《中国人性论史 · 先秦篇》中，虽未用“精神的绝对自由”的概念，但也将庄子的“逍遥游”思想解说为“精神上彻底地自由解放”的状态：

> 形成庄子思想的人生与社会背景的，乃是在危惧、压迫的束缚中，想求得精神上彻底地自由解放……得到自由解放的精神状态，庄子称之为“游”，亦即开宗明义的“逍遥游”。②

徐复观认为，庄子所生活的危惧的社会背景与深刻感受到的人生的压迫性的束缚，激发庄子追求精神上的彻底的自由与解放的理想境界；庄子开宗明义的“逍遥游”所描述的即是此一理想的精神境界：“消者消释无执滞，乃对理而言。摇者随顺而无抵触，乃对人而言。游者，象征无所拘碍之自得自由的状态。总括言之，即形容精神由解放而得到自由活动的情形。”③本来，按徐复观

---

① 如张恒寿曰：“他认为人是无法离开或改变这个必然关系的，因此人在宇宙中的地位，非常渺小，而他又是一个渴望追求自由精神的人，于是在这个矛盾中，他产生了幻想主观的逍遥自由思想。”（张恒寿：《庄子新探》，第 358 页。）刘笑敢曰：“纯以精神言逍遥，是庄子所谓逍遥的独特之处，庄子之逍遥实有今日精神自由之含义。”［刘笑敢：《庄子哲学及其演变》（修订版），第 151 页。］崔大华亦曰：“庄子理想人格精神境界的本质内容是对一种个人精神的绝对自由的追求，因而具有理想的性质。这一自由境界（庄子称之为‘逍遥’）的情态。”（崔大华：《庄学研究：中国哲学一个观念渊源的历史考察》，第 160 页。）陈鼓应曰：“《逍遥游》篇，主旨是说一个人当透破功、名、利、禄、权、势、尊、位的束缚，而使精神活动臻于优游自在，无挂无碍的境地。”（陈鼓应：《庄子今注今译》，第 1 页。）

② 徐复观：《中国人性论史 · 先秦篇》，第 346—347 页。

③ 徐复观：《中国人性论史 · 先秦篇》，第 350 页。

的"游"是"象征无所拘碍之自得自由的状态"的理解,则"游"不仅可以指人的精神无所拘碍地自得自由与解放的状态,其也可以指人的形身无所拘碍地自得自由与解放的状态。然徐复观最后得出的结论却是:庄子的"逍遥游",只是形容精神自得自由与解放的状态。这与徐复观将庄子所谓的"逍遥游"仅只理解为"精神的无待逍遥"存在紧密的关系。

由上可见,学者在将庄子所谓的"逍遥"诠解为"自由"时,除极少数学者将之理解为形身意义上或说政治意义上的自由,绝大多数学者将庄子所谓的"逍遥"仅只理解为一种主观幻想的或精神上的"绝对自由"。这与他们受到庄学史上的注家,如支遁将"逍遥"仅只理解为精神摆脱外物的纠缠与身心的拘限,无所拘碍地与道同游的崇高精神境界的不当影响密切相关,但如前所述,支遁对庄子"逍遥游"思想的诠解事实上并不全面。

邓联合指出,"既然《庄子》中的'逍遥'是指行走、漫步于人间物际,而不是指漫步者的心理感受、精神体验,那么,在思想的层面上,该词作为理论范畴所指涉的就应当是一种现实的个体生存方式或外在化的生命姿态,而不仅仅是一种内在的心理状态或精神境界","'逍遥游'是一个兼括精神境界与生存方式之双重内涵的思想结构"①。确如邓联合所言,在庄子的思想中,"逍遥"作为"闲放不拘,怡适自得的悠游",不仅指人的精神摆脱外物的纠缠与身心的拘限,自由自在,无所拘碍地与道同游的高超思想境界,也指人之形身摆脱尘世有为事业之羁绊与束缚,无所事事,自然无为的悠游于无事无为之事业的处世方式。的确,庄子最推崇"精神之游",并将人的精神获得彻底的逍遥、自由与解放的状态设定为最高的"无待逍遥"的境界,但庄子在追求精神无所拘碍,与道同游的无待之逍遥的同时,也追求形身不受拘限与束缚,自由自在,怡然自适地悠游于无事无为之事业的形身之逍遥。一个明显的证据是:在《庄子》一百多见的"游"字中,虽然多达二十多处所论的是人的"精神之游",但除此以外,绝大多数的"游"皆是指人的"形身之游"。如庄子曰:

① 参见邓联合:《逍遥游释论》,第53、57页。

> 夫赫胥氏之时，民居不知所为，行不知所之，含哺而熙，鼓腹而游，民能以此矣。（《马蹄》）
>
> 巧者劳而知者忧，无能者无所求，饱食而遨游，泛若不系之舟，虚而遨游者也。（《列御寇》）

可见，庄子同样无比看重形身无有系缚，自由自在的嬉游、游乐意义上的形身之逍遥。因在庄子看来，这是解脱人生之劳苦忧苦最佳的方式。若非有此，实不足排遣人生当中无处不在、无时不有的如同徭役般的人生之劳苦悲忧。因此，不能因庄子最推崇“精神之游”，而忽略其同样无比看重与追求的“形身之游”。

而且，庄子还明确提出“游世”的思想，并将之作为至人在不幸遭遇危惧凶险，又污浊不堪的乱世时，为避免自身陷入邪僻或为世所害的境地而应持守的处世方式。庄子曰：

> 唯至人乃能游于世而不僻，顺人而不失己。（《外物》）
>
> 人能虚己以游世，其孰能害之！（《山木》）

庄子认为，唯有“外化而内不化”的至人，因始终保持着自身的独立自主的人格和纯真素朴的本性，故在浮游于危险重重又污浊不堪的尘世时，不坠入邪僻的境地；在依顺他人的同时，又不丧失自身的主体性。因此，庄子所谓的“游世”，其实是一种至人将自己的形身与如同尘垢般污浊不堪的时世，保持着距离感与间距感，不离又不即，使自身不为浊世所异化，不陷入同流合污等邪僻境地的处世方式。庄子以为，身处危险重重的乱世时代，人如果能“虚己”，虚去为富、贵、显、严、名、利等外物勃发志欲之己，将自己从追求功业与外物等执着的愿欲中挣脱出来，无所事事地游处于世，就不会为危惧凶险的乱世所害。由是可知，庄子也将“逍遥”或“游”，当作一种人们摆脱俗世的纠缠与羁绊，无所事事，自然无为地游处于世的重要处世方式，并不仅只视其为精神绝对无待地与道同游的高超思想境界。因此，前述的学者将庄子所谓的“逍遥”，仅只理解为一种主观幻想的或精神上的“绝对自由”的思想境界，首先存在着片面之失。

第二，虽然庄子所谓的“逍遥”，内在蕴含有“不受拘限，自由自在”等思想义涵,与西方的“自由”学说存在着思想上的相似性与亲缘性,但为了接引西方的“自由”思想等“崇高”的目的或动机,而将庄子所谓的“逍遥”完全等同于西方的“自由”,将“逍遥”直接当作“自由”的同义语,实际上是一种不尊重《庄子》文本的内在性和庄子思想的主体性的粗率做法。此一做法,不仅使庄子“逍遥”范畴的义涵被“自由”范畴的义涵完全替代与覆盖,抹消了庄子所谓的“逍遥”独特的思想意蕴,还消解了庄子以“逍遥”范畴所进行的对人生的理想生命存在境界的独特思考和依此而给出的通达而超越的人生智慧独特的思想意义与价值。

确切而言,庄子所谓的“逍遥”与西方的“自由”范畴并非完全等同的关系,而是范畴交叉关系。① 其中,交叉重叠的部分所指示的两者之间的共同性,是将两者进行思想会通与比较的前提与基础,也是以“逍遥”接引西方的“自由”思想学说的思想基础;而不交叉重叠的部分,则是表征庄子的“逍遥”思想与西方的“自由”学说各自的思想特殊性与价值独特性的部分,代表着各自对人生理想的生命存在境界的不同的哲学思考和独特的现实追求。

首先,就“逍遥”与“自由”所存在的共同点而言,虽然庄子所谓的“逍遥”,并不涉及在群己之间自主决定自我行动的权利范围意义上的“政治自由”问题②,但其并非仅只停留在心灵或精神的层面上,以伯林所谓的“退居内

① 谢扬举曰:“‘逍遥’刻画的根本精神与解放自我的西方自由精神虽有交叉,但毕竟是两回事!‘逍遥’最完整的意思是强调野性的、原始本初的、自然的、随机的、不受干扰束缚的状态或思想活动。逍遥地生活的本质在于最大限度地认同自然,也可以说在于自然化精神,它强调的是与作为某种人工社会和文化控制形态的自由观念全然不同的‘野性’精神。按照逍遥的哲学,我们人类根本的精神不在于社会,而在于自然之中,存在于无限的整体的宇宙之中!这样的理念与西方近代主导性的核心价值观‘自由’的差别是十分明显的。”(谢扬举:《逍遥与自由——以西方概念阐释中国哲学的个案分析》,《哲学研究》2004 年第 2 期。)虽然谢扬举对“逍遥”与“自由”两概念各自刻画的精神之差别的阐述还有再完善的空间,但指出“逍遥”与“自由”的是一种范畴交叉的关系,可谓确论。

② 伯林指出,“政治自由简单地说,就是一个人能够不被别人阻碍地行动的领域”。([英]以赛亚·伯林:《自由论》,胡传胜译,凤凰出版传媒集团·译林出版社 2011 年版,第 170 页。)从积极方面表述,“政治自由”指个体自主决定去做某事的权利之范围或边界。“政治自由”关注的重点是,在一政治的共同体中,个人自由行动的权利之范围或边界。

在城堡”①的方式实现的精神的绝对自由的状态。庄子所谓的“逍遥”，同时也包含的形身不受他人与外物的束缚与限制，自由自在、无拘无束地悠游于天地之间，游离于社群之边缘或之外，怡然自适地从事自身所喜好的游乐之事业这一层含义，内在蕴含有形身不受束缚与拘限，自主决定自我的行动意义上的“行动自由”的义涵。伯林尝指出：

> 自由乃是我的真实本性不受阻碍地实现，即既不受外在的阻碍又不受内在的阻碍。②

伯林认为，此一意义上的自由，是古希腊的斯多葛学派与现代的绝大多数的理性主义者都持有的一种自由的观念。依此一较为普泛的“自由”的定义来看，庄子所谓的“逍遥”包含两层重要的含义：一、庄子所谓的人之精神与道合同为一，无待而游意义上的“逍遥”，是人的精神实现绝对自由的表现与象征。因当人的精神与道合同为一，无待而游时，人的精神此时既不受外在的事物与自我的形身阻碍，也不受内在的各种不当的愿欲、不和的情态和一偏的是非之见等“内障”阻碍，实现了完全没有任何束缚与拘限的绝对自由。二、庄子所谓的人的形身摆脱尘世有为事业之羁绊与束缚，无所事事，自然无为地游处于在世意义上的“逍遥”，这是一种追求自己的在世活动不受拘限、束缚与阻碍意义上的“自由”。此一意义上的“自由”与伯林所谓的

---

① 伯林曰：“我可能受自然法则阻止，受偶然事件、人的活动、人类制度的常常是无意的结果的阻止。对我来说，这些力量太多了。我应该做什么才不致被它们碾压？我必须自己从那些我知道根本无法实现的欲望中解脱出来。我希望成为我自己的疆域的主人，但是我的疆界漫长而不安全，因此，我缩短这些界线以缩小或消除脆弱的部分。我开始时欲求幸福、权力、知识或获得某些特定的对象。但是我无法把握它们。我选择避免挫折和损失的办法，因此对于我不能肯定地得到的东西决不强求。我决意不欲求自己得不到的东西。暴君用剥夺我的财产、监禁、流放、处死我的心爱者的办法来威胁我。但是，如果我不再执着于财产，不再关心我是不是身陷囹圄，如果我在我的心中已经扼杀了我的自然情感，那么，他无法让我屈从他的意志，因为我剩下的一切已不再会屈服于经验的恐惧与欲望。我就仿佛做出了一个战略性的退却，退回到我的内在城堡——我的理性、我的灵魂、我的‘不朽’自我中，不管是外部自然的盲目力量，还是人类的恶意，都无法靠近。我退回到我自己之中，在哪里也只有在哪里，我才是安全的。”（［英］以赛亚·伯林：《自由论》，第183—184页。）

② ［英］以赛亚·伯林：《自由论》，第258页。

“消极的自由”[①],即“免于……(被奴役、被强制、被干涉等)的自由”[②],思想意义颇为相似。因此,合而言之,在身心皆不受束缚与拘限,自主决定自我的行动的意义上,可以说,庄子所谓的“逍遥”与西方的“自由”,意义具有相通性。由此,若因“逍遥”与“自由”两范畴间的“家族的相似性”[③],欲将庄子的“逍遥”思想解说为“自由”,应将之诠解为:“逍遥”,既是一种精神彻底摆脱外物的纠缠与身心的拘限,无所拘碍地与道无待悠游意义上的“自由”,同时又是一种形身摆脱来自外物与他人的束缚、限制与阻碍,自由自在地从事所意愿的游乐之事业意义上的“自由”。[④]

其次,虽然庄子所谓的“逍遥”内在蕴含有“无拘无束、自由自在”的意义,并经庄学史上注家的诠解不断强化了这一部分的思想义涵,但“逍遥”还是无法与西方的“自由”构成完全对等的关系。“逍遥”与“自由”两个范畴还是存在难以完全融贯的思想差异性:“逍遥”本义是“游”,本指无所事事的漫步行走,来回游走,就算因庄子对“逍遥”的本质与功用的独特理解和“逍遥”语词独特的使用方式,赋予其“无拘无束,自由自在”等内在的含义,并被庄学史上的注家诠解为“闲放不拘,怡适自得”的存在状态,但庄子所谓的“逍遥”始终带有“游”这一根底性的含义。如果抹消“逍遥”这一根底性的含义,既无法实现对《庄子》文本中所有论“逍遥”的思想文本融贯性的解释;也无法将“逍遥”与《庄子》所有论“游”的思想文本实现贯通性的理解,从而全面地揭示由“逍遥游”所整体呈现的庄子对人生最高的理想境界的目标追求;并且,还将

---

① 伯林曰:“我将称作‘消极自由’,它回答这个问题:‘主体(一个人或人的群体)被允许或必须被允许不受别人干涉地做他有能力做的事、成为他愿意成为的人的那个领域是什么?’”([英]以赛亚·伯林:《自由论》,第170页。)

② 参见[英]以赛亚·伯林:《自由论》,第179页。

③ 维特根斯坦曰:“我想不出比‘家族相似性’更好的表达式来刻画这种相似关系:因为一个家族的成员之间的各种各样的相似之处:体形、相貌、眼睛的颜色、步姿、性情等等,也以同样方式互相重叠和交叉。——所以我要说:‘游戏’形成一个家族。”([奥地利]维特根斯坦:《哲学研究》,李步楼译,商务印书馆2000年版,第48页。)“家族相似性”是描述具有相互交叉和重叠之关系的范畴的绝佳概念。

④ 邓联合认为,“虽然把自由——无论是政治自由,还是精神自由——不加辨析地看作是庄子思想本有内含这种‘现代性格义’,难免粗率、牵强,但是如果试图寻找自由主义的本土资源,那么庄子思想显然是一笔值得深度深掘的理论库藏”。(邓联合:《逍遥游释论》,第432页。)

使庄子的“逍遥”紧密关涉和无形透显的“闲放不拘，怡适自得”等积极的情感体验和崇高的精神境界，失去其现实的来源与存在的基础，继而，“逍遥”内在所蕴含的“无拘无束，自由自在”等义涵本身也就失去了由以产生的现实基础和依托存在的前提，最终使“逍遥”之“自由”成为一个无存在根基的“悬空范畴”。而西方的“自由”范畴，无论是心灵层面的精神自由等，还是行为层面的行动自由或政治自由等，皆未包含有“游”的思想义涵。

“逍遥”较之于“自由”这一多出的“游”之含义，正显示了庄子在实现人的形身与精神之自由的方式与途径上，与西方的哲学家的自由思想学说的根本差异之所在。在西方近现代的哲学家，如洛克、密尔等人看来，自由的权利要通过在政治的共同体内，与实施统治的“上位者”进行政治斗争才能获得进一步的拓展与实现。而在斯宾诺莎看来，无论是人的形身之自由，还是精神之自由，皆要通过认识必然性，遵从必然性而获取；心灵的有限理性正是通过主动认识与遵循必然性，增强心灵的自我力量，透达各种情感的本质，依此摆脱激情对人之心灵的桎梏，实现精神的自由；人的形身正是通过认识和遵从必然性，获得不受必然性之力量碍阻的行动之自由。而在庄子看来，遭遇危惧凶险的乱世，面对其德天杀的残暴君主和污浊不堪的现实政治，个人有限的力量实不足改变时代这种混乱的情势，因此，实现个人形身与精神不受外物与他人——特别是来自政治权力——的束缚、羁绊与拘限，实现个人自由的最佳的途径与最简便的方式，其实是“游”。通过“游”首先将自己的形身从有为的政治事业中疏离出来，脱离污浊不堪的现实政治，摆脱来自权力的束缚、羁绊与拘限，由此无拘无束、自由自在地悠游于天地之间而自得心意之志。继而，同样通过不利功、无目的还具审美性的“游”之活动，使人的精神摆脱各种不当的愿欲、不和的情态和一偏的是非之见等“内障”的纠缠、束缚与拘限，离形去知，无所拘碍，自由自在地悠游于无穷的天地之中，以“天和”得“天乐”。要之，庄子的“逍遥”内在所包含的“游”这一根底性的含义，实际上指示了“逍遥”之“无拘无束、自由自在”的身心之自由的实现途径与具体方法。因此，不应当将之从庄子的“逍遥”思想当中抹去，否则“逍遥”内在所蕴含的“无拘无束，自由自在”等义涵将失去由以产生的现实基础和依托存在的前提，而且，还将抹消庄子依托“逍遥”为人们提供的实现身心之自由的现实途经与具体方法独特的思想智慧的价值,消解庄子个人独特的思想创造性与哲学智慧的魅力,使庄子的“逍遥”思想同质化于西方的“自由”理论。

总而言之,在庄子的思想中,“逍遥”作为“闲放不拘、怡适自得”的悠游,不仅指人的精神摆脱外物的纠缠与身心的拘限,自由自在,无所拘碍地与道同游的高超思想境界,也指人的形身从俗世的有为事业的羁绊与拘碍中挣脱出来,无拘无束、自由自在地从事游乐之事业的处世方式。在庄学史上,向秀与郭象的“适性逍遥义”与支遁的“至足逍遥义”,虽然影响深远,但皆在一定程度上偏离了庄子“逍遥”思想的本来义旨。特别是支遁将“逍遥”只理解为精神摆脱外物的纠缠与身心的拘限,无所拘碍地悠游于无穷天地之中的崇高精神境界,使近代以来注家以西方的“自由”范畴诠解庄子的“逍遥”思想时,将“逍遥”仅只诠解为主观幻想的或精神上的“绝对自由”的状态。虽然庄子所谓的“逍遥”与西方的“自由”范畴,在追求身心不受无论是外在还是内在的束缚、拘限与阻碍的意义上,存在着思想上的相通性,但“逍遥”本身自带的根底性的“游”这一含义,使“逍遥”还是无法与西方的“自由”范畴完全相等同。如果抹消“逍遥”的“游”这一根底性的含义,“逍遥”内在所蕴含的“无拘无束、自由自在”等义涵将失去由以产生的现实基础和依托存在的前提;同时,还将消解庄子依托“逍遥”为人们所提供的实现身心最大程度的逍遥、自由与解放的现实途径和具体方法的独特的思想价值性,取消庄子独特的个人思想创造性和哲学智慧的魅力。可以说,正是通过“逍遥”之“游”,庄子为国人提供了一个完全不同于西方的“自由”思想学说,完全具有中国思想特色的身心之自由的实现方案。在政治黑暗、社会压抑、身心不自由的魏晋时代,庄子哲学借助“玄学”的时代思潮而风行天下之后,庄子的“逍遥”思想学说,一直为之后的国人摆脱身心的困苦,实现身心最大程度的逍遥、自由与解放,发挥着独特的思想功用与现实价值。

二、“达命”与“逍遥”

庄子追求“逍遥”,实际上即追求无论是人的形身,还是人的精神,皆既不受外在的事物与他人的羁绊、系缚与限制，也不受内在的各种不当的愿欲、不和的情态和一偏的是非之见等“内障”的拘限与阻碍，都无拘无束、自由自在地“逍遥于天地之间，而心意自得”这一理想的生命存在境界。然对“逍遥”这一理想的生命存在境界的实现而言，“命”具有关键而吊诡的双重性影响：“命”既赋予人以生命与性命，为人追求“逍遥”的境界提供必要的前提与基础；同时，又不断对人施授无可奈何之运命，成为阻碍人实现无待“逍遥”的限制性力量。“命”与“逍遥”之间这一吊诡而复杂的内在关系，要求人必须对“天命”和在其规制之下的“生命”“性命”与“运命”，皆具有通达而明彻的本质认识，如此才能求得人生最大程度的逍遥、自由与解放。因此，实现“逍遥”这一理想的生命存在境界，要求人既通达“天命”的实质及其变化特点，又要求人洞达“生命”存在的本质、目的、意义与价值等真相，还要求人遂达“性命”之全部的性分潜能，并豁然达观对待一切命运之所遇。内含“通达天命”“洞达生命”“遂达性命”“达观运命”四层深刻思想意义的“达命”，才是庄子“命”论的真精神，才是人实现“逍遥”这一理想的生命存在境界的根本途径与具体方法。

（一）“命”对人的双重性作用

近代以来，由于庄子所谓的“命”被一些学者只理解为“命运”之义，并将之完全等同于西方哲学的“必然性”，因此，“命”一直被认为是一种限制人的性命潜能的发挥与实现，阻碍人实现无待“逍遥”境界的限制性力量，“命”对于人只具有消极性的作用。

如崔大华认为，在庄子的思想中，“命”指“一种非人力所能干预的必然性”，“这种未被认识的外在必然性就构成了人生途中的障碍人的精神自由的一层困境”①。由于崔大华认为，庄子所追求的“逍遥”境界，只是一种“个人精神的绝对自由”②的状态，故崔大华实际上认为，“命”是障碍人实现“逍遥”

① 参见崔大华：《庄学研究：中国哲学一个观念渊源的历史考察》，第144—145页。

② 崔大华：《庄学研究：中国哲学一个观念渊源的历史考察》，第160页。

的一种生命的困境。其还以为，在庄子思想中，还有一个与“命”义涵相近且作用相似的概念——“时”。而“时”与“命”之间所存在的共同点与差别性是：

> 第一，时同命一样，是制约、囿限人的本性得以充分发挥、“足以逞其能”的一种客观力量，一种外在的必然性，一种构成人生困境的因素。第二，时、命虽然同为一种外在必然性，但它们的形态却有不同……“命”这种必然性是诸种社会、自然的力量的凝聚、蕴积，是一种内在的决定性；“时”的必然性则是这些力量整体的展开、展现。①

崔大华将“时”与“命”皆理解制约、囿限人的本性充分发挥其潜能与实现其能力的外在客观必然性，因此，认为二者皆是构成人生困境的因素，是限制人实现“逍遥”境界的消极性的力量。二者的不同点只在于，“命”之必然性来自自然与社会的强大力量的内在决定性，而“时”之必然性则是“命”之必然性的展现或表现的形式。崔大华的上述看法其实存在着两个重要的可商榷之处：

一是在庄子的思想中，“命”并非仅只具有必然性，而没有任何的偶然性；同时，“逍遥”也非仅只是“精神绝对自由”的状态。如前所述，庄子认为，天道自然的客观变化既有常，又无常。故作为天道自然对人与万物无时无刻不在施加的决定性之作用影响的“命”，实际上既有必然性，又有偶然性。庄子明确将游于羿之彀中而不中的偶然性，也归为是“命”，明显表明了此点。若将庄子所谓的“命”完全等同于“必然性”，则将使庄子成为“强决定论”形态的“命定论者”或“客观决定论”形态的“宿命论者”，使庄子完全抹杀了人之“意志自由”“选择自由”与“行动自由”的存在。然事实上，庄子并非“强决定论”形态的“命定论者”或“客观决定论”形态的“宿命论者”。庄子提出的“分无常”，即“命无常”的思想实际上消解了一切前定的“命运”与“宿命”之存在的可能性。同时，庄子并没有否定人之“意志自由”、“选择自由”与“行动自由”的存在，庄子认为人与万物皆具有自生自化、自由自在的自然本性。因此，将庄子所谓的“命”完全等同于西方哲学的“必然性”，将庄子所谓的“逍遥”仅只理解为“精神绝对自由”的状态，整体将“命”与“逍遥”之间的关系诠解为

---

① 崔大华：《庄学研究：中国哲学一个观念渊源的历史考察》，第146页。

类似斯宾诺莎“必然与自由”之关系的一种思想关系，这实际上是“以西解庄”的过程中对斯宾诺莎的“必然与自由”理论的一种“不当的比附”。这种“不当的比附”不仅未能增进对庄子哲学思想的深入理解，反而以“必然性与精神自由”遮蔽了庄子的“命”与“逍遥”两个范畴独特的思想意义，抹消了庄子通过“命”与“逍遥”两个范畴对世界与人生所进行的独特的哲学思考和依此提出的通达而超越的人生智慧的独特的思想价值。

二是在庄子的思想中，“命”对于人并非仅只具有消极的限制性的作用。张岱年曾指出：

> 命在消极方面，可以说是自然对于人为的限制。人事已尽，而还不得成功，便是命所使然。此一则非人力不到，二则又非环境中某一人或某一事所致……但命还有积极的方面，即一事的成功也是命。所以命也可作为一种鼓励。①

虽然张岱年此一观点并非针对庄子的命论而言，但实际上从普遍的意义上指出了“命”对于人既具有消极的限制性的作用，同时，又具有积极的成就性的作用。以庄子的“命”对于人的作用之看法言之，庄子亦认为，“命”对于人实际上具有双重性的作用：“命”既赋予人以生命与性命，成就人的生命与性命之存在的形式与形态，同时又决定了人之生命存在的根本局限性和人之性命的性分能力的范围与限度；不仅赋予人自生自化、自然自在、自由自主的自然本性，同时又对人不断施授无可奈何的运命，限制人之性命潜能的发挥与实现，阻碍人追求理想的生命存在的境界。

首先，就“命”与人之生命的关系而言，作为“天命”之省称的“命”，既是人的生命的根本来源和存在基础，又是人的生命存在着各种局限性的根本原因。在汉语中，人的生命之所以被称作“生命”或省称为“命”，因先民认为，人的生命来自天道自然的命授。在庄子看来，正因为有“天地之委和”（《知北游》），人才具有用以构生人之形体生命的和气；正因为有“天地之委形”（《知北游》），人才获得当下生命得以存在的形体。庄子曰：“道与之貌，天与之

① 张岱年：《中国哲学大纲》，第399—400页。

形……天选子之形。”(《德充符》)正是天道自然的进化,决定了或选择了人之生命当下存在的形貌、形式与形态。人的生命之所以“有生必先无离形”,并“养形必先之以物”(《达生》),生而是具有形体欲望的生命体;之所以“人之生也,与忧俱生”(《至乐》),并对“哀乐之来,吾不能御,其去弗能止”(《知北游》),生而是有情且不能自主其情的生命体;之所以“生之来不能却,其去不能止”(《达生》),只能拥有有限之寿年,生而是具有各种局限性的人形生命存在体等,这一切皆来自天道自然之“命”。若从积极的角度而言,人的生命之所以能感知真善美,感受生命存在过程中一切美好的事物;之所以能够觉解宇宙、世界与人生存在之真相;之所以能够自觉追求更加光明、美好、自由与理想的生命存在境界等,这一切同样来自天道自然的命授。

由此,“命”对人之“生命”的作用存在着吊诡的复杂关系:“命”既是使人得以拥有生命的原因,又是使人的生命存在着各种难以免除的局限性的根本原因。这一切是因为“命”在赋予人生命,造就人之生命当下存在的形貌、形式与形态的同时,规限了人之生命存在的根本规定性,限定了人之生命存在各方面的局限性。实际上,“命”之所以成为一种限定人之生命存在的力量,乃因其首先是一种可以赋予和造就人之生命存在的强大客观力量。“命”是以赋予人以生命,造就人之生命当下存在的形貌、形式与形态的方式,对人的生命进行根本性的规定与限制,使人具有当下所有的智慧与能力,又仅只具有当下所有的智慧与能力。因此,天道自然之“命”,对人而言,既是赋予人以生命的强大异己力量,同时又是规限人的生命存在的形貌、形式与形态之局限性的强大异己力量。

其次,就“命”与人之性命的关系而言,“命”既是人之性命的根本来源和存在根基,又是人的性命存在着各种局限性的根本原因。人的性命之所以被称作“性命”或省称为“命”,也因先民认为,人的性命来自天道自然的命授。庄子认为,人的“性命”来自“天地之委顺”(《知北游》)。正是天道自然将性命之理则委命于人,故人才拥有当下的性命规定性。而且,每一个体完全为其所独有的个体存在之殊性,从根本言,亦“受命于地”“受命于天”(《德充符》)。无论是松柏所独得的挺正和无论冬夏皆郁郁青青的存在特点,还是尧舜所独得的全正之本性,居于万物之首,能以自正己性的方式,引导众人亦自正其性的德性存在特点,皆禀受自天地之“父母”的命授。进而言之,每一个体之间之所以存在着各种各样的性命之差异性,之所以完全为个体所独有的个体之殊性无法被根本改易,之所以“子之爱亲,命也,不可解于心”(《人间世》),之所以“性不可易,命不可变”(《天运》),之所以“命有所成,而形有所适也,夫不可损益”(《至乐》),之所以“真者,所以受于天也,自然不可易也”(《渔父》),这些性命本性的存在特点,同样皆来自天道自然之“命”对人的性分之命的赋授、规限与决定。

从消极的限定的角度而言,人之所以只能“知遇而不知所不遇,能能而不能所不能”(《知北游》),不能免乎自己的无知无能者,之所以“且夫物不胜天久矣”(《大宗师》),之所以“人之不能有天”(《山木》),之所以“汝何得有乎道”(《知北游》),不能从根本上据有存在于己身之道,之所以存在着各种各样的性命之局限性,这一切同样来自天道自然之“命”。但从积极的角度而言,人之所以具有自生自化、自然自在、自由自主的自然本性;之所以能够通过学习与实践的活动,不断增长自我的能力,不断突破外在的环境对自身的限制与围困;之所以能够遂达自身全部的性分之潜能,最大程度实现自我的本性;之所以能够求得人生之最大程度的逍遥、自由与解放等,同样来自天道自然对人之性命能力的赋授、规限与决定。因此,“命”对人之“性命”的作用,同样陷入吊诡的情形:“命”既是使人具有当下的性命本性的根本规定性,个体存在之殊性和自然自在、自由自主的自然本性等方面的原因,同时又是使人的性命本性存在着各种难以免除的根本局限性的原因。而这一切同样是因为,“命”在赋予人以性命本性,使人具备当下所有的性命本性之能力的同时,也规限了人的性命本性之能力的全部限度,限定了人的性命之潜能的发挥与实现最终所能达的高度。因此,“命”对于人的性命本性同样具有双重性的作用:“命”既是一种赋予性命本性之能力及其存在之特点的积极性力量,同时又是限定人的性命本性之能力的范围与限度,限制人的性命潜能之发挥与实现的消极性力量。

再次,就“命”与人之运命的关系而言,“命”既是人的无可奈何之运命的裁决者,是对人的生命与性命进行限制与围困的消极性的力量;又是人的通达之运命的决定者,是助推人实现人生之成功的积极性的力量。人们往往将自身所遭受的不幸的、无可奈何的穷困之境遇归为是“命”,而将自己获得的通达的、幸福的境遇归为是自我的努力的结果;经常在遭遇失败的时候,归为是“时运不济”,而在成功的时候,归为是自身的勤劳刻苦的原因。但此一看法,实际上不仅误解了“命”对人之运命境遇的作用,还夸大了人自身的积极努力的作用。“命”的本质是外在的环境的总力对人无时无刻不在施加的不可抗拒、无从逃避又无力改变的决定性作用。这一决定性作用不仅作用于人不幸的、无可奈何的穷困之境遇,同样也作用于人获得的通达的、幸福的境遇。只不过,在前一种境遇中,“命”的限制性与阻碍性的作用较为明显;而在后一种境遇中,“命”的造就性与助推性的作用不那么明显,但实际上,如果抽离外在性的环境总力的作用,连人的生命都无法存在,更何谈追求人生的成功与幸福。

在庄子看来,“命”不仅是人遭受穷困、贫贱、非毁、凶险、死亡等不幸之境遇的原因;同样是人获得通达、富贵、赞誉、安全、生存等幸运之境遇的原因。庄子曰:“死生、存亡、穷达、贫富、贤与不肖、毁誉、饥渴、寒暑,是事之变,命之行也”(《德充符》),又曰:“知穷之有命,知通之有时”(《秋水》)。可知,庄子认为,不仅死、亡、贫、穷、不肖、毁等不幸的境遇是“命之行”,而且,生、存、富、通、贤、誉等幸运境遇的背后,同样也有“命之行”在发挥着重要的作用。庄子将游于羿之彀中而不中的幸运性,也归为是“命”之作用,也明显表明了此点。庄子还曰:“衣弊履穿,贫也,非惫也。此所谓非遭时也……处势不便,未足以逞其能也。”(《山木》)由此亦明显可见,庄子并非将“时势”“时命”皆视为碍阻人“逞其能”,囿限人发挥和实现其性命之能力的限制性的因素。恰恰相反,庄子以为,正因为有才华之人士未“遭时”,未“得势”,因此才落入贫病困惫不堪的境遇。“时”和“势”在此实际上被庄子认为是助力有才华之士率性尽情地发挥自身的才华与智慧必要而不可或缺的前提性的条件。因此,“时”“势”“运”“命”,并非对人仅只是限制性、消极性的力量;其同时也是促使人获得成功与幸福的助推性、积极性的力量。

事实上,“命”作为环境总力对人施加的决定性作用,其本身是积极性的作用,还是消极性的作用,其实依据人从这一决定性作用中所获得的收益是正向性,还是负向性的结果而定。由此,“命”对于人之运命境遇的作用同样陷入吊诡的情形:“命”既是使人遭遇各种无可奈何之人生困境的根本原因,又是使人获得通达与幸福的决定性因素;不仅是将人限定于某一无可奈何的人生困境之中的强大异己力量,又是使人突破人生的困境,获得通达与幸福的成就性的力量。

总而言之,无论是对人的生命、性命,还是人的运命,“命”皆同时具有积极性的成就与造就之作用的一面和消极性的规限与制约之作用的一面,其对于人之作用具有双重性:“命”,既是人的生命的根本来源和存在基础,又是人的生命存在着各种局限性的根本原因;既是人之性命的根本来源和存在根基,又是人的性命存在着各种局限性的根本原因;既是决定人的无可奈何之运命,对人的性命与性命进行限制与围困的消极性的力量,又是人获得通达与幸福的决定性因素,是造就人与成就人的积极性的力量。因此,近代以来,很多学者将庄子所谓“命”,仅只看成是一种消极性与限定性的强大异己力量,实际上忽略了“命”对于人的生命、性命与运命积极的成就性与造就性的作用。

(二)“逍遥”须“达命”

“命”对于人具有双重性的作用。在人追求“逍遥”这一理想的生命存在境界问题上,“命”同样具有双重性的作用。“命”与“逍遥”之间存在着复杂而吊诡的辩证关系:“命”既为人追求“逍遥”的境界提供必要的前提基础,又成为阻碍人实现无待“逍遥”的限制性力量;既是人得以实现人生最大程度之“逍遥”的根基所在,又是人不得无待“逍遥”的根本原因。① 就“命”是碍阻人实现“逍遥”境界的限制性力量,是人不得无待“逍遥”的根本原因而言,“命”是人必须通达和超越的对象。“达命”实是人实现人生最大程度的“逍遥”境

---

① 王凯曾指出,“‘命’从道的角度讲,既是对人的规范和限制,也是寓居于人的表现方式,是人自由或不自由的根据。因此人不可能逃避天命,更不能违背天命,否则就得不到自由”。(王凯:《逍遥游——庄子美学的现代阐释》,第213页。)虽然王凯将庄子所谓的“逍遥”完全等同于“自由”不够切当,但此说实际上指出了“命”对于人追求“逍遥”的境界的作用具有二重性。

界的根本途径与具体方法。

第一,“命”实际上为人追求“逍遥”的境界提供必要的前提基础,是人得以追求人生最大程度之“逍遥”的根基所在。

首先,人追求“逍遥”的境界所依托的形身与精神,来自天道自然的命授。人的生命,实源自构成人之生命的基础性物质——“气”之汇聚。正因为有此“气”之汇聚,人才具有了当下这一形神合一的身体,才能依此形神合一的身体,追求无论是人的形身,还是人的精神,皆无拘无束、自由自在地“逍遥于天地之间,而心意自得”(《让王》)的理想生命存在的境界。而构生人之身体的天地之和气,来自“天地之委和”;人之形神合一的身体,来自“天地之委形”。因此,天道自然之“命”,首先为人追求“逍遥”的境界,奠定形身与精神的存在前提与基础。

其次,“天命”的自然自在、自由自主的本性,既是人追求“逍遥”境界的人性基础,又是激发人追求“逍遥”境界的永恒动力。追求“逍遥”这一理想的生命存在境界,完全是人自发、自主、自觉的行动,因此,其首先必须以“天命”的自然自在、自由自主的自然本性作为人性的基础。而人之所以追求“逍遥”这一理想的生命存在境界,因天赋的自然自在、自由自主的自然本性天然地追求自身本性完满的实现与完成。罗安宪指出,“庄子认为,人之本性即是自然、自在而自由。自由而自在不仅是性之本然、本真,同时也是人性、人生之理想状态”①。因人的本性原本自然自在、自由自主,故其意愿一直以这一原本、初始、天然的存在状态而展开自身在世存在的活动,既不受外在的束缚,也不受内在的阻碍;无论是来自外物与他者,还是来自内在的不当之愿欲、不和之情态和一偏的是非之见等事物的束缚与阻碍,完满地现实自我的真实本性。天赋的自然自在、自由自主的自然本性,天然追求自然自在、自由自主的理想存在状态,使其天然地意愿追求“逍遥”的理想生命存在境界。依庄子的思想洞见,“逍遥”作为“闲放不拘,怡适自得的悠游”,实际上是实现人之自然自在、自由自主的自然本性之自由与解放最佳的途径与最简便的方式。通过“闲放不

① 罗安宪:《虚静与逍遥——道家心性论研究》,第 119 页。

拘,恰适自得的悠游”,可以使人的形身与精神既摆脱来自俗世的有为之事业的羁绊、束缚与拘限;也摆脱因追求俗世有为之事业而必不可免的形劳、性劳与心劳之苦和各种不和之情态等事物的撄扰、纠缠与围困;由此,天赋的自然自在、自由自主的自然本性可以自由地施展自身,自由地实现自我的真实本性。在此意义上,可以说,“逍遥”是人由其自然自在、自由自主的自然本性天然主导、永恒追求的理想的生命存在境界。反过来说,“天命”的自然自在、自由自主的自然本性,则为人追求“逍遥”的理想生命存在境界提供永不竭尽的思想动力。

再次,实现“逍遥”的理想境界所必需的“大知”这一关键而不可或缺的必要条件,需要以“天命”的性命之智能作为前提基础。人的形身如欲解脱永不知足的对外物的占取欲对其的宰制与摆布,将自己从俗世的有为的事务挣脱出来,无拘无束、自由自在地悠游于无事无为之事业,必须首先依托“大知”实现对自我生命存在的本质、目的、意义与价值的根本觉解,从根本上厘清人的生命与外物之间恰当的目的与手段之关系,如此才能摆脱嗜欲心对形身的宰制与摆布。而人的精神如欲摆脱外物与身心对其束缚与拘限,同样需要“大知”,洞达外物只是身之隶属物与暂寄物的本质真相,看透外物之得失的本质,由此摆脱对外物的不当之愿欲,以及因外物之得失而引起的各种不和之情态等“内障”对身心的撄扰、纠缠与系缚,一直保持心灵的静定平和的状态和精神宁定祥和的本性,如此,才能使道集止于虚静的心灵,进而舍止于心舍中的精神,才能“出神”而与道合同为一,无待悠游于无穷的天地之间。可见,“大知”是实现形身与精神之“逍遥”的关键所在。而“大知”的获取,需要以天道自然命赋予人的智能作为基础。而后,人才能以此先天的智能作为基础,不断通过后天的学习实践,不断拓展自己的认识视域,开放自己心灵的视野,由此获得通达而广大的思想智慧。如果天赋的智能极其有限,使人不足以自觉自我生命存在的局限性,亦不足以找到解脱外物与他人对自我的束缚与拘限的方法,则人只能被动地承受天道自然对人之生命存在的支使与摆布,永远无法摆脱外物与他人对自我的束缚与拘限。因此,人之天赋的性命本性,实际上为人追求“逍遥”的理想生命存在境界奠定必要的前提与基础。

第二,“命”同时又是阻碍人实现无待的“逍遥”的限制性力量,是人不得无待“逍遥”的根本原因。

首先,人的形身无法实现无待的“逍遥”,除人之错误的认识与不当的作为之原因外,根本而言,来自“天命”对人之生命与性命的存在之根本规定性的规限。“天命”给予人的生命是一种有形的生命存在体,是一因生之活动而不断消耗能量,需要不断补充生命存在所需之能量的有形生命体,这规定了人必须不断地求取养形之物,以持养自我的形体,维持自我生命的存在。而人必须去求取养形之物,则规定了人生首要的活动是劳动,规定了人必不可免要陷入“与物相刃相靡”(《齐物论》)的境地之中。由此,形身被“天命”规限着总是被缚结在求取养形之物的活动之中而无法自我解脱。而且,形身在求取养形之物的过程中,极易“见得而忘其形”(《山木》),“驰其形性,潜之万物,终身不反”(《徐无鬼》),被外物所异化,堕化为“名尸”与“物奴”。

而形身易为外物系结而不知返,易为外物异化而不知归,则与“天命”的形性易受外物的诱引,沉沦于感官性的快乐之满足而无法自拔又存有紧密的关系。庄子指出,“且夫失性有五:一曰五色乱目,使目不明;二曰五声乱耳,使耳不聪;三曰五臭薰鼻,困惾中颡;四曰五味浊口,使口厉爽;五曰趣舍滑心,使性飞扬”①(《天地》)。“天命”的形体本性,使人之目易为五色所乱,人之耳易为五声所乱,人之鼻易为五臭所困,人之口易为五味所厉爽,人之心性易为外物的得失或飞扬或挫抑。这一“天命”的形性与心性存在的局限性,则为人追求“逍遥”的境界天然地制造了限制与阻碍。同时,还无法从道德性或正义性的角度,解释“天命”的自然进化的历程,为何要使人形成如此的形性与心性的存在局限性。再进而言之,“天命”规限的人之生命与性命,又是仅只具有限的性命之能力的生命体,使人只能“知遇而不知所不遇,能能而不能所不能”(《知北游》);使人不能胜乎天,不能据有天,也不能占有道,无法随心所欲地实现自我的心志愿欲;但同时又给予人无限的想象力和无限的愿欲之能力。

① 成玄英曰:“惾,塞也,谓刻贼不通也。五臭,故壅塞不通而中伤颡额也……厉,病;爽,失也。令人着五味,秽浊口根,遂使咸苦成痾,舌失其味,故言厉爽也。趣,取也。滑,乱也。顺心则取,违情则舍,挠乱其心,使自然之性驰竞不息,轻浮躁动,故曰飞扬也。”[(清)郭庆藩撰:《庄子集释》,第454页。]

这些人之生命与性命的存在特点，同样给人追求“逍遥”这一理想的生命存在境界天然地制造阻碍与限制。

其次，人的精神难以无待地“逍遥”，也有“命”天然制造的阻碍与限制的原因。“天命”人的精神存在必须以“心”作为“神舍”，以人的形身作为其存在的前提与基础。而人的形身对于人的精神的存在，作用非常微妙：形身首先是人的精神寄处的主体，是保护其不受外物伤害，不被阴阳二气作用而解体消散的躯壳，但反过来，形身又是如同圄限人的精神的囚笼、囹圄，是使人的精神不能无拘无束、自由自在地出离，无所依待地悠游于无穷天地之间的根本原因。而人的精神必须依托于人的形身而存在这一生命存在的根本规定性，是“天命”的生命存在的根本规定性。故可以说，“天命”使人的精神必须蜗居于人有限的七尺之形躯之内，为作为其存在之前提与基础的形身之持养而操劳、操持不休，为人的形心所役使。

同时，“天命”的形性存在的弱点，使人之形性极易为外物所诱引，陷入追求一切可纵足人的感官性之快乐的事物而无法自拔，以至“见利轻亡其身”（《让王》），如此，人的精神又得时时刻刻为人不“以物易己”（《徐无鬼》），“以物害己”（《秋水》），成为“丧己于物，失性于俗”的“倒置之民”（《缮性》）而操心不已。再者，“天命”的人之形体存在的脆弱性还在于，其极易被由外物之得失而引起的各种不和之情态侵扰，由此引发身心的阴阳二气不和而犯各种内热与寒疾。如此，人的精神又得为人之“养生”与“卫生”等而操心不已。而且，“天命”的精神本身亦容易受此各种不和之情态的撄扰与纠缠：从小的方面来说，功名利禄等外物的得失，从大的方面来说，死生性命的得失，皆极易在内心引发各种不和之情态交相更代，使舍止于人之心舍之中的精神不得安宁，失去其原本虚静安定的本性，严重者，精神亦将被此不和之情态所错乱和昏愦。① 如此，

① 陈鼓应指出，“人生在世，一方面渴望自由，另一方面却造出无数法规条文束缚着自己，内在的种种情念嗜欲团团牵制自己，且宗派区域的成见横亘于胸中而重重套落在人际关系间。世人常汩没于嗜欲圈里不得超拔，涉身于名位场中而不得自由”。（陈鼓应：《老庄新论》，第 201 页。）罗安宪指出，“在庄子看来，妨碍人自由、自在生活的有几个方面的因素：一是对于功名利禄的追求，二是对于命运的担忧，三是对于死亡的恐惧”。（罗安宪：《老庄论道》，第 144 页。）两位学者皆点出系结与束缚人的精神的重要因素之所在。

人的精神必须在自身努力抵御各种不和之情态的攖扰与纠缠的同时,努力帮助人之形身不受各种不和之情态的侵扰,调谐人之身心的阴阳二气,使其回归阴阳和静的状态。人之精神要为人之形身与自身承担如此多的重负,使其难以依顺自我的本性,无拘无束、自由自在地出离人的形体,与天地精神相往来,与道合同为一,无所依待地悠游于无穷天地之间。而这一切的境遇又皆因“天命”对人精神的功用与责任的安排与规限。

总之,无论是人的形身无法实现无待的“逍遥”,总是被缚结在求取养形之物的活动之中无法自我解脱;还是人的精神难以挣脱外物与身心对其束缚与拘限,总是必须为形身之持养而操劳、操持不休,为人的形心所役使,不得无待的“逍遥”;这一切皆有“命”对人之形身与精神的存在的根本规定性之规限的原因。因此,“命”在为人追求“逍遥”的境界提供必要的前提与条件的同时,实际上又成为阻碍人实现无待之“逍遥”的限制性力量,是使人不得无待“逍遥”的根本原因。

第三,就“命”是碍阻人实现“逍遥”境界的限制性力量,是人不得无待“逍遥”的根本原因而言,“命”是人必须通达和超越的对象。为此,庄子提出了“达命”的哲学思想。

“命”与“逍遥”之间存在复杂而吊诡的内在关系,要求人必须对“天命”和在其规制之下的“生命”“性命”与“运命”,皆具有通达而明彻的本质认识,这是庄子提出“达命”的哲学思想的根本原因所在。由于庄子所谓“命”,包含“天命”“生命”“性命”“运命”四重不同的思想含义;同时,“达”又同时具有通达、洞达,达取、实现和旷达、豁达等不同的义涵。故庄子所谓的“达命”实际上包含“通达天命”“洞达生命”“遂达性命”和“达观运命”四层深刻的思想意义:

首先,对于“天命”之“命”,庄子明确提出人应“通乎命”,即“通达天命”的思想。庄子曰:“人且偃然寝于巨室,而我噭噭然随而哭之,自以为不通乎命,故止也。”(《至乐》)《说文》曰:“通,达也。”故“通乎命”即“达乎命”。由此明显可见庄子“达命”的思想主张。而且,这一“达命”的思想主张,是庄子在面对一个十分切己的不幸遭遇,即深爱的妻子死亡,经历了大悲痛而后幡然彻悟而提出的一个思想主张，因其中包含有庄子至为特殊的生命经验，故相较于“安命”，实更加代表了庄子对“命”之最直接的想法和最真实的主张。庄子的“通乎命”之所谓“命”，在原文的语境中，指“杂乎芒芴之间，变而有气，气变而有形，形变而有生，今又变而之死”（《至乐》）这一人根本无法抗拒和无力改变的天道自然之客观变化的历程。故“通乎命”实际上提出了：人应通达地理解天道自然之流行变化，及其对人与万物无时无刻不在施加的决定性的作用影响的变化特点；继而，旷达超脱地对待一切不可抗拒、无从逃避又无力改变的“天命”之流行变化。

“通乎命”作为“通达天命”，要求人们既通达地理解天道自然变化之理及其变化的特点，又旷达超脱地对待天命的流行变化。具体而言，在《至乐》篇中，其要求人们通达死生只不过是“天命”的自然流行变化，如同春秋冬夏四时之轮转一样自然，故人应如接受春秋冬夏四时之自然轮转那样，接受死生自然轮转变化的事实。因此，不应为人之死亡而忧悲过度，使各种不和之情态在内心交作，失去内心平和静定的状态，而应当依顺天地之“父母”的“善夭、善老，善始、善终”（《大宗师》）的要求，尽快地忘情止悲，旷达超脱地对待“天命”的死亡事件。如果不局限于《至乐》篇，则“通乎命”还要求人们通达“死生，命也；其有夜旦之常，天也；人之有所不得与，皆物之情也”（《大宗师》）的客观实情；而且，要求人们深刻达解“死生、存亡、穷达、贫富、贤与不肖、毁誉、饥渴、寒暑，是事之变，命之行也；日夜相代乎前，而知不能规乎其始者也”（《德充符》）的存在真相；进而通达“天命”的自然变化及对人与万物所施加的决定作用具有生化自然、变化无常与赋授无私等变化特点；由此，不让一切由“天命”决定的自然流行变化，滑乱自己静定平和的心灵；不让恐惧、悲伤、痛苦、哀愁等不和之情态侵入灵府，一直保持平和、逸豫、通达，而且不失愉悦的状态。

人只有“通达天命”，才能通达地了解一切由“天命”的自然流行变化所决定的“天之所为者”，如此，才能懂得去区分天人之分限；才能不因人之所不能为、更不应试图去为的“天之所为”，而滑扰内心之和；才能在“备物以将形，藏不虞以生心，敬中以达彼，若是而万恶至者”时，依然能够“不足以滑成，不可内于灵台”(《庚桑楚》)。人只有“通达天命”,才能进而彻知人之生命、性命乃至运命的存在本质与全部真相。故“通达天命”,实际上是庄子“达命”的哲学思想主张中,最首要的“达命”之思想要求。

其次,对于“生命”之“命”,庄子实际上也提出了人应“洞达生命”的思想主张。所谓的“洞达生命”,指深刻地洞达生命的存在本质、目的、意义、价值与全部的真相,实现对自己生命的根本觉解。虽然在《庄子》中,庄子没有十分明确使用“洞达生命”等词句①,但庄子哲学在根本上作为一种生命哲学,其根本之宗旨,就是要人们洞达生命存在的本质与真相,实现对自己生命的根本觉解,最终实现生命最大程度的逍遥、自由和解放,故庄子的生命哲学的思想主张,无不透显着“洞达生命”的哲学思想精神。

“洞达生命”,要求人们深刻洞察人之生命存在“有生必先无离形”“养形必先之以物”(《达生》)这两个生命存在的根本的规定性,从而通达而明彻地觉解人生而作为有形体之欲的生命存在体,必然要承受求养形之物之劳苦的根本原因;而且,还要求人们达解“生之来不能却,其去不能止”(《达生》)这一人之生命存在根本不可拒止的变化态势,洞察人之生命“一受其存形,不亡以待尽”(《齐物论》)的在世存在之真相。

“洞达生命”,还要求人们洞达“人之生,气之聚也,聚则为生,散则为死”(《知北游》)这一“死生”只不过为气之聚散的根本真相;进而达解“生者,假借也,假之而生生者,尘垢也”(《至乐》),人之生只不过是假借尘垢之气而生的存在本质;又明达“生非汝有,是天地之委和也”(《知北游》),人之生命只不过是天地之“父母”暂时委付给人使用的一团强阳自动的和气,人从来就没有获得对自我生命的根本所有权的客观实情;并且,还深刻洞察“死生有待邪?皆有所一体”(《知北游》),“万物以不同形相禅”(《寓言》)的存在真相,

① 《达生》的“达生之情者,不务生之所无以为;达命之情者,不务〔命〕之所无奈何”,其中“生”若按本字解,不视作“性”之通假;“命”若不视为与“性”相对言的“性分之命”,而解为“生命”之义;则庄子所谓的“达生之情者”与“达命之情者”,事实上也提出了洞达生命存在之实情意义上的“达命”之主张。参见拙文:《“达命”还是“安命”——庄子“命”论精神新探》,《中国哲学史》2016年第1期。

达解人的死生只不过如昼夜之变化，又如春秋冬夏四时之行，将不断终而复始地更替轮转，故人之此生亡尽后，将以其他的生命存在形式“更生”而存在的客观事实。

人只有“洞达生命”的存在本质、目的、意义、价值与全部的真相，才能透达人生在世总是充满着劳苦忧悲等各种生命存在之痛苦的根本原因，通达解脱人生之劳苦忧悲等生命存在之痛苦的根本方法，从而实现人生之最大程度的逍遥、自由与解放。

再次，对于“性命”之“命”，庄子则明确提出了人应“达大命”（《列御寇》），达取和实现作为性命之“大命”的性命之真性，并“致命尽情”（《天地》）和“达于情而遂于命”（《天运》），继而，“达命之情者，不务〔命〕之所无奈何”（《达生》）三个思想主张。

庄子认为，人的性命本性中，既有作为性命之“大命”的性命之真性，又有性命之“小命”的巧智与欲望之性；人应达取和实现的是性命之“大命”，因“达大命”的人，将随顺自己的性命之真性与正性；不应去达取和实现性命之“小命”，因“达小命”的人，其行为将迂邪不正。因“达小命”者，将成为只追求巧智与欲望之性之满足的人，如此，其心灵必将异化为“嗜欲心”。而人的心灵一旦异化为“嗜欲心”，则人为了满足自身永不知足的占取外物的欲望，将不择手段，故必将堕入邪僻的境地，不仅将因动与过而受“阴阳食之”之内刑，还将因违反礼法而受“金木讯之”之外刑。

庄子还主张，人还应“致命尽情”和“达于情而遂于命”，即达至和实现自己的性命本性，并将天赋的性分之潜能遂成至极致；穷尽自己天赋的性命之全部能力，使之达至竭尽无余的状态。庄子以为，“神人”与“圣人”等理想的人格，即是完全现实自我的天赋本性，并将天赋的性分之潜能遂成至极致之人。事实上，天将此性命之本性赋授于人，即是要人“尽其所受乎天”（《应帝王》）。人只有最大化地实现自然自在、自由自主的自然本性，才可谓最大限度地完成“天命之使命”。而且，“致命尽情”和“达于情而遂于命”作为“致命尽性”和“达性遂命”，还是人“知命”的前提与基础。人只有穷尽自身天赋的性分之潜能，全尽自身的性命本性的全部能力，才能知何者属于人完全无可奈何者,才能将之归为人之所不能为的“运命”。

在“致命尽情”和“达于情而遂于命”的思想基础上,庄子进一步提出了“达生之情者,不务生之所无以为;达命之情者,不务〔命〕之所无奈何”(《达生》)的思想。庄子以为,通达的智者,在明彻地了解人的性命能力极其有限这一客观实情后,不致力于人的性命本性无法作为和无法奈何的事情。“生之所无以为”和“命之所无奈何”之事,不仅包含“有生必先无离形”“养形必先之以物”(《达生》)两个生命存在的根本规定性,而且还包括“且夫物不胜天久矣”(《大宗师》),“人之不能有天,性也”(《山木》),“汝身非汝有也,汝何得有乎道”(《知北游》),“无知无能者,固人之所不免也”(《知北游》)等人之生命与性命存在的根本局限性。

庄子上述三个“性命”意义上的“达命”之主张,可以将之归纳概括为“遂达性命”。在庄子看来,只有作为性命之“大命”的性命之真性,才是性命之正性,才是天命予人的真实本性。而作为性命之“小命”的巧智与欲望之性,“为性萑苇蒹葭”(《则阳》),是人之性命中的不正之因素。因此,人应达至和实现的性命本性,肯定是作为性命之“大命”的性命之真性。故“遂达性命”首先可以涵括“达大命”的主张。再者,“致命尽情”和“达于情而遂于命”实质上即要求人最大限度地遂达天赋的性命之全部的潜能与现实的能力。最后,人只有最大限度地遂达天赋的性命本性,才能“达命之情”。依此,“遂达性命”亦可以涵括“达命之情者,不务〔命〕之所无奈何”的主张,因“达命之情”是“遂达性命”后自然的逻辑结果和智慧选择。要之,庄子对于“性命”之“命”,要求人“遂达性命”:既达取性命之真性,又遂达性命全部的潜能,还达解性命之存在的实情。

又次,对于“运命”之“命”,庄子实际上也提出了人应“达观运命”,即以旷达超脱、无悲无喜、无惧无畏的态度,豁然达观面对自己所遭的一切之运命的思想。在汉语中,“达”不仅有达到、达成、实现等义,还有通达、洞达事物存在的本质与真相之义,而且,还有旷达超脱、豁然达观地对待自己之所遇之义。庄子的“通乎命”作为“达乎命”,不仅要求人们通达地理解“天命”的流行变化之理及其变化特点,还要求人们旷达超脱地对待天命的流行变化。事实上,人们旷达超脱地对待天命的流行变化的精神，即是豁然达观面对自己所遭的一切之运命的“达命”思想精神。因人的运命，即人于时世所遭的由“天命”的流行变化所决定的无可奈何之境遇。故庄子“通乎命”的思想，实际上亦要求人们以“达命”的哲学思想精神，豁然达观面对自己所遭的一切之运命。

“达观运命”的具体表现，首先是“知其不可奈何而安之若命”（《人间世》）。“知其不可奈何”作为一种“知命”，实际上就是一种“达命”，因其首先达解了人之运命的不可抗拒性与无可奈何性等变化特点。进而，“安命”与“顺命”所表现出来的，以安宁静定、平和正定的态度，主动解除战栗、恐惧、悲伤、痛苦等各种不和之情态对人之心灵的侵扰与伤害；主动循顺“天命”的自然流行之变化，不徒劳无功地试图逃避或违逆由拥有强大无比之主宰性力量的天道自然所施授之“命”；以旷达超脱、无悲无喜、无惧无畏的态度，豁然达观面对自己一切之所遇。这亦极大体现了“达命”的思想精神。

“达观运命”还表现为“知穷之有命，知通之有时，临大难而不惧”（《秋水》）。事实上，“知穷之有命，知通之有时”，就是“达命”的表现，因其达解了人之穷通的运命境遇由既具有必然性又具有偶然性的“时命”最终裁决、确定的客观实情。而“临大难而不惧”这一无畏无惧地面对自己所遭之时命，不使自己的心灵因外在的穷达、贫富、贵贱等外在的运命境遇的变化，而改变内心平和静定的状态，亦极大体现了“达命”的哲学思想精神。孔子正是因为持这样一种豁然达观对待自己一切之所遭的“达命”思想精神，故在面对自己为匡人所围的危险情境时，还能晏然安处，并“弦歌不惙”（《秋水》），安然地将自己将来的运命交由“天命”来裁决，旷达超脱地对待一切将来的可能之运命。

总之，庄子所谓的“达命”，包含有“通达天命”“洞达生命”“遂达性命”和“达观运命”四层深刻的思想意义，并且，这四层深刻的思想意义之间存在着紧密的内在思想联系：人只有“通达天命”，才能知“生”由天所“命”的客观实情，从而“洞达生命”的存在本质与全部真相；人只有“通达天命”，才能“达命之情”，透达自己的性命能力极为有限的客观实情；人只有“通达天命”，才能觉解天道自然赋予人性命的“目的”，由此自觉地承担起“尽其所受乎天”的

“天命之使命”，积极主动达取作为性命之“大命”的性命之真性，并将天赋的性分之本性遂达至极致的状态；人只有“通达天命”，才能达解人穷达、贫富、贵贱等运命的境遇由“天命”最终裁决而定的实情，进而豁然达观对待自己所遭一切之运命；而且，人只有“遂达性命”，才能知何者属人完全无可奈何之“运命”，才知通达地选择“不务生之所无以为”和“不务命之所无奈何”。故庄子所谓的“达命”，是一内在包含“通达天命”“洞达生命”“遂达性命”和“达观运命”四层深刻的思想意义，并四层深刻的思想意义存在严密的逻辑结构关系的整体思想主张。

第四，庄子以为，“达命”实际上是人实现“逍遥”这一理想的生命存在境界的根本途径与实现方法。人只有既“通达天命”的流行变化之理及其变化特点，又“洞达生命”的存在本质、目的、意义、价值与全部的真相，还“遂达性命”之真性和全部的性分潜能，并“豁然达观”对待一切命运之所遇，才能实现人生最大程度的逍遥、自由与解放。

首先，就人的“形身之逍遥”而言，人如欲将自己的形身从俗世的有为事业的羁绊与拘碍中挣脱出来，无所事事地悠游于无事无为之事业，实现人之形身最大程度的逍遥、自由与解放：

其一，必须首先通达“天命”，明达“生”由“天命”的客观事实，从而洞达生命的存在本质与全部真相。由此，深刻地觉解人之生命就是人的一切生之活动的目的，人求取养形之物皆是为了营养人的生命，一切外物皆是为营养人的生命而服务的“所用养”（《让王》）之工具与手段。因此，“知身贵于隶”（《田子方》），持守人的生命的价值胜于一切外物的价值立场，由此“尊生”“重生”（《让王》），深刻认识到人不应为外在的物利、高尚的美名甚至为所谓的齐家治国平天下等伟大的功业而殉献自己的形体生命。因人从事齐家治国平天下等伟大的功业，最终的目的还是为安乐和富足人的生命而服务。因此，在“时命大谬”（《缮性》），依凭自身有限的个人力量，根本无法改变所遭遇的危惧凶险的乱世时，人应以自然无为、无所事事地悠游于无事无为之事业的方式，疏离俗世的有为之事业，脱离污浊不堪的现实政治，首先使自己的形身不为时代残酷的刑罚所伤，不为其德天杀的君主等所害，继而以“虚己以游世”

(《山木》)的方式,尽力完成个人自我所承担的“保身”“全生”“养亲”“尽年”(《养生主》)等道德的责任。由此,才能以“无功”“无名”(《逍遥游》)的方式,摆脱为功名所勃发的志欲对自我形身的主宰,首先不使自己的形身陷入危险的情境之中,进而使自己的形身摆脱因追求俗世的有为的事业而来的,来自他人,特别是来自政治权力的束缚、羁绊与拘限,由此实现形身无拘无束、自由自在地“逍遥于天地之间,而心意自得”(《让王》)的理想存在状态。

其二,人只有通达“天命”,洞达生命的存在本质与全部真相,才能知虽然“天命”让人的生命“有生必先无离形”“养形必先之以物”(《达生》),但人基本的性分之欲其实不难满足,持养生命所必需的养形之物实不需多。如此,才能摆脱永不知足的“嗜欲心”对形身的宰制与摆布,才能不陷入“以物易己”(《徐无鬼》)、“以物害己”(《秋水》)、“徇名失己”(《大宗师》)的异化状态,不堕化为“名尸”和“物奴”,成为“丧己于物,失性于俗”的“倒置之民”(《缮性》)。而人只有摆脱永不知足的“嗜欲心”对形身的宰制与摆布,才能将自己的形身从永不知足的占取外物的活动中解放出来;才能最大程度解脱因求取养形之物而必不可免的形劳、心劳与性劳之苦;才能最大程度地实现形身的逍遥、自由与解放。

其三,人只有“遂达性命”,达取作为性命之“大命”的性命之真性,才能“不开人之天,而开天之天”(《达生》),保持自然无为、纯真素朴、平和静定等自然的德性;如此,才能依此天赋的自然德性而抑压巧智与欲望之性对人的形性之主导权的侵夺;如此,才能不使形性受外物的诱引,陷入追求一切可纵足人的感官性之快乐的事物而无法自拔,“驰其形性,潜之万物,终身不反”(《徐无鬼》),走入人生的歧途。而且,人只有最大程度地遂达天赋的性命之全部的潜能与现实的能力,才能为形身实现最大程度的逍遥、自由与解放奠定现实的物质基础与能力前提。最后,人只有“达命之情”,才能将形身从“务免乎人之所不免者”(《知北游》)等错误的行为活动之中彻底解脱出来。

总之,人的形身想要实现最大程度的逍遥、自由与解放,必须通过“达命”而“彻志之勃,解心之谬,去德之累,达道之塞”(《庚桑楚》),消撤为功名等外物勃发的志欲,将自己的形身从追求俗世有为的功业之活动中疏离出来;解除永不知足的“嗜欲心”对形身的宰制与摆布,将形身从永不知足的占取外物的活动中解放出来;去除一切阻碍人之形身通达逍遥、自由与解放之大道的因素。如此,才能实现人的形身无拘无束、自由自在地“逍遥于天地之间,而心意自得”(《让王》)的理想存在境界。

其次,再就人的“精神之逍遥”而言,人的精神如欲摆脱外物与身心对其的束缚与拘限,出离人的形体,与天地精神相往来,与道合一,自由自在,无所依待地悠游于无穷的天地之中,同样必须通过“达命”,解脱一切无论是来自外在的事物,还是来自人的身心对其所造成的束缚与阻碍:

其一,人只有通达“天命”,才能明彻地了解一切由“天命”的自然流行变化所决定的事项,“知天之所为者”(《大宗师》);只有“洞达生命”的存在本质与全部真相,才能明彻地知解人之生命与性命全部具有的能力所能为的事项之范围,“知人之所为者”(《大宗师》);如此,才能准确知“天人之分限”,由此才能摆脱一切对“非人之所能为”的“天之所为”的事项的不当之愿欲和不切实际的幻想,对人之心灵的控制与摆布,进而摆脱由其所引发的痛苦、悲伤、忧愁、沮丧等不和之情态对人之精神的搅扰、纠缠与伤害。

其二,人只有通达“天命”所决定的天地与自然万物之变化既有必然性又有偶然性等变化特点,觉解人不可能完全掌控外物的来去与变化的客观实情;透达“物之所利,乃非己也”(《山木》),“物之傥来寄也。寄之,其来不可圉,其去不可止”(《缮性》)的根本存在真相;明达一切外物从根本而言,乃归天道自然所有,人完全不可能从根本上占有外物,一切外物皆只是暂时性地寄存于人之身的客观事实;深刻洞察“名者,实之宾也”(《逍遥游》),一切名号皆是事物的宾从附属物,任何外在性的名号和毁誉性的评价,皆无法增益或减损内在性的本有品质的存在真相,“定乎内外之分,辩乎荣辱之境”(《逍遥游》)。如此,才能从根本上觉解自身当下所进行的“无限占取外物”之行动的虚幻性,消解自身永不知足的对外物的占取欲;才能觉解自身为名而荡德相轧,甚至“以身殉名”(《骈拇》)的错谬性,消解自身因好名而求名以自要以及“为声为名”(《人间世》)的愿欲冲动。由此,解除“不能让禄”“不能让名”等对名利之物的“独占欲”和自身一偏性的是非之见,对人之心灵的控制与摆布;进而完全解脱因名利之物的得失和因自身囿限于“彼与此”等一偏性的认识视角，不能觉解“名实未亏”的存在真相而“喜怒为用”（《齐物论》），在内心引发出的“喜、怒、哀、乐，虑、叹、变、慹，姚、佚、启、态”（《齐物论》）等各种不和之情态，对人的静定平和之心灵的侵扰与伤害和虚静宁定之精神的撄扰与纠缠。

其三，人只有通达“天命”，才能完全达解“死生，命也；其有夜旦之常，天也；人之有所不得与，皆物之情也”（《大宗师》）的客观物情。只有“洞达生命”，才能觉解“人之生，气之聚也，聚则为生，散则为死”（《知北游》）的生命存在之真相；进而达解“生者，假借也，假之而生生者，尘垢也”（《至乐》）的生命存在之本质；明达“生非汝有，是天地之委和也”（《知北游》）的客观实情；并深刻洞察“死生有待邪？皆有所一体”（《知北游》），“万物以不同形相禅”（《寓言》）的存在真相。由此才能“死生亦大矣，而不得与之变”（《德充符》），“死生惊惧不入乎其胸中”（《达生》），“死生不入于心”（《田子方》）。如此，才能克胜和摆脱由死亡而引发的战栗、惊惧、悲伤、痛苦等不和之情态，对人的静定平和之心灵的侵扰与伤害和虚静宁定之精神的撄扰与纠缠。

其四，人只有通达“天命”，才能透达“死生、存亡、穷达、贫富、贤与不肖、毁誉、饥渴、寒暑，是事之变，命之行也；日夜相代乎前，而知不能规乎其始者也”（《德充符》）的客观存在真相；才能“知穷之有命，知通之有时”（《秋水》），“知命不能规乎其前”（《田子方》），知“命”之“不知吾所以然而然”（《达生》），深刻觉解“命”的无可奈何性、被动接受性、变化无常性、不可抗拒性等变化特点。而人只有“达观运命”，才能“知其不可奈何而安之若命”（《人间世》）和“临大难而不惧”（《秋水》）；由此，完全解脱因遭遇完全无可奈何的运命境遇而引发的战栗、恐惧、悲伤、痛苦、哀愁等不和之情态，对人的静定平和之心灵的侵扰与伤害和虚静宁定之精神的撄扰与纠缠，使自己的心灵一直保持平和、逸豫、通达，而且不失愉悦的状态，使自己的精神一直保持虚静宁定的本性。

总之，人的精神也必须通过“达命”，才能完全摆脱由心灵对外物的不当之愿欲，由外物的得失和自身一偏性的是非之见的影响，由自身对死亡的恐惧和由自身遭遇无可奈何的运命之境遇等原因,而在内心引发的喜怒、哀乐、悲忧、惊惧、痛苦等不和之情态,对精神原本虚静宁定的本性的撄扰、纠缠与伤害,如此,人的精神才能既不受外在的事物的束缚与拘限,也不受内在的身心的拘禁与阻碍,无拘无束,自由自在地与道无待悠游于天穷广阔的天地之中。

(三)“达命”才是庄子“命”论的真精神

人必须通过“达命”,才能实现无论人的形身,还是人的精神,皆无拘无束、自由自在地“逍遥于天地之间,而心意自得”(《让王》)的理想生命存在境界。在庄子看来,人只有主动循顺天道自然的流行变化;乘道德而与时世变化相俯仰,不为世所伤所害;无论遭遇何种的境遇,心中皆没有任何的困苦与畏惧等不和之情态;才可谓达至“达”之高超的思想境界。

事实上,“达”作为一种完全透达事物纷繁复杂的表象,周尽地认识了宇宙万物的整体,完全通达“道通为一”的宇宙万物的存在真相,明达万物之理及其变化特点,故主动循顺天道自然之变化,不遭“天刑”“天戮”而受“天损”;同时,在面对复杂的人间世生存之情境时,能由知道而达理明权,故能“条达而福持”地因应事物之变化,入于无疵无病之境地,以“虚己以游世”的方式而不受“人害”;而且,以旷达超脱、豁然达观面对一切之所遇的方式,完全超脱外物对人的静定平和之心灵的侵扰与伤害和虚静宁定之精神的撄扰与纠缠,心中没有任何困苦和畏惧等不和情态之困扰的高超思想境界,其实是庄子追求的最高思想境界。因“达”作为“通达无碍、无所不通,无所不达”的至高境界,实际上是“同于大通”的得道之境界,是人的精神完全“通达无碍”,无拘无束、自由自在地“逍遥于天地之间,而心意自得”的理想存在境界。故在庄子思想中,“知通为一”的“达者”,也就是至人、神人、圣人等理想的人格。故若用一字而概括庄子哲学的思想精神,莫当过于“达”。因此,在对待“命”之问题上,最全面而准确传达庄子的“命”之哲学思想精神者,莫过于“达命”。“达命”,而非“安命”,才是庄子命论思想的真精神。

第一,为判定一个人是否达至“达”之高超修养境界,庄子特意提出了“达

有三必”①(《列御寇》)的思想,为衡量一个人是否达至“达”之高超思想境界确立了三个具体的评判标准。庄子曰:

> 穷有八极,达有三必,形有六府。美、髯、长、大、壮、丽、勇、敢,八者俱过人也,因以是穷。缘循、偃佒、困畏不若,人三者俱通,达。知、慧外通,勇、动多怨,仁、义多责。(《列御寇》)

此段中,庄子首先提出“穷有八极,达有三必,形有六府”的观点,而后,分别对此三个思想进行解释:“美、髯、长、大、壮、丽、勇、敢,八者俱过人也,因以是穷”,首先释解何谓“穷有八极”;“知、慧外通,勇、动多怨,仁、义多责”,则释何谓“形有六府”;中间的“缘循、偃佒、困畏不若,人三者俱通,达”②,则释何谓“达有三必”。因中间一句常被句读为“缘循、偃佒、困畏不若人,三者俱通达”,故其意经常被释解为:“循顺自然、俯仰随人、怯懦而不如别人,具备这三者的人必然通达”③。然如此释解,不仅断句不确,而且具体释解也未得庄子的“达有三必”的真正义旨。

首先,将“偃佒”释为“俯仰随人”,根本不符合庄子所谓的“达”之高超思想境界的要求。虽然庄子尝提出“内直而外曲”“形莫若就”(《人间世》),“与

① 《说文》曰:“必,分极也。”段玉裁注曰:“极犹准也。《木部》榡、极二字互训。橦字下云:‘帐极也。’凡高处谓之极,立表为分判之准,故云分极。”[(汉)许慎撰,(清)段玉裁注:《说文解字注》,第49页。]故“分极”即“分判之标准”之义。

② “缘循、偃佒、困畏不若,人三者俱通,达”,王叔岷的《庄子校诠》等皆断作“缘循、偃佒、困畏不若人,三者俱通达”,此属于误断。缘循,乃复语,缘,《广雅》曰:“缘,循也。”《玉篇》曰:“缘,因也。”故缘循,乃是缘顺、循顺、因顺之义。偃佒,亦复语,《说文》:“偃,僵也。”段玉裁注曰:“凡仰仆曰偃,引申为凡仰之称。”[(汉)许慎撰,(清)段玉裁注:《说文解字注》,第381页。]佒,即古之仰字。故偃佒,即偃仰,指与世俯仰,与时沉浮之义。(参见王叔岷:《庄子校诠》,第1280页。)《荀子·非相》曰:“与时迁徙,与世偃仰。”即是其证。郭象将“偃佒”释为:“不能俯执也。”成玄英本之,亦曰:“偃佒,仰首不能俯执也。”郭嵩焘认为,“疑偃佒当为偃仰,犹言俯仰从人也。”[参见(清)郭庆藩撰:《庄子集释》,第1059页。]皆未确。“困畏不若”之“若”,不当训为“如”,而应训为“至、及”之义。“若”有“至”义,河上公注《老子》“贵大患若身”曰:“若,至也。”(王卡点校:《老子道德经河上公章句》,第48页。)即是其证。王引之《经传释词》卷七亦曰:“若,犹‘及’也,‘至’也。”(王引之:《经传释词》,黄侃、杨树达批本,岳麓书社1982年版,第152页。)故“困畏不若”,乃“困畏不至”之义。此句整体犹言:主动循顺天道自然的变化,乘道德而与时世变化相俯仰,心中没有任何的困畏,人如果能把这三件事皆做得都通达明彻,即是“达”。

③ 方勇译注:《庄子》,第562页。

物委蛇”(《庚桑楚》)等思想,但庄子要求人们在“日与物化”(《则阳》)的同时,亦一直“守其一以处其和”(《在宥》),一直保持自身的主体性与自然自在、自由自主的本性不随物迁化,不丧失自身独立自主的人格与纯真素朴的本性。因此,全面而准确阐述庄子的“顺化”之思想,其实是“内化而外不化”(《知北游》)。而“俯仰随人”者,其实是“阉然媚于世”(《孟子·尽心下》)的乡愿者,在毫无原则性的“日与物化”中,完全丧失了自我的主体性、独立自主的人格与纯真素朴的本性,故其实际上是“德之贼”(《孟子·尽心下》)。这样的人,这样的行为表现,根本不可能被庄子认定为达至“达”之高超思想境界。更为准确阐释庄子所谓“偃佒”之义旨者,其实是“乘道德而浮游”(《山木》)。“乘道德而浮游”者,在“无誉无訾,一龙一蛇,与时俱化,而无肯专为。一上一下”的同时,亦“以和为量,浮游乎万物之祖,物物而不物于物”(《山木》),通过心灵一直审定于作为“万物之祖”的道枢之中的方式,不使心随形而化,“故其灵台一而不桎”(《达生》),能够一直役使外物而不被外物异化而为物所役使。如此的行为表现,才可谓达至“达”之高超思想境界。

其次,将“困畏不若人”连读并解,并将之释解为“怯懦而不如别人”,也不符合庄子的“达”之高超思想境界的要求。因怯懦之人,胆小怕事,行为表现畏首畏尾,唯唯诺诺,外物任何稍大一点的变化,皆将在其内心引发颤栗、恐惧、惊慌、不安等不和之情态,完全没有任何通达之智者的半点模样。真正通达的智者,其实是“知穷之有命,知通之有时,临大难而不惧者”(《秋水》);是“审乎无假,而不与物迁,命物之化,而守其宗”,故“死生亦大矣,而不得与之变,虽天地覆坠,亦将不与之遗”(《德充符》),“死生惊惧不入乎其胸中”(《达生》)者,因此,根本不可能有“怯懦而不如别人”等畏畏缩缩的表现。故前述对此句思想整体之译解实属误解。

再次,只有将全句准确地句读为“缘循、偃佒、困畏不若,人三者俱通,达”,整体将之译解为“主动循顺天道自然的流行变化,乘道德而与时世变化相俯仰,心中没有任何的困畏,人如果能把这三件事皆做得都通达明彻,才是‘达’之高超思想境界”,才全面而准确得庄子的“达有三必”之真正思想义旨:

其一,在庄子看来,人只有主动地循顺天道自然的流行变化,才可谓达至

“达”之高超思想境界。当人不再是被动地因应天道自然的流行变化，而主动地循顺天道自然的流行变化，则意味着其已通过“达绸缪，周尽一体”①(《则阳》)，完全透达事物纷繁复杂的表象，周遍全尽地认识了宇宙万物的整体，“达于至道”(《在宥》)，完全通达“道通为一”的宇宙万物的存在真相②；并且，“达万物之理”(《知北游》)，完全达解“道者，万物之所由也，庶物失之者死，得之者生，为事逆之则败，顺之则成”(《渔父》)的客观真相；并深刻洞达天道自然的流行变化、自然自化，既无人格性意识，又无宰性意志，还无道德性的属性，既有常又无常，既有必然性又有偶然性，同时，天道自然对人与万物施加其决定性作用影响具有均平性、同质性、齐一性等变化特点。如此，才能主动地缘“大均”(《徐无鬼》)，“循道而趋”(《天道》)，“循天之理”(《刻意》)，“依乎天理”“因其固然”(《人间世》)；主动随顺天道自然“命”人前进的方向，与之同向而动；“其生也天行，其死也物化”(《天道》)。

同时，主动循顺天道自然的流行变化者，实际上就主动“顺命”者，如此，则意味着其已完全通达“道”作为“天下母”，是人与万物的“真君”“真宰”(《齐物论》)的客观真相；达解“天地者，万物之父母也”(《达生》)，“阴阳于人，不翅于父母”(《大宗师》)的客观事实。明达天地阴阳是以“天与”“天选”“天赐”“天布”，无私地赋予人与万物存在之殊气、殊理、殊性；以“天鬻”“天食”(《德充符》)为人与万物提供富足的食物；以“天放”赋予人与万物自生自化、自然自在、自由自主的本性与权限，使人与万物可以自由自在地放任于广阔的天地之间；故是具有平等、无私、公正等德性的人与万物的普遍之“父母”的存在真相。因此，自我觉解人应以无条件承顺人间之父母之“命”的敬顺态度，无条件地承顺由道与天地、阴阳之“父母”所施授的任何之“命”。如此才

---

① “绸缪”,《释文》曰,“绸缪,犹缠绵也。又云:深奥也。”成玄英曰:“绸缪,结缚也。”[(清)郭庆藩撰:《庄子集释》,第880—881页。]绸缪,缠绕、缠缚之貌,引申而有深奥复杂之义。故“达绸缪”,即透达事物纷繁复杂的表象,深刻达解事物的存在本质,由此解脱事物对人的纠缠与束缚。周尽,周遍全尽,无有遗漏之义;一体,全体、整体之义;故“周尽一体”,即周遍全尽地认识了宇宙万物的整体。

② 《齐物论》曰:“凡物无成与毁,复通为一。唯达者知通为一,为是不用而寓诸庸。”可知,达者是完全通达“道通为一”的宇宙万物之存在真相的人。

可能以“不择地而安之”(《人间世》)的方式,主动“顺命”而行,使自己不遭“天刑”“天戮”而受“天损”。要之,“缘循”之所以是“达”之高超思想境界的表现,因只有完全通达宇宙万物之存在真相与天道自然变化之理及其变化之特点,同时,又完全达解道与天地、阴阳是无私化育人与万物的普遍之“父母”之真相的人,才能主动地循顺天道自然的流行变化。

其二,在庄子看来,只有乘道德而与时世变化相俯仰,不为无道无义之乱世所伤所害,才可谓达至“达”之高超思想境界。通达的智者,不仅深刻通达宇宙万物之存在真相和天道自然变化之理,同时,还具有练达的人间世之生存智慧。人若不幸遭遇无道无义之乱世,意欲避免自身为无道无义之乱世所伤所害,则必由“知道”而“达于理”,由“达于理”而“明于权”(《秋水》)。只有“明于权”,才能“不以物害己”①。庄子以为,只有达于“至道”者,才能“思虑恂达,耳目聪明,其用心不劳,其应物无方”②(《知北游》)。如此,才能明达“命有所成,而形有所适也。夫不可损益”(《至乐》)之理,明彻地达解经后天的熏习强化,已然相对固定化的个体性命之殊性是无法改易的客观实情;如此才能“条达而福持”③(《至乐》),不一人之能,不同人之事,因实而设名,因适而设义,“应时而变”(《天运》),因人因物而化,由“达之”而“入于无疵”④(《人间世》)的境界;如此,才能以“虚己以游世”的方式,不为无道无义之乱世所伤所害。

其三,在庄子看来,只有内心没有任何困苦与畏惧等不和之情态,才可谓达至“达”之高超思想境界。因人只有完全透达“死生、存亡、穷达、贫富、贤与不肖、毁誉、饥渴、寒暑,是事之变,命之行也;日夜相代乎前,而知不能规乎其始者也”(《德充符》)的客观存在真相;以“知穷之有命,知通之有时,临大难而不惧”(《秋水》)和“知其不可奈何而安之若命”(《人间世》)等高超的心灵德行之修养;易言之,以旷达超脱、无悲无喜、无惧无畏的态度,豁然达观面对

---

① 《秋水》曰:“知道者必达于理,达于理者必明于权,明于权者不以物害己。”

② 成玄英曰:“恂,通也。”[(清)郭庆藩撰:《庄子集释》,第742页。]

③ 《至乐》曰:“故先圣不一其能,不同其事,名止于实,义设于适,是之谓条达而福持。”王叔岷曰:“‘条达’,谓通畅无碍……‘辐持’,谓聚合无差。”(王叔岷:《庄子校诠》,第655页。)

④ 《人间世》曰:“达之,入于无疵。”《说文》曰:“疵,病也。”

一切之所遇的“达命”思想精神；才能“去德之累，达道之塞”（《庚桑楚》），完全摆脱喜、怒、哀、乐、爱、恶、惧等一切患累人之心灵平和静定之德性的不和之情态的撄扰与纠缠，完全疏通和消解去、就、取、与、知、能等一切阻碍人的精神与道合同为一的因素。如此，人的精神才能无拘无碍地出离人的形体，与天地精神相往来，与之“四流并达，无所不极，上际于天，下蟠于地”（《刻意》），无拘无束、自由自在地无待悠游于无穷的天地之中。要之，只有人的精神不受任何困畏等不和之情态的撄扰与纠缠，可以自由地“出神”而与道无待而游，才可谓达至“达”之高超的思想境界。

由此可见，在庄子的思想中，“达”实际上是人的形身以“缘循”“偃佒”而最大程度摆脱天道自然与时代情势对其的拘限与阻碍；人的精神以“困畏不若”而完全摆脱不和之情态的撄扰与阻碍；由此获得的“通达无碍”的高超思想境界。从庄子将“道”命名为“大通”与“大达”①，其实可见，与作为“大通”与“大达”的道一起无待而游，依此获得“无所不通，无所不达”的绝对通达无碍、绝对自由的境界，实际上是庄子追求的至高思想境界。此一境界，即“堕肢体，黜聪明，离形去知，同于大通”（《大宗师》）的得道之境界，也即人的精神绝对通达无碍，无拘无束、自由自在地“逍遥于天地之间，而心意自得”的理想存在境界。因此，庄子所谓的“知通为一”的“达者”，其实也就是“致命尽情”（《天地》），“达于情而遂于命”②（《天运》），具有通达无碍的思想智慧、崇高的心灵境界与超凡的行为表现的至人、神人、圣人等理想的人格。③ 因此，

① 庄子曰：“夫道，窅然难言哉……无门无房，四达之皇皇”（《知北游》）。道“无门无房”，故道与物无际；道“四达之皇皇”，故无所不通，无所不达。因此，庄子将“道”既命名为“大通”，又命名为“大达”。庄子曰：“堕肢体，黜聪明，离形去知，同于大通”（《大宗师》），又曰：“饰小说以干县令，其于大达亦远矣”（《外物》）。成玄英曰：“大通，犹大道也。道能通生万物，故谓道为大通也。”[（清）郭庆藩撰：《庄子集释》，第 285 页。]方勇曰：“大达：大通于至道。或谓通达之大道。”（方勇译注：《庄子》，第 459 页。）实际上，后解才更接近庄子之本义。道作为“大通”与“大达”，没有任何的拘限与阻碍，故道是绝对自由者。

② 《天运》曰：“圣也者，达于情而遂于命也。”

③ 《田子方》：“老聃曰：‘吾游心于物之初。’……孔子曰：‘请问游是。’老聃曰：‘夫得是，至美、至乐也。得至美而游乎至乐，谓之至人。’”由是可知，所谓的“至人”，其实就是得游心于之为“物之初”的道，得至美和至乐之人。简言之，至人即是得道之人。而《齐物论》又曰：“凡物无成与毁，复通为一。唯达者知通为一”，可知“达者”是“知通为一”，知道、得道之人。

若用一个字整体概括庄子哲学的思想精神和追求的至高思想境界,莫当过于“达”。

第二,“达”是庄子所追求的至高思想境界。故在对待“命”之问题上,“达命”,而非“安命”,才最真切体现庄子对“命”的真实想法,全面概括庄子在“命”之天命、生命、性命和运命四方面的思想主张,全面传达庄子命论思想的真精神。

首先,以往学者们在概括庄子命论的整体思想精神时,大多将之归结为“安命论”。如唐君毅曾将庄子的“命”之哲学,归结为是一种“安命之学”:“庄子安命之学之最高表现,则在不属于尽忠尽孝之任何场合之死生呼吸无可奈何之际,而仍能以孝子对父母之心,承当其在天地间之所遇。这是孔、孟、墨之知命、立命、非命之教中所未申,而为庄子安命之学所特至也。”①刘笑敢亦曰:“庄子对社会生活中客观必然性的深切感受把他推到了安命论的席上……庄子讲命之不可改变的重点是论证安命无为的合理性,主张在安命无为的基础上追求精神自由。”②绝大多数学者主要依据庄子的“知其不可奈何而安之若命”,将庄子命论整体思想精神归结为“安命论”,并认为庄子的“安命论”,要人自安于一切无可奈何之境。③ 与此不同,徐克谦认为,“庄子哲学的一个重要内容就是讨论人如何才能‘安其性命之情’,可以称之为‘安命’哲学”④。徐克谦主要依据《庄子》中凡 4 见的“安其性命之情”一语,而将庄子的“命”之哲学归结为“安命”哲学。虽然学者之间的理据有所不同,但实质上皆认为,“安命”代表了庄子命论的整体思想精神。

但庄子所谓的“安命”,主要指人在遭遇一切无可奈何的运命,如死生、存亡、穷达、贫富、贵贱、吉凶、祸福、成败等境遇时,一直保持内心安宁静定,不为外在事物的变化而滑乱内心平和正定之状态的达观思想精神。而庄子之所谓

① 唐君毅:《中国哲学原论·导论篇》,第 340 页。

② 刘笑敢:《庄子哲学及其演变》(修订版),第 144 页。

③ 近代以来,叶国庆、蒋锡昌、冯契、陈品卿、陈鼓应、王博等学者,皆将庄子的“运命论”总结为“安命论”,参见本书“绪论”第二部分。

④ 徐克谦:《“命”的语义分析与庄子的“安命”哲学》,《南京师范大学学报(社会科学版)》2002 年第 2 期。

"命",除"运命"或"命运"之义外,还有指天道自然的流行变化,及其对人与万物施加决定性之作用影响的"天命"、"生命"和"性命"三个重要的思想含义。"安命"实际上无法最大程度涵括庄子在"天命""生命""性命"与"运命"四方面的哲学思想主张。因其仅只是庄子的运命哲学中"知命""安命""顺命"三主张的其中一个主张。不仅未能全面揭示庄子的运命观之主张,遑论全面揭示庄子在"天命""生命""性命"方面的主张,而且,还极易使人误以为庄子要人"安于现状、消极无为",故其并非概括和总结庄子命论整体思想精神的最佳选择。

其次,"达命"才是最真切体现庄子对"命"的真实想法,全面概括庄子在"命"之天命、生命、性命和运命四方面的思想主张,并全面传达庄子命论思想之真精神的主张。

其一,"通乎命",即"达命",实际上代表了庄子对"命"之最真实的想法和最真切的主张。相较于"安命",是庄子为劝解他人"不择地而安之"于一切无可奈何之境遇,而提出来的思想主张。"达命"的思想主张,不仅是《庄子》中至为明确记载为庄子亲言的哲学主张,而且,是庄子为劝导自己尽快摆脱悲伤、痛苦、愁忧等不和之情态对自我原本平和静定之身心的侵扰与伤害,而提出的思想主张。具有无比通达的思想智慧、高超的心灵修养境界和超凡的行为表现的哲学家,为劝导自己而提出来的哲学主张,代表了其本人最真实的想法和最真切的主张。事实上,庄子本人亦言行一致地践行了其所提出来的"达命"思想主张,不仅表现在其在对待自己深爱的妻子之死亡的事件上,很快地遣情止悲,而且还鼓盆而歌,替妻子庆祝终于摆脱如同徭役般的人生在世的痛苦之历程;还表现在庄子对待自身的死亡之事件上,视弃其尸身如遗土块,意欲弟子随意将之弃于荒野,为乌鸢等鸟兽作食。因此,"达命"的思想主张,可谓代表了庄子对"命"之最真实的思想态度。

其二,包含"通达天命""洞达生命""遂达性命""达观运命"四层深刻哲学思想含义的"达命",较之于"安命",可以最大程度涵括庄子的"通乎命"(《至乐》),"达命之情"(《达生》),"达大命"(《列御寇》),"致命尽情"(《天地》),"达于情而遂于命"(《天运》),"知穷之有命,知通之有时,临大难而不惧”(《秋水》),“知其不可奈何而安之若顺”(《人间世》)等。庄子在“天命”“生命”“性命”与“运命”四方面的哲学思想主张,更加全面地展现庄子在“命”之方面的丰富的思想主张。

其三,“达”所包含的“通达”“洞达”“明达”“遂达”“旷达”“豁达”“达观”等丰富的思想意义,较之于“安”,实际上可以更加全面而准确地传达庄子命论的整体思想精神:既“通达天命”的流行变化之理及其变化特点,又“洞达生命”的存在本质、目的、意义、价值与全部的真相,还“遂达性命”之真性和全部的性分潜能,并以旷达超脱、无悲无喜、无惧无畏的态度,“豁然达观”对待一切命运之所遇的“命论”之真精神。

总之,庄子哲学,实质作为一种生命哲学,其最根本的思想宗旨,就是要人们经由“通达天命”“洞达生命”“遂达性命”“达观运命”,将自己的形身从追求俗世有为的事业中疏离出来,从永不知足的占取外物的活动中解放出来,解除永不知足的“嗜欲心”对人之形身的宰制与摆布,实现人之形身在世所能求得的最大程度的逍遥、自由与解放;并且,完全摆脱由心灵对外物的不当之愿欲,由外物的得失和自身一偏性的是非之见,由自身对死亡的恐惧和由自身遭遇无可奈何的运命之境遇等原因,在内心引发的喜怒、哀乐、悲忧、惊惧、痛苦等不和之情态,对人原本静定平和的心灵和虚寂宁定的精神的撄扰、纠缠与伤害,使人的精神也获得彻底的自由和解放。最终,使人的形身与精神,既不受外在的羁绊与限制,也不受内在的拘限与阻碍,皆无拘无束、自由自在地“逍遥于天地之间,而心意自得”。事实上,人若能由“通达天命”“洞达生命”“遂达性命”“达观运命”而“达命”,“若夫乘天地之正,而御六气之辩,以游无穷”的无待之“逍遥”,将不再是一个遥远的“梦想”,而将成为人人皆可能达至的高超思想境界!

参 考 文 献

一、《庄子》注译本(按作者年代排序)

1. 古代注本

(晋)郭象注,(唐)陆德明音义:《宋刊南华真经》,续古逸丛书之二,上海涵芬楼(商务印书馆)印行 1922 年版。

(晋)郭象注,(唐)成玄英疏:《南华真经注疏》,曹础基、黄兰发点校,中华书局 1998 年版。

(唐)陆德明:《经典释文》,上海古籍出版社 1985 年版。

(唐)陆德明:《日藏宋本庄子音义》,黄华珍编校,上海古籍出版社 1996 年版。

(宋)陈景元:《南华真经章句余事》,《道藏》第 15 册,文物出版社、上海书店、天津古籍出版社 1988 年版。

(宋)吕惠卿:《庄子义集校》,汤君集校,中华书局 2009 年版。

(宋)王雱:《南华真经新传》,《道藏》第 16 册,文物出版社、上海书店、天津古籍出版社 1988 年版。

(宋)林希逸:《庄子鬳斋口义校注》,周启成校注,中华书局 1997 年版。

(南宋)褚伯秀:《南华真经义海纂微》,方勇点校,中华书局 2018 年版。

(南宋)罗勉道:《南华真经循本》,李波点校,中华书局 2016 年版。

(明)释性通:《南华发覆》,国家图书馆藏清乾隆十四年云林怀德堂刊本。

(明)朱得之:《庄子通义》,《中华续道藏》第 12 册,龚鹏程、陈廖安主编,台湾:新文丰出版公司 1999 年版。

(明)陆西星:《南华真经副墨》,蒋门马点校,中华书局 2010 年版。

(明)归有光批点,(清)王闿运辑评:《百大家评注庄子南华经》,宏业书局 1969 年版。

(明)释德清:《庄子内篇注》,黄曙辉点校,华东师范大学出版社 2009 年版。

(清)王夫之:《庄子解》,王孝鱼点校,中华书局 1964 年版。

(清)林云铭:《庄子因》,张京华点校,华东师范大学出版社 2011 年版。

(清)宣颖:《南华经解》,曹础基点校,广东人民出版社 2008 年版。

(清)胡文英:《庄子独见》,李花蕾点校,华东师范大学出版社 2011 年版。

(清)姚鼐:《庄子章义》,国家图书馆藏清光绪五年桐城徐氏集刊《惜抱轩遗书三种》本。

(清)陆树芝:《庄子雪》,张京华点校,华东师范大学出版社 2011 年版。

(清)孙嘉淦:《南华通》,《中华续道藏》第十五册,龚鹏程、陈廖安主编,台湾:新文丰出版公司 1999 年版。

(清)刘凤苞:《南华雪心编》,方勇点校,中华书局 2013 年版。

(清)马其昶:《定本庄子故》,马茂元编次,黄山书社 1989 年版。

(清)郭庆藩:《庄子集释》,王孝鱼点校,中华书局 2004 年版。

(清)王先谦:《庄子集解》,中华书局 1987 年版。

2. 近现代注本

章炳麟:《庄子解故》,见《章太炎全集》第六册,上海人民出版社 1986 年版。

马叙伦:《庄子义证》,李林点校,浙江古籍出版社 2019 年版。

刘咸炘:《庄子释滞》,《推十书》(增补全本)乙辑,上海科学技术文献出版社 2008 年版。

钟泰:《庄子发微》,上海古籍出版社 2002 年版。

张默生:《庄子新释》,张翰勋校补,齐鲁书社 1993 年版。

王叔岷:《庄子校诠》,中华书局 2007 年版。

刘武:《庄子集解内篇补正》,中华书局 1987 年版。

钱穆:《庄子纂笺》,生活·读书·新知三联书店2014年版。

曹础基:《庄子浅注》,中华书局2000年版。

陈鼓应:《庄子今注今译》,中华书局1983年版。

杨柳桥:《庄子译注》,上海古籍出版社2007年版。

方勇、陆永品撰:《庄子诠评》,巴蜀书社2007年版。

方勇译注:《庄子》,中华书局2010年版。

方勇:《庄子纂要》,学苑出版社2012年版。

张松辉:《庄子译注与解析》,中华书局2011年版。

吴怡:《新译庄子内篇解义》,三民书局2019年版。

黄锦鋐:《新译庄子读本》,三民书局2020年版。

二、其他古籍(按内容分类排序)

《周易正义》,(魏)王弼注,(唐)孔颖达疏,北京大学出版社1999年版。

《尚书正义》,(汉)孔安国传,(唐)孔颖达疏,北京大学出版社1999年版。

《毛诗正义》,(汉)毛亨传,(汉)郑玄笺,(唐)孔颖达疏,北京大学出版社1999年版。

《礼记正义》,(汉)郑玄注,(唐)孔颖达疏,北京大学出版社1999年版。

《周礼注疏》,(汉)郑玄注,(唐)贾公彦疏,北京大学出版社1999年版。

《仪礼注疏》,(汉)郑玄注,(唐)贾公彦疏,北京大学出版社1999年版。

《春秋谷梁传注疏》,(晋)范宁集解,(唐)杨士勋疏,北京大学出版社1999年版。

《春秋左传正义》,(周)左丘明传,(晋)杜预注,(唐)孔颖达疏,北京大学出版社1999年版。

《尔雅注疏》,(汉)郭璞注,(宋)邢昺疏,北京大学出版社1999年版。

《论语注疏》,(魏)何晏注,(宋)邢昺疏,北京大学出版社1999年版。

《孟子注疏》,(汉)赵岐注,(宋)孙奭疏,北京大学出版社1999年版。

《孝经注疏》,(唐)李隆基注,(宋)邢昺疏,北京大学出版社1999年版。

《韩诗外传集释》,(汉)韩婴撰,许维遹校释,中华书局1980年版。

《书经集传》,(宋)蔡沈撰,文渊阁四库全书本,上海古籍出版社 2003 年版。

《大戴礼解诂》,(清)王聘珍撰,王文锦点校,中华书局 1983 年版。

《论语集解义疏》,(魏)何晏集解,(梁)皇侃义疏,中华书局 1985 年版。

《四书章句集注》,(宋)朱熹撰,中华书局 1983 年版。

《论语全解》,(宋)陈祥道撰,文渊阁四库全书本,上海古籍出版社 2003 年版。

《论语正义》,(清)刘宝楠撰,中华书局 1990 年版。

《逸周书汇校集注》,黄怀信、张懋镕、田旭东撰,上海古籍出版社 1995 年版。

《国语集解》,徐元诰撰,中华书局 2002 年版。

《战国策注释》,何建章注释,中华书局 1991 年版。

《史记》,(汉)司马迁撰,中华书局 1959 年版。

《汉书》,(汉)班固撰,中华书局 1962 年版。

《后汉书》,(南朝宋)范晔撰,中华书局 1965 年版。

《晋书》,(唐)房玄龄等撰,中华书局 1974 年版。

《宋书》,(梁)沈约撰,中华书局 1974 年版。

《北齐书》,(唐)李百药撰,中华书局 1972 年版。

《隋书》,(唐)魏徵等撰,中华书局 1973 年版。

《孔子家语》,(魏)王肃注,山东友谊出版社 1989 年版。

《荀子集解》,王先谦撰,中华书局 1988 年版。

《白虎通疏证》,(清)陈立撰,吴则虞点校,中华书局 1994 年版。

《郭店楚墓竹简》,荆门博物馆编,文物出版社 1998 年版。

《郭店楚竹书〈老子〉校注》,丁四新著,武汉大学出版社 2010 年版。

《帛书老子校释》,高明撰,中华书局 1996 年版。

《老子道德经河上公章句》,(汉)河上公注,王卡点校,中华书局 1993 年版。

《老子道德经注校释》,(魏)王弼注,楼宇烈校释,中华书局 2008 年版。

《道德真经注》,(宋)苏辙撰,华东师范大学出版社2010年版。

《老子鬳斋口义》,(宋)林希逸撰,华东师范大学出版社2010年版。

《老子道德经古本集注》,(宋)范应元撰,华东师范大学出版社2010年版。

《道德真经吴澄注》,(元)吴澄撰,华东师范大学出版社2010年版。

《老子集成》,熊铁基、陈红星主编,宗教文化出版社2011年版。

《文子疏义》,王利器撰,中华书局2000年版。

《列子集释》,杨伯峻撰,中华书局2007年版。

《鹖冠子汇校集释》,黄怀信撰,中华书局2004年版。

《墨子间诂》,孙诒让撰,孙启治点校,中华书局2001年版。

《管子校注》,黎翔凤撰,梁运华整理,中华书局2004年版。

《韩非子集解》,王先慎撰,中华书局1998年版。

《吕氏春秋集释》,许维遹撰,梁运华整理,中华书局2009年版。

《淮南子集释》,何宁撰,中华书局1998年版。

《淮南鸿烈集解》,刘文典撰,中华书局1989年版。

《七略别录佚文·七略佚文》,(汉)刘向、刘歆撰,(清)姚振宗辑录,澳门大学出版社2007年版。

《楚词补注》,(宋)洪兴祖撰,中华书局1983年版。

《说苑校证》,(汉)刘向撰,向宗鲁校证,中华书局1987年版。

《蔡中郎集》,(汉)蔡邕著,见《四部备要》第67册,中华书局1989年版。

《曹子建集》,(魏)曹植著,文渊阁四库全书本,上海古籍出版社2003年版。

《王弼集校释》,(魏)王弼著,楼宇烈校释,中华书局1980年版。

《世说新语笺疏》,(南朝宋)刘义庆著,(南朝梁)刘孝标注,余嘉锡笺疏,周祖谟等整理,中华书局2007年版。

《文选》,(梁)萧统编,(唐)李善注,中华书局1977年版。

《王安石全集》,(宋)王安石撰,王水照主编,复旦大学出版社2016年版。

《二程集》,(宋)程颢、程颐著,中华书局1981年版。

《苏轼文集》,(宋)苏轼著,孔凡礼点校,中华书局1986年版。

《困学纪闻》,(宋)王应麟著,(清)翁元圻等注,上海古籍出版社2008年版。

《朱子全书》,(宋)朱熹撰,上海古籍出版社、安徽教育出版社2002年版。

《朱子语类》,(宋)黎靖德编,中华书局1983年版。

《宋濂全集》,(元)宋濂著,浙江古籍出版社1999年版。

《吴文正集》,(元)吴澄著,文渊阁四库全书本,上海古籍出版社2003年版。

《全元文》(十四),李修生主编,江苏古籍出版社1999年版。

《读易纪闻》,(明)张献翼著,文渊阁四库全书本,上海古籍出版社2003年版。

《古微书》,(明)孙瑴编,山东友谊书社1990年版。

《船山全书》,(清)王夫之著,岳麓书社1988年版。

《易俟》,(清)乔莱著,文渊阁四库全书本,上海古籍出版社2003年版。

《戴震文集》,(清)戴震著,中华书局1980年版。

《孟子字义疏证》,(清)戴震著,何文光整理,中华书局1982年版。

《读书杂志》,(清)王念孙撰,中国书店1985年版。

《惜抱轩全集》,(清)姚鼐著,中华书店1991年版。

《癸巳存稿》,(清)俞正燮著,商务印书馆1937年版。

《诸子平议》,(清)俞樾撰,中华书局1954年版。

《读诸子札记》,(清)陶鸿庆撰,中华书局1959年版。

《高僧传》,(梁)释慧皎撰,汤用彤校注:中华书局1992年版。

《大方广佛华严经随疏演义钞》,(唐)澄观撰,见《中华大藏经》第86册,中华书局1994年版。

《说文解字注》,(汉)许慎撰,(清)段玉裁注,上海古籍出版社1981年版。

《说文解字新订》,臧克和、王平校订,中华书局2002年版。

《释名》,(汉)刘熙撰,商务印书馆1939年版。

《六书故》,(宋)戴侗撰,文渊阁四库全书版,上海古籍出版社2003年版。

《群经音义》,(宋)贾昌朝撰,文渊阁四库全书本,上海古籍出版社 2003 年版。

《经传释词》,(清)王引之撰,黄侃、杨树达批本,岳麓书社 1982 年版。

三、研究专著(按作者姓氏音母排序)

白奚:《稷下学研究》,生活·读书·新知三联书店 1998 年版。

曹础基:《庄子浅说》,广东人民出版社 1987 年版。

曹峰:《老子永远不老:〈老子〉研究新解》,中国人民大学出版社 2018 年版。

曹智频:《庄子自由思想研究》,安徽大学出版社 2010 年版。

陈德和:《从老庄思想诠诂庄书外杂篇的生命哲学》,文史哲出版社 1983 年版。

陈鼓应:《老子今注今译》,商务印书馆 2003 年版。

陈鼓应:《庄子今注今译》,中华书局 1983 年版。

陈鼓应:《庄子浅说》,生活·读书·新知三联书店 1998 年版。

陈鼓应:《老庄新论》,商务印书馆 2008 年版。

陈鼓应主编:《道家文化研究》第四辑,上海古籍出版社 1994 年版。

陈鼓应主编:《道家文化研究》第十辑,上海古籍出版社 1996 年版。

陈鼓应主编:《道家文化研究》第二十五辑,生活·读书·新知三联书店 2010 年版。

陈梦家:《殷墟卜辞综述》,中华书局 1988 年版。

陈宁:《中国古代命运观的现代诠释》,辽宁教育出版社 2000 年版。

陈品卿:《庄学新探》,文史哲出版社 1983 年版。

陈启天:《庄子浅说》,台湾商务印书馆 1978 年版。

陈少明:《〈齐物论〉及其影响》,北京大学出版社 2004 年版。

陈赟:《庄子哲学的精神》,上海人民出版社 2016 年版。

陈赟:《自由之思:〈庄子·逍遥游〉的阐释》,浙江大学出版社 2020 年版。

崔大华:《庄子歧解》,中州古籍出版社 1988 年版。

崔大华:《庄学研究:中国哲学一个观念渊源的历史考察》,人民出版社1992年版。

戴家祥主编:《金文大字典》,学林出版社1995年版。

邓联合:《逍遥游释论》,北京大学出版社2010年版。

丁四新:《郭店楚墓竹简思想研究》,东方出版社2000年版。

董莲池编:《新金文编》,作家出版社2011年版。

杜保瑞:《庄周梦蝶——庄子哲学》,五南图书出版公司2007年版。

方东美:《原始儒家道家哲学》,黎明文化事业股份有限公司1983年版。

方勇:《庄子学史》,人民出版社2008年版。

冯契:《中国古代哲学的逻辑发展》上册,上海人民出版社1983年版。

冯友兰:《中国哲学史》,华东师范大学出版社2000年版。

冯友兰:《中国哲学史新编》,人民出版社1998年版。

冯友兰:《三松堂全集》,河南人民出版社2001年版。

付粉鸽:《自然与自由——老庄生命哲学研究》,人民出版社2010年版。

傅斯年:《傅斯年全集》,湖南教育出版社2003年版。

傅武光:《孔孟老庄思想的平等精神》,文津出版社1990年版。

高柏园:《庄子内七篇思想研究》,文津出版社1992年版。

高亨:《老子正诂》,开明书店1943年版,中国书店1988年影印。

高亨:《诸子新笺》,山东人民出版社1962年版。

高亨:《诗经今注》,上海古籍出版社1980年版。

葛荣晋:《中国哲学范畴通论》,首都师范大学出版社2001年版。

龚建平:《自救与放达:道家的人生智慧》,武汉出版社1998年版。

古文字诂林编纂委员会编:《古文字诂林》第二册,上海教育出版社2000年版。

古文字诂林编纂委员会编:《古文字诂林》第五册,上海教育出版社2002年版。

古文字诂林编纂委员会编:《古文字诂林》第八册,上海教育出版社2003年版。

顾颉刚编著:《古史辩》第四册,上海古籍出版社 1981 年版。

顾颉刚、刘起釪:《尚书校释译论》第一册,中华书局 2005 年版。

关锋:《庄子内篇译解和批判》,中华书局 1961 年版。

郭沫若:《十批判书》,东方出版社 1996 年版。

韩林合:《虚己以游世——〈庄子〉哲学研究》,北京大学出版社 2006 年版。

洪汉鼎:《诠释学——它的历史和当代发展》,人民出版社 2001 年版。

洪汉鼎编:《理解与解释——解释孝经经典文选》,东方出版社 2001 年版。

侯外庐:《中国古代思想学说史》,商务印书馆 1946 年版。

侯外庐:《中国思想史纲》,中国青年出版社 1980 年版。

侯外庐、赵纪彬、杜国庠:《中国思想通史》,人民出版社 1967 年版。

胡适:《先秦名学史》,学林出版社 1983 年版。

胡适:《中国哲学史大纲》,上海古籍出版社 1997 年版。

胡楚生:《老庄研究》,学生书局 1992 年版。

胡道静:《十家论庄》,上海人民出版社 2004 年版。

胡远濬:《庄子诠诂》,中国书店 1988 年版。

胡哲敷:《老庄哲学》,商务印书馆 1933 年版。

黄华珍:《庄子音义研究》,中华书局 1999 年版。

蒋锡昌:《老子校诂》,商务印书馆 1937 年版。

蒋锡昌:《庄子哲学》,上海书店 1992 年版。

金炳华等编:《哲学大辞典》(修订本),上海辞书出版社 2001 年版。

康中乾:《从庄子到郭象——〈庄子〉与〈庄子注〉比较研究》,人民出版社 2013 年版。

郎擎霄:《庄子学案》,上海书店 1992 年版。

劳思光:《中国哲学史》,三民书局 1991 年版。

李大华:《自然与自由:庄子哲学研究》,商务印书馆 2013 年版。

李锦全、曹智频:《庄子与中国文化》,贵州人民出版社 2000 年版。

李泰棻:《老庄研究》,人民出版社 1958 年版。

李霞:《生死智慧——道家生命观研究》,人民出版社 2004 年版。

李孝定:《甲骨文字集释》,“中央研究院”历史语言研究所 1970 年版。

李振纲:《生命的哲学:〈庄子〉文本的另一种解读》,中华书局 2009 年版。

梁启超:《饮冰室合集》,中华书局 1989 年版。

梁涛:《郭店楚简与思孟学派》,中国人民大学出版社 2008 年版。

廖名春:《出土简帛丛考》,湖北教育出版社 2004 年版。

林继平:《孔孟老庄与文化大国》,台湾商务印书馆 1990 年版。

林玫玲:《先秦哲学的命论思想》,文津出版社 2007 年版。

林聪舜:《向郭庄学之研究》,文史哲出版社 1981 年版。

刘光义:《司马迁与老庄思想》,台湾商务印书馆 1992 年版。

刘荣贤:《庄子外杂篇研究》,联经出版事业股份有限公司 2004 年版。

刘笑敢:《庄子哲学及其演变》,中国社会科学出版社 1988 年版。

刘笑敢:《庄子哲学及其演变》(修订版),中国人民大学出版社 2010 年版。

刘笑敢:《两种自由的追求:庄子与沙特》,正中书局 1994 年版。

刘兴隆:《新编甲骨文字典》,国际文化出版公司 1993 年版。

刘钊、洪飏、张新俊编纂:《新甲骨文编》,福建人民出版社 2009 年版。

陆钦:《庄周思想研究》,河南人民出版社 1983 年版。

罗安宪:《虚静与逍遥——道家心性论研究》,人民出版社 2005 年版。

罗安宪:《老庄论道》,沈阳出版社 2012 年版。

罗安宪:《老庄哲学精神》,首尔出版社 2008 年版。

罗安宪:《中国孔学史》,人民出版社 2008 年版。

罗安宪:《审美现象学》,三秦出版社 1995 年版。

罗根泽:《诸子考索》,人民出版社 1958 年版。

罗光:《中国哲学思想史·先秦篇》,台湾学生书局 1996 年版。

罗继组主编:《罗振玉学术论著集》,上海古籍出版社 2010 年版。

蒙培元:《心灵超越与境界》,人民出版社 1998 年版。

牟宗三:《中国哲学的特质》,上海古籍出版社 1997 年版。

牟宗三:《心体与性体》,上海古籍出版社 1999 年版。

牟宗三:《才性与玄理》,广西师范大学出版社 2006 年版。

钱穆:《庄老通辨》,生活·读书·新知三联书店 2002 年版。

任继愈主编:《中国哲学史》第一册,人民出版社 1964 年版。

山西省文物局考古研究所编:《古文字研究》第十辑,中华书局 1983 年版。

四川大学学报编辑部、四川大学古文字研究室:《古文字研究论文集》(《四川大学学报丛刊》第十辑),四川人民出版社 1982 年版。

舒芜等编选:《近代文论选》,人民文学出版社 1999 年版。

孙以楷、甄长松:《庄子通论》,东方出版社 1995 年版。

唐君毅:《中国哲学原论·导论篇》,中国社会科学出版社 2005 年版。

唐雄山:《老庄人性思想的现代诠释与重构》,中山大学出版社 2005 年版。

陶东风:《从超迈到随俗:庄子与中国美学》,首都师范大学出版社 1995 年版。

谭宇权:《庄子哲学评论》,文津出版社 1998 年版。

王国维:《王国维文集》,中国文史出版社 1997 年版。

王邦雄:《中国哲学论集》,台湾学生书局 1983 年版。

王邦雄:《庄子道》,里仁书局 2010 年版。

王葆玹:《黄老与老庄》,中国人民大学出版社 2012 年版。

王博:《庄子哲学》,北京大学出版社 2004 年版。

王博:《无奈与逍遥》,华夏出版社 2007 年版。

王国轩、王秀梅译注:《孔子家语》,中华书局 2011 年版。

王凯:《逍遥游——庄子美学的现代阐释》,武汉大学出版社 2003 年版。

王叔岷:《庄子校诠》,中华书局 2007 年版。

王叔岷:《庄学管窥》,中华书局 2007 年版。

王叔岷:《先秦道法思想讲稿》,中华书局 2007 年版。

王威威:《庄子学派演变与百家争鸣》,人民出版社 2009 年版。

王孝鱼:《庄子内篇解析庄子通疏证》,岳麓书社 1983 年版。

王煜:《老庄思想论集》,联经出版事业公司 1979 年版。

王中江:《道家形而上学》,上海文化出版社 2001 年版。

韦政通:《中国思想史》,水牛出版社 1986 年版。

韦政通:《先秦七大哲学家》,水牛出版社 1987 年版。

韦政通:《中国哲学辞典》,水牛出版社世界图书出版公司 1993 年版。

邬昆如:《庄子与古希腊哲学中的道》,台湾中华书局 1976 年版。

吴汝钧:《老庄哲学的现代析论》,文津出版社 1998 年版。

吴光明:《庄子》,东大图书股份公司 1988 年版。

吴怡:《逍遥的庄子》,广西师范大学出版社 2006 年版。

谢祥皓,李思乐辑校:《庄子序跋评论辑要》,湖北教育出版社 2001 年版。

徐复观:《中国人性论史 · 先秦篇》,上海三联书店 2001 年版。

徐复观:《中国思想史论集》,上海书店出版社 2004 年版。

徐复观:《中国思想史论集续编》,上海书店出版社 2004 年版。

徐克谦:《庄子哲学新探——道 · 言 · 自由与美》,中华书局 2005 年版。

徐无闻主编:《甲金篆隶大字典》,四川辞书出版社 1991 年版。

徐小跃:《禅与老庄》,江苏人民出版社 2010 年版。

徐中舒主编:《甲骨文字典》,四川辞书出版社 1988 年版。

严复:《严复集》,王栻主编,中华书局 1986 年版。

颜世安:《庄子评传》,南京大学出版社 1999 年版。

杨伯峻:《论语译注》,中华书局 1980 年版。

杨国荣:《庄子的思想世界》,生活 · 读书 · 新知三联书店 2017 年版。

杨立华:《庄子哲学研究》,北京大学出版社 2020 年版。

杨柳桥:《庄子译诂》,上海古籍出版社 1991 年版。

杨儒宾:《先秦道家“道”的观念的发展》,国立台湾大学出版社 1987 年版。

杨儒宾:《庄周风貌》,黎明文化事业公司 1991 年版。

杨儒宾:《中国古代思想中的气论及身体观》,巨流图书公司 1993 年版。

杨儒宾:《儒门内的庄子》,联经出版事业有限公司 2016 年版。

杨胜良:《道家与中国思想史论》,厦门大学出版社 2002 年版。

叶程义:《庄子寓言研究》,文史哲出版社 1979 年版。

叶国庆:《庄子研究》,商务印书馆 1936 年版。

叶海烟:《庄子的生命哲学》,东大图书公司 1990 年版。

叶海烟:《老庄哲学新论》,文津出版社 1997 年版。

余嘉锡:《古书通例》,上海古籍出版社 1985 年版。

于省吾:《甲骨文字释林》,中华书局 1979 年版。

于省吾主编:《甲骨文字诂林》,中华书局 1996 年版。

于省吾:《双剑誃诸子新证》,中华书局 2009 年版。

詹剑峰:《墨子及墨家研究》,华中师范大学出版社 2007 年版。

章太炎:《章太炎全集》,上海人民出版社 1985 年版。

章太炎:《国学概论》,上海古籍出版社 1997 年版。

张成秋:《先秦道家思想研究》,台湾中华书局 1971 年版。

张成秋:《庄子篇目考》,台湾中华书局 2015 年版。

张大可:《司马迁评传》,华文出版社 2005 年版。

张岱年:《中国哲学大纲》,中国社会科学出版社 1982 年版。

张恒寿:《庄子新探》,湖北人民出版社 1983 年版。

张默生:《先秦道家哲学研究》,山东文化学社 1933 年版。

张立文:《中国哲学逻辑结构论》,中国社会科学出版社 2002 年版。

张松辉:《庄子考辨》,岳麓书社 1997 年版。

张松辉:《庄子疑义考辨》,中华书局 2007 年版。

张松辉:《庄子研究》,人民出版社 2009 年版。

《哲学研究》编辑部编:《庄子哲学讨论集》,中华书局 1962 年版。

郑开:《道家形而上学研究》,宗教文化出版社 2000 年版。

郑开:《德礼之间——前诸子时期的思想史》,生活·读书·新知三联书店 2009 年版。

郑开:《庄子哲学讲记》,广西人民出版社 2016 年版。

郑世根:《庄子气化论》,台湾学生书局 1993 年版。

中国科学院考古研究所编:《甲骨文编》,中华书局 1965 年版。

周振甫:《文心雕龙今译》,中华书局 1986 年版。

四、国外学者著作(按国别排序)

[古希腊]亚里士多德:《物理学》,张竹明译,商务印书馆 1982 年版。

[古希腊]亚里士多德:《尼各马可伦理学》,廖申白译,商务印书馆 2003 年版。

[Ancient Rome] Seneca: *Seneca Dialogues and Essays——A new translation by John Davie*, translated by John Davie, New York: Oxford University Press, 2007.

[古希腊]爱比克泰德:《爱比克泰德论说集》,王文华译,商务印书馆 2009 年版。

[古罗马]塞涅卡:《幸福而短促的人生——塞涅卡道德书简》,赵又春、张建军译,上海三联书店 1989 年版。

[古罗马]塞涅卡:《强者的温柔:塞涅卡伦理文选》,包利民等译,中国社会科学出版社 2005 年版。

[瑞士]毕来德:《庄子四讲》,宋刚译,中华书局 2009 年版。

[荷兰]斯宾诺莎:《伦理学》,贺麟译,商务印书馆 1981 年版。

[奥地利]维特根斯坦:《哲学研究》,李步楼译,商务印书馆 2000 年版。

[德]康德:《道德形而上学原理》,苗立田译,上海人民出版社 1986 年版。

[德]康德:《纯粹理性批判》,邓晓芒译,杨祖陶校,人民出版社 2004 年版。

[德]海德格尔:《存在与时间》,陈嘉映、王太庆合译,熊伟校,生活·读书·新知三联书店 1999 年版。

[德]汉斯-格奥尔格·伽达默尔:《真理与方法——哲学诠释学的基本特征》,洪汉鼎译,上海译文出版社 1999 年版。

[英]以赛亚·伯林:《自由论》,胡传胜译,凤凰出版传媒集团、译林出版

社 2011 年版。

[美]爱莲心:《向往心灵转化的庄子:内篇分析》,周炽成译,江苏人民出版社 2004 年版。

[日]渡边秀方:《中国哲学史概论》,刘侃元译,商务印书馆 1926 年版。

[日]武内义雄:《中国哲学思想史》,汪馥泉译,商务印书馆 1939 年版。

[日]津田左右吉:《儒道两家关系论》,李继煌译,商务印书馆 1926 年版。

[日]户川芳郎:《古代中国的思想》,姜镇庆译,北京大学出版社 1994 年版。

[日]沟口雄三:《中国的思想》,赵士林译,中国社会科学出版社 1995 年版。

[日]福永光司:《庄子:古代中国的存在主义》,陈冠学译,三民书局 1969 年版。

[日]福永光司:《庄子内篇读本》,王梦蕾译,北京联合出处公司 2019 年版。

[日]宇野精一主编:《中国思想之研究:(二)道家与道教思想》,邱棨鐊译,幼狮文化事业公司 1978 年版。

[日]池田知久:《道家思想的新研究:以〈庄子〉为中心》,王成发、曹峰译,中州古籍出版社 2009 年版。

[韩]金白铉:《庄子哲学中天人之际研究》,文史哲出版社 1986 年版。

五、学术论文(按作者姓氏音母排序)

陈鼓应:《庄子〈内篇〉的心学(上)》,《哲学研究》2009 年第 2 期。

陈鼓应:《庄子〈内篇〉的心学(下)》,《哲学研究》2009 年第 3 期。

陈鼓应:《庄子论人性的真与美》,《哲学研究》2010 年第 12 期。

陈鼓应:《庄子论“情”:无情、任情与安情》,《哲学研究》2014 年第 4 期。

陈静:《吾丧我——〈庄子·齐物论〉解读》,《哲学研究》2001 年第 5 期。

陈静:《自由的含义——中文背景下的古今差别》,《哲学研究》2012 年第 11 期。

陈赟:《〈齐物论〉与“是非”问题》,《华东师范大学学报》(哲学社会科学版)2022 年第 2 期。

邓联合:《支遁对郭象“逍遥义”的批评与继承》,《福建论坛》(人文社会科学版)2010 年第 5 期。

邓联合:《逍遥游与自由》,《中国哲学史》2009 年第 2 期。

丁四新:《庄子思想的三大本原及其自然之义》,《人文杂志》2020 年第 2 期。

黄克剑:《由“命”而“道”——老子、孔子前后中国古代哲学命义辨正》,《哲学研究》2007 年第 7 期。

康中乾:《〈庄子注〉的著者归属之争与中国哲学史料学的厘定方法》,《南开学报》2002 年第 2 期。

李锐:《郭店简〈唐虞之道〉中出现的“性命”一词与〈庄子〉内篇早出的问题》,《人文杂志》2011 年第 4 期。

李耀南:《庄子的“无用”与“逍遥”》,《哲学研究》2005 年第 8 期。

李振纲:《生命之美的内在性——〈庄子 · 德充符〉解读》,《哲学研究》2010 年第 4 期。

刘笑敢:《庄子与萨特的自由观》,《中国社会科学》1986 年第 2 期。

刘笑敢:《两种逍遥与两种自由》,《华中科技大学学报》2007 年第 11 月。

罗安宪:《中国心性论第三种形态——道家心性论》,《人文杂志》2006 年第 1 期。

罗安宪:《道家天命论的精神追求》,《中国人民大学学报》2007 年第 3 期。

罗安宪:《庄子“吾丧我”义解》,《哲学研究》2013 年第 6 期。

罗安宪:《论老子哲学中的“自然”》,《学术月刊》2016 年第 10 期。

罗安宪:《存在、状态与“自然”——论庄子哲学中的“自然”》,《现代哲学》2018 年第 3 期。

罗安宪:《由“缘督”而“尽年”——〈养生主〉大义探究》,《现代哲学》2023 年第 5 期。

罗祥相:《自爱不自贵——老子生命观思想辨正》,《人文杂志》2012 年第 5 期。

罗祥相:《从“大命”“小命”之分看庄子“去智任性”的思想》,《中国哲学史》2015 年第 3 期。

罗祥相:《庄子“为善无近名,为恶无近刑”思想新解》,《现代哲学》2016 年第 1 期。

罗祥相:《“达命”还是“安命”——庄子“命”论精神新探》,《中国哲学史》2016 年第 1 期。

罗祥相:《庄子“命”与“逍遥”思想辩证》,《哲学研究》2016 年第 4 期。

罗祥相:《庄孔关系新探——从孝的角度看》,《中山大学学报》(社会科学版)2018 年第 2 期。

罗祥相:《庄子“尽年”思想生命伦理义蕴发微》,《现代哲学》2019 年第 2 期。

罗祥相:《论老子“自然”思想的逻辑展开》,《哲学研究》2020 年第 2 期。

罗祥相:《诠释的偏移与义理的变形:庄子“小大之辩”及“逍遥”义理迁变之省思》,《孔子研究》2020 年第 2 期。

罗祥相:《庄子“有待”“无待”思想新诠》,《哲学研究》2021 年第 12 期。

罗祥相:《庄子“无己”思想阐微》,《中国哲学史》2023 年第 3 期。

罗尧:《庄子心性论发微》,《中国哲学史》2001 年第 4 期。

罗尧:《庄子论命与生死》,《宝鸡文理学院学报》2001 年第 9 期。

史维国、檀晶晶:《说“命”》,《长春理工大学学报》2008 年第 7 期。

汤一介:《辩名析理:郭象注〈庄子〉的方法》,《中国社会科学》1998 年第 1 期。

王葆玹:《试论郭店楚简的抄写时间与庄子的撰作年代》,《哲学研究》1999 年第 4 期。

王叔岷:《跋日本高山寺旧抄卷子本庄子残卷》,国立“中央”研究院编:《历史语言研究所集刊》第二十二册 1950 年版。

王叔岷:《论庄子的齐物论思想》,国立“中央”研究院编:《中国文哲研究集刊》第二期 1992 年版。

王小滕:《庄子“安命”思想探析》,《东华汉学》2007 年第 6 期。

王中江:《早期道家“一”的思想的展开及其形态》,《哲学研究》2017 年第 7 期。

谢扬举:《逍遥与自由——以西方哲学阐释中国哲学个案分析》,《哲学研究》2004 年第 2 期。

徐克谦:《“命”的语义分析与庄子的“安命”哲学》,《南京师范大学学报》2002 年第 2 期。

杨国荣:《〈庄子〉哲学中的个体与自我》,《哲学研究》2005 年第 12 期。

杨国荣:《〈庄子〉哲学中的名与言》,《中国社会科学》2006 年第 4 期。

杨国荣:《道与存在之序——〈庄子〉哲学一个视域》,《哲学研究》2006 年第 9 期。

颜世安:《论庄子的人生痛苦意识》,《江苏社会科学》1998 年第 4 期。

颜世安:《论庄子思想中的“道”与“行”的关系》,《中国哲学史》2000 年第 1 期。

张岱年:《中国哲学中“天人合一”思想的剖析》,《北京大学学报》(哲学社会科学版)1985 年第 1 期。

郑开:《道家心性论研究》,《哲学研究》2003 年第 8 期。

附录一　今本《庄子》与庄子之关系探析

——论整体研究《庄子》的必要性与可行性

研究庄子哲学思想，首先不得不面对一极为棘手、又至为重要的问题：今本《庄子》与庄子究竟是何关系？其皆是庄子所著？还是只有内篇才是庄子所作，外杂篇则是由“庄子后学”所作，甚至是秦汉时道家的作品？或内篇也有非庄子所著的篇目章节，外杂篇中也有庄子所作的作品？应当依据《庄子》哪些篇章，展开对庄子思想可信的研究？对今本《庄子》与庄子之关系作一恰当的析断，是展开对庄子哲学研究的必要前提。否则，庄子哲学研究就可能变为没有坚实的文本基础的思想“空中楼阁”之建构，或变成“多得一察焉以自好”而不见庄子思想之大体的一偏之研究。故有必要对今本《庄子》全部篇章的“作品归属权”及其背后的“思想版权”作一仔细的考察，以解答将今本《庄子》作为一个整体进行研究的必要性与可行性的问题。

一、古本《庄子》与今本《庄子》

现传世《庄子》，是经郭象删编的三十三篇本《庄子》，已非其故时之旧。在先秦，已有学者提及庄子其人其书其说，如荀子曾批评庄子“蔽于天而不知人”（《荀子·解蔽》）；还有《荀子》《韩非子》《吕氏春秋》等或明引或暗化《庄子》之文①，说明至少在战国末期《庄子》已然成书，庄子的思想学说已在流

① 参见王叔岷：《读庄论丛》，见陈鼓应主编：《道家文化研究》第十辑，上海古籍出版社1996年版，第230—240页；王叔岷：《吕氏春秋引用庄子举正》，见陈鼓应主编：《道家文化研究》第十辑，第250—266页。另其《韩非子与庄子》一文也详细分析了庄子之学对韩非子的思想影响，参见王叔岷：《庄学管窥》，第49—63页。

传,并对其后的思想家产生重要的影响;然却无人记载庄子个人著述的具体情况。

直到司马迁在《史记》中为庄子作传时才提道:

> 庄子者,蒙人也,名周。周尝为蒙漆园吏,与梁惠王、齐宣王同时。其学无所不窥,然其要本归于老子之言。故其著书十余万言,大抵率寓言也。作《渔父》、《盗跖》、《胠箧》,以诋訿孔子之徒,以明老子之术。《畏累虚》、《亢桑子》之属,皆空语无事实。(《史记·老子韩非列传》)

由是可知,司马迁见到的《庄子》,字数有十余万字。并且其只言"故其著书十余万言",再无他言,说明司马迁并未怀疑十余万言中有非庄子自著的作品。同时,司马迁还提到《庄子》的五个篇名:《渔父》《盗跖》《胠箧》《畏累虚》《亢桑子》①,说明司马迁见到的《庄子》已有篇名,虽然定于何人之手不可知。其中,《渔父》《盗跖》《胠箧》《亢桑子》(《庚桑楚》),今本《庄子》还存,《畏累虚》则被郭象删去。此外,一个十分值得注意的现象是:司马迁未言《庄子》分内

① 有学者提出,"畏累虚"乃一山名,非是《庄子》的篇名。如洪颐煊曰:"亢桑子即庚桑楚,畏累虚即畏畾山,《索引》以畏累虚为《庄子》篇名,非是。"(王叔岷:《庄子校诠》,第855页注引。)崔大华认为:"既然'亢桑子'即'庚桑楚',为《庄子》杂篇首篇之篇目,那么,类而推之,'畏累虚'亦当为篇名,故司马贞《史记索引》说:'畏累虚,篇名也,即老聃弟子畏累。'这是一种理解。张守节《史记正义》持异义,认为'庄子云:"庚桑楚者,老子弟子,北居畏累之上",言《庄子》杂篇《庚桑楚》已下,皆空设言语,无有事实也。'这是另一种理解……比较而言,《正义》的理解为可信。"(崔大华:《庄学研究:中国哲学一个观念渊源的历史考察》,第48页。)需要指出的是,司马贞的《史记索引》在认为畏累虚是老聃弟子之时,也引述了郭象的观点"郭象云'今东莱也'"[(汉)司马迁撰:《史记》,第2144页],说明司马贞似对此保持一种开放的理解。而张守节的《史记正义》主要是在解释《庚桑楚》,其并没有明言"畏累虚"不是篇名。相较而言,以"畏累虚"为篇名,更为合理:首先,因司马迁所提到的"渔父、盗跖、胠箧、畏累虚、亢桑子"五个中,其他四个皆是现存留下来的篇章之篇名,唯"畏累虚"不是,不合常理。因如此司马迁则列举不当,不是同类列举。其次,司马贞去陆德明生活时代未远,且司马贞《史记索引》中引用了很多今本《庄子》未见之庄子佚文,司马贞极有可能看过五十二篇本《庄子》,故其言应不是妄猜。再次,司马迁提到的"畏累虚"是三字,而《庚桑楚》中提到的"畏畾"乃两字。二者有可能分指两个不同的内容,即"畏累虚"是篇名,"畏累"是山名,不必强将二者等同,都指一物。若将二者直接等同,则"虚"字无法安排。最后,如果司马迁特意点出"畏累虚"与"亢桑子",只是意谓今本《庚桑楚》中提到的"庚桑楚""畏畾"乃空语,非是事实,那么按今本《庚桑楚》的"庚桑楚者,老子弟子,北居畏累之山"之语序,司马迁的表述语序当是"亢桑子、畏累虚之属,皆空语无事实",而非其现在所谓的"畏累虚,亢桑子之属,皆空语无事实"。

外杂篇。司马迁称赞庄子“其学无所不窥”，并将其思想要旨定性为“其要本归于老子之言”，说明他对庄子的思想学说有深刻的认识①；并且其还是史上第一个为庄子作传者。如此，司马迁未言《庄子》分内外杂篇，极有可能当时《庄子》不分内外杂篇。② 这可以用辨析《老子韩非列传》中司马迁记述其他四位学者的著述情况加以验证。

司马迁在记载老子著述的情况时曰：

于是老子乃著书上下篇，言道德之意五千余言而去，莫知其所终。

记载老莱子著述的情况曰：

老莱子亦楚人也，著书十五篇，言道家之用。

记载申不害著述的情况曰：

申子之学本于黄老而主刑名。著书二篇，号曰《申子》。

记载韩非子著述的情况曰：

故作《孤愤》、《五蠹》、《内外储》、《说林》、《说难》十余万言。（上引皆见《史记·老子韩非列传》）

司马迁记述老子著《道德经》时，指出其书分上下篇，现出土的帛书《老子》的确已分上篇《德经》与下篇《道经》。同时，其提到老莱子、申不害的著述情况时，也都指出了具体篇数。而记载庄子与韩非子著述情况的方式非常相似：皆只言其书达“十余万言”，并简列了一些篇章，未言其书具体有多少篇目。表明，在司马迁看来，庄子与韩非子的著作特点十分相似：字数多且篇目多。③

---

① 刘义光指出，“司马迁对于老庄，以及和道家相关的思想家，都用简要的三五句话，即可作出精湛贴切的概括，可见他对老庄诸哲，了解得深刻”。（刘光义：《司马迁与老庄思想》，台湾商务印书馆1992年版，第106—107页。）他通过对司马迁与老庄思想之间所存的思想关系的深入分析，指出司马迁曾深受老庄思想的熏陶。

② 余嘉锡指出，“然《史记·庄子传》云：‘作《渔父》、《盗跖》、《胠箧》，以诋訾孔子之徒，以明老子之术，畏累虚、亢桑子之属，皆空语无事实。’今《胠箧》在外篇，《渔父》、《盗跖》、《庚桑楚》在杂篇，而太史公皆以为庄子所自作。然则史公所见之本，必无内外杂篇之别可知也”。（余嘉锡：《古书通例》，上海古籍出版社1985年版，第113—114页。）

③ 今本《韩非子》共54篇，13万字左右。司马迁言庄子“著书十余万言”，其字数与今本《韩非子》相当，故篇目也应相当，虽然未必等同于《汉书·艺文志》所言的五十二篇，因此五十二篇是经刘向删除重复后才定下来的篇数，但估计篇数相差无几。当因是篇数较多，故司马迁皆未言二书具体有多少篇数。

今本《韩非子》未分内外杂，若当时《庄子》已分出内外杂篇，则存与《韩非子》明显不同的特点，如此依司马迁记述老子、老莱子、申不害之著述的方式，其不可能不置一词。故《庄子》分为内外杂篇当是在司马迁之后才出现的现象。

《庄子》原有多少篇目，司马迁未言，至班固的《汉书·艺文志》才曰：

《庄子》五十二篇。（存）。名周，宋人。（《汉书·艺文志》）

班固在《艺文志》中未提及《庄子》是否分内外杂篇，不过其为《庄子》所作的注文提供了重要的信息。陆德明的《庄子音义》曾引班固注，说明班固曾注过《庄子》。班固的《庄子》注文，据学者的统计，现还存有四条：

（1）大块——众家或作大槐。班固同。

（2）夫道未始有封——崔云，《齐物》七章，此连上章。而班固说在《外篇》。

（3）恂——班固作眴也。

（4）天倪——班固曰天研。①（以上《齐物论》）

班固的四条注文都集中于《齐物论》，很可能班固并未注《庄子》全书，只单注了《齐物论》一篇。其中第二条的“班固说在外篇”，意为今本《齐物论》第七章“夫道未始有封，言未始有常，为是而有畛也”一章，崔譔认为，此章上连第六章“古之人，其知有所至矣”一章，“而班固说在外篇”。

崔大华归纳前人对“班固说在外篇”的看法，指出其存有两种可能的理解：“一是‘夫道未始有封’一章，班固见于别本，属于外篇。章太炎是这样理解的。二是‘夫道未始有封’一章，班固以为验其意蕴，当在外篇。蒋锡昌是这样理解的。”②无论是班固见于别本，原在外篇，还是班固以为验其意蕴，当在外篇，至少透露了一个重要信息：至班固时，《庄子》已经分出内外篇。至于在班固时，是否已分出杂篇，班固未言，因此仅凭班固的有限注文

① 黄华珍：《庄子音义研究》，中华书局 1999 年版，第 80 页。

② 崔大华：《庄学研究：中国哲学一个观念渊源的历史考察》，第 53 页。

还无法论断。[①] 依前述之分析，在司马迁时《庄子》还未分出内外杂篇，而到班固时《庄子》已分出内外篇，如此，在二人中间最有可能给《庄子》分篇者是谁？

唐兰认为，"但是内篇和外篇，杂篇的分别，是从哪里来的呢？我以为这分别是起于刘向删除重复的时候"[②]。他依据今存的《管子书录》《晏子叙录》《孙卿书录》里刘向删除重复的记述推断，"凡著录于《别录》的古子书，都经过他的删除重复的手续，才成为《汉书・艺文志》上所得的篇数，《庄子》当然是在这例内"[③]。

张恒寿对唐兰的看法有所肯定，认为这一说法相比其他说法更近于事实，但其认为，"开始区分内、外篇者，不是刘向、郭象，而是淮南王刘安"[④]。理由是：司马彪注的五十二篇本《庄子》中，有淮南王或其门客所作的《庄子后解》和《庄子略要》，今存的《淮南子内篇》又多采用《庄子》书文，据此可推断淮南王刘安和他的门客们曾编纂和整理过《庄子》；将古书区分为内外篇的形式，虽然在先秦还没有将一书全部分为内书外书的记载，但到景帝、武帝时期则出现将书分内传与外传的形式，而这正是淮南王刘安及门客整理《庄子》的时

① 陆德明曰："《汉书・艺文志》'庄子五十二篇'，即司马彪、孟氏所注是也。"[(清)郭庆藩撰：《庄子集释》，第4页。]其明确言，司马彪与孟氏所注之本即《汉书・艺文志》所载五十二篇本《庄子》，司马彪、孟氏注本有杂篇(内篇七，外篇二十八，杂篇十四)。若陆德明之言无误，则可推断《汉书・艺文志》所载五十二篇本《庄子》已经分出杂篇。如此，班固所见《庄子》当已全部分出内外杂篇。但刘昼的《庄周传》又云庄子"著内外五十二篇"(参见王叔岷：《庄学管窥》，第9页)。若刘昼之言属实，则《庄子》最初当是先分出内外篇，而后在外篇基础上又分出杂篇。陆德明记载的崔譔与向秀的《庄子》注本，都是有外无杂，说明当时也有无杂篇的《庄子》传本在流传。由于陆德明与刘昼所言，不知何者正确，故至班固时是否已分出杂篇，姑且存疑。

② 唐兰：《老聃的姓名和时代考》，顾颉刚编：《古史辨》第四册，上海古籍出版社1981年版，第342页。司马贞的《史记索引》曰："刘向《别录》云：宋之蒙人也"，又曰："故《别录》云：'作人姓名，使相与语，是寄辞于其人，故庄子有《寓言篇》'"。[(汉)司马迁撰：《史记》，第2144页。]加上所存《孙卿书录》《关尹子书录》《列子书录》对庄子的记载，如"鄙儒小拘，如庄周等又滑稽乱俗"，"庄子称为博大真人"，"且多寓言，与庄周相类"。[(汉)刘向、刘歆撰，(清)姚振宗辑录：《七略别录佚文・七略佚文》，澳门大学出版社2007年版，第39、45、47页。]可证刘向肯定整理过庄子。

③ 唐兰：《老聃的姓名和时代考》，顾颉刚编：《古史辨》第四册，第342页。

④ 张恒寿：《庄子新探》，第24页。

代。此外，淮南王时代的作者和他本人，都有区分内、外篇及另加题目的体例。内篇题目的神性色彩与刘安著书的时代相符，内篇一部分题目如《德充符》《应帝王》暗示的政治目的与刘安及其门客的政治野心相合。[①] 由此，他将《庄子》区分为内外杂篇和拟定篇名者确定为刘安。崔大华与方勇都指出，张恒寿之看法的论据存有问题。[②] 司马迁的生活年代与刘安非常相近[③]，司马迁还作有《淮南衡山列传》，可以肯定司马迁非常熟悉刘安的生平事迹。因此，假如当时刘安及其门客曾经整理编纂过《庄子》，将《庄子》区分为内外杂篇，并且拟定内篇的篇题，司马迁不应不置一词。[④] 再者，《庄子后解》和《庄子略要》至多只能证明刘安或其门客曾对《庄子》作过解说，并对整体思想进行了"略要"式的总结，其与编纂《庄子》并将之分内外杂篇分属两事，前者并不能作为后者的客观证据。故张恒寿的看法值得商榷。

相较而言，唐兰的看法更为可信，将《庄子》分为内、外篇的人，最有可能者当是刘向。[⑤] 因《七略》的相关佚文，说明刘向肯定编辑整理过《庄子》，其在删除重复的时候，必定要对《庄子》的篇章结构进行一定的调整，而在调整篇章结构的同时进行相应的内外杂之分篇，是很自然的事情。唐兰还指出，假如分篇者是刘向，"那末，所谓内篇七篇是真庄子书的一说，也不过承用刘向的意见而已；其实并没有内篇一定是真和外篇，杂篇一定是假的证据"[⑥]。这一论断对确定《庄子》内外杂篇的作品归属问题，具有重要的启示：不能仅凭至西汉初才出现的内外杂之区分，去判断《庄子》作品所谓的"真伪"问题，因

---

① 参见张恒寿：《庄子新探》，第 22—35 页。

② 参见崔大华：《庄学研究：中国哲学一个观念渊源的历史考察》，第 53 页；方勇：《庄子学史》，人民出版社 2008 年版，第 269—271 页。

③ 据王国维考证，司马迁的生卒年月是公元前 145—公元前 86 年。（参见张大可：《司马迁评传》，华文出版社 2005 年版，第 19—22 页。）刘安的生活年代，据载是公元前 179—公元前 122 年。

④ 方勇指出，"班固《汉书·刘安传》记述刘安从事著述情况甚详，但并无言及其曾编定或整理过《庄子》"。（方勇：《庄子学史》，第 269 页。）

⑤ 张成秋对分篇者当是刘向，亦论证甚详。参见张成秋：《庄子篇目考》，台湾中华书局 1971 年版，第 22—24 页。

⑥ 唐兰：《老聃的姓名和时代考》，顾颉刚编：《古史辨》第四册，第 342 页。

《庄子》最有可能的分篇者刘向，距《庄子》至少已然成书的战国末期，年代久远，其在分篇时并无客观的、可靠的标准与依据，只不过依凭自己对《庄子》篇章的主观认识和价值立场的分判。①

班固之后，东汉高诱在《吕氏春秋·必己篇》注文也提道："庄子名周，宋之蒙人也，轻天下，细万物，其术尚虚无，著书五十二篇，名之曰《庄子》。"②司马迁、班固的记载和高诱的注文说明，在今本《庄子》之前还有古本《庄子》在汉代流传，篇目为五十二篇或上下，字数为十余万字。但对于《庄子》五十二篇的构成情况，则未有人提及，至陆德明的《经典释文·序录》才提道：

《汉书·艺文志》"庄子五十二篇"，即司马彪、孟氏所注是也。言多诡诞，或似山海经，或类占梦书，故注者以意去取。其内篇众家并同，自余或有外而无杂。惟子玄所注，特会庄生之旨，故为世所贵。徐仙民、李弘范作音，皆依郭本。今以郭为主。

崔譔注十卷，二十七篇。（清河人，晋议郎。内篇七，外篇二十。）

向秀注二十卷，二十六篇。（一作二十七篇，一作二十八篇，亦无杂篇。为音三卷。）

司马彪注二十一卷，五十二篇。（字绍统，河内人，晋秘书监。内篇七，外篇二十八，杂篇十四，解说三。为音三卷。）

郭象注三十三卷，三十三篇。（字子玄，河内人，晋太傅主簿。内篇七，外篇十五，杂篇十一。为音三卷。）

李颐集解三十卷，三十篇。（字景真，颍川襄城人，晋丞相参军，自号

① 因史料欠缺，故无从知晓最有可能的分篇者刘向当初区分内外杂的标准和依据是什么。王葆玹提出，"在经过仔细的考辨之后，我们会明白内外杂篇的区分的确不是庄书原有，而是西汉时期刘向创造的。但这区分是从一种尊经的立场出发，将《庄子》书中思想温和的篇章划归内篇，将思想激烈、与儒家六艺五经难以相容的篇章划归外杂篇"。（王葆玹：《黄老与老庄》，中国人民大学出版社 2012 年版，第 201 页。）可备为一说。

② 许维遹：《吕氏春秋集释》，第 347 页。《淮南子·修务训》高诱注曰："名周，宋蒙县人，作书廿三篇，为道家之言。"（何宁：《淮南子集释》，中华书局 1998 年版，第 1355—1356 页。）与《吕氏春秋》之注言有异。《淮南子》注所言的"廿三篇"当是"卅三篇"之误，道藏本、影宋本《淮南子》注皆作"三十三篇"。无论是作"卅三篇"，还是"三十三篇"，皆当是后人据郭象本《庄子》的篇数所改，因据现所知的庄子流传版本资料，东汉时根本没有作卅三篇的庄子传本。

玄道子。一作三十五篇，为音一卷。）

孟氏注十八卷，五十二篇。（不详何人。）

王叔之义疏三卷。（字穆□，琅邪人，宋处士。亦作注。）

李轨音一卷。

徐邈音三卷。①

由陆德明所列各家的《庄子》注，可清楚看到当时在世流传的《庄子》主要传本：一是司马彪与孟氏所注的五十二篇本《庄子》，陆德明明言，此即《艺文志》所载之五十二篇本《庄子》；二是崔譔与向秀所注的二十七篇本《庄子》②；三是郭象注的三十三篇本《庄子》；四是李颐注的三十五篇本《庄子》③；其他注家皆是对《庄子》的义疏与注音。现传世的《庄子》，只余郭象注的三十三篇本，其他传本皆未传下来，因"惟子玄所注，特会庄生之旨，故为世所贵"。郭象注三十三篇本《庄子》有内七篇，外十五篇，杂十一篇，字数只有六万五千余字。

---

① （清）郭庆藩撰：《庄子集释》，第4—5页。

② 据"秀本传"载："秀游讬数贤，萧屑卒岁，都无注述。唯好《庄子》，聊应崔譔所注，以备遗忘云。"[（南朝宋）刘义庆著，（南朝梁）刘孝标注，余嘉锡笺疏：《世说新语笺疏》，第243页。]说明向秀是在崔譔《庄子》注的基础上作注，两人用的是同一本子。不过因"唯《秋水》、《至乐》二篇未竟而秀卒"。[（南朝宋）刘义庆著，（南朝梁）刘孝标注，余嘉锡笺疏：《世说新语笺疏》，第244页。]考《庄子音义》中引向秀注，《秋水篇》存5个，《至乐篇》无向注。向秀应是未竟《秋水篇》，未及《至乐篇》而卒，故向注本作二十六篇（扣去未注《至乐》一篇）或二十七篇为是，作二十八篇可能是扣去《秋水》与《至乐》两篇，再加为音三卷，故算作二十八篇。陆德明曾言"其内篇众家并同，自余或有外而无杂"，其中，崔向本不仅没有杂篇，其外篇也只有二十篇，而五十二篇本《庄子》外篇有二十八篇，故崔向本较之五十二篇本外篇篇数少八篇。虽然崔向本的外篇篇数不同于其他《庄子》传本，但各传本之间相同的部分，并非如陆德明所言仅"内篇众家并同"，因崔向本所有的二十篇外篇，虽然部分篇章后被郭象移入杂篇（详下文），但皆留存，故其也属"众家并同"的部分。

③ 若《汉书·艺文志》所载五十二篇本《庄子》已分出内外杂篇，则李颐注本一作三十五篇，可能是李颐只注了五十二篇本《庄子》的内篇和外篇，内篇七加外篇二十八，正作三十五之数。三十篇可能是其所注三十五篇本《庄子》不全的传本。黄华珍指出："《庄子音义》全书中以'李云'、'李音'、'李'表示者多达六百余处，遍及三十三篇，从数量来说是仅次于司马彪注的主要注释之一。"（黄华珍：《庄子音义研究》，第77页。）孙以楷认为："奇怪的是李颐也注满了三十三篇……从今存李颐注的情况看，李颐本当为三十五篇。"（孙以楷、甄长松：《庄子通论》，东方出版社1995年版，第32页。）

对照《汉书·艺文志》所载,今本《庄子》较之五十二篇本《庄子》,篇目少十九篇①,字数少三万多字以上。因五十二篇本《庄子》被郭象十去其三。日本镰仓时代高山寺所藏《庄子》残抄本,在《天下》篇之后的跋语曰:

夫学者尚以成性易知为德,不能政异端为贵也。然庄子闳才命世,诚多英文伟词,正言若反。故一曲之士不能畅其弘旨,而妄窜奇说。若《阏亦》《意脩》之首,《尾言》《游易》《子胥》之篇,凡诸巧杂,若此之类,十分有三。或牵之令近;或迂之令诞;或似《山海经》;或似梦书;或出《淮南》;或辩形名。而参之高韵,龙蛇并御。且辞气鄙背,竟无深澳,而徒难知,以因后蒙,令沈滞失乎流,岂所求庄子之意哉!故皆略而不存。令唯哉取其长达致全乎大体者,为卅三篇者。太史公曰:"庄子者,名周,守蒙县人也。曾为漆园史,与魏惠、齐王、楚威王同时者也。"②

此段前几句与陆德明在《经典释文·序录》所引的郭象之言,"一曲之才,妄窜奇说,若《阏弈》、《意脩》之首,《危言》、《游凫》、《子胥》之篇,凡诸巧杂,十分有三"③,基本相同,故学者一致认为此跋语为郭象所作。郭象在此解释了将《庄子》从五十二篇删编为三十三篇的原因:"故一曲之士不能畅其弘旨,而妄窜奇说",即五十二篇本《庄子》被掺杂进很多不是庄子所著的作品。

具体而言,郭象认为窜入《庄子》中非庄子所著的篇章,可分为如下几类:

---

① 《庄子》的正文实少了十六篇,因司马彪注五十二篇本《庄子》中,有三篇是《解说》,故《庄子》原书自有篇目为四十九篇。关于三篇《解说》,俞正燮认为,司马彪注五十二篇本《庄子》中有淮南王刘安所作的《庄子略要》(一作《庄子要略》),故《庄子略要》即三篇《解说》中的一篇。[参见(清)俞正燮:《癸巳存稿》卷十二,商务印书馆 1937 年版,第 334 页。]依此例,淮南王的《庄子后解》似也是三篇《解说》中的一篇。另一篇则未知。

② 王叔岷:《跋日本高山寺旧抄卷子本庄子残卷》,见台湾国立"中央"研究院编:《历史语言研究所集刊》1950 年第二十二册,第 166 页。此段文字多有脱误。武内义雄曰:"此文政异端当作攻异端,阏亦当作阏弈,尾言当作巵言,游易当作游凫,梦书《释文序录》作占梦书,抄本偶脱占字,深澳当作深奥,因后蒙当作困后蒙,失乎流误衍乎字,令唯哉当作今唯裁,为卅三篇者,者宜作焉。守蒙县人,守当作宋,齐王王上脱宣字。"(王叔岷:《跋日本高山寺旧抄卷子本庄子残卷》,见台湾国立"中央研究院"编:《历史语言研究所集刊》1950 年第二十二册,第 166 页注引。)王叔岷则认为,阏亦不必作阏弈,亦与弈古通;深澳不必作深奥,澳与奥古通,失乎流不必衍乎字,疑流上有脱文。

③ (清)郭庆藩撰:《庄子集释》,第 4 页。

一是“或迂之令诞，或似《山海经》，或似梦书”的篇章，即描写非常荒诞的文学类作品，与《山海经》的神话和占梦书的荒诞故事相似。①

二是“或辩形名”的篇章，即与《惠施篇》相似②，辩论形名关系的篇章。

三是“或出淮南”的篇章，即被认为是出自《淮南子》的篇章。③

四是“或牵之令近”的篇章，即郭象认为是后人牵强摹仿庄子思想而作的风格近似的篇章。④

郭象以为，这些作品都是“一曲之士”所作，胡乱窜入《庄子》中，其语言粗

---

① 据辑录的庄子佚文，原五十二篇本《庄子》中有“魄二首”“夸父与日角走，渴死于北地”（参见王叔岷：《庄学管窥》，第230、241页）等文学类的作品，可能是促使郭象作此判断的原因。

② 《北齐书·杜弼传》曰：“弼注《庄子·惠施篇》。”（《北齐书》卷二十四）说明古本《庄子》原有《惠施篇》。宋王应麟曰：“北齐杜弼注《庄子·惠施篇》。今无此篇，亦逸篇也。”［（宋）王应麟著，（清）翁元圻等注：《困学纪闻》卷十，第1242页。］其以为《惠施篇》在流传的郭象三十三篇本《庄子》中已不存，故将之归为逸篇。然今本《天下篇》最后一章专论惠子的学说，武内义雄认为：“以下或即北齐杜弼所注《惠施篇》……则此下半为崔、向所不传，郭象取他本附此”（见王叔岷：《庄子校诠》，第1348—1349页注引。）王叔岷亦言：“如‘惠施多方’以下迄篇末为《惠施篇》，则此篇未逸矣。”（王叔岷：《庄子校诠》，第1348—1349页。）五十二篇本《庄子》中，可能原来有一些作品跟《惠施篇》相似，记载辩论形名关系的名家思想。如王叔岷所辑之庄子佚文中有辩“自相矛盾”一段：“楚人有卖矛及盾者，见人来买矛，即谓之曰：‘此矛无何不彻。’见人来买盾，则又谓之曰：‘此盾无何能彻者。’买人曰：‘还将尔矛刺尔盾，若何？’”（王叔岷：《庄学管窥》，第233页。）此段又现《韩非子·难一篇》，其本是五十二篇本《庄子》中之文，由此可一窥《庄子》中原所记之名家论题之貌。

③ 郭象所言的“或出淮南”，当指由淮南王或其门客所作的，包含《庄子略要》与《庄子后解》的三篇《解说》，不应当指作为五十二篇本正文的四十九篇中，有出自《淮南子》的篇章。因荀子、韩非子、司马迁的引用与记载，皆说明《庄子》成书于《淮南子》之前。《汉书·艺文志》所载五十二篇《庄子》，还经过刘向删除重复的整理。刘向（约公元前77—公元前6年）的生活年代去刘安（公元前179—公元前122年）未远，作为专门负责校书的校中秘书，对刘安献给汉武帝的《淮南子·内篇》一事应很熟悉。刘向用以整理的《庄子》版本，乃皇家大内所藏的《庄子》，其所校之《庄子》文本来源应较古。现所见之先秦典籍几乎都经过刘向的校对并去除重复，谓刘向未能甄别出《庄子》中有抄自《淮南子》的内容，则明显小看刘向。因此，作为五十二篇本正文的四十九篇中，存在抄录自《淮南子》的情况可能性很小，反而今本的《淮南子》大量暗抄或暗化《庄子》中的语句。［参见王叔岷：《庄学管窥》，第65—83页。］

④ 这种情况在逻辑上与现实中有可能，因《庄子》若是由庄子弟子门人所编纂，无法排除其弟子门人在结集时加入模仿庄子著述风格的作品；同时，《庄子》在流传的过程，经过不断抄录、编辑，也可能加入后人模仿庄子所作的作品；但并无确切的、可靠的历史资料记载证据，证明“庄子后学”加入了“牵之令近”的作品。故郭象此一看法，只是仅凭对作品思想风格的感觉判断而得的结论。

鄙悖理，也无深刻的思想内涵，意思还难以理解，反使庄子高深的思想义理“沈滞失乎流”，故将它们“皆略而不存”，然后再选取其中篇章较长而达意，思想意旨论说全面的部分，删定为三十三篇。

据陆德明的“内篇众家并同”，可知被郭象删除的篇章主要集中在外杂篇。就《庄子》自有篇目言，外杂篇总共被郭象删除十六篇：根据《史记》与《经典释文·序录》所载，其中明确知道篇名的有《畏累虚》《阏亦》《意脩》《尾(危)言》《游易(凫)》《子胥》六篇[①]；有较明显的论据，但也存一定争议性的篇目有《惠施》与《马捶》两篇[②]；其他不知篇名的八篇。郭象在删编外杂篇时，并不全是直接从外杂篇中选取一些篇目，其也截取原属其他篇章的部分内容移附到其所选定的篇目中[③]，故今本《庄子》的部分篇章乃由几篇合并而成。[④] 另外，郭象还打乱了五十二篇本《庄子》外杂篇原本的篇章分布结构。据崔譔与向秀注在今本《庄子》的分布情况可知，郭象将原属崔向本《庄子》外篇的《庚桑楚》《徐无鬼》《则阳》《外物》《寓言》《盗跖》《列御寇》《天下》八篇移入杂篇。[⑤] 故从五十二篇本《庄子》的外篇二十八篇，到郭象三十三篇本《庄子》外篇存十五篇，表面减少了十三篇，然若加上前述被移入杂篇的八篇，外篇实际上只被郭象删除五篇。[⑥] 五十二篇本《庄子》原有杂篇十四篇，至郭

---

① 参见崔大华：《庄学研究：中国哲学一个观念渊源的历史考察》，第47—50页。

② 《南史·何子朗传》载：“子朗……尝为《败冢赋》，拟庄周马捶，其文甚工。”（《南史·列传第六十二》）有学者曾据此认为“马捶”也是庄子的逸篇之一，但也存在着一些异议。参见黄华珍：《庄子音义研究》，第181页。

③ 郭象所谓的“〔今〕唯（哉）〔裁〕取其长达致全乎大体者”之“裁”字，说明郭象并非对一些篇目皆采取“略而不存”的方式，其也截取了一些篇目中被他认为“达致乎大体”的部分章节，将之移附到其他篇目中去。跋语中的“妄窜奇说。若《阏亦》《意脩》之首”，说明郭象认为《阏亦》与《意脩》两篇只是篇首的部分窜入“奇说”，故很可能只删削了《阏亦》与《意脩》两篇的篇首部分。［参见崔大华：《庄学研究：中国哲学一个观念渊源的历史考察》，第62页。］

④ 如今本《天下篇》最后一章当是原来的《惠施篇》，如此今本的《天下篇》应是原《天下篇》与《惠施篇》两篇合并而成。关于今本《庄子》哪些篇目可能由多篇合并而成，参见叶国庆：《庄子研究》，第12—14页；黄华珍：《庄子音义研究》，第189—220页。

⑤ 参见黄华珍：《庄子音义研究》，第184—186页；孙以楷、甄长松：《庄子通论》，第37—39页。

⑥ 五十二篇本《庄子》的二十八篇外篇中，崔向本所有的外篇二十篇都被实际保留下来，崔向本所无的另外八篇中，则只有《天道》《刻意》《田子方》三篇留存。

象三十三篇本《庄子》存十一篇，表面上只减少三篇，然加上前述移入杂篇的八篇，杂篇实际上被郭象删除了十一篇。[①] 可见，五十二篇本《庄子》被郭象删除最多的是杂篇的篇章。今本《庄子》杂篇十一篇，除《让王》《说剑》《渔父》原属五十二篇本《庄子》的杂篇，其他八篇皆是从外篇移入。

陆德明在《经典释文·序录》中，基本认同郭象对五十二篇本《庄子》所作的判断，也认为"后人增足，渐失其真"。陆德明作《庄子音义》时，将司马彪五十二篇本的《庄子》注文都杂糅进三十三篇本《庄子》中，说明陆德明肯定见过五十二篇本《庄子》。虽然他也认为五十二篇本《庄子》有后人增足的作品，但对"增足"出来的作品的判断与郭象稍有不同："言多诡诞，或似山海经，或类占梦书。"[②]相比郭象，未再言"或辩形名"的篇章"非真"，也再未言五十二篇本的《庄子》有"或出淮南"的篇章。由于五十二篇古本《庄子》早已失传，故此也无从判断郭象与陆德明认为五十二篇本《庄子》存有后人增足的作品，到底具有多大的可信度。

郭象将《庄子》五十二篇删编为三十三篇，自认为所删除的皆是"一曲之士"妄窜的"奇说"。但据学者辑佚的《庄子》佚文，郭象在删除所认为的非庄子所著的篇章时，其实也删除了很多有深刻的哲学思想意义，但与其所主张的"独化说"存在思想冲突的章节。如：

> 生物者不生，化物者不化。
>
> 夫无形故无不形，无物故无不物。不物者能物物，不形者能形形。故形形、物物者，非形，物者也。夫非形、非物者，求之于形、物，不亦惑乎？[③]

上两则《庄子》佚文，都主张有"生物者""化物者""形形者""物物者"[④]。郭

---

① 崔大华以为，"郭象于司马彪的二十八篇外篇中删削去十三篇，约占一半，而于十四篇杂篇则删去三篇，削减的比例反而较小"。（崔大华：《庄学研究：中国哲学一个观念渊源的历史考察》，第62页。）崔大华虽注意到原在崔向本《庄子》外篇的《庚桑楚》《徐无鬼》《则阳》《外物》《寓言》《盗跖》《列御寇》《天下》等八篇，在郭象本中属杂篇，但因未意识到郭象是将原属外篇的上述八篇移入到杂篇中，因此误以为郭象删削最多的部分是外篇。

② （清）郭庆藩撰：《庄子集释》，第4页。

③ 王叔岷：《庄学管窥》，第229、232页。

④ 庄子所谓的"生物者""化物者""形形者""物物者"，与"造物者""造化者"相似，皆指"道"。

象则认为：

> 世或谓罔两待景，景待形，形待造物者。请问：夫造物者，有耶无耶？无也？则胡能造物哉？有也？则不足以物众形。故明众形之自物而后始可与言造物耳。是以涉有物之域，虽复罔两，未有不独化于玄冥者也。故造物者无主，而物各自造，物各自造而无所待焉，此天地之正也。①

郭象主张没有所谓的“造物者”，认为一切物皆“各自造”，皆独化而生，而无造物者为之主宰。如此，上两佚文与郭象的“独化说”存有思想冲突之处。郭象可能为了不使自己的“独化说”遭遇《庄子》原有作品中一些章节论述的挑战，故将之都归为后人“牵之令近”的作品，予以删除。由此可知，郭象在删编五十二篇本《庄子》时，并非有可靠的依据和客观的标准，对《庄子》篇章进行真正合理、确当的甄别，实际上只是按照自己的主观认识和个人的思想创作需求以意去取。其删除的很多篇章作品，应有很多原属庄子所著的作品。②

郭象删编三十三篇本《庄子》后，又在向秀《庄子注》的基础上全面为《庄子》作注。③ 因郭象注本《庄子》为后代所推崇，故在唐宋时成为主要传本，其

---

① (清)郭庆藩撰：《庄子集释》，第111—112页。

② 姚鼐曾言：“夫《庄子》五十二篇，固有后人杂入之语。今本经象所删，犹有杂入其辞义，可决其必非庄生所为者。然则其十九篇，恐亦有真庄生之书，而为象去之矣。”[(清)姚鼐：《惜抱轩全集》，中国书店1991年版，第24页。]

③ 此处牵扯庄学史上的一大公案：即郭象《庄子注》是否剽窃了向秀注？《世说新语》称：“郭象者，为人薄行，有俊才。见秀义不传于世，遂窃以为己注。乃自注《秋水》、《至乐》二篇，又易《马蹄》一篇，其余众篇，或定点文句而已。”[(南朝宋)刘义庆著，(南朝梁)刘孝标注，余嘉锡笺疏：《世说新语笺疏》，第244页。]这一认定郭象《庄子注》大部分剽窃自向秀注的看法在后世影响深远。历代学者对此一定性，看法不一。(参见林聪舜：《向郭庄学之研究》，文史哲出版社1981年版，第5—30页。另参见康中乾：《〈庄子注〉的著者归属之争与中国哲学史料学的厘定方法》，《南开学报》2002年第2期。)王叔岷通过详细比对现所存的向秀《庄子注》与郭象的《庄子注》，指出，“今据庄子释文、列子注、及他书所引，详加纂辑，得向有注郭无注者四十八条，向郭注全异者三十条，向郭注相近者三十二条，向郭注相同者二十八条，列此明证，然后知郭注之与向注，异者多而同者少，盖郭虽有所采于向，实能推而广之，以自成其说者也，岂仅自注《秋水》《至乐》二篇，及易《马蹄》一篇而已哉？《晋书·向秀传》云：‘庄周著内外数十篇，秀为之隐解，发明奇趣，振起玄风。惠帝之世，郭象又述而广之。’所谓述而广之，盖纪其实也。”(王叔岷：《庄学管窥》，第114页。)从王叔岷的详细比对可知，向郭注同(含近似者)与异(含向有注郭无注者)的比例是60∶72。郭注有相当一部分注采自向注，这是事实，但较多部分乃是自注，因此，《世说新语》的定性不够完全准确。若按现代的学术标准，郭注有很大一部分采自向注，有剽窃之嫌疑。

他版本的《庄子》都未流传下来。故后世读《庄》研庄，只能以郭象删编并作注的三十三篇本《庄子》为主要依据，参以有限的由学者从各类传世文献中所辑佚的庄子佚文。①

二、学界对今本《庄子》与庄子之关系的判定

郭象之后，由于学者对传世的三十三篇本《庄子》中的个别篇章，乃至外杂篇的全部篇章的“真伪”或说“作品归属权”又产生不同的看法，故学者对传世三十三篇本《庄子》与庄子的关系判定又起波澜。归纳而言，主要存在如下几种看法：

第一，认为流传下来的《庄子》三十三篇，皆是庄子所著，反映的也都是庄子的思想。事实上，从战国末期古本《庄子》成书一直到郭象着手删编三十三篇本之前，史籍并未记载有人明确怀疑《庄子》中有非庄子所作的作品。无论是司马迁、班固，还是高诱，皆未提出古本《庄子》中掺杂有不是庄子所著的作品；魏晋时，司马彪与孟氏注五十二篇本《庄子》时，也未提出怀疑；否则相应的观点就会见诸他们的著作。崔譔与向秀在注《庄》时，只选注了二十七篇，李颐只选注了三十五篇，这一做法虽然可能反映他们认为五十二篇本《庄子》的外杂篇，作品纯杂不一，有些篇章的思想价值不高，但史书也未记载他们怀疑《庄子》中有不是庄子所著的作品。直到郭象才明确提出五十二篇本《庄子》窜有后人的作品。但郭象将其所认定的窜入《庄子》中的后人作品都予以删除，由此可以推断，郭象以为其所删订并加注释的三十三篇本《庄子》，皆是庄子所著。

但之后依然有学者怀疑郭象删定的三十三篇本《庄子》中，还有篇章不是庄子所著。苏轼在《庄子祠堂记》中曾曰：

然在古代，学者对他人著作的版权意识还不清晰的情况下，郭象的做法虽可议，然可接受。向秀注《庄》也是在崔譔注的基础上“聊应崔譔所注，以备遗忘”，说明在他人之注的基础上，加上自己所注，在当时乃常见做法。用现代的标准去衡量古人的行为，并不完全合适。

① 参见王叔岷：《庄学管窥》，第227—252页；马叙伦：《庄子义证》，第752—776页。

然余尝疑《盗跖》、《渔父》，则若真诋孔子者。至于《让王》、《说剑》，皆浅陋不入于道。①

苏轼认为，今本《寓言》篇最末的“阳子居南之沛”一章，应当与《列御寇》篇首的“列御寇之齐”一章连在一起②，中间的《让王》《说剑》《渔父》《盗跖》四篇是“昧者剿之以入其言”③，即此四篇是后人截断两章所加入的非庄子所著的作品。自苏轼开始怀疑郭象删订的三十三篇本《庄子》也有后人窜入之作品后④，后世学者也纷纷表达相似的怀疑。因此，认为传世三十三篇本《庄子》皆是庄子所作的看法，也就受到学者的不断质疑。

在不断的质疑声中，现当代还是有些学者坚持这一传统的观点。如周通旦认为，今本《庄子》的思想不一致，可以用庄子个人思想发展的不同阶段来解释；其以为，外杂篇可以看成庄子早期的作品，内篇可以看成庄子晚年的作品。⑤ 陆钦也认为，“《庄子》一书，基本上是庄周的著作”⑥。其以为，通过对《庄子》篇章创作年代的分析，可以将庄子生平划分早、中、晚三个时期：四十二岁之前为早期，四十三岁至五十九岁为中期，六十岁以为后晚期。因《庄子》分内外杂篇是后人编辑时形成的，故可以打破原有的框架考虑重新进行

---

① （宋）苏轼：《苏轼文集》第一册，中华书局 1986 年版，第 348 页。

② 《列子·黄帝篇》中有“杨朱南之沛”一章，与庄子的《寓言》篇最末一章基本相同；还有“列御寇之齐”一章，与《列御寇》篇首章也基本相同。其章序是“列御寇之齐”在前，而“杨朱南之沛”在后。《列子》中此两章连在一起，可能是启发苏轼作出上述论断的原因。

③ （宋）苏轼：《苏轼文集》第一册，第 348 页。剿，截断之义。

④ 据归有光的《南华真经评注》注引，早在唐代，韩愈就曾怀疑《庄子》中的《盗跖》《渔父》《说剑》不是庄子本人所作。韩愈在评《盗跖》时曾曰，“讥侮列圣，戏剧夫子，盖效颦庄老而失之者”；在评《说剑》时曰，“此篇类战国策士之雄谭，意趣薄而理道疏，识者谓非庄生所作”；在评《渔父》时曰，“论亦醇正，但笔力差弱于庄子，然非熟读庄子者不能辩”。[（明）归有光批点，（清）王闿运辑评：《百大家评注庄子南华经》，宏业书局 1969 年版，第 238、243、247 页。]韩愈分别从内容、意趣、笔力三方面，断定《盗跖》《渔父》《说剑》三篇当是后人效仿之作。若归有光所引之评述属实，则在苏轼之前，韩愈就已有所怀疑。但归有光所引韩愈之评述不见于留传的《昌黎文集》等书，并从后世参引来看，未产生较大的思想影响。在庄学史上，对后世真正产生极大影响的乃苏轼的《庄子祠堂记》。

⑤ 参见周通旦：《关于〈庄子〉外杂篇和内篇的作者问题》，《哈尔滨师范学院学报》1961 年第 1 期。

⑥ 陆钦：《庄周思想研究》，河南人民出版社 1983 年版，第 1 页。

分类。① 从逻辑上说,周通旦与陆钦将庄子思想分期的做法,可以合理解释《庄子》的内外杂篇作品,为何在写作风格、思想观点等方面存有重要的差异。但依此论证《庄子》基本是庄子自著,却只有"内证",没有相关可靠的"外证"。② 同时,意欲对庄子思想进行恰当的分期,也面临着缺乏庄子相关的生平资料,没有可靠的分期之依据的困难。詹剑峰认为,"'庄子'一书有庄派学生引申和附加的成分……我们研究庄子哲学,不能也无法划出前期庄子哲学和后期庄子哲学,不能也无法划分为前期庄子和后期庄子"③。崔大华也指出,坚持《庄子》皆为庄子自著的观点,"也找不到有力的理由来解释庄子早期著作的外、杂篇中何以出现庄子死后的时代才会有的事件、名物、语言"④。故整体而言,认为今本《庄子》皆是庄子所著的观点,有传统的观点支撑,提出的新解释在逻辑上也可自圆其说;但在证据层面无法找到有力的"外证",给出客观可靠的论据,消除其他学者的质疑,故这一观点有待进一步完善。

第二,认为《庄子》的内篇皆是庄子所著,外杂篇则有些篇章是庄子所作,有些篇章则非庄子所作。自苏轼开始大胆质疑《庄子》杂篇的《让王》《说剑》《渔父》《盗跖》四篇是后人窜入的作品后,越来越多的学者也开始怀疑《庄子》外杂篇的篇章是否皆是庄子所作。很多学者从思想内容、作品风格、名物制度、历史事件的发生时间等角度考辨,认为《庄子》外杂篇窜入了很多后人的作品。如林希逸曰:

> 自《让王》以下四篇,其文不类庄子所作,《让王篇》中,犹有一二段,《渔父篇》亦有好处,《盗跖》篇比之《说剑》又踈直矣。据《盗跖》篇今谓宰相曰,战国之时,未有称宰相者,此为后人私撰明甚。⑤

林希逸也认同苏东坡的看法,认为《让王》以下四篇,从文章的风格来说不类庄子所作;其还从战国时的名物制度入手,认为战国之时未有"宰相"之称,故

① 参见陆钦:《庄周思想研究》,第1—4页。

② "内证"指思想文本之内找到的证据,故证明效力较弱;"外证"指在思想文本之外找到的证据,如可信的历史资料记载、流传下来的典籍实物、新出土的资料等,故具有较强的证明效力。

③ 詹剑峰:《墨家的形式逻辑》,湖北人民出版社1956年版,第7页。

④ 崔大华:《庄学研究:中国哲学一个观念渊源的历史考察》,第67页。

⑤ (宋)林希逸:《庄子鬳斋口义校注》,第475页。

《盗跖》肯定是后人所撰。①

其后罗勉道在苏东坡的基础之上，又怀疑《刻意》《缮性》两篇也非是庄子的作品：

> 汉《艺文志》“《庄子》五十二篇”，郭象固已辨其巧杂，十分有三，今所存三十三篇，东坡苏氏又黜《让王》、《盗跖》、《说剑》、《渔父》，而以《列御寇》接《寓言》之末，合为一篇，其说精矣。然愚尚谓《刻意》、《缮性》亦复肤浅非真，宜定为二十六篇。②

罗勉道从思想内容的角度论断，《刻意》《缮性》两篇作品内容肤浅，也不是真正的庄子作品，故他在《南华真经循本》中，直接将《刻意》《缮性》《让王》《盗跖》《说剑》《渔父》六篇加“黜伪”二字，编排在最后。

吴澄也认同苏轼的看法，并对外杂篇中的其他篇章又有所怀疑，其曰：

> 庄氏书内篇盖所自著，外篇或门人纂其言以成书。其初无所谓杂篇也，窃疑后人伪作《让王》、《渔父》、《盗跖》、《说剑》，剿入《寓言》篇中，离隔《寓言》之半为《列御寇》篇，于是分末后数篇，并其伪书名为杂篇，以相淆乱云尔。今既从苏氏说黜其伪，复以《列御寇》合于《寓言》而为一篇，《庚桑楚》以下与《知北游》以上诸篇，不见精粗深浅之不侔，通谓之外篇可也。夫庄氏书瓌玮参差，不以觭见之。唯《骈拇》、《胠箧》、《马蹄》、《缮性》、《刻意》五篇自为一体，其果庄氏之书乎？抑亦周、秦间文士所为乎？是未可知也。故特别而异之，以俟夫知言之君子详焉。苏氏所黜四篇亦存之，以附其后。③

吴澄在苏轼的基础上，又怀疑《骈拇》《胠箧》《马蹄》《缮性》《刻意》五篇不是庄子所作；相比罗勉道，又增加了《骈拇》《胠箧》《马蹄》三篇。从上述三位注家的看法中，可以发现始自苏东坡的对《庄子》外杂篇的怀疑不断扩大化的

① 林希逸认为战国时未有“宰相”之称，不确。查先秦典籍，《韩非子》“宰相”1见，《吕氏春秋》2见。说明至少战国后期就有“宰相”之称。《春秋左传》多见“卿相”之称，表明春秋时已有“卿相”之官职，此一官职至战国可能发生称谓变化，故无法排除战国中期就有“宰相”之称。

② （南宋）罗勉道：《南华真经循本》，第1页。

③ （元）吴澄：《老庄二子叙录》，见李修生主编：《全元文》（十四），江苏古籍出版社1999年版，第453—454页。

倾向。除此以外，认为外杂篇存有非庄子所作之篇章的学者，还有明焦竑，清林云铭、宣颖、胡文英、马其昶，近代以来有梁启超、马叙伦、钱穆、陈鼓应等人。①

不可否认，今本《庄子》外杂篇里有一些篇目与章节，与内篇相比，在思想内容与作品风格等方面存有重要的差异；同时也出现了一些在战国中期之后才出现的历史事件。因此，学者们质疑外杂篇中有不是庄子所作的作品，是合理的怀疑。但这一观点到目前为止，并未在《庄子》之外找到非常可靠的“外证”，证明外杂篇中的一些作品定非庄子所作；其所列举的证据与理由，多数是可以反驳的“内证”。首先，持平而论，不能仅因《胠箧》《渔父》等篇存有诋訾圣人与孔子的章节，批驳儒家的思想，就此将其排除为非庄子的作品，因庄子可能本就有此倾向与主张。其次，看似在战国中期之后才可能出现的名物制度，如“宰相”之称，可能比预想的出现时间要更早。史籍中所载的名物制度之出现时代，未必是其在历史中首次出现的时代，其被记入典籍中需要一定的时效时间。再次，以思想内容的深浅和作文水平的高低等标准，作为判定庄子所著与非庄子所作的依据，各个学者间的标准主观性差异较大。一些学者依此一标准划分为庄子所著的作品，在另一位学者则被依另一标准划分为非庄子所作的作品。表明，以思想内容、语言风格等标准作为判定庄子所作与非庄所作之作品的依据，并非是一种客观的、可靠的标准与依据。最后，上述学者都肯定《庄子》内篇皆是庄子所作。然如前所述，《庄子》划分为内外杂篇，是汉时才出现的现象。如此，最有可能的分篇者，如刘向，在分篇时，对哪些篇章应归入内篇，哪些篇章应归入外杂篇，只是依凭个人的主观意见与价值立场。若原五十二篇本《庄子》中存有非庄子所作的作品，内篇也很可能被分入

① 参见（明）焦竑：《庄子翼叙》，见谢祥皓、李思乐辑校：《庄子序跋论评辑要》，湖北教育出版社2001年版，第52页。（清）林云铭：《庄子因》，第313、322、333、336页。（清）宣颖：《南华经解》，第205页。（清）胡文英：《庄子独见》，第235页。（清）马其昶：《定本庄子故》，第4页。梁启超：《饮冰室合集》第8册，专集之四十，中华书局1989年版，第8页。马叙伦：《庄子义证》，第4—7页。钱穆：《庄子纂笺》，第300、310、320、324页。陈鼓应：《庄子今注今译》，第743、805页。

一些非庄子所著的章节。① 是故,肯定内篇皆是庄子所作的看法,也可商榷。

整体而言,主张内篇皆是庄子所著,外杂篇的个别篇章不是庄子所著的观点,保持着一种温和怀疑论的立场,具有相对的合理性。其存在的主要问题有二:一是学者们怀疑外杂篇存有非庄子所著的作品之判定标准还不够客观、可靠与充分;二是认为内篇就一定可信。

第三,庄学史上,随着学者们对《庄子》外杂篇的怀疑不断扩大化,最终走向极端②,一些学者开始主张只有内篇是庄子所作,外杂篇皆非庄子的作品。如明代朱得之曰:

> 随意出辞,绝无结构,《庄》文也。如曰"其生也有涯"、"知天之所为"之类,在他人则不如此开口。《外篇》、《杂篇》疑或有闻于庄子者之所记,犹二戴之《礼》非出一手,明目者自能识也。之、哙让国,在孟子时,而庄文曰"昔者";陈恒弑君,孔子请讨,鲁国之儒一人,庄子身当其时,而《胠箧》篇曰:"陈成子弑其君,子孙享国十二世。"即此推之,则秦末汉初之言也。岂其年踰四百岁乎?末篇称"邹鲁之士",当在长卿已后者所为也。大抵此籍多敷演老子之言,以发挥其精神者。……
>
> 曾、史、盗跖与孔子同时,杨、墨在孔后孟前,《庄子》内篇三卷,未尝一及五人,则《外篇》、《杂篇》断断乎非庄子之言矣。③

朱得之从语言风格、文章结构、思想内容、外杂篇中提到的历史事件、历史人物

---

① 武内义雄曰:"据说其中内篇七篇是庄周底手笔,此外的是后学附加的,但是仔细地一研究,内篇中也很混杂了新的文章,哪一些是真正的庄周底学说,实难判断。"([日]武内义雄:《中国哲学思想史》,汪馥泉译,商务印书馆1939年版,第81页。)

② 这一怀疑倾向绝对扩大化的重要表现是,津田左右吉曾依据《史记》所载"庄子辞楚威王聘相"当出自《庄子》一书;《田子方》的"庄子见鲁哀公",将庄子的时代随意上移至孔子生活的时代等理由,竟开始怀疑历史上是否真的存在庄子这个人,其曰:"总之,这样可以任意代他定出时代,又是这样可以任意移动的这一事,以之印证上记的种种考论,遂会相俟而尤弱了庄子这个人的实在性吧。所以我就疑惑庄子这个人,怕也和老子一般,同是假设的人物;而这梦为蝴蝶的庄子,和那御风而行的列子,怕的都是产生于道家空想里的乌有先生。"([日]津田左右吉:《儒道两家关系论》,李继煌译,商务印书馆1926年版,第22页。)津田左右吉的推断犯有以偏推全的错误,故极可商榷,下文详之。

③ (明)朱得之:《读〈庄〉评》,见谢祥皓、李思乐辑校:《庄子序跋论评辑要》,第268—269页。

的时间先后等几个方面，断定外杂篇“断断乎非庄子之言矣”；并举《胠箧》篇“然而田成子一旦杀齐君而盗其国……十二世有齐国”一事，据此事的发生时间，断定此篇乃秦末汉初之言；并认为《天下》篇提到“邹鲁之士”，故应当是司马相如之后的人所作。朱得之所列举的论据，除史籍所载的历史事件具有相对的客观性外，其他标准多是学者间存有较强主观性差异的判定标准。此外，王夫之亦认为，“外篇非庄子之书，盖为庄子之学者，欲引申之，而见之弗逮，求肖而不能也。以内篇参观之，则灼然辨矣”①。王夫之亦主要从语言风格的差异，思想内容的深浅等方面，论断外篇非庄子所作。

20世纪以来，持外杂篇非庄子自著的作品，乃庄子后学所作之看法的学者有罗根泽、高亨、刘笑敢、崔大华等人。较之古代的注家，现代的学者不再只是简单地怀疑和黜伪，而开始具体研究外杂篇可能由哪些人所作，可以分为几个学派。罗根泽提出，“因为外杂篇之非庄子作，是很显然的；假若都归之于庄子，则由我们将庄子弄成一个自相抵牾的人。譬如内七篇是很恭维圣人的，外篇的《骈拇》《马蹄》《胠箧》《在宥》等篇，则拼命地骂圣人，我们未便使庄子这样有系统的哲学家，以己之矛，陷己之盾”，“天下篇或是庄子所作，故除外”，“因内篇大体可以信为庄子所作，没有多大问题”②。其根据外杂篇思想内容的不同特点，将其分为战国末年左派道家、汉初右派道家、秦汉神仙家、庄子派、老子派、道家杂俎、老庄混合派、汉初道家隐逸派、战国末道家、战国末纵横家、庄子自撰等十一个类别。③

首先，罗根泽以为“内篇大体可以信为庄子所作，没有多大问题”，存在着过于轻信内篇之真实性的问题，如前所述，内篇也很有可能掺杂有非庄子所作的章节。而且，内篇对圣人的态度也不是如其所言的“很恭维圣人”，如内篇中，庄子直言：“孔丘之于至人，其未邪？彼何宾宾以学子为？”（《德充符》）不仅直呼孔子为孔丘，而且认为其未达到至人之境界。故内篇与外杂篇在对待圣人之态度上实存在一致之处，即内外杂篇皆既“扬孔”又“诋孔”，并非如其

① （清）王夫之：《庄子解》，第76页。

② 罗根泽：《诸子考索》，人民出版社1958年版，第282、283页。

③ 参见罗根泽：《诸子考索》，第283—312页。

所言的“自相抵牾”。其次，罗根泽将外杂篇区分为战国末年左派道家、汉初右派道家、秦汉神仙家等十一个类别，多是依据“内证”的分析，在流传下来的史籍中并未记载从战国中期至秦汉时，存在着战国末年左派道家、汉初右派道家等其所谓的思想派别，故它们皆属罗氏个人的臆测与“发明”。

高亨在《庄子新笺》中曾举出“六证”，证明“内篇庄周自撰，外杂篇皆其弟子所述”：(一)庄子主要思想毕具内七篇中，外杂篇皆内篇之余论，要其旨归未超出内篇之范围；(二)内篇文辞雄伟磅礴，气象万千，外杂篇虽亦有奇横诙诡之处，然骨力较内篇为弱，风格较内篇为卑，显非出于一人之手；(三)内篇标题皆有意义，足以概括篇中要旨，当为庄周所自题，外篇杂篇大抵皆取篇首二字或三字以名篇，当为编述所追题；(四)外篇《胠箧》的“田成子十二世有齐国”，可证此篇作于齐亡之后甚明，故此篇非庄周自撰，亦甚明；(五)杂篇《盗跖》的“汤武立为天下，而后世绝灭”，可见此篇作于周亡之后；(六)《列御寇》曰“庄子将死，弟子欲厚葬之”，岂有将死之人尚秉笔作书者，此篇非庄周自撰又甚明。① 高亨所举的“第一证”与“第二证”，都是一种“内证”，其判定的标准，非依客观的证据，而是极具个人主观性的思想内容与作品风格之标准；“第三证”与“第四证”前人也已有所提及；倒是“第五证”属其创见，发有新意，虽不能完全算是“外证”，但可算作具有客观事实性的历史论据。“第六证”其言在理，但此证据至多只能证明此段记述非庄子自撰，不能扩大化地推断《列御寇》全篇皆非庄子自撰。总体上，高亨依然还是从思想内容、作品风格、古书体例、名物制度、历史事件的时间先后等几个方面提出自己的论据。其中，最有力的论据，当属“第四证”与“第五证”，因此两证属客观的历史事实。然就算此二事属实，其至多只可证明《胠箧》《盗跖》两篇非是庄子自撰，不足以当作外杂篇皆庄子弟子所述的论据，因若如此推论，将犯有逻辑上“以偏推全”的错误。

20 世纪 80 年代，刘笑敢从语言学发展的规律这一角度切入《庄子》内外杂篇的作者归属问题。其通过对比《庄子》内篇与外杂篇在语词、概念使用上

---

① 参见高亨：《诸子新笺》，第 51—52 页。

的差别，发现内篇只使用道、德、性、命、精、神等单纯词，但未使用道德、性命、精神这三个复合词，而外杂篇则反复多次使用道德、性命、精神三个复合词。其以为，依据汉语言发展的规律，首先出现的是单纯词，然后才出现由单纯词组合而成的复合词，先秦语言最初使用单纯词较多，然后复合词的使用才逐渐增多。“那么使用复合词较少的一类，必然是早出的，使用复合词较多的一类，必然是晚出的。由此我们可以初步推断《庄子》内篇是早出的，而外杂篇是晚出的”①，由此可进一步推断“内篇基本上是庄子所作，而外杂篇只能是各派后学所作”②。

刘笑敢依据语言学中单纯词与复合词的发展规律，借助统计学等方法，归纳先秦典籍对道德、性命、精神等语词概念的使用特点，以此推断篇章的创作时代，研究视角与方法都非常新颖，故其著出版后，获得当时学界的好评，产生了较大的思想影响，将《庄子》内外杂篇的作者归属问题推至新的研究阶段。然刘笑敢使用的语言学统计方法和推论方式亦存在可商榷之处，故其所推断的结论的准确性亦存疑。

首先，刘笑敢一开始即将《庄子》的内篇与外杂篇，当成是两个具有客观的“历史的分界”③的系统，以为这一由“历史的分界”所确定下来的内篇与外杂篇，可直接用作统计和分析语词、概念使用之频次与特点的统计单位，未仔细探究这一“历史的分界”的划分本身由于出自后人之手，具有极大的个人主观性，故由此一“历史的分界”所确立的内篇与外杂篇两系统，可否直接用作统计与分析的单位的问题。如前所述，将《庄子》分为内外杂篇是汉代才出现的现象，如此，最有可能的分篇者，如刘向，在将《庄子》分为内外杂篇时，是否将庄子自撰或年代较早的作品全部归入了内篇，将非是庄子所著或年代较晚的作品全部归入了外杂篇？是非常成疑的问题。如果《庄子》内篇中掺杂有不是庄子自撰或年代较晚的作品与章节；外杂篇也并非皆是庄子弟子或后学所作，其中很多篇章就是庄子所著或年代较早，如此，整部《庄子》篇章的作者

① 刘笑敢：《庄子哲学及其演变》，第 8 页。
② 刘笑敢：《庄子哲学及其演变》，第 12 页。
③ 刘笑敢：《庄子哲学及其演变》，第 4 页。

归属，或说作品的时代分布就呈现复杂难分的混乱情形。

其次，《庄子》在流传的过程中，经历后人的不断编辑整理，存在着原属外篇的篇目或章节调入内篇，原属内篇的篇章或章节移入外篇的现象。① 因此，今本《庄子》的哪些篇章原属五十二篇本中的内篇，哪些篇章原属于五十二篇本中的外篇，边界已经变得模糊不清。刘笑敢也承认《庄子》的内篇与外杂篇存在掺杂错落之处。② 假如《庄子》的内篇与外杂篇存在掺杂错落的情形，则必须对掺杂错落的情况进行辨析，将其历史还原到一适当的时间节点，然后才可在此基础上探讨对其进行统计与分析的可行性。然由于历史资料的缺乏，现根本无法实现全部还原最初的内外杂的分篇情形。③ 如此，由原本分划就具有私意性与主观性，并经文本的历史传承逐渐模糊化的边界线所确定出来的内篇与外杂篇，可否直接用作统计和分析语词、概念使用之频次与特点的两个系统，即其是否具备可统计分析的前提性，实存有较大的疑问。

再次，刘笑敢的论证思路为：首先经统计分析可知，内篇使用复合词较少，外杂篇使用复合词较多；由“使用复合词较少的一类，必然是早出的，使用复合词较多的一类，必定是晚出的”的汉语言发展规律，可证明，“《庄子》内篇是早出的，而外杂篇是晚出的”；然后，“只要我们不怀疑《庄子》书中包括庄子本人的作品”④，则可推证，《庄子》内篇是庄子所作，外杂篇则是庄子后学所作。

---

① 王叔岷曾指出今本《庄子》存在原属外篇的篇章调入内篇，原属内篇的篇章移入外篇的现象：“1. 外篇合入内篇。内篇《齐物论》第二‘夫道未始有封’下，《释文》引崔譔云：‘齐物七章，此连上章，而班固说在外篇。’此可注意，汉时所传《庄子》已有内、外篇，而班固所见五十二篇本‘夫道未始有封’章，原在外篇也。2. 外篇移为内篇。隋释吉藏《百论疏》卷上之上云：‘《庄子》外篇，庖丁十二年不见全牛’，今本庖丁解牛事在内篇《养生主》第三。3. 内篇移为外篇。唐释湛然《辅行记》卷四十云：‘庄子内篇，自然为本。如云“雨为云乎，雨为云乎，孰降施是?”皆其自然’。今本‘雨为云乎，雨为云乎，孰降施是?’在外篇《天运》第十四。”（王叔岷：《庄学管窥》，第17—18页。）

② 参见刘笑敢：《庄子哲学及其演变》，第28—32页。

③ 黄华珍曾试图通过统计陆德明《庄子音义》中所载的司马彪注与崔向注在今本篇章中的不同分布情况，探索还原司马彪注的五十二篇本《庄子》。虽然取得一定成果，帮助厘清了今本哪些篇目是由多篇合并而成的，但由于材料的欠缺，其在五十二篇本《庄子》的篇目上就还原不全。由此可见，历史还原五十二篇本《庄子》之难。参见黄华珍：《庄子音义研究》，第189—220页。

④ 刘笑敢：《庄子哲学及其演变》，第12页。

但刘笑敢用以推证的首个前提，即经统计分析可知，内篇使用复合词较少，外杂篇使用复合词较多这一论断，存在可商榷之处。因其用以统计《庄子》内外杂篇复合词之使用情况的样本，即所选的语词或概念太少，只有道、德、性、命、精、神六个单纯词与道德、性命、精神三个复合词。以如此少的统计样本，想要得出内篇使用复合词较少，外杂篇使用复合词较多的结论，存在着极大的困难。如要全面分析内篇与外杂篇使用复合词之情况，应将内篇与外杂篇所有的复合词皆当作统计样本，然后再通过其与所使用的所有的单纯词相比对，如此才可得出较为客观的可靠结论。

刘笑敢在使用统计学的论证方法时，实际上未严格遵循统计学论证方法的要求，其实际的论证过程变形为：通过统计先秦时的主要典籍，如《左传》《论语》《墨子》《老子》等在庄子之前的著作，皆未见有“道德、性命、精神”连用的情况；到战国后期的一些著作，如《荀子》《韩非子》《吕氏春秋》等才出现这三个复合词，由此证明“道德、性命、精神”三个复合词是战国末期才出现的概念，由此可证明，使用“道德、性命、精神”三个复合词的《庄子》外杂篇的篇章乃晚出的作品。然仅凭借个别的字词与概念之统计，依此就去推断文本的创作年代的方法，实存有方法论上的问题，李锐已对之有所批评反思①，此不赘述。

复次，在《山木》篇中，庄子本人曾三次使用“道德”一词。表明，庄子在世的时代，已出现“道德”二字连用的情况，不应认定这一词组为战国后期才出现的概念。《山木》载弟子所志之言曰：

> 周将处夫材与不材之间。材与不材之间，似之而非也，故未免乎累。

① 李锐曾对刘笑敢使用个别字词以推断《庄子》内外杂篇的创作之年代的方法进行批评与反思。其认为，“这一方法不仅在论据上存在问题，而且对‘汉语词汇发展的历史’之理解也可能存在歧异，因此，这一方法不足以论证《庄子·内篇》早出。同理，其他运用这一方法考订古籍年代的意见，也是值得怀疑的”。（李锐：《郭店简〈唐虞之道〉中出现的“性命”一词与〈庄子〉内篇早出的问题》，《人文杂志》2011 年第 4 期。）陈鼓应亦指出：“抓住一些片语只字，或一些孤证，便对整本书进行论断，也就是一些特称命题扩展而为对全称命题的论断，这在形式逻辑上是犯了‘急速推广的谬误’。”（陈鼓应：《论〈老子〉晚出说在考证方法上的常见谬误——兼论〈列子〉非伪书》，见陈鼓应主编：《道家文化研究》第四辑，上海古籍出版社 1994 年版，第 415 页。）

若夫乘道德而浮游则不然。……弟子志之,其唯道德之乡乎!(《山木》)

此段庄子两次使用了“道德”一词,并且叫弟子“志之”。可以想象的一个场景是,庄子与弟子经常论学,当庄子论述到比较精到的思想时,便叫弟子记下来。以常理推之,老师叫弟子将这一段话记载下来,弟子不可能不在当时或当天将此段话记载下来,故这段文字肯定记于庄子还在世之时。此外,庄子衣大布而见魏王章,庄子也使用了“道德”一词:

庄子曰:“贫也,非惫也。士有道德不能行,惫也;衣弊履穿,贫也,非惫也;此所谓非遭时也……”(《山木》)

《庄子》中记载庄子言行的章节,可能大部分不是庄子本人所作,而是由庄子弟子所记。虽由弟子所记,然反映的是庄子的生平、言行与思想,则无疑义。庄子见魏王时亦使用“道德”一词表明,庄子使用“道德”一词,非是单个的偶然现象,而是习常的现象。故刘笑敢将“道德”一词断定为是战国后期才开始使用的概念,值得商榷。李锐还指出,郭店楚简《唐虞之道》中就出现了“性命”一词。郭店楚简的下葬年代,学界断定为约公元前300年,说明“性命”一词在战国中期时就已开始使用,刘笑敢将之断定为战国晚期才出现的概念,也值得商榷。

最后,退一步而言,若道德、精神、性命三个复合词的确晚出,也可用以推断文本的创作年代,其至多只能论断使用了道德、精神、性命三个复合词的外杂篇十三个篇章晚出,无法证明外杂篇整体晚出。① 刘笑敢在其增订版的《庄子哲学及其演变》中说:“因为一些晚出的作品由于作品内容、作品风格等方面的原因也可能不用道德、性命、精神这样的复合词,这并不足以证明它们是战国中期或以前的作品。”②的确,不使用道德、性命、精神等复合词,不能作为这些篇章是战国中期或以前的作品的论据。然依同样的逻辑,不使用道德、性

---

① 张松辉曰:“现存的《外篇》和《杂篇》中一共有二十六篇文章,而出现过这类复合词的只有十三篇,仅占一半,那么如何证明其余的十三篇也是庄子后学的作品呢?当然刘先生也采用了其他证明方法,但同词汇证明法相比,其他方法的可靠性就差多了。”(张松辉:《庄子考辨》,岳麓书社1997年版,第13页。)

② 刘笑敢:《庄子哲学及其演变》(修订版),第33页。

命、精神等复合词，也不足以证明它们是战国后期或更以后的作品。因这些篇章不使用道德、性命、精神等复合词的原因十分复杂，并不必然是因为道德、性命、精神等复合词还未被创制或使用，完全有可能是因这些复合词在当时已被创制或使用，作者因思想表达未有使用相关复合词的需要，因此不用。

是故，刘笑敢只能采用其他旁证的方法，证明外杂篇十三个未使用道德、性命、精神等复合词的篇章也是晚出的篇章，但其所举的旁证论据也存在可商榷之处。如其曰："逻辑和历史的顺序都告诉我们，一个论题，总是先由先生提出来，而后由学生分别进行解释或发挥的，因此提出论题的必定是早出的文章，而分别解答问题的，必定是后出的学生的作品。"①为何先生提出来的论题，不可以由先生自己解答，要由学生分别进行解释或发挥？解答问题的篇章，为何必定是学生的作品，而不能是先生自己的作品？对此，刘笑敢并未加以论证，如此，此一论据的证明效力实存疑。其还提出，《庄子》中记载庄子言行的段落，内篇皆排在一篇的末尾，而外杂篇排在或篇前或篇中。然如前所述，现三十三篇本《庄子》，经过郭象的删编，已非《汉书·艺文志》所载五十二篇本《庄子》故时之旧，现今外杂篇的多个篇章乃由多篇合并而来，原先居于篇中的关于庄子的言行段落，原先可能就处于篇末。再者，内篇篇章这一编排体例特点，可否作为证明内篇乃庄子自著的论据，实存疑。还有，其所列举的作为语末助词的"来"在内篇的频繁使用和"游"字在内篇与外、杂篇中使用频率的差异，从统计学的角度来说，仅只统计一两个字词的使用情况，统计的样本实在太少，不足以将其结论推广至全部的内外杂之篇章上，而犯"以偏推全"的逻辑错误。

综上所述，刘笑敢从语言学发展的规律的视角，重新探讨《庄子》内外杂篇的篇章作者问题，研究的视角与方法皆富有启发性，激发很多学者采用相似语言学的研究方法研究学术史上的旧案，以求得出更客观的、可靠的思想结论。然由于其未严格遵循统计学之论证方法的相关要求，所列举的论据的证明效力存疑，故其所得出的结论之可靠性与客观性实存疑问。

---

① 刘笑敢：《庄子哲学及其演变》（修订版），第34页。

之后，崔大华提出，“对《庄子》各篇章，不仅可以从作者是庄子或其后学，时代是先或后的角度，而且还可以从内容是源或流的角度来加以区分”，“根据《庄子》对庄子言行的记述和《庄子·天下》对庄子思想基本内容的概述，根据荀子对庄子思想主要特色的判定，还是可以比较充分地确定《庄子》内篇所反映的思想，特别是人生哲学思想，是庄子思想的核心部分，是庄子本人的思想，是庄学之源。这样，也就可以大体上确定《庄子》外、杂篇中超出内篇核心思想之外的思想观念，是庄子后学在他家思想影响下变异了、发展了的庄子思想，是庄学之流”，“通过以上的论述，可以一般地判定《庄子》外、杂篇是庄子后学所作”。①

崔大华用“源与流”的比喻来理解庄子思想的发展状况，相较此前的学者将《庄子》区分为庄子与非庄子所作之作品的做法，凸显了不是庄子所作的篇章与庄子思想本身的重要联系，然其“源与流”之划分的合理性还是存有可商之处。因这一做法的实质还是：只有《庄子》内篇才是庄子思想的核心部分，是庄学之源；外杂篇中超出内篇核心思想之外的思想观念，都应视作庄子后学的思想，它们只是庄学之流。其在挑选用以判定庄子思想主要特征的三个标准时，除以庄子本人事迹和《天下》篇对庄子思想的评述作为标准，有意选择了荀子对庄子“蔽于天而不知人”这一思想主要特色的评判作为标准。司马迁为庄子作传时，曾明确言庄子“作《渔父》、《盗跖》、《胠箧》，以诋訿孔子之徒，以明老子之术”，认为《渔父》《盗跖》《胠箧》等存在诋訿孔子、批评儒家学说之倾向的作品皆是庄子所作。荀子与司马迁对庄子思想特色的评判，本质都属于后来学者对庄子思想的整体评述，二者无法区分何者更为确当或更加高明。如此，若如一些学者的做法，将司马迁的思想评述也纳为判定庄子思想主要特色的标准之一，则《庄子》外杂篇中超出内篇之外的思想观念，将也属庄子思想的重要组成部分，而非是庄学之流。再者，其树立三条标准作为判定庄子思想主要特征的依据，所存在的更根本的问题是，以有限的三条标准，可否确定庄子思想的主要特征，实存疑问。因抽取有限的篇章、段落，选取有限

① 崔大华：《庄学研究：中国哲学一个观念渊源的历史考察》，第86、89、97页。

的判定标准，以推断庄子哲学思想的核心特征，存有逻辑上的“以偏推全”的错误。

总体而言，主张只有内篇才是庄子自著，外杂篇皆非庄子所作的观点，首先，存在轻信内篇皆为庄子所作的问题；其次，对外杂篇的怀疑则绝对扩大化，变成了外杂篇的绝对怀疑论者。而学者用以证明外杂篇皆非庄子所作的论据理由与推断方法，皆存或此或彼的问题，故“外杂篇皆非庄子所作”之结论的客观性、可靠性，实存问题。

第四，认为《庄子》内篇不是庄子所作，乃汉初“后期庄学”的作品；研究庄子的思想，以应外杂篇中司马迁与荀子提到的篇章为主，再以其他各篇中思想相类近的观点为参考。任继愈持这一观点。其根据大体有三：一是司马迁在《老庄申韩列传》中列举的《渔父》《盗跖》《胠箧》《亢桑子》等庄子的代表作，都不属内篇，而属于外篇；若司马迁所列举的篇章是庄子所作，而与之思想倾向存极大不同的内篇绝非庄子所作；荀子批评庄子“蔽于天而不知人”，可以推知其所看到的篇章是《天道》《天地》《天运》等外篇，而绝不是内篇。二是从篇题上看，外杂篇以一篇开头两字作为题目，符合古书通例；内篇题目皆三字，从时代上看，应晚于外篇；篇分内、外，始于汉代，《庄子》内篇是汉代编辑的结果。三是根据思想反映的时代特征，《庄子》内篇篇名与内容都具有深厚的汉代宗教神学方术的特色；内篇之为“后期庄学”，反映出来的是汉初已经没落的奴隶主阶层的思想，而庄子反映的是农民阶级的立场。① 因此，“‘后期庄学’（内篇）既然不是庄周的思想，那末研究庄周的思想，就不能从内篇出发”②。

任继愈在挑选判定庄子思想主要特色的标准时，将荀子与司马迁的评述皆作为评判标准，得出的结论独树一帜，有助于破除长期以来形成的《庄子》内篇皆是庄子所作的“成见”。但就其论证过程来说，其以司马迁与荀子对庄

① 参见任继愈：《庄子探源——从唯物主义的庄周到唯心主义的“后期庄学”》，见《庄子哲学讨论集》，第178—209页。

② 任继愈：《庄子探源——从唯物主义的庄周到唯心主义的“后期庄学”》，见《庄子哲学讨论集》，第187页。

子思想的整体评述可推证二人所列举或看到的篇章在外杂篇,故外杂篇代表了庄子的思想,这一论证值得商榷。司马迁列举《渔父》《盗跖》《胠箧》《亢桑子》等篇目,只能证明司马迁所见《庄子》上述篇目已经存在,并且在司马迁看来这些篇章体现了庄子"诋訿孔子之徒""剽剥儒墨"的主要思想倾向或立场,还不足以完全证明这些篇章皆属庄子的作品。还有,荀子"蔽于天而不知人"的思想评述,也不能推证荀子只见到《天道》《天地》《天运》几篇,因庄子"崇天卑人"的思想倾向并不仅只体现于如上三篇,而且无法就此证明上述三篇属庄子所作。其另外用以证明内篇绝不是庄子所作,属于"后期庄学"的理由也比较牵强,对此张德钧、张恒寿等学者已有所批评①,此不赘述。

第五,主张应打破《庄子》内外杂的区分与篇目之分,对《庄子》的每一篇,甚至每一章都作重新的考证,区分庄子的作品与非庄子的作品。持这一观点的学者有唐兰、叶国庆、张恒寿等人。唐兰在《老聃的姓名和时代考》中提出,将《庄子》分为内外杂篇者当是刘向;因分篇只不过承用刘向个人的意见,故其实并没有内篇一定是真,外杂篇一定是假的证据;为此,"我们现在还得每篇都审查一下,但是就《庄子》的体例看,却每篇又往往包含了好几章的,而这几章就不必出于一手"②。由于在此文中,唐兰主要讨论老子的姓名与年代问题,故他只将其所引的《庄子》中涉及老子的十六章作了真伪的判定,未全面考察《庄子》全书章节的真伪。

受唐兰的启发,叶国庆与张恒寿差不多同时开始对《庄子》的所有篇目与章节进行全面的考证。③ 叶国庆认为,《庄子》分内外杂篇为后人所定,若依此而断定内篇一定是真,外杂篇一定是假,未免过于武断,"即今本《庄子》内外

---

① 参见张德钧:《〈庄子〉内篇属于西汉初人的作品吗?》,见《庄子哲学讨论集》,第245—283页;张恒寿:《庄子新探》,第100—120页。

② 唐兰:《老聃的姓名和时代考》,顾颉刚编:《古史辨》第四册,第342页。

③ 唐兰一文分几部分发表于1929—1930年。叶国庄的《庄子研究》出版于1936年。张恒寿1934年开始对《庄子》进行全面考证,《庄子新探》初稿完成于1937年夏,后因国难"卢沟桥事变",此书就一直耽搁未出版,到1963年才以年会论文的形式部分发表,后因"文化大革命"影响,又到"文化大革命"结束后才将内篇部分以文章形式发表,到1981年才最终得以完整出版。(参见张恒寿:《庄子新探》,"序言"第2—7页。)

杂之区别，并不是绝对的标准。吾人若以此区别为准，而品评其价值，便不可信了”①。因此，他广引庄学史上学者的意见，参以己意，对内外杂篇的所有篇章进行全面考证，认为《庄子》内篇中《人间世》不是庄子所作；《庄子》外杂篇有的是“学庄派”和“衍庄派”所作，有的是秦汉间或汉代的方士作品。② 其归为庄子本人所作的作品，只有扣除《人间世》外的内篇其他六篇，连他自己都觉得有点太少了。③ 实际上，叶国庆只承继了唐兰的一半意见，即内篇未必一定是真；未承继唐兰的另一半意见，即外杂篇未必一定是假，故其对外杂篇的怀疑绝对扩大化，论定为皆非庄子所作。同时，他以庄学史上各学者的意见为主要论据，实质还是以极具主观性的作文风格、思想内容、文章体例等标准，作为评判外杂篇皆非庄子所作的依据，然如前所述，这些标准皆非足够客观的、可靠的论据。

张恒寿则不仅打破内外杂的区分，还打破篇目的划分，对《庄子》中在篇目掩盖下思想义理自足的章节全部进行了重新考证。其以为，内篇是庄子的典型作品，但其中窜入很多后人所作的章节：如《逍遥游》的末章，即庄子与惠子辩无用的两段，是后人的仿作；《齐物论》第七章，“夫道未始有封”一章，是晚出的篇章；《人间世》前三章，皆非庄子所作，疑属宋钘、尹文学派的作品；《德充符》的末章，即庄子与惠子辩有情无情章，不是庄子所作，但属于庄子派的作品；《大宗师》篇首章讲真人的几段，是近于《心术》《白心》派的思想，“夫道有情有信”讲神仙得道一章，具有神仙家的特征，绝不是庄子的作品，可能是战国晚期的作品；《应帝王》的第四章，即阳子居问老聃一章，有后人羼改的痕迹，似较晚出，第六章“无为名尸”章，疑似关尹的遗说。④ 关于外杂篇，他认为，《达生》《庚桑楚》《徐无鬼》三篇的大部分章节，应属于庄子早期的作品⑤；

---

① 叶国庆：《庄子研究》，第 12 页。

② 参见叶国庆：《庄子研究》，第 16—42 页。

③ 叶国庆曰：“《史记》称庄子著书十余万言，这里说仅有六篇文字可靠，这数目未免相差太远了。但我们须知，郭象认为可信的也只有三十三篇六万五千九百余字。（褚伯秀说比《史记》所说的也只有一半）。”（叶国庆：《庄子研究》，第 41—42 页。）

④ 参见张恒寿：《庄子新探》，第 48—84 页。

⑤ 参见张恒寿：《庄子新探》，第 198—204、226—257 页。

其他各篇或篇章的章节有的是作于战国末期的作品，有的是作于秦汉之间或是汉初的作品。其承袭罗根泽的做法，将内外杂篇中不是庄子的作品也划分为：道家左派、道家右派、庄子嫡派或庄子后学、隐逸派、宋钘尹文派、神仙派、战国策士、儒家派等几派。① 由上可见，张恒寿对每一篇的每一章节，都进行了非常细致的考证，其对内篇篇目的怀疑范围较叶国庆更广；但在外杂篇的看法上，其以为，外杂篇中还是有庄子所作的作品，不再全面否定。

由上述学者的考证过程可知，就算打破内外杂的区分和篇目的划分，对每一篇，甚至每一章进行细致的考察，在《庄子》之内，只能从各篇各章所反映的思想立张或立场的差异、思想主旨的深浅、作品风格的差别，或篇章所使用的概念，所记载的名物制度、历史事件的时间先后，或记载庄子生平事迹与思想言行的二十八个章节与《天下》篇对庄子思想的评述等几个方面进行考察。在《庄子》之外，可资以作一些有限判断的资料，归纳而言主要有如下几个方面：

1. 荀子对庄子"蔽于天而不知人"的思想评论和《荀子》中暗化自《庄子》之文句。②

2.《韩非子》明引或暗化《庄子》之段落与文句。③

3.《吕氏春秋·去尤篇》明引《庄子》的文句，与未明言"《庄子》曰"，然实则或大段或个别语句袭自《庄子》的段落与文句。④

4.《淮南子·道应训》明引《庄子》的文句，与或大段或个别语句袭自《庄

① 参见张恒寿：《庄子新探》，第315—316页。

② 参见王叔岷：《读庄论丛》，见陈鼓应主编：《道家文化研究》第十辑，第230—233页。

③ 如《韩非子·难三篇》曰："故宋人语曰：'一雀过羿，羿必得之，则羿诬矣。以天下为之罗，则雀不失矣。'"其所谓"宋人"，当指庄子，故可谓之明引。《韩非子·说林上》的"杨子过于宋，东之逆旅，有妾二人"一段，个别字句与《山木》末章稍异，未明言何人之语，可谓之暗化。加上《庄子》佚文，《韩非子》化用《庄子》达十余处。参见王叔岷：《读庄论丛》，见陈鼓应主编：《道家文化研究》第十辑，第236—240页。另参见王叔岷：《庄学管窥》，第49—63页。

④ 《吕氏春秋·去尤篇》曰："《庄子》曰：'以瓦投者翔，以钩投者战，以黄金投者殆。其祥一也，而有所殆者，必外有所重者也。外有所重者，泄盖内掘。'"此篇明引庄子《达生》之文。其他未明言"《庄子》曰"，然实则大量化用《庄子》之文，达五十余处。参见王叔岷：《吕氏春秋引用庄子举正》，见陈鼓应主编：《道家文化研究》第十辑，第250—266页。另参见张恒寿：《庄子新探》，第39—42页；崔大华：《庄学研究：中国哲学一个观念渊源的历史考察》，第83—84页。

子》的段落与文句。①

5. 司马迁在《老庄申韩列传》中对庄子著述情况的记载及其对庄子思想的整体评述。

上述几个方面的资料所能提供的信息或所能作出的论断，皆非常有限，因上述材料只能证明，《荀子》《韩非子》《吕氏春秋》《淮南子》所明引或暗化《庄子》之文所出自的篇目或章节，或司马迁所提到的篇章，在相关典籍成书时已存在，故有助于排除对一些篇章之创作年代的错误论断，然并不足以支持论断这些篇目或章节是谁所作；至于荀子与司马迁对庄子思想的整体评述，只代表了二人对庄子思想的认识，并不表明庄子全部思想的主要特色只是如其所评述。故上述材料并未构成足够强大的“外证”。因此，唐兰、叶国庆与张恒寿等多数时候只能依据对《庄子》的内部分析所得的各种“内证”，支持自己的作品创作年代之断定与“作品归属权”之判定。首先，由于不同的考察者对庄子的思想特色或立场之认识的差异，对每一章节所反映的思想主旨深浅之理解与作品风格类型之判定的不同，对概念与名物制度出现时间的断代不一，故由此考察而得的结论也各不相同。如叶国庆判定为非庄子所作的《达生》《庚桑楚》《徐无鬼》，张恒寿则判定为庄子的早期作品。说明他们的考察标准，除历史事件的时间有史书的客观记载作为依据，其他的几个标准皆具有极大的主观性。其次，对感觉非似庄子所作的作品，有可能作于何时，为何人所作，多是一种猜测性的论断，并没有任何典籍的客观记载作为支撑，因此大多皆属个人主观性的臆断。最后，若将原本编入《庄子》的全部篇目与章节，区分得过分细致，如罗根泽将之区分为十二个类别，张恒寿也将之区分为八派，无形中就

① 《淮南子·道应训》曰：“故庄子曰：‘小年不及大年，小知不及大知，朝菌不知晦朔，蟪蛄不知春秋。’”明引《庄子》之文只此一处，但事实上《淮南子》存在大量化用自《庄子》之文。王叔岷的《淮南子与庄子》深入分析了《淮南子》化引《庄子》的情况，并指出，“昔郭象裁定庄子为三十三篇之时，疑其‘或出淮南’者，皆‘略而不存’（见日本高山寺旧抄卷子本庄子天下篇末郭象后语）。则淮南子中所存庄子逸文必甚多，惜已不可塙考矣”。（王叔岷：《庄学管窥》，第82—83页。）除了《荀子》《韩非子》《吕氏春秋》《淮南子》，还有其他一些先秦与秦汉时期的著作，如《管子》《慎子》《鹖冠子》等也存在化用《庄子》之文的情况，只不过相较而言不那么明显。（参见王叔岷：《读庄论丛》，见陈鼓应主编：《道家文化研究》第十辑，第230—250页。）

将《庄子》整个文本肢解得支离破碎，如此，原先由将庄子的作品和“与庄子思想相关的作品”①一起编入《庄子》所构成的思想统一性就被完全消解。采取如此肢解《庄子》的方式研究《庄子》是否恰当，实值得商榷，因极有可能将庄子思想本身的系统性也肢解得体无完肤。

客观而言，仅凭对《庄子》文本的内部分析，加上前述有限的外部资料，意欲将《庄子》的全部篇目或章节，严格区分为庄子的作品与非庄子的作品，在没有新的出土材料提供客观的、可靠的、充分的论据之前几乎不可能。当然，不能因此不可能，就此否定几位学者对《庄子》或部分或全部的篇目、章节所作的考察的价值。因他们相关的研究提醒我们在研究《庄子》时，要对所用的章节材料作细致的考察与分析，认真地考量这些章节与《庄子》其他篇章之间所存在的思想差异或“思想冲突”，是否表明它们不属同一个作者，甚至同一个思想学派。

第六，主张破除《庄子》内外杂篇的区分，但不将《庄子》牵强地区分为庄子所著的作品与非庄子所作的作品。在著作形式上，将《庄子》看作是“庄子学派”作品的集编；在思想内容上，将《庄子》看成是一个以庄子思想为核心，以庄子后学思想发展为补充发展的整体思想体系。持这一观点的有王叔岷、冯友兰、张松辉、颜世安、罗安宪、杨国荣等学者。

王叔岷提出，“欲探求庄书旧观，首当破除今本内、外、杂篇之观念。大抵内篇较可信，而未必尽可信。外、杂篇较可疑，而未必尽可疑。即一篇之中，亦往往真伪杂糅”②。故其提出研究庄子应有之态度是：1. 破除内、外、杂篇的观念；2. 破除文字执着；3. 参证佚文。皆是十分在理，应加参循之言。

冯友兰在 1936 年发表的《庄子内外篇分别之标准》中提出，“以所谓事理之不同，说明内外篇之所以分，既不可通，以义理深浅之不同，说明内外篇之所

---

① 若《庄子》本是由庄子所著与非庄子所作的作品共同构成，如此，被认为可能不是庄子所著的作品，当是与庄子思想或有继承发展之关系的庄子后学及学习模仿之关系的学庄者所作，否则《庄子》的最初编撰者与后来的编辑整理者，不可能将其编入《庄子》当中，故此处将有可能不是庄子所作的作品总称为“与庄子思想相关的作品”。

② 王叔岷：《庄学管窥》，第 20 页。

以分，亦不能成立”，“然实则内篇不必深，外篇亦不必浅”，“郭本《庄子》之分内外篇，不是以是否庄子自著为标准”①。由此，其否定了传统学者主张的《庄子》内外杂篇之分别是具有深意的观点。在1961年发表的《论庄子》中，其明确提出不同意内七篇一定是庄子自著或是庄子一派的人所著的观点；主张因《逍遥游》《齐物论》在后来影响最大，因此，“我认为讲庄子应该打破内、外、杂的成见，以这两篇为主；其他篇中有跟这两篇的精神相合的，也可以引用作为说明”②。在同年发表的《再论庄子》中，其认为，应打破“《庄子》中的内篇和外篇之间，有一个似乎是不可逾越的界线；内篇七篇自成一组，在内容上是一致的，而且内篇七篇之间，还似乎有一种逻辑的联系”③的传统看法。在20世纪80年代重新写作的《中国哲学史新编》中，也认为，“郭象也没有明确地说，内篇是庄子所自著，外、杂篇是后学所著。在他以前整理古籍的人，司马谈、司马迁父子，刘向、刘歆父子和班固，都没有这样说。所以我认为，后人的这样的说法，只是一种揣测，并没有什么依据”④。

可见，虽然冯友兰在早期、中期与晚期对庄子思想的解读有所不同，但其对《庄子》内外杂篇之分别的看法始终如一：内外杂篇的分别，并非以是否庄子自著为标准，大抵只不过是依内外篇标题的区别，并未有任何思想深义，因此研究庄子应打破内、外、杂的成见。虽然内外杂篇的区分标准，未必如其所言，只是依内篇与外杂篇标题的区别，因现内篇的篇题所具有的谶纬神学之特点，提示其有可能就来自西汉时的分篇者，如刘向；分篇者有可能如其他学者所言，乃依是否尊经为判定标准，先择取内篇的相应篇章，然后再改定相关的标题。不过，正因为分篇来自汉代，故所依据的只是分篇者的个人意见。因此，冯友兰提出的分篇并非以庄子自著为标准，研究庄子应打破内外杂之区分等观点，在当下依然具有重要的思想启示意义。

张松辉指出，“如果没有新的资料出土，仅凭现存材料，想要指实哪一篇、

① 冯友兰：《庄子内外篇分别之标准》，见氏著：《三松堂全集》第11卷，第369页。

② 冯友兰：《论庄子》，见《庄子哲学讨论集》，第116页。

③ 冯友兰：《再论庄子》，见《庄子哲学讨论集》，第129页。

④ 冯友兰：《中国哲学史新编》，第401页。

哪一段为庄子所亲作,几乎是不可能的。倒不如把《庄子》作为一个整体,视为庄子师生的共同的思想材料来研究,这样可能更可靠一些。当然,庄子是老师,无论他亲自写作的有多少,都应视为《庄子》一书的主要作者”①。张松辉客观陈述了当下庄子研究的现实困境:在当下,仅凭现有的材料,缺乏客观的、可靠的新证,实无法将《庄子》严格地区分为,哪些是庄子所亲作,哪些是他人所作。因此更为合理的做法是,应将《庄子》当作一个整体,看成是师生共同的思想材料加以研究。应当说,这一主张是更具现实感与科学性的主张。

颜世安提出,“三十三篇除《说剑》篇主旨与其他篇扞格不入,《天下》篇属总结先秦各派思想之外,其余三十一篇的思想内容大体是统一的。当然在一些次要问题上,各篇之间,甚至同一篇各章之间有相互矛盾的地方,还有各篇之间叙述风格也有不一致的地方,这都表明《庄子》内、外、杂篇的作者不止一人。但这些思想内容和叙述风格上的差异,并不妨碍《庄子》全书思想基调或体系上的一致性”,“《庄子》外杂篇的内容与风格有不一致,应理解为庄子后学发挥庄子思想,这种发挥以内篇的基本主张为出发点,虽然有的地方论点偏于一端,有的地方论证稍显单薄,但都可以理解为庄子思想体系中的一部分”,“内篇是庄子思想的基本部分,奠定了庄子学说的基础。但外、杂篇提出了重要的新思想,是庄子思想体系的重要组成部分。不能仅视外、杂篇为内篇的诠释和补充。分析庄子思想,应着眼于全书,包括外、杂篇中内容风格与内篇有异的那些篇章”。②

首先,颜世安指出了此前的学者由于夸大内外杂篇在思想主张与作品风格等差异,而被忽略的内外杂篇所具有的思想体系上的一致性,事实上,外杂篇的思想,“大体与内篇思想无严重矛盾”③,因此这些差异甚至“矛盾”并不妨碍《庄子》全书思想基调或体系上的一致性。其次,其以为,不能只把外杂篇看作是对内篇的诠释与补充,而应将其提出的重要新思想视为“庄子思想体系的重要组成部分”,也揭示了外杂篇思想本身所具有的独特价值及其在

① 张松辉:《庄子考辨》,第28页。
② 颜世安:《庄子评传》,第44、49页。
③ 颜世安:《庄子评传》,第48页。

庄子哲学体系中所具有的重要地位。最后，颜世安强调，在分析庄子思想时，应着眼于全书，“还是应以尽可能全面利用《庄子》一书资料为宜”，“现在在对庄子的思想体系研究并未真正充分深入的情况下，不宜以思想内容为标准，轻易摈弃某些篇于庄子的思想体系之外”①。这一排除先入之见的影响以研究庄子哲学思想的态度，正是研究庄子思想应有之态度。但可能受到刘笑敢等学者的影响，其还是认为内篇早出，基本可信是庄子自著的作品；外杂篇晚出，其中与内篇内容、风格相近的篇章可能是庄子的后期著作，也可能是庄子后学中最得真传的弟子所作；而与内篇风格差异较大的篇章，则是庄子弟子中受他派影响的人所作。实际上，内篇未必早，外杂篇未必晚，依现有的资料，实难区分《庄子》中思想内容与作品风格较为统一的篇章，哪些为早出篇章，哪些是晚出篇章；而外杂篇中与内篇的作品内容、写作风格存在较大差异的一些篇章，也可能是庄子思想中激烈、不平和这一面情绪表露的结果，故有可能是庄子思想未臻成熟时期的作品，未可遽断为是受了他人思想影响的庄子弟子所作。

吾师罗安宪提出，“《庄子》实有一贯之逻辑，无特别理由认为《庄子》为庄子及其后学之合集，亦无理由严明内、外、杂之分界。因为这种分界并非原本如此，而是出于后人之手。研究庄子思想，不宜局限于内篇，更不可严守内、外之界限”②。亦是非常持平合理之论。

杨国荣提出，“仅凭‘虚会’，缺乏基于原始文本的‘实证’，显然难以对《庄子》各篇的归属及年代作出完全合乎历史事实的结论”，“对《庄子》一书更合理的理解，是将其视为一个整体。尽管《庄子》各篇具体出于何人之手、形成于何时，以现有的材料尚难确切考定，但它奠立于庄子，具有自己主导的哲学观念和基本的学术立场，这一点又显然不应有疑问。作为先秦的重要哲学经典，《庄子》中的主导观念、基本立场内在地渗入全书，并展示了庄子哲学之为庄子哲学的整体特征。诚然，如前此的有关研究所示，《庄子》确乎可能

① 颜世安：《庄子评传》，第46、45页。

② 罗安宪：《虚静与逍遥——道家心性论研究》，第9—10页。

包含着成于不同之时、出于不同之人的内容(此类现象在先秦其他哲学文献中往往也不同程度地存在),但是,这些内容同时又可以视为庄子本身思想的多方面的阐释、展开、发挥”①。杨国荣也客观指出,在当下,仅凭对现有材料的分析而作出的各种“虚会”,缺乏五十二篇本《庄子》等原始文本作为实证的情况下,难以判断今本《庄子》各个篇章的作品归属权与创作年代的现实处境;并主张,虽然现无法考定《庄子》各篇为谁所作,成于何时,但这并不妨碍将《庄子》当作一个整体进行研究,因《庄子》具有自己“主导的哲学观念和基本的学术立场”;并认为,这一主导的哲学观念与基本学术立场内在地“渗入全书”②;《庄子》可能包含着的成于不同之时、出于不同之人的篇章,可视为对庄子思想本身多方面的阐释、展开、发挥。

三、将《庄子》当作一个整体进行研究的必要性

既然现今庄子哲学思想研究处在两难的处境:《庄子》内外杂篇的作品在写作风格、思想主张等方面的差异,甚至外杂篇的一些篇章出现了在战国中期之后才出现的历史事件,提示其有可能非同一作者所作,且有些似非庄子所作,宜对之有所分别。但由于缺乏客观的可靠证据,又无法将《庄子》全部严格区分为,哪些是庄子所作,哪些是他人所作;无法全部准确地论断哪些是早出的篇章,哪些是晚出的篇章;也无法完全确定内篇一定是庄子自著,外杂篇一定非庄子所作。如此,为避免因采取不科学、不恰当的方式对《庄子》进行分判时,将庄子本有的思想也排除在外,由此肢解庄子思想体系的整体性与统一性,故有必要采取打破内、外、杂的区分,将《庄子》视为一个整体,不将

---

① 杨国荣:《庄子的思想世界》,第11、12—13页。

② 对这一判断,笔者存有不同的看法。笔者以为,一个学派之成立,必有其最底线意义上的基本思想立场。凡是背离这一最底线意义上的基本思想立场的学者,则不可认定其属这一思想学派的学者。在《庄子》中,绝大多数作品皆共同秉持着一个最底线意义上的基本思想立场,但还是有个别作品,如《盗跖》第一章,不仅背离了“庄子学派”的基本思想立场,还背离了老庄道家之基本思想立场,不仅应将之排除为非“庄子学派”的作品,还应当将之排除为非老庄道家的作品。详下。

之强行分割为庄子思想与“庄子后学”之思想的整体性研究方法。结合前述学者的已有论述与笔者的前述分析，必须采取整体研究法的主要原因与理据如下：

首先，将《庄子》区分为内外杂篇，乃汉代才出现的现象，故分篇乃出于后人之手。当初最有可能的分篇者，如刘向，距《庄子》最先成书的时代年代久远，其并无客观、可靠、科学的依据可循，故对哪些篇章当分入内篇，哪些篇章当分入外杂篇，只不过以个人的主观意见或价值立场进行分判，既不是也无法以是否庄子自著为标准。假如《庄子》原由庄子的作品和“与庄子思想相关的作品”组合而成，则内篇也有可能被分入不是庄子自著的作品，外杂篇也有可能被分入属于庄子著的作品。而且，《汉书・艺文志》所载五十二篇本至郭象删定为三十三篇《庄子》本，中间也经过学者的不断整理编辑，存在着外篇合入或移入内篇与内篇移入外篇的情况，故原本的内外杂篇的分界在流传的过程中，亦被不断模糊。因此，不应严守《庄子》内外杂篇的区分，实际上，内篇未必一定真或可信，外杂篇未必一定假或不可信。是故，欲求庄书旧观，研究庄子哲学的整体思想体系，首先须打破的是出自后人之手的内外杂篇之分别。

其次，以陆德明所谓的“内篇众家并同”作为内篇为庄子自著的论据亦不成立。因崔向本的二十篇外篇，皆见于魏晋时的《庄子》其他传本，它们也属众家并同的部分。因此，学者若以陆德明的“内篇众家并同”为据，依此认为只是内篇最为可信，故是庄子自撰，事实上既未全面，又不够合理。因“众家并同”至多只说明这些篇章在多数版本中皆有流传，并不足以作为其为庄子所著的论据。

再次，也不宜以《庄子》中对庄子生平事迹的记载，《天下》篇对庄子思想的评述，荀子或司马迁对庄子思想的整体评述等所谓的“支点”，建立庄子思想的主要特色等判断标准，然后以此标准再对《庄子》中的篇章进行是庄子所著与非庄子所著的分判。因抽取有限的篇章、段落，选取有限的判定标准，以此推断庄子哲学思想的核心特征，存有逻辑上的“以偏推全”的错误。事实上，庄子“其学无所不窥”，思想规模庞大，思想亦经历不断发展的不同阶段，故庄子思想的主要特色实无法通过有限的判定标准加以概括或限定。而且，以某种“支点”先建立庄子思想主要特色等判断“标准”，首先建立起来的可能是对庄子思想主要特色的“成见”，故其做法可能蜕变为依据某一“成见”，对《庄子》的全部篇章进行思想捡择，以建立其所意向的庄子思想形象。

复次，虽然打破内外杂的区分，但依托《荀子》《韩非子》《吕氏春秋》等引庄之情况等“外证”，以及由对《庄子》文本的内部分析而得的各种“内证”，对《庄子》的全部篇章甚至全部章节进行全部的考证，由此将其严格区分早期的作品与晚期的作品，或庄子自著的作品与庄子所作的作品亦不可行。因如前述分析所示，仅凭现有的有限材料，想要指实哪一篇、哪一段完全为庄子所著，几乎是不可能的。这一现实情势，反过来要求我们应将《庄子》当作一个整体进行研究，在著作形式上，将《庄子》整体上视作庄子与弟子的共同思想材料；在思想内容上，将《庄子》视为一个以庄子的思想为核心，以庄子后学思想发展为补充的整体思想体系。

最后，将《庄子》当作一个整体进行研究的必要性还在于，必须视《庄子》的外杂篇为庄子思想体系的关键而重要的组成部分。可以说，能否正确地对待《庄子》外杂篇，是能否完整认识庄子的整体思想体系的关键。庄学史上的一些学者对外杂篇中的思想学说，存在着一种轻视的倾向。如高亨认为，“庄周之主要思想毕具内七篇中，外篇杂篇皆内篇之余论。虽在引申发挥上，可补内篇之不足，然要其旨归，未超踰内篇之范围”①。此一看法，只看到了外杂篇中内篇已有的思想，而没有看到外杂篇中内篇所无的思想。如果抛弃对《庄子》外杂篇的各种成见，就会发现《庄子》外杂篇，特别是《田子方》《知北游》《庚桑楚》《则阳》等篇所提出的思想，已远远超出内篇所提出的思想观念，并且在思想的深刻性与辩证性等方面丝毫不弱于内篇。如《知北游》中，庄子论道“无所不在”“物物者与物无际”等思想，对道之存在特点与属性的阐论，极大超出了内篇有限的“道论”之所述。还有《天道》《外物》等篇中所提出的

① 高亨：《诸子新笺》，第51页。

"言意之辩",更是发内篇所未发。在没有客观实据可以判定上述作品非庄子所作的情况下,将这些篇章中的"思想版权"全部归为庄子后学所有,将极有可能肢解了庄子哲学思想体系本有的整体性与统一性。

主张只有内篇为庄子所作,外杂篇皆不是庄子所作的学者,过分夸大了内篇与外杂篇的绝大多数篇章,在思想内容与作品风格等方面的差异性与"矛盾性",从而忽略了它们所具有的在思想立场、思想倾向上的统一性与一致性。根本而言,如何看待《庄子》内篇与外杂篇思想之间的同异关系,是能否正确看待外杂篇的思想归属与地位的关键。事实上,一位思想家在其漫长的思想发展过程当中,其早期、中期与晚期的作品在写作风格上有所不同,在思想主张、价值立场等方面存有异差,甚至存在相互"矛盾"的情况,是很正常的现象,这些不同、差异与"矛盾"正体现了思想发展的过程性。若将早期、中期的作品视为思想未臻化境时期的作品,晚期的作品视为思想达至圆成境界时期的作品,则未臻化境时期的作品实是后期圆成境界之作品的产生基础。在未有客观、充分、可靠的证据证明其非庄子所作的情况下,仅以这些作品写作风格笔力卑下,思想较为肤浅等理由,将之归为非庄子所作,将之排除于庄子的哲学思想体系之外,则庄子思想达至圆成境界时期的作品由以产生的思想基础将不复存在。

虽然依照"同一律""矛盾律"等思想表达的逻辑规范要求,我们经常假设思想家在表达自我思想时,不会"自我矛盾",否则就将给他人理解言说者的思想意旨造成困扰,无法实现信息的准确传达、思想的相互沟通等人与人之间交流的目的。但在语言表达规范层面的"矛盾"之上,还有思想主张与价值立场等层面的"思想矛盾",这些"思想矛盾"的性质不同于语言表达规范层面上的"矛盾",它们往往是作者思想成长之过程性的表征,是世界本来复杂辩证的存在形态的反映。在同一位思想家的哲学体系之内,完全可以容纳此类"思想矛盾"的存在。是故,古今中外的思想家流传下来的著作所表征的思想体系存在内部矛盾,乃是常态。如《荀子》就存在着"性朴论"与"性恶论"等不同的思想表述。表明,先秦诸子的著作内亦存在着思想相互矛盾的情形。张松辉指出,"既然这么多的学者都有自相矛盾的言论,为什么就不让庄子也讲几句自相矛盾的话呢?”①事实上,除个别篇章或段落,《庄子》中的绝大多数的篇章所存在的“矛盾性”,并非不可调和的个人或学派之间的基本思想底线意义上的“根本矛盾”,而是完全可以在思想家规模庞大的思想体系或学派的基本思想立场之内加以调和的“思想矛盾”。这些“思想矛盾”的存在,并不构成对哲学家整体家思想体系的统一性,或学派基本思想立场的一致性的挑战,反而表征了哲学家整体思想体系内部的思想张力与活力,或学派内部思想主张的丰富性、多元性与复杂性。

《庄子》一书的最初编撰者或后来的编辑整理者,将无论是古本还是今本《庄子》的全部篇章编入《庄子》中,表明庄子是这一著作的主要的、核心的思想创作者,否则就不会以“庄子”命名这一著作。虽然其中有可能存在着非庄子所作的作品,它们要么属于与庄子思想存在继承与发展之关系的“庄子后学”之作品,要么属于庄子思想存在学习模仿之关系的“学庄者”之仿作②,故皆属于“与庄子思想相关的作品”。这说明,庄子是其后学之思想生发的前提基础与创作所环绕的“思想核心”。正因为此,《庄子》一书成为具有共同的思想范畴、基本的思想底线立场、协调一致的思想倾向的整体思想系统。这一整体思想体系的统一性与一致性,乃建立在内外杂篇的差异与可调和的思想矛盾基础之上。

如若夸大内篇与外杂篇的绝大多数篇章之间的差异性与“矛盾性”,而忽略它们之间所具有的思想统一性与一致性,极易产生排斥外杂篇的思想倾向。一些学者为实现其所理解的庄子思想的“不矛盾性”,如对孔子之思想态度的一致性,在没有客观、可靠、充分的证据的情况下,将外杂篇的某些篇章或全部

---

① 张松辉:《庄子考辨》,第60页。张松辉指出,正应当从矛盾的角度去理解庄子的思想(参见张松辉:《庄子考辨》,第53—69页),此见极富有启发性。但若是最底线意义上的基本思想立场之矛盾,则是不可调和的“根本思想矛盾”,故还是应排除个别违反了老庄道家最底线意义上的基本思想立场的个别作品。详见下。

② “庄子后学”之作品是可与庄子的作品共同归为“庄子学派”的作品。而“学庄者”之仿作,首先与庄子及其弟子后学基本不存在师承之关系;其次,其作品虽然刻意模仿庄子的思想及其风格,但经常违反老庄道家最底线意义上的基本思想立场,故其作品经常不仅不当认定为“庄子学派”的作品,而且也不宜认定为老庄道家学派的作品。

篇章排除在庄子的思想体系之外，将之归为庄子后学所作。但在没有客观、可靠、充分的证据的情况下，将今本《庄子》外杂篇的某些篇章或全部篇章排除于庄子的整体思想体系之外，内篇某些篇章所论的思想，如《养生主》的“为善无近名，为恶无近刑”的思想，与《人间世》的“彼且为婴儿，亦与之为婴儿；彼且为无町畦，亦与之为无町畦；彼且为无崖，亦与之为无崖”的思想，若没有外杂篇中的一些篇章，如《至乐》的“若以为善矣，不足活身；以为不善矣，足以活人”“无为可以定是非”等思想对其所进行的辩证，则必将庄子塑造成一个没有任何坚定思想原则的犬儒主义者的形象。于是部分学者又想将《人间世》的前三章或者整篇也归为庄子后学所作，以维持庄子在他们心目中的美好形象。但是在没有客观、可靠、充分的证据的情况下，排除外杂篇的部分篇章或全部篇章，以及内篇的某一篇章或部分章节，由此所塑造出来的庄子形象，是否真的符合历史上真实存在过的庄子形象？更有可能的是，真实的庄子形象已经被他们肢解得支离破碎、血肉淋漓。

因此，这些学者的上述做法，实质皆是在刻意塑造他们心目中的庄子美好形象。应当说，这些学者的用意都非常美好，但这一做法并不合理确当。我们不应为维持庄子在我们心中的美好形象，而对庄子的原有形象进行强行的裁剪与切割，按照今人的想法进行涂改与塑造。学术研究所要求的客观态度，要求我们应当让庄子的思想如其所是地呈现出来，尽可能最大化地还原历史上真实存在的庄子形象，不裁剪，不切割，不涂改，不塑造。

历史上，由于儒学在绝对多数时期皆占据着中国传统意识形态主流的地位，因此那些喜欢庄子的儒生们，不希望庄子跟他们所尊崇的孔圣人产生思想冲突，所以一直想方设法将《庄子》中诋訾孔子、批驳儒家思想学说的篇章或段落，排除为非庄子所作的作品，从而达到内心两种不同的价值观念或思想信仰之间冲突的和解，其动机可以理解。然在当下已经去儒学意识形态化的思想环境中，还仅只为了达到庄子对孔子与儒学的思想态度一致性的目的，有意将《庄子》的某些篇章或外杂篇的全部篇章皆排除为非庄子所作，则属依然坚持传统“成见”的做法。故在当下，应努力地摆脱各种传统“成见”的干扰，不持先在的一种思想立场，以客观、平和的态度看待庄子其人其书，以科学的方法考察《庄子》一书的“作品归属权”与“思想版权”。然后在此基础上,尝试解答:历史上的“庄子”,是否只持“诋訿孔子之徒”“剽剥儒墨”的思想立场,完全反对“仁义”的思想价值?以及回应一些批评者的批评:庄子真的是一个犬儒主义者、滑头主义者吗?对上述问题的解答,要求我们必须从整体的视角全面观照《庄子》一书,任何不是基于客观、可靠、充分的证据的情况下,对《庄子》的不当切割,都有可能使我们失去解答这些问题的思想文本基础,故对上述问题作出错误的解答。

总之,研究庄子思想,必须将《庄子》作为一个整体加以研究,是由于各种历史条件的限制,出于研究的客观性与科学性等要求,在当下必须要如此抉择的一种研究方式。只有如此,才有可能努力最大化地“还原”庄子的整体思想体系,最大化地发挥《庄子》全书所有思想的深刻哲学思想意义,揭示这些思想在当下所具有深刻理论意义与现实价值。

四、将《庄子》当作一个整体进行研究的可行性

当然,只强调将《庄子》当作一个整体进行研究的必要性还是不够,还要科学指出,在《庄子》中可能存有非庄子所作的作品的情况下,将《庄子》当作一个整体以研究庄子哲学思想体系的可行性问题。具体而言,当依托《庄子》中的哪些篇目或章节,以研究庄子的哲学思想?对于疑似不是庄子所作的作品,如何处理其与庄子思想的关系?可否依据这些文本以研究庄子的哲学思想体系等?

将《庄子》当作一个整体进行研究,并非主张不需要对今本《庄子》的全部篇章进行适当的考证,可以不加区分地将《庄子》的所有篇章当作庄子哲学研究的材料。因今本《庄子》内外杂篇的作品在写作风格、思想主张等方面存在较大的差异,乃是客观的事实;并且,外杂篇的个别篇章甚至出现了一些在战国中期之后才出现的历史事件,提示其有可能非同一作者所作,且有个别篇章疑似非庄子及其后学所作。因此,还是必须对《庄子》的所有篇章进行适当的考证,并进行适当的分类,以确立《庄子》中的哪些篇章,可资作为庄子思想研究的文本依据,哪些篇章不当作为庄子思想研究的资料。虽然仅凭现有的资

料，在缺乏“实证”的情况下，无法将《庄子》全部严格区分为，哪些是庄子所作，哪些是他人所作；又无法全部准确地论断哪些是早出的篇章，哪些是晚出的篇章；也无法完全确定内篇一定是庄子自著，外杂篇一定非庄子所作；但可以依据目前所找到的客观的可靠的资料与论据，对《庄子》全部篇目与章节之可疑性的程度作出等级的分判，依此，可以将《庄子》一书的作品分为如下几类：

第一，《庄子》中记载庄子生平事迹与思想言行的二十八个章节。① 这是《庄子》中最明确记载与庄子有直接思想关系的章节。虽然它们散布于《庄子》的内外杂篇，其中，有些可能是庄子本人所作，有些可能是庄子弟子所记②；除《田子方》的“庄子见鲁哀公”一事，属寓言，非是生平事迹实录③，应区别对待外；其他二十七个章节应认定为庄子的生平事迹与思想言行的实录，故所反映的皆是庄子的思想，不当有疑义，否则将变成传统经典的绝对怀疑论者。④

---

① 参见刘笑敢：《庄子哲学及其演变》，第16页。刘笑敢列表统计《庄子》中载庄子生平事迹与思想言行的章节为二十九个。然《秋水》的“公孙龙问于魏牟”一章，虽然明确提到庄子，但属于其他学者论听闻庄子之言的感受，非是对庄子的生平事迹与思想言行的实录，故应当扣除。另外，虽然《说剑》也记载所谓的“庄子事迹”，然因其可疑性，故不算在此二十八个事迹之内，理由详下。

② 如《齐物论》的“庄周梦蝶”一事，因梦之体验是非常私人的体验，此事若非庄子本人所记，则无法描述“栩栩然胡蝶也，自喻适志与！不知周也。俄然觉，则蘧蘧然周也”等带有极强私人性的梦之体验，故这则事迹当是庄子本人所记。《山木》首章庄子与弟子对话，其中庄子明确指示“弟子志之”，则可推断这则事迹当是弟子所记。还有高亨指出，《列御寇》记载庄子将死时与弟子的对话，未有将死之人还秉笔作书的道理，甚是在理，故这则事迹可确定为弟子所记。

③ 成玄英认为，“庄子是六国时人，与魏惠王、齐威王同时，去鲁哀公一百二十年，如此言见鲁哀公者，盖寓言耳”。[（清）郭庆藩撰：《庄子集释》，第717页。）也有学者怀疑其是后人的仿作。如朱得之曰：“陈恒弑君，孔子请讨，鲁国之儒一人，庄子身当其时，而《胠箧》篇曰：‘陈成子弑其君，子孙享国十二世。’即此推之，则秦末汉初之言也。”[（明）朱得之：《读〈庄〉评》，见谢祥皓，李思乐辑校：《庄子序跋论评辑要》，第269页。]

④ 池田知久认为，“庄子故事的作者们（也就是道家系统的思想家们）并不是把这些当作有关庄子的历史事实来书写的，岂止如此，不如说是完全相反，为了自己的思想表现而假托庄子，有意识地作为‘寓言、重言、危言’（《庄子·寓言》‘寓言十九章’的说法）而创作的”。（[日]池田知久：《道家思想的新研究：以〈庄子〉为中心》，第14页。）池田知久这一看法犯有以偏推全的问题。不可否认，《庄子》中，《田子方》的“庄子见鲁哀公”一事，如若“鲁哀公”不误，此事不可能，故当定性为寓言；还有《说剑》有客观的理据证明其非庄子所作，亦不当认定为庄子学派的作品，故也属后人创作的寓言。然不当依此而扩大化地认为，《庄子》中所有记载的事实皆为后人创作的寓言。事实上，没有任何其他客观的反面证据，可证明其他二十七个章节不是庄子的生平事迹与思想言行的实录。在无实证的情况下，不宜随意扩大怀疑的范围，而应当遵循“疑罪从无”的原则。

第二,《庄子》中未明确表明与庄子有直接的关系,但没有客观、可靠、充分的证据①,证明其定非庄子所作的作品。事实上,《庄子》一书中的绝大多数篇章皆属于这类的作品,它们构成庄子整体思想体系的主体部分。虽然在这类作品的各个篇章之间,客观存在着思想观点与价值立场等方面的差异,但是这些差异不是完全不能相容,不能共存于一个思想体系中的"根本矛盾"。实际上,这类作品共享着基本的核心思想观念,共用着相同或相似的哲学范畴,共同秉持着最底线意义上的基本思想立场,保持着基本协调一致的思想倾向,故在思想观点与价值立场等方面的思想一致性与统一性,远远地大于它们的思想差异性与矛盾性。而且,这些思想差异性与矛盾性,可以庄子在不同时期所持的思想主张与价值立场等存有差异加以解释。因此,在找到客观的、可靠的、充分的证据证明其非庄子所作之前,这类作品都应当默认为庄子所著的作品。

在现代的司法实践中,在事实不清,证据不足的情况下,为免错误的判决冤枉嫌疑人,给其造成巨大的伤害,因此,践行"疑罪从无"的司法原则。实际上,在对《庄子》的篇章进行创作时代的推断与作品归属权的判定时,也应当遵循"疑罪从无"的科学原则,在未有客观、可靠的、充分的证据之前,不宜将具有一定可疑性的篇章之"作品归属权"与"思想版权"轻率地判定给庄子的弟子后学或其他思想学派。否则,就有可能给庄子哲学思想体系的整体性与统一性造成巨大的伤害。

退一步而言,就算这类作品中,可能存有所谓由庄子弟子后学所作的篇章,如《在宥》的最末"贱而不可不任者,物也"②一章,《秋水》中"是故大人之

---

① 所谓"客观的证据",指客观的历史事实,或新出土的文献等具有客观实证性,能够获得学者之普遍认可的证据,而非思想内容主旨的深浅、作品的风格高卑等具有较大思想主观性、因人而异见的论据与理由。文本中出现的概念与名物制度,虽然也是一种客观的记载,但想要十分确定地论断它们具体出现的年代,还无法完全做到,故只能是大概的论断与推测。还有古书通例,只是通过归纳而得的习惯性常则通例,无法排除不守通例的情况。因此上述二者,还不能算作可靠的、充分的客观证据。

② 《在宥》的最末"贱而不可不任者,物也"一章,很多主张与《庄子》其他篇章存有较大差异。如其提出,"物虽贱,但不可不任;民虽卑,但不可不因;事虽慝,但不可不为;法虽粗,但不可不陈列;义虽远,但不可不居;仁虽亲,但不可不广;礼虽节,但不可不积"等。其中,以物为贱的观念,

行……闻曰：'道人不闻，至德不得，大人无己'"①这一段话，等具有一定可疑性的篇章段落，疑似为庄子弟子后学所作。首先，这些可能属庄子弟子后学的作品之思想和庄子本人的思想，存有继承与发展之关系。故其作品中的思想，肯定包含有继承自庄子之思想的部分，这一部分的"作品归属权"虽然属其弟子所有，然其"思想版权"却归庄子所有；而其中与庄子思想存有差异的部分，即庄子弟子后学对庄子思想有所发展的部分，虽然这一部分的"作品归属权"与"思想版本"皆不属庄子所有，但其思想的性质实可以视为庄子思想在弟子后学等思想主体中的进一步发展，是对庄子思想在新的思想环境中所具有的发展之可能性的进一步实现，所以也从庄子思想之发展可能性的角度，侧面反映或表征着庄子本人的思想。合而言之，《庄子》中可能存有的由庄子弟子后学所作的篇章，在思想性质上皆可视为对庄子思想的反映与表征，故也可以资借这些篇章以研究庄子本人的思想。其次，古本《庄子》的最初编撰者在将可能属庄子弟子后学所作的篇章编入《庄子》中时，因未标识相应的作者，故除上述提到的具有一定可疑性的章节段落，其他可能还有的由庄子弟子后学所作的作品，已完全混入《庄子》当中，由于缺乏严谨可靠的判定标准将其全面严格地辨识出来，故已内化于《庄子》所呈现的整体思想系统当中，成为其有机的思想组成部分。二者血肉相连，不宜进行强行分割，一旦进行强行的分割，会使两者的思想功能皆受损。是故，更合理的做法还是让其保留于《庄子》这一整体思想体系当中。

第三，在《庄子》中，有客观的证据，但又非完全不可置疑的证据，可以怀疑其非庄子所作的作品。符合这一标准的作品大抵有两个，即高亨在前述的

与《秋水》的"以道观之，物无贵贱"的思想存在明显的差异；同时，以民为卑的思想，也与《人间世》的"知天子之与己皆天之所子"的思想存有明显的差别。但上述思想差异非完全不可调和的"根本思想矛盾"，在逻辑上可以用思想家在不同阶段所持的思想主张与价值主张存有差异进行解释。由于此段所表达的对道、德、天道、人道的看法，则与《庄子》绝大多数篇章的思想立场较为一致，故此段文字还是可以认定"庄子学派"的作品。

① 《秋水》的"是故大人之行……闻曰：'道人不闻，至德不得，大人无己。'"这一段话，最末一句出现"闻曰"二字，所闻的"道人不闻，至德不得，大人无己"之言，特别是"大人无己"是与《逍遥游》的"至人无己"思想基本相同的思想。故"闻曰"二字表明其可能是庄子的弟子在听闻庄子的"至人无己"等思想后所创作的作品。

第四证与第五证中提到的《胠箧》与《盗跖》两篇。高亨认为,《胠箧》的“田成子十二世有齐国”,可证此篇作于齐亡之后,故此篇非庄周自撰;杂篇《盗跖》的“汤武立为天下,而后世绝灭”,则可证明此篇作于周亡之后。①

首先,《胠箧》所谓的“十二世有齐国”②,若没有传抄错误或后人有意改动,则的确可依据一些学者的考证,首先怀疑此一段话不是庄子本人所作,而是作于齐襄王时期或齐国灭亡之后的章节。又由于《胠箧》是一篇思想内容与章节结构相对完整的篇章,故可以进一步推断《胠箧》全篇皆是作于齐襄王时期或齐国灭亡之后的作品。③

其次,《盗跖》所谓的“汤武立为天下,而后世绝灭”,其中陈述了周王朝在后世灭国的历史事件。④ 高亨认为,此可证此篇作于周亡之后。由于今本《盗跖》第一章,即述孔子与盗跖对话这一章,是在思想内容与文章结构上皆非常完整的一章。郭象在今本《盗跖》第一章的最后还注曰:“此篇寄明因众之所

---

① 参见高亨:《诸子新笺》,第51—52页。

② 陆德明释“十二世有齐国”曰:“十二世有齐国,自敬仲至庄子,九世知齐政;自太公和至威王,三世为齐侯,故云十二世也。”[(清)郭庆藩撰:《庄子集释》,第345页。]俞樾认为,陆德明之说非是,“本书是说田成子,不当追从敬仲数起。疑《庄子》原文本作世世有齐国,言自田成子之后,世有齐国也。古书遇重字,止于字下作二字以识之,应作世二有其国。传写者误倒之,则为二世有其国,于是其文不可通。而从田成子追数至敬仲,适得十二世之数,遂臆加十字于其上耳”。[(清)俞樾:《诸子平议》,第348页。]俞樾疑“十二世”原作“世世”,在逻辑上存有这种可能,然经过几次的连误被改作“十二世”的概率实在太小。故王叔岷认为,俞樾之说甚迂曲,“而谓‘本书是说田成子,不当追从敬仲数起。’则是。当计自田成子至王建之灭,据《纪年》,适为十二世”。(王叔岷:《庄子校诠》,第347页。)王葆玹认为,在此问题上,应重视唐代司马贞的意见,司马贞引古本《竹书纪年》订正《史记》之误,考定自田成子至齐王建正好为“十二世”。然其以为,司马贞的考订依然还有遗漏,即遗漏了田孺子一世,“《庄子·胠箧》指称田成子‘十二世有齐国’,显然是以齐襄王的时代为背景,因为从田成子到齐襄王,正好是十二世”(王葆玹:《黄老与老庄》,第196页),故《胠箧》当作于齐襄王五年至十九年之间(公元前279年至前265年)。如此,若“十二世”未有传抄错误或后人有意改动,则可依俞樾、王叔岷与王葆玹等学者的考证意见,首先推论《胠箧》此一段话可能是作于齐襄王时期或齐国灭亡之后的作品。

③ 若《胠箧》全篇是作于齐襄王时期的作品,则可能是由庄子弟子所作。若是作于齐灭国之后的作品,齐灭国于公元前221年,如此,则存有两种可能:一是由庄子弟子或再传弟子所作;二是由与庄子没有明确的师生传承之关系,但在思想上有学习模仿之关系的学者所作。相较而言,前者可能性更大一些。然《胠箧》所谓的“十二世有齐国”,到底应自何时开始算起,并无确定无疑的定论。如若陆德明的意见正确,则又无法完全排除其为庄子所作的可能性。

④ 据史书所载,周赧王五十九年,公元前256年,秦灭西周,不久周赧王死,无人为之立后。

欲亡而亡之,虽王纣可去也;不因众而独用己,虽盗跖不可御也。”①若原五十二篇本《盗跖》篇非原本止于第一章,郭象不可能注出“此篇”二字,故学者本就怀疑今本《盗跖》篇乃由两篇以上的篇章合并而成。② 又1980年,湖北江陵张家山出土的汉简本《盗跖》篇,内容只有今本《盗跖》篇的第一章,故有学者推断,原五十二篇本《庄子》的《盗跖》篇只有今本《盗跖》篇的第一章。③ 因此,更合理的做法是,依据“汤武立为天下,而后世绝灭”,只推断今本《盗跖》第一章,是作于周王朝灭亡之后的作品④,同时基本排除其为庄子所作的可能性。

既然《胠箧》与今本《盗跖》篇的第一章,存在着较大的可疑性,极可能非庄子所作。那当如何处理二者与庄子本人的思想关系?由于《胠箧》与今本《盗跖》篇的第一章非庄子所作的可能性存有一定的差异,故笔者以为,宜区别对待二篇所论的思想。

首先,今本《盗跖》篇的第一章,不仅不当视之为庄子后学对庄子思想进一步的发挥与发展,应被排除为非“庄子学派”的作品,还应将之排除为非老庄道家学派的作品。笔者这一主张虽与苏轼、林希逸等学者有相似之处,但理由却非苏轼等人所谓今本《盗跖》篇的第一章乃“真诋孔子者”。

其一,今本《盗跖》第一章所阐述的心性理论与《庄子》其他篇章所阐述的心性理论存在着“根本的思想矛盾”。在今本《盗跖》篇中,盗跖曰:“今吾告子以人之情,目欲视色,耳欲听声,口欲察味,志气欲盈。”(《盗跖》)可知,盗跖所

---

① (清)郭庆藩撰:《庄子集释》,第1001页。

② 参见王叔岷:《庄子校诠》,第1192页。

③ 廖名春认为,“简本《盗跖》篇只有今本《盗跖》篇第一章的事实,与上述郭象注所反映出的事实是一致的。出土文献与传统文献的相互印证说明,今本《盗跖》篇并非《盗跖》篇的原貌,《盗跖》篇原本与简本《盗跖》篇相似,只有今本《盗跖》篇的第一章”。(廖名春:《出土简帛丛考》,湖北教育出版社2004年版,第207页。)

④ 《吕氏春秋·当务篇》的“以为尧有不慈之名,舜有不孝之行,禹有淫湎之意,汤、武有放杀之事”,与今本《盗跖》第一章中的“尧不慈,舜不孝,禹偏枯,汤放其主,武王伐纣,文王拘羑里”文,非常类似。另据史书记载,《吕氏春秋》约成书于公元前240年左右。若《吕氏春秋·当务篇》前引之文,乃化用自今本《盗跖》第一章,则可推断今本《盗跖》第一章有可能作于秦灭周之后,《吕氏春秋》成书之前。

理解的人性理论是与荀子的“夫人之情，目欲綦色，耳欲綦声，口欲綦味，鼻欲綦臭，心欲綦佚”（《荀子·王霸》），“若夫目好色，耳好听，口好味，心好利，骨体肤理好愉佚，是皆生于人之情性者也”（《荀子·性恶》）等人性观相似的，倾向于“性恶论”的人性理论，与《庄子》其他篇章所呈现的“人性朴”的人性理论存在着不可调和的“根本思想矛盾”，故不当将之纳入庄子的人性理论体系当中来，否则将出现消解庄子人性理论体系的统一性与一致性，败坏庄子人性理论之学理品质等思想后果。

其二，《盗跖》还主张人生苦短，“不能说其志意，养其寿命者，皆非通道者也”（《盗跖》）。若“通道者”必须以“说其志意，养其寿命”为必要前提，如此，如果盗跖以横行天下，侵暴诸侯，穴室枢户，驱人牛马，取人妇女，与脍人肝以作铺等行为为“悦其志意者”，那么必然会得出“通道者”必须以横行天下，侵暴诸侯，穴室枢户，驱人牛马，取人妇女，与脍人肝以作铺等行为作为“达道”的必要前提这一荒谬绝伦的结论。① 可见，今本《盗跖》第一章所论的思想不仅与“庄子学派”的整体思想倾向不合，而且不符合老庄道家的基本思想立场与倾向，所以，不仅应被排除为非“庄子学派”的作品，还应将之排除为非老庄道家学派的作品。

其次，与今本《盗跖》第一章不同，《胠箧》则可视为是庄子后学对庄子思想进一步的发挥与发展。因虽然《胠箧》中的思想与《庄子》其他篇章的思想，在圣人观、仁义观等方面存有差异，但它们存在着基本一致的思想倾向：即反对有为的仁义，反对伤害人们纯朴自然的本性；同时，还共同秉持着老庄道家最底线意义上的基本思想立场：即坚持“自然无为”这一老庄道家

① 首先发现《盗跖》篇的人性理论与《庄子》其他篇章存在“根本的思想矛盾”的学者是支遁。《高僧传·支遁传》载曰：“遁尝在白马寺与刘系之等谈《庄子·逍遥篇》，云：‘各适性以为逍遥。’遁曰：‘不然，夫桀跖以残害为性，若适性为得者，彼亦逍遥矣。’于是退而注《逍遥篇》。”［（梁）释慧皎撰：《高僧传》，第160页。］支遁敏锐地觉察向秀与郭象的“适性逍遥义”在理论上存在着重大的漏洞：如果在现实中，人们以夏桀与盗跖以残害他人为乐的人性理论为性，依照向郭的“适性逍遥”思想，则夏桀和盗跖因自适基残忍暴戾之性，故也将达到“逍遥”的境界；而桀跖的“逍遥”，将是天下百姓的绝对灾难。如此荒谬绝伦的结论，定非庄子“逍遥义”的本义。因此，支遁对向秀与郭象的“适性逍遥义”非常不满，退而自注《逍遥篇》。

的核心思想理念。① 因此,虽然《胠箧》有较大可能不是庄子所作,但因其思想整体上是对庄子批评儒家的仁义观与圣人观之思想倾向的进一步发挥、发展,也在一定程度上反映和表征着庄子对儒家式的仁义观与圣人观的思想看法,故可将其看作是与《庄子》的绝大多数篇章的作者,持守共同的最底线意义上的基本思想立场和基本一致的思想倾向,故属于"庄子学派"的庄子弟子后学的思想作品。

第四,在《庄子》中,明显违反老庄道家主张"自然无为"这一最底线意义上的基本思想立场,不仅不宜认定为是"庄子学派"的作品,而且也不宜认定是老庄道家学派的作品。此类作品,严格依照前述的标准,有《说剑》全篇与《大宗师》的这一段话:"以刑为体,以礼为翼,以知为时,以德为循。以刑为体者,绰乎其杀也;以礼为翼者,所以行于世也;以知为时者,不得已于事也;以德为循者,言其与有足者至于丘也,而真人以为勤行者也。"

同一个学派的思想学说,应有其同属一个学派的根本思想特征。这一根本思想特征应确定为,坚守这一学派最底线意义上的基本思想立场。若一个作品中的思想违反了这一学派最底线意义上的基本思想立场,虽然其作者原可能与学派的创立者与传承者存有现实的师承关系,但还是不宜认定其属这一学派的思想作者,宜将之另立门户。《庄子》中的绝大多数作品,至少共同秉持着老庄道家学派最底线意义上的基本思想立场:即坚持"自然无为"这一老庄道家的核心思想理念;同时,这些作品皆被编入《庄子》,说明其主要由庄子这一核心的创作者所作,部分由"与庄子存在思想关系"的庄子弟子后学所述或所作,故拥有基本一致的思想倾向;这是可将其视为同属"庄子学派"之

① 认定思想家是否同属一个学派,应有一个基本的思想标准。仅凭现实中的思想传承关系,还无法认定师徒一定同属一个学派。因现实中存在着弟子背离老师最基本的思想立场,另创学派的情形。如墨子曾"学儒者之业,受孔子之术"(《淮南子·要略训》),之后因不满儒家的学说,另创墨家学派。因此判定学者是否同属一个学派,应依据是否遵守由师者所奠立的一个最底线意义上的基本思想立场为标准。之所以将坚持"自然无为"的核心思想理念,作为老庄道家最底线意义上的基本思想立场,因其是老庄道家之为老庄道家最为核心的特征,凡是背离此一核心思想理念的学者,不宜认定为老庄道家的学者。之所以称此一立场为老庄道家最底线意义上的基本思想立场,乃因不宜再往上提高思想判定标准之高度,否则,将可能导致对思想家之学派属性的错判。

作品的根本原因。

如此，一旦《庄子》中的作品突破了“自然无为”这一老庄道家最底线意义上的基本思想立场，同时，还违反了《庄子》绝大多数作品所拥有的基本一致的思想倾向，则不宜认定为是老庄道家学派的作品，更不当是“庄子学派”的作品。笔者将《说剑》全篇排除为非“庄子学派”的作品①，在结论上与苏轼等学者存有相似之处，但理由则非苏轼等学者所言的“浅陋不入于道”或此篇的作品风格似战国纵横家之言②，而是因其违反了《庄子》绝大多数作品所拥有的基本一致的思想倾向；至为关键的是，其违反了老庄道家坚持“自然无为”之最底线意义上的基本思想立场。

《说剑》全篇主要借“庄子”之口，表达了用剑之术有三个层次：一是天子之剑，二是诸侯之剑，三是庶人之剑。为省篇幅，此处只分析其所谓的作为最高境界的“天子之剑”。“庄子”曰：

> 天子之剑，以燕溪、石城为锋，齐、岱为锷，晋、魏为脊，周、宋为镡，韩、魏为夹；包以四夷，裹以四时；绕以渤海，带以常山；制以五行；开以阴阳，持以春夏，行以秋冬。此剑，直之无前，举之无上，案之无下，运之无旁，上决浮云，下绝地纪。此剑一用，匡诸侯，天下服矣。此天子之剑也。（《说剑》）

方勇曾引池田知久之言，“庄子之剑，是道家立场”，并在此基础上进一步认为，“由于本篇是写战国中期赵文王的事，晚于庄子，显然不是庄子的手笔，这一点是肯定的，但至少是庄子学派的人所写。而唐宋以来，学者疑此篇为战国纵横家之伪作，看来似乎是难以成立的”，因其以为，“此番论剑，旨在劝说文王以天人并用的原则治理国家，而不要沉迷于斗剑取乐的人为小道，是符合庄

① 今本《说剑》全篇，郭象一无所注。不知郭象是因为觉得此篇文意主旨浅显，不须注释，还是因对此篇亦有所怀疑。

② 归有光批点的《南华真经评注》曾引韩愈评注曰：“《说剑》类战国策士雄谈，意趣薄而理道疏，识者谓非庄生所作。”[（明）归有光批点，（清）王闿运辑评：《百大家评注庄子南华经》，第243页。]马其昶引马骕之言曰：“语近《国策》，非庄生本书。”[（清）马其昶：《定本庄子故》，第235页。]

子学说基本精神的”①。

首先，池田知久认为，庄子之剑，符合道家的基本思想立场，此一看法值得商榷。因所谓的“制以五行；开以阴阳，持以春夏，行以秋冬”与“匡诸侯，天下服”，皆是主张有为的做法，其实质即《应帝王》中“日中始”语肩吾所言的“君人者以己出经式义度，人孰敢不听而化诸”（《应帝王》）的做法。然庄子在《应帝王》中借接舆之口对此一做法进行了严厉批评，认为此一做法，“是欺德也！其于治天下也，犹涉海凿河、而使蚊负山也”（《应帝王》）。庄子借接舆之口表达的政治主张是，“正而后行，确乎能其事者而已矣”（《应帝王》），即通过自正己性这一无为的方式，让民众也自然地自正其性；故最好的政治治理，是只确立能坚持“自然无为”之做法的君主即可。可见，庄子反对有为政治，反对以出“天子之剑”，匡定诸侯，使天下皆服的做法。因此，《说剑》此处的主张，显然违反老庄道家主张自然无为的做法。因此，池田知久以此篇符合“道家立场”的论断并不确当。

其次，在《在宥》中，黄帝“吾欲取天地之精，以佐五谷，以养民人；吾又欲官阴阳，以遂群生”（《在宥》），结果也被广成子批评，“自而治天下，云气不待族而雨，草木不待黄而落，日月之光益以荒矣”（《在宥》）。还有云将想“合六气之精以育群生”（《在宥》），也被鸿蒙批评为“乱天之经，逆物之情，玄天弗成”（《在宥》）。还有《天运》中，巫咸祒曰：“天有六极、五常，帝王顺之则治，逆之则凶”（《天运》），以为天地的运行规律是帝王应当遵循的对象，不应当加以干涉。而《说剑》的“制以五行；开以阴阳，持以春夏，行以秋冬”的主张，却主张以人为力量“开阴阳”“制五行”，显然与以《在宥》《天运》为代表的《庄子》绝大多数篇章所具有的基本一致的思想倾向不相协调，故方勇以此篇“是符合庄子学说的基本精神的”的论断，恰妥性值得商榷。

综上所述，《说剑》全篇所反映出来的思想立场，不仅违反了《庄子》绝大多数作品所拥有的基本一致的思想倾向，至为关键是，违反了老庄道家坚持“自然无为”这一最底线意义上的基本思想立场，故不仅不应将认定为“庄子

---

①　方勇译注：《庄子》，第528页。

学派"的作品,也不应认定其是老庄道家思想学派的作品。

《大宗师》的"以刑为体,以礼为翼,以知为时,以德为循。以刑为体者,绰乎其杀也;以礼为翼者,所以行于世也;以知为时者,不得已于事也;以德为循者,言其与有足者至于丘也;而人真以为勤行者也"一段,其中,"以刑为体",主张要"绰乎其杀",这也明显违反老庄道家的"自然无为"这一最底线意义上的基本思想立场。因为老庄道家连有为的"仁义"都加以反对,更不可能去主张"绰乎其杀"。

老子明确反对杀人。老子曰:"常有司杀者杀。夫代司杀者杀,是谓代大匠斫。夫代大匠斫者,希有不伤其手矣。"(第七十四章)老子所谓的"大匠",当指既能够造化万物,又可以消散万物的天地。天地不仅是自然万物的具体造化者,也是自然万物的专门"司杀者"。老子以为,天地之行有"常",其"常"的表现之一是:有专门的"司杀者"负责"衰杀"自然万物。人如果行杀,则是代作为"大匠"的天地,这一专门的"司杀者"行杀①,这僭越了本当属于天地的责任与权利,故"代大匠斫"者,虽然其行杀可能是为了正义的目的,但最后很少有反过来不伤害到他们自身的。因此,老子以为,人不应僭越性地代天行杀。

老子反对杀人,故他也非常反对战争的行为。老子曰:"夫佳兵者,不祥之器。物或恶之,故有道者不处。"(第三十一章)老子以为,兵器、军队等军事力量都是不祥的工具,非是有道的圣王平常居处所应使用的力量;有道的圣王只有在迫不得已的情况下才能使用它,而且要以恬淡冷静的态度对待战争的行为,就算得胜了,也不以之为美事。因为,"而美之者,是乐杀人。夫乐杀人者,则不可得志于天下矣"(第三十一章)。因是之故,老子非常反对战争,他虽然觉得不能完全舍弃军事力量,但整体上对使用军事力量持一种非常慎重的态度。

---

① 中国传统中的"替天行道"的思想观念,即体现了老子的这一观念。主张"替天行道"者认为,作恶者遭罚遭杀,本是天谴天罚,即惩罚作恶者本是"天"之责任。若作恶者一直没有遭受天谴天罚,天还未行使其责任,为制止作恶者再造更大的恶业,故其站出来"替天行罚",以实现朴素的自然"正义"。

庄子亦完全继承了老子这种“反杀、厌杀，若不得已，慎杀”的立场，其曰：“怨、恩、取、与、谏、教、生、杀，八者，正之器也。唯循大变无所湮者为能用之”（《天运》）。在庄子看来，“杀”作为八种“正之器”，即纠正社会秩序与道德风尚的工具，只有能够依循大道，不会被其所使的“正之器”淹没其理智与德性的人，才可以使用，同样表达了“慎杀”的思想立场与倾向。庄子又曰：“无以战胜人。夫杀人之士民，兼人之土地，以养吾私与吾神者，其战不知孰善？胜之恶乎在？”（《徐无鬼》）《让王》篇亦曰：“废上，非义也；杀民，非仁也。”（《让王》）可见，“反杀、厌杀，若不得已，慎杀”代表着老庄道家对待兵杀的最基本的思想态度。

而“以刑为体”的思想主张，主张要“绰乎其杀”，完全走向了另一极端，完全不符合老庄道家“反杀、厌杀，若不得已，慎杀”的基本思想态度；同时，还违反“自然无为”这一老庄道家最底线意义上的基本思想立场；故不应认定其是属于老庄道家学派的作品，更不应认定为“庄子学派”的作品，而应当将之定性为老庄道家之外的其他思想派别所羼入的作品之错简。陈鼓应认为，“‘以刑为体……而人真以为勤行者也’：这十三句主张‘以刑为体，以礼为翼’的话，和庄子思想极不相类，和《大宗师》宗旨更相违，当删除”①。张恒寿在分析郭象注的基础上也指出，“郭象知道‘以刑为体’和庄子思想不合，因而添出了‘任治自杀’的意思，企图和庄子思想相调和。但无论如何和道家派思想，不相协调，更不用说和庄子思想协调了”②。除此段之外，虽然《庄子》的个别篇目与章节，在思想主张、作品风格等方面与其他篇章存有一定的差异性与矛盾性，但由于其基本符合老庄道家最底线意义上的基本思想立场，其“矛盾”可以一个学派内部相调和，因此，在没有其他客观、可靠、充分的“实据”之前，还是应遵循“疑罪从无”的科学原则，不宜过分扩大怀疑的范围，以免错判《庄子》的“作品的归属权”与相应的“思想版权”，从而伤害庄子哲学思想体系的整体性与统一性。

① 陈鼓应：《庄子今注今译》，第175页。

② 张恒寿：《庄子新探》，第61页。

综上所述,虽然由于缺乏客观、可靠、充分的证据,无法将《庄子》中的全部篇章严格区分,哪些是庄子所作,哪些非庄子所作,但可以依据目前为止所找到的客观的可靠的资料与论据,对《庄子》全部篇目与章节之可疑性的程度作出等级的分判:

首先,依照客观的历史事件发生时间之依据与老庄道家最底线意义上的基本思想立场,排除今本《盗跖》第一章,《说剑》与《大宗师》的“以刑为体”一段不是“庄子学派”的作品,也不宜认定为老庄道家学派的作品。

其次,依照客观的历史事件发生时间之依据,推断《胠箧》是作于齐襄王时期或齐国灭亡之后的作品,极可能不是庄子本人所作。由于《胠箧》坚守老庄道家最底线意义上的基本思想立场,并且符合《庄子》的绝对多数篇章所呈现的基本一致的思想倾向,因此,可以将之视为是庄子弟子后学的作品,是弟子后学对庄子批驳儒家的仁义观与圣人观之思想倾向的进一步发挥与发展。

再次,《庄子》中记载庄子言行的二十七个可信的段落,是《庄子》中最明确记载与庄子有直接思想关系的章节,是庄子思想最明确的反映,因此可以作为研究庄子哲学思想最直接的文本依据。

最后,除上述篇目与段落外,《庄子》中所有剩下的篇目与章节,虽然未明确表明其与庄子的关系,但在没有客观、可靠、充分的证据,证明这些篇章非庄子所作之前,应当遵循“疑罪从无”的科学原则,默认为是庄子本人所作的作品。其中,虽然有个别的篇章具有一定的可疑性,疑似庄子后学所作,但缺乏严谨可靠的判定标准将其全面严格地辨识出来,故更合理的做法还是让其保留于《庄子》这一整体思想体系当中,并且在思想性质上,可将其视为庄子后学对庄子思想的继承与发展,也从侧面反映着庄子本来的思想立场和倾向。因此,这类作品皆可用作研究庄子的整体哲学思想体系的思想文本。

总之,《庄子》中的绝大部分篇章作品,反映的都是庄子的思想;同时,《庄子》所呈现出来的思想体系,是一个由庄子所确立起来的,具有共同的核心思想观念,共用着相同或相似的哲学范畴,共同秉持着最底线意义上的基本思想立场,保持着基本协调一致的思想倾向的整体思想系统。这是我们可以将《庄子》当作一个整体进行研究的根本原因。

附录二　《庄子》中普通用法之“命”归类表

《庄子》中，只作普通之用法，没有哲学思想意义的“命”，出现有 23 处。通过分析这些“命”所出现的具体文本语境，及具体的“命”之发令主体，此 23 处“命”，可归纳为下列五义：（一）君王之诏令、命令；（二）父母之指示、指令；（三）师长之教导、教命；（四）主人之命令；（五）“命名”。

一、“命”作为“君王之诏令、命令”

序号	出现篇目	出现章节	出现次数	注释与解析
1	《人间世》	叶公子高将使于齐，问于仲尼曰：“王使诸梁也甚重，齐之待使者，盖将甚敬而不急。匹夫犹未可动也，而况诸侯乎！吾甚栗之……今吾朝受命而夕饮冰，我其内热与？”	1	“今吾朝受命而夕饮冰”，成玄英曰：“诸梁晨朝受诏，暮夕饮冰，足明怖惧忧愁，内心燻灼。”①可知，叶公子高所受之“命”为“君王之诏命”。
2	《人间世》	故法言曰：“无迁令，无劝成，过度，益也。”迁令、劝成，殆事。美成在久，恶成不及改，可不慎与！且夫乘物以游心，托不得已以养中，至矣！何作为报也？莫若为致命，此其难者！	1	“莫若为致命”，宣颖曰：“但致君命而已不与。”②王叔岷曰：“‘致命’，谓传达君命，此句与上文‘无迁令’之意相应。”③故此处的“致命”④犹言“传达君王之命”，其与《天地》的“致命尽情”所谓的“致命”意义不同。

① （清）郭庆藩撰：《庄子集释》，第 154 页。

② （清）宣颖：《南华经解》，第 34 页。

③ 王叔岷：《庄子校诠》，第 154 页。

④ 成玄英曾将此处所谓的“致命”，混同于《天地》的“致命尽情”所谓“致命”，其曰：“直致率情，任于天命，甚自简易，岂有难邪！此其难者，言不难。”[（清）郭庆藩撰：《庄子集释》，第 163 页。]成玄英此解，属于误解。

续表

序号	出现篇目	出现章节	出现次数	注释与解析
3	《天地》	将闾葂见季彻,曰:“鲁君谓葂也曰:‘请受教。’辞,不获命,既已告矣,未知中否,请尝荐之。”	1	成玄英曰:“鲁公见葂,请受治国之术,虽复辞不得免君之命,遂告鲁君为政之道。当时率尔,恐不折中,敢陈所告,试献吾贤。”①故“不获命”,乃“不获君王命令之许可”之义。
4	《田子方》	文王观于臧,见一丈夫钓,而其钓莫钓;非持其钓有钓者也,常钓也。文王欲举而授之政……于是旦而属之大夫曰:“昔者寡人梦见良人,黑色而髯,乘驳马而偏朱蹄,号曰:寓而政于臧丈人,庶几乎民有瘳乎!”诸大夫蹵然曰:“先君王也。”文王曰:“然则卜之。”诸大夫曰:“先君之命,王其无它,又何卜焉!”遂迎臧丈人而授之政。	1	《释文》曰:“《之令》本或作命。”卢文弨曰:“今本作命。”②“先君之命”为“先王之旨意、命令”之义。
5	《徐无鬼》	吴王浮于江,登乎狙之山。众狙见之,恂然弃而走,逃于深蓁。有一狙焉,委蛇攫搔,见巧乎王。王射之,敏给搏捷矢。王命相者趋射之,狙执死。	1	“王命相者趋射之”,“命”为“君王之命令”甚明。
6	《列御寇》	正考父一命而伛,再命而偻,三命而俯,循墙而走,孰敢不轨!如而夫者,一命而吕巨,再命而于车上儛,三命而名诸父,孰协唐、许!	6	《释文》曰:“三命,公士一命,大夫再命,卿三命。”③“一命、二命、三命”,皆是“接受君王之任命和诏命”之义。故此六“命”字,皆属“君王之诏命”。
小结	见于五个篇章。	见于六个段落。	11	“命”之前后文,常出现王、君、先君等发令主体。

① (清)郭庆藩撰:《庄子集释》,第430页。
② (清)郭庆藩撰:《庄子集释》,第722页。
③ (清)郭庆藩撰:《庄子集释》,第1057页。

二、“命”作为“父母之指示、指令”

序号	出现篇目	出现章节	出现次数	注释与解析
1	《大宗师》	子来曰:“父母于子,东西南北,唯命之从。阴阳于人,不翅于父母。彼近吾死,而我不听,我则悍矣,彼何罪焉!”	1	“父母于子”,宣颖曰:“倒装句法。言子于父母。”①“唯命之从”,乃“唯父母之指令是从”之义。
2	《山木》	庄子行于山中,见大木,枝叶盛茂,伐木者止其旁而不取也。问其故,曰:“无所可用。”庄子曰:“此木以不材得终其天年。”夫子出于山,舍于故人之家。故人喜,命竖子杀雁而烹之。竖子请曰:“其一能鸣,其一不能鸣,请奚杀?”主人曰:“杀不能鸣者。”	1	“命竖子杀雁而烹之”,乃“指示自己的儿子杀一只鹅,并把它烹煮好”之义。故此“命”为“父母之指示”之义。
小结	见于两个篇目。	见于两个段落。	2	“命”之前后文,有“父母”或“子”的提示语。

三、“命”作为“师长之教导、教命”

序号	出现篇目	出现章节	出现次数	注释与解析
1	《山木》	孔子问子桑雽曰:“吾再逐于鲁,伐树于宋,削迹于卫,穷于商、周,围于陈、蔡之间。吾犯此数患,亲交益疏,徒友益散,何与?”子桑雽曰:“子独不闻假人之亡与?……且君子之交淡若水,小人之交甘若醴,君子淡以亲,小人甘以绝。彼无故以合者,则无故以离。”孔子曰:“敬闻命矣。”徐行翔佯而归,绝学捐书,弟子无挹于前,其爱益加进。	1	“敬闻命矣”,乃“敬闻师长之教命”之义。

① (清)宣颖:《南华经解》,第40页。

续表

序号	出现篇目	出现章节	出现次数	注释与解析
2	《寓言》	阳子居南之沛,老聃西游于秦,邀于郊,至于梁而遇老子……老子曰:"而睢睢盱盱,而谁与居!大白若辱,盛德若不足。"阳子居蹵然变容曰:"敬闻命矣!"	1	"敬闻命矣",亦是"敬闻师长之教命"之义。
小结	见于两个篇目。	见于两个段落。	2	句式皆作"敬闻命矣"。前后文皆为向老师、长辈等尊者请益之事。

四、"命"作为"主人之命令"

序号	出现篇目	出现章节	出现次数	注释与解析
1	《徐无鬼》	庄子曰:"齐人蹢子于宋者,其命阍也不以完,其求钘钟也以束缚,其求唐子也而未始出域,有遗类矣夫!楚人寄而蹢阍者,夜半于无人之时而与舟人斗,未始离于岑,而足以造于怨也。"	1	"齐人蹢子于宋者,其命阍也不以完",蹢,乃擿之通假,"擿弃、丢掉"之义;阍者,指守门人;不以完,指形体有残缺的人。整句之意:齐国有一在宋国丢失了孩子的人,命使守门人都是用形体残疾之人。故此"命"乃主人命使仆人之"命"。
小结	见于一个篇目。	见于一个段落。	1	作为发"命"之主体与承"命"之客体,存在主仆之关系。

五、"命"作为"命名"之义

序号	出现篇目	出现章节	出现次数	注释与解析
1	《人间世》	且德厚信矼,未达人气;名闻不争,未达人心;而强以仁义绳墨之言术暴人之前者,是以人恶有其美也。命之曰菑人。菑人者,人必反菑之。	1	"命之曰菑人",成玄英曰:"命,名也。"①故此"命"乃命名之义。

① (清)郭庆藩撰:《庄子集释》,第137页。

续表

序号	出现篇目	出现章节	出现次数	注释与解析
2	《德充符》	仲尼曰:“死生亦大矣,而不得与之变,虽天地覆坠,亦将不与之遗。审乎无假,而不与物迁,命物之化,而守其宗也。”	1	“命物之化”之“命”最是难解。郭象曰:“以化为命,而无乖迕。”①林希逸曰:“命物之化者,言万物之变化皆受命于我。”②林云铭曰:“能使令物之化育。”③宣颖曰:“主宰物化。”④王叔岷曰:“钱穆《纂笺》引奚侗曰:‘周语:“命,信也。”信物之化,即顺其自然。’案《广雅·释诂三》:‘命,名也。’《释名·释言语》:‘名,明也。’‘命物之化’,犹言‘明物之化’。”⑤ 上述注家之解,主要注解思路有四:一是将“命”当作意动用法,整体释为“以物之化为命”,以郭象为代表;二是将“命”当作使动用法,整体释为“使物之化听命于我”,或意译为“使令、主宰物化”,以林希逸、林云铭、宣颖为代表;三是将“命”释为“信”,整体释为“顺物之化”,以奚侗和钱穆为代表;四是将“命”释为“名”,将“名”又释为“明”之义,整体释为“明了物化”,以王叔岷为代表。 郭象之解,不合于古汉语的表达习惯。林希逸、林云铭、宣颖等主张的“主宰万物之化”,则与庄子主张的与化俱往的思想不相融贯。奚侗和钱穆之解可通,但与原文之意不是很相协。相较而言,王叔岷之解更为合理。 故“命物之化”,“命”释为“名”,取“明白、了解”之义。

① (清)郭庆藩撰:《庄子集释》,第190页。

② (宋)林希逸:《庄子鬳斋口义校注》,第83页。

③ (清)林云铭:《庄子因》,第53页。

④ (清)宣颖:《南华经解》,第40页。

⑤ 王叔岷:《庄子校诠》,第173—174页。

续表

序号	出现篇目	出现章节	出现次数	注释与解析
3	《大宗师》	子贡反,以告孔子,曰:“彼何人者邪?修行无有,而外其形骸,临尸而歌,颜色不变,无以命之,彼何人者邪?”孔子曰:“彼,游方之外者也;而丘,游方之内者也。外内不相及,而丘使女往吊之,丘则陋矣!”	1	《释文》曰:“《无以命之》崔李云:命,名也。”①故此“命”为“命名”之义。
4	《马蹄》	吾意善治天下者不然。彼民有常性,织而衣,耕而食,是谓同德。一而不党,命曰天放。	1	“一而不党,命曰天放”,成玄英云:“党,偏也。命,名也。天,自然也。”②故此“命”为“命名”之义。
5	《则阳》	圣人达绸缪,周尽一体矣,而不知其然,性也。复命摇作而以天为师,人则从而命之也。忧乎知,而所行恒无几时,其有止也若之何!	1	前句“复命摇作”之“命”,乃是“性命”之义。后句“人则从而命之也”之“命”,《释文》曰:“《命之也》,命,名也。”③故后一“命”字为“命名”之义。
6	《天下》	不侈于后世,不靡于万物,不晖于数度,以绳墨自矫,而备世之急。古之道术有在于是者,墨翟、禽滑厘闻其风而说之,为之大过,已之大循。作为非乐,命之曰节用,生不歌,死无服。	1	“命之曰节用”,“命”为“命名”之义,文意甚明。
7	《天下》	作为华山之冠以自表,接万物以别宥为始;语心之容,命之曰心之行,以聏合驩,以调海内,请欲置之以为主。		“命之曰心之行”的“命”,乃是“命名”之义,文意也甚明。
小结	见于六个篇目。	见于7个段落。	7	句式常作“命曰”“命之”“命之曰”。

① (清)郭庆藩撰:《庄子集释》,第267页。

② (清)郭庆藩撰:《庄子集释》,第335页。

③ (清)郭庆藩撰:《庄子集释》,第881页。

附录三　《盗跖》《说剑》7见的“命”

《盗跖》与《说剑》两篇“命”共7见。《盗跖》中“命”4见，分别为：

> 且吾闻之，古者禽兽多而人民少，于是民皆巢居以避之，昼拾橡栗，暮栖木上，故命之曰有巢氏之民。古者民不知衣服，夏多积薪，冬则炀之，故命之曰知生之民。（《盗跖》）
>
> 此四子者，无异于磔犬流豕操瓢而乞者，皆离名轻死，不念本养寿命者也。（《盗跖》）
>
> 不能说其志意，养其寿命者，皆非通道者也。（《盗跖》）

首段中两见的“命之曰”，“命”为“命名”之义。后两段中两见的“寿命”，“命”为“生命”之义。如前述，《盗跖》第一章，即孔子与盗跖对话这一章，当是作于周朝灭亡之后的作品，不仅不是庄子所作，而且不宜视为庄子学派的作品。而上述4见的“命”，皆出于《盗跖》第一章。故不将此篇所反映的“命”之思想视为庄子整体“命”之思想体系的组成部分。

《说剑》中“命”字3见，分别为：

> 王曰：“夫子休，就舍。待命令设戏请夫子。”（《说剑》）
>
> 此剑一用，如雷霆之震也，四封之内，无不宾服而听从君命者矣。此诸侯之剑也。（《说剑》）
>
> 相击于前，上斩颈领，下决肝肺。此庶人之剑，无异于斗鸡，一旦命已绝矣，无所用于国事。（《说剑》）

前两处的“命”，皆是“君王之命令、诏命”之义。最后一处的“一旦命已绝矣”之“命”，则是“生命”之义。如前述，《说剑》全篇所反映出来的思想立场，不仅违反了《庄子》绝大多数作品基本一致的思想倾向，还违反了老庄道家的

“自然无为”这一最底线意义上的基本思想立场,故不仅不应认定为“庄子学派”的作品,也不应认定为老庄道家思想学派的作品。故也不将此篇所反映的“命”之思想视为庄子整体“命”之思想体系的组成部分。

附录四　偶然之“命”与抗“命”之方：我与《庄子》之“命”的特殊缘分

古往今来，《庄子》以其通达而深遂的哲学智慧，逍遥而适性的人生追求，怪诞不经又生动有趣的寓言故事，荒唐恣肆又庄谐相杂的语言风格等独特的思想魅力，一直吸引着人们的阅读兴趣，然《庄子》却殊不易读。《天下》篇评述庄子的学说曰：

> 寂漠无形，变化无常，死与生与？天地并与？神明往与？芒乎何之？忽乎何适？万物毕罗，莫足以归。古之道术有在于是者，庄周闻其风而悦之，以谬悠之说，荒唐之言，无端崖之辞，时恣纵而不傥，不以觭见之也。以天下为沉浊，不可与庄语，以卮言为曼衍，以重言为真，以寓言为广。独与天地精神往来，而不敖倪于万物，不谴是非，以与世俗处。其书虽瓌玮，而连犿无伤也。其辞虽参差，而諔诡可观。彼其充实不可以已，上与造物者游，而下与外死生、无终始者为友。其于本也，弘大而辟，深闳而肆。其于宗也，可谓调适而上遂矣。虽然，其应于化而解于物也，其理不竭，其来不蜕，芒乎昧乎！未之尽者。（《天下》）

《天下》篇将庄子的思想学说要点归纳为：“寂漠无形，变化无常……万物毕罗，莫足以归。”其中，“寂漠无形”者，道也；“变化无常”者，物也；有“死”有“生”者，人与万物之有生者也；“天地并与”，言人与万物之生化也；“神明往与”，解弢堕形，精神与道同游也；“芒乎何之？忽乎何适”，则言一直在宇宙中飘荡，永不知适归之处的游气；“万物毕罗，莫足以归”，乃言总括万物亦不足以全之尽之的无限之道。故《天下》篇首先揭示了庄子思想主题的丰富性、多变性以及难以捉摸与把握的思想特点。这在一定程度上解释了《庄子》之书“难读”的原因之一:思想主题的多变性与难以捉摸性。

《庄子》之书“难读”更重要的原因,其实是庄子瑰玮、参差、諔诡、多变的思想言说风格。《天下》篇将其总结为:“以谬悠之说,荒唐之言……以卮言为曼衍,以重言为真,以寓言为广”。庄子喜欢以虚缪不实却意味悠长的言说,广大而无域畔的语言,无端绪与崖际的文辞来言说自己的思想;语言总是汪洋恣肆,纵放不拘,不像老夫子般一本正经,堂而皇之地说教;庄子亦不喜欢以觭偏一端,“不该不徧”的方式来呈现自己的思想学说。在庄子看来,天下人多沉迷不悟、昏浊不明,实不适合以端正庄肃的语言与之言说。因此,庄子选择了以漫衍无际、变化日新的“卮言”,借重先哲往圣之思想权威的“重言”和托之于他人、他物、他事等间接而言的“寓言”,来言说自己主题多变然透辟达本、上遂达宗的思想学说。由诞谩不经的“三言”所构成的“语言迷障”,实又为读者理解庄子深遂的哲思和通达的智慧,又人为增加了语言理解与主旨把捉上的困难。但丰富多变的思想主题,难以捉摸的思想意蕴,谬悠荒唐的语言文辞,反过来又构成了庄子独特思想魅力的一部分,反而更加吸引读者欲窥其思想智慧之堂奥。

“余幼时即嗜学,家贫无从致书以观”(《宋学士全集·送东阳马生序》),故小时候根本无缘接触《庄子》。因在我出生的闽中山中小村,基本都是务农之家,根本不可能有什么藏书可以借读。我是自读了哲学专业以后,才开始接触庄子的哲学思想。不过,因一开始是从《中国哲学史》的课程中了解庄子的哲学思想学说,最初只觉得庄子哲学费解而难懂,对其并无特别的思想感觉。大学毕业后,因给学生开设传统文化方面的选修课的缘故,我才开始认真研读《庄子》。当真正沉下心来读《庄子》后,就为《庄子》独特的思想魅力所吸引,欲罢不能。犹记得读到《庄子》中的“为彘谋,曰不如食以糠糟,而错之牢筴之中。自为谋,则苟生有轩冕之尊,死得于腞楯之上、聚偻之中则为之。为彘谋则去之,自为谋则取之,所异彘者何也?”(《达生》)忍不住会心大笑,击节叹赏的情景。因此,萌生了报考中国哲学方向的研究生以研究庄子哲学的想法。

然此愿望，因阴差阳错，一直到博士阶段投入罗安宪老师的门下，跟随罗师研习先秦道家哲学才得以实现。

司马迁曾指出，庄子“其学无所不窥”（《史记·老子韩非列传》）。此言极是。庄子思想视野宏阔，规模弘大，可加深研的思想主题甚多；其中，“逍遥”与“齐物”被历代的学者公认为是庄子思想的核心。为何我最后独独挑选了庄子的“命”之思想，作为自己博士论文的研究主题？以今天所获得的后视性的视角来看，这其实是一系列“命”之“偶然性”作用的结果；若深入反思，似乎又有“命”之“必然性”的力量一直在驱使着我走向庄子的“命”这一思想主题。可以说，我与庄子的“命”之思想实有非常特殊的机缘。

首先，我选择哲学，选择研究中国哲学，最终选择庄子哲学研究，这其实是一系列“命”之偶然性作用的结果。1999年高考之前填志愿，我报考的第一志愿是现工作的母校——中国人民大学，第二志愿是福州大学，报考的专业皆是工商管理和法律等热门专业。当时挑选专业时唯一真实的“志愿”，其实是快速发家致富，以改变家庭贫困的状况——这是我自少年时代自觉发奋读书以来一直的愿望，也是一直支撑我初高中努力学习的唯一动力。那时，根本不可能想象自己会学习哲学，更遑论研究庄子的思想。只不过，在学习上从来皆是自我摸索的我，也是自我摸索着填志愿，未与父母商量。因在这一事情上，他们也提供不了任何有效的指导。父母只是一如从小到大在学习事情上的叮嘱：你自己决定，一切都靠你自己。就是这一“自己决定”，使我在即将提交高考志愿表的前一刻，鬼使神差地勾选了一个选项：“服从重点大学和重点专业的调剂”。而后，高考成绩出来，只超出重点线20多分，发挥得很不理想。不像如今的高考填志愿可依考后的成绩，选择自己心仪的学校与专业，当时未能得遇如此的“时命”。因已填好自己的志愿，不能做任何的改变，故只能耐心地在家等待被“命运”挑选的结果。

临近重点大学录取的截止时间点，一直没有收到重点大学的录取通知书，内心难免失望。然农家子弟，心理底线很低，只要有大学上就好，我已经做好去福州大学上学的打算。那天我正在街上帮父母卖水果，突然接到报信让我去村部取挂号信，内心狂喜：上重点了?！真正折开信封的那一刻，又悲喜交加、哭笑不得:恭喜你被兰州大学哲学与社会学系哲学专业录取！上重点是上重点了,然学校不是自己选的,专业也不是自己选的！而且,还是最冷门的哲学专业！这专业大学毕业后能找到工作？内心立马冒出复读的想法。然念及天天在田间、山间、河间辛苦劳作的父母,如何忍心又让父母多受苦一年,能早一日出来工作,实早一日减轻父母身上的重担。最终,我的选择是:听从"命运"的安排,极不情愿地从山清水秀的福建,跑到满目荒凉的大西北兰州上大学。

假如当时的我作出复读的选择,现今的我肯定过着一个完全不同于今日的人生。然现实的人生,没有假如。先哲晏子很早就将这一残酷的现实总结为"天道不謟,不贰其命"。只有在思想的想象中,才有假如。故现在网络上满目皆是的"重生之……"的网络文学,只能在小说中驰骋想象自我"重生"后的理想人生。但是,若没有由此后的经历所获得的后设性的人生视野与思想智慧,就算我"重生"到1999年收到大学录取通知书的那一刻,受限于当时的我"贫瘠"的学习条件和依此而形成的当时的我极为有限的见识,以及继由父母的天生多情,不忍见他人受苦的自然本性,若没有其他偶然性要素的介入,"重生"一次的我极可能还是继续会作出这一选择。

在博士论文和现修改后的著作中,我一直试图借助庄子独到的思想洞见与通达的哲学智慧,驳斥"宿命论"和"强决定论"形态的"命定论";力图以我们当下生存的世界实存在着"不知所以然而然"的"偶然性"这一客观的事实,"砍断"由必然因果律所决定的无限绵长并牢固无比的必然因果决定链条,以为"意志自由""选择自由"和"行动自由"的存在腾拓出空间。但以自己有限的人生经验证验之,"必然因果决定论"的力量还是无比强大,理性并没有完全驱散"必然因果决定论"笼罩在内心中的阴霾。然一个由"必然因果决定论"决定的"傀儡人生",是我宁死也不愿意过的人生。我还是愿意相信,当时我鬼使神差地勾选"服从重点大学和重点专业的调剂"的选项,背后并无主宰者在掌控,并非由非此不可的"必然性"的原因在决定。

因此,我学习哲学,其实是"偶然性"之作用的结果。而"偶然性"一旦发挥作用,同样不可抗拒。而后,"必然性"又接手,使我选择接受"偶然性"作用的结果,服从“偶然性”之“命”的安排:虽极度不情愿,但还是到兰州大学学习哲学。大一的前几个月,内心还是极度抗拒哲学。当时一位贵州的同学读了月余,毅然选择回家复读。受其刺激,内心亦曾动过回家复读的念头,然欠缺“英雄胆”,终未得践施的勇气。于是,在班主任陈声柏老师的劝解下,逐渐“知其不可奈何而安之若命”:既然现实已不可改变,只能选择安心接受“命运”的安排,而后在“顺命”的基础上争取将来最好的可能。之后受哲学启蒙老师陈春文老师的影响,我逐渐喜欢上哲学。当时听陈春文老师的《哲学导论》,真切地体验了“醍醐灌顶”这一因脑神经高度兴奋放电,由此而表现出的丝丝凉凉的感受自圆顶而向四周不断扩散的高峰体验。同时,受陈春文老师的影响,最初喜欢的专业方向其实是西方哲学。

后来转向中国哲学,其实也是受“命”之“偶然性”的作用影响。2003 年,我大学毕业后到福建的一个二本院校教授马克思主义哲学,日渐厌倦于一周重复性讲授相同的哲学内容七八遍。适巧,中间新来的院长因研究历史,故鼓励教师给学生开设中国传统文化方向的选修课,于是我给学生开了两门选修课:《〈论语〉导读》与《老子解读》。在自我加强对中国哲学原著文本方面的学习时,为《庄子》所吸引,于是逐渐萌生了报考中国哲学方向的研究生以研究庄子哲学的想法。因当时同宿舍的张言亮与陈浩皆在清华读博与读研,故也报考清华大学。然考研总是出点差落,虽两次皆进了复试,但排名皆靠中后。而当时清华复试的“录取规则”是:不改变初试的排名。因给家里还债已先出来工作 5 年,再考一年意味着又耽搁一年,时不我待,故最后没有选择“三战”清华,而是再次接受“命运”的安排:“同意调剂”。

于是,2008 年到中国政法大学跟随王心竹老师学习中国哲学。王心竹老师的主要研究方向是宋明理学,故硕士期间跟随王心竹老师亦主要研习宋明理学的思想文本,并未进入先秦哲学的研究领域。研二上学期末,入学就知我考博与研究庄子哲学之志向的王心竹老师告诉我,罗安宪老师明年开始招博士生,她意向推荐我跟罗安宪老师读博士,不过,如欲成为罗安宪老师的第一个博士,则我必须提前毕业。然那时我未做好任何的准备,心欲退缩,最后在王心竹老师与俞学明老师等鼓励之下,决定“冒险”一试。虽然中间经历各种波折,但考博与硕士毕业的过程皆还顺利。于是,2010 年,我硕士提前毕业一年,投入罗安宪老师的门下,如此才改为研究先秦的道家哲学。在一系列“命”之“偶然性”因素的作用下,经历一系列的曲折,在 11 年后,我终于进入我“志愿”的中国人民大学,学习“非志愿”的中国哲学专业。

考博时,我提交给罗安宪老师的博士研究计划,其实是庄子的生命哲学。因我一直以为,庄子哲学实质就是一种生命哲学。罗安宪老师外儒内道,对学生一直都遵循“自然”的原则,非常尊重学生的自主性。故博士论文开题,最初是按照庄子的生命哲学这一主题去收集文献。然而,当我深入思考“生命”这一概念时,碰到一个十分让我困惑的问题:在汉语中,为何先哲将我们的生命存在称为“生命”,简称为“命”? 经进一步的思想探究,我发现,在先哲的思想中,“命”是一个义涵十分丰富的概念:先哲不仅将我们的“生命”,称为“命”,也将我们的“性命”,称为“命”;还将我们的“运命”,也称为“命”。而这同一命名方式的背后隐含的思想观念是:先哲以为,无论是人的“生命”与“性命”,还是人的“运命”,皆由“天”所“命”。回过头来,系统梳理《庄子》所有论“命”的思想文本,发现庄子的“命”之哲学思想,绝佳地体现了这一传统的“命”之观念,可谓先秦的“命”观的集大成者和最典型的思想代表。庄子以为:

一、“生”由“天”所“命”,故人为何要“生”,人为何不可以选择自杀,选择早死早超脱,因“生”是天之“命”。庄子正是以此一方式解答人生存在的意义与价值问题:人“生”其实在完成“天”赋予人的“生命”(生之命)这一“天赋的使命”。

二、“性”亦由“天”所“命”,为何人具有自生自化、自由自主的本性;同时,为何每一个人的性分皆存在着各种的局限性等,这一切亦皆由“天”所“命”。可以说,天“命”人自由;同时,天又以规限人的内在性分本性的方式,使人的生命存在各种的局限性,又“命”人不得完全的自由。

三、天“命”人不得完全的自由,除了从内在的角度规限人的性分本性这一方式以外,还以从外在的角度给人施授无可奈何之“运命”的方式,使人无法完全自由地从己之所愿。

四、就“命”与“逍遥”这一庄子追求的理想的生命存在境界的关系而言,“命”与“逍遥”并不构成此前学者所诠解的“必然与自由”的关系;“命”并非完全限制人实现“逍遥”自由之境界的因素。“命”对“逍遥”自由之境界的实现具有双重性的影响:“命”既是使人得以“逍遥”自由的原因,又是使人不得绝对“逍遥”自由的根本原因。

五、庄子所谓的“命”之“天命”“生命”“性命”“运命”四重意义层级间内蕴的紧密的思想逻辑关系,和由其所表征的现实中“天命”与人之“生命”“性命”“运命”间复杂而辩证的关系;特别是“命”与“逍遥”之间吊诡而复杂的关系;使人必须对“命”之“天命”“生命”“性命”“运命”四方面皆具有通达而明彻的认识与理解,如此,才能最终实现“逍遥”这一理想的生命存在境界。“达命”实是人实现“逍遥”的方法。故“达命”,而非“安命”,代表了庄子“命”论的真精神。

上述认识使我意识到,必须从“命”这一庄子哲学至为关键的范畴入手,从“命”之“天命”“生命”“性命”“运命”四义及其所表征的现实中四者复杂而辩证的关系入手,始能全面而准确地把握庄子的生命哲学的精神,以及庄子在天命方面通达的思想洞见、在性命哲学与运命哲学方面独到的的思想认识和在“逍遥”思想方面深刻的哲学智慧。最终,本书呈现为现今的章节结构安排与写作样态,根本的原因实在于此。同时,拙著最终命名为《达命与逍遥——庄子哲学研究》,实因虽然庄子的“天”“命”思想是本书探讨的核心问题之一,但本书所研究的思想主题,实涵盖庄子的“生命哲学”“性命哲学”“运命哲学”与庄子哲学至为核心的“逍遥”思想等方面的思想内容,非“庄子哲学研究”不足以概括之。然必须如实指出,庄子“其学无所不窥”,其思想规模极其庞大,本书的内容亦不足以涵括庄子哲学的全部思想。如欲全面了解庄子的哲学思想,莫过于自己研读《庄子》。

因此,回顾自己选择哲学,选择中国哲学,最终选择庄子的“命”之哲学作为自己博士论文研究主题的历程,首先是受一系列“命”之偶然性的作用与影响的结果。

其次,我选择庄子的“命”之思想,作为自己博士论文研究的主题,似乎又有“命”之“必然性”的力量,一直在驱使着我走向庄子的“命”这一思想主题。“命”之问题,其实是我自具有思想反思的能力以来一直在思考,然百思而不得其解的问题。

我出生于福建永安最偏远之乡镇的一个小山村中。父母皆是受“时命”作弄,是命运悲苦的农民。母亲 4 岁时,外公因参与反对“反右倾扩大化”的活动,被判刑两年,关到大田县的监狱。第二年,“三年困难时期”开始,外公因缺吃少穿患上浮肿病,病死在监狱中。由此开启了母亲一生悲惨的命运。母亲 8 岁时,随外婆改嫁到新外公家。因所谓的“分家”过日子,母亲被分着跟大舅一家生活,负责给大舅赶鸭子。大舅脾气暴躁,经常因鸭子或被老鹰叼走或被大水冲走,拿棍棒毒打母亲。12 岁时,因外婆与新外公吵架离婚,在五兄妹中,母亲又被挑选着分给新外公。因思念亲人,母亲经常不告而跑回老家,又被大舅用棍棒毒打回新外公家。18 岁时,因小舅结婚缺聘礼,母亲又被大舅与大姨作主,“偷卖”给因脸上有一块红色胎记,一直找不到媳妇的父亲。母亲原本极力抗拒这门婚事,只因后来发现被“偷卖”了女儿的新外公威胁要告大舅偷卖妇女,为了大舅不被抓,小舅能顺利娶上媳妇,21 岁的母亲只好自承是“自愿”嫁给我的父亲。

父亲一生敦厚老实。不同于母亲只偷偷瞒着大舅,去过半天的学堂,而后被大舅发现后课本被撕了当柴火,故到现在依然一个大字都不识,父亲一直上学到初二。初三时,因“十年动乱”开始,学校正常的教学秩序全被打乱,于是父亲 15 岁时辍学到伐木场打工。而比父亲高一届的学生,则多考上师范在小学当老师。后父亲因上过学在生产队当文书。23 岁时因小学缺师资,原本获得被选派去读师范的机会,只因当行脚商人,到偏远的山村卖过杂货的爷爷,曾被定性犯“投机倒把罪”并被批斗,故大队书记从中作梗不给盖章,父亲因此丧失了成为“光荣”的小学人民教师的机会。因能力有限,故一辈子只知种田营生。而这也成为我上学期间一直感觉特别遗憾与痛苦的事情之一。

因我自少年时代,心智日开后,那时使我一直烦恼与痛苦不已的事情是:为什么“命运”安排我出生于一个贫苦的农民家庭?为什么“命运”不让我成为“光荣”的小学人民教师的子女?如果我爸成为“光荣”的小学人民教师,我是不是就可以免于各种田间辛苦的劳作和繁重的家务之劳苦？小时候,家里生活十分贫苦。因没有房子住,母亲生了大哥、我与小妹仨人后,还是只能寄住在宗族祖屋一间不到8平方米的小屋里。到我上一年级,靠父母辛苦的肩挑背扛,在偏僻的山脚下自建起两间土瓦房,我们仨兄妹才有了独立的睡觉房间。然因缺钱瓦片盖得非常稀薄,一旦遇到刮大风下大雨,便真如杜甫所形容,“床头屋漏无干处,雨脚如麻未断绝”。福建又山多地少,在杂交稻在福建大规模推广之前,粮食根本不够吃,只能吃掺入多半地瓜的地瓜拌饭。父母为了养活我们仨兄妹,天天皆是或顶着烈日或冒着大雨在田间与山间辛苦劳作,农闲期间则皆外出打零工,根本没空管束与教育我们兄妹仨,反给我们兄妹仨天天分派挑水、煮饭、打猪草、煮猪食、喂猪、喂兔子、给菜除草和浇水、插秧、除稗草、割稻子、晒稻谷、刮烟梗、晒烟叶等感觉永远也忙不完的家务。

心性跳脱,性喜逍遥自由的少年,更意愿从事的其实是游戏与游乐的事业。那时,我为了逃脱繁重的家务之劳苦,经常放学后,或偷偷跑到屋后的山上藏住,而后漫山遍野地疯跑;或偷偷倚靠在山顶的大樟树下,欣赏傍晚恢弘壮丽的晚霞;或偷偷藏在被窝,打着手电阅读从同学处借来的缺了开头与结尾,只剩中间部分的武侠小说。辛苦劳作了一天,疲惫至极的母亲回到家,每每发现我脱逃没干家务,总是随手拿起棍子,欲好好教训我。只不过,在仨兄妹中“最狡猾”的我,一见母亲拿棍子,便立马逃跑,绝大多数情况下,皆能得逞。而后,皆是由善良老实的大哥代我受过,而一直爱我护我的大哥从没有任何的怨语。

大哥原本成绩一直不错,完全可以考上中专。中考时,因父母皆在外打工,大哥考虑到家庭贫困的状况,竟然违背父母的嘱咐,自作主张不去参加中考。当时上初一的我受命回家通知大哥去参加中考报名,执拗的大哥就是不去。我欲通知父母,让父母干涉改变大哥的决定,然根本不知道父母到哪里打工,只能无奈地大哭着嘲着大哥大喊:你这样做,你将来一定会后悔的！大哥只是跟着默默流泪,然终究还是未去参加中考。因贫辍学的大哥,不久被父母安排着在城里卖米粉、地瓜粉等杂货,做点小生意。我考上县城高中,皆是每周找大哥领50元的生活费,一直到高考结束。可以说,正是靠大哥的辛苦劳作之支持，才有我安心在校学习，而后考上大学的可能。

“命运”总是在我们兄妹仨最关键的时间节点，跟我们家不断“开玩笑”。1999 年 6 月，考虑到我马上将要高考上大学，小妹马上要中考上中专的情况，“财迷心窍”的大哥被人忽悠着买股票，瞒着家人随人炒股。结果不仅将家里做生意仅有的一点小本钱全部亏光，还欠上乡里乡亲不少的尾货款。当我拿到大学的录取通知书时，小妹也收到了中专的录取通知书。因十里八乡好久未出过重点大学的大学生，原先一直看不起，甚至欺辱我父母的邻里乡亲，皆换了副面孔来道贺。然陷入经济困境的父母，在内心欣喜与骄傲之余，最忧愁的却是如何筹凑我与小妹的上学费用。最终，母亲对小妹说，家里现在没有能力供两个人读书，只能先送你二哥上大学。正是母亲这一“不公平”的决定，因贫失学的小妹只能外出打工，并赌气几年皆不跟家里人联系。我则靠着父母卖烟叶所得的一点有限收入，再加上因我考上大学，亲戚朋友给的 5 元、10 元、20 元、50 元等红包，勉强凑够大一学年的学费与住宿费，到兰州上大学。

此后三年，父母靠卖烟叶、卖年猪、卖每逢下雨从溪中捞起的沙子，勉强供上我上大学期间的生活费，然根本交不起学费与住宿费，皆是靠国家的助学贷款才坚持上完四年的大学。大三时，喜欢上哲学的我决定报考哲学专业的研究生，以哲学为志业。然那时却是家里最困难的时期，父母希望我尽快工作，以帮助偿还因再补建原只建了两间的砖瓦房等原因而欠下的大额债务。因我上课老爱提问，便觉得我有学习哲学之“天分”，乐于鼓励学生学哲学的陈春文老师，建议我“咬牙”再坚持一下，等硕士毕业出来再工作。但天生不忍见他人受苦的我，如何忍心让几被债务压垮的父母，因我上研而多受三年之苦。最终，我的决定是：先出来工作，帮父母还完债务，然后自己再考研考博。

大四上学期，不能如己所愿地直接报考哲学专业的研究生，使我整整抑郁了半年之久。因觉得被“命运”死死地摁捺住，不能自由地从己所愿，存在没有任何的意义，故曾麻木不仁地躺在宿舍的床上几天没下床，也曾在宿舍的阳台上，向下俯视“虚无的深渊”。如王阳明因疾思欲离世远去时，惟祖母岑与龙山公在念而不能去，故终未践施之，我亦是靠内心始终未能去的惟父母之生恩育恩未偿的一念，终未践施之。那时依然很无知的我完全不知道这是抑郁症的表现,不懂得寻求心理师的帮助。最终,还是靠理性的不断自我劝解:这就是出身在贫苦农家的你必须接受的“命运”,由此,慢慢地摆脱“虚无主义”梦魇般的纠缠,逐渐走出心理的阴影。

2003 年大学快毕业时,又爆发“非典”。被“时命”限制着无法出兰州的我,到通知领毕业证书的那一刻,还未找到工作,心焦异常。原先签订助学贷款协议时说,可以毕业四年内偿还国家的助学贷款。然学校规定没有还完国家的助学贷款不可以领毕业证书。急需毕业证书以找工作的我,只好让已然欠下大额债务的父母再借民间高息贷款,加上终于与家人和解的小妹的帮助,还上“欠学校”的三年学费与住宿费,如此才拿到大学的毕业证书。而后,背负一身债务的我,靠同学支借的几百块钱到厦门和福州找工作。在耗光余钱之前,终于找到一个在二本院校教授马克思主义哲学的工作。然后靠着不高的工资,逐步帮父母还完家里的债务。到 2008 年才重新接续上已被“命运”耽搁了 5 年的求学生涯。之后,未再花父母一分钱,靠自己的努力,并在各位师长、同事、师弟和同学慷慨的帮助下,渡过各种难关,一直坚持到 2014 年“艰难”取得哲学博士的学位。

自己和全部的家人皆受非个体有限力量所能左右的时代之“时命”的摆布,和无论个人如何努力亦难战胜的贫穷之“命运”的作弄与折磨,这些难以忘却的痛苦经历,使“命”之问题,自少年时代,就一直成为横亘在我心中的一个问题。亦使我在学习哲学后,一直在思考如何才能摆脱“命运”对人追求理想的生命境界的规限性作用与影响。因此,虽然我未主动选择庄子的“命”之哲学思想作为自己博士论文的研究主题,但应是一直隐藏在我潜意识深处的“命”之问题,一直驱使着我走向庄子的“命”这一思想主题。

如今,借助庄子“达命”哲学之通达的人生智慧,终于达解“命”之存在的本质、特点和摆脱“命运”对人追求理想的生命境界之规限性作用的途径与方法:古今中外所有所谓的“命”,本质皆是拥有强大无比之主宰性力量的天道自然之流行,对人与万物无时无刻不在进行的犹如命令的无法抗拒的赋授、规限和施加的无从逃避又无力改变的决定性的作用影响;简言之,所谓的“命”,就是天道自然对人与万物无法抗拒的决定性的作用影响;以今日已得的有限的理性知识证验之,我们当下生存的世界,并无既有人格性意识,又有主宰性意志,还有道德性属性的主宰者在进行掌控与决定;宇宙自然的运动变化既有必然性,又有偶然性,故“命”之变化亦既具有必然性,又具有偶然性;“命”对人与万物的作用,整体上呈现出均平性、同质性与齐一性的变化特点,但在短时段内与局部性的区域内,又呈现出差异性、不公平性、非道德性与不知其所以然而然的自然性等变化特点;这个世界并不存在着先定的“宿命”,一切不可抗拒的人完全无可奈何的“命运”,其实皆是由无情无义,自然而无常的天道自然与社会历史的客观变化所决定。

而人之“运命”与人现实中所具有的力量紧密相关。完全为人现实中全部所有的力量所无可奈何者,始成为人的“运命”。“力”大者,“命”对人之生命与性命的规限性作用就小;“力”小者,“命”对人之生命与性命的规限性作用就大。每一个人必须“致命尽性”,最大程度地掘发自己的性分本性的全部潜能,最大程度增长自己生命的力量,如此,始能最大程度拓展自己生命自由的程度,最大程度拒抗“命运”对人之生命的规限、宰制,甚至摆布与折磨。虽然天道自然赋命给每一个人的性分本性不齐,看似规限了每一个人仅凭自己的力量所能达至的生命存在境界的高度,但每一个人的性分之极这一“天花板”并不必然决定其所能达至的理想生命存在境界的高度。每一个人完全可以资借“他者与外物”的力量,不断突破性分之极的“天花板”对其所能达至的理想生命存在境界高度的限制。至为重要的是获得通达的“大智慧”,实现自我生命的觉解;洞达自我生命存在各种局限性的根本原因和突破生命存在各种局限性的根本途径与方法;如同大鹏资借“扶摇”与“六月息”之力量而上达九万里的高空,亦以循顺天道自然的客观法则,资借外在环境之运势力量的方式,不断提升自我生命存在境界的高度,开阔自己生命认知的视域,开放自己心灵的精神视野;依此不断突破自我当下有限的生命存在格局和认知视野,对自身性分之潜能的拘限;由此,实现“鲲化鹏”式的自我生命存在形式、形态的转化与更生,如此,才能最终使自己达至更加广阔、自由、理想的生命存在境界和更加通达、超越、崇高的精神存在境界。

后　记

自2014年精疲力尽地完成总字数60万字的博士论文，至2024年春节前将65万字的修改稿交给人民出版社，差不多刚好10年。贾岛的《剑客》诗曰："十年磨一剑。"贾岛的此一诗句，内实怀有潜心修炼以一鸣惊人的心思。本人花费10年的时间始将自己的博士论文出版，没有任何的心思想法，实是各种因由的碍阻，适巧延宕了10年之久。最主要的原因是，2014年为完成这一60万字的博士论文，真可谓身心俱伤，故需要一个漫长的"恢复期"，才能疗治好因写作博士论文而落下的"身心应激反应症"。

这一"身心应激反应症"的具体表现是，一旦本人坐在书桌前修改博士论文，大脑总是会情不自禁地被激起写作这一博士论文期间的"痛苦回忆"。不能忘却这些"痛苦回忆"的大脑，一直不愿再面对不仅为之耗费精神，还为之经历诸多痛苦之人生体验的博士论文，故总是"情不自禁"使作者心烦意乱，生生将作者逼离书桌，以使自己远离那些"痛苦回忆"：先是2013年底，在我黑白颠倒地努力写作博士论文时，我那一生命运悲惨，2008年已因长年干重体力活，动过一次腰椎间盘手术的哥哥，因开小三轮发生事故，摔断胸椎骨，需要动一个胸椎固定的大手术。手术所需的近15万元的费用，对一个因我上学，长期处于温饱线上的贫困家庭而言，无疑是一个天大的困难。本人既要四处筹借手术的费用，在自己也无比担忧我哥下半生是否将半身不遂的状态下，不断宽慰和安抚家人的情绪，还要尽力如期推进博士论文写作的进度，以按期参加博士论文的评审。稍事坐定心安后，又因本人在论文写作的过程中，长期保持一个固定姿势，患上肩周炎；一日因通宵写作，精疲神惫，忘记关窗而身体受冻,右胳膊肌筋膜又发炎。二患并作,痛苦异常。不仅日常随意的一个转头的动作都感觉痛苦非常,打字敲键盘,手臂更是感觉钻心的疼痛。然已到最为关键的写作结语之阶段,必须咬牙坚持。于是,只能上午在校医院既做针灸又做理疗,下午和晚上继续“咬牙”敲字。坚持到如期提交博士论文的评审稿,身心最后真的是完全精疲力尽！感觉整个人完全被掏空,只剩下形骸躯壳！而后进入漫长的“身心应激反应症”的疗治期。

这10年期间,又经历了很多事。2014—2016年,因从事历史学博士后的研究,忙于教学、发文、找工作和写博士后出站报告。2016年得幸回到哲学院工作,工作稍定,忙于结婚。2017年忙于各门新课程的备课与教学。2018年,我哥又被查出患淋巴瘤的“木村病”,忙于操心我哥治病的事情。2019年心思稍定,始真正着手修改。然被“身心应激反应症”拖累,只修改完成一半:只将原博士论文臃肿的绪论部分,分拆为现在的绪论、第一章和书末的附录一,补充和完善了现绪论的“已有研究综述与检讨”的部分;改定第一章与第二章的内容;并对第三章的内容进行结构性的大调整和大改写,分拆为现在的第三章和书末的附录二、附录三。

2020年10月,小女呦呦出生。人生四十始得女,备加珍爱;又初为父母,紧张异常;加上疫情封控,出入不便;于是在教学与科研工作之余,日日忙于带娃和哄娃睡觉的日常。2021年末,刚欢天喜地地替小女过完1周岁的生日,余欢未尽,不到半个月,一个晴天霹雳:我哥又被查出患急性淋巴细胞白血病！于是,“致命尽情”地投入到我哥治病的事情。身心无比煎熬的经历:投入本人全部的积蓄,替我哥输血、化疗,病情初步稳定;在各位大爱的亲朋,爱敬无比的师长,相亲相熟的同院同事,不相熟然无比热心捐献爱心的人大同事,仁爱厚惠的学界师长与同道,挚爱的好友与同学,心爱的学生们,还有众多不知名的陌生的爱心人士大力、无私的帮助下,成功水滴筹50万的移植费用;配型成功,骨髓移植成功,就在以为我哥生而有望时,突然又病情急转直下——白血病复发！花费高昂的代价进行双抗的治疗,最终还是没能挽救大哥的生命,大哥还是在2022年7月离我们而去！最可怜的是年迈的双亲。特别是我那早年丧父、一生命苦的母亲,老来还要承受晚年丧子之痛,自得知我哥患白血病，日日哭泣，视网膜脱落，又得进行视网膜修复的手术。一生命运多舛的父亲因老来丧子之痛，犯上严重的心衰，又得住院治疗。2023 年 4 月，才重新接续上只进行了一半的博士论文修改大业。在这将近一年左右的时间里，除必要的教学与科研等事宜，真如我母亲之形容，天天屁股不离椅子，日日劳心费神地修改，差不多又精疲力尽地重新写作了一遍博士论文。而今，将全部的书稿交给出版社，如同自己呕心沥血生产的精神之“小儿”，经进一步的精神滋养，长大成人，将离己而去，独自闯荡“学术的江湖”，念言及此，又不禁有无数感谢的话语要说！

首先，无比感恩和感谢我的父亲讳名罗上泉，母亲讳名池宝妹，无比含辛茹苦地生我、育我，并用尽自己全部的力气，送我上学，最终将我培养成一名哲学博士。若非吃苦耐劳的父母百折不挠的精神，培养了我坚忍不拔的心志，使我有毅力和勇气克服求学过程的各种困难，说不定我早不堪生命之苦，弃生而亡。若非勤劳俭朴的父母起早摸黑，顶着严寒，冒着酷暑，一年四季风雨无阻地在田间、山间、河间，无比辛苦地劳作，竭尽全力地支持我上学，我根本不可能成为一名哲学博士，如此也根本不会有这本著作的问世与出版。

其次，无比感恩和感谢我一直爱敬的博导罗安宪师对我宝贵的教导和无私的帮助。罗师在学术上是严师，对作为第一个博士生的我更是严格教导与要求：从随堂听课，到每周一个下午的谈话；从手把手地教授文章写作的方法，到期刊论文的推荐发表；从博士论文的文献资料的收集、章节结构的安排、文本材料的运用，到章节标题的拟定、核心概念的分疏、主要观点的提炼、语句的准确表述等等，无不倾注心力，提供耐心而细心的指导与帮助。在写作博士论文之结语时，我碰到思路碍阻，而论文提交的期限又将至，心焦的我半夜十二点给罗师打电话求助，罗师更是通宵指导至 1 点多。在生活中，罗师又如慈父，待我如子。知我辞掉工作，重新上学，承受着较大的经济压力，故一直以各种方式在经济上帮助我：让我当助教、助管，介绍校外兼职，时不时以各种名目提供各种补贴；在我碰到各种家庭变故时，更是无数次无私解囊相助！师恩大如天，不知如何报，愿师寿如道，徐馈师德教。

再次，无比感恩和感谢我的博士后导师梁涛师、硕导王心竹师、哲学启蒙老师陈春文师和班主任陈声柏师，在我学习哲学之路上提供的宝贵的教导与帮助。无比感谢梁涛师在博后期间对我用心的指导与宝贵的帮助。正是在博士后期间梁涛师指导发表的几篇论文中，我深化了对庄子“达命”哲学思想精神的认识。无比感谢王心竹师在硕士期间对我细心的指导与宝贵的帮助，正是在王心竹师的指导下，我逐渐摸索到学术研究的门道，感受到学术研究无论是大到论文整体框架结构的设计，还是小到一个引文，一个标点符号的使用，无不需要遵守严谨的学术精神。无比感谢陈春文师领我进哲学之门，让我学会了哲学的质疑、批判与反思的思维方式，让我知道一切知识与信念，无不需要经过理性法庭的审判，才能装进自己的大脑中，否则将成为教条与成见的盲信盲从者。无比感谢陈声柏师在我心情晦暗无比之时刻提供的宝贵人生指导，否则，我可能不会放下对哲学的偏见，逐渐接纳哲学专业，最终走上从事哲学研究的道路。

又次，无比感恩和感谢在我博士论文开题、评审与答辩阶段，给予过现改成的这本专著宝贵的指导意见和完善建议的张立文老师、宋志明老师、向世陵老师、干春松老师、彭永捷老师、林美茂老师和温海明老师。创立“和合学”，一直主张“自己讲，讲自己”的张立文老师提出的“中国哲学逻辑结构论”，为我揭示庄子“达命”哲学思想体系的逻辑结构提供了根本的思路与方法的指引。宋志明老师在开题时指出的，虽然《庄子》所谓的“天之令”层次的“命”，皆可释为“天命”之义，但《庄子》全书未见“天命”一词，故不当拟题《庄子“天命”思想研究》等思想教诲，至今铭记在心。在开题时，我始终未找到恰确分疏“命”“天命”“天之所命”“生命”“性命”和“运命”等范畴间之关系的思路，正是靠向世陵老师和干春松老师在开题时的问难、指导与思想刺激，才最后理清了上述诸范畴间的准确关系。彭永捷老师在博士论文开题、评审与答辩各阶段，提出的多进行儒道间“天命观”思想对比，凸显庄子“天命观”的思想特色等宝贵的修改建议；林美茂老师和温海明老师在博士论文评审时提出的，多参考日本学界和英美学界在庄子方面的研究成果等宝贵的修改建议，皆帮助完善了此一著作。只不过，受限于时间与精力，上述几个方面虽较原博士论文已有所改善，但离各位老师的期待还有继续改进的空间，俟以后有机缘再作进一步的完善。还有，无比感谢自回到中国哲学教研室后，曹峰老师、谢林德老师、刘增光老师、李记芬老师在教学、科研与博士论文修改方面提供的宝贵帮助与修改建议。

还次，无比感谢陈鼓应教授在担任我的博士论文的答辩主席时，提点的庄子所谓的“命”，相当于“自然”，《鹖冠子》即曰：“命，自然者也”等宝贵的思想见解和分享的一生研究道家思想的宝贵心得，使我认识到必须在道家思想之发展的整体思想脉络中，更加全面认识庄子所谓的“命”之思想。无比感谢王博教授、陈静研究员、李景林教授、白奚教授在博士论文评审和答辩时指点的，论文写作当删繁就简，突出重点；逻辑思路清晰，不歧出太远等宝贵的修改和完善的建议。在我重新参加工作之后，各位老师在邀请参会、发表论文等方面亦提供了很多无私和宝贵的帮助，在此一并郑重地感谢！

复次，无比感谢我的岳父、岳母和爱人付静在工作和照顾家庭方面对我的无比宝贵的支持，正是有你们对呦呦细心的照顾，才使我可以心无旁骛地安心修改和完善我的博士论文。无比感谢小妹罗细芳在上大学期间提供的宝贵经济支持，并在我因各种因由无法亲自回家处理父母与大哥生病等事务的情况下，任劳任怨地替我处理了无数的家里事务。无比感谢本科同学谭云俊、朱水旺、陈浩，同事与好友张惠强、陈咏贤、蒋磊，博士同学王敏光，还有师弟张城，在我求学期间提供的无比宝贵的经济帮助，若非有你们的慷慨解囊相助，我根本无法渡过求学阶段的各种生活的难关！诚挚感谢我的学生张文旭、张士媛、刘雪菡、袁玉琦、唐诗迪、陈燚涵、李湜璿、王紫嫣、李星宇在校对引文、查找参考文献资料等方面提供的宝贵帮助。诚挚感谢人民出版社的段海宝编审、戚万迁编辑为本书的顺利出版所付出的辛苦！

最后，我想将这本著作献给一生爱我护我，除小时候玩纸牌游戏互不相让急过眼，此外再无红过一次脸的大哥罗祥旺，愿先我一步进入“更生”之历程的大哥，来世不再受劳苦、病苦、悲苦等因此世生而为人而有的生命存在之痛苦，永远康平而喜乐！

罗祥相

2024年3月6日书于守一斋

责任编辑：戚万迁
封面设计：汪　阳

图书在版编目(CIP)数据

达命与逍遥：庄子哲学研究 / 罗祥相著. -- 北京 ：人民出版社，2025. 6. -- ISBN 978－7－01－026653－4

Ⅰ. B223. 55

中国国家版本馆 CIP 数据核字第 2024S3L545 号

达命与逍遥
DAMING YU XIAOYAO
——庄子哲学研究

罗祥相　著

人民出版社 出版发行
（100706　北京市东城区隆福寺街 99 号）

北京九州迅驰传媒文化有限公司印刷　新华书店经销

2025 年 6 月第 1 版　2025 年 6 月北京第 1 次印刷
开本:710 毫米×1000 毫米 1/16　印张:45
字数:655 千字

ISBN 978－7－01－026653－4　定价:169.00 元

邮购地址 100706　北京市东城区隆福寺街 99 号
人民东方图书销售中心　电话（010)65250042　65289539